学术教科书

物权法

（第二版）

Property Law

尹田 著

图书在版编目(CIP)数据

物权法/尹田著. —2版. —北京:北京大学出版社,2017.5
(学术教科书)
ISBN 978-7-301-28270-0

Ⅰ.①物… Ⅱ.①尹… Ⅲ.①物权法—中国—高等学校—教材 Ⅳ.①D923.2

中国版本图书馆 CIP 数据核字(2017)第 098072 号

书　　名	物权法(第二版)
	WUQUAN FA
著作责任者	尹　田　著
责任编辑	周　菲
标准书号	ISBN 978-7-301-28270-0
出版发行	北京大学出版社
地　　址	北京市海淀区成府路 205 号　100871
网　　址	http://www.pup.cn
电子信箱	law@pup.pku.edu.cn
新浪微博	@北京大学出版社　@北大出版社法律图书
电　　话	邮购部 62752015　发行部 62750672　编辑部 62752027
印　刷　者	北京宏伟双华印刷有限公司
经　销　者	新华书店
	730 毫米×1020 毫米　16 开本　40.25 印张　721 千字
	2013 年 1 月第 1 版
	2017 年 5 月第 2 版　2019 年 12 月第 2 次印刷
定　　价	78.00 元

未经许可,不得以任何方式复制或抄袭本书之部分或全部内容。
版权所有,侵权必究
举报电话:010-62752024　电子信箱:fd@pup.pku.edu.cn
图书如有印装质量问题,请与出版部联系,电话:010-62756370

作 者 简 介

尹田,男,1954年2月出生,四川宜宾人。1983年毕业于西南政法大学法律系后,留该校民法教研室任教,1985年破格评为讲师,1992年评为副教授,1992年由国家教委公派赴法国图卢兹社会科学大学留学,1993年底回国后任西南政法大学法国法研究中心主任,1995年破格评为教授,1996年任法律系主任,1999年调北京大学法学院任教授、博士生导师、民法研究中心主任;兼任中国民法学研究会副会长、中国保险法学研究会会长。

从1984年起,发表学术论文170多篇,出版教材、专著、译著20多部,其中多项获得省部级奖项。主要个人专著:《民事法律行为与代理制度研究》(1992年)、《法国现代合同法》(1995年,繁体字版《法国现代契约法》于1999年在我国台湾地区出版)、《法国物权法》(1998年,同名繁体字版于1999年在我国台湾地区出版)、《民事主体制度理论和立法研究》(2003年)、《物权法理论评析与思考》(2004年)、《民法思维之展开》(2008年)、《民法典总则之理论与立法研究》(2010年)等。

内 容 简 介

本书全面、系统地阐述了物权法的基本理论,以我国现行《物权法》及其他相关法律、法规和司法解释为依据,对各种具体的物权制度进行了深入的解释和论述,并对物权法理论研究的热点、难点有选择地进行了介绍和讨论,就物权法规范运用于司法实践中所发生的各种疑难问题的解决,提出了有参考价值的方案和思路。本书知识丰富,信息准确,论证严谨,体系完备,富有逻辑性和启迪性,适合法律专业学生作为学习、巩固和深化物权法理论的教科书和教学参考用书。

修 订 版 序

对包括民法在内的部门法的学习,具有两项基本功能:一是掌握法律的基本知识和基本理论,尤其是训练法律的思维方法;二是了解现行立法的基本规则和司法实践的具体操作,学会在理论和立法以及司法实践之间建立一条通道。而我国于2007年3月颁布的《物权法》,无疑是物权法学习应当围绕的重心。但物权法理论并不是对《物权法》的单纯理论注释,物权法理论的学习也不仅仅是对《物权法》所确定的规则的逐一了解,尤其是在我国的实际情况下,很多有关土地、房产的经济政策和社会政策尚未定型,《物权法》的相关规定还存在很多缺漏,这些缺漏有待单行法规乃至司法解释逐步加以弥补。与此同时,根据中共十八大四中全会的决定,我国民法典的编纂工作在2015年开始进行,《民法总则》已于2017年3月颁布,此后,包括《物权法》《合同法》以及《侵权责任法》等在内的各个单行法,将在经过修改后成为民法典分则各编的内容一并纳入民法典体系,预计在2020年最终完成民法典的编纂。因此,有关物权的现行法律规则并不是很稳定的。但无论立法上如何变化,物权法的基本理论是不会从根本上改变的。而从积极的意义上讲,物权法规则的不完善和不稳定,反而可以使我们在物权法的理论学习和思考过程中,能够更多地拓展自己的独立思维空间和更好地锻炼自己的分析批判能力。

本书自2013年1月出版以来,《物权法》所确定的规则未发生重大变化。我国最高人民法院于2016年2月颁布了《关于适用〈中华人民共和国物权法〉若干问题的司法解释(一)》。这一司法解释历经数年反复讨论,最终仅对一些争议较小的问题作出了规定,而对该司法解释中的某些规定,仍然存在理论见解上的分歧。本书在修订中充分注意并增加了该司法解释的相关内容及理论分析。

尹 田

2016年11月11日

序

  民法的研习，是学习法律的基础。因此，任何不想误人子弟的法学老师总是会语重心长地教导他的学生务必要首先学好民法，而任何希望其弟子出人头地的民法老师则总是会语重心长地教导他的学生务必要学好物权法。

  常说"民法是万法之源"，这里说的不仅是民法的基本理念奠定了整个法律体系的观念基础，而且还在于民法所提供的理论研究方法和立法技术无一例外地为其他任何法律部门所运用。所以，学好了民法，等于掌握了一把开启法律知识大门的万能钥匙，这就是任何一个法科学生务必要首先学好民法的原因。

  而在大陆法系民法历史演进的长河中，最有代表性的是法国民法和德国民法，其中，法国民法最伟大的贡献在其对私权观念的塑造，而德国民法最伟大的贡献则在其使民法实现了科学化。在德国民法的诸多理论创新之中，物权与债权的区分以及物权体系的完整建立，是最具特色的成果之一。而物权法理论则集中展示了德国民法独特的思维方法，这种以精确的法律概念作为基础，以严谨的逻辑推理进行演绎的思维方法，使物权法理论体系严密，构置精巧，能够为物权纠纷的裁判提供正确的规范依据，同时，也使其物权法理论因在某些方面的过分抽象、机械死板而遭到猛烈批评。正是由于物权法理论代表了民法理论在法律技术上的"尖端"，最为充分地展示了民法理论的精致、精深和科学魅力，所以，学好了物权法，等于掌握了一把开启民法知识宝库大门的金钥匙，这就是任何一个真正优秀的法科学生务必要学好物权法的原因。

  物权法理论的学习是一场真正的智力挑战，需要有耐心、耐力和勇气，也需要好的老师的指点，而一本好的教科书，可以为学生借助自己的力量比较深入地学习物权法理论提供最重要的帮助。但好的教科书的确定标准却历来比较模糊：一些从头到尾讲解物权法理论的大部头著作（称为"体系书"）因充满大量基本知识而具有教科书的功能，但缺乏教科书在知识安排上的由浅入深和循序渐进，被随心所欲使用的、缺乏任何交代的概念常把学生弄得云里雾里；一些名为"教科书"的大部头著作却因充满大量的理论阐述而不大像教科书，编写者似乎把学生当成了学者，太多的"笔者认为"常使学生晕头转向、望而生畏；另一些传统格式的教科书则过分四平八稳,缺乏性格,编写者似乎又把学生想象得太弱智,其人云亦云因缺乏深度和广度而难以让学生拓展知识空间和自我发掘思维潜力,甚至于使学生误认为法律的学习就是像背诵八股文一样去记忆一些死气沉沉的概念和将概念拆散之后拼凑出来的、基本上是废话的各种"特征"。因此,很久以来,我就想借鉴一些法国教授和我国台湾地区的教授编写教科书的某些做法,在教科书中将基本知识和知识的深化适当分开,并注入一些能够启迪思维的材料。这种想法,首先在我于2009年主编的教科书《民法总论》中作了初步尝试,并在本教科书的编写中被更进一步地实行。

本教科书的主要做法是:根据需要,将各章中的每一节大体分割成为"基本原理""思考问题"和"理论拓展"三个部分,分别担负不同的任务:

"基本原理"部分的任务是阐述物权法的基本知识,不多求创新但力求清晰和正确。我觉得,教科书最为基本的功能应当是准确地传递知识信息,这种传递可以存在疏漏,但绝对不允许存在显而易见的错误。这一点在编写物权法教科书时尤为重要,其原因在于:我国物权理论和立法主要借鉴的是德国民法,但并没有对之亦步亦趋,而是根据我国的实际情况进行了各种变通和整合。与此同时,与德国物权理论很不相同的法国、日本的物权理论对我国立法也存在各种影响。但某些物权法教科书对此有所忽略,因而在大量引用德国物权理论和几乎照搬德国理论的我国台湾地区的物权理论时,常常忘记了我国《物权法》在某些重大问题上所采用的理论与之具有根本的不同。此种明显的知识传递的错误有可能对学生产生严重的误导。本教科书虽不能保证每一句话都正确,但尽量避免出现此类让外行晕头、让内行扼腕叹息的基本知识上的错误。

"思考问题"部分安排了少量的案例或者提问,针对的是"基本原理"中未涉及的较有难度或者具有特殊性的问题,这些问题都不是在"基本原理"部分已经讲过的知识通过生活事实而进行的具体展示,所编撰的情节简单的案例也不是为了理论联系实际而训练学生的实务操作能力,所以,所提问题的答案均非显而易见,其目的仅在于促使学生面对一些棘手的问题,以激发其思维活力,将其参考答案置放于每章的末尾,也是基于同一目的。

"理论拓展"是本教科书重要的组成部分,置于每节之后,系相关知识和理论在范围和空间上的扩展,汇聚了有关物权立法和基本理论研究的争论焦点和主要学说,展示了一些新的研究成果,同时,也介绍了一些物权法历史知识和外国的法律制度。在题材选择和阐述深度上,充分考虑到学生已有的知识基础和接受能力,深浅合适,客观中立,并留有自我思考的余地。初学物权法的学生可以先阅读"基本原理"部分,待能力增强后,再回头阅读"理论拓展"。

  本教科书是一本典型的教科书,不是教学参考书,更不是学术专著,故适合法学本科生和硕士研究生对物权法基本理论的学习、巩固和深化,也可为民事法官提供物权法原理的知识回顾和知识更新。

尹　田

2012 年 6 月 22 日

目录

第一编 物权总论

第一章 物权的特性 /003
  第一节 物权的概念和特征 /003
  第二节 物权的效力 /018

第二章 物权的客体 /034
  第一节 物权客体的特征 /034
  第二节 物权客体的分类 /042

第三章 物权的类型 /058
  第一节 物权的种类 /058
  第二节 物权的分类 /067

第四章 物权的变动 /076
  第一节 物权变动的概念和分类 /076
  第二节 基于法律行为的物权变动 /078
  第三节 非基于法律行为的物权变动 /089

第五章 物权公示原则 /102
  第一节 物权公示的概念及其意义 /102
  第二节 物权公示对于物权变动的效力 /109
  第三节 物权公示的权利推定效力 /134
  第四节 物权公示的公信力 /149

第六章 动产的占有、交付与不动产登记 /163

第一节 动产的占有与交付 /163

第二节 不动产登记 /166

第七章 善意取得 /186

第一节 概述 /186

第二节 动产善意取得的成立要件 /190

第三节 脱离物之无权处分的效果 /212

第四节 不动产善意取得的成立要件 /218

第五节 善意取得的法律效果 /224

第八章 取得时效 /234

第一节 概述 /234

第二节 取得时效的构成要件 /239

第三节 取得时效期间的计算 /241

第九章 物权的保护 /243

第一节 概述 /243

第二节 物权的主要保护方法 /245

第十章 占有 /262

第一节 占有制度的法律特性 /262

第二节 占有的成立和消灭 /268

第三节 占有的保护 /273

第二编 所有权

第十一章 所有权通论 /281

第一节 所有权的概念和基本权能 /281

第二节 所有权的本质 /287

第三节 所有权的种类 /293

第十二章 共有 /308

第一节 共有的概念和特征 /308

第二节 按份共有 /316
第三节 共同共有 /335

第十三章 建筑物区分所有权 /339
第一节 建筑物区分所有权的概念和特征 /339
第二节 专有权 /345
第三节 共有权和共同管理权 /353

第十四章 相邻关系 /361
第一节 相邻关系的概述 /361
第二节 相邻关系的法律适用 /366

第三编 用益物权

第十五章 用益物权概述 /377
第一节 用益物权的概念和特征 /377
第二节 用益物权的种类 /380

第十六章 建设用地使用权 /395
第一节 建设用地使用权的概念、种类和特征 /395
第二节 建设用地使用权的取得、转让和消灭 /398

第十七章 土地承包经营权与宅基地使用权 /403
第一节 土地承包经营权 /403
第二节 宅基地使用权 /412

第十八章 海域使用权 /416
第一节 海域使用权的概念、种类和特征 /416
第二节 海域使用权的物权变动 /422

第十九章 地役权 /433
第一节 地役权的概念、特征和种类 /433
第二节 地役权的取得与效力 /449
第三节 地役权的消灭 /457

第四编　担保物权

第二十章　担保物权总论 /463
　　第一节　担保物权的概念与特征 /463
　　第二节　担保物权的设立 /490
　　第三节　担保物权的消灭 /496
　　第四节　担保权利的冲突与并存 /501

第二十一章　抵押权 /514
　　第一节　抵押权的概念和特征 /514
　　第二节　抵押权的取得 /519
　　第三节　抵押权的效力 /526
　　第四节　抵押权的实现 /551
　　第五节　特殊抵押 /555

第二十二章　质权 /573
　　第一节　概述 /573
　　第二节　动产质权 /583
　　第三节　权利质权 /591

第二十三章　留置权 /603
　　第一节　概述 /603
　　第二节　留置权的成立条件 /613
　　第三节　留置权的实现 /620

主要参考书目 /625

第一编

物权总论

第一章 物权的特性

第一节 物权的概念和特征

【基本原理】

一、物权的概念

(一) 物权的定义

物权是对物的直接支配权。

民法上的"物权",是对财产所有权、土地使用权、抵押权等直接支配财产并获得利益的财产权利的概括和抽象。此处所谓的"直接支配",指的是民事主体对财产的占有、使用、收益或者处分。所有权是对财产的全面支配,所有权之外的其他物权是对财产在一定范围内的支配,例如,土地使用权是对土地的占有、使用以及收益的权利,但不包括对土地的处分权利。

《中华人民共和国物权法》(以下简称《物权法》)第 2 条第 3 款规定:"本法所称物权,是指权利人依法对特定的物享有直接支配和排他的权利,包括所有权、用益物权和担保物权。"依照前述规定,物权人在行使物权时,可以排除他人的干扰或者妨害。

(二) 对物权定义的理解

在理解物权的定义时应当注意:物权是直接支配物的权利,但对物进行支配的权利并非都是物权。

在我国民法体系中,除了知识产权等无形财产权利之外,民事主体所享有的财产权利被区分为"物权"和"债权"两种基本类型。其中,物权是一种特定的人对特定的物的支配权利,即特定的人对特定的物的控制或者支配,所以,物权在传统理论中又被称为"对物权";而债权则是特定的债权人对特定的债务人享有的一种请求权利,债权在传统理论中又被称为"对人权"。因此,"支配权"是物权最为基本的特征。

但是，物权的定义只是对物权一般属性的描述，即作为一种最基本的财产权利，物权的作用在于将特定的民事主体与特定的财产相结合，或者同时解决物的归属与利用问题（如所有权），或者单纯解决物的利用问题（如所有权之外的其他物权），任何物权均须以对特定财产的支配为其内容。但是，基于社会生活的需要和立法政策的考量，哪些支配财产的权利属于物权，是由法律明文加以规定的（称为"物权法定"原则）。因此，有一些财产权利虽然也具有直接支配财产的内容，但由于法律不承认这些权利属于物权，则这些权利就不能具有物权的法律效力，只能被视为一种"债权"而存在。例如，在我国《物权法》未颁布之前，立法上未明文规定农村集体土地承包经营权是一种不动产物权，此种权利就只能被视为由承包合同所产生的合同权利（债权），《物权法》将此种权利明文规定为一种用益物权之后，此种权利便成为物权的一种，可以具有物权的法律效力；又如，根据租赁合同的约定，承租人对租赁物享有占有、使用以及排除出租人（所有人）干扰的权利，其"租赁权"显然具有支配权性质，但是，尽管法律为了保护承租人的利益，赋予了租赁权很多物权的效力（如出租人在租赁期间将租赁物出卖给第三人时，第三人不得以其因受让而取得的所有权否定承租人的租赁权等），但由于我国法律未承认租赁权为物权，所以，租赁权只能属于一种"物权化"的债权。此外，借用人对借用物的支配权利、保管人对保管物的支配权利、承运人对承运货物的支配权利等，均不属于物权，均不具有物权的效力而只能具有债权的效力。

法律不赋予财产的借用人、保管人、承揽人以及承运人等合同当事人以物权人的地位，其原因在于：物权具有强大、稳定的支配效力，并且可以约束物权人以外的任何人。但一方当事人基于合同关系而占有对方的财产，有的根本不具有使用目的（如保管人、承运人），有的虽有使用目的但期限通常较短（如借用人），双方当事人之间的关系，适合运用合同法的规则予以调整，而不必涉及合同关系之外的第三人，所以，当事人基于借用、保管、运输等合同而对相对方财产所享有的具有某种"支配"内容的权利，在性质上应属于债权而非物权。

二、物权的特征

物权与债权的区分，来自于德国民法理论，是我国民法上的财产权利制度最为重要的特点之一。物权和债权作为两种最为基本的财产权利，具有完全不同的法律效力。与债权相比较，物权具有以下主要特征：

（一）物权是支配权

1. 物权的支配效力

各种具体物权的内容虽有所不同，但无论何种物权，均系对物的直接支配权。物权人得仅凭自己的意思，无须他人的意思或者行为的介入而对标的物实施占有、利用或者处分。对于物权而言，物权人实现其权利完全无须借助他人的积极协助，也无须依赖于他人的信用或者积极配合。例如，甲对其房屋享有所有权，甲自己对该房屋进行占有、使用，即可实现其所有权。

2. 债权的请求效力

与物权不同，债权则是一种请求权，债权的实现必须依赖于债务人履行债务的积极行为。债权人所享有的请求权不能直接及于债的给付之标的物，债权人既不能支配债务人的财产，也不能支配债务人的人身。当债权之请求权不能获得满足，即债权的目的不能通过请求权的行使而实现时，法律才赋予债权以"攫取力"（即强行以债务人财产清偿债务或责令债务人承担损害赔偿责任的效力），此"攫取力"方可直接及于债的给付之标的物即债务人的财产（谓之债务人的"责任财产"），但此种"攫取力"只能通过法院实施，原则上不允许债权人自行行使"攫取力"。例如，甲享有请求乙返还 10 万元借款的债权，甲只能请求债务人乙清偿债务，但既不能自己动手去拿走乙的财产，也不能采用强制乙的人身的方式强迫其返还借款。如果乙拒绝履行还款义务，甲只能请求法院强制执行乙的财产以实现其债权。

3. 物权和债权在客体和权利实现方式上的区别

物权的支配权性质及债权的请求权性质，决定了两种权利的以下区别：

（1）物权直接设定于特定的财产，物权的客体是物；债权直接指向债务人的行为，债权的客体是债务人应为的特定行为（称之为"给付"，如返还借款、交付货物等）。债权不是设定于财产上的权利，所以，债权人对债务人的财产不得进行任何直接支配。

（2）物权具有直接支配财产的效力，仅凭物权人自己支配财产的行为即可实现，不需要他人积极协助，故物权为"动手之权"（支配权）；债权人实现其债权，必须依赖于债务人履行债务的行为，即债权人只能请求债务人履行债务，但不得直接支配债务人的财产，故债权为"动口之权"（请求权）。如果债务人拒绝履行债务，债权人只能请求法院以公权力强制债务人履行债务，但债权人原则上不得采取"私力救济"的方式（即凭借债权人自己的力量）强行扣留、处置债务人的财产。

(二) 物权是绝对权

1. 物权的绝对效力

绝对权为其约束力及于一切人的权利。物权是最典型的绝对权,故又被称为"对世权"(即能够对一切人产生约束力的权利)。

物权所具有的"绝对效力",表现为物权人之外的一切人均受物权的约束,不得实施任何妨害物权人行使和实现其物权的不法行为。

物权为对物的直接支配权,物权人对财产的静态支配,无须他人的积极协助,但他人应不以其行为破坏物权人支配财产的正常状态。物权的这种性质,首先要求物权人之外的一切人应对物权人支配其财产的行为予以"尊重",亦即任何人均负有不得以其行为妨害物权人行使支配权的义务。因此,从权利义务关系的角度观察,对于物权人承担义务的人是物权人之外的任何人,任何人对于物权人均应依法承担一种消极的不作为义务,即不得以其非法行为妨害物权的实现。物权法律关系即物权人与物权人之外的不特定任何人之间的权利义务关系。

但应注意,物权人之外的一切人对物权人所承担的义务为纯粹消极的不作为义务。这种义务与一般的法律义务有着非常明显的区别:(1) 一般情况下,"义务"是一种积极作为且以某种"不利益"为特征,即法律上的义务通常是施加于义务人的一种"负担",或为财产上的支出,或为劳务上的付出等,但在物权法律关系中,义务人的义务并非以其丧失某种财产的或者非财产的"利益"或承受某种"负担"(不利益)为特征;(2) 一般的义务可以依据法律产生,也可以依据当事人的约定产生,承担义务的人通常都是特定的当事人,但物权之义务人所承担的"义务"是一种法定义务,而且承担义务的人具有普遍性;(3) 一般的义务(无论是"作为"义务或者"不作为"义务)都有具体、明确的范围,但物权之义务人所承担的"消极义务"具有抽象性和概括性的特点,即义务人不得实施任何妨害物权行使的行为。

由此可见,物权人之外的一切人所承担的这种"普遍的消极义务",实际上与一切人均应尊重他人权利的一般性法定义务具有相同性质。但这种由德国民法学者依据法律关系理论所创设的物权人之外的一切人所承担的消极义务的理论,有助于说明物权所反映的物权人与社会上其他人的相互关系,有助于说明物权法律关系的结构(即物权关系是一种权利义务关系),同时,也可以从本质上说明物的表面上的归属关系背后所掩藏的占有财产的个人与社会之间的关系。所以,有关物权绝对效力的理论为我国民法理论所采用。

2. 债权的相对效力

与绝对权相对应的"相对权",则是其效力仅仅及于特定相对人的权利。债权是最典型的相对权,故又被称为"对人权"(即只能对特定的债务人产生约束力的权利)。

债权为请求特定人为特定行为的权利,债权人仅得向特定的债务人提出请求,而原则上不得将其权利的约束力施加于债的关系之外的第三人,故债权为相对权。合同权利为债权之典型,而合同的相对效力原则来源于意思自治原则:合同权利义务的产生纯系合同当事人的自由选择,双方当事人的意志是合同权利义务的"原动力",因此,只有表达这种意志的人应当受其约束。而依照一种严格的法律原则,合同所建立的债权债务关系既不能为当事人造成损失,也不能为第三人所利用。① 亦即债权关系为债权人与债务人之间的权利义务关系,债权人仅对债务人享有权利,债务人之外的第三人对债权人不承担任何义务(无论作为的义务抑或不作为的义务)。债权的被侵犯,通常只能表现为债务人不履行债务的行为,债权人仅得对债务人提出履行请求或者赔偿请求。原则上,债权人对于债务人之外的第三人,不得直接请求排除妨害。② 总之,与物权不同,物权的效力表现为权利人对物的直接支配,而债权的效力则表现为权利人对义务人的请求,故债权的效力只能及于特定的人,债权是一种相对权。

3. 物权和债权在权利主张对象上的区别

物权和债权的上述不同特征,决定了两种权利的以下区别:

(1) 物权约束物权人之外的任何人,债权约束特定的债务人,所以,物权人得向任何妨害其行使物权的人主张权利,而债权人原则上只能对债务人主张权利,而不能对第三人主张权利。

(2) 物权的义务人是不特定的第三人,故物权可能被任何第三人所侵害,任何第三人均有可能成为物权诉讼的被告;债权的义务人只能是特定的债务人,故债权原则上只能被债务人侵害,通常情况下,只有债务人才能成为债权诉讼中的被告。

三、物权法的调整对象

我国《物权法》第 2 条第 1 款规定:"因物的归属和利用而产生的民事关系,

---

① 不过,在所谓"涉他契约"中,双方当事人约定由债务人向第三人履行债务的情形除外。在此种情况下,第三人得享有对债务人的直接请求权(关于"涉他契约"的问题,参见尹田:《论涉他契约》,载《法学研究》2001 年第 1 期)。

② 谢在全:《民法物权论》(上册),中国政法大学出版社 1999 年版,第 27 页。

适用本法。"根据这一规定,我国物权法的调整对象是对有形财产(不动产和动产)的支配关系,包括有形财产的归属关系和利用关系。

就民法的角度观之,在被称为"市民社会"的私人生活领域内,包含了经济生活与伦理生活两大部分。规范经济生活以保护财产秩序的法律为财产法;规范伦理生活以保护身份秩序的法律为身份法。

依通说,根据财产关系的不同样态,财产关系被分为财产的"静态"支配(或占有、利用)关系与"动态"流转关系。反映财产之静态支配关系者为物权,反映财产之动态流转关系者为债权。由此,民法上的财产法主要由物权和债权构成。在民法的财产法中,知识产权法的规范对象为对智力成果的归属、利用关系,在历史上,由于知识产权制度出现的时间大大晚于所有权、债权等有形财产权制度,加上知识产权客体的特殊性以及由此导致的其他诸多特点,各国立法多将知识产权以民法典之外的单行法加以规定。

以调整财产之静态支配关系的物权和以调整财产之动态关系的债权为两大支柱而建立起来的财产法体系,是近代德国民法理论所取得的最为辉煌的成果。这一成果,为大陆法系绝大多数国家所借鉴。我国于1986年10月颁布的《中华人民共和国民法通则》(以下简称《民法通则》)没有采用"物权"的概念,但对所有权和其他一些物权作出了原则性的规定;我国于1995年颁布的《中华人民共和国担保法》(以下简称《担保法》)对抵押权、质权和留置权等担保物权作出了全面的规定。此外,我国所制定的一系列有关房地产的行政法规和条例(如《中华人民共和国土地管理法》《中华人民共和国城市房地产管理法》等),也从行政管理的角度对不动产登记制度和权利保护等方面作出了各种规定。我国于2007年3月颁布的《物权法》,从立法上确立了物权的规范体系,对于我国民事立法的科学化和进步,具有极大的促进作用。

总之,物权法是以调整财产归属和利用关系的法律规范为中心而形成的一整套规范体系。物权,则是这一规范体系所赖以建立的基石。

【思考问题】

思考题一:"谁用钱,谁还钱"对吗?

甲公司急需一笔资金,但因其信用不好,无法向银行贷款,甲公司即与乙公司约定,由乙公司向丙银行贷款300万元并交给甲公司使用,贷款本金和利息由甲公司负责偿还。乙公司向丙银行贷款300万元并交给甲公司后,因甲公司到期不还款,乙公司无钱向丙银行返还借款。丙银行了解这一情况后,直接以甲公司为被告提起诉讼,请求法院责令其承担还款责任。法院认为,虽乙公司是贷款合同中的借款人,但甲公司是该笔款项的"实际用资人",据此,判决甲公司应当直接向丙银行承担还款责任。

问:法院的判决是否正确?

思考题二:"楼顶使用权"应否受第三人尊重?

甲公司和乙公司约定,乙公司有权在 2 年期间内使用甲公司办公大楼的楼顶安置产品广告牌,乙公司为此应向甲公司一次性支付 10 万元使用费。合同签订后,双方履行了各自义务。1 年后,甲公司决定将该办公大楼出卖给丙公司,乙公司知情后,恐其利益遭受损害,遂要求甲公司书面保证其使用楼顶的权利不因甲公司转让房屋而受影响,与此同时,向丙公司去函说明其对大楼楼顶享有使用权的情况,但丙公司未予任何答复。丙公司在受让该大楼并办理了所有权过户登记之后,要求乙公司拆除楼顶上的广告牌,理由是:作为大楼的所有人,丙公司并无义务向乙公司提供大楼楼顶的使用。对于丙公司的请求,乙公司予以拒绝,理由是:乙公司合法享有对大楼楼顶的使用权利,丙公司购买大楼时明知此项权利的存在,故其应当对乙公司的此项权利予以尊重。

问:乙公司的主张能否成立?乙公司对办公大楼楼顶的使用,在什么条件下能够得到丙公司的尊重?乙公司如果主张"买卖不破租赁",其主张能成立吗?

【理论拓展】

理论拓展之一:物权与债权的区分及其意义

据考察,近代大陆法系民法上的物权概念大致源于罗马法,而物权的概念是由中世纪(11—13 世纪)欧洲前期注释法学派所正式提出。在立法上,物权的概念为 1811 年《奥地利民法典》(第 307 条)所首次使用。而物权系统理论的提出及物权制度在立法上的定型这一任务,则是由 1900 年《德国民法典》所完成的。

任何概念必须经由同类事物之共性的提取、概括、抽象而形成。物权的概念,当然来自于对各种具体物权的概括和抽象。因此,罗马法所创造的各种具体的财产支配权的概念及其基本形式,奠定了近代大陆法系民法上物权之抽象概念形成的基础。就财产权而言,罗马法最发达、对后世影响最大的是其物权制度。罗马人不仅创造了所有权(prorietas)、役权(servitutes)、永佃权(emphyteusis)、地上权(superficies)、抵押权(hypotheca)、质权(pignus)等具体物权的概念,而且在诉讼程序上划分了"对物之诉"(actio in rem)与"对人之诉"(actio in personam)[①],从而提供了区分物权与债权的基本材料及基本思路。至 11—13 世纪,欧洲前期注释法学派

---

① 参见王利明:《物权法论》,中国政法大学出版社 1998 年版,第 3 页。

代表伊洛勒里乌斯(Irnerius,约1055—1130年)和亚佐(Azo Portius,约1150—1230年)等人在解释罗马法时,提出了"物权"(jus in re)的概念,建立了初步的物权学说。①

受罗马法的影响,法国学者通过对财产权中两种主要权利类型之效力指向的分析,已经发现对物的支配权与对人的请求权的不同,由此而接受了中世纪注释法学派提出的物权概念,并进一步认为:物权(le droit réel)是权利在物上的一种具体体现,是人对物的权利,即"对物权"(jus in re);与此相应,还存在一种一方当事人对另一方当事人的权利即"对人权"(le droit personnel),也就是债权。尽管1804年《法国民法典》并没有采用物权的概念,但这一概念在法国现代民法理论中仍然被广泛使用。

继1804年《法国民法典》之后不过数年时间,于1811年生效的奥地利普通民法典使用了"物权"(Sachenrecht)一词。但作为一个法律概念,奥地利民法中的物权,与后来人们所确定的物权的含义并不一致。② 1900年《德国民法典》明确使用了物权的概念以以精细的法律技巧构置了物权的法律制度体系(虽然该法典并未对物权的定义进行解释,但物权作为一种支配特定物并排除他人干涉的权利之含义,通过该法典第三编有关物权的具体规定而得到了明晰的表达)。

较之物权,债权的概念出现得要晚得多。从实际情况来讲,人类生存的首要条件肯定是对物质资料的占有和利用,因此,表现财产归属关系的物权制度肯定最早发生。而债权主要表现财产移转关系,其核心为商品交换,因此,在一种生产力低下从而财产流动极少的社会发展阶段,债权制度必然相对落后。只有当自给自足的自然经济逐步发展到以社会分工和交换为基础的商品经济时,只有当财产交换及流通成为一种普遍发生的社会现象时,债权制度才具有其得以发展的真正条件,故债权制度的形成必然晚于物权制度。债权的基础是契约,而契约法在罗马法是很不发达的(原因当然在于其交换关系不发达)。诚然,对于罗马法的契约法是否发达的问题,学界存有不同看法,但多数人持否定态度,英国法学家波罗克甚至认为:"不论在什么地方,契约法只是在法律发展的高级阶段才出现。即使在古典时代的罗马法的最后形式中,也没有形成真正的合同理论。"孟罗、斯密也在其所著《欧陆法律发达史》一书中断言:"自古以来,无论何处,基于契约关系所生的人的债务,其发达恒较有体物之权利,为期稍迟。"③所以,从古代法时期直至欧洲中世纪,在《法国民法典》以前,物权是民法的核心。至19世纪,在罗马法传统的基础之上,

---

① 陈华彬:《物权法原理》,国家行政学院出版社1998年版,第2页。
② 该法典第307条规定:"物权是属于个人的财产上的权利,可以对抗任何人。"但该法典第308条规定:"物之物权,包括占有、所有、担保、地役与继承权利。"
③ 转引自陈华彬:《物权法原理》,国家行政学院出版社1998年版,第15页注释。

第一章 物权的特性

作为近代民法对于体系性的逻辑要求,逐渐形成物权法与债权法的"分流",乃至"完成了以所有权为中心,加上用益物权、担保物权和作为事实状态的占有所组成的抽象的物权法体系,与此相应,契约也被视为发生债权债务的原因之一,与不当得利、无因管理和侵权行为构成更为抽象化的债权法体系"。① 由此可见,"债权"的概念在罗马法上早就存在,但如无与之相对应的"物权"的出现,债权不可能获得其概念上更为高度的抽象化和制度上的体系化。或者说,如无高度概括与抽象的物权的出现,抽象化的债权的存在将没有什么真正的意义和价值。②

在采用德国民法体系的国家,财产法被分为物权法与债权法,物权和债权为财产权之两大支柱。依日本学者的观点,区分物权与债权的必要性在于,根据一种纯理论分析,近代财产关系可分为人能立即把财富直接用于自己生活之关系(即人与物之关系),以及经他人行为能于将来获得财富之关系(即人与人之关系)。而此种划分,符合近代民法中为使财产所有自由与契约自由不至于相互冲突,而将以所有权为中心之物权法与以契约为中心之债权法加以分开之立法取向。因此,凡采德国民法体系者,基本方针应当是明确分清物权与债权之概念。③

物权与债权的区分,有助于揭示两种权利之不同的法律特征和法律效力,并在此基础上分别建立物权和债权的规范体系,使民法规范的适用更为清晰和准确。我国民法具有大陆法系民法的传统,同时深受德国民法理论和立法体系的影响,因此,借鉴和采用物权与债权的区分理论,对于科学地建立我国财产法制度的立法体系,具有重要意义。

理论拓展之二:物权与债权的区分所面临的理论挑战

物权之所以是物权,在其对物的支配性与权利效力的绝对性;债权之所以是债权,在其对人的请求性与权利效力的相对性。而恰恰在这一点上,传统物权的前述两个基本特性在后来受到严重挑战:

1."第三人侵害债权理论"

所谓"第三人侵害债权"的理论,是通过对一些判例的总结而形成的。如下例:

> A 歌剧院与女演员 C 签订了演出合同,B 歌剧院基于不正当竞争的目的,采用不法手段使 C 不能向 A 履行演出义务,造成 A 的严重损失。A 遂以 B 作为被告提起诉讼。法院判决:B 的行为构成对 A 的债权的侵害,应对此承担损害赔偿责任。

---

① 参见梁慧星主编:《中国物权法研究》,法律出版社 1998 年版,第 24 页。
② 另据学者考证,在罗马法时期,既无"债权"(obligatio)一语,也无"物权"一词。参见陈华彬:《物权法原理》,国家行政学院出版社 1998 年版,第 2 页之注释。
③ 〔日〕于保不二雄:《日本民法债权总论》,庄胜荣译,台湾五南图书出版公司 1998 年版,第 4 页。

在论证物权与债权的区分时,物权的绝对性(义务主体为不特定的任何人)一贯被用来作为最重要的证据。与此相应,民法传统理论历来认为侵权行为的客体只能是绝对权,而债权作为一种相对权,不可能遭受债务人之外的第三人的侵害。但是,近代以来的民法理论对于将物权与债权置于对立的绝对权与相对权的学说,以及基于这种"对立"学说所产生的种种效果,形成了越来越多的疑问:第三人侵害债权是否构成一般侵权行为?债权可否成为侵权行为的客体?"这些问题的提出,造成法学界的一场混战。"①对这些问题,德国法学界一般持否定观点②,法国法学界则大多表示肯定③,而日本法学界则在早期分为否定与肯定两种学说,但自1916年有关判例采用肯定学说之后,理论界及司法实践中均依肯定说,不再有所异议。④

很显然,如果债权如同物权一样具有对世效力,则物权至少会丧失其在法律关系一般理论解说上的基本特色。正因如此,尽管由权利之不可侵犯性的普遍原理而直接导出债权之不可侵犯性被认为是"理论上的飞跃",但反对者基于对侵权行为的范围、成立要件等问题有可能引发的含糊不清,仍着力否定侵害债权行为属于一般的侵权行为。同时,学者也特别强调第三人侵害债权与物权保护之绝对性上的差别:尽管不能否认第三人对债权或其他权利负有不得侵犯之义务,尽管债权受不法侵害时,亦得依侵权行为之规定主张损害赔偿,但物权与债权就是否具有保护绝对性而言,却有所差别:物权为支配权,为对物之支配,有一定的征象表现于外,他人得于外部加以认识,故他人不得加以侵犯,如他人于此标的物上再成立一个物权或妨害其物权内容之实现,即属违法,无论侵权人有无过错,物权人均得对之行

---

① 〔日〕于保不二雄:《日本民法债权总论》,庄胜荣译,台湾五南图书出版公司1998年版,第76页。
② 为了承认侵害债权之侵权行为,德国民法只能以违反保护法规(《德国民法典》第823条2项)、或故意违背善良风俗(《德国民法典》第826条)来规范侵犯债权的行为;或者只能按债权之财产性理论来解释。参见〔日〕于保不二雄:《日本民法债权总论》,庄胜荣译,台湾五南图书出版公司1998年版,第77页。
③ 如Carbonnier认为:《法国民法典》第1165条关于合同仅具有相对效力的规定太极端了,"合同毕竟是一种事实,一种社会事实,它不可能孤立存在:当两个人分别变成债权人及债务人时,这一事实不可能与其他人无关,这表现为,合同必然要对第三人产生对抗力,同时,当事人因合同而享有的权利应得到第三人的尊重。"而Flour和Aubert则进一步指出:"合同对第三人的'对抗力'一词具有的模糊性所可能导致的误解首先应予消除。这一用语并非意味着合同有可能对第三人造成损害,与此相反,合同还有可能为第三人带来某种利益。因此,当事人订立合同这一事实,客观上要对当事人与第三人的关系产生影响,即产生第三人与当事人相互之间的某些权利。"参见尹田:《法国现代合同法》(第2版),法律出版社2009年版,第293—294页。
④ 1916年3月10日日本大审院刑事判例:"凡属权利,如亲权、夫权之亲属权、物权、债权之财产权,无论其权利之性质、内容如何,皆有不受侵害之对世效力,无论何人对之有侵害行为,均应负担消极义务。此权利之对世不可侵害效力,实为权利之共同性质,而独有债权排除在外,世俗往往认为债权效力止于债务人及其行为,并无对第三人之效力,此论颇为适当。毋庸赘言,债权依其内容或特定行为,可对债务人提出要求,而对当事人以外之第三人即不可有此类要求。但既然同为权利,就应及于法律保护,并且在他人侵犯权利时,必须承认其对世之效力。同为权利,没有依物权、债权而设等差之理。"(刑录21辑279页)参照1916年3月20日大审院民事判例(民录21辑395页)。转引自〔日〕于保不二雄:《日本民法债权总论》,庄胜荣译,台湾五南图书出版公司1998年版,第77页之注释。

第一章　物权的特性

使物上请求权或追及权,以使物权恢复其圆满状态(如甲将所修建之房屋出卖给乙,因该房屋之烟囱挡住其光照,对邻人丙发生妨害,虽乙对此妨害的形成无过失,丙亦得对乙提起诉讼,要求其排除妨害);债权则不同,债权为请求为一定给付的权利,其既非对人(债务人的人身)的支配,也非对物(债务人的财产)的支配,其权利义务关系为第三人难以从外部认识(依契约自由的要求,除法律有特别规定之外,一般契约的订立完全可以采用"秘密"的方式进行)。因此,他人与债务人成立相同内容的给付的债权时,即使其明知有其他债权的存在,即使该债权使其他债权不能实现,原则上也不构成侵害债权。例如,甲将某物以1000元卖给乙,双方订了买卖合同,后丙又以1200元价格就同一标的物与甲再行订立买卖合同。此种情形,乙不能以丙侵害其债权而予以阻止,其唯一可采取的方法,是以1200元以上价格与丙展开竞争。其原因在于,甲、乙之间的买卖仅属债的关系,双方处于交易过程之中,而交易中的竞争,为社会所允许且应当鼓励,故此种纷争只能以交易的竞争原理解决,而对丙的"夺人之爱"的行为并不予以何等非难。如乙已将该标的物以1500元转卖给丁及订立了买卖合同,因丙的竞争,标的物落入丙之手,此际,乙仅得以甲不履行合同为由,请求损害赔偿,却不能以丙侵害其债权为由,请求丙赔偿其500元转卖利益的损害。只有当丙与甲订立合同系故意以损害先买受人乙的债权为目的(如违反诚实信用原则或者出于不正当竞争的目的等),或施以违反公序良俗的方法,则丙的行为构成不法,乙可依侵权行为法的规定请求赔偿。可见,第三人行为对于债权是否构成侵害,其行为本身往往不能说明问题,而必须具备其他条件。此点与只要侵害物权即属违法有所不同。此外,即使债权受到第三人侵害,其保护方法与物权的保护也有所不同:例如,行为人窃取债权人签名的收据并假冒债权人名义向债务人主张债权并受领给付时,如债务人善意且无过失,债权即归于消灭。但这种对债权"归属"的侵害,与对物权"归属"的侵害并不一样,此种情形,债权人得依侵权行为法请求窃盗者赔偿损失,或依不当得利的规定请求其返还所受之利益,但不得请求"返还债权"。①

20世纪90年代,在我国制定《中华人民共和国合同法》(以下简称《合同法》)的过程中,我国民法理论界曾就"第三人侵害债权理论"展开过讨论,但我国于1999年3月颁布的《合同法》上未对第三人侵害债权的民事责任问题作出规定。应当看到,在特殊情况下,债权确实有可能遭受第三人的恶意侵害,因此,债权在客观上也具有某种约束一切人的效力。但是,第三人侵害债权的成立需要具备特别严格的条件,其适用范围受到严格的限制。因此,就一般情况而言,强调物权具有绝对性而债权具有相对性,有助于揭示物权和债权在特征上的重要区别,只不过不能将这

---

① 参见谢在全:《民法物权论》(上册),中国政法大学出版社1999年版,第28页。

种区别予以绝对化。

2. "物权债权化与债权物权化"倾向

近、现代民法上出现所谓"物权债权化与债权物权化"的倾向,引起学者的广泛关注。所谓"物权债权化与债权物权化",描述的是物权与债权相互渗透、相互转化或者相互混合的法律现象。

"物权债权化"主要是由物权的"价值化"引起的：以所有权为代表的物权,其原本目的在于对物进行现实的支配（占有、使用及收益）,但随着社会经济生活的发展,发生了所有权的中心由"所有"向"利用"的转移,即将所有权的权能与所有人予以分离,将财产的使用价值以使用权等形式归属于他人（用益物权人）,所有人获得租金或者使用费;或者将财产的交换价值以担保物权的形式归属于担保权人,所有人则以之取得信用,获得金钱融资。于是,物权人从对标的物的现实支配,演变为收取代价或获取金钱融资的价值利益。早期所有权作为一种对财产实行现实支配的现实性权利,演变成为在财产与现实的支配分离以后,对财产的一种观念性支配权利。此外,物权的价值化更重要的表现是财产的资本化:当人们对其拥有财富的计算不再以其实际支配的物质资料（物）为标准,而更多地是以其拥有的股票、债券和其他有价证券以及各种契约权利（债权）的数量为标准时,当物权价值化的结果越来越多地是通过债权形态或者物权与债权相互混合的形态（如对有价证券的权利便将所有权与债权混为一体）而表现时,便出现了所谓"物权债权化"。

"债权物权化"是指越来越多的债权被赋予物权的效力,其中最典型的是租赁权:租赁权为债权,但在许多国家,租赁权具有越来越接近物权的法律效力。例如,在法国,对于长期租赁（租期为18—99年）,法律明文规定承租人享有物权,其理由是,承租人为改变不动产的利用模式进行了大规模的工程（荒地变良田、在土地上建筑等）。承租人权利的重要性及其期限,使法律不得不对之赋予物权的特征,使之置于不动产登记的范围及可设定抵押权。[①] 另外,还有很多其他的债权也被赋予类似于物权的效力。如在某些国家,共有人之间就共有人的分管和利用共有财产的协议（其产生的是债权）,如经过登记,可对抗第三人（如果共有人处分其份额,受让人应受其约束）;我国台湾地区"土地法"中的预告登记制赋予债权以对抗第三人的效力,动产担保交易法中的信托占有结合了物权和债权的特点[②];等等。

由此,在一些学者看来,物权与债权的联系似乎越来越紧密,物权与债权的界限似也越来越模糊,随之出现了一种对物权与债权关系的新认识,即物权与债权之间的差异或者对立,已经越来越减弱,"近代以来,正是物权与债权之相互交错、相

---

① 参见尹田:《法国物权法》（第2版）,法律出版社2009年版,第51页。
② 参见王利明:《物权法论》,中国政法大学出版社1998年版,第12页。

互转换(物权既是目的,也是手段),以至相互结为一体,才真正推动了社会经济的全面发展"。① 为此,有很多学者试图从根本上否定物权与债权的区分。有我国台湾地区的学者指出:"事实上区分某种权利为债权或物权恐怕也无太大实益,重要的是该权利具备哪些权能,例如租赁权具有对抗继受人之效力,则将其归类为债权或物权显已不重要,而信托占有制度又系混合债权和物权,则应以债权或物权称之,强为区分恐亦系自寻烦恼而无实益。""因新型财产权不断出现,物权债权相对化,财产权之制订不再限于有形财货归属秩序之确定而已。"② 而日本也有学者在惊呼"现代社会已成为一个金融资本一统天下,金融资本主义思潮甚嚣尘上的社会"的同时,认为金钱"不仅使物权与债权获得了前所未有的高度统一,同时也使二者区别之界线愈益模糊,以致使人们试图在学说上对二者加以区分已变得毫无意义及根本不可能"。③

但是,也有学者指出:无论"物权债权化与债权物权化",或者"物权本位向债权本位之转化",或者"物权从对物与人的支配,到纯粹对物的支配,再到通过支配物而支配人",所有这些从不同角度对物权进行观察后得出的结论,都仅仅具有一种揭示物权这一事物的本质所发生的发展变化的作用,而并非对物权本身(物权的基本属性)的全面否定。物权与债权在某些领域、某些场合的含混,并不等于此两项权利基本类型划分价值的丧失。至少,在重新设计全新的权利概念并以此为依据重构财产法体系的任务未完成之前,传统的物权和债权的概念必须坚持,传统的以物权和债权为基准的财产权利体系必须维护。事实上,在经济生活的绝大多数领域,物权的特性仍然存在,物权与债权的性质区分仍然存在,而对于一项权利是物权或是债权的认定,仍有重要意义。例如,我国农村集体土地承包经营权,如法律规定为合同权利(债权),则承包权的存废,取决于承包合同的效力;承包权既为债权,则不具有对世效力,如果土地经营活动被他人侵害,则承包权人只能通过发包人诉请司法保护;等等。反之,如果法律确认承包权为他物权(用益物权),则承包权一经物权设定方式予以设定,即具有极大的稳定性,承包人对土地的支配力将大大增加,承包人与土地结合的紧密程度及承包人的地位,将远远高于债权人。为此,否定物权的特性,否定物权与债权划分的意义,或者试图以一种以偏概全的分析方法从根本上模糊物权与债权的界限的做法,都是不足取的。④

---

① 〔日〕于保不二雄:《物权法》,有斐阁1956年版,第5页。转引自陈华彬:《物权法原理》,国家行政学院出版社1998年版,第19页。
② 谢哲胜:《财产法专题研究》,台湾1995年自版,第183页、第116页。转引自王利明:《物权法论》,中国政法大学出版社1998年版,第13页。
③ 〔日〕于保不二雄:《物权法》,有斐阁1956年版,第5—6页。转引自陈华彬:《物权法原理》,国家行政学院出版社1998年版,第19—20页。
④ 尹田:《物权法理论评析与思考》(第2版),中国人民大学出版社2008年版,第75页。

理论拓展之三：知识产权与物权的关系

知识产权是一种无形财产权，包括著作权、专利权、商标专用权等。理论上一般认为，知识产权是完全不同于所有权的民事权利，两者之间具有以下主要区别：(1)所有权为物权之一种，物权必须以有体物为标的，而知识产权非以有体物为标的。(2)知识产权不能具有所有权的全部权能，其中最为重要的，是知识产权的权利人不能对权利标的实施"占有"，其权利的行使采用的是一种独特的方式。(3)权利存续期间不同。所有权一般具有永久性，而知识产权通常具有时间性。(4)法律对于所有权主体的身份一般无特别要求，但知识产权通常须依赖于其权利人的职业与身份。(5)知识产权的存在和实施均须严格依从法律规定。与所有权不同，所有权所包含的对物质资料的垄断利用权（排他性）事实上更带有一种"自然性"，而作为一种法律上的垄断利用权，任何知识产权的产生通常需要法律的特别规定。同时，知识产权的法律保护通常具有国际性。(6)与所有权的取得和保护不同，行政法规对于知识产权的取得和保护具有特别重要的作用。

但也有学者认为，知识产权与所有权并无本质区别。他们指出，知识产权涉及财产（智力成果）和财产的"归属"（即知识产权具有支配性和排他性），可通过合同而转让（即知识产权具有可让与性），并具有对抗一切人的绝对效力（即知识产权为绝对权），可以说，除了权利客体非为有体物之外，知识产权在许多基本的方面与所有权并无不同。为此，这些学者认为知识产权实质上就是一种所有权，甚至认为"所有权的'硬'概念已经被知识产权的'软'概念所摧毁"。[1]

比较正确的看法是：由于法律制度发展历史的原因，知识产权与物权形成了两个相对独立的权利体系，知识产权和物权在法律特征等各方面存在重大差别。但是，作为规范智力成果的归属和利用关系的法律，知识产权法与规范有形财产归属和利用关系的物权法并无本质区别（知识产权和物权同为民事权利即私权之一种、同为财产权而非身份权、同为支配权而非请求权、同为绝对权而非相对权，等等），故知识产权应当作为与物权相关或相联系的一种财产权利而存在，物权法的基本原则，对于知识产权应当具有直接的指导作用，乃至应当允许在一定条件下，物权法的具体规范得准用于知识产权。而对于物权与知识产权的关系问题，德国学者拉伦兹（Karl Larenz）也指出："知识产权与一般的物权相比，个性更为突出，这和它们的标的为精神产品这种无体物有很大的关系。因此，物权法上的物一般情况下不应该包括精神产品这种无体物。但是，因为物权法为一切财产法的基础，故上述规则并不妨碍依据物权法原理对知识产权的拥有和行使的解释，也不妨碍物权保

---

[1] 尹田：《法国物权法》（第2版），法律出版社2009年版，第61页。

护方法在保护知识产权中的运用。"①因此,在立法体系上,基于破坏在物权与债权区分基础上建立起来的财产权固有体系结构的不必要性,包括知识产权在内的无形财产权不妨以特别法加以规定,但是,在思想观念上,包括知识产权在内的无形财产权应当作为与物权法(有形财产权法)相并列的制度,与债权法两相对应。同时,物权法的理论和规范在知识产权法理论研究和立法中的运用,应当成为当代财产法研究的重要课题。②

理论拓展之四:关于物权的本质是"人与物的关系"或"人与人的关系"的争论

对于物权的认识,最先出现的是所谓"对物关系说"。此说为中世纪注释法学派所提出,后为德国学者邓伯格(Dernburg)所倡导并予完善。依照此说,债权被认为是人与人的关系,而物权则是人与物的关系。按照这一思想,物权被定义为"人们直接就物享受其利益的财产权",亦即物权是人对物的直接支配权。

20世纪初,由德国学者萨维尼(Savigny)与温特夏德(Windscheid)为首提出所谓"对人关系说"。他们首先主张,法律所明定的各种权利,无论其性质如何,所涉及的均为人与人之间的关系,然后进一步得出物权与债权均属人与人的关系之结论。萨维尼指出:一切法律关系均为人与人之关系,故物权也为人与人之关系;温特夏德则称:权利,系存于人与人之间,而非存于人与物之间。总之,依照这种理论,既然一切权利均为人与人的关系,则物权、债权当然均为人与人的关系。二者不同之处仅在于债权作为对人权,仅得对抗特定的人,而物权作为对世权,得对抗一般人。据此,物权的定义即应是:物权为具有禁止任何人侵害的消极作用的财产权。③

在我国,上述关于物权本质的"对物关系说"与"对人关系说"一直被作为相互对立的学说被学者加以概要的介绍,继而引发诸多评说,并形成所谓"折中说",认为物权实际包括对物及对人之两方面关系,即物权不仅是人对物的支配权利,而且也表现了人们基于占有财产而发生的权利义务关系。

另有学者指出:"对物关系说"是将物权作为一种对物的直接支配权而对之所作出的一种客观、具体的描述,是以具体权利为中心,为区分物权与债权而进行的形象化陈述:债权为对人的请求权,而物权为对物的支配权。此处所谓"对人"与"对物",仅指权利行使的指向而言,而所谓"债权为人与人的关系""物权为人与物的关系",其"关系"均非指所谓"法律关系"。此种学说的贡献,在于确定了物权的支配权性质,为物权与债权的区分指出了基本的界限。而"对人关系说"则是将物

---

① 参见孙宪忠:《德国当代物权法》,法律出版社1997年版,第4页。
② 尹田:《物权法理论评析与思考》(第2版),中国人民大学出版社2008年版,第24页。
③ 陈华彬:《物权法原理》,国家行政学院出版社1998年版,第2—3页。

权作为一种法律关系而对之所作出的一种主观、抽象的描述,它将物权置于社会的广泛背景之下进行考察,从而透过物权人对物的"独立的、自主的、静态的"直接支配过程,透过人与物的关系,看到了"外界"社会即物权人之外的"任何人"所承担的消极义务(不妨害物权行使),看到了物权所表现的人与人之间的关系,并由此揭示了作为物权"当然"的本质属性"直接支配性"所包含的"保护之绝对性"(物权具有及于一切人的约束力)。而"对人关系说"的最大贡献,在于发现了与一切被认为是"绝对权"的权利(身份权以及物权、继承权、知识产权等)相对应的"义务"的存在(尽管这种所谓不作为的"消极义务"在正常情况下并不具备被人感知的外观),提供了构建绝对权之"法律关系"的基础,从而在物权等支配权与债权等对人权之间寻找到了一种"共性"(权利之通性),为建立民事法律关系的一般理论提供了理论依据。因此,与其说"对人关系说"是对"对物权学说"的批判和否定,毋宁说前者是对后者的发展和补充,二者间非为对立、冲突的关系,因而无所谓对与错。同时,由于二者并非基于同一角度、同一目的而对同一事物之本质特征的揭示,故亦不存在折中的前提。如果将二者混合,谓之"物权一方面是人与物的关系,另一方面是人与人的关系",全面倒是全面了,但并非严谨科学,因为在这里,所谓人与物的"关系"与人与人的"关系",其含义是完全不同的:前者是指权利人对权利客体的支配关系;后者是指权利人与他人之间的权利义务关系(即法律关系)。①

第二节 物权的效力

【基本原理】

一、概说

权利的效力即权利的法律强制力,亦即权利人利益之实现而获得的法律保障力。任何民事权利,其效力无不来源于法律赋予,是法律的强制力在具体的权利义务中的表现。由于不同的权利为不同利益的载体,不同利益的实现,需要借助于不同的保障方式。由此,各种权利即具有其各自内容不完全相同的具

---

① 尹田:《物权法理论评析与思考》(第2版),中国人民大学出版社2008年版,第37—38页。

体效力。民法理论分析各种权利的效力,实质上就是分析不同的权利人在不同的法律关系中实现其不同利益所获得的各种不同的法律保障力,由此揭示权利的特性和权利的具体内容。

就最基本的方面而言,物权的基本效力为其支配效力,即物权人对物的支配所获得的保障力,是物权的功能和作用的概括体现。而就权利的约束范围而言,物权的效力具有绝对性(绝对效力),其约束对象为权利人之外的一切人。

由上可见,物权的基本效力就是其支配效力,物权法的全部制度设计,莫不以物权人的支配权利为基点而展开。

但是,物权法理论对于物权的支配效力和绝对效力问题,是将其放入物权的基本特征中加以分析的,而有关物权效力的理论,却是立足于物权的支配效力如何得以保障实现而展开,亦即物权效力理论所关注的,仅仅是物权人在行使其对物的支配权利时,物权的强制力是如何对物权人支配权的完满存在和正常行使提供具体的保障方式,并不一般地、整体性地研究物权的支配效力本身以及物权在其支配效力基础上所派生的全部具体效力。

因此,在既有物权效力理论的框架之内,物权的效力不是指物权的全部功能和作用的具体表现,也不是仅仅指保护物权人的支配权的完满状态不受侵害所赋予的保障力,而是指使物权的支配效力得以完满实现而为法律所赋予的各种具体的保障力。

在传统理论中,由于角度不同、运用的逻辑方法不同,对于物权究竟具有何种效力,理论上形成不同的学说,计有"二效力说"(认为物权仅具有优先效力与物权请求权效力)、"三效力说"(认为物权在优先效力与物权请求权效力之外,尚有排他效力)以及"四效力说"(认为物权除排他效力、物权请求权效力以及优先效力之外,尚有追及效力)等三种学说。但通常认为,物权具有"排他效力""优先效力""追及效力"和"请求权效力"等四个方面的效力。

二、物权的排他效力

物权的排他效力是指同一标的物上不得成立两个以上所有权或两个以上不相容的物权,又称物权的"排他性"。

(一)"一物一权"原则

1. 一物一权的含义

"一物一权",俗称"一物无二主",是指一个物上只能设定一个所有权,反言之,一个所有权只能设定于一个物上,而不能在物的一部分上设定所有权。例如，一辆汽车上只能设定一个所有权，此项所有权可以为一人所享有，也可以为数人所享有(共有)。但在为该汽车设定所有权的同时，不可就该汽车的发动机或者车轮再行设定一个或者数个所有权。

物权的排他效力系由物权的支配权性质所产生。就所有权而言，物之归属、物之控制和支配的专一性或者独占性，决定了所有权的绝对排他效力。物权法上的一物一权原则，是物权的排他效力在所有权与财产(所有物)的关系上最为典型的表现。

对于物权法上的一物一权原则，学说上存有两种不同解释：一种为日本及我国台湾地区多数学者的解释，认为一物一权是指一物上仅能设定一个所有权，一所有权之客体，以一物为限①；另一种是我国大陆一些学者的解释，认为一物一权是指一物上仅能设定一个物权，而不能设定两个以上内容不相容的物权。②

前述两种解释中，第一种解释更为正确。这是因为，一物一权主义为物权法学说上的归纳，目的仅在表达所有权与其客体之间的关系：(1)所有权的首要目的在于确定特定的人与特定的物之间的归属关系，因此，"一物无二主"为所有权天然的要求。如果同一物上同时设立两个以上所有权，而各个所有权人都有权对同一物行使全面的支配权利，则所有权制度便无法发挥其"定分止争"的作用。(2)物权客体的独立性决定了一物之组成部分不得成立独立的所有权，只有完整的、能够独立存在的"一物"才能成立所有权(如房屋内的门和窗不得单独成为所有权的客体)。(3)物权客体的独立性同样决定了一个所有权必须设定于一个独立物之上，而不能就数个独立的物而设定一个所有权，亦即"一物仅有一权，故数个物不能成立一物权，物权之计算以一物为单位"。③ 例如，只能在一辆汽车上设定一个所有权，但不能在数辆汽车上设定一个所有权。

而他物权是由所有权派生的权利，他物权的存在以所有权的存在为前提，也就是说，只有在存在所有权的条件下，他物权才能存在，因此，在设定他物权的情形，不可能发生"一物一权"的问题。

---

① 谢在全：《民法物权论》(上册)，中国政法大学出版社1999年版，第18页；[日]铃木禄弥：《物权法讲义》，创文社1994年版，第349页。转引自陈华彬：《物权法原理》，国家行政学院出版社1998年版，第54页。

② 王卫国：《中国土地权利研究》，中国政法大学出版社1997年版，第8页；彭万林主编：《民法学》，中国政法大学出版社1994年版，第185页。

③ 谢在全：《民法物权论》(上册)，中国政法大学出版社1999年版，第19页。

2. 一物一权原则的意义

近代物权概念系由所有权发展而成,所有权居于物权体系之中心,物权的性质和法律特征往往通过所有权而加以充分体现。因此,表达所有权与其客体之间关系的一物一权原则,极好地展示了物权之最为原始的、基本的特性,即特定的人对特定的物的排他的独占。事实就是,所有权的首要功能是确定财产的归属关系,而财产归属必须确定和清晰,因此,所有人对于所有物在支配上必须具有独占性和排他性,这就是一物一权原则产生的根本原因。

一物一权原则是一个古老的原则,早在罗马法上,便已存在"所有权遍及全部,不得属于二人"的规则,这一规则为后来的大陆法系各国所采用。对于一物一权原则的存在价值,传统理论和现代理论进行了不同的阐述,归纳起来主要有三个方面:

(1) 有利于财产经济效用的正常发挥

对于独立物的利用,只能从整体上进行方可有效地发挥其经济效用。如果在物的一部分上再行设立所有权且为他人所享有,则会影响物的正常使用。而在数物之上设立一个所有权,既无必要,亦无实益。故一物一权原则便于物的利用及物权关系的简单化。

(2) 有利于对所有人支配权的保护

一物一权原则便于使物权支配对象即物权客体的范围得以清晰和确定,使其支配的外部范围明确化,以便法律对所有人的支配权予以保护。"而由于一物一权,遂间接使得物权易于公示,交易之安全因而获得确保。"[①]

(3) 有利于商品交换的进行

现代学者从商品交换需要的角度,更为着重强调交易的特点对于一物一权原则的存在所发生的决定性作用。他们认为,近代物权法上的一物一权原则是近代所有权具有商品性的当然归结。[②]"商品的所有权概念不仅要求在内容上是完整的,而且要求其客体具有物质上的统一性,或者更确切地说,应称为一物的统一性。""作为商品的所有权以对客体交换价值的独占的、排他的支配为内容,所以必然要求其客体的范围是客观的、明确的,并且通常是唯一的。"[③]这是因为,商品交换即商品所有权的交换,而商品所有权的客体在物质上的统一、在范围上的明确,则是交换得以正常进行的前提。

---

① 谢在全:《民法物权论》(上册),中国政法大学出版社1999年版,第19页。
② 陈华彬:《物权法原理》,国家行政学院出版社1998年版,第56页。
③ 〔日〕川岛武宜:《所有权法的理论》,碧波书店1987年版,第161页及第162页。转引自王利明:《物权法论》,中国政法大学出版社1998年版,第112—113页。

很显然,上述现代理论选择了与传统理论有所不同的观察角度:罗马法以来关于一物一权主义的阐释,其着眼于财产的静态归属关系确认之需求,据此,该原则的根本目的和作用被认为是表现为"定分止争";而现代理论关于一物一权主义的阐释,其着眼于财产的动态流转亦即交易进行的需要,据此,该原则的根本目的和作用被认为是在于推动经济生活的运行。

(二) 物权排他效力的理解

从本质上讲,所有权的绝对排他性,来源于所有权的基本功能即确定财产与特定人之间的归属(权利归属)关系,而不是来源于所有人对于所有物在物质形态上的控制与独占利用的必要性(所有权的首要意义在于确定财产的主人,因此,所有人最关心的是财产在"名分"上的归属,而非对于财产的实际占有)。因此,同一物上再行设定所有权,受到威胁的首先并非所有人对物的控制和利用,而是所有人对于财产之"主人"的身份,所有权排他效力的绝对性即由此而产生。但所有权的所谓"排他",仅仅指的是财产之一个主人(所有人)对另一个主人(所有人)的绝对排斥,水火不容。所有权之外的其他物权(他物权)则不同,他物权的基本功能在于对他人财产的利用(或者是使用价值的利用,或者是交换价值的利用),而不在于确定他物权人与财产之间的任何"归属",亦即他物权人最关心的不是"名分",而是对财产的实际占有、控制或者利用。因此,他物权如果具有排他性,其一定是来源于他物权人对于客体物在物质形态上的控制与独占利用的必要性。而正因为所有权与他物权之间的此种差异,遂导致所有权与他物权在排他效力的内容和适用范围上的不同:

(1) 就同一客体物,所有权与所有权之间相互排斥,但所有权与他物权之间,互不排斥。

所有权的根本作用在于确定财产归属,所有人将所有物交给他人利用,不仅不对所有人的"主人"身份产生任何威胁,相反,这恰恰是所有人行使所有权以实现其利益的必要方式(理论上称为"所有人与所有权的权能相分离")。而他物权的根本作用在于获得对他人财产的利用,并不构成对所有权的威胁。因此,所有权与他物权完全可以在同一物上并存。

(2) 就同一客体物,以占有为内容的他物权之间相互排斥,但以占有为内容的他物权与非以占有为内容的他物权之间,以及非以占有为内容的他物权之间,则互不排斥。

他物权以其设定目的不同,分为用益物权与担保物权。用益物权以对他人财产的使用、收益为目的,故用以保证用益物权实现的,是客体物的使用价值;

担保物权以用他人的财产担保债务履行为目的,用以保证担保物权实现的,是客体物的交换价值。但无论用益物权或者担保物权,基于其所设定的财产不同以及欲达目的所需之方法不同,是否有必要实际占有财产,是有所分别的:用益物权中,有的需以对标的物的实际占有为实现条件(如地上权、永佃权、典权以及某些地役权),有的则不以对标的物的独占性实际占有为实现条件(如通行地役权、眺望地役权等);而在担保物权中,也有一些需以对标的物的实际占有为条件(如质权、留置权),有一些则非如此(如抵押权)。所以,他物权相互间是否排斥,即可由此作出判定:在同一物上,不可同时设定两项以上地上权、永佃权、典权以及质权、留置权,前述他物权相互之间,也不得同时设定于一物(如在一物上,不得同时设定地上权和典权)。至于地役权,则以是否需要实际独占供役地为界限作出判断(如在同一位置之土地上不得设定两项引水渠地役权,但得同时设定两项以上通行地役权,或在设定地上权的同时,设定通行地役权)。而在同一物上,得同时设定两项以上抵押权,或同时设定一项地上权和一项抵押权。

(三) 债权无排他效力

债权是请求特定人为特定行为的权利,虽然债权设定的最终目的常常是为了取得财产(如买受人签订买卖合同的最终目的是为了获得出卖物的所有权),但债权本身并不是支配财产的权利,虽然债权常常会"指向"特定的或者不特定的财产(如房屋买卖合同关系中,买受人的债权指向出卖人以约定应当交付的房屋),但债权并非直接设定于债务人的财产之上,债权人对债务人的财产不享有任何特权,故针对债务人的全部财产,得设定数项债权(例如,甲公司向乙、丙、丁三家银行分别各借款 500 万元,对于所欠三家银行的债务,甲公司依法均以其现有的和未来的全部财产保证履行);针对债务人的特定财产,亦可设定数项债权。如下例:

> 甲将其特定房屋出卖给乙,双方签订了房屋买卖合同,约定一周后交房并办理所有权过户登记手续。两天后,甲又以更高价格将同一房屋出卖给丙,与丙签订了房屋买卖合同,并当即与丙到房管机关办理了房屋所有权过户登记手续。乙知情后,主张甲和丙签订的房屋买卖合同无效。乙的主张能否成立?

上述情形为典型的"一物二卖"。甲和乙签订房屋买卖合同的法律效果,是在甲、乙之间设定了债权债务关系,乙享有请求甲照约定交付房屋和办理所有权过户登记的债权。此项债权针对的是甲出卖的房屋,但债权人乙并不因此而对该房屋享有任何支配权,甲也并不因为该项债权的成立而丧失对房屋的所有权。因此,当甲又将同一房屋出卖给丙并将房屋所有权通过办理过户登记而转让给丙时,其行为并不构成无权处分。甲和丙所签订的房屋买卖合同应为有效。而当甲和丙签订合同时,针对同一标的物(房屋),即同时设定了两项债权,该两项债权(两个买卖合同)均为有效。甲将房屋所有权经过户登记而转移给丙,无法履行对乙所负债务,应当承担违约责任。

各国民法均认定在"一物二卖"的情况下,两个债权关系原则上均能成立,其立法依据主要是:(1) 债权无排他性,故可针对同一标的物设定两项以上的债权;(2) 通常情况下,"一物二卖"反映了市场条件下的正常的商业竞争,法律无必要禁止;(3) 从经济学的角度看,愿意以较高价格获得财产的人通常是最需要该项财产的人,因此,将财产分配给最需要的人,符合经济效益最大化原则;(4) 未获得财产的债权人的利益可以通过追究债务人的违约责任而获得充分补偿,所以,规定"一物二卖"原则上两项债权均成立,不违背公平原则。

不过,在"一物二卖"的情况下,如果第二个买受人签订合同的目的纯属恶意,即纯粹是为了损害第一个买受人的合法利益,则其签订的合同应属无效。如下例:

> 乙公司向甲公司订购了一批机器设备配件,价格为20万元。丙公司为乙公司的同业竞争者,为使乙公司因无法按时获得该配件而不能及时投产,丙公司遂以50万元高价诱使甲公司同意将该批专为乙公司生产的产品向其出卖,而丙公司购买该批产品根本无法使用,其纯粹是为了达到不正当竞争的不法目的。

上述案例中,丙公司与甲公司签订的合同应属无效。

三、物权的优先效力

(一) 物权的优先性

物权的优先效力,是指当物权和债权发生冲突时,物权的实现优先于债权,又称物权的"优先性"。

所谓"权利冲突",是指两项以上分属不同权利人的权利在实现上发生了冲突,即其中一项权利的实现会妨碍另一项权利的实现。例如,当债务人的全部财产不足以同时清偿其数个债权人所享有的债权时,即发生债权与债权之间的冲突。由于债权是一种请求权,债权人对于债务人的财产不享有支配权利,所以,法律解决债权冲突的原则是:各债权人应按其债权金额的大小,就债务人的财产按比例平等受偿,但法律有特别规定的除外(如在企业法人被宣告破产的情况下,按照《中华人民共和国企业破产法》(以下简称《企业破产法》)的规定,企业职工因其工资和福利待遇而对企业享有的债权,优先于其他债权而受偿);又如,在同一物上设定数个抵押权时,如果变卖该抵押物所得的款项不足以使数个抵押权都能实现,即发生物权(担保物权)与物权(担保物权)之间的冲突。由于物权是对特定财产的直接支配权利,因此,法律解决物权冲突的原则是:物权设立的时间在先,则权利实现在先。由此,应根据数个抵押权成立时间的先后决定其顺位,先成立的优先受偿,但法律另有特别规定的除外(如根据我国《物权法》第239条的规定,当抵押权和留置权设定于同一物时,法定担保物权优先于约定的担保物权,因此,留置权优先于抵押权)。

物权和债权的冲突主要表现为担保物权与普通债权的冲突。如甲公司向乙银行贷款800万元,以其一幢房屋设定了抵押。此外,甲公司尚欠丙公司300万元货款。上述两项债务均已到期,甲公司无力偿还。于是,乙银行和丙公司均主张以甲公司的该幢房屋的价值清偿债务,但该幢房屋拍卖后的价格仅900万元,不足以同时清偿甲公司所欠乙银行和丙公司的全部债务1100万元。此种情形,乙银行所主张的抵押权与丙公司所主张的债权发生了冲突。由于物权是对特定财产的直接支配权,而债权仅是请求权,所以,法律对于物权与债权冲突的解决原则是:物权优先于债权。据此,该幢房屋拍卖后的900万元,首先应用于乙银行抵押权的实现,剩余部分再用以清偿甲公司所欠丙公司的债务。

对于物权的优先效力,理论上主要存在两种不同观点:一种认为物权的优先效力仅指在同一标的物上物权与债权并存时,物权优先于债权;另一种认为物权的优先效力不仅指物权优先于债权,而且包括在同一物上并存两项以上物权时,先设定的物权优先于后设定的物权。鉴于物权与物权的冲突主要发生于就同一物设定数个抵押权的情形,而数个抵押权根据登记设立的先后顺序而行使,实际上只是物权效力的强弱问题而非优先问题[①],与此同时,物权的优先效力应当是指全部物权所具有的一般效力,其所谓优先与否,是针对物权之外的其他权利(主要是债权)而言,所以,物权的优先效力应当指的是物权优先于债权。

(二) 物权优先性的例外

物权优先于债权的原则也存在例外:法律基于公共政策或者弱者保护需

[①] 史尚宽:《物权法论》,中国政法大学出版社2000年版,第10页之注释(1)。

要,有时会特别规定在某些特殊情况下,债权优先于物权。主要包括四种情况:

1. "买卖不破租赁"

在租赁合同(尤其是不动产租赁)存续期间,如果出租人将租赁物予以出卖,受让租赁物的第三人(新的所有人)必须尊重承租人的租赁权利,此种情形,俗称"买卖不破租赁"。在前述情况下,实际上发生了受让租赁物的第三人所享有的所有权(物权)与承租人享有的租赁权(债权)之间的权利冲突,法律为了特别保护租赁关系的稳定,确定了"买卖不破租赁"原则,使租赁物受让人所享有的所有权不得对抗承租人的租赁权。

2. 商品房购买人的债权

在房地产开发商将所建造的商品房作为抵押物向银行抵押贷款,而该商品房已经出售给购房人的情况下,根据我国最高人民法院于2002年6月20日公布的《关于建设工程价款优先受偿权问题的批复》第2条的规定,如果商品房住宅的购买人交付了全部或者大部购房价款,则其享有的请求开发商交付房屋并转移房屋所有权的债权优先于房屋抵押权。

3. 船舶优先权

船舶优先权是指海事请求权人向船舶所有人、光船承租人、船舶经营人提出海事请求时,依法对产生该海事请求的船舶的价值所享有的优先受偿权利。(《中华人民共和国海商法》(以下简称《海商法》)第21条)

所谓"海事请求"包括船长、船员等人员的工资、其他劳动报酬、船员遣返费用和社会保险费用的给付请求等。在设定了船舶留置权或者船舶抵押权的情况下,如果船舶拍卖的价款不足以同时清偿船舶留置权或者船舶抵押权所担保的债务以及所欠船长、船员等的工资及其他费用,依照我国《海商法》第25条第1款的规定,船长、船员等工作人员的工资、其他劳动报酬、船员遣返费用和社会保险费的给付请求权,优先于船舶留置权和船舶抵押权。

4. 民用航空器优先权

根据我国《中华人民共和国民用航空法》(以下简称《民用航空法》)第22条的规定,就特定的民用航空器的价值,因援救该民用航空器的报酬的请求权、因保管维护该民用航空器的必需费用的请求权,优先于设定在该民用航空器上的抵押权。

四、物权的追及效力

物权的追及效力是指物权的标的物不论辗转到了何人之手,物权人均得追及至物之所在,对物的不法占有人主张其对物的支配权利。例如,甲的手表丢失,被乙拾得并据为己有,后该手表又被丙偷去,甲有权直接请求丙返还该手表。

物权的追及效力,从一个侧面揭示了物权人与物权标的物之间的支配关系:无论占有标的物的人与物权人有无直接关系,除非其根据善意取得制度或者取得时效制度而依法取得了标的物的物权,否则,物权人均得"追而及之"。在此,物权作为一种对物的直接支配权而非对特定人的请求权的特性,表露无遗。具体而言,无论以对标的物的占有为条件或者不以占有为条件的物权,只要标的物被他人不法占有或者转让,物权人均得要求任何不法占有标的物的人返还财产。在这一方面,债权人则无能为力:当债务人应当给付的标的物被他人不法占有时,仅债务人依据其对财产享有的物权请求其返还,债权人无权"追及"至财产所在地请求财产的不法占有人返还财产。

五、物权的请求权效力

物权的请求权效力是指当物权的圆满状态受到妨害或有被妨害的危险时,物权人得请求妨害人为一定行为或不为一定行为,以恢复物权的圆满状态。物权人享有的此项权利被称之为"物权请求权"或者"物上请求权"。

物权请求权具体包括排除妨害请求权、返还原物请求权等。(详见本书第九章)

【思考问题】

思考题三:超过 2 年诉讼时效期间,出租人能否请求承租人返还房屋?

甲将房屋出租给乙,租赁期满后,甲要求乙搬出,乙提出再给半个月的宽限期以另找住房,甲予以同意。宽限期满之后,甲出国并因故一直滞留国外,无暇过问此事,乙也继续居住,且一直未交租金。两年多之后,甲返回,要求乙立即返还房屋,被乙拒绝。甲遂以租赁合同纠纷为由起诉到法院,主张:双方的租赁合同期满之后,乙不履行返还租赁房屋的义务,并一直非法占有使用该房屋,故请求法院责令乙返还租赁的房屋,并支付两年多期间的房屋使用费。庭审中,乙提出抗辩:租赁合同期限届满后,自双方后来约定的承租人履行返还租赁物的宽限期届满之日起,出租人甲请求返还租赁物的债权已经超过法定 2 年的诉讼时效期间,故承租人乙有权不予返还。此外,根据我国《民法通则》的规定,出租人请求承租人支付租金的权利,其诉讼时效为 1 年,故甲仅有权请求乙支付在其要求乙返还房屋之前 1 年内的租金,对其他部分租金的请求权,亦因诉讼时效届满而不应受保护。

问:(1) 乙的主张能否成立?(2) 如果乙的主张成立,甲就不可能要回自己的房屋了吗?

【理论拓展】

理论拓展之五:集合物的独立地位及其对一物一权原则的挑战

一物一权原则在现代民法理论上遭到严厉批评,一些学者认为,这一原则已经不适应现代经济生活的发展,故应当予以修正。其中,所谓"集合物"在法律上的独立地位,是主张对一物一权原则予以修正的重要理由。

(一)"集合物"的概念和特征

集合物是指基于交易成立的需要,数个独立物相互结合从而成为一项交易的标的物,该数个独立物从整体上被称之为"集合物"。例如,一家商场将其全部财产(包括库存商品、货柜、冰箱、办公桌及其他物品等)作为一项买卖合同的标的予以出卖。该项买卖合同的标的物即为集合物。

依通常的解释,集合物是指数个独立物为同一目的而相互结合并发挥其效用时之整体。如家庭或者企业的全部财产或其某一部分财产。有学者进一步指出:集合物应分为两种类型:一是事实上的集合物。如商店的全部商品、工厂的机器设备。二是法律上的集合物,指权利和物的集合,包括营业财产、企业财产、破产财产、共同继承财产、合伙财产等,并认为事实上的集合物,除法律另有规定外,不得单独成为物权的客体。①

但上述解释容易引起误解。实际上,所谓"集合物"与其所有权同属一人的"财产群"是有本质区别的。所有权同属于一人或者数人的"财产群"(如图书馆拥有的全部图书、企业的全部财产、家庭全部财产以及合伙财产等)在不发生整体交易时,将之命名为"集合物"是没有意义的。实质上,"集合物"这一概念的意义不在于毫无目的地描述处于静止状态之下的某种"财产群",而是在于揭示某种"财产群"在整体性进入交换时所具有的特殊的法律作用。

---

① 王利明:《物权法论》,中国政法大学出版社 1998 年版,第 123 页。有关资料表明,上述"事实上的集合物"与"法律上的集合物"的区分似来源于法国民法理论。法国民法理论将财产分为独立物与集合物两种。独立物为单一存在之物,集合物为物的总体(又称为特定的或不特定的"全部财产")。在此基础上,有法国学者又根据集合物产生的不同原因,将之分为"事实上的集合物"与"法律上的集合物"。所谓"事实上的集合物",指数个财产依所有人的意思而被视为统一的财产,其可由相同性质的财产构成(如畜群、一批图书),其可成为一项买卖或这一项遗赠的标的物,而无须将之划分为具体的数项买卖关系(一群马的买卖并不等于各匹马的买卖的总和)或者数项遗赠的总和。事实上的集合物也可由不同质的财产所构成,如由设备、商品等有形财产与商业名称、发明专利等无形财产所构成的"营业资产";所谓"法律上的集合物",则同时包含积极财产和消极财产(债务)。参见尹田:《法国物权法》(第 2 版),法律出版社 2009 年版,第 110—112 页。

"集合物"具有如下特征:

1. "集合物"作为一项交易之不可分割的一个标的,是交易成立的基本条件

基于同一目的而相互结合并发挥其整体效用的"财产群",较之单独存在的财产或者在使用上毫无关联的"一堆财产",具有更高的使用价值。实际生活中,当此种"财产群"被作为一个交易的标的而整体转让时,对于交易的价格尤其是交易的成立无疑具有决定作用(当一个商场的全部资产被整体出售时,买受人即可立即继续经营,故其价格通常不能等同于该财产分散出售价格的总和。与此同时,整体出售是该交易得以成立的前提条件)。因此,在集合物的交易中,出卖人的部分不履行可导致合同的全部解除而非部分解除。

2. "集合物"常为不同种类的各种财产的整体结合

如前所述,理论上将集合物分为两种:一种是"事实上的集合物",指数个财产依所有人的意思而被视为整体性财产,其可由相同性质的财产构成(如畜群、一批图书),也可由不同性质的财产所构成,如由厂房、机器设备、产品和原材料等有形财产与企业名称、发明专利、商业秘密等无形财产所构成的企业全部财产;另一种是"法律上的集合物",指同时包含积极财产(有形财产、无形财产和财产权利)和消极财产(债务)的财产总和。但无论事实上的集合物或者法律上的集合物,均仅在作为一项整体交易的标的时才具有集合物的性质和地位。

由此可见,构成"集合物"的财产,不一定都是物(有形财产)。

(二)关于集合物上可以设定一个所有权的论述及其评价

罗马法和《德国民法典》均不承认集合物可成立一个所有权。但这种传统的一物一权原则在近代以来遭到越来越强烈的批评。

德国学者基尔克认为,德国民法按照罗马法原理实行彻底的一物一权主义,否认集合物可以成为所有权的客体,甚有不妥。因为日耳曼法从很早时起就承认对单个物的分别支配,同时也承认对各个物的集合而形成的对各个物的共同支配,这两种支配在日耳曼法中是同时存在,而且能够协调一致。[①] 据此,有国内学者认为,集合物可形成共同的交换价值,成为交换客体(如将整座工厂及工厂内的设备以某种价格出售),得在交易时从观念上将之与其他物分开,从而在观念上形成一个特定的独立物,成为单独的所有权客体。而集合物作为所有权的客体不是因为使用上的原因而是因为交换上的原因(集合物所具有的整体上的经济效用,使其能够形成总体上的交换价值),因此,只有在作为交易的对象时,集合物作为物权客体的价值才能表现出来。[②] 而日本学者川岛武宜的两段话,则被作为上述论证的论

---

① 王利明:《物权法论》,中国政法大学出版社1998年版,第124页。
② 同上书,第125页。

据:"当集合物的交换价值成为现实性的东西时,集合物的统一性存在于法的世界就变成了现实性的东西。""使近代法中的集合物成立的时机,是该组成物之间的交换价值的关联,集合物的近代性格正是存在于这一点上。"①而事实上,川岛武宜自己已经明确指出:构成集合物的各个物的所有权与对集合物的所有权同时存在是可能的。因为物的支配秩序,完全由物的利用决定。②与此同时,另有日本学者更为具体地指出以"一群羊、商店内的全部商品、一个图书馆"为标的的交易,说明了"社会交易上发生了于一个集合物上得成立一个所有权的情形"。③为此,"学者通说"认为,集合物只要具备三个要件(集合物与构成集合物的各个物具有不同的利益;不悖于物权特定原则;合于物权公示原则),则可将其视为经济上的"一物"而成立单一的物权。④

但也有学者指出,交易的需要确实使集合物被视为一项不可分割的整体性财产,但将之视为一个独立物并赋予其独立的所有权,既无意义,亦无可能:

1. 认定集合物上存在一个所有权,无助于交易的成立

交易的标的与所有权的标的非属同一,不可混淆。如无以集合物作为一个交易的标的,固然可使有关交易不能成立,但对当事人而言,该集合物究竟应视为一个所有权的标的还是数个独立的所有权的标的的结合,对其决定是否进行交易毫无影响。

2. 认定集合物上存在一个所有权,无助于交易的实行

在以集合物为标的的交易中,构成集合物之组成部分的各独立物,其所有权的变动并不因其为集合物的构成部分而与其他同类的物有所不同:例如,企业整体出售其全部财产时,该集合物中的不动产的所有权变动必须依登记发生,不因其为集合物之构成部分而有所豁免,甚至就物权变动登记事项之办理,不同不动产的物权变动登记亦须各别进行,也不因其为集合物之构成部分而"捆绑"在一起(例如,作为一个集合物组成部分的两项房地产至少须办理两项物权变动登记而非一项登记;当集合物中包括房屋和汽车时,房屋物权变动登记机关与汽车物权变动登记机关也不因此而合二为一);涉及集合物中的动产,如无特别约定,其所有权变动只能依每一单独动产的交付而发生。至于集合物中的知识产权等无形财产,其权利变

---

① 〔日〕川岛武宜:《所有权法的理论》,碧波书店1987年版,第170页。转引自王利明:《物权法论》,中国政法大学出版社1998年版,第125页。
② 〔日〕川岛武宜:《民法总则》,有斐阁1980年版,第150页。转引自梁慧星主编:《中国物权法研究》,法律出版社1998年版,第39页。
③ 〔日〕铃木禄弥:《物权法讲义》,创文社1994年版,第349—350页。转引自陈华彬:《物权法原理》,国家行政学院出版社1998年版,第55页。
④ 〔日〕铃木禄弥:《物权法讲义》,创文社1994年版,第350页。转引自陈华彬:《物权法原理》,国家行政学院出版社1998年版,第55页。

动方式自应依相应的法定程序进行,并不因其为集合物的构成部分而与同类权利有任何区别。

据此,集合物在交易上具有独立地位不等于其在物权法上具有独立地位。集合物上没有必要、也没有可能设定一个所有权。①

理论拓展之六:关于企业法人财产之"双重所有权"的理论及其评析

我国法学界长期存在的有关企业法人财产"双重所有权"的理论,是对一物一权原则的根本否定。

从20世纪80年代我国改革开放初期开始,就国有企业财产所有权归属问题,我国民法学界和经济法学界展开了长期的讨论。需要解决的问题是:在绝对不能否定国家对国有企业财产享有所有权的前提之下,如何界定企业的独立财产权性质。当时,出现了很多"双重所有权"理论。(如有人借鉴英美法上的信托制度,认为国有企业占有的财产是国家信托给企业的财产,企业作为受托人享有"信托所有权",而国家作为委托人享有"收益所有权";也有人认为对于国有企业的财产,国有享有"国家法上的所有权"即直接或者间接影响企业经济活动的经济权能,而国有企业则享有"商品所有权",只能在民事流通领域适用;等等),但是,这些理论均未被采用。最后,被官方所采用的是所谓"两权分离"理论(即国家对国有企业财产享有所有权,国有企业对财产享有经营权)。但实践证明,这种理论,根本不能解决国有企业对财产的独立支配问题。以后,伴随经济体制改革的深化、公司制度的引入,人们发现,依照公司的"人格"观念,公司的财产所有权属于公司,而企业(包括国有企业)的财产所有权当然属于企业,国家与公司的股东一样,不过居于投资人的地位,而投资人当然不能享有对所投资的企业财产的所有权。由此,"两权分离"理论被抛弃,"经营权"的概念被含义模糊的所谓"法人财产权"所取代。但迄今为止,仍然有一些学者继续坚持国家对国有企业财产享有所有权的主张,进而坚持公司的股东(投资者)对公司的财产享有所有权(所谓"价值形态的所有权")的主张,同时认为公司也对公司财产享有所有权(所谓"使用形态的所有权"),由此形成"双重所有权"的理论。

有学者指出:法人财产双重所有权的观点在理论上不能成立,在实践上有害无益:(1)这种理论的实质在于对所有权进行了肢解,否认了所有权的绝对性或者排他性,弱化了所有权制度规范财产归属关系之"定分止争"的基本功能,破坏了物权制度最为基本的观念。(2)这种理论的效果是导致公司股东与公司的人格混同,如果股东对其投资仍享有所有权,则公司就没有真正归其所有的独立财产,公司因

---

① 尹田:《论一物一权原则及其与"双重所有权"理论的冲突》,载《中国法学》2002年第3期。

此也就不成立其独立人格。(3)这种理论扭曲了所有权的概念。民法上的所有权,为对物的占有、使用、收益、处分的权利,股东对公司财产享有的所谓"价值形态的所有权",根本不是法律意义上的所有权。(4)这种理论的目的,是坚持国家行政权力对国有企业财产的直接控制和对企业经营活动的直接干预,背离了我国经济体制改革的基本走向。①

【本章思考问题参考答案】

思考题一参考答案:

物权是绝对权,故物权对一切人均可产生约束力;债权是相对权,故债权只能约束债务人而不能约束第三人,即债权人只能向债务人主张其债权。本案中,丙银行请求返还借款的权利根据丙银行与乙公司之间签订的借款合同而产生,其性质为合同权利即债权,此项债权只能向借款合同的相对方即乙公司(借款人)行使,而不能向甲公司(第三人)行使。甲公司获得该笔贷款是基于其与乙公司签订的借款(转借)合同,甲公司因此对乙公司应承担返还借款的债务,但甲公司与丙银行之间不存在权利义务关系。因此,除非乙公司以甲公司的代理人身份与丙银行签订借款合同,否则,丙银行无权对甲公司主张该笔贷款的返还权利。

当然,在乙公司怠于行使对甲公司享有的借款返还请求权的情况下,丙银行有权根据《合同法》第73条的规定,以自己的名义代替其债务人乙公司行使乙公司对甲公司的债权(代位权),但丙银行不得依据自己对乙公司享有的债权向第三人甲公司主张借款返还请求权利。

思考题二参考答案:

乙公司的主张不能成立,原因是:乙公司对甲公司办公大楼的楼顶所享有的使用权利,是基于乙公司与甲公司所签订的合同而产生,这一权利的性质属于债权。由于债权是相对权,只能约束债务人,而不能约束第三人,因此,在甲公司将办公楼出卖给丙公司之后,因丙公司并未承诺继续承担甲公司对乙公司所承担的合同义务,故乙公司与甲公司签订的合同对于丙公司不能产生约束效力,乙公司无权请求丙公司继续履行甲公司所签订的合同。甲公司因将办公大楼出卖给丙公司而丧失其财产所有权,导致其无法履行对乙公司承担的合同义务,乙公司有权解除合同并追究甲公司的违约责任。

乙公司对办公大楼的楼顶所享有的使用权如果能够按照物权(不动产用益物权)的设立方式予以设立,即在签订合同之后,采用不动产物权登记的方式予以设

---

① 参见尹田:《论一物一权原则与"双重所有权"理论的冲突》,载《中国法学》2002年第3期。

立,则该使用权即可成为物权并具有物权的绝对效力,即使甲公司将该不动产所有权转让给丙公司,乙公司所享有的该项物权也不受任何影响。但是,我国《物权法》没有明文规定该种对不动产的使用权属于用益物权,故乙公司无法通过登记的方式将之设定为用益物权。

此外,不动产租赁通常是将不动产按其本身的用途有偿地交由承租人占有、使用(如住房租赁的目的在于居住房屋、土地租赁的目的在于耕种土地),承租人具有特殊的法律地位,享有很多法定权利(如优先购买权、"买卖不破租赁"等),而将楼顶用于设置广告牌,不是楼房本身的用途,故不宜赋予使用人以承租人的法律地位,对楼顶的有偿使用关系,也不宜认定为不动产租赁关系。因此,乙公司不得主张"买卖不破租赁"。

思考题三参考答案:

本案中,甲以租赁合同纠纷为由提起诉讼,请求法院责令乙返还租赁的房屋并支付两年多期间的房屋使用费,甲所主张的两项权利的性质均为债权,因债权应适用诉讼时效的规定,故债务人乙以诉讼时效期间届满为由提出抗辩,乙的主张能够成立。但是,如果甲另行提起诉讼,依据自己对房屋所享有的所有权,请求乙返还其不法占有的房屋,则甲所主张的便是物权请求权(返还原物请求权),因物权请求权不适用诉讼时效的规定,故乙无法以诉讼时效期间届满为由主张抗辩。

第二章 物权的客体

第一节 物权客体的特征

【基本原理】

一、物权客体的概念

（一）物权客体的定义

物权的客体是物权指向的对象,也就是被设定了物权的财产。此种财产,主要是指有形财产,在传统民法理论上称为"有体物"。

我国《物权法》第 2 条第 2 款规定:"本法所称物,包括不动产和动产。法律规定权利作为物权客体的,依照其规定。"据此,作为物权客体(标的)的"物",主要指的是动产(即电视机、汽车等可以移动的财产)和不动产(即土地以及土地上的建筑物等不能移动的财产)。但在特殊情况下,某些财产权利也可以作为物权的客体(如专利权、股权等权利可以用于质押担保,从而成为担保物权的客体)。

（二）物权客体的范围

作为直接支配财产的权利,物权是在特定的财产上所设定的一种权利。但物权法上的"财产"具有特定的含义,必须予以正确理解。

大陆法系民法理论上的"财产"一词,具有多种含义。

在古代罗马法上,存在所谓"有体物"和"无体物"之分,有体物为"实体存在于自然界之物质",无体物为"法律上的拟制关系"即权利。近代民法理论中,财产首先有广义和狭义之分。有的人认为,所谓"广义财产",指的是物与一切有经济价值的权利,包括债权、有价证券、知识产权等。而"狭义财产"则仅指物(有体物)。[①] 也有人认为,财产指具有经济价值、依一定目的而结合之权利义

---

① 参见王利明:《物权法论》,中国政法大学出版社 1998 年版,第 20 页。

务的总体,即财产由积极财产和消极财产构成。"财产上权利之总体,谓之积极财产;财产上义务之总体,谓之消极财产。财产一语,用于广义,则包括积极财产与消极财产二者;用于狭义,则专指积极财产。"①

作为物权客体的"物",既不是指"广义财产",也不是指包括各种权利在内的所谓"积极财产",而主要指的是"有体物"(即有形财产)。物权的客体原则上仅以有形财产为限,与所有权在历史上被确定为一种对有形财产的支配权利有关,因此,德国民法理论在创设物权概念和物权理论体系时,仅仅针对的是对有形财产的支配权利。而包括知识产权在内的各种对于无形财产的支配权利,则根据其自身发展的轨迹,形成一套相对独立的、以知识产权法为主干的规则体系。

因此,典型的物权,其客体应为有体物,即占据一定空间且得为人力所控制和利用的物质资料。但是,随着现代社会科技的发展,自然界存在的许多不具有物质形态的"自然力"(如电、热、声、光、无线电频谱资源等)能够为人力所控制支配并具有经济价值,对于这些"自然力",同样发生支配权的确定问题。由于物权的规则大致可以适用于人们对于"自然力"的支配关系,而法律没有必要在物权体系之外另行专设一套规则体系对之予以调整,故各国法律多将这些具有排他的支配可能的"自然力"视为物,使之成为物权的标的。

此外,人的身体之一部分以及尸体、遗骨,虽因无经济价值而不具有"财产"的属性,但在一定范围内(如丧葬、祭祀等),仍发生支配权利的问题,故在不违背公序良俗的条件下,其亦得成为所有权的标的。而某些不具有经济价值的物品(如私人信件等),也被视为所有权的客体。与此同时,近代以来,随着土地利用方式的发展,土地之上或之下的"空间",在特定条件下也被认为可以成为物权的标的。而在法律有特别规定的情况下,某些担保物权也可以以权利为标的(如以土地使用权为标的的抵押权,以有价证券、股权、知识产权、债权为标的的质权等)。

总之,物权原则上以有形财产作为标的,将无形财产排除在其客体范围之外,主要是由知识产权法律制度的历史发展所决定,而某些有形财产权之外的支配权利被纳入物权的范围,则主要是由于法律规范安排的便利所致。

前述我国《物权法》第2条第2款的规定在将有形财产作为主要的物权标的的同时,也指明:依据法律的特别规定,权利也可以作为物权的标的。而在有形财产中,能够作为物权标的的"自然力"(电、热、声、光、无线电频谱资源等)乃

---

① 梁慧星:《民法总论》,法律出版社1996年版,第88页。

至人体的一部分和尸体等,应当解释为具有动产的性质。

二、物权客体的特性

物权是直接支配物的权利,由于物权的支配权性质,作为物权客体的物,具有现实性、特定性和独立性等特点。

(一)物权客体的现实性

由于物权是一种直接支配物的权利,所以,物权的客体必须是现实存在的、具体的物,而不能是客观上并不存在的或者只是在人们观念中抽象存在的"物"。事实上,人们只能支配一件实际存在的物品,但无法支配一件根本不存在的、或者只是存在于头脑想象中的物品。因此,一切所有权或者他物权都是设定于现实存在的物品之上。虽然人们有时也在为将来出现之物设定所有权(例如,甲、乙双方约定共同出资修建房屋,房屋建成后,其所有权归双方共同享有),或转让将来之物的所有权(例如,甲、乙双方约定,甲将下个月生产的全部产品按确定的价格出卖给乙),但这里的"所有权"只能是"未来"的而非现时的。这就是说,物权必须设定在现实存在的物之上,如果原已设定物权的物由于某种原因而毁损灭失,则该物权即不复存在。

(二)物权客体的特定性

1. 物权客体的特定性与"特定物"的区别

世间万物中,物与物相互之间有可能全然不同(如一匹马与一头牛),也有可能十分相似(如两台相同品牌和型号的电脑),但在物质形态上,一物与他物总是可以区别的。因此,现实存在的物品都是具体的、特定的。就支配权而言,由于权利人有权支配的范围必须确定,所以,物权只能设定于具体的、特定的物之上。人们可以说"这10吨钢材的所有权为我所享有",但人们不能说"仓库里堆放的一堆钢材中,有10吨钢材的所有权为我所享有"。这就是说,物权只能设定于具体的物品之上,只有设定于具体物品上的物权,才有可能是确定的。

对于物权客体的这一特性,罗马法上即有"所有权不得未确定"之法谚[1],德国民法上则有"物权标的特定性原则"(Spezialitätsprinzip)[2],但应注意的是,物权客体的特定性(特定的物)与民法上的"特定物"的概念是完全不同的。

对于"物",民法理论上存在"种类物"与"特定物"的区分,但其区分的根据

---

[1] 谢在全:《民法物权论》(上册),中国政法大学出版社1999年版,第17页。
[2] 孙宪忠:《德国当代物权法》,法律出版社1997年版,第6页。

是债权关系(主要是合同关系)中债务人"应当"交付的财产的不同形态,这种区分完全不适用于物权的客体。

所谓"种类物",是指在债权关系成立时,当事人仅仅确定了一方应当向对方交付的物的种类(表述为"品种、规格、重量、尺寸"等)的物(如10吨钢材);所谓"特定物",是指在债权关系成立时,当事人已经具体确定了的债务人应当交付的物(如特定的一套房屋)。民法上"特定物"与"种类物"之分,完全是针对债权关系(主要是合同关系)而设。

合同是商品交换的法律形式,交易双方通过订立合同而设立债权债务时,其确定的只能是债权人有权请求的给付以及债务人应为的给付。债权的价值在于强制债务人履行承诺,即强制其于约定的期限交付一定的物品(或为其他给付),至于该种物品在债权成立时是否实际存在,或是否为债务人所实际占有,或是否已在实物上予以具体确定,并不影响债权的存在和效力。质言之,由于债权非为直接建立债权人与应为给付的标的物之间的归属关系或者支配关系,由于债权不可能也不必直接设定于具体、确定、实际存在的物品之上,故债的给付的标的物可以是现存之物(如出卖一套已经存在的房屋),也可以是未来出现之物(如出卖一套尚待修建的房屋);可以是以实物形态加以确定的物(即某件特定的物品,如"这台"笔记本电脑),也可以是以物品的类型加以确定的物(即某种物品,如"一台"某种型号的笔记本电脑)。债的给付的标的物如为以实物形态加以确定的物,则债务人必须依约定交付"该件"实物;如债的给付的标的物为以物品类型加以确定的物,则债务人必须交付"该种"物品。由此,依债的关系所确定的给付标的物的不同,民法上将之划分为"特定物"与"种类物",以此揭示给付标的物不同的债在债务的履行、标的物意外灭失的风险负担以及瑕疵担保等方面的不同的法律效果。由此可见,离开债权所反映的交易活动领域,特定物与种类物的区分便丧失了意义。因为在财产支配领域,绝对不存在"未来的"或者"不特定的"物:如前所述,世间万物,只要是现实存在的,都是具体的,都具有特定性。

据此,物权客体的"特定性"指的是物权标的物的现实、具体和确定的客观存在,其与债权法上的"特定物"具有完全不同的含义。

2. 货币的特征

一般的有形财产具有两个特征:一是具有使用价值,可以直接满足人们的物质或者精神需要;二是客观上具有某种物质上的独特特征,可以相互识别(例如,造型相同的房屋可以通过其地理位置的不同予以区别,而表面上完全一样的物品,也总是存在某些外在的或者内在的差异,可以通过肉眼或者仪器分析而予以辨认)。但与一般的有形财产不同,作为商品交换中的一般等价物的货币,其本身不具有使用价值(即货币本身无法直接满足人们物质或者精神的需要),与此同时,表现为钞票或者硬币的货币,其相互之间虽然在客观上能够予以识别(如不同的钞票具有不同的编号),但此种识别毫无意义,故从生活习惯上讲,货币不具有可识别性。因此,在债权关系中,货币在被作为给付的标的时(如应交付的货款、应返还的借款等),总是属于以"金额"为计量的种类物。而在物权关系中,货币作为物权的客体,其特定性不可能通过货币本身的某种特征(可识别性)加以表现,只能通过特定的人对特定的货币的实际控制(占有)而加以表现。因此,一般而言,货币在物权关系中具有以下特征:

(1) 对货币的物权的享有须以对货币的占有为条件

一般的有形财产本身即具有特定性,故财产的物权人丧失对财产的占有,并不当然丧失其对财产的物权,例如,出租人将其享有所有权的财产交付给承租人使用、所有人的所有物被他人非法占有等,所有人均不丧失对财产的所有权。但货币的特定性表现为对货币的占有,故货币的物权人一旦丧失对货币的占有,即当然丧失对该货币的物权,例如,金钱借贷的出借人将借款交付给借款人,出借人即丧失对货币的所有权,只能请求借款人返还约定金额的货币,而不能请求其"返还原物"。同样,在货币被他人不法占有的情形,由于该货币一旦被他人占有,即被混入该他人的货币而无法辨认或者无须辨认,故权利人仅能请求不法占有人返还相同金额的货币,也不得请求其"返还原物"。

由此可见,在以货币为给付标的的存款关系中,一旦存款人将货币交付给银行,存款人即丧失对该货币的所有权,同时取得对银行的一项请求支付约定金额的货币(本金与利息)的债权。存款人在银行开设的资金账户上所记载的存款"金额",并非特定的货币,而是存款人对银行享有的债权的数额记载。

(2) 在货币上只能设定所有权而不能设定他物权

既然对货币的支配权须以占有货币为前提,则除所有权之外,人们不可能在货币上设定他物权。因对货币的使用必须以占有货币为前提,而对货币的使用则表现为对货币的处分,故不可能在他人享有所有权的货币上设定用益物权(即不可能对他人的货币享有占有、使用和收益的权利)。同时,因货币所有人丧失对货币的占有即当然丧失其所有权,故在货币上也不可能设定动产质权(即不可能对他人交付其占有的货币仅仅享有占有权利和在一定条件下进行处分的权利)。

（三）物权客体的独立性

1. 物权客体独立性的含义

作为物权客体的物原则上必须为独立物，称为物权标的的独立性。所谓独立物，通说认为是指依社会观念认可的、可以以一个"完整"的物而存在的物，亦即独立物为此物与彼物可依人为划分而独立存在的物。物权客体的独立性系因物权具有对物的直接支配性而产生。这是因为，物的一部分，不仅难以实现直接支配的实际利益，关键还在于无法对其归属加以公示，以保障交易安全。例如一间房屋、一辆汽车或一头牛的一部分（如房屋的门窗、汽车的车轮、牛的尾巴），不得设立物权，否则，既不能保证对财产的正常使用，又会导致交易的复杂和困难。

但应当指出，物权客体的独立性对于不同的物权具有不同的要求：

一般而言，所有权和担保物权的客体必须是独立物：所有权的首要功能在于确定物的归属，而所有人对于所有物必须具有全面、彻底的支配权，其支配的边界必须确定，因此，只有独立物（具有独立性的动产或者不动产）才能成为所有权的客体，所有权不能设定于一个物的一部分之上；而担保物权的实现主要是通过对担保物的拍卖、变卖而进行的，亦即担保物权的主要实现方式是权利人通过转让担保物的所有权而从价款中获得其债权的优先受偿，因此，担保物权必须设定于所有物（独立物）之上，而不能设定于所有物的一部分之上。

但是，某些用益物权却可以设定于土地的某一组成部分：在现代社会，土地被视为是由"地表"（土地表面及其上下一定空间）、"地上"（距土地表面一定高度的地上空间）和"地下"（距土地表面一定深度的地下空间）三部分立体空间所整体构成。为了最大限度地发挥土地的利用价值，现代民法允许当事人在土地的地表、地上和地下三部分空间分别设定用益物权。由此，土地所有权的客体必须是包括地表、地上和地下整个立体空间的土地，亦即不存在土地的地表、地上以及地下三部分空间的所有权分别由不同的人享有的情形，但土地上设立的用益物权的客体，则有可能只是土地的某个组成部分（如对"地表"的使用权或者对"地下"的使用权），但在土地各个组成部分上分别设立的各个不同的用益物权，其客体仍然必须具有特定性和独立性，即作为客体的该土地组成部分应当具有独立性。

2. 物的独立性的认定

（1）独立物的观念性

关于何种物具有独立性问题，各国民法规定并不一致，如德国民法将土地上的建筑物视为土地的组成部分,建筑物不能独立成为物权的客体,但包括我国在内的大多数国家均将建筑物视为独立于土地的财产,能够设立独立的物权。很显然,物的独立性的确定,主要依据的是社会生活需要或者社会观念。此种观念,有时来自于物品本身的自然属性(如对于一头活着的牛,只能认定为一个独立物),更多时候则是来自于人们的经济观念(如一辆汽车是由各个零配件所组成且可以分离,但对于"汽车"使用上所形成的整体观念,却使其成为一个独立物)。为此,一定面积的一块土地(一个独立物)可以被人为地再行划分为数块土地(数个独立物);一幢大楼(一个独立物)也可以被人为地分割成为数个独立的"房屋"即单元套房(数个独立物)。在此,还应特别注意到交易的需求:凡交易中断然不能单独成为交易标的的物,不得视为独立物(如房屋的天花板或者墙壁、白炽灯泡内的钨丝);凡交易中能够单独成为交易标的的物,即使通常不认为是独立物,亦得视为独立物(如一只袜子、一只鞋通常不能单独成为交易标的,但为满足残疾人利益需要,有时也不妨视为独立物而进行交易且成为物权的标的)。

(2) 独立物与物的组成部分

德国民法理论根据物的结构与物的整体的不同关系,将之分为物的"主要组成部分""组成部分""临时性组成部分""附属物(从物)"以及"孳息"等。

所谓"主要组成部分",指"物的相互不可以分开的、失去它则物将毁坏或改变本质的组成部分"(《德国民法典》第 93 条),主要组成部分一旦与其余部分分离,要么使此物不成其为此物而成为彼物(如桌子的桌面与桌腿分开,则桌子不成其为桌子),要么干脆导致物的损毁(如抽掉白炽灯的钨丝或者拿掉其玻璃外罩,则"白炽灯"不复存在)。因此,德国民法规定,由于物的主要组成部分与物的整体在法律上不能分离,故不得成为不同的所有权的客体,即不得在作为整体的物上设定所有权的同时,又在其主要组成部分上设定所有权(在设定桌子的所有权的同时,又设定桌面的所有权)。而"立法规定物的主要组成部分与物的整体不可为法律分割的目的,是为了防止使物的整体失去经济效用的结果发生"。[①]

所谓"组成部分",则是指"对物的整体具有重要经济意义但其是否属于主要组成部分尚不明确的物的部分"(如汽车发动机一般应是汽车的主要组成部分,但依有关判例,在特殊情况下,汽车发动机的出卖人得根据所有权保留条款

[①] 孙宪忠:《德国当代物权法》,法律出版社 1997 年版,第 1 页。

对之享有所有权)。①

而所谓"临时组成部分"(为临时目的而暂时附着于土地的物等)以及从物等,则由于与物的整体没有不可分割的紧密联系而得单独成为物权的标的。

德国民法对于物的独立性的上述判断标准,大致为各国所采。

【思考问题】

思考题一:存款所有权归谁?

甲公司在乙银行开设了存款账户,双方约定,乙银行未经甲公司允许,不得将甲公司账户上的款项自行扣划以抵偿甲公司所欠乙银行的贷款。后因甲公司未偿还所欠乙银行到期贷款,乙银行未经甲公司许可,擅自将其账户上的200万元存款扣划以清偿欠款。有人认为,乙银行的行为构成违约责任;也有人认为,乙银行的行为既构成违约,同时也构成侵权,即乙银行的行为侵害了甲公司对该200万存款所享有的所有权。

问:你的看法如何?

思考题二:能否查封房屋的装修部分?

甲、乙公司签订了租赁合同,甲公司将其新建的一层楼房出租给乙公司开办夜总会,租期8年,每月租金若干,期满乙公司连房带装修返还甲公司。合同签订后,乙公司共投入300万元装修款。夜总会开业不到半年,乙公司因商业上的原因无法继续经营,遂提出解除租赁合同,承担相应的违约责任,但要求甲公司收回房屋时对其装修给予适当的补偿。甲公司同意收回房屋,但拒绝对装修部分予以任何补偿。在双方协商过程中,乙公司的其他债权人申请法院将该夜总会房屋的装修部分作为乙公司的财产予以查封。甲公司见状不妙,也赶紧以租赁合同纠纷为由提起诉讼,并申请法院对出租房屋本身进行了查封。有人认为,该房屋装修部分属于乙公司的财产,故法院有权予以查封;也有人认为,装修部分虽然属于乙公司,但其于房屋本身不能分离,所以,查封并执行装修部分会损害甲公司的利益,故不合法。

问:你的看法如何?

---

① 孙宪忠:《德国当代物权法》,法律出版社1997年版,第17至18页。

第二节　物权客体的分类

【基本原理】

民法理论对于物（有形财产）进行了各种分类，以揭示不同的物在法律效果上的各种区别。这些分类中，有的只能适用于债权关系（如根据物是否可以作为买卖等合同的标的物而分为"流通物"与"非流通物"；根据债务人交付的物是否具有可替代性而分为"特定物"与"种类物"等），而有的分类则主要适用于物权关系。

一、动产与不动产

（一）区分的标准

土地及其定着物为不动产，不动产之外的有形财产为动产。土地上的定着物，通常是指土地上的建筑物、构筑物以及栽种的林木等。

一般而言，动产与不动产的区分采用的是物理性标准，即凡是客观上不能移动（如土地）或者一旦移动就会损害其使用价值（如土地上的建筑物）或改变其财产属性（如土地上栽种的树木）的财产，属于不动产。而能够依靠自力而移动（如动物）或者依靠他力而移动（如机器设备）且并不损害其使用价值的财产，则为动产。

不动产的范围和规定方式在各国民法典上有所不同：在德国民法上，土地上的定着物被视为土地的组成部分，所以，仅只土地为不动产；但在法国、日本等其他国家，土地和土地上的定着物被视为两项相互独立的财产，故土地上的定着物是独立于土地的不动产。[①] 不过，关于土地上的定着物的具体范围，有关国家的立法多未作明文规定，故对之存在理论上的分歧。比如，对于栽种在土地上的林木，我国多数学者认为应当将之视为定着物，得单独成为所有权的

[①] 参见《法国民法典》第518条、《日本民法典》第86条。

标的①,但也有人认为,土地上的林木原则上应属于土地的组成部分而非定着物。②

我国《物权法》第 2 条第 2 款明确规定:"本法所称物,包括不动产和动产……"即物权的客体分为动产和不动产,但该规定并未指明不动产的定义和具体范围。鉴于《物权法》第 46 条有关"矿藏、水流、海域属于国家所有"以及第 48 条有关"森林、山岭、草原、荒地、滩涂等自然资源,属于国家所有,但法律规定属于集体所有的除外"的规定,一般认为,在我国,除土地之外,不动产还应包括矿藏、水流、海域以及在土地上栽种的林木等。

(二) 区分的意义

将财产分为动产与不动产,在物权法上具有重要意义,主要表现为两类财产在物权法有关规则的适用上很不相同:

1. 物权变动依据不同

在大多数国家,动产物权与不动产物权的设立、转让、变更以及消灭(称为"物权变动")具有完全不同的根据:动产物权的变动,通常以交付为根据;不动产物权的变动,通常以不动产登记为根据。

2. 物权公示方法不同

表现其权利的存在以及权属状态的法定方法,称为物权的公示方法。依照各国民法的规定,动产物权人表现其权利的法定方法是对动产的实际控制,即占有是动产物权的公示方法。而不动产物权人表现其权利的法定方法是不动产登记,即登记是不动产物权的公示方法。

3. 物权设定种类不同

以使用、收益为目的的他物权(称为"用益物权",如土地使用权、地役权等),通常设定在不动产(主要是土地)之上,而在动产上很少设定此种他物权。此外,在担保物权中,质权(以交付财产为债权人占有的担保方式)只能设定在动产之上,不动产上不得设定质权。而抵押权(不以交付财产为债权人占有为特征的担保方式)则通常设定在不动产之上,但动产上也可以设定抵押权。

二、原物与孳息

(一) 区分的标准

按照传统民法理论,当一物基于自然属性或者法律规定而产生另一物时,

---

① 参见马俊驹、余延满:《民法原论》(第 2 版),法律出版社 2006 年版,第 69 页。
② 参见崔建远:《物权法》,中国人民大学出版社 2009 年版,第 32 页。

产生新物的物称为"原物",原物产生的新物称为"孳息"。例如,果树为原物,果树结的果实为孳息。孳息为独立于原物而存在的物。

我国民法理论和立法将孳息区分为天然孳息与法定孳息两种。

天然孳息是指原物依其自然属性而产生的新的物,如果树结的果实、母鸡下的鸡蛋、从奶牛挤出的牛奶等。对此,也有一些国家的民法将之区分为天然孳息和人工孳息两种。如根据《法国民法典》第 583 条的规定,天然孳息是指原物依其自然规律而自动产生的新物,如土地上野生的植物、母牛下的牛崽、母鸡下的鸡蛋等;人工孳息则是指因人的劳动而使原物产生的新物,如土地因耕种而取得的果实(土地上生长的庄稼、栽种的果树所结的果实等)、从地下采挖的煤炭等。但有法国学者认为,这种分类实质上是人为的,因为一切孳息,除非其为野生,都是产生于人类与物的结合。① 而《德国民法典》第 99 条则将天然孳息分为"物的孳息"和"权利孳息"两种。② 但无论是否注入了人类的劳动,无论当事人取得该种孳息是根据何种权利,由于此种孳息都是原物基于自然规律或者自然属性而产生的新物,所以,将人工孳息包括在天然孳息之内,比较简便。

法定孳息是指原物基于法律规定或者法律关系而产生的收益,如本金产生的利息、租赁物产生的租金,等等。

但应注意,上述理论中,所谓"天然孳息"显然是由原物因其自然属性而产生的新的物,但所谓"法定孳息"则并非由"原物"所产生的新的"物"。例如,在金钱借贷关系中,出借人必须将一定的货币(本金)的所有权转让给借款人,并有权请求借款人返还同样数额的本金及其约定的利息,但出借人请求借款人返还的本金并非"原物",故本金所产生的利息也并非真正的"孳息"(原物所产生的新物);又如,房屋所有人因出租房屋而收取的租金(货币)固然可视为一种由房屋(原物)所产生的新物(孳息),但由于租金(货币)的所有权应随占有的转移而转移,因此,在房屋被不法占有人出租并收取租金的情形,被收取的租金(货币)的所有权只能由不法占有人所取得,房屋所有人仅有权请求不法占有人返还不当得利(即与租金同样数额的货币),而不能请求其返还已经获得的"孳息"(特定的新物)。在这种情况下,根本不可能存在原物(房屋)所生孳息(租金)的

---

① 尹田:《法国物权法》(第 2 版),法律出版社 2009 年版,第 106 页。
② 《德国民法典》第 99 条把孳息分为"物的孳息""权利孳息"以及"物或权利因某一法律关系而产生的收益"三种。其中,"物的孳息"是指奶牛的奶与幼崽、绵羊的毛、树木的果实等"物的产出物"和出自土地的砂石、煤炭等"按照该物的用法而取得的其他收获物",而"权利孳息"是指"权利按照其用法而取得的收益",如土地承租人根据租赁权而取得土地里种植的土豆。前述所谓"物的孳息"和"权利孳息"就是指天然孳息。参见《德国民法典》(第 2 版),陈卫佐译注,法律出版社 2006 年版,第 30 页及其注释。

所有权应归原物(房屋)所有人享有的问题。

由此可见,所谓"法定孳息",是指因对物的利用而依法律关系所产生的某种收益,其通常表现为某种以金钱予以计算的经济利益,而不是一种特定的"新物"。

据此,作为对物权客体(具有现实性、独立性和特定性的有体物)的一种分类,与"原物"相对应的"孳息",应当仅指天然孳息(原物所产生的新的、独立的物,能够成为所有权的客体)。不过,由于民法有关天然孳息的权利(利益)归属规则也可以同样适用于法定孳息,所以,民法理论和物权立法将"孳息"的范围扩张于原物所产生的新物之外的其他利益或者权利,具有便于法律适用的价值。

(二)区分的意义

区分原物与孳息有助于确定孳息的归属。

对于天然孳息的归属,历史上曾经存在过两种不同的立法例。对之,古代日耳曼法采用"生产主义",即孳息归对原物施以生产手段、增加劳动资本的人,古代罗马法则采用"原物主义",即孳息归对原物享有所有权或者其他权利(主要是用益物权)的人。原物主义为大陆法系多数国家的民法所采用。

孳息的归属,既要考虑到孳息产生的原因(即孳息与原物之间的内在联系),也要考虑到社会生活习惯和交易习惯,因此,各国民法对于孳息的归属都有比较详细的规定:

1. 天然孳息原则上归原物的所有人

天然孳息由原物因自然属性而生,原则上当然应归原物所有人。各国民法均规定,在法律无相反规定或者当事人无相反约定的情况下,孳息的所有权归原物所有人享有。如《法国民法典》第546条规定:"对物的所有权,……得扩张至该物因天然或人为而产生或附加之物。"第1614条第2款规定:"自出卖之日起,标的物所产生的一切孳息,均属买受人。"《德国民法典》第953条规定:"物的出产物和其他组成部分在分离后,除依第954条至957条另有规定外(注:指他物权人、物的善意自主占有人等),仍属于其物的所有人。"

依照我国《物权法》第116条第1款的规定,天然孳息应由原物的所有人取得。

2. 在设定用益物权的情形,如无相反约定,天然孳息和法定孳息均归用益物权人

用益物权是设定于他人之物上的支配权利,其设定目的便在于权利人有权

对他人之物进行占有、使用和收益,其中的"收益"权利,主要就是指收取原物所产生的孳息的权利。因此,当原物所有人在设定用益物权时,如无相反约定,则被视为同意将原物所产生的孳息的收取权利转移给用益权利人。如《法国民法典》第582条规定:"用益权人对用益权的客体所产生的一切种类的孳息,无论其为天然的、人工的、法定的,均有享用的权利。"《德国民法典》第954条规定:"由于在他人的物上的权利而有权获得物的出产物或其他组成部分的人,不受第955条至第957条规定的限制,于物的出产物或其他组成部分分离的同时,取得其所有权。"

我国《物权法》第116条第1款规定,在既有所有人又有用益物权人的情况下,天然孳息应由用益物权人取得。当事人另有约定的,按照约定。例如,被他人承包的农村集体土地所生长的庄稼,应归土地承包经营权人;土地承包经营权人转租其承包经营的土地时,其租金也归该土地承包经营权人。

3. 如无相反约定,权利人对原物的返还请求权,原则上及于原物所产生的孳息

在原物被他人占有的情形,权利人请求返还原物的同时,也有权请求返还原物所产生的孳息,但有约定的除外。例如,原物在交由他人保管期间所产生的孳息,保管人应予返还。

如果原物被他人非法占有,原物权利人有权请求占有人返还原物。对于原物在被非法占有期间产生的孳息,各国民法多规定,善意占有人有权仅仅返还原物而不返还孳息,而恶意占有人则既要返还原物,也要返还孳息。如《法国民法典》第549条规定:"单纯占有人,仅在其为善意占有时,始得取得孳息。在恶意占有时,其应负责对请求返还的所有人返还占有物及其产生的孳息。如上述孳息已无实物,其价值按偿还之日的价格计算。"《德国民法典》第955条第2项规定:"如自主占有人无权自主占有……有权收取果实,而自主占有人在取得自主占有时为非善意者……不得取得所有权。"但与之不同,我国《物权法》第243条规定:"不动产或者动产被占有人占有的,权利人可以请求返还原物及其孳息,但应当支付善意占有人因维护该不动产或者动产支出的必要费用。"

4. 法定孳息的归属应依照约定或者交易习惯予以处理

我国《物权法》第116条第2款规定:"法定孳息,当事人有约定的,按照约定取得;没有约定或者约定不明确的,按照交易习惯取得。"

与天然孳息不同,法定孳息并不是原物基于自然规律自动产生或者因人的劳动(耕种土地、栽种果树、饲养动物等)而由原物依其自然属性而产生。法定孳息实际上主要是权利人通过转让物的占有、使用而获得的一种经济收益,因

此,当事人在设定某种法律关系时,通常应对法定孳息的有无及其数量(金额)作出约定,如在房屋租赁合同中约定租金的金额;在金钱借贷合同中约定利息的计算方法。如果当事人在相关的法律关系中对法定孳息作出了明确约定,则所谓"原物"的权利人应当依照约定收取法定孳息;如果当事人在相关的法律关系中对法定孳息的有无或者金额没有作出约定或者约定不明,则应按照合同法的相关规定予以处理。对此,我国《合同法》第61条规定:"合同生效后,当事人就质量、价款或者报酬、履行地点等内容没有约定或者约定不明确的,可以协议补充;不能达成补充协议的,按照合同有关条款或者交易习惯确定。"其中,约定不明或者没有约定的"价款",应当解释为包括租金、借款利息等法定孳息。例如,某甲将其房屋交给某乙使用,但双方并未约定是否支付租金。此种情形,依照合同的解释规则,当事人双方设定的法律关系应为房屋借用关系,某甲无权请求某乙支付租金。但是,如果某甲和某乙签订的房屋租赁合同中仅仅约定了某乙应当支付租金,但没有约定租金的金额或者约定不明,此种情形,则应依照交易习惯,以通常的租金标准确定承租人应当支付的租金金额。

三、主物与从物

(一) 区分的意义

如果两个在使用上相互联系且同属于一人的物中,一物从属或者服务于另一物,则前者为从物,后者为主物。如马笼头与马、备用车轮与汽车、笔记本电脑的充电器与笔记本电脑。

民法上区分主物与从物的意义主要在于,在确定财产转让时,"从物的命运决定于主物的命运",亦即除法律有相反规定或者当事人有相反约定外,从物所有权随主物所有权的转移而转移。对此,我国《物权法》第115条规定:"主物转让的,从物随主物转让,但当事人另有约定的除外。"根据这一规定,当事人以买卖合同转让主物时,如买卖合同无相反的明示条款,则推定其转让及于从物。同样的原则应当适用于遗嘱继承:当事人以遗嘱处分遗产时,如无相反意思,则推定其对主物的处分及于从物。①

(二) 区分的标准

主物与从物之间的区分有时是极为困难的,但存在一些可供参照的一般

---

① 此外,《法国民法典》第1018条规定:"遗赠物应按遗赠人死亡之日的原状并连同必要的从物一起交付。"第1615条对于出卖人的义务作出如下规定:"交付标的物的义务包括交付标的物的附件及其他一切为其永久性使用所需之物。"

标准：

1. 主物和从物都是独立物，从物不是主物的组成部分

从物与物的组成部分的区别在于，从物不仅在物质形态上与主物具有空间上的独立性，而且具有独立的经济价值，其本身可以单独成为一项交易的标的（如灯罩、备用车轮、笔记本电脑的充电器），但物的组成部分则因已与其他组成部分连为一体而丧失其物质形态上的独立性（如房屋的门窗、汽车上的车轮），除非该组成部分与物相脱离，否则，其不能单独设立所有权，也不能成为一项交易的标的（如房屋的门窗或者汽车的车轮非经拆卸，不得单独进行出售）。

据此，依照法律规定或者交易习惯，能否单独作为交易的标的，是区分从物与主物的组成部分的重要标志。

2. 从物在使用上配合主物发挥效用或者服务于主物

从物虽然具有独立的经济价值，可以单独作为交易的标的，但其通常不具有独立的使用价值。从物的作用主要是增强主物的效用或者为主物的保存、装饰等而提供某种"服务"，其使用价值通常必须通过主物的使用或者存在而得以发挥，如计算机的鼠标如果脱离计算机，则毫无用处，同样的情形也适用于船桨之于船、台灯的灯罩之于台灯、球拍罩之于球拍等。对此，《法国民法典》第567条即明确规定："一物仅为另一物的使用、装饰或补充而附着于该物时，后者视为主要部分。"即从物服务于主物，而非相反。

3. 主物与从物的所有权的主体应当同一

民法上区分主物与从物，其目的并不是为了一般地揭示两种以上的独立物相互之间在使用上的某种关联性，而是为了解决在对主物进行转让或者其他处分时，附属于主物的从物的法律地位问题。因此，当两种以上相互关联的财产的所有权不属于同一主体时，则不存在认定主物与从物的必要性。例如，计算机属于甲，而配用的鼠标为甲临时向乙所借用，此种情形，虽该鼠标在使用上从属于计算机，但因甲对其财产的处分并不能涉及乙的财产，故乙的鼠标与甲的计算机两个物之间并不存在任何法律上的关联，即该两物之间无所谓主物与从物的区分。

除上述一般标准外，一些国家的民法还对主物与从物的判断设置了某些具体标准。如依据法国民法所规定的原则：相对于动产，不动产肯定是主物。而相对于土地表面之物(建筑物、种植物等),土地肯定是主物。①

但由于各种财产相互之间在使用上的关联十分复杂多样,因此,在很多特定情形,判断主物与从物并不容易。

例如,依通常观点,主物是"无须依赖他物而能独立存在并起主要作用的物"②,但很多情况下,所谓"起主要作用"的物一旦离开"起辅助作用"的物,则其作用根本无法发挥,自然也无法"独立存在"。如手机离开充电器即无法使用,锁与钥匙等亦如此。因此,某些物品的配件究竟应当视为该物品的从物抑或其不可分割的组成部分,实在是值得斟酌。

又如,关于不动产是否也可以属于从物的问题,有些国家(如德国、瑞士)的民法典规定,从物仅限于动产而不包括不动产。而日本和我国台湾地区的民法对此未作规定,但学者多采肯定观点,认为设置于房屋之外的停车场、厕所,应属于房屋的从物。③ 我国内地也有学者持同样看法,认为我国现行法并未明文限制从物的范围,似应解释为从物不限于动产。如车库、储藏室等,一般应属于从建筑物。④

实际上,区分主物与从物的主要目的,是为了确定当事人就被转让的财产的"配件"(从物)是否包括在转让标的范围之内发生争议时的处理原则,故在确定主物与从物的区分标准时,除了应对有关财产从使用功能方面予以分析之外,更为重要的是必须尊重交易习惯和社会生活的实际情况。据此,某些相关物品在特定的交易中本身就不可分割(如锁的交易必须连同钥匙一并进行),此时,就没有必要去判断何为主物、何为从物。而某些相关物品虽然有可能在使用上存在某种主、从关系,但如依照其经济价值或者交易习惯,则不应将之认定为存在主物与从物的关系。例如,我国《物权法》第74条第2款规定:"建筑区划内,规划用于停放汽车的车位、车库的归属,由当事人通过出售、附赠或者出租等方式约定。"根据这一规定,商品房住宅小区的车库(车位)为独立于房屋的财产(独立物),在开发商出售房屋时,可单独以出售、赠与或者出租等方式予以处分。而当开发商(房屋所有人)转让房屋时,如果房屋买卖合同未对其买卖的标的是否包含车位在内作出约定时,该车位是否应作为房屋的从物而随房屋所

---

① 《法国民法典》第553条规定:"地上或地下一切建筑物、种植物及设施物,如无相反证据,推定为土地所有人以自己的费用所设置并归其所有。但第三人对于在他人建筑物的地下或任何其他部分因时效而已经或可能取得的所有权,不受影响。"
② 马俊驹、余延满:《民法原论》(第2版),法律出版社2006年版,第70页。
③ 王泽鉴:《民法物权·通则·所有权》(总第一册),台湾三民书局2003年版,第56页。
④ 梁慧星、陈华彬:《物权法》,法律出版社1997年版,第39—40页。

有权的转移而转移？就其使用功能而言，车位应当具有房屋的"附属设施"的性质，但鉴于车位具有较大的经济价值，而业主购买房屋并不一定需要购买车位，更重要的是在交易习惯上，房屋的价格通常并不当然包括车位的价格，亦即并不存在"如无相反约定，出卖的房屋必然包括车位在内"的交易惯例，因此，依据交易习惯，车位依法不能被视为房屋的从物。

四、有主物与无主物

（一）区分的标准

依照物上是否设定所有权，可以将物区分为有主物与无主物。

作为物权客体的物主要是具有财产属性（即具有经济价值且能够为人力所控制）的物质资料。绝大多数财产都是有主物。在我国，土地实行公有制，根据宪法的规定，城镇土地的所有权只能归属于国家，农村土地所有权应由农村集体经济组织享有。而土地上的定着物（建筑物、种植物等），其所有权应归对土地享有所有权或者使用权的权利人，因此，不可能存在无主的不动产。在此应注意，根据我国《继承法》第32条的规定，无人继承也无人受遗赠的遗产（包括不动产），其所有权应归国家或者农村集体经济组织，故其不属无主财产。

在传统民法上，成为无主物的动产主要包括两种类型：

1. 某些动产从未发生过权利归属，但该动产可以产生所有权。例如，树上栖息的野鸟，河中游动的鱼。这些物不属于任何人，但可为任何人所捕获。

2. 某些财产虽曾有过所有人，但被原所有人丢弃，此即抛弃物。如人们丢弃的废旧物品。

（二）区分的意义

区分有主物与无主物的法律意义在于，对于无主物，多数国家的民法典规定对之适用"先占"原则，即最先占有无主物的人即依法取得该财产的所有权。

但是，在现代社会，无主物的概念和法律处理原则遭到一些生态学家和环境保护人士的批评。有很多人认为，这一原则与自然保护法或者环境保护法的基本原则是背道而驰的，"无主物"仅仅是一个适合于古代社会的概念：在那时，野味和鱼类是可以被作为劳动产品而被捕猎的。但现在它们再也不能被视为公众皆可利用的自然资源。[①] 与此同时，在现代社会，抛弃所有物往往意味着法律责任的产生，例如，生产者随意抛弃废料（其性质为被抛弃的动产）而污染

[①] 尹田：《法国物权法》（第2版），法律出版社2009年版，第104页。

环境时,应当承担相应的民事责任和其他法律责任。

我国《物权法》没有对无主物及其先占原则作出规定,但日常生活中,在不违反有关动植物以及其他自然资源保护和环境保护的法律、法规的条件下,对于一般的野生动植物以及抛弃物等无主财产,应当实行先占原则。

【思考问题】

思考题三:树上的苹果的所有权可否归买受人?

某甲种植有一片苹果树林,在苹果已经成熟时,某乙与某甲签订合同,约定:合同签订时,某乙即向某甲支付现金3000元(按每公斤苹果5元计算,估计为600公斤,按实计算,多退少补),全部苹果的所有权即归某乙享有并由某乙自行采摘。次日,某乙按约定雇人去采摘苹果时,发现与某甲有芥蒂的某丙等人在前一晚已偷偷将树上的苹果大部毁损。某乙遂要求某甲退回已经支付的价款,某甲认为,依照合同约定,该树上的全部苹果所有权已为某乙取得,且自己并不承担交付苹果的义务,故应由某乙自行追究某丙等人的赔偿责任。

问:某甲的主张能否成立?

思考题四:酒窖是一种什么性质的财产?

我国白酒酿造历史悠久。酿酒所用酒窖常建造于房屋之内。

问:酒窖与土地和房屋的关系如何? 酒窖是土地的组成部分还是土地上的定着物? 酒窖是独立于房屋的不动产还是房屋的组成部分? 如果酒窖是独立于房屋的不动产,则其是否为房屋的从物? 或者,房屋是否为酒窖的从物?

【理论拓展】

理论拓展之一:法国民法上"预置动产"理论简介

为适应经济生活的要求,法国民法根据财产的用途,对动产、不动产分类的物理标准在某些情况下进行了修正,亦即基于财产的用途,法律有时赋予财产以与其物理属性不同的法律属性,所谓"预置动产"即为其中的一种。

预置动产(meubles par anticipation)指一定的财产依其物理性质应为不动产,但在某些情况下,财产将于不久之后变为动产,故法律"预先"将之纳入动产的法律规范体系。例如,即将收割的庄稼、等待砍伐的树木、尚待开采的矿石、即将拆毁的房屋的建筑材料等,上述财产在"目前"依其物理属性应为不动产,但其未来将成为动产的事实使财产的法律属性发生了改变,即不动产变成了动产。很显然,法律与当事人的意志均可预先确定这类不动产的动产法律性质。

从历史的角度看,在法国大革命以前的旧法上(至少在法国北方的某些习惯法中),庄稼成熟到一定程度即视为动产。相反,《法国民法典》似乎不承认性质上为不动产的财产可预视为动产。例如,《法国民法典》第521条规定:"定期采伐的大小树木,只有当在被伐倒时方为动产。"同样,该法典第520条第2款规定:"谷物、果实只有在被收割或摘取时,方为动产。"但尽管有这些规定,法国司法审判实践和某些法律条文仍然承认预置动产的地位。

法国学者指出,在预置动产的法律适用上存在的主要困难,是预置动产所导致的"不动产之动产化"这一事实对第三人的对抗力问题。例如,按照预置动产的理论,出售尚待砍伐树木的买卖合同的标的具有动产性质。这样,根据法国民法的规定,该买卖合同一旦生效,则标的物所有权即转归买受人享有。但如此一来,买受人与对该森林享有权利(不动产权利)的第三人(如抵押权人或不动产受让人)之间就有可能发生争议:谁有权获得标的物?是对动产享有权利的人抑或对不动产享有权利的人?对于这种情形,学说上认为,假若被出售的待砍伐树木为全部树木,则买卖合同只有在买受人为善意且其在第三人未公示其不动产物权之前"占有"该树木的情况下,该买卖合同才能对第三人产生对抗力。在这种情况下,买受人对标的物的"假定占有"(possession fictive——如用标记锤在树木上打标记)是不够的,亦即买受人对于标的物(树木)的占有须以砍伐为前提(这一理论为法国司法审判实践中的一些判例所采用)。这就是说,当涉及抵押权人时,预置动产的理论便无济于事:对于就该标的物(森林)享有抵押权的当事人而言,只有已被砍伐的树木才是动产(因已不再定着于土地)。

不过,预置动产的认定对于第三人不发生对抗力与否认预置动产本身是不同的。因此,法国审判实践在处理有关转让采矿特许权的某些案例中所采取的方式遭到了学者的批评:采矿特许权即对于矿石(沙、石)或矿藏开采的权利,这种权利的转让具有买卖的性质(而非租赁)。但其属于不动产买卖抑或动产买卖?这一问题涉及法律(特别是税法)的具体适用。有关判例对当事人之间及与第三人之间的关系作了分别对待,即在当事人之间,该标的物为动产,此根据的显然是预置动产的理论。但对于第三人,该标的物则为不动产,如果其不动产物权登记已经完成,则该种买卖(采矿特许权的转让)对之不发生效力。

对于法庭认定上述同一转让行为具有双重性质(动产与不动产)的做法,法国理论界大为不满,认为这种做法是将财产依其现有性质而确定其法律属性,而无视其"预置性"(照此一来,对于第三人,待砍伐的树木将不被视为预置性动产)。因此,将标的物作双重性质的认定,其实质上是对预置动产特殊地位的否定。学者认为,在转让采矿特许权的情形,"应当单纯地将之视为动产买卖"。[①]

[①] 尹田:《法国物权法》(第2版),法律出版社2009年版,第81页。

理论拓展之二：土地上的定着物的确定标准

除德国民法之外，其他各国民法多规定土地上的定着物为独立于土地的不动产，但一般都没有对定着物的范围作出明确规定。唯《意大利民法典》第812条规定："土地、泉水、河流、树木、房屋和其他建筑物，即使是临时附着于土地的建筑物以及在一般情况下那些或是自然或是人为地与土地结为一体的物品是不动产。"（第1款）"固定于河岸或者河床之上并且为永久使用而建造的磨坊、浴场以及其他飘浮在水面上的建筑视为不动产。"（第2款）

我国《物权法》没有对不动产设置定义式的条件，但该法在有关国家所有权的规定中，具体列举了矿藏、水流、海域（第46条）、森林、山岭、草原、荒地、滩涂等自然资源（第48条）以及野生动植物资源（第49条）以及铁路、公路、电力设施、电信设施和油气管道等基础设施（第52条第2款）等土地之外的不动产，而在有关集体所有权的规定中，也具体列举了森林、山岭、草原、荒地、滩涂、建筑物、生产设施、农田水利设施（第58条）等土地之外的不动产。前列不动产中，有的本身即应属于土地的一种（如山岭、荒地、滩涂），有的则应当视为与土地具有同一性质（如海域，海域是指包括海洋的水面、水体以及水底土地在内的立体空间）而非土地的定着物，但其余的不动产是否均可视为土地的定着物，不无疑问。

某些财产应否视为土地的定着物，理论上存在一些争议。比如，就林木应否为独立于土地的定着物，有学者认为，尚未砍伐的林木原则上应当属于土地的组成部分，仅在有权源（某种权利）阻断土地吸收地上林木的场合（如承包人在承包地上种植的林木、宅基地使用权人在宅基地上种植的林木等），林木才应被视为独立于土地的不动产而归属于土地所有权人之外的人。[①] 但一般认为，如同土地上的建筑物，土地上栽种的林木为典型的定着物，在被砍伐前，应属不动产，在被砍伐后，即变成动产。这一做法，为法国、日本、意大利等国民法典所采，但我国台湾地区"民法典"却规定："不动产之出产物，尚未分离者，为该不动产之部分。"（第66条第2款）

在现代社会，土地的利用方式纷繁复杂，究竟应当采用何种标准确认固定或者附着于土地的财产是否为独立于土地的不动产（定着物），是一个值得探讨的问题。很显然，各国民法多不采用德国民法的模式将土地上的定着物视为土地的组成部分而视为独立于土地的不动产，其原因在于有利于土地的使用。在土地所有权与土地上的定着物的所有权同属于一人时，将定着物视为土地的组成部分或者视为独立于土地的不动产，均不会对土地的使用或者土地以及定着物的交易产生太大影响。但在非土地所有权人使用土地的情形，如果将土地上的定着物视为土地的

[①] 崔建远：《物权法》，中国人民大学出版社2009年版，第32页。

一部分,则会影响定着物的利用和交易。尤其是在我国,土地所有权只能由国家或者农村集体享有,而使用国有土地或者集体土地的往往是国家和集体之外的其他民事主体,因此,将土地上栽种的林木视为土地上的定着物而非组成部分,有利于土地资源的有效利用和保护土地使用权人的利益。

此外,交易的需要也应当是认定固定或者附着于土地上的财产是否为定着物的重要根据。对于在土地上修建的蓄水装置(如水池、游泳池、养鱼池等)是否为土地的定着物的问题,有学者指出,对之应当按照社会一般交易观念予以认定,如果社会观念上认为其不具有独立于土地之外的重要的经济价值,则应视为土地的组成部分,反之,交易上承认其为所附属土地之外的独立定着物,即应视为土地之外的不动产。① 这一认识,对于确定定着物具有重要的指导意义。事实上,法律认定某项固定或者附着于土地的物品是否为定着物的目的,是为了促进交易和实现公平。由于土地上的定着物与土地不可分离(定着物一旦脱离土地,即成为动产而不复成为定着物,如尚未砍伐的林木为土地的定着物,但一旦被砍伐,即成为"木头"而不再是土地的定着物),故定着物的转让必须连同相应的土地权利一并转让(俗称为"房随地走、地随房走"),故其并不能单独成为交易的标的。因此,确定固定或者附着于土地的物品是否为定着物的主要意义在于:(1) 定着物应单独计算交易价格,而土地的组成部分则相反;(2) 定着物应单独进行不动产物权的公示(登记),而土地的组成部分则相反。据此,固定或者附着于土地的物品是否为土地的定着物,应当考虑其经济价值和社会观念。例如,建造简陋、价值微小的养鱼池,应视为土地的组成部分,而耗资较大、坚固耐用的养鱼池,则应视为土地的定着物,并将之纳入应予登记的不动产范围。

理论拓展之三:"公产"与"私产"的分类

在物权客体的分类上,传统民法理论存在"公产"与"私产"的划分。所谓"私产",是指属于私人所有的财产;所谓"公产",则指具有公共性质的财产。在各国民法典上,"公产"被称为"公共物"(法国、瑞士等)、"公有财产"(墨西哥)、"国有财产"(智利)或者"公共财产"(意大利)等。各国民法多规定公产所有权归国家,也有一些国家的民法规定公产所有权分别归联邦政府、州政府以及自治市政府(如墨西哥)。有的国家将公产分为"公用财产"(也称"公用物",即所有公民都可对其进行利用的物,如街道、广场、桥梁、道路、近海及其海滩)和"国家财产"或者"国库财产"(也称"公有物",如军事设施、政府机关的建筑物等)。

在不同的历史阶段或时期,各国公产的范围和地位有不同特点,财产的公共性

---

① 林更盛:《物之独立性的判断标准》,载《台湾本土法学杂志》2002年6月第35期,第155页。转引自崔建远:《物权法》,中国人民大学出版社2009年版,第32—33页。

质或强或弱。但就法国等西方发达国家近代财产制度的发展来看,公产的发展与国家对经济生活的干预有直接联系,国家干预越多,公产的数量就越多,其地位就越重要。

公产与私产的主要区别在于：

（1）作为公产的财产只能用于公众,公产为公共利益的载体,而私产则为私人利益而存在,为私的利益的载体；

（2）公产通常不具有可让渡性,即公产不得属于私人所有,不得进入民事流转领域,而私产则可依照权利人的意思而依法进行自由转让；

（3）公产受法律的特别保护,其权利的主张不适用民法有关时效（取得时效和消灭时效）规定的限制,而私产权利的主张则受时效规则的约束。

我国是社会主义公有制国家,但在公有经济之外,也存在私有经济,亦即在公有财产之外,也存在私有财产。我国民法理论有关物的分类中,一般不存在公产与私产的严格分类,这是因为,我国公有制经济包括全民（国家）所有制与集体所有制两种形式。我国《物权法》所规定的国家所有权的客体,应当属于国有财产（公产）,但集体所有权（其中主要是农村土地的集体所有权）的客体不属于国有财产,表现的是集体利益而非社会公共利益,故集体财产既不属于公产,也不属于私产。我国《物权法》对于国有财产规定了某些特殊规则,其中包括："依法属于国家所有的自然资源,所有权可以不登记。"（第9条第2款）"法律规定专属于国家所有的不动产和动产,任何单位和个人不能取得所有权。"（第41条）除此而外,在理论上和实务中,国家享有所有权的财产不适用诉讼时效的规定。而如同包括城镇土地（所有权）以及专属于国家所有的其他自然资源等在内的国家专属财产不具有可让渡性、不受时效规则约束、不适用不动产物权公示（登记）制度一样,专属于农村集体的土地以及其他自然资源等财产的所有权,也不具有可让渡性和不受时效规则的约束,并且也无需进行不动产所有权登记。

【本章思考问题参考答案】

思考题一参考答案：

对于银行存款,很多人将之理解为"存放于银行的一定金额的货币",而"存款的所有权当然应归属于存款人"。但实际上,由于货币的所有权须以对货币的占有为前提,故储蓄关系为一种债权债务关系,存款人在银行开设的资金账户上所记载的存款金额,并非特定的货币,而是存款人对银行享有的债权的数额记载。存款人对银行仅享有请求其支付一定金额的货币的债权,但并不可能对银行所占有的任何货币享有所有权。因此,本案中,银行未经存款人许可而自行将其账户上的存款扣划以清偿欠款,违反了与存款人的约定,构成违约责任,但并未构成侵权责任。

思考题二参考答案:

物权的标的具有独立性,物权只能设定于独立物之上,而不能设定于物的组成部分,且根据一物一权原则,一个独立物上只能设定一个所有权。房屋的装修部分不仅在物质形态上与房屋的其他部分(墙体等)连为一体,不具有空间上的独立性,其本身也不可能成为一项交易的标的,故其应为房屋的组成部分而非独立于房屋的另一项财产,既不能对之设立单独的所有权,也不能将之单独作为强制执行的标的,故法院不得单独查封房屋的装修部分。

物权法制度中,存在一种"添附"制度,其中,"附合"是指不同所有人的财产基于某种原因而相互结合并形成新的物,相互结合的财产不能分离,或者分离后会导致新物价值的严重降低。以自己的财产对他人的房屋进行装修,性质上属于一种"不动产附合",房屋的所有权归属并不因此而发生任何变化,对于添附的处理,根据最高人民法院《关于贯彻执行〈中华人民共和国民法通则〉若干问题的意见》(试行)第86条的规定,当事人有约定的依照其约定,无约定的可进行协商,协商不成的,可责令拆除,不能拆除的,归不动产所有人。但房屋一经装修,其装修部分即成为房屋的组成部分,不构成"独立物",不能成为物权的客体,当然不能成为交易的标的,也不能成为司法扣押的标的。因此,法院无权查封房屋的"装修部分"。在本案租赁合同解除时,根据合同约定,只有在租赁期满时,承租人才有义务将房屋连同装修一起返还出租人,故出租人无权请求承租人将房屋连同装修一起返还。就装修部分的处理,双方可以协商,协商不成,承租人有权将装修部分予以拆除,但应恢复房屋的原状并承担违约责任,承租人不予拆除或者无法拆除的部分,应归于出租人。

思考题三参考答案:

本案涉及尚未采摘的果实可否视为独立物的问题。如果未采摘的果实可以被视为独立物,即可以设立单独的所有权,则本案合同有关待采摘的苹果的所有权自合同成立时发生转移的约定就是有效的,对于苹果的毁损,即应由所有人某乙向侵权行为人索赔。反之,则合同有关条款无效,某乙有权请求某甲返还价款。

果实为果树的天然孳息,本应归属于原物的所有人。但在某些情况下,天然孳息在未与原物分离之前能否成为独立物及能否设定独立物权?对此,通常的看法是否定的,原因在于,天然孳息与原物分离之前,与之紧密结合,应为非独立物(如果实之于果树,桑叶之于桑树)。但也有日本学者认为,只要有独立进行交易的必要,未分离的果实、桑叶等,也可与树木分开。① 此种观点遭到国内一些学者的反对。② 但很明显,如果将物的"独立性"认定为一物必须在其存在方式上与他物相分离,则未经收获的果实不能单独成为物权的标的,但如果将物的"独立性"认定为一物在物质形态上与他物相区别,且可以单独成为交易的标的,则未经分离的天然孳息也不妨独立成为物权的标的。鉴于物的独立性判断具有人为的特点(如一幢楼房里的各个单元房具有独立性、土地上栽种的林木具有独立性等),同时,交易的需求应当成为物的独立性的主要判断依据,同时,依据我国的立法,动产所有权可经买卖双方当事人约定而在合同成立时转移,故应在当事人有约定的情况下,未与树木分离的果实可以成为所有权的标的即交易的标的。不过,天然孳息单独成为所有权的标的,须以其具备独立存在的价值为前提,故果实尚未成熟之前,有关所有权变动的约定应视为附停止条件,一旦果实成熟,则条件成就,所有权变动即行发生。因此,本案中,双方约定有效,苹果收获之前被第三人盗窃或者损害,应是苹果购买人而非果树所有人获得苹果的返还请求权或者损害赔偿请求权。

思考题四参考答案:

就酒窖与所在土地的关系而言,酒窖为固定、附着于土地的财产,且在社会观念上具有独立于土地的经济价值,故其应为土地上的定着物而非土地的组成部分。

就酒窖与所在房屋的关系而言,由于该房屋的存在目的主要是为酒窖的保护和使用提供服务,而酒窖具有独立的且远远大于房屋的经济价值和独立的经济效用,故酒窖不是房屋的组成部分,而鉴于房屋自身的经济价值和独立的使用功能(即使酒窖损毁,房屋也可作他用),故依照社会一般观念,房屋也不是酒窖的组成部分,即酒窖和房屋各为相互独立的不动产。从财产功能和使用目的来看,酒窖有其独立的和主要的经济效用,酒窖的作用无须依赖于房屋而得以发挥,故酒窖不是房屋的从物。与之相反,房屋的作用是为了保存和使用酒窖,其经济效用的发挥依附于酒窖,在特定条件下具有从物的属性,但依照房屋的经济价值和社会交易习惯,可不将之认定为酒窖的从物。

---

① 〔日〕舟桥淳一:《物权法》,1979 年日文版,第 14 页。转引自王利明:《物权法论》,中国政法大学出版社 1998 年版,第 38 页。
② 王利明:《物权法论》,中国政法大学出版社 1998 年版,第 38 页。

第三章 物权的类型

第一节 物权的种类

【基本原理】

一、物权法定原则

（一）物权法定原则的含义

物权法定原则,是指物权的种类和内容均由法律明文规定,不得由当事人自由创设。

物权的种类是指物权的具体类型,如所有权、建设用地使用权、抵押权等。物权的内容是指各种物权所包含的具体权能,如所有权包含对所有物的占有、使用、收益及处分四项基本权能;建设用地使用权包含对土地的占有、使用以及收益的三项基本权能。

依照物权法定原则,何种权利为物权,以及何种物权具有何种内容,均由民法和其他法律直接加以规定,当事人既不得以约定任意创设法定物权之外的物权类型（例如,我国法律未规定不动产质权,则当事人不得通过约定创设此种担保物权）,也不得以约定改变物权的具体内容（例如,我国《物权法》128 条规定,土地承包经营权人依照农村土地承包法的规定,有权将土地承包经营权采取转包、互换、转让等方式流转。但并未规定土地承包权人对承包土地享有投资、抵押等处分权利,则土地承包权人不得通过与村集体约定而享有这些处分权利）。

对于物权法定原则的含义,理论上有不同看法。法国学者所解释的物权法定,仅指物权类型（种类）和内容的限制,而德国学者所解释的物权法定,则不仅包括物权类型和内容的限制,而且还包括物权设立和移转形式的限制。至于日本和我国台湾地区学者对其立法上明文规定的对法定物权外的物权的"创设"的禁止规定中之"创设"的理解,则均认为是对物权种类和内容之任意创设的限制。①

我国《物权法》第 5 条规定:"物权的种类和内容,由法律规定。"依照这一规定,我国物权法上的物权法定原则,指的是对当事人自由创设物权种类和内容的限制。

(二) 物权法定原则的意义

据学者考查,物权法定的思想在古代罗马法上便已存在。在罗马法大全中,仅仅所有权(dominium, proprietas)、地上权(superficies)、永佃权(emphuteusis)、役权(servitus)、质权(包括占有——pignus 以及非占有的抵押权——hypotheca)等权利被认定为具有物权性质。而近代大陆法系各国和地区物权立法莫不采用此一原则。作为唯一的例外,1794 年普鲁士私法采取物权立法上的"放任主义"(即物权的创设,一任当事人之自由意思)。② 不过,1804 年《法国民法典》和 1900 年《德国民法典》均未明文规定这一原则,而直接在立法上明文规定物权法定原则的,包括日本(《日本民法典》第 175 条)、奥地利(《奥地利民法典》第 308 条)、荷兰(《荷兰民法典》第 584 条)、韩国(《韩国民法典》第 185 条)等国以及我国台湾地区("民法典"第 757 条)。

对于物权法定原则的必要性和根据,各国学者在其著作中均有详略不等的论述,但最为重要的有三个方面:

1. 在历史上,物权法定原则是反封建的产物

从实质意义上讲,近代物权立法始于法国。法国大革命的首要任务就是要使所有权(主要是土地所有权)财产化、私人化、神圣化。而在此之前,法国的封建土地制度的典型特征是"所有权的肢解"即双重所有权(身份上的所有权及使用上的所有权)的存在以及封建领主领地的转让(即租地)的存在。法国大革命实行了所有权制度的巨大转变,不仅基于对封建团体所有权的敌视,没收了外逃流亡的贵族和教会的财产,将之大部分出售给私人,而且坚决取缔领主永久管业财产(biens des mainmorte)。③ 而作为对法国大革命所取得的成果的确认和巩固,《法国民法典》明确地规定了私人所有权神圣原则,在其第 544 条对所

---

① 〔日〕我妻荣:《日本物权法》,有泉亨修订、李宜芬校订,台湾五南图书出版公司 1999 年版,第 23 页;史尚宽:《物权法论》,中国政法大学出版社 2000 年版,第 13 页。
② 日耳曼法上,占有(Gewere)的权利即物权,故占有的取得可以对应任何权利,而不动产依伴随的登记要件既可成为物权,故不发生对物权种类的限制。参见段匡:《德国、法国以及日本法中的物权法定主义》,载梁慧星主编:《民商法论丛》(第 7 卷),法律出版社 1997 年版。
③ 在法国中世纪,众多地区的土地均为共同财产,属于一些群体,尤其是属于教会机构和慈善机构。这些团体的财产构成了所谓"领主永久管业财产",不可转让,不享有商业上的自由。

有权下了著名的定义:"所有权是对于物所享有的绝对无限制的用益、处分的权利。"这一规定的政治目的便在于巩固所没收的外逃贵族和教会财产的获得者通过大革命而已经获得的权利,为物权法定原则奠定了基础。①

较之法国民法,德、日等国和地区民法更为清晰地确定了物权法定原则。德国继受罗马法而对物权种类加以限制,与其农地改革有关②;日本民法明确规定物权法定,是"为了有关土地权利的单纯化,废除土地上存在的旧时代复杂的封建制度式的权利,除单纯明了、自由的所有权外,仅仅承认限制物权,则最合乎近代法的理想"③;我国台湾地区民法明定物权法定原则,也是为了整理旧物权,防止封建物权的复辟。④

2. 物权法定原则维系一国的经济、政治制度

与主要表现交易关系的债权法(尤其是其中的合同法)不同,物权法具有所谓"固有性"(有学者称之为"土著法"⑤),因国家、民族、历史传统及国民性等不同而有所不同。物权法以对财产的支配为中心,以对财产的占有为起点,表现的是社会财富的一种分配方式,也是社会正义的一种分配方式。不同的国家、相同国家的不同历史发展阶段、不同的政治制度和社会价值观念等,都决定了以所有权为中心的物权制度的不同。

从经济的角度看,物权特别是其中的所有权制度是一定社会基本的经济制度在法律上的表达和描述:以私人所有权为基础的经济上的自由主义,其重要的命题之一便是允许人们最大限度地追求财产效益,认为私人所有权可以刺激生产积极性和自主性,"利益的驱动排除了懒惰和浪费"⑥;而以公共所有权(特别是国家所有权)为基础的经济上的集权主义则认为私人所有权存在巨大的限制,认为只能以生产方式的高度集中(即计划经济),才能使经济获得市场经济所无法保证的效率。于是,我们便看到了西方资本主义的市场经济和东方社会主义国家原来普遍实行的计划经济两种截然对立的经济模式,并在此基础上所建立的完全不同的所有权制度。

关于所有权的本质,从政治的角度看,一种观点认为,从根本上讲,私人所有权保证了人的自治和人格的发展,所有权是人类自由的延伸和保证,正因如

---

① 尹田:《法国物权法》(第2版),法律出版社2009年版,第126页。
② 王泽鉴:《民法物权》(第一册),台湾1992年自版,第56页。
③ 〔日〕我妻荣:《日本物权法》,有泉亨修订、李宜芬校订,台湾五南图书出版公司1999年版,第23页。
④ 谢在全:《民法物权论》(上册),中国政法大学出版社1999年版,第41—42页。
⑤ 陈华彬:《物权法原理》,国家行政学院出版社1998年版,第30页。
⑥ 尹田:《法国物权法》(第2版),法律出版社2009年版,第117页。

此,"无财产,即无自由"成为千古不变的著名格言。与此相反,另一种观点则认为,只有从根本上摧毁个人的自私本能(即私人所有权),把个人的人格融入社会整体,把财富的私人所有变为社会所有,才能消灭社会的不公正,实现社会大同。除此而外,还存在其他很多不同的观点。

于是,每一个国家都依据其政治信念和经济条件,建立不同的物权制度。而一定的物权制度,当然又反过来促进一定社会的经济制度和政治制度的形成和巩固。所以,不同的所有权制度的选择,有可能正是不同的经济制度和政治制度的选择。而物权法定原则,则是保证一国之基本经济制度所导致的物权制度设计方案不可任由私人意志加以改变的必需。

3. 物权法定原则便于物权公示,有利于保障交易安全及降低交易成本

物权的作用在于确定财产的归属、支配和利用。所有权的取得常为交易的基本目的,交易行为的当事人敢于进行交易,前提是对于交易的相对方对用于交易的财产享有所有权能够进行判断,对于依交易行为可取得何种内容的物权可以明了。上述判断和明了,只能借助于物权的公示。但法律公示物权的技术手段有所局限,为使物权公示简便易行,物权的种类和内容唯有实行法定。物权种类和内容既已法定而且已予公示,交易当事人对其通过交易欲设定或者取得的物权则无须反复调查即知其内容,这样,有助于建立交易信用,使交易迅速而且安全。而在一个完全开放的物权体制下,物权得自由创设,无疑会为第三人大大增加信息获取成本,阻碍交易的高效率进行。为此,必须实行物权法定原则。

相对而言,债权(主要是合同权利)的种类和内容就无须实行法定主义。合同关系的基本原则是契约自由,当事人得在法律不禁止的范围内,完全依其意思自由地创设其权利义务。除法定的合同类型(有名合同)之外,当事人得创设无名合同。其原因在于:(1)合同关系是交易的法律形式,并不直接涉及社会的基本经济制度;(2)债权为相对权,对于第三人,合同原则上既不能为之设定权利,也不能为之设定义务。由此,债权关系可以秘密发生,亦可秘密变更以及消灭,无须公示,也难以公示。因债权内容与效力与第三人无关,故其任由交易双方约定,不会损害第三人利益,不必以法律对其种类和内容予以强行限制。

(三)违反物权法定原则的效果

法律有关物权法定原则的规定属于禁止性规范,当事人违反物权法定原则自行创设法定物权范围之外的物权种类(如以知识产权设定抵押权),或者通过约定改变物权的法定内容(如买卖合同约定,出卖人在将标的物所有权转让给

买受人之后,仍然保留对标的物的处分权,而买受人对之不享有处分权),其约定应归于无效。

但在某些情况下,如果当事人有关设立物权的行为因违反物权法定原则而无效,但其行为符合债权设立条件的,其行为可以产生债权设立的法律效果。如下例:

> 甲公司与乙公司签订了一份"A楼外墙墙面使用权出让合同",约定,甲公司将其A楼的特定外墙墙面的使用权出让给乙公司(用以悬挂产品广告牌),期限为5年,乙公司应向甲公司交付使用费(每年10万元)。使用权存续期间内,如任何一方解除合同,应向对方支付5万元违约金。合同签订后,双方到房屋登记部门申请办理"用益物权(墙面使用权)"设立登记,登记部门工作人员违反有关规定,擅自为之办理了"他项权利"登记。两年后,乙公司欲解除合同但不想承担违约责任,即主张该合同无效,理由是:该合同有关设立"墙面使用权"的约定违反物权法定原则,故应属绝对无效。甲公司则主张,该"墙面使用权"经过有关机关登记,应属合法有效,乙公司擅自解除合同,应当承担违约责任。问:甲公司的主张能否成立?

我国《物权法》所列举规定的不动产用益物权类型中,并无房屋墙面、楼顶或其他部分的"使用权",故上例中当事人有关设立法定物权之外的用益物权种类("墙面使用权")的约定应属无效,登记部门工作人员违反有关不动产登记的规定办理该种用益物权的登记,其登记行为也应自始无效。但是,甲公司和乙公司有关A楼外墙墙面有偿使用的约定并不违反法律、行政法规的强制性规定,符合设立债权的合同的有效条件,故应认定双方之间的债权债务关系依法成立,乙公司擅自解除合同,应当依照约定向甲公司承担支付5万元违约金的责任。

二、物权的具体类型

(一)其他国家民法上的物权种类

各个国家根据其立法传统和实际需要,分别规定了有所不同的物权类型。其中,《法国民法典》所规定的物权在理论上被分为两种:一种是"主物权",指所有权及其派生权利,包括用益权、使用和居住权、地上权、地役权、长期租赁权(18—99年);另一种是"从物权",指从属于债权的担保物权,包括抵押权、不动产特别优先权、质权、动产特别优先权等。《德国民法典》所规定的物权主要包括:所有权、地上权、役权(包括地役权、用益权以及受限制的人役权)、先买权、物的负担、不动产担保权(包括抵押权、土地债务及定期土地债务)、质权及占有等。《日本民法典》所规定的物权主要包括：占有权、所有权、地上权、永佃权、地役权、留置权、先取特权(优先权)、抵押权和质权等。

(二) 我国《物权法》所规定的物权种类

我国《物权法》所规定的物权种类包括：

1. 所有权

所有权包括三种：国家所有权、集体所有权和私人所有权。

2. 用益物权

用益物权包括：农村集体土地承包经营权、建设用地使用权、宅基地使用权、海域使用权、地役权，此外，探矿权、采矿权、取水权和使用水域、滩涂从事养殖、捕捞的权利也被列入用益物权的范围。

3. 担保物权

担保物权包括：抵押权(包括不动产抵押权和动产抵押权)、质权(包括动产质权和权利质权)以及留置权。

【思考问题】

思考题一："对受赠物永久不得处分"条款的效力如何？

某甲将其祖传房屋赠与儿子某乙，并在赠与合同中约定："某乙获得房屋后，永远不得将之出卖给他人，某乙死后，须将房屋交由孙子(某乙的儿子)继承。"

问：这一条款效力如何？如果该条款为"某乙获得房屋后，在某甲去世之前，不得将之出卖他人"，则其效力又如何？

思考题二："愿意以房屋担保还款"的承诺可否产生某种法律效果？

乙向甲借款，丙将其房屋交给甲作为担保，并向甲承诺，如乙到期不履行还款义务，甲有权请求丙将其房屋变卖并以其价款清偿乙所欠借款。后乙到期未履行还款义务，甲即请求丙依承诺变卖其房屋清偿债务，丙予以拒绝，理由是：丙承诺以房屋担保乙对甲的债务，并将房屋交给甲占有，构成不动产质权的设定行为，我国《物权法》未规定不动产质权，故该项不动产质权的设立违反物权法定原则，应属无效。

问：(1) 丙的主张能否成立？(2) 如果丙的主张能够成立，甲有无其他理由请求丙兑现其承诺？

【理论拓展】

理论拓展之一:物权法定原则之批评及反批评

很显然,物权法定原则在使财产归属关系得以稳定的同时,也使物权法成为一个相对封闭的体系,"非请莫入",某些权利(如租赁权)即使具备物权的某些基本权能,由于法律不承认其为物权,则其始终不能具备物权的全部效力。质言之,物权法定原则强行改变了关于权利属性的自然归类:某些情形,一项财产权利究竟属于物权抑或债权,并非取决于权利本身的内容,而是取决于立法者的选择。但立法者的选择显然又取决于其对于社会生活的判断能力和认识能力。为此,源自罗马法的古老的物权法定原则在现代社会必然地要遭到猛烈的批判。

批判者的主要论点是:在19世纪,物权法定原则的必要性和可行性毋庸置疑。原因是:首先,新兴的资产阶级需要巩固政权,彻底扫荡封建财产制度残余,构建资本主义私有财产制,物权法定原则完全符合当时的政治目标和经济目标;其次,在整个19世纪,自由资本主义发展平稳,社会政治和经济状况变化不大,立法者有足够的能力预见社会生活的发展,传统的物权种类基本能够满足社会经济的需要。但20世纪以后,资本主义社会发生巨大变化,立法者的预测能力日渐减弱,立法机器日渐沉重,立法日渐落后于现实生活。以我国台湾地区为例:传统的某些物权类型逐渐被实际生活所抛弃(如台湾地区"民法典"所规定的永佃权,经过土地制度的变迁,在现代台湾地区社会生活中已经荡然无存),或者立法上所设置的物权种类被生活所突破(如台湾地区"民法典"上未加规定的动产抵押权、最高额抵押权以及"让与担保"①在台湾地区工商界的大量出现)。② 而物权法定原则当初所具有的整理旧物权以防止封建财产制度复辟的功能,在现代社会已不复存在。在日本,有学者指出,物权法定原则在当代社会显示出两方面的缺陷:(1)随着经济交易关系的发展,社会已需要新种类的物权,但这一原则却根本无法适应现实需要;(2)关于土地的耕作,很早以前就存在着极其复杂的关系,将其仅限定于民法所承认的四种限制物权,并非妥适。③

由此,近代以来,为避免物权法因物权法定原则的作用而日臻僵化并进而限制社会经济的发展,物权法定原则开始受到越来越猛烈的抨击。

---

① 让与担保又称信托的让与担保,指债务人为担保债务履行,将财产所有权转移给债权人。当债务人不履行债务时,债权人得依约定的方法以担保物实现债权,或者将担保物变卖或折价,以价金实现债权。
② 谢在全:《民法物权论》(上册),中国政法大学出版社1999年版,第45页。
③ 〔日〕我妻荣:《日本物权法》,有泉亨修订、李宜芬校订,台湾五南图书出版公司1999年版,第23页。

就物权法定原则的否定或者改良,日本学者提出了各种方案和理由,归纳起来有两种主流学说:(1)承认习惯法为创制物权的直接根据。其具体又分为三种不同的观点:第一种是"物权法定无视说",认为"习惯法有废止强行法之效力"。① 第二种是"习惯法包含说",认为"物权法定"之"法",应包含习惯法。② 第三种是"习惯法物权有限承认说",认为如依社会习惯发生的物权于物权的体系不发生妨碍,与近代所有权观念不相违背,也不属于物权法定原则所排斥的封建物权,同时又能够进行公示时,可直接承认该习惯上的物权为有效。③ (2)对物权法的规定作从宽解释。此说又称为"物权法定缓和说",认为新生的社会惯行的物权,如不违反物权法定之立法宗旨,又有一定公示方法时,应对物权法定的内容作从宽解释,将之不视为新的物权种类(即通过改变物权内容的界限来缓和物权法定原则的僵硬)。④

上述理论分别得到我国很多学者的赞同。⑤ 但也有学者表示反对,认为绝大多数情况下,社会生活对于某种物权之产生所提出的需求的满足,最终是通过立法(尤其是特别法)的确认而实现的。与此同时,习惯或者通过判例而承认的习惯能否创设新类型的物权,不能不受到一种法律技术限制:一项权利之所以成为物权,关键在于其是否有可能具有物权的绝对效力及对第三人的对抗力。而物权对第三人的对抗效力来源于物权的公示。在缺乏法律明文规定的情况下,法定物权之外的权利根本无法进行公示或者进行有效的公示进而获得物权的对抗效力。事实上,任何在不动产上设定的支配性质的权利,如果不被立法允许进行不动产物权设立登记,则此项权利永远不能有效地变成物权。因此,当事人自由创设法定物权之外的物权,在技术上根本不可能实现。⑥

理论拓展之二:物权法定原则的本质及其与私法自治的关系

通过对民法规范之所谓"适用强度"的观察,学说上认为,民法规范有强行规范(强行法)与任意规范(任意法)之分。不依当事人意志为转移即所谓"绝对适用"者,为强行规范(强制性规范);可为当事人选择适用即所谓"相对适用"者,为任意

---

① 〔日〕我妻荣:《新订物权法〈民法讲义Ⅱ〉》,1984年版,第27页,转引自谢在全:《民法物权论》(上册),中国政法大学出版社1999年版,第46页注释。
② 〔日〕道本洋之助:《民法(2)物权》,青林书院新社1983年版,第56页,转引自陈华彬:《物权法原理》,国家行政学院出版社1998年版,第76页注释。
③ 〔日〕舟桥谆一:《物权法》,有斐阁1960年版,第18页,转引自陈华彬:《物权法原理》,国家行政学院出版社1998年版,第76页注释。
④ 〔日〕原岛重义、高岛平藏:《民法讲义(2)物权》,1982年版,第17页,转引自谢在全:《民法物权论》,中国政法大学出版社1999年版,第47页。
⑤ 崔建远:《我国物权法应选取的结构原则》,载《法制与社会发展》1995年第3期;王利明:《物权法论》,中国政法大学出版社1998年版,第95—96页;梁慧星主编:《中国物权法研究》,法律出版社1998年版,第70页;陈华彬:《物权法原理》,国家行政学院出版社1998年版,第77页。
⑥ 尹田:《物权法理论评析与思考》(第2版),中国人民大学出版社2008年版,第137页。

规范(任意性规范)。据此分析,债权法(契约法)在不违背公序良俗的条件下,将当事人的意志奉为至尊,以意思自治即契约自由为其基本原则,为典型的任意法。与此相反,物权法则因其规定多具强行性质,"非当事人所得任意变更,故原则上应属强行法之范畴"。① 在此,物权法的所谓"强行性",显然主要是通过物权法定原则而得以体现,即"物权法因物权法定主义之结果,原则上是强行法规,债权法由于受契约自由原则支配,原则上是任意法规,两者形成了鲜明的对立"。② 而"物权严守法定主义的结果,使得私法自治只实行了前半段,规范财产流转的契约法标榜契约自由,规范财产分标的物权法则充满强制"。③

既此,物权法为强行法,债权法为任意法,成为我国学者普遍的论述。④ 根据这种观点,民法的自治精神即私法自治原则仅仅适用于契约法而完全不适用于物权法。但也有学者持相反意见,认为:(1) 物权法定原则限制物权种类的目的在于权利之保护而不在权利之限制。由于物权是一种必须经由权利人之外的一切人加以尊重才能实现的权利,而物权之获得他人尊重,须以他人知晓物权的存在及物权的内容为条件。为此,强行限制物权的自由创设,其效果不在限制民事主体对物的支配,相反,却从根本上为民事主体享有和行使物权提供了必要保障。(2) 物权法定原则限制物权的自由创设,但不限制权利人对物权的选择自由。在法定物权范围之内,要不要设定物权关系,设定何种物权关系,要不要变动物权,以何种条件变动物权,纯由当事人定夺。(3) 物权法限制物权之权限,但并不限制权利人的行为自由。因此,私法自治在物权法上仍有适用的空间。而由于物权法与债权法所具有的不同属性,私法自治于财产支配领域与财产交换领域具有不同的表现。简单地以债权种类创设上的自由与物权种类创设上的不自由加以类比,进而得出"债权法是任意法,物权法是强行法;债权法实行私法自治,物权法不存在私法自治"的结论,显非妥当。⑤

---

① 谢在全:《民法物权论》(上册),中国政法大学出版社1999年版,第2页。
② 〔日〕我妻荣:《日本物权法》,有泉亨修订、李宜芬校订,台湾五南图书出版公司1999年版,第28页。
③ 苏永钦:《民事财产法在新世纪面临的挑战》,载《人大法律评论》2001年第1辑。
④ 梁慧星主编:《中国物权法研究》,法律出版社1998年版,第2页;王利明:《物权法论》,中国政法大学出版社1998年版,第75—76页;陈华彬:《物权法原理》,国家行政学院出版社1998年版,第29页。
⑤ 尹田:《物权法理论评析与思考》(第2版),中国人民大学出版社2008年版,第144页。

第二节 物权的分类

【基本原理】

一、自物权与他物权

(一) 区分的标准

按照物权人对物的支配范围,物权被区分为自物权与他物权。

自物权是指对自己财产的支配权利,即所有权。所有权是所有权人对所有物的全面支配的权利,包括对财产的占有、使用、收益和处分。因此,自物权(所有权)又被称为完全物权。

他物权是指对他人财产的支配权利。所有权之外的物权均为他物权。他物权人虽然对财产不享有所有权,但依照法律规定或者当事人的约定,对他人之物享有一定范围的支配权利,此种支配权的范围依他物权设定的目的而仅仅限于某个方面,亦即他物权通常仅具有所有权四项权能中的某些权能而非全部权能。例如,对他人土地的使用权(地上权)仅限于对土地的占有、使用和收益,但权利人不享有对土地的处分权能;又如,动产质权人对质物享有占有及在一定条件下进行处分的权利,但无权对质物进行使用。因此,他物权又被称为"定限物权"或者"限制物权"。

我国《物权法》采用了自物权与他物权的基本分类,该法第二编是对所有权(自物权)的规定,第三编和第四编是对他物权(包括用益物权和担保物权)的分别规定。

(二) 自物权与他物权的关系

1. 所有权是设定他物权的基础和根据

所有权是其他一切有形财产权利的产生基础,任何他物权均建立在所有权的基础之上。事实上,他物权系由所有权的某些权能所构成,因此,在传统的财产权利体系中,所有权具有基础性权利的核心地位。所有权的存在,是他物权存在的条件,所有权一旦因所有物的消灭而绝对消灭,则他物权也归于消灭。

但所有权和他物权都是设定在同一标的物上的支配权利,两种权利各自具有其独立性,其中一种权利的主体的变更,并不影响另一种权利的存在。例如,所有权因转让而发生所有人的变化,但对他物权的存在不能发生任何影响。相反,他物权主体的变化,也不能对所有权及其权利人产生任何影响。例如,在我国,如果建设用地使用权人将其权利依法转让他人,并不影响国家对于土地所有权的享有。

2. 他物权对于所有权具有限制作用

所有权的标的物上一旦设定了他人的支配权利,则所有权的某些权能便脱离所有权人而由他物权人所享有(如土地上一旦设立他人享有的土地使用权,则土地所有权中的占有、使用和收益的三项权能则脱离土地所有人而为土地使用权人所享有),由于支配权的独占性和排他性,所有人便不得对所有物行使相应的权能(如对于设定了土地使用权的土地,土地所有权人不得进行占有、使用和收益)。因此,任何他物权都是对所有权的限制,这种限制,在多数情况下是所有人利用所有物获得收益的一种重要的方式(例如,土地所有人通过设定土地使用权而向他人让与土地的占有、使用权利,从而获得土地出让金;又如,不动产所有人通过设定不动产抵押权而使他人对不动产的处分权利进行限制,从而获得担保融资),而在某些根据法律规定而直接设定他物权的情形,对所有权的限制则是为了保护特定当事人的合法利益(如法律允许债权人行使留置权即扣留债务人的财产,是为了保证债权的实现)。

3. 所有权具有永久性,他物权通常具有期限性,但某些他物权有可能伴随所有权而始终存在

法律基于"定分止争"的需要,在任何有形财产产生之时,即为之设定所有权以确定财产的归属。此种法律归属的确定,原则上伴随财产的"终身",亦即只要财产存在,则其所有权便始终存在。享有所有权的主体可以不断发生变化,但财产上的所有权永久存续,直至财产本身的灭失。此种法律现象,称为所有权的"永续性"或者"永久性"。但他物权是所有人之外的人依照所有人的意思或者法律规定而对所有物享有的支配权。这种支配权通常是基于某种目的而设立,一旦设立目的得以实现,则他物权即归于消灭。因此,他物权通常具有一定的期限。例如,在我国,在国有土地上设立的建设用地使用权的期限或者为 40 年(商业用地),或者为 50 年(工业用地),或者为 70 年(居住用地)。而抵押权、质权等担保物权的存在,依附于其担保的债权的存在,由于消灭时效(诉讼时效)的规定,如果债权人长期不行使权利,则债权归于消灭或者丧失法律强制力,故债权或者债权的强制力的存在总是有一定期限的。由此,担保物权终

究会因为被担保的债权的消灭而归于消灭,或者因为被担保的债权丧失强制力而丧失强制力。

他物权的期限性在担保物权上表现得特别显著,但在用益物权上,有时则会比较模糊或者存在例外。尤其是在我国,由于用益物权主要设立在土地之上,而我国实行土地公有制度,土地所有权或者属于国家,或者属于农村集体经济组织,因此,基于对特定当事人的保护,某些用益物权(如宅基地使用权等)事实上具有无期限性的特点。

4. 他物权的行使,不得损害所有人的利益

在设定用益物权以及质权、留置权等他物权的情形,财产被他物权人控制,他物权人有权依照其他物权的内容对财产进行占有或者使用、收益,但不得损害所有人的利益。例如,用益物权人不得采用毁坏的方式使用标的物;质权人不仅对占有的质物负有妥善保管的义务,而且不得使用质物。他物权人超出其权限范围对标的物进行支配,或者恶意损坏标的物,应当承担相应的民事责任。

二、用益物权与担保物权

(一) 区分的标准

按照他物权设定的目的和内容,他物权被区分为用益物权和担保物权。

用益物权是指对他人的所有物享有的占有、使用和收益的物权(《物权法》第117条)。用益物权设定的目的,是为了利用他人之物的使用价值以满足生产或者生活的需要(如利用国家或者集体所有的土地修建房屋、种植庄稼等),因此,用益物权通常包含对他人之物的占有、使用和收益三项基本权能。

担保物权是基于担保债权的实现而对他人之物享有的支配权。除法律另有规定外,担保物权人在债务人不履行到期债务或者发生当事人约定的实现担保物权的情形,依法享有就担保财产优先受偿的权利(《物权法》第170条)。在我国立法上,担保物权包括抵押权、质权、留置权三种。

(二) 用益物权与担保物权的区别

由于设定目的的不同,用益物权和担保物权具有以下区别:

1. 客体范围不同

用益物权主要设定于不动产,而担保物权则不仅可以设定于不动产(如不动产抵押权),也可以设定于动产(如动产抵押权、动产质权以及留置权),而且可以设定于某些财产权利(如权利质权)。此外,用益物权只能设定于既存的财产,但某些担保物权可以设定于未来形成的财产(如正在建造的建筑物、船舶、

航空器,可以作为抵押权的标的物)。

2. 期限限制不同

用益物权一般要受一定期限的限制,而担保物权则随被担保的债权的消灭而消灭,其本身一般不受特定期限的限制。

3. 支配权限范围不同

用益物权以对财产的使用、收益为目的,故用益物权人有权对标的物进行占有、使用和收益;担保物权以担保债权的实现为目的,故有的担保物权人对担保物仅能享有占有的权利(如质权、留置权),而不得对之进行使用、收益;有的担保物权人对担保物既不能使用、收益,也不能占有(如抵押权)。由此可见,用益物权人是通过消耗标的物的使用价值而满足其利益需要的,而担保物权人则是通过对担保物交换价值的法律控制,以满足其保证债权实现的需要。较之担保物权,用益物权的支配功能更为强大。

4. 物权公示方法不同

用益物权主要设定于不动产,故其物权公示方法为登记。担保物权中,抵押权的公示方法为登记,动产质权的公示方法为对动产的占有,权利质权的公示方法或者为登记(如知识产权、股权的质权),或者为交付以及背书交付权利凭证(如票据的质权)。

三、典型物权与准物权

(一) 区分的标准

根据物权产生所依据的不同法律,物权被分为典型物权与准物权。

典型物权又称"普通物权"或者"民法上的物权",是指根据民事法律的规定而产生的物权,如所有权、土地使用权、地役权等用益物权以及各种担保物权等。

准物权又称"特别物权",是指根据特别法的规定而产生的物权,包括探矿权、采矿权、取水权、渔业权等。

(二) 分类的意义

典型物权为纯粹的财产权利,而准物权根据行政许可产生,具有强烈的营业资质(从事特定的生产经营活动的资格)的性质,将其与典型物权予以区分,有助于判定不同物权的设定依据、成立条件、权利内容及其效力、权利行使方法以及权利转让的不同法律限制等。

四、意定物权与法定物权

（一）分类的标准

根据物权设立是否基于权利人的意思，物权被分为意定物权与法定物权。

意定物权基于当事人的意思表示而设立。当事人实施的法律行为有可能直接导致物权的设立（如地役权、动产抵押权等，可依据当事人的合意即行产生），也有可能仅仅是物权设立的基础（如不动产抵押权，当事人须在签订抵押合同的基础之上，经抵押权登记方可设立），但均属意定物权。

法定物权直接根据法律的规定而产生，当事人是否有设定该种物权的意思，在所不问。属于法定物权的有留置权、法定抵押权等。

（二）分类的意义

1. 有助于确定物权是否成立

就意定物权而言，物权的成立与否取决于相关法律行为是否有效以及物权设立程序是否合法。当事人的意思表示是设定物权的基础或者直接根据，故如果作为物权设立基础的法律行为无效或者被撤销，则物权的设立自始无效（例如，当事人签订抵押合同后，经登记设立了不动产抵押权，其后抵押合同因属于受欺诈而实施的行为而被撤销，此种情形下，该抵押权的设立也应自始无效）。除此而外，法律规定意定物权的成立须采用法定公示方法（不动产登记以及动产交付）的，登记行为或者交付行为是否依法实施，也是判定意定物权是否成立的要件。

就法定物权而言，物权的成立与否取决于是否存在法定的事实。例如，留置权的成立的法律事实是债务人不履行债务且债权人合法占有债务人的动产，对于企业法人之外的民事主体，法律还要求债权人须基于同一法律关系而合法占有债务人的动产。

2. 有助于确定物权冲突之处理原则的适用

当不同物权人享有的担保物权相互间发生冲突时，一般实行"设立在先、权利在先"的处理原则（例如，在一个物上先后设立两个以上不动产抵押权时，先设立的抵押权优先于后设定的抵押权），但在并存的数个担保物权中，如果有的是意定物权，有的是法定物权，则法定物权无论设立时间先后，原则上均应优先于意定物权。

3. 有助于确定物权对抗力之有无

物权的对抗力是指当物权人的权利行使与第三人的利益发生冲突时，物权人享有的物权所具有的对抗力亦即否定善意第三人的利益主张的法律效力。据此,物权被分为"有对抗力的物权"与"无对抗力的物权"两种:能够对抗善意第三人的物权是有对抗力的物权,不能对抗善意第三人的物权是无对抗力的物权。

就意定物权而言,其对抗力产生于物权公示,即不动产物权因登记而产生对抗力,动产物权因占有动产而产生对抗力。如果意定物权依法成立但未采用法定的公示方法,则该物权不能对抗善意第三人,为无对抗力的物权(如依抵押合同的签订而成立的动产抵押权,未经登记,不得对抗善意第三人)。

就法定物权而言,其对抗力直接产生于法律规定,无须借助于权利人的行为,因此,法定物权无须进行公示即具有对抗力。

五、物权的其他分类

除前述物权分类之外,理论上还存在"主物权与从物权""登记物权与不登记物权"以及"本权与占有"等分类。但这些分类有可能存在某些理论上的谬误,需要加以辨明。

(一) 主物权与从物权

既有理论上,所谓"主物权与从物权"的区分依据是物权是否具有独立性:凡不从属于其他权利的存在而存在的物权为主物权(包括所有权和用益物权),否则为从物权(指必须依附于主债权的存在而存在的担保物权)。

应当指出,由于此种分类并没有依照主权利和从权利之分类的基本准则,故其分类缺乏依据。

在民法理论上,"主权利与从权利"的分类须具备两项条件:

1. 须同时存在两项以上相互关联的权利

"主权利与从权利"的分类针对的并非某种权利本身(即单纯地考察某一权利应属主权利或者从权利),其针对的只能是两项以上同时存在的相互关联的权利,亦即在该两项以上权利中,依附于其他权利的存在而存在的为从权利(如担保权利),被从权利所依附的权利为主权利(如被担保的债权)。如果不存在相互关联的两个以上的权利,则"主权利与从权利"的区分即无从谈起。也就是说,仅就某项独立存在的、与其他权利没有关联的权利而言(如所有权、用益物权等),根本就无所谓"主权利"与"从权利"之分。

2. 须两项以上相互关联的权利同时为一人所享有

"主权利"与"从权利"的分类意义并非在于单纯说明某些权利之间的相互

关系,而在于揭示民法上有关权利变动的某些规则的形成原因:由于从权利对于主权利存在依附关系,故从权利的命运取决于主权利,即从权利须随主权利的存在而存在,并随主权利的转移而转移。因此,此种分类针对的是为同一人所享有的两项权利,如债权人享有的主债权与担保权利。如果两项相互关联的权利为不同主体所享有,则不适用主权利与从权利的分类。

因此,"主物权"与"从物权"的分类,必须建立在存在为同一人所享有的两项以上相互关联的物权的基础之上,亦即只有当同一人所享有的一项物权依附于其享有的另一项物权的存在而存在之时,方可发生"主物权"与"从物权"的区分。在此,担保物权虽然依附于主债权,但主债权并非"主物权",故担保物权只能被称之为"从权利",而不能称之为"从物权"。

就所有权与他物权的关系而言,在各种物权中,尽管所有权与他物权(包括用益物权与担保物权)之间存在相互关联,即他物权必须设定于所有物之上,如无所有权的存在,则无他物权的存在;如设定他物权的所有权消灭(指所有权因所有物毁损灭失等原因而绝对消灭),则他物权也同样归于消灭。但所有权和他物权原则上却不可能为同一权利人所享有,所有权的转让并不导致他物权的同时转让,故也并不存在将物权区分为"主物权"与"从物权"的分类条件。

(二) 登记物权与不登记物权

既有理论上,所谓"登记物权与不登记物权"的分类依据是物权的变动是否需要经过登记。凡物权的变动无须登记即生效力的物权,为不登记物权(如一般的动产所有权、动产质权等),反之,则为登记物权(如房屋所有权、不动产抵押权等)。①

但在事实上,同一种类的物权,其物权变动的根据有可能是完全不同的。例如,房屋所有权的取得,有的依登记而发生(如基于房屋买卖合同而取得房屋所有权,其根据是登记),但有的则不依登记而发生(如基于遗产继承而取得房屋所有权,其依据则是继承开始的法定事实而非登记)。因此,前述"登记物权与不登记物权"是针对物权变动的不同根据(是否需要登记)所作的区分,而不是针对物权本身在其类别上所作的区分。

从严格意义上讲,如果将此种分类适用于物权本身,则登记物权与不登记物权的区分应当是基于物权的不同公示方法,即依照其公示方法,物权可分为"登记物权"(以登记为公示方法的物权)与"不登记物权"(不以登记为公示方法

---

① 崔建远:《物权法》,中国人民大学出版社2009年版,第27页。

的物权)两类,凡属登记物权,则不经登记即不具有对抗效力(包括国家专属财产以及农村集体土地所有权之外的一切不动产物权,以及机动车、船舶、航空器等需要登记的动产物权等);凡属不登记物权,则无须登记而可以依法具有对抗效力(包括一般动产的所有权、质权以及留置权等)。

(三)"本权与占有"

既有理论上,"本权与占有"的分类,是以有无物权的实质内容为标准,对当事人实际控制财产的事实状态与作为此种事实状态之基础的权利之间的关系所作出的区分。即"占有,是对标的物有一定支配力的一种事实。对占有而言,所有权、定限物权,甚至租赁权,都是本权"①。例如,所有人占有所有物时,其占有的本权是所有权;承租人占有租赁物时,其占有的本权是租赁权。

很显然,"本权"是"占有"的权利基础,"本权"包括物权和其他权利,而"占有"只是一种事实状态,故此种分类并不是针对物权本身进行的分类。

【本章思考问题参考答案】

思考题一参考答案:

依照物权法定原则,当事人不得自行创设法定物权之外的物权种类,也不得改变法定物权的内容。就所有权的内容,法律规定其包括对财产的占有、使用、收益和处分四项基本权能。对于所有权人享有的处分权利,在不违背法律规定的条件下,当事人可以通过约定而对之进行某种限制,但此种限制通常应是暂时的(即有一定期间的)。如果当事人约定所有权人对其所有物永久不得进行处分,则无异于使该所有权四项基本权能中的处分权能不复存在,亦即从根本上改变了所有权的内容,此种约定即违反了物权法定原则,应属无效;但如果当事人约定所有人在特定的期间内不得行使其处分权,则属于对处分权的限制,此种限制如不违反公序良俗,其约定应为有效,所有人违反其约定时,应当承担违约责任。

据此,本案中,某甲和某乙在赠与合同中设置的有关受赠人某乙永久不得出卖房产的约定应属无效,但有关某乙在某甲去世之前不得处分房产的约定为有效。

思考题二参考答案:

丙的主张能够成立,理由是:物权法有关担保物权种类的规定属于强制性规范,当事人不得以约定创设法定担保物权之外的担保物权。因此,在法律未承认不动产质权的情况下,当事人有关设立不动产质权的约定应属绝对无效。但是,当事

---

① 崔建远:《物权法》,中国人民大学出版社 2009 年版,第 30 页。

人设立物权的行为虽然无效,如其行为符合设立债权的条件,则仍然导致债权债务关系的成立。本案中,乙向甲借款,丙有同意为乙的债务提供担保的意思,虽因其不动产质权的设立违反物权法定原则而无效,但丙"愿意将其房屋变卖后代乙向甲清偿所欠借款"的承诺,可以解释为是当事人约定的由保证人承担保证责任的一种具体方法(即保证人以其特定财产承担保证责任),故丙的承诺设定了甲、丙之间的保证合同关系(债权债务关系),甲有权请求丙承担以其房屋变卖后的价款清偿债务的保证责任。

第四章 物权的变动

第一节 物权变动的概念和分类

【基本原理】

一、物权变动的概念

物权变动,是指物权的得失变更,包括物权的设立(如经登记设立不动产抵押权、因修建房屋而取得房屋所有权等)、变更(如因土地用途的变化,土地使用权的期限由 70 年变为 50 年等)、转让(如将房屋所有权转让给他人等)以及消灭(如房屋所有权因房屋毁损灭失而不复存在等)。

物权法的基本任务是保护物权不受非法侵害,由此,必须首先确认当事人是否根据一定的法律事实取得并享有物权,与此同时,由于人们对财产所进行的各种方式的利用和财产的流转,各种物权的设立和转让,构成了市场经济条件下商品交换的主要内容。为了保护交易安全,维护正常的交易秩序,物权法必须精确地设计物权变动的规则,由此,物权变动制度及其相关规则构成了物权法的核心内容。

二、物权变动的分类

物权变动即物权法律关系的产生、变更或者消灭,故必须根据一定的法律事实而发生。物权法理论根据当事人的意思在物权变动过程中所起的作用,将物权变动分为以下两类:

(一)基于法律行为的物权变动

法律行为是民事主体基于意思表示,旨在设立、变更或者消灭民事权利义务的行为,包括各种合同行为和单方法律行为。如果物权变动是当事人实施法律行为所追求的最终目的,即当事人通过实施法律行为,并进而依照法律的规定通过动产交付或者不动产登记而引发物权变动的效果,则此种物权变动系以法律行为为基础,属基于法律行为的物权变动。

在基于法律行为的物权变动中,当事人所实施的法律行为有时可以直接导致物权变动,成为引起物权变动的法律事实。例如,当事人抛弃所有物的行为(单方法律行为),依法直接引起当事人丧失对该抛弃物的所有权的物权变动效果。但在更多的情形,当事人实施的法律行为并不能够直接引起物权变动,而只是作为导致物权变动的法律事实据以发生的基础或者依据。例如,双方当事人签订房屋买卖合同(双方法律行为)之后,通过依法办理房屋所有权过户登记,导致出卖人的房屋所有权转让给买受人的物权变动效果。在这一过程中,房屋买卖合同即为办理房屋所有权过户登记的依据,亦即办理房屋所有权过户登记是履行房屋买卖合同设定的义务,但房屋买卖合同的订立本身,不能直接导致房屋物权的变动。

在基于法律行为的物权变动中,物权变动效果的发生是当事人实施法律行为意欲达到的目的,故当事人的意思表示对于物权变动效果的发生具有十分重要的意义。在包括我国在内的许多国家所采用的物权变动模式之下,即使当事人实施的法律行为并非引起物权变动的直接根据(如房屋买卖合同的订立并不能引起房屋所有权的转让),但如果法律行为因当事人的意思表示不真实而被撤销,则会使已经发生的物权变动自始无效。如下例:

> 王某将其房屋出卖给张某,双方签订了房屋买卖合同。其后,双方一起到登记机关办理了房屋所有权过户登记手续,张某向王某支付了购房款。不久以后,王某以受胁迫为由起诉到法院,请求撤销该房屋买卖行为并返还房屋,其诉讼请求得到法院判决的支持。但在法院作出判决之前,张某已将购买的房屋出卖给李某且办理了过户登记手续。
>
> 问:张某在将房屋出卖给李某之时,对该房屋是否享有所有权(包括处分权)?

上例中,在张某将房屋出卖并过户给李某时,房屋买卖合同尚未被撤销,故张某在当时被视为对房屋享有所有权及处分权。但房屋买卖合同被撤销之后,不仅该合同自始无效,而且该过户登记也应自始无效,亦即张某自始不能取得房屋所有权,故其将房屋所有权过户给李某的行为,仍构成无权处分。

(二)非基于法律行为的物权变动

如果物权变动既不是根据当事人实施的法律行为而引起,也不是根据当事人履行法律行为设定的义务而引起,则此种物权变动,不以当事人实施法律行为为基础,属于非基于法律行为的物权变动。非基于法律行为的物权变动是基于法律行为之外的各种法律事实而引起的。如因制造产品、修建房屋、拆毁房屋、消耗物品以及添附、加工等事实行为而引起的物权变动;因法院判决、仲裁裁决以及行政征收命令而引起的物权变动;因遗产继承、遗赠而引起的物权变动;等等。

与基于法律行为的物权变动不同,非基于法律行为的物权变动直接根据法律的规定而发生,除遗嘱继承及遗赠之外,通常与当事人是否存在追求物权变动效果的内心意志无关。

第二节 基于法律行为的物权变动

【基本原理】

一、大陆法系各主要国家和地区的立法模式

社会生活中,多数物权变动均基于法律行为而发生。在基于法律行为的物权变动的情形,物权变动究竟应当根据何种法律事实而引起,亦即物权变动的根据如何确定,是物权变动制度最为重要的基本规则。对此,大陆法系各国和地区根据不同的历史传统和立法思想,作出了不同的规定,其基本立法模式有三种:

(一)意思主义物权变动模式

物权变动的意思主义,是指物权变动仅凭当事人的合意(意思表示一致)即可发生,无须采用其他任何外部表现形式。换言之,当事人所实施的双方法律行为(合意)本身,即可直接引起物权变动的发生。例如,不动产或者动产买卖双方当事人签订的买卖合同一旦生效,买卖标的物所有权即行发生转移。由于设立债权债务关系的买卖等合同的生效(即债权债务的设立)可以直接导致物权变动的发生,所以,此种物权变动模式又称为"债权意思主义"。

采用意思主义物权变动模式的主要有法国、日本等国家。《法国民法典》关

于买卖合同的第 1583 条规定:"当事人双方就标的物及其价金相互同意时,即使标的物尚未交付、价金尚未支付,买卖即告成立,而标的物的所有权即依法由出卖人移转于买受人。"第 1138 条第 2 款规定:"自标的物应交付之日起,即使尚未现实交付,债权人即成为所有人,并负担该标的物受损的风险,但如交付人迟延交付,则标的物受损的风险由交付人负担。"第 938 条规定:"正式接受的赠与,经当事人双方的同意即告完成;赠与物的所有权即转归受赠人,无须其他的交付手续。"《日本民法典》第 176 条规定:"物权之设定及移转,因当事人之意思表示而发生效力。"依照上述规定,特定物的买卖、赠与等,合同一旦生效,标的物所有权即行转移。如果是种类物的买卖、赠与等,则标的一经特定化,则其所有权即行转移。而在设定抵押权、质权的情形,只要抵押合同或者质押合同成立,抵押权或者质权即行设立。

法国等国家采用意思主义的主要理由在于尊重当事人的意思自治。依照意思自治原则,"当事人有权摆脱法律为他们提供的一切固定模式而自由地设置其相互间的法律关系"。而既然当事人有权处分其财产,也当然有权根据自己的意志决定财产所有权的转移,这种做法,"符合法国民法中简化人与物之间的关系以及不讲求行为形式、民事行为不须司法的或行政的事先授权的倾向"。[①]

(二) 形式主义物权变动模式

1. 概说

物权变动的形式主义,是指除当事人就买卖、赠与等达成合意之外,还需要采用登记、交付等外部表现形式,物权变动才能发生。换言之,当事人之间签订的买卖合同、抵押合同等法律行为的生效,并不能导致买卖标的物所有权的转移或者抵押权的设立。涉及不动产的物权变动(如房屋所有权的转让、不动产抵押权的设立等),只能根据不动产物权变动登记而发生;涉及动产的物权变动(如动产所有权的转让、动产质权的设立等),只能根据动产的交付而发生。

采用形式主义物权变动模式的主要有德国、瑞士以及我国台湾地区等。《德国民法典》第 873 条第 1 项规定:"为了让与土地所有权、为了对土地设定权利,以及为了让与此种权利或对此种权利再设定其他权利,除法律另有规定外,应有权利人与相对人对于权利变更的协议,并将权利变更登入土地登记簿册。"第 929 条规定:"为让与动产的所有权,必须由所有人将物交付于受让人,并就

---

① 尹田:《法国物权法》(第 2 版),法律出版社 2009 年版,第 206 页。

所有权的移转由双方成立合意。"①《瑞士民法典》第714条第1项规定:"动产所有权的让与,应将其占有移转于受让人。"第656条第1项规定:"为取得不动产所有权,须于土地登记簿册加以登记。"我国台湾地区"民法典"第758条规定:"不动产物权,依法律行为而取得、设定、丧失及变更者,非经登记,不生效力。"第761条第1项规定:"动产物权之让与,非将动产交付,不生效力。但受让人已占有动产者,于让与合意时,即生效力。"

2. 物权形式主义与债权形式主义的区分

根据物权变动的形式主义,当事人之间的合意(买卖合同等),仅仅设定了双方之间的债权债务关系,但标的物所有权的转移,须以不动产登记或者动产交付为准。但是,对于不动产登记行为或者动产交付行为的性质,德国民法和瑞士民法具有完全不同的认定。

德国民法认为,当事人之间签订的买卖等合同是一个设定债权债务关系的法律行为(称为"债权行为"),而在此基础上,当事人为转移标的物所有权而实施的不动产登记或者动产交付,是独立于买卖合同之外的另一个法律行为(称为"物权行为")。据此,德国民法所代表的这种物权变动模式又被称为"物权形式主义"。

而瑞士民法则认为,当事人之间签订的买卖等合同是一个设定债权债务关系的法律行为,但当事人所进行的不动产登记或者动产交付,是履行买卖等合同义务的行为,性质上应属于事实行为而非法律行为。据此,瑞士民法所代表的这种物权变动模式又被称为"债权形式主义"。

(三) 折中主义物权变动模式

某些国家的立法兼采"意思主义"和"形式主义"两种物权变动模式,其通常的做法是:以某种模式为主,以另一种模式为例外。此种情形,称为"折中主义模式"。

二、物权行为理论

物权行为理论是德国民法最为重要的理论成果之一,表现了德国民法独特的抽象思维方式和立法技术。

(一) 物权行为的概念和特征

德国民法上的物权行为,是指能够直接引起物权变动的法律行为,包括单

---

① 引自《德国民法典》,上海社会科学院法学研究所翻译,法律出版社1984年版。

方物权行为(如抛弃所有物)和双方物权行为(如动产交付或者不动产登记)。双方物权行为亦即"物权契约"。物权行为理论系以买卖为代表的交易关系作为其研究重点。

德国民法上的物权行为具有两个主要特征：

1. 物权行为的独立性

物权行为被视为独立于买卖合同等债权行为之外的另外一个法律行为，称为"物权行为的独立性"。

根据德国民法理论，动产交付或者不动产登记行为与买卖合同等债权关系截然分离，买卖等债权合同仅是交付或者登记的原因，而交付或者登记则表现了双方关于所有权让与和接受让与的意思表示的一致(称为"物权变动的合意")，因此，动产交付和不动产登记是一个"真正的合同"，而且完全独立于作为交付或者登记的基础或者"原因"的债权合同。由此，物权行为与债权行为成为两相并列、分别存在的两个独立的法律行为，物权行为及其独立性得以产生。很显然，根据物权行为理论，一项买卖过程在法律上应当被分割为两个阶段：第一个阶段是买卖合同的订立(债权行为)，其法律效果仅仅是双方之间债权关系的建立；第二阶段是标的物所有权的实际转移，即为了变动物权，双方实施交付或者登记行为(物权行为)，由此导致所有权的转移。

而在法国民法的意思主义或者瑞士的债权形式主义的物权变动模式之下，交易关系被视为一个整体，动产交付或者不动产登记被视为履行买卖合同义务的一种事实行为，并不承认在债权合意之外，尚存在一个独立的物权合意(物权契约或者物权行为)。

2. 物权行为的无因性

物权行为的效力不受债权行为效力的约束，即使债权行为因具有瑕疵而无效或者被撤销，物权行为的效力并不当然地受到影响。此称为物权行为的"无因性"。

根据德国民法理论，动产交付和不动产登记是一个完整的、独立的法律行为。虽然买卖合同等债权行为是物权行为的"原因"，但是，交付或者登记的意思表示与原因行为中的意思表示具有不同内容和性质：原因行为(买卖合同)的意思表示是要设定债权债务，而物权行为的意思表示则是要实现物权的变动。因此，物权行为的效力与债权行为的效力没有牵连，即债权行为的无效或者撤销不能必然导致物权行为的无效或者撤销。也就是说，除非物权行为本身的效力出现问题，否则，仅仅由于债权行为的无效或者被撤销，物权变动的效果不应受到任何影响。例如，甲将一动产出卖给乙，双方签订了买卖合同(债权行为)，此时，双方之间的债权债务得以设立。根据买卖合同约定，甲将动产交付给乙（物权行为），此时，该动产所有权发生转移。其后，甲、乙之间的买卖合同因存在瑕疵（如欺诈、胁迫等）而被撤销，买卖合同归于无效，但双方之间因交付动产而发生的物权变动仍然有效，买受人乙仍然确定地取得了标的物的所有权。

(二) 物权行为无因性所产生的效果

由于物权行为的无因性，在作为原因行为的买卖等合同无效或者被撤销的情况下，会发生以下效果：

1. 由于物权变动确定有效，出卖人只能请求买受人返还不当得利而无权请求其返还所有物。如下例：

> 甲将一台机器设备卖给乙，双方签订了买卖合同之后，甲向乙交付了该动产。此后，甲、乙之间的买卖合同因被撤销而无效。此时，甲应以何种根据请求乙返还该机器设备？

上例中，如依照法国的意思主义，甲、乙之间的买卖合同被撤销之后，该合同自始无效，其当然不能导致标的物所有权的转移，甲有权请求乙返还所有物。如依照瑞士的债权形式主义，由于甲、乙之间的买卖合同自始无效，则甲自始不承担向乙交付出卖物的义务，因此，甲向乙所为交付行为不能发生标的物所有权的转移，甲自始不丧失对该标的物的所有权，故其有权请求乙返还所有物。但依照德国的物权行为理论，买卖合同无效并不当然影响交付行为（物权行为）的效力，交付行为确定地导致了标的物所有权的转移。因此，甲无权请求乙返还所有物。不过，由于买卖合同（原因行为）无效，乙受领标的物所有权丧失了法律根据，遂构成不当得利，甲有权对乙行使不当得利返还请求权（根据不当得利的返还规则，原物存在，可请求返还原物）。

2. 买受人将受让的标的物所有权转让给第三人的行为，不构成无权处分。如下例：

> 如同前例，假设乙在受让该机器设备之后，又将该动产出卖并交付给了丙。在此之后，甲、乙之间的买卖合同因被撤销而无效，此时，乙将该动产出卖并交付给丙的行为是否构成无权处分？甲是否有权请求丙返还该动产？

如依法国、瑞士的立法，在买卖合同无效的情况下，乙虽然接受了该动产的交付，但其自始不能取得该动产的所有权，因此，乙对该动产不享有处分权，丙不能通过其与乙签订的买卖合同或者乙的交付行为而取得该标的物的所有权。

除非法律另有规定,否则,甲当然地享有请求丙返还该标的物的权利。但依德国的立法,甲、乙之间的买卖合同的无效并不影响因交付而发生的物权变动,故乙确定地取得了标的物所有权,其将之转让给丙的行为不构成无权处分。通过乙的交付行为,丙也确定地取得了该标的物的所有权,故甲原则上不能请求乙返还该动产,只能请求乙赔偿损失。

三、我国立法的选择

(一) 折中主义的物权变动模式

在物权变动立法模式上,我国历来采用以形式主义为主的"折中主义模式"。

1986年《民法通则》第72条第2款规定:"按照合同或者其他合法方式取得财产的,财产的所有权从财产交付时起转移,法律另有规定或当事人另有约定除外。"依照这一规定,原则上,交付为财产(动产)所有权转移的根据(形式主义),但如果特定物买卖的当事人约定,标的物所有权从合同成立时起转移(意思主义),则这一约定为有效。

我国《物权法》详尽规定了基于法律行为的各种物权变动的不同依据:

1. 原则上,不动产和动产的物权变动采用形式主义

对于不动产物权变动,《物权法》第9条第1款规定:"不动产物权的设立、变更、转让和消灭,经依法登记,发生效力;未经登记,不发生效力,但法律另有规定的除外。"依照这一规定,我国不动产物权变动以形式主义为原则,如房屋所有权以及建设用地使用权的转让、不动产抵押权的设立等,必须以登记为依据。

对于动产物权变动,《物权法》第23条规定:"动产物权的设立和转让,自交付时发生效力,但法律另有规定的除外。"依照这一规定,我国动产物权变动也是以形式主义为原则,如一般动产所有权的转让、动产质权的设立等,原则上以交付为准。

此外,根据《物权法》第223—229条的规定,权利质权的设立通常采用交付权利凭证或者登记的方法。如该法第224条规定:"以汇票、支票、本票、债券、存款单、仓单、提单出质的,当事人应当订立书面合同。质权自权利凭证交付质权人时设立;没有权利凭证的,质权自有关部门办理出质登记时设立。"第226条第1款规定:"以基金份额、股权出质的,当事人应当订立书面合同。以基金份额、证券登记结算机构登记的股权出质的,质权自证券登记结算机构办理出

质登记时设立;以其他股权出质的,质权自工商行政管理部门办理出质登记时设立。"第227条第1款规定:"以注册商标专用权、专利权、著作权等知识产权中的财产权出质的,当事人应当订立书面合同。质权自有关主管部门办理出质登记时设立。"第228条第1款规定:"以应收账款出质的,当事人应当订立书面合同。质权自信贷征信机构办理出质登记时设立。"

此外,动产物权可因权利人放弃权利而归于消灭。动产所有权的抛弃属于无相对人的单方法律行为,以权利人基于抛弃的意思表示脱离对动产的占有为其所有权消灭的条件;动产质权以及留置权的放弃属于有相对人的单方法律行为,以权利人基于放弃权利的意思表示向出质人返还质押的动产或者向留置物所有人返还留置物,为其动产质权或者留置权消灭的条件。

2. 例外情况下,某些不动产和动产的物权变动采用意思主义,某些需要登记的动产的物权变动依据交付而发生

(1) 某些不动产用益物权根据合同而发生变动。

在不动产他物权中,根据《物权法》第127条第1款以及第129条的规定,农村集体土地承包经营权自土地承包经营权合同生效时设立;土地承包经营权因互换或者转让而发生变动,也依当事人之间签订的合同为准。此外,根据《物权法》第159条的规定,地役权自地役权合同生效时设立。上述规定表明,对于农村集体土地承包经营权和地役权的物权变动,我国采用的是意思主义。

在此,比较特殊的是农村村民对于集体所有的土地所享有的宅基地使用权。鉴于我国农村宅基地使用权形成的历史原因,我国《物权法》未明文规定其物权变动的依据。但该法第155条规定:"已经登记的宅基地使用权转让或者消灭的,应当及时办理变更登记或者注销登记。"这就表明,宅基地使用权的设立、转让和消灭,不以登记为成立要件,即使已经登记的宅基地使用权,法律仅要求其转让和消灭时"及时"办理变更登记或注销登记,但登记仅为此种用益物权变动的公示方法而非其成立要件。

(2) 特殊动产的所有权变动根据交付而发生。

对于船舶、航空器和机动车等需要登记的特殊动产,根据《物权法》第24条的规定,其所有权的转让,以交付为准,而非以登记为准。

(3) 动产所有权可以根据当事人的约定自合同成立时起转移。

前述我国《民法通则》第72条第2款有关"按照合同或者其他合法方式取得财产的,财产所有权从财产交付时起转移,法律另有规定或者当事人另有约定的除外"的规定,通常认为其仅应适用于动产所有权的转移。依照这一规定,当事人可以在动产特定物买卖合同中约定标的物所有权自合同成立时起转移,

也可以在分期付款的动产买卖合同中约定标的物所有权自买受人付清全部货款之时转移。《民法通则》的这一规定被我国于1999年颁布的《合同法》所承继。该法第133条规定："标的物的所有权自标的物交付时起转移,但法律另有规定或者当事人另有约定的除外。"第134条规定："当事人可以在买卖合同中约定买受人未履行支付价款或者其他义务的,标的物的所有权属于出卖人。"对此,我国《物权法》第23条也规定："动产物权的设立和转让,自交付时发生效力,但法律另有规定的除外。"

根据以上规定,动产所有权可根据当事人的约定自合同成立时起转移,如当事人对此并无约定,则动产所有权应依照法律规定自动产交付时起转移。

(4) 动产抵押权根据抵押合同而设立。

根据《物权法》第188条、第189条的规定,各种动产抵押权的设立(包括以正在建造的船舶、航空器设定抵押以及动产浮动抵押等)采用意思主义,即动产抵押权自当事人之间签订的抵押合同生效时设立。

(二) 不采用物权行为理论

我国《物权法》没有采用物权行为理论,但是十分强调在基于法律行为的物权变动的情形,应当区分相关的法律行为和物权变动之间的关系。该法第15条规定："当事人之间订立有关设立、变更、转让和消灭不动产物权的合同,除法律另有规定或者合同另有约定外,自合同成立时生效;未办理物权登记的,不影响合同效力。"根据这一规定,当事人之间签订的房屋买卖、建设用地使用权转让以及不动产抵押等合同,只要具备合同的生效条件,则自合同成立时发生效力,由此设立当事人之间的债权、债务关系,而办理房屋所有权或者建设用地使用权过户登记、不动产抵押权设立登记等,是履行相关合同义务的行为,这些能够导致不动产物权变动发生的登记是否办理,只能影响不动产物权变动的发生,但不能影响相关合同的效力的发生,当事人不得以未办理不动产登记为由主张合同无效。

在不采用物权行为理论的情况下,不动产登记和动产交付,被视为履行相关合同义务的事实行为。如果相关合同因具有瑕疵而被确认为无效或者被撤销,则合同自始不发生效力,依照该合同已经实行的不动产登记(不动产所有权转让登记或者抵押权登记等)以及动产交付,自始不能引起不动产或者动产的物权变动,当事人有权请求相对方返还所有物。

【思考问题】

思考题一：被胁迫而为之交付应产生何种法律效果？

甲欠乙一笔借款，后双方约定甲以一台机器设备抵偿所欠款项。因甲迟迟不按约定交付该机器设备，气愤之下，乙持刀威胁甲，甲被迫将该机器设备交付给了乙。事后，甲提起诉讼，以受胁迫为由请求撤销该交付行为，并请求责令乙返还原物。

问：在物权形式主义和债权形式主义两种不同的物权变动模式之下，本案的处理有何区别？

【理论拓展】

理论拓展之一：关于物权行为的理论纷争

在物权法理论中，德国民法所采用的物权行为理论具有特殊的地位。长期以来，就我国物权法应否采用物权行为理论，我国民法学界展开了激烈的争论。

（一）物权行为的意义

通说认为，19世纪初，德国学者萨维尼在讲学时发表了关于物权行为的最初理论，后来又在其《现代罗马法体系》一书中对物权契约理论进行了更为系统的阐述。以后，物权行为理论经过温德夏特、耶林等著名德国法学家的发展和丰富，形成极大的影响力，以至于成为德国普通法学的"通说"和"基本原理"，并对普鲁士法和奥地利民法产生极大影响，后经过曲折的历程，最终为《德国民法典》所采纳。[①]

作为德国民法理论最富有特色的"标志性建筑"的物权行为理论，被认为是潘德克吞法学或者"概念法学"最为辉煌的运用成果，不仅将德国学者所崇尚和擅长的法律形式理性思维方法推向极致，而且对于德国物权法乃至整个德国民法体系的形成产生了深远的影响。而这一理论最重要的价值或者机能，不仅在于使不同性质的法律关系得以清晰明了，而且更重要的是在于对交易安全的保护。德国学者指出：必须将作为原因的当事人的意思与所有权让与的"构成部分"分离开来，否则新的所有人必将依附于前取得者，难以避免因原因关系的瑕疵而丧失权利的可能性，如此，交易势必遭受阻碍。而物权行为的无因构成缩小了交易人对权利人的检索范围，在交易之际，人们无须将其视野移出相对人而无限地检索真正的权利人。在复杂而连锁的商品交易里，要检索出真正的权利人实在不易，纵使可能，那征信成本也恐怕非常巨大，由此带来的不经济可想而知。而无因的法律构成告诉

[①] 参见梁慧星主编：《中国物权法研究》，法律出版社1998年版，第151—156页。

第四章 物权的变动

人们:你们只需要将精力投注自己的交易本身即已足。由此,无因构成使物权交易变得非常容易,实现了交易的便捷,同时也保障了交易的安全。① 简而言之,物权行为理论最为重要的作用,在于将交易活动中,当事人双方所签订的买卖等合同(债权行为)与导致物权变动的动产交付和不动产登记行为(物权行为)断然切割成两段,并通过物权行为的无因性,使物权变动不受原因行为的影响,从而使交易安全最大限度地获得保障。现实生活中,交易常常是一个连续进行的过程,如甲将财产出卖给乙,乙又将财产出卖、出租或者抵押给丙。如果因为甲、乙之间的交易出现问题从而影响了乙和丙之间的交易的稳定性,则难以保障交易安全,有可能损害第三人的利益。物权行为的独立性和无因性切断了物权变动结果与债权契约的联系,无论债权关系因何种原因发生何种变故(无效或者被撤销),已经发生的物权变动不受任何影响,这样,一方面,受让人可以确定地获得物权,无须担心由于债权关系的瑕疵而使其交易目的无法实现;另一方面,受让人在获得物权之后所实施的对物权的处分行为的效力,可以完全不受债权关系无效或者撤销的任何影响,从而使与受让人进行交易的第三人确定地获得物权即交易之期待利益,使交易变得便捷、安全。

(二)对物权行为理论的批评和反批评

由于物权行为理论所具有的高度抽象性和技术性的特点,从一开始起,这一理论就受到各种批评。

《德国民法典》制定时期最著名的自由派法官奥托·冯·吉耶克(otto von Girke——又译基尔克)认为,物权行为理论是一种脱离实际生活的理论臆想,他指出:"如果在立法草案中以教科书式的句子强行把一桩简单的物品买卖在至少是三个法律领域里依法定程式彻底分解开来,那简直是理论上对生活的强奸!一个人去商店买一双手套,他本可以一手交钱一手拿货,可他必须瞪大了眼睛提防着要发生的三件事:(1)这是在订立一个债法上的合同,因此而产生的债务关系要清偿履行;(2)缔结了一个与其法律原因完全脱离的以所有权转移为目的的物权契约;(3)在上述两个法律行为之外,必须进行虽然是一项法律动作但不是法律行为的交付。这些不是纯属虚构吗?如果现在把实际中的一个统一的法律行为的两种思维方式编造成两种各自独立的合同,那就不仅仅是脑子里怎么想的问题,而是依思维方式的超负荷损害实体权利。"② 20世纪30年代中期,德国著名学者赫刻(Heck)运用利益衡量方法论对物权行为无因性作出了被认为是最具决定性意义的批评。

---

① 〔日〕广濑稔:《无因性理论的考察》,载《法学论丛》第72卷第2号。转引自肖厚国:《物权变动研究》,中国社会科学院2000年博士学位论文,第77页。

② 参见孙宪忠:《德国当代物权法》,法律出版社1997年版,第69页。

赫刻针对物权行为无因性理论支持者认为这一理论"有助于保护交易对方或第三人获得确定保护的交易上的利益、有助于使物权的概念与物权的法律关系易于识别而使法律关系获得明了以及当事人举证责任减轻"的说法,进行了详细分析,最终得出了否定性的结论。①

总结有关论述,物权行为批判理论最重要的一些观点包括:(1) 物权行为是一个不顾国民生活感情而由法学家拟制出来的"技术概念",其目的不过在于追求法律理论体系的完备,并未考虑实际生活的需要和司法操作上的简便;(2) 在物权公示与公信原则已经确定的情况下,物权行为理论所可能具有的保护交易安全的作用丧失殆尽(不动产交易中善意当事人的利益可依登记之公信力获得保护,而动产交易中的善意当事人则可依动产善意取得制度获得保护);(3) 如采物权行为理论,在买卖契约无效或者撤销的情形,因标的物已经交付,所有权已经转移,故出让人不能请求返还所有物,而只能请求返还不当得利,在与受让人的债权人的关系上,出让人的利益不能获得应有的保护;(4) 如采物权行为理论,在无权处分的情形,从无权处分人处受让标的物的恶意第三人也确定地获得所有权,此不符合公平正义观念。

与此相反,也有很多学者认为,物权行为理论具有为其他制度所不可替代的各种重要价值。有学者指出,在德国当代民法理论中,支持物权行为理论的观点已经明显占据上风,其原因在于:(1) 现今各国均采用了不动产物权变动之登记制度,表明不动产立法已经普遍接受物权行为理论。而动产善意取得制度虽然可以部分替代物权行为之保护交易安全的作用,但善意取得所无法解决的许多疑难问题,却可以根据物权行为的无因性而得以解决。(2) 如果没有物权行为理论,在保护物权秩序上,法律将不得不将债权法的原理运用于明显不属债权法上的法律行为(如抵押权、地上权的设立行为),导致物权制度和债权制度的同时遭损。(3) 所有权保留和担保让与等现代化担保方式根据物权行为理论可以更容易、更适宜地建立。(4) 抽象的不动产物权担保(即土地债务)比附随性担保对债权人具有更大的优越性,更适合实务需要和欧洲的未来计划。(5) 物权行为理论具有区分物权原因与债权原因的作用,更适合复杂的生活需要。破坏物权行为理论,也会损害原因行为的效力范围。②

针对有关争论,也有学者认为,物权行为理论是德国民法思维方法的产物,与德国民法的理论体系和立法体系相适应,但并非唯一正确的科学结论。法学理论

---

① 以上赫刻的有关论述,参见陈华彬:《物权法原理》,国家行政学院出版社 1998 年版,第 133—137 页。
② 参见孙宪忠:《德国当代物权法》,法律出版社 1997 年版,第 71—72 页。

的科学性和实用性,必须与特定社会、特定国家的价值观念、文化特征及至生活习惯相结合而加以判断。鉴于任何法律制度的设计总是利弊权衡的结果,尽管德国民法理论和制度是我国民法借鉴的重点,但此种借鉴应当考虑我国的实际情况加以选择而不一定完全照搬。结合我国民法理论、立法和司法发展的历史和现状加以考虑,尽管不采用物权行为理论会有种种弊端或者缺陷,但较之采用物权行为理论而导致的理论上、制度设计上和法律适用上难以解决的诸多问题,不采用物权行为理论,对于我国物权法和民法理论的推进和民事立法的逐步完善,利大于弊。与此同时,较之单纯追求理论体系和立法体系的完备、合乎逻辑,我国物权法理论和立法侧重追求制度设计和法律适用上的便捷、明了更具合理性,也更符合使我国立法与国际立法潮流逐步接轨未来发展之要求。①

第三节 非基于法律行为的物权变动

【基本原理】

一、非基于法律行为的不动产物权变动

我国《物权法》第 28 条至第 30 条规定了非基于法律行为的不动产物权变动的三类情形,包括因司法判决、仲裁裁决以及行政征收命令导致的不动产物权变动(第 28 条);因遗产继承以及遗赠导致的不动产物权变动(第 29 条);因修建房屋等事实行为导致的物权变动(第 30 条)等。除此而外,尚存在立法上未作规定的其他情形。

(一)因法院或者仲裁机构的法律文书而导致的不动产物权变动

因法院、仲裁机构的法律文书而导致的不动产物权变动,以法院或者仲裁机构的法律文书生效为准。

上述《物权法》第 28 条所规定的法院(包括仲裁机构)的法律文书,应具体包括:

---

① 尹田:《物权法理论评析与思考》(第 2 版),中国人民大学出版社 2008 年版,第 239 页。

1. 法院、仲裁结构作出的有关形成之诉的判决书、裁决书或者调解书

就有关不动产的形成之诉的法院判决书(包括仲裁裁决书),能够直接引起不动产物权的变更或者消灭。例如,在共有财产分割诉讼中,法院就共有人原来的共有财产的分割作出的判决。此种判决改变了共有财产原有的法律状态,将共有财产变为当事人各自所有的财产,由此产生原共有人各自享有单独的不动产所有权,或者将原属共有人共有的财产所有权改变为属一人享有。此种不动产物权变动应在法院判决生效时发生,不以登记为成立要件。又如,甲、乙为夫妻,法院在判决其离婚的同时,判决夫妻二人原共有的一套房屋在离婚后归女方某乙所有。这一判决一旦生效,则该房屋所有权以及相关土地使用权即归某乙享有。某乙可持法院的生效判决到不动产登记机关办理房屋所有权以及土地使用权变更登记手续,但该项登记是否办理,并不影响某乙对该房屋所有权的享有。

根据我国《民事诉讼法》的规定,由法院作出的民事调解书,具有与民事判决书同等的法律效力,据此,法院有关形成之诉的调解书,也能够引起不动产物权变动。

应注意的是,法院、仲裁机构的下列判决、裁决,不能导致不动产物权的变动:

(1) 物权的确认判决

确认物权存在的诉讼(积极的确认之诉)与确认物权不存在的诉讼(消极的确认之诉)的判决是对物权既有状态的司法确定。依照物权确认之诉的判决,当事人对涉讼不动产物权依据其权利取得的法律事实而自始享有或者自始不能享有,并不导致物权变动的发生。如下例:

甲男、乙女系夫妻,于1999年结婚,后于2002年3月以家庭存款购买了一套房屋。因甲男出差在外,乙女系以自己一个人的名义与开发商签订房屋买卖合同,房产也被过户登记到乙女名下,后该房屋被租赁给他人使用。2006年8月,夫妻关系恶化,为防止以后离婚分割财产时发生争议,甲男要求乙女同去房产登记机关办理房屋更正登记,将该房屋所有权登记至双方共同名下,但被乙女拒绝,且乙女声称该房屋所有权应属其一人享有。甲男遂起诉到法院,请求确认该房屋所有权为夫妻共同财产。法院于2007年3月作出生效判决,判如所请。其后,甲男持法院判决到房产登记机关申请办理产权更正登记时,发现乙女于2007年2月已将该房屋出卖给丙且办理了过户登记手续。

此例中,乙女将房屋所有权转移给丙是否构成无权处分?

上例中,争议房屋的所有权归属(夫妻共有财产)是一种客观事实,法院的判决仅仅是对该客观事实的司法确认。根据当时我国《婚姻法》的规定,如无相反约定,夫妻在婚姻关系存续期间所获得财产应属夫妻共同财产,故本案涉讼房屋自购买之时(2003年)即依法应属甲男和乙女的共同财产,双方对之即享有共有权。据此,该项共有权并非基于法院于2007年3月作出的生效判决而产生。而乙女虽自2003年起即被登记为该房屋的唯一所有人,但其自始并不单独享有该项权利,对该房屋自始不享有单独的处分权,故其擅自将房屋所有权转移给丙的行为,构成无权处分。如购买该房屋的丙为善意且约定支付的价格合理,丙可主张善意取得。

(2)有关财产或财产权利的给付判决。

责令被告向原告为特定财产行为的判决仅能产生原告的请求权,不能导致物权变动的发生,其中包括:

第一,责令被告实施向原告转移财产所有权或者他物权的行为的判决。如判决责令债务人向债权人交付货物,或判决责令债务人限期办理房屋所有权过户登记等。前述判决仅引起对债务人应为行为的强制,但该种行为所导致的法律效果,须依据该种行为的实际实施方可发生。因此,在判决责令被告为动产交付行为的情形,动产所有权变动须依该交付行为的完成而发生,如果被告拒绝履行该项判决,原告可申请法院强制扣押被告的财产,进而通过受领该动产而取得其所有权。而在判决责令被告办理不动产过户登记的情形,不动产物权变动须依过户登记的完成而发生变动。如果被告拒绝履行该项判决,原告可持法院生效判决自行到登记机关办理过户登记,待过户登记完成时,方取得该不动产的物权。

第二,责令被告实施他物权的设定行为的判决。如判决责令不动产抵押人依照抵押合同的约定办理不动产抵押权登记,或判决动产出质人依照质押合同的约定将质物交付给受质人以设定动产质权等。前述判决中,不动产抵押权须经抵押权登记的完成而设立,动产质权须经动产占有的转移而设立。如果被告拒绝履行判决,抵押权人得持法院的生效判决自行到不动产登记机关办理不动产抵押权登记,并在登记完成时取得不动产抵押权,而动产质权人得申请法院扣押出质人的质物,并自受领该质物时享有质权。

第三,判决供役地权利人依照地役权合同的约定办理地役权登记,以使已经设立的地役权具有对抗第三人的效力,等等。

2. 法院在执行程序中作出的以物抵债裁定

依照我国民事诉讼法的规定,法院应当事人申请,可根据生效判决强制执行被执行人(债务人)的财产,包括强制扣押被执行人的财产并委托拍卖机构予以公开拍卖等。根据最高人民法院《关于人民法院民事执行中拍卖、变卖财产的规定》(法释[2004]16号)的规定,法院在对被执行人的不动产进行拍卖时,如"流拍"(即无人竞买)达到3次,法院可裁定以被执行人的该财产折价清偿所欠债权人的债务。

关于法院在执行程序中作出的"以物抵债裁定书"的效力,该司法解释第29条规定:"动产拍卖成交或者抵债后,其所有权自该动产交付时起转移给买受人或者承受人。"(第1款)"不动产、有登记的特定动产或者其他财产权拍卖成交或抵债后,该不动产、特定动产的所有权、其他财产权自拍卖成交或者抵债裁定书送达买受人或者承受人时起转移。"(第2款)依照前述规定,法院在执行程序中作出的以物抵债裁定书,如涉及动产,其不能直接导致物权变动,该种物权变动仍以交付为其依据。但如涉及不动产以及机动车、船舶、航空器等登记动产、以登记为权利变动依据的专利权、商标权等财产权利,该种裁定书一经送达生效,即可导致不动产所有权及其他财产权的变动。

对此规定的妥当性,理论上存在不同看法。有学者认为,以民事裁定的方式以物抵债,该物若为动产,其所有权自该动产交付时起转移,符合《物权法》第23条的规定,应予赞同;该物若为不动产,其所有权自抵债裁定送达生效时转移,此种规定不符合物权变动应尽可能地以公示为原则的理念,是将《物权法》第28条规定的"法律文书"不当地扩张至形成判决(裁定)之外的裁定(因为以物抵债的民事裁定不属于形成裁定而属于给付裁定)。①

很显然,在强制执行程序中,"拍卖成交"是指以拍卖形式订立的买卖合同的成立,而以物抵债的裁定则是对以不动产之实物折价的债务清偿方式(关系)的确认,其性质类似于法院对给付之诉作出的判决。但应看到,与法院给付之诉的判决背景不同,法院强制执行程序中对被执行人不动产的强制拍卖,系以查封被执行不动产为前提。而被执行的不动产一旦被查封,则被执行人无法再对其进行处分。因此,与民事主体之间自由进行的不动产流转关系不同,置于公权力(司法权力)控制之下此种不动产物权变动,即使不以公示(登记)作为其物权变动的根据,也不会损害第三人的利益。所以,规定以法院执行程序中

---

① 崔建远:《物权:规范与学说——以中国物权法的解释论为中心》,清华大学出版社2001年版,第199页。

的不动产拍卖成交以及法院作出的以物抵债裁定作为不动产物权变动的依据，并无大碍。

可以作为参考的是，依我国台湾地区"强制执行法"第97条的规定，债务人的不动产经法院强制执行拍卖的，于买受人交足价金后，执行法院应即发给权利移转证书及其他书据（如原所有权状等）。买受人自领得执行法院所发给的权利移转证书之日起，取得该拍卖的不动产的所有权，如该不动产系由债权人所承受的（即"以物抵债"），债权人也于领得权利移转证书时，即取得其所有权，无须经登记而发生物权变动的效力。①

对此，最高人民法院《物权法司法解释（一）》第7条规定："人民法院、仲裁委员会在分割共有不动产或者动产等案件中作出并依法生效的改变原有物权关系的判决书、裁决书、调解书，以及人民法院在执行程序中作出的拍卖成交裁定书、以物抵债裁定书，应当认定为物权法第二十八条所称导致物权设立、变更、转让或者消灭的人民法院、仲裁委员会的法律文书。"

（二）因政府的征收决定而导致的物权变动

根据我国《物权法》第42条的规定，政府为了公共利益的需要，可以依照法律规定的权限和程序征收集体所有的土地和单位、个人的房屋及其他不动产，即政府通过行政命令，将集体土地所有权和其他单位或者个人的不动产所有权强制消灭，并将之变为国家财产所有权。因此而导致的不动产物权变动，应从政府的征收决定生效时发生效力。

对于《物权法》的这一规定，存在一些批评意见。很多人认为，政府征收决定的效力应当受到某些程序（如听证乃至于行政诉讼程序）的必要限制，与此同时，政府征收决定的下达与征收行为（征地拆迁）的实施之间，常常有可能存在较长的期间，如果征收命令的生效即无条件导致农村集体组织丧失集体土地所有权及房屋业主丧失房屋所有权，则民众的利益有可能遭受不当损害。

（三）因继承而导致的不动产物权变动

1. 概说

自然人死亡时，其遗产应由遗嘱指定的继承人或者法定继承人继承，遗嘱指定的受遗赠人，也有权接受遗产。此外，如果被继承人生前与他人签订有遗赠扶养协议的，其遗产应按照协议由扶养人所取得。由此，遗产继承、受遗赠以及遗赠扶养协议的履行，均会导致遗产中的不动产和动产的物权变动。

---

① 谢在全：《民法物权论》（上册），中国政法大学出版社1999年版，第94页。

遗产继承中,法定继承是直接根据法律规定而发生的继承关系,由被继承人的死亡(事件)这一法律事实而引起,但是,遗嘱继承和遗赠,则是由设立遗嘱(单方法律行为)和立遗嘱人的死亡(事件)两项法律事实的结合(称为"事实构成")而引起。鉴于立遗嘱人的死亡是引起遗嘱继承和遗赠发生的直接根据,而遗嘱行为的主要功能在于决定遗嘱继承和遗赠"如何发生",所以,因遗嘱继承或者受遗赠而导致的物权变动也被纳入非基于法律行为的物权变动的范围。

鉴于自然人一旦死亡,其民事权利能力即行丧失,不可能再享有任何财产权利,而通常情况下,为了维护财产安全和财产秩序,法律原则上尽可能不让财产处于归属不明的状态,因此,无论自然人死亡后,其遗产是由遗嘱继承人或者法定继承人继承,或由法定继承人之外的人通过受遗赠而取得,或由扶养人根据遗赠扶养协议而取得,遗产权利必然立刻转而由生者享有。为此,我国《物权法》第29条规定,因继承或者受遗赠而取得不动产或者动产物权的,物权变动自被继承人或者遗赠人死亡即继承或者受遗赠开始时发生。

2. 遗产继承所导致的物权变动

就遗产继承而言,被继承人一旦死亡,其遗产权利即转归遗产继承人享有(例如,父亲死亡,其儿子为唯一的法定继承人,则在父亲死亡之时,其遗产中的不动产所有权即为儿子取得,不以办理不动产物权过户登记为条件;其遗产中的动产所有权即为儿子取得,不以儿子实际占有该动产为条件)。被继承人死亡时,如果继承人为数人,在遗嘱指定了继承人及其所继承的具体遗产的情况下,遗产权利即归相关遗嘱继承人享有;在遗嘱指定了继承人但仅确定了各继承人应继承的遗产份额的情况下,或者在法定继承的情况下,在继承人分割遗产之前,有关遗产应归全体继承人共有。

此外,根据我国《继承法》第25条第1款的规定,继承人可以在继承开始后、遗产分割之前,以明示的方法放弃继承。由于继承人在继承开始时即取得了遗产的所有权,所以,继承人放弃继承,实质上是放弃了已经取得的遗产权利,只不过,此种放弃权利的行为的效力,应当溯及至继承开始之时,即视为放弃继承的继承人自始未取得遗产权利,该遗产权利从继承开始之时即为其他继承人所依法取得。由于前述《继承法》第25条第1款规定,如果继承人在继承开始、遗产分割之前没有表示放弃继承,则推定为接受继承。因此,继承人在遗产分割之后如果表示放弃继承,其意思表示不能发生放弃继承的法律效果。此种情形,如果继承人拒绝接受遗产并明确表示其放弃遗产权利的意思,则因该继承人已经取得了遗产权利,其放弃的应当是其已经享有的财产权利,并且有将该财产赠与其他继承人的意思,而其他继承人可据此取得该部分遗产的权利。

（四）因遗赠及遗赠扶养协议所导致的物权变动

在遗赠人通过遗嘱将个人财产于死后赠与他人的情形，遗赠人一旦死亡，遗嘱即行生效，但与遗产继承人不同，根据遗赠的性质，受遗赠人并不能以自己的行为直接占有遗赠财产，而是必须向遗嘱执行人或者继承人请求交付遗赠财产，据此，遗嘱生效的效果，是在遗嘱执行人或者继承人与受遗赠人之间产生债权、债务关系。但从财产权利归属的角度看，遗赠人一旦死亡，其遗产权利必然立即转而由生者享有，而遗嘱执行人或者继承人并无根据享有遗赠财产的所有权，因此，在遗嘱生效时，遗赠财产的权利当然应为受遗赠人取得。所以，在遗嘱生效后，受遗赠人依法请求遗嘱执行人或者继承人交付遗赠财产，实际上是请求交付其已经享有所有权的财产。

根据《继承法》第25条第2款的规定，受遗赠人应当在知道受遗赠后两个月之内作出接受遗赠的表示，否则，推定其放弃受遗赠。如果受遗赠人放弃受遗赠或者被推定放弃受遗赠，则其放弃受遗赠的效力溯及至遗赠开始之时，即视为受遗赠人自始未取得遗赠财产的权利，有关遗产的权利，应归有权取得该项遗产的继承人等享有。

在遗赠扶养协议关系中，扶养人的义务是对被扶养人"生养死葬"，以此为条件，被扶养人同意将其特定财产在死亡时赠与扶养人，因此，遗赠扶养协议实际上同时包含"扶养"和"遗赠"两个行为。鉴于在取得遗赠财产权利的问题上，遗赠扶养协议中的扶养人的法律地位与一般的受遗赠人并无不同，故《物权法》第29条有关因受遗赠而导致的物权变动的规定，应当适用于遗赠扶养协议，即一旦被扶养人死亡，有关遗赠财产的权利即为扶养人所取得。

此外，根据《继承法》第32条的规定，自然人死亡时，如其没有继承人或受遗赠人，或者继承人、受遗赠人均放弃继承以及放弃受遗赠，则其遗产应立即由国家或者集体组织取得。此种原因引起的物权变动，也应从自然人死亡之时发生。

（五）因事实行为而导致的不动产物权变动

事实行为是指由法律直接赋予特定民事法律效果的行为，此种行为无须当事人为意思表示。因事实行为而取得或者消灭不动产物权的，物权变动自事实行为成立时发生。例如，单位或者个人合法建造房屋，房屋一旦建成，当事人即取得该不动产的所有权，其是否进行不动产物权登记，并不影响物权变动的发生。此外，房屋的拆除以及毁损灭失等，也可直接导致不动产所有权和他物权的消灭。

(六) 直接根据法律的规定而导致的不动产物权变动

1. 直接根据法律规定而发生的抵押权变动

(1) 不动产抵押权依照"房地合一"的原则而依法设立

由于建筑物与相关土地使用权在使用上存在不可分离的关系,故对于不动产物权的变动,我国历来实行"地随房走、房随地走"的原则,即建筑物所有权转让时,应当将相关的建设用地使用权一并转让;以建筑物设定抵押权时,应当将相关的建设用地使用权一并抵押,反之亦然。但由于我国长期实行房屋与土地使用权分别由不同的行政机关负责登记的方法(房屋由房管部门登记,土地使用权由国土部门登记),故经常出现建筑物所有权经登记而转让,但相关建设用地使用权因未办理过户登记而没有转让的情形,尤其是在不动产抵押权设立时,如果出现建筑物经登记设立了抵押权而相关土地使用权未设定抵押权,则抵押权的行使会出现重大困难。为此,我国《物权法》第182条规定,在以建筑物设定抵押权时,如果当事人未按规定将该建筑物占用范围内的建设用地使用权一并抵押,或者相反,在以建设用地使用权设定抵押权时,未按规定将相关建筑物一并抵押,则未抵押的财产视为一并抵押。依照前述规定,在建筑物(或者建设用地使用权)依登记而设立抵押权时,相关建设用地使用权(或者建筑物)的抵押权如未依登记而设立,则在当事人行使抵押权时,相关建设用地使用权(或者建筑物)的抵押权无须经过登记而依法设立。

(2) 抵押权随主债权的让与而转移

在不动产或者动产抵押权随主债权让与而转移的情形,主债权因债权人与债权受让人之间债权让与合同的成立而发生转移,根据抵押权之附从性特点,相关抵押权不可能脱离主债权的存在而存在,也不可能为主债权人之外的其他人所享有,因此,主债权一旦转归他人,抵押权必须同时转归他人。抵押权在此种情况下的转移,不以登记为成立要件。

2. 直接根据善意取得的规定而取得不动产物权

在不动产错误登记的情况下,对不动产无处分权的登记名义人如果将不动产物权(如房屋所有权、土地使用权等)转让给善意第三人,善意第三人取得该不动产物权支付的价格合理且办理了不动产物权过户登记手续,根据《物权法》第106条的规定,该第三人可取得该不动产的物权。这一有关善意取得的规则也适用于不动产用益物权的转让以及不动产抵押权的设立等。

应当指出,尽管不动产善意取得的适用须以无权处分的不动产办理了物权过户登记为条件,但是,该过户登记本身并非善意第三人取得该项不动产物权的原因或者根据。因此,根据《物权法》有关善意取得的规则发生的物权变动,也属于直接根据法律规定发生的物权变动。但与其他非基于法律行为的物权变动(包括直接根据法律规定而发生的物权变动)有所不同,因善意取得的法律规定而取得的不动产物权,不存在不经登记而不得处分以及不经登记而无对抗力的问题。

3. 根据取得时效的规定取得不动产物权

取得时效是指自主(以所有人名义)、公开、和平、持续地占有他人财产到达法定期间,占有人可依法取得占有物的所有权或者他物权的制度。

我国物权法制定过程中,其立法草案曾规定,取得时效可以适用于未经登记的不动产和登记错误的不动产,即占有他人未经登记的不动产达20年的,可以登记成为所有人;错误登记达20年的,错误登记成为正确登记,登记名义人取得所登记的不动产的所有权。根据这一规定,在不动产登记错误的情形,取得时效期间届满,登记名义人即依法取得不动产所有权,故此种情形应属直接根据法律规定而发生的物权变动。但是,在占有他人未经登记的不动产的情形,取得时效期间届满,占有人须经过登记方可取得不动产所有权,故不动产公示仍为其物权变动的成立要件,不属直接根据法律规定而发生物权变动的范围。

在我国2007年3月颁布的《物权法》上,原立法草案所规定的取得时效制度被取消。

二、非基于法律行为的动产物权变动

(一) 因司法判决、仲裁裁决发生的动产物权变动

法院(或者仲裁机构)就分割共有的动产而作出的判决(或者仲裁裁决)所导致的动产物权变动,以法院或者仲裁机构的法律文书生效为发生根据。

(二) 因遗产继承、遗赠发生的动产物权变动

遗产继承或者遗赠中,被继承人死亡时,遗产中的动产所有权即依法为继承人或者受遗赠人所取得。

(三) 因有关善意取得或者取得时效的规定发生的动产物权变动

对所占有的动产无处分权的人如对该动产进行处分(转让所有权、设定质权等),其行为构成无权处分。根据我国《物权法》第106条有关善意取得制度

的规定,为保护交易安全,善意且以合理价格受让该动产的第三人如果接受了交付,则依法取得该动产的所有权或者其他物权。

此外,在法律规定了取得时效制度的情况下,自主、公开、和平且持续占有他人动产达到法定期间,占有人即取得该动产的所有权。

(四) 因生产、添附以及先占等事实行为发生的动产物权变动

1. 生产

产品(动产)的生产者自产品形成时即取得该产品的所有权。

2. 添附

添附包括附合、混合和加工三种情形。

(1) 附合

附合是指其所有权分属二人以上的物相互结合,虽能识别但无法分离或者分离后会造成损失的一种法律事实。

在动产与不动产发生附合的情形,被附着于不动产的动产成为该不动产的组成部分,不动产所有权归属不发生变化,但动产所有权归于消灭。就当事人之间利益的平衡,应根据不同情况予以处理:如附合是因不动产所有人的行为而发生(如误将他人的建筑材料用于建房),不动产所有人应承担侵权责任或者不当得利的返还责任;如附合是因动产所有人的行为而发生(如房屋的承租人或者借用人在房屋地板上铺设了瓷砖),双方当事人有约定的按约定处理,如无约定且不能协商处理的,"能够拆除的,可以责令拆除;不能拆除的,也可以折价归财产所有人,造成财产所有人损失的,应当负赔偿责任"。(最高人民法院《关于贯彻执行〈民法通则〉若干问题的意见(试行)》第86条)

在动产与动产发生附合的情形,其通常可能形成新的物(称为"合成物",如将分别属于自己和属于他人的数个零部件组装成为一台机器)。对于合成物的所有权归属,可由当事人协商确定。协商不成时,如果一方的动产在合成物中居于主要地位(如被镶嵌在钻戒基座上的钻石),合成物所有权应归该方当事人取得,但应给对方以适当补偿;就一般的合成物,对于附合的发生无过错的一方可以选择取得所有权并给对方以适当补偿,也可以选择请求对方承担赔偿责任。

(2) 混合

混合是指分属二人以上的动产(如液体或者气体等)相互结合,无法识别或者虽能识别但识别费用过高的一种法律事实。从理论上讲,混合会使原物所有权消灭而产生新物(混合物)的所有权。但实践中,所谓"混合物"通常不具有使

用价值,故不会发生其所有权的归属问题。

(3)加工

加工是指未经他人同意而将他人的原材料加工制造而形成新的物(如误将他人的大理石雕刻成为艺术品)。加工也会产生新的物即"加工物"。对于加工物所有权的归属,传统理论存在比较复杂的分析,但实际生活中,其解决方法通常可由当事人协商确定,协商不成的,由于原材料所有权因加工而不复存在,且加工形成的物品的价值通常远远高于原材料,因此,加工物原则上应归加工人所有,但加工人应给予原材料所有人以适当的赔偿。

动产物权因添附而发生的变动,属基于事实行为而发生的物权变动。因添附及相关纠纷在实践中发生甚少,即使有所发生,也通常依照侵权责任或者不当得利的相关规定即可处理,并不产生财产所有权归属的争议,故我国《物权法》未对之作出规定。

3. 先占

先占是指以所有的意思占有无主的动产从而依法取得其所有权的制度。如拾荒人因占有他人丢弃的物品而取得其所有权。

我国《物权法》没有对先占制度作出明确规定。

【思考问题】

思考题二:确认继承权的判决是否为继承人取得遗产物权的根据?

王某去世后,依照其生前设立的自书遗嘱,其遗留的房屋一套由该遗嘱指定的受遗赠人李某所获得并办理了房产过户登记手续。不久后,王某的儿子整理王某遗物时,发现王某生前还设立了另外一份遗嘱并进行了公证,依照该公证遗嘱,前述同一房屋被明确指定由其儿子继承。王某的儿子据此要求李某返还该房屋,被拒绝后提起诉讼。法院判决:自书遗嘱无效,依照公证遗嘱,讼争房屋应由王某的儿子依法继承,李某应向其返还房屋。但当王某的儿子持法院生效判决到房屋登记机关申请办理产权更正登记手续时,发现该房屋在法院审理该案的过程中已被李某出卖给了张某并办理了过户登记手续。王某的儿子遂提起诉讼请求法院确认李某与张某签订的房屋买卖合同无效,并责令张某向其返还该房屋;张某则主张,王某的儿子应在法院判决生效时取得房屋所有权,但在此之前,房屋已被李某出卖给张某,该处分行为应属有效。

问:王某的儿子能够以该房屋所有人的名义请求张某返还该房屋吗?本案如何处理?

【理论拓展】

理论拓展之二：对违法建筑可否取得建筑物所有权？

就违法修建的建筑物是否取得建筑物所有权问题，理论界历来存在不同看法。有人认为，违法建筑（如将行政划拨用地用于商业经营项目）也是财产，如建造人不能取得建筑物所有权，则其将成为无主物，不利于财产的利用和保护，故应对《物权法》第 30 条有关"合法建造"的规定予以限缩解释，将某些违法建造行为包括在"合法建造"范围，以使其产生所有权；还有人认为，违法建筑行为违反了公法的规定，应发生公法上的效果，如责令拆毁、罚款等，但不宜认定其自始不产生所有权。①但上述观点是不能成立的，原因在于，所有权的取得必须符合法律的规定，尤其是不动产所有权的取得，必须符合国家有关土地管理的相关规定。违法建筑物虽然在物质上形成了"物"的形态，但其是否能够成为所有权标的以及建造人能否取得所有权尚不确定。对于违法建筑物，有关机关有可能采用两种不同的处理方法：一是对建造人进行处罚后责令其补办相关手续而使建筑物成为合法建筑，在此种情形，违法建筑物因其违法性被去除而成为合法建筑物，建造人得自始取得建筑物的所有权；二是违法建筑物被有关机关责令拆除，在此种情形，该建筑物自始不得产生任何不动产权利。据此，违法建筑物在未转变成为合法建筑物时，既不能引起所有权的产生，也不能进行不动产物权登记。我国《物权法》第 30 条所规定的"合法建造"行为，只能解释为符合城市建设规划并经过合法审批而实施的建造行为，其中包括事前未经合法审批或者审批程序有瑕疵，但事后经过有关机关补办合法审批手续的建造行为。

【本章思考问题参考答案】

思考题一参考答案：

在物权形式主义物权变动模式之下，甲向乙交付机器设备的行为构成一项独立的法律行为（物权行为），应适用法律行为的有关规则，因该交付行为系受胁迫而为，违背了甲的真实意思，故甲有权请求予以撤销，该交付行为不能发生物权变动的效果，行为撤销后，甲有权请求乙返还原物（所有物）；而在债权形式主义物权变动模式之下，甲向乙交付机器设备的行为为履行抵债协议所设定的义务的行为（事实行为），因事实行为不以行为人的意思表示为要素，即不考虑该行为是否符合行为人真实的意思，故该交付行为虽系受胁迫而为，但仍能产生物权变动及债务履行

---

① 崔建远：《物权法》，中国人民大学出版社 2009 年版，第 74 页。

的效果,甲、乙之间的债的关系因债务履行而归于消灭,甲不得请求乙返还所交付的财产。但是,因乙的胁迫行为具有不法性,如因此而造成甲的其他损失,甲有权请求其予以损害赔偿。

不过应当注意,在物权形式主义物权变动模式之下,虽然甲有权请求乙返还该机器设备,但依照甲、乙之间的抵债协议,甲仍负有向乙交付该机器设备的债务,如此一来,即构成甲和乙之间的"对待债务"(即甲有权请求乙返还该机器设备,而乙有权也请求甲交付该机器设备),且债务的种类相同,故乙有权主张债务的抵销,即乙不再请求甲交付机器设备,甲也不得请求乙返还该机器设备。

思考题二参考答案:

法院的判决属于确认之诉的判决,故王某的儿子不是根据法院的该判决而取得遗产房屋的所有权,而是根据遗产继承取得其所有权,该所有权依法应从继承开始(即王某死亡时)取得,即李某自始未能取得对该房屋的所有权,因此,王某的儿子有权以房屋所有人的名义请求张某返还该房屋,而李某处分该房屋的行为构成无权处分。但如张某购买该房屋即办理过户登记时为善意,且房屋买卖合同价格合理,则张某可以主张善意取得,其与李某签订的房屋买卖合同为有效。李某在法院审理该案过程中将房屋予以出卖,其行为构成恶意,王某的儿子有权请求其赔偿损失。

第五章 物权公示原则

第一节 物权公示的概念及其意义

【基本原理】

一、物权公示的概念和方法

（一）物权公示的含义

物权公示，是指物权的得失变更，应依法律的规定采用能够为公众所知晓的外部表现形式。物权公示的实质内容，是物权的权属状况或者物权的不复存在。

"公示"一词的本意是"公开"或者"公之于世"，但"物权公示"中的"公示"并非指将财产或者财产上的物权状态无条件地向他人乃至社会公众予以公开，而是指在物权发生设立、变更、转让或者消灭时，其物权变动的事实不能仅仅存在于有关当事人的观念之中，或者仅仅被有关当事人所知晓，而应当依法采用一种能够让外界（第三人）通过观察或者查询即可了解或者识别的客观表现方式。

实质上，法律上的财产权利或者身份权利都具有观念性、抽象性的特点，即权利本身或者权利的存在状态通常不可能直接通过一般的观察方法而被他人所了解。例如，人们能够看见一台电脑，但是无法看见电脑上存在的所有权，更无法知晓该所有权的归属状态；人们能够看见一幢房屋，但无法看见该房屋上所设定的抵押权。但权利的观念性存在并不一定影响对权利的尊重和保护，例如，虽然人们看不见一幢房屋上所设定的所有权，但凭借常识，人们不仅应当知道该房屋上存在他人享有的所有权，而且应当知道自己不得以不法行为侵害这一权利，否则将会承担法律责任。与此同时，权利的秘密存在也并不一定对他人的利益产生损害，例如，某甲和某乙秘密签订了一份买卖合同，根据该合同，某甲对某乙享有请求其支付一笔货款的债权。这一权利尽管不被第三人所知晓，但由于债权属于相对权，不得约束债务人之外的第三人，故债权的行使与第三人无关，也不会损害第三人的任何利益。但是，与债权不同，包括物权在内的一些民事权利如果始终保持其"秘密存在"的状态，则有可能损害第三人的利益乃至国家利益，因此，法律就必须要求这些权利的存在或者变动应当采用一种能够为第三人（利害关系人）所了解或者知晓的外部表现形式，使第三人能够容易地通过这种外部表现形式而了解或者知晓该项权利的存在及其权属状况。这种权利的外部表现形式的采用，称之为"公示"。

实际上，物权的公示就是给本为观念性的物权穿上一件具有客观表现形式的"外衣"，对于外界提供一种可供识别的方法，使第三人能够通过对这件"外衣"的观察而知晓或者判定物权变动的事实以及物权的权属状况。

（二）物权公示的方法

就物权公示制度的发展历史来看，无论动产或者不动产，其物权公示方法均"自古有之"，只不过在土地登记制度出现之前，动产和不动产物权的公示方式均为对财产的占有，罗马法如此，日耳曼法亦同。至于不动产登记制度的渊源，法国学者认为其系于抵押权制度的出现，其发展史可以追溯到希腊化时期的埃及和古希腊的一些城邦[1]，而我国台湾地区学者则认为"为保障交易安全的土地登记制度，通说系以12世纪左右，德国北部都市之不动产物权变动，须记载于市政会所掌管之都市公簿（Stadtbuch）为其滥觞"[2]。但无论如何，不动产登记制度的形成，不仅标志着不动产与动产物权之不同公示方法的分界，而且有可能标志着两种财产之不同法律地位的最终形成。

现代各国民法上，不动产物权的公示方法被普遍规定为登记；动产物权公示的方法则是占有或者交付。

我国《物权法》第6条规定："不动产物权的设立、变更、转让和消灭，应当依照法律规定登记。动产物权的设立和转让，应当依照法律规定交付。"这一规定没有直接采用"物权公示"的概念，但实际上是对物权公示原则的立法表达。据此，在我国，不动产物权的公示方法是登记，动产物权的公示方法是对动产的占有以及动产的交付（动产占有的转移）。

物权公示方法由法律直接加以规定，当事人不得以约定加以排除或者另行创设物权公示方法。

---

[1] 尹田：《法国物权法》（第2版），法律出版社2009年版，第538页。
[2] 谢在全：《民法物权论》（上册），中国政法大学出版社1999年版，第57页。

二、物权公示的意义

物权公示是物权对抗力的来源,就物权而言,"无公示即无对抗力"。除此而外,物权公示还具有多方面的价值,其中,最为重要的是对交易的促进和交易安全的保护。

物权公示的意义主要在于:

(一) 维护财产归属和支配关系的稳定和安全

物权公示的价值首先在于透明物权关系,宣示物权归属状况,以维护财产关系的稳定和安全。

物权法最为重要的任务是在财产支配领域内"定分止争",而财产归属即所有权关系以及他物权关系的清晰,则是建立和维护财产支配秩序的首要条件。就物权关系的稳定和安全而言,以动产占有作为动产物权享有的公示方法,是一种最为古老和符合社会生活习惯的选择。通常情况下,以对动产的实际控制(占有)来彰显、识别和确定动产所有权和他物权的归属,可以简单、迅速地标明不同动产所有人以及他物权人之间的界限,借以形成权属明晰的财产秩序,并有助于迅速恢复被不法行为所破坏的财产秩序;而不动产物权公示(登记)对于不动产归属和支配关系的稳定和安全则具有特别重要的意义:经过公示(登记)的不动产所有权和他物权,不仅在权利的主体、权利的客体及其范围以及权利的内容等方面具有确定性,而且基于不动产登记而形成的权属证书,成为不动产物权人之权利的证明和权利的保护最为重要的依据。

(二) 维护交易秩序和交易安全,促进社会经济的发展

交易的进行首先需要对交易相对方用以交易的财产的权属状态予以判断。例如,购买一套房屋,首先必须能够判断出卖人是否为该房屋的所有权人,同时,还必须能够判断该房屋上是否设定有他人享有的抵押权等他物权,如果该房屋的权属状况无法通过某种外部方式予以判明,则该项交易将因为风险巨大而难以进行。物权公示制度使财产的权属状况得以透明,同时,采用法定方式予以公示的物权依法具有社会公信力,相信物权公示而进行交易的善意当事人的信赖利益可以获得切实保障。如此一来,交易将变得便捷和安全,社会经济也由此而得以推动。

(三) 维护国家利益和社会整体利益

不动产尤其是建设用地使用权的转让涉及国家税收,如果允许民事主体相

互之间以"秘密"方式转让不动产物权,则国家税收就有可能被逃避。而不动产登记制度则使不动产物权变动具有透明度,不仅能够保证不动产物权转让人依法缴纳有关税费,而且有利于国家对土地使用的监督,有利于土地资源的合理利用与环境保护。

(四)物权因获得对第三人的对抗效力而得以保证实现

1. 物权的对抗力与物权的绝对效力的区别

物权的对抗效力或者对抗力是指物权所具有的对抗第三人的效力。物权的对抗力与物权的"绝对效力"均为物权具有的法律效力,但其内容有所不同:

物权的绝对效力,是指物权对物权人之外的一切人均具有法律约束力。物权的绝对效力表现为一种"消极防御"(即抵御他人不法侵害物权)的效力,据此,一切人均对物权人承担消极的不作为义务。任何合法设立的物权均具有绝对效力,他人均不得以不法行为予以侵害,物权绝对效力的发生,不以不法侵害人知晓物权的存在或者物权的权属状况为条件。例如,某人将他人遗失的动产误认为是抛弃物而据为己有,虽其并不知晓该物上存在有他人的所有权,但所有人仍可请求其返还原物;又如,甲交给乙保管的财产被丙非法损坏,虽丙并不知道其损坏的财产系属甲享有所有权的财产,但甲仍可追究其损害赔偿责任。这就是说,对物权实施不法侵害行为的行为人,不得因其不知晓物权的存在而不承担法律责任,也不得因其不知晓物权的权属状况而拒绝向物权人承担赔偿责任。

物权的对抗力,则是指物权人以其享有的物权否认善意第三人的权利或者正当利益的主张的效力。物权的对抗力表现为一种"积极进攻"的效力,即在善意第三人所主张的权利或者正当利益有可能妨害物权行使之时,物权人得以其物权予以对抗,以保证物权的实现。而缺乏对抗力的物权,虽仍然可以抵御不法行为的侵害,但却不能对抗善意第三人的权利或者利益主张。如下例:

> 甲、乙双方签订抵押合同,约定甲将其机器设备设定抵押权,以担保所欠乙的债务的履行。抵押合同签订后,抵押权依法设立,但双方未对该抵押权进行登记。后甲又将同一机器设备抵押给丙,除签订抵押合同之外,还进行了抵押权登记。此后,在甲不能履行对乙、丙承担的债务时,乙欲行使抵押权,被丙拒绝。而丙欲行使其抵押权时,也遭到乙的反对。问:乙和丙中,谁的反对主张能够成立?

上例中,乙享有的抵押权虽依法成立,且先于丙享有的抵押权而设立,但因未经公示,不具有对抗善意第三人的效力。而丙享有的抵押权因进行了公示而具有对抗力,故乙不得以其抵押权否定丙的权利主张,而丙有权以其抵押权否定乙的权利主张。

2. 物权公示与物权对抗力的关系

物权是绝对权,一切人均对物权人承担消极的不作为义务,即物权应当受到一切人的尊重,任何人不得实施损害物权的不法行为。但是,如果当事人设立、变更、转让或者消灭物权而不采用法定方法予以公示,则善意第三人因无从知晓物权变动事实,就有可能实施某种有损该种物权的正当行为。此种情形,如果对物权仍予以保护,则善意第三人的合法利益即会遭受不当损害。例如,债务人以其动产设定抵押权,由于抵押物仍然由债务人占有,第三人无法根据表面现象而判断该项抵押权的存在,如果该项动产抵押权未经公示(登记),那么,当债务人将已经设定了抵押权的同一动产又出卖给第三人时,由于取得该动产所有权的第三人并不知晓该抵押权的存在,在抵押权人行使其抵押权时,该第三人的利益即会遭受损害,而这种损害明显不具有正当性。反之,在该项抵押权进行了公示(登记)的情形,第三人即应知晓抵押权的存在,从而不去实施买卖行为,即使第三人仍然实施买卖行为,其取得所有权的标的物上已经设定的抵押权不应受到任何影响,第三人的利益因抵押权的行使而受到损害即具有正当性。

据此,物权公示应当成为物权具有对抗力的依据。经过公示的物权,不仅具有绝对效力,可以抵御任何不法行为的侵害,而且具有对抗善意第三人的利益主张的效力。

【理论拓展】

理论拓展之一:大陆法系主要国家之不动产物权公示制度的历史发展

有关资料表明,在大陆法系发展的历史长河中,物权公示制度源远流长。而不动产物权公示的发展历史则系于抵押权的发展历史。可以说,作为一种不转移物的占有的担保,为保证其功能的实现,抵押权"本能"地"呼唤"公示以使之可对抗第三人。[①]

法国学者莱维(J. Ph. Lévy)在其《物的担保之历史概述》一文中指出:"历史表明,抵押权导致了不动产物权的设立和变动的公示制度。希腊化时代的埃及和古

---

① 在法国,不动产公示与抵押权制度的关系甚至可以通过有关机关的名称而予以证明;至今,法国不动产公示的行政机关一直保留了"抵押权登记机关"(conservation des hypothèques)的称呼。

第五章 物权公示原则

希腊的一些城邦即知晓这一制度,其初始时很粗略,表现为所谓"Les horoi"(设置于土地上的界石或雕刻于房屋墙上的告示),后来即较为精致,设立了所谓"Bibliothèques des acquisitionis"(真正的不动产物权变动登记的公用事业)。相反,古罗马人完全不知晓不动产物权公示制度,虽其并非不知晓抵押权,但其抵押权制度极不完备。"[1]在罗马法上,所有权的转移不得因单独的合意契约(solo consensu)而发生,当事人双方所交换的意思表示(即合意)必须采取一种法定的、正式的形式(包括"曼兮帕蓄"即要式买卖——mancipatio、"拟诉弃权"——in iure cessio[2]或"交付"——traditio),由此便赋予了物权的移转以某种公示方法。

而无论在法国或者德国,近代不动产登记制度的确立,虽然经历过不同的曲折的过程,但抵押权登记制度的建立,却都是不动产登记制度得以建立的基本前提。

在法国,法国大革命以前的旧法继承了罗马法的传统,其要求权利的转让必须通过所谓"dessaisine-sisine"[3]而采用明显的外部方式以使之"有形化"。但随时事变迁,这一做法逐渐变得仅具象征性。至于重新出现于13世纪的抵押权,则不顾柯尔柏[4]1673年3月的主张,仍采取不予登记的秘密方式。至1539年Villers-Cottenets法令以后,法国仅对赠与行为设置了登记制度[5],其目的在于保护第三人的利益,但其仅限于家庭内部。由于不动产受让人或抵押权人根本无法确定其受让或设定抵押权的财产是否已被出卖给了第三人,或该不动产是否已设定了其他抵押权,故其导致了交易中的一种严重的不安全。

法国大革命最重要的成果之一是对土地所有权的重新分配,而在这一过程中,出现了抵押权登记制度之最初的改革,通过一些法律的颁布,法国逐渐建立起几近完善的不动产公示制度以保护抵押权人。这一时期,法国每一行政区都设立了抵押登记机关,其隶属于财政管理机关。其公示通过在两种不同的登记簿上注册而进行:一为注册登记簿,适用于抵押权和优先权;一为产权转移登记簿,适用于其他不动产物权的设定行为或转移行为。唯有不适宜设定抵押权的一些物权如使用及居住权、地役权等,才可不予登记。根据这一时期的法律,前述权利的设定及转让如不具备公示形式,将导致其不得对抗第三人的法律效果。但这一完善的制度仅存续了极短的时间。于1804年颁布的《法国民法典》在不动产登记制度上发生了

---

[1] 尹田:《法国物权法》(第2版),法律出版社2009年版,第538页。
[2] 拟诉弃权(in iure cessio)是在执法官面前进行的转让,它采取要求返还之诉的形式:转让者(即虚拟的请求人)在诉讼中不提出异议,因而虚拟的诉讼在"法律审"中完结。引自〔意〕彼德罗·彭梵得:《罗马法教科书》,黄风译,中国政法大学出版社1996年版,第213页。
[3] 直译为"扣押放弃与扣押",意即出让人放弃占有而受让人取得占有。
[4] 柯尔伯(J.-B. Colbert)为17世纪法国的重商主义者,其主张称为柯尔伯主义(colbertisme)。
[5] 与后来出现的不动产登记完全不同,此种赠与登记为在法院书记室所进行的登记(enregistremen au greffe)。

"深刻的历史倒退",该法典仅规定了协议(意定)抵押权的公示,而已婚妇女及被监护人的法定抵押权及更为重要的不动产所有权有偿转让行为,则仍可不经登记而在当事人之间秘密进行。

重新启用更为严密的公示制度的任务是由法国于1855年3月23日颁布的法律完成的。这一法律意图保护抵押贷款,尤其是保护建立于1852年的土地(信贷)银行(Crédit foncier)的利益,以使其能就城市的不动产投资提供协助。该法律重新确定了登记制度,规定了不动产物权不经公示即无对抗力的罚则,要求一切设定物权的行为均需公示,无论其是否可设定抵押权,甚至于某些债权(尤其是租赁期限为18年至99年的长期租赁合同)也需公示。多年之后,法国于1935年颁布的法令又将公示扩大适用于死因转让行为(遗嘱或继承)以及共有财产的分割或和解协议等。而法国于1955年1月4日颁布的法令则进一步将不动产公示范围扩大适用于涉及不动产的一切有关行为,包括不动产物权的设定或转让行为(生者之间的转让或死因让与)、宣告已公示的权利之消灭的判决乃至以此为目的的司法诉讼请求。至此,法国不动产公示得以完善,并成为确定对不动产产生影响的一切有关法律情势的基本事实依据。[①]

在德国,为保障交易安全的土地登记制度早在12世纪左右便已出现。当时,德国北部都市之不动产物权变动,均需记载于市政会所掌管的都市公簿(Stadtbuch),但其后因罗马法的继受而被中断,仅存在于某些地方法之中。至18世纪,基于德国初期资本主义农业金融之需求,土地登记制度又在土地抵押权登记制度中复活。"由于抵押权以抽象支配标的物的交换价值为其特质,其存在并不伴随外在之征象,须以登记为公示,在交易上益显迫切",而德国"原基于租税目的之土地登记,原既有其基础,加上科技之发展,登记制度更易实行",故土地抵押权登记应运而生。至于土地抵押权以外的用益物权,"因其变动或存在,恒伴有对标的物为实际直接支配之外在现象,故社会上对其登记之需求,自然较弱,但随近代物权发展之结果,物权已有自直接利用逐渐走向价值化、抽象化之趋势,此登记制度即有共同需要。登记制度成为近代不动产物权之共同公示方法,遂为大势所趋,水到渠成"。[②]

上述资料表明,现代不动产登记制度源于不动产抵押权登记制度。

---

① 以上参见尹田:《法国不动产公示制度》,载梁慧星主编:《民商法论丛》(第16卷),金桥文化出版(香港)有限公司2000年版。

② 以上参见谢在全:《民法物权论》(上册),中国政法大学出版社1999年版,第57页。

第二节　物权公示对于物权变动的效力

【基本原理】

一、概说

对于物权公示的效力存在两种不同理解：一为狭义，即物权公示的效力是指物权公示对于物权得失变更所产生的影响力，亦即物权公示效力仅指物权公示对于物权变动所产生的效果；一为广义，即此种效力包括物权公示所产生的一切法律效果，包括决定物权变动是否发生、公示本身可否成为权利推定的依据以及信赖物权公示的第三人可否获得保护，等等。[①] 在物权公示所具有的各种效力中，物权公示对于物权变动的效力具有最为重要的意义。

各国立法上，物权公示对于物权变动效力上所产生的重大差异，主要是由于各国在基于法律行为的物权变动中所采用的不同立法模式所引起。具体而言，就基于法律行为的物权变动来看，在不同的立法模式中，动产交付以及不动产登记对于物权变动具有完全不同的作用：由于动产物权变动的公示方法是交付动产，不动产物权变动的公示方法是登记（包括转让不动产所有权的过户登记、不动产抵押权的设立登记等），所以，在意思主义的物权变动模式中，物权公示是物权变动的对抗要件（称为"公示对抗要件主义"）；在形式主义的物权变动模式中，物权公示是物权变动的成立要件（称为"公示成立要件主义"）。

除此而外，因各国民法对于非基于法律行为的物权变动所采用的规则大体相同，故在非基于法律行为的物权变动中，各国立法均规定，物权公示是不动产物权人对于所取得的物权享有处分权的要件。

[①] 如德国民法理论便认为，物权公示的效力有三：一为物权转让效力，指物权公示为物权变动之发生即决定当事人之实体权利的依据；二为权利正确性推定效力，即以动产的占有为正确权利人占有及以不动产登记簿所记载的当事人的权利内容为正确的不动产权利（占有动产的人得推定为动产权利人、不动产的登记名义人推定为不动产权利人）；三为善意保护效力，即采用法定公示方法取得的物权不受原权利人追夺。（参见孙宪忠：《德国当代物权法》，法律出版社1997年版，第85—86页）

二、物权公示对基于法律行为的物权变动的效力

(一) 公示成立要件主义

1. 公示成立要件主义的含义

所谓公示成立要件主义,是指在基于法律行为的物权变动中,物权公示不仅决定物权变动具有对抗效力,而且直接决定物权变动本身的成立,即当事人之间的物权变动,系由交付或者登记之法定公示方法的采用而直接引起,公示是物权变动成立即发生效力的必要条件。例如,在房屋买卖中,如果规定房屋所有权自办理过户登记时转移,则办理过户登记不仅是房屋所有权变动具有对抗力的依据,而且是房屋所有权变动能够发生(成立)的依据。

公示成立要件主义的采用与物权变动的形式主义之间具有因果关系:依物权变动的形式主义,当事人的合意不能引起物权变动的发生,物权变动只能根据动产交付或者不动产登记而引起,而动产交付为动产物权变动的法定公示方法、不动产登记为不动产物权变动的法定公示方法,据此,物权公示是物权变动的成立要件。凡采物权变动形式主义的立法,在物权公示效力问题上,必然采用公示成立要件主义。

很显然,公示成立要件主义的立法模式将物权公示作为物权变动的根据,使物权公示与物权变动同步进行,即在基于法律行为的物权变动中,不可能发生当事人所取得的物权不具有对抗力的情形。

2. 公示成立要件主义在我国立法上的适用

物权变动形式主义所必然导致的物权公示成立要件主义立法,将物权变动系于物权公示,省却了因采物权变动意思主义而必然导致的物权公示对抗要件主义不可避免的许多麻烦:当物权变动与物权公示分离时,当事人因合意而取得的物权不具有对抗力,这本身就已经使物权的享有与行使脆弱不堪,而未经公示的物权之不具有对抗力,却又并非对于一切人均无对抗力,这就更增加了法律适用上的难度。与此同时,物权变动与物权公示之分离,必定使一物一权原则遭受损毁,造成理论解释上的诸多困难:在一物二卖的情形,如果第二买受人获得了动产的交付或者不动产的登记,究竟将之解释为第一买受人获得的所有权不得对抗第二买受人获得的具有对抗力的所有权,还是第一买受人因第二买受人基于动产善意取得制度或者不动产公示的公信力而从根本上丧失其所有权,实在值得斟酌。

为此,我国立法原则采用物权变动公示成立要件主义。

根据我国《物权法》的规定,基于法律行为的物权变动中,不动产物权变动以登记为准,但法律另有规定除外(第9条);动产物权变动以交付为准,但法律另有规定除外(第23条)。

具体而言,依照我国《物权法》的规定:

(1) 房屋等建筑物所有权、建设用地使用权等不动产用益物权、不动产抵押权的物权变动,一律以登记为准,不经登记,物权变动不发生;

(2) 在动产所有权转让的情形,如当事人无特别约定及法律无特别规定,动产所有权的转让以动产交付为准;

(3) 在质权设立中,以动产出质的,质权自出质人交付质押财产时设立(第212条);以汇票、支票、本票、债券、存款单、仓单、提单出质的,质权自权利凭证交付质权人时设立,没有权利凭证的,质权自有关部门办理出质登记时设立(第224条);以基金份额、股权、注册商标专用权、专利权、著作权等知识产权中的财产权以及应收账款出质的,质权自有关主管部门办理出质登记时设立(第226条、第227条)。

(二) 公示对抗要件主义

1. 公示对抗要件主义的含义

所谓公示对抗要件主义,是指在基于法律行为的物权变动中,物权公示不能决定物权变动的效力,而仅使物权变动具有对抗力,即当事人关于物权变动的意思表示即可导致物权变动,但如未采用法定公示方法,则该物权变动仅在当事人之间发生效力,对善意第三人无对抗力。公式对抗要件主义为法国、日本等国民法所采用。如下例:

> 法国人A以其在巴黎的房屋设定抵押权,担保对B承担的债务的履行,为此,A、B双方签订了房屋抵押合同,B由此享有对A的房屋的抵押权。但在未办理抵押权登记之前,因A不能偿还对C所欠债务,C请求法院强制执行A的财产,欲将A的房屋予以变卖。对此,B以其对该房屋享有抵押权为由提出异议。问:B提出的异议可否成立?

上例中,依照法国民法的规定,A、B之间签订的抵押合同一旦成立,房屋抵押权即行成立,是否办理房屋抵押权登记,并不影响房屋抵押权的设立。但是,在该抵押权未予公示之前,对于善意第三人(包括A的其他债权人)不发生对抗效力,故B提出的异议不能成立,C有权申请法院强制执行A的该项财产。

公示对抗要件主义的采用与物权变动的债权意思主义立法模式之间显然具有因果关系：依债权意思主义，物权变动仅凭当事人的合意即可发生，无须采用任何外部表现形式，所以，动产交付或者不动产登记不是物权发生变动的原因，物权公示只能是对已经取得的物权所进行的公示，即赋予已成事实的物权变动以普遍的对抗效力。故凡采债权意思主义的立法，在物权公示效力问题上，只能采用公示对抗要件主义。

2. 公示对抗要件主义在我国立法上的适用

在我国，鉴于某些不动产物权采用登记方式设立或者转让具有客观上的困难或者不必要性，而我国立法历来允许当事人约定以买卖合同成立作为动产所有权转让的根据，所以，我国《物权法》在采用公示成立要件主义的同时，也根据实际情况规定了若干例外。

根据《物权法》和其他法律的规定，下列物权变动不以公示为成立要件，但物权变动未经公示，不得对抗善意第三人：

（1）土地承包经营权

在2007年《物权法》颁布之前，我国农村集体土地承包经营权被视为依据承包合同产生的权利，其设立并未采用登记的方式，且农村在实行土地承包时，对于土地的面积等通常采用粗略的估算方式，如立即建立土地承包权登记制度，涉及土地测量、登记机关的普遍设立等，成本巨大，而由于我国现行政策对土地承包权的流转采取了严格的限制措施，对之予以登记意义不大，故我国《物权法》第127条第1款规定："土地承包经营权自土地承包经营权合同生效时设立。"这就表明，在我国，土地承包经营物权的物权变动采用意思主义，但依照不动产物权公示原则，土地承包经营权如果发生流转而未予公示，则其物权变动无对抗效力。据此，我国《物权法》第129条明文规定："土地承包经营权人将土地承包经营权互换、转让，当事人要求登记的，应当向县级以上地方人民政府申请土地承包经营权变更登记；未经登记，不得对抗善意三人。"

（2）宅基地使用权

我国农村宅基地使用权及相关房屋尚未建立完善的不动产登记制度，且该种物权的变动也受到严格限制，故《物权法》第155条仅规定"已经登记的宅基地使用权转让或者消灭的，应当及时办理变更登记或者注销登记"。但无论已经登记或者尚未登记的宅基地使用权发生物权变动时，只要未予公示，对于善意第三人依法不能发生对抗效力。

（3）地役权

在广大农村，地役权为一种普遍设立的用益物权，为此，我国立法对其物权变动也采用了意思主义以及公示对抗要件主义。我国《物权法》第158条规定："地役权自地役权合同生效时设立。当事人要求登记的,可以向登记机构申请地役权登记;未经登记,不得对抗善意第三人。"

(4) 机动车、船舶、航空器物权

对于船舶和航空器的物权变动,我国立法历来采用公示对抗要件主义。我国《海商法》第9条第1款规定："船舶所有权的取得、转让和消灭,应当向船舶登记机关登记;未经登记的,不得对抗第三人。"第13条规定："设定船舶抵押权,由抵押权人和抵押人共同向船舶登记机关办理抵押权登记;未经登记的,不得对抗第三人。"我国《民用航空法》第14条规定："民用航空器所有权的取得、转让和消灭,应当向国务院民用航空主管部门登记;未经登记的,不得对抗第三人。"第16条规定："设定民用航空器抵押权,由抵押权人和抵押人共同向国务院民用航空主管部门办理抵押权登记;未经登记的,不得对抗第三人。"

我国《物权法》延续了上述立法模式,并且将机动车物权变动也纳入公示对抗要件主义的适用范围。该法第24条规定："船舶、航空器和机动车等物权的设立、变更、转让和消灭,未经登记,不得对抗善意第三人。"

但应注意的是,上述机动车、船舶、航空器并非采用物权变动的意思主义,而是以交付为其物权变动的依据。

(5) 动产抵押权

根据我国《物权法》第188条、第189条的规定,动产抵押权(包括以正在建造的船舶、航空器设立的抵押权,以及以现有的以及将有的生产设备、原材料、半成品、产品等设立的浮动抵押),"自抵押合同生效时设立;未经登记,不得对抗善意第三人"。

(6) 当事人有特别约定的动产所有权

我国《民法通则》第72条第2款规定,按照合同或者其他合法方式取得财产的,财产的所有权从财产交付时起转移,法律另有规定或者当事人另有约定的除外。依此规定,在我国,动产所有权变动模式为债权意思主义与债权形式主义的结合:当事人可以约定动产所有权自买卖合同成立时起转移,亦即在合同成立时,动产标的物(特定物)之物权确定地发生变动,但其变动在标的物交付(公示)前对善意第三人不能发生对抗效力。但在当事人就动产标的物所有权变动无特别约定的情形,动产所有权依法应于动产交付时起发生转移。

应当注意的是,虽然上述规定导致动产所有权变动的公示(交付)在当事人有特别约定的情形仅能发生对抗效力的效果,但我国所采用的这种动产物权变动的公示对抗要件主义与法国和日本等国并不相同:在法国或者日本,物权变动的公示对抗要件主义为法定原则,即物权变动均以当事人的债权合意(合同成立)为成立要件,当事人原则上不得以约定予以排除,而我国的动产物权变动的公示对抗要件主义必须有当事人的特别约定,或者说,我国系以动产物权变动的公示成立要件主义为原则,以其公示对抗要件主义为例外。所以,在实践中,如无特别需求,当事人约定动产标的物所有权于合同成立时起转移的情形发生较少。而从实用价值考察,当事人强求动产所有权自合同成立时起转移,其目的不外有三:一是为满足某种特殊需要,买受人在标的物交付前即提前取得标的物所有人身份;二是防止出卖人"一物二卖"(约定标的物所有权自合同成立时起转移,则合同一旦成立,出卖人即丧失对于标的物的处分权);三是立足于出卖人的角度考虑,在实行"标的物意外灭失风险随标的物所有权转移而转移"原则的情形,出卖人得借此规避买卖合同成立之后、交付标的物之前的意外风险。但就一般动产而言,买受人在交付前取得动产所有人身份意义不大。而在"一物二卖"的情形,尽管基于出卖人丧失标的物处分权,其再转让行为构成无权处分,买受人在与次买受人的争议中可以处于较为有利的地位,但由于动产善意取得制度的实行,买受人并不能完全借此保证其对标的物所有权的获得。此外,就标的物意外灭失风险负担问题,我国《合同法》第142条已明文规定:标的物意外灭失风险因标的物交付而发生转移。故当事人特别约定动产所有权依合同成立而转移并无太大的实际意义。因此,在我国,动产所有权变动因当事人特别约定而采公示对抗要件主义非为典型情形。

3. 未经公示不得对抗的第三人的范围

就依法不经登记无对抗力的物权变动而言,其不得对抗的善意第三人是指不知道或者不应知道物权变动的事实且对标的物享有正当利益的人。我国《物权法》未对该不得对抗的善意第三人的范围作出规定。在法国等国家的民法上,该不得对抗的善意第三人主要包括:

(1) 就同一财产已经取得经登记的物权的第三人

权利人取得未经公示的物权后,如善意第三人取得了同一财产的经过登记的所有权,或者在同一财产上设立了经过登记的用益物权或担保物权时,该未经公示的物权对该第三人无对抗力。例如,甲将其小汽车出卖并交付给乙,但未办理过户登记。此后,甲又将该小汽车出卖给丙并办理了过户登记,或者,甲又将该小汽车向丁设立抵押权并进行了抵押权登记,此种情形,乙不得以其所有权否定丙享有的所有权或者丁享有的抵押权;又如,甲在乙的不动产上设立了地役权,但未登记,后乙将该不动产转让给丙并办理了过户登记,此时,甲不得以其地役权对抗丙取得的所有权,丙有权否认该地役权的存在。

(2) 就同一财产已申请并经法院对之采取强制执行措施的普通债权人

取得无对抗力的所有权的权利人,不得以其所有权对抗已申请并经法院对同一财产采取强制执行措施的一般债权人。例如,乙因购买并接受交付而取得甲的小汽车的所有权但未经登记,后甲的债权人丙申请法院强制执行其财产并扣押了该小汽车,此时,乙不得以其所有权对抗法院对该小汽车的强制执行。但是,对于其他普通债权人,权利人取得的所有权具有对抗力。

对此,我国最高人民法院于2016年3月1日施行的《关于适用〈中华人民共和国物权法〉若干问题的解释(一)》(以下简称《物权法司法解释一》)第6条规定:"转让人转移船舶、航空器和机动车等所有权,受让人已经支付对价并取得占有,虽未经登记,但转让人的债权人主张其为物权法第二十四条所称的'善意第三人'的,不予支持,法律另有规定的除外。"这一规定并未对转让人的债权人的债权状态(是否进入强制执行程序及是否已经法院对执行标的采取强制执行措施)进行区分,故其规定是否妥当,有待商榷。

此外,取得无对抗力的动产抵押权的权利人,不得以其抵押权对抗抵押人的其他普通债权人,即不得对该抵押物主张优先受偿权。例如,乙取得对甲的小汽车的抵押权但未经登记,当乙将该小汽车拍卖时,乙只能和甲的其他债权人就拍卖价款平等受偿。

4. 物权无对抗力与善意取得的竞合

善意取得,是指对财产无处分权的人对财产进行无权处分时,善意受让人依法取得该财产的物权。例如,乙将甲交给其保管的动产擅自出卖并交付给丙,对此 无所知的丙依法取得该动产的所有权,甲只能请求乙赔偿其损失,但不得请求丙返还该动产。

在物权变动因未经公示而无对抗力的情形,针对物权人的请求,受让财产所有权或者在财产上设定他物权的善意第三人有可能提出两种完全不同的主张:一是主张物权人的物权不具有对抗效力,二是主张自己的物权的善意取得。如下例:

> 甲将其小汽车出卖并交付给乙,但未办理过户登记。
>
> (1) 此后,甲又将该小汽车出卖给丙,并办理了过户登记。在乙和丙发生争议时,丙应当主张乙的所有权无对抗力还是主张自己对该小汽车所有权的善意取得?
>
> (2) 此后,甲又将该小汽车向丁设定抵押权并进行了抵押权登记。在乙和丁发生争议时,丁应当主张乙的所有权无对抗力还是主张自己对该小

汽车抵押权的善意取得？如果在丁的抵押权设立之后，乙请求办理其所有权转让的过户登记，登记机关应否准许？如果允许，其效力如何？

如上例，在实行物权变动的公示对抗要件主义立法模式之下，其理论上难以自圆其说的问题是：当乙取得未经公示的小汽车所有权之后，甲又将该小汽车出卖给丙并办理了过户登记，此时，甲的行为是否构成无权处分？如果构成无权处分，则丙不能根据过户登记而取得小汽车所有权，而只能通过主张善意取得而依法取得其所有权。但当丙依善意取得而取得小汽车所有权之时，乙（真正权利人）的所有权即归于消灭，故根本不可能存在乙的所有权（未经登记）能不能对抗丙的所有权（已经登记）的问题；但是，如果甲再将小汽车出卖给丙的行为不构成无权处分，则丙可直接根据其过户登记而取得小汽车所有权，乙的所有权（未经登记）不得对抗丙的所有权（已经登记），不过，此时却在同一小汽车上同时出现了两个所有权，违反了一物一权原则，与此同时，认定对小汽车已经不再享有所有权的甲的出卖及过户登记行为不构成无权处分，无论如何也是说不过去的。

对此，在理论上能够成立的解释是：在公示对抗要件主义模式下，如物权变动未经公示，则物权登记名义人仍被视为权利人，其对物权的处分（转让、抵押等）被视为有权处分，得发生物权变动的效果，受让人取得的经过公示（登记）的物权，可以对抗此前由他人取得的未经公示的物权。在这种情况下，虽然表面上发生了同一物上存在两个所有权的情形，但两个所有权中，一个有对抗力，一个无对抗力，而在存在有对抗力的所有权时，无对抗力的所有权实际上不能发生所有权的法律效力，故在实质上并不构成对一物一权原则的违反。不过，在受让人不主张相对方的物权无对抗力而主张善意取得的情形，仍可依据所有权的实际享有情况，认定物权登记的名义人处分标的物的行为构成无权处分，受让人也可主张对其受让的物权的善意取得。

由此，依照不同的法律规范，在物权变动未经公示的情况下，便有可能发生物权无对抗力与善意取得的竞合。根据请求权竞合的规则，物的受让人可以在物权变动无对抗力与善意取得两种主张之间，任意选择其中之一予以提出。不过，由于未经公示的物权不得对抗任何经登记而取得物权的第三人（包括无偿取得财产所有权的受赠人等），而善意取得仅适用于有偿取得标的物所有权的善意第三人，故较之善意取得，物权无对抗力的适用范围显然更为宽泛。与此同时，主张物权无对抗力的举证责任明显轻于主张善意取得的举证责任，故主张物权无对抗力，通常更有利于财产的善意受让人。

上例中，已办理机动车过户登记的丙既可选择主张乙未经登记的机动车所有权无对抗力，也可选择主张对该机动车所有权的善意取得；同样，办理了机动车抵押权登记的丁既可选择主张乙未经登记的机动车所有权无对抗力，也可选择主张对该机动车抵押权的善意取得。此外，如果在丁办理机动车抵押权登记之后，机动车受让人乙如申请办理所有权过户登记，因其已依法根据机动车的交付而取得了该机动车的所有权，故登记机关应予办理，但该项物权变动登记后于抵押权登记，故即使乙办理了所有权登记，也不得影响在先办理登记的抵押权的法律效力。

三、物权公示对非基于法律行为的效力

（一）概说

在非基于法律行为的物权变动中，物权变动根据法律规定的事实依据而发生，物权公示不是物权变动的成立要件。但是，当事人在将其取得的物权予以公示之前，不得对之进行处分。

根据我国《物权法》第 31 条的规定，因司法判决、仲裁裁决取得不动产物权，或者因遗产继承以及遗赠取得不动产物权，以及因修建房屋等事实行为取得不动产物权，其物权的享有受法律保护，但在未将其取得的不动产物权予以登记之前，物权人不得对其物权进行处分。

（二）"处分"的含义

对于上述不动产物权"非经登记不得处分"中"处分"的含义，应予正确理解。

民法上的"处分"是指对财产或者权利的处置。处分分为"事实上的处分"与"法律上的处分"，前者是指对财产在物质形态上予以处置，如将财产消耗、损毁等；后者是指将财产权利予以转让，如通过动产交付或者不动产登记而将财产所有权转让给他人、在财产上设定用益物权或者担保物权、将财产予以出租或者出借（将财产使用权让与他人）等。

但"未经登记不得处分"中的"处分"，具有特定的含义：

1. "处分"仅指使物权发生变动

此处的"处分"应作狭义解释，即仅指"基于法律行为而进行的物权变动"，包括不动产所有权的转让以及不动产用益物权、抵押权的设定等，但不包括对不动产的事实上的处分，也不包括不引起物权变动的其他法律上的处分（如不动产的出租、出借），同时，还不包括非为处分行为的其他导致不动产物权变动

的事件、事实行为等(如非经登记而取得的不动产物权的享有人在登记之前死亡,其继承人仍有权继承该项未经登记的不动产)。这是因为,对于非经登记取得的不动产物权之处分权的限制,目的仅在于对不动产物权变动秩序的维护,而不引起物权变动的处分行为,既不会导致原有物权关系的复杂化,也不会涉及交易安全的保护,故无须加以限制。至于非经登记而取得的不动产物权因基于法律行为之外的原因发生变动(如遗产继承),实为客观发生的情势,无法阻止也无必要阻止。

2. "处分"不包括合同的订立

"非经登记不得处分"仅指当事人不可以将未经登记的不动产之所有权有效地让与他人或者有效地设定他物权,但这并不影响当事人就让与有关不动产所有权或者设立不动产上的他物权所签订的合同本身的法律效力。例如,甲将继承遗产所得但尚未办理产权过户登记的房屋出卖给乙,双方签订了房屋买卖合同。此例中,甲所取得的房屋所有权在登记之前不可能有效地转让给乙,但双方签订的房屋买卖合同如果具备合同的有效条件,应为有效,双方之间的债权债务关系依法发生,甲应当履行合同义务,办理继承房屋之所有权过户登记以及向乙办理房屋所有权过户登记。又如,甲公司将其修建完成但正在办理产权登记的房屋抵押给乙银行,双方签订了抵押合同,约定甲公司应在办理房屋产权登记后以该房屋登记设立抵押权。此项抵押合同应属有效。

【思考问题】

思考题一:已办理过户登记但未交付的汽车能否被强制执行?

甲公司将3辆运货卡车出卖给乙公司,合同签订后,双方到登记机构办理了该3辆客车的过户登记,但在甲公司尚未将该3辆客车交付给乙公司之前,该3辆卡车被甲公司的债权人申请法院对之进行了扣押,乙公司对此提出异议,但法院认为,根据《物权法》第20条、第21条的规定,机动车物权变动以交付为准,不经登记不得对抗善意第三人。而乙公司尚未获得该3辆客车的交付,故其并未获得所有权,据此,法院仍有权将之作为甲公司的财产予以强制执行。

问:法院的主张能否成立?

思考题二:物权的"对抗效力"与"优先效力"是什么关系?

依照我国最高人民法院《物权法司法解释一》第6条的规定,受让人取得的未经登记的机动车、船舶、航空器的所有权,可以对抗出让人的债权人。对此,最高人民法院有关负责人的公开解释是:根据"物权优先于债权"的原则,故包括"破产债权人、人身损害债权人、强制执行债权人、参与分配债权人",均应排除于物权法第二十四条所称的"善意第三人"范畴之外。也就是说,受让人取得的未经登记的机动车、船舶、航空器的所有权之所以可以对已申请由法院对该财产采取强制执行措施的出让人的债权人具有对抗效力,是因为物权较之债权,具有优先效力。这一解释是正确的吗?

【理论拓展】

理论拓展之二:我国土地公有制对不动产物权公示制度的影响

在我国,土地所有权专属国家或者农村集体,自然人、法人或者其他组织只能对国有土地或者集体土地享有用益物权。此种土地公有制度导致了我国土地物权登记制度的某些特点。

（一）不得成为交易标的从而无须公示的不动产物权

1949年以后,我国对于城镇土地实行了公有化政策,城镇土地归国家所有,此种由国家专属享有城镇土地所有权的模式,持续至今。而在农村,则通过20世纪50年代初前后的"土地改革",对农村土地进行了重新分配,使农民个人享有了土地所有权,不过,随之而来的"集体化"运动,使农村土地成为农民集体所有权的标的（由人民公社、生产大队、生产小队"三级所有"）。在我国于20世纪70年代末实行农村家庭联产承包制之后,这种农村土地的集体所有,又变成以"村"为单位的集体所有权模式。

鉴于我国的土地公有（国家所有和集体所有）为宪法所规定的基本经济制度,故国有土地所有权和农村集体土地所有权,均不得进入民事流转,唯有农村集体土地所有权得因国家征收转而成为国有土地所有权,除此之外,不存在土地所有权主体的其他任何转变方式。除土地之外,属于不动产的森林、山岭、草原、荒地、滩涂等自然资源,也实行和土地完全相同的立法政策。[①] 为此,在我国,土地所有权及其他属于不动产的自然资源所有权,不得成为交易标的,自然无须采用登记的方法予以公示。

尽管《物权法》第9条第2款仅仅规定"依法属于国家所有的自然资源,所有权可以不登记",并未指出属于农村集体所有的土地和其他自然资源应否登记,但由于该种土地和其他自然资源的所有权不能进入民事流转,故其无须登记自不待言。但是,随着我国农村土地政策的变化,随着农村土地商品化的进程,基于耕地保护

---

① 《物权法》第47条规定:"城市的土地,属于国家所有。法律规定属于国家所有的农村和城市郊区的土地,属于国家所有。"第48条规定:"森林、山岭、草原、荒地、滩涂等自然资源,属于国家所有,但法律规定属于集体所有的除外。"第49条规定:"法律规定属于国家所有的野生动植物资源,属于国家所有。"第58条规定:"集体所有的不动产和动产包括:（一）法律规定属于集体所有的土地和森林、山岭、草原、荒地、滩涂……"

和农民土地利益的保护,我国将逐步建立农村集体土地的登记制度。

(二) 公示成立要件主义与对抗要件主义的并用

1. 概说

我国实行改革开放以前,在农村,集体所有的土地一律采用集体生产的方式,故在农村土地上并不设立任何用益物权,也不存在任何担保物权;在城市,土地归国有所有,国家机关、事业单位以及唯一存在的公有制企业(全民所有制企业与集体所有制企业)使用国有土地,采用行政划拨、无偿以及无期限使用的方式,也不发生在国有土地之上设立他物权的问题,唯有为数甚少的属于私人所有的房屋(城市住宅和农村住宅)所涉及的国有土地以及集体土地的使用权,因其直接来源于原已存在的房屋所有权①,具有无偿和无期限的特点,故此种土地使用权只是一种事实,而并未形成法律上的一种他物权。据此,改革开放以前,我国的不动产物权主要包括:国有土地所有权、集体土地所有权和私人房屋所有权。由于前两种不动产所有权并不发生变动,而城市私人房屋虽然可以自由买卖,但鉴于不动产抵押制度并未实行,故只有城市私人房屋所有权才能发生物权变动(农村的私有房屋的转让受到严格限制,很少发生交易)。

而至关重要的是,前述私人房屋所有权的让与,在城市房地产登记制度逐渐普及和完善的过程中,即采用了严格的登记成立要件主义。此种以行政机关的登记为所有权转让依据的规则,不仅严格地适用于私人房屋,而且严格地适用于机动车辆的物权变动,甚至于在长时期内适用于自行车。

改革开放以后,在农村,随着家庭联产承包制的实行,出现了农村集体土地承包权(此种权利在《物权法》颁布之前被视为系由土地承包合同产生的一种合同权利);在城市,随着经济体制改革的深入以及私人住房商品化的推行②,国有土地使用权逐渐从行政划拨改为有偿及有期限出让,于是,国有土地使用权也成为最为典型的不动产用益物权之一种。而由于企业以及私人融资渠道的畅通,不动产(房屋所有权和国有土地使用权)抵押权也成为最为典型的不动产担保物权。

面对各种类型的不动产物权,在确定其物权变动立法模式的问题上,《物权法》的立法者不得不考虑到中国社会的实际情况,在公示成立要件主义与公示对抗要件主义立法模式的选择上,进行折中。

2. 不动产原则上实行公示成立要件主义的原因

我国不动产物权变动原则上采用登记成立要件主义,至少是基于以下两个重

---

① 我国1949年以后实行了城市土地国有化,但承认私有房屋所有权的合法性。
② 改革开放以前,我国城市房屋大部分属于国家所有(公房),居民住房主要采用公房租赁的方式。所谓"住房商品化",是指逐步取消公房租赁,由私人通过购买或者其他方式获得住房的所有权。

要原因:

(1) 行政权力对于社会生活的强大控制功能

历史上,中国社会具有专制主义的传统。1949年以后至改革开放,中国实行高度集权的计划经济,经济生活乃至社会生活的各个方面,无不置于政府行政权力的全面控制之下,从而形成了行政权力的巨大权威和依赖与服从政府权力的社会公众心理。这一期间,私人不动产权利的确认,主要依赖于行政权力的登记行为。由此,我国的房地产登记历来被视为一种"行政确权",乃至于不动产过户登记被认为是衡量交易之合法性的唯一根据(相当长时期中,"房屋买卖未经登记应属违法而无效"成为司法裁判的准则,登记不仅是不动产物权变动的成立要件,而且是不动产买卖合同的合法性有效要件①),故不动产登记的重要性和权威性深入人心。改革开放以后,国有土地使用权的有偿出让(即国有土地使用权的设立)直接由政府代表国家实施,由政府行政机关通过设权登记对之予以控制,势在必行。而因建设工程项目转让以及商品房转让而发生的国有土地使用权的转让,不仅涉及国家对房地产开发市场的调控,而且涉及国家税收的实现,所以,国有土地使用权(《物权法》将之称为"建设用地使用权")之物权变动采用严格的登记制度,也是不可能不作出的选择。

(2) 法律调整手段的明了便捷

我国物权制度深受德国民法和我国台湾地区民法的影响,主流学说历来认为,物权变动形式主义所必然导致的物权公示成立要件主义立法,将物权变动系于物权公示,简洁明了,可以避免物权变动意思主义而必然导致的物权公示对抗要件主义在法律适用上的复杂性。

为此,我国《物权法》采用物权变动的债权形式主义以及相应的物权公示的成立要件主义为基本原则,当属必然。对此,《物权法》第6条规定:"不动产物权的设立、变更、转让和消灭,应当依照法律规定登记。动产物权的设立和转让,应当依照法律规定交付。"第9条第1款规定:"不动产物权的设立、变更、转让和消灭,经依法登记,发生效力;未经登记,不发生效力,但法律另有规定的除外。"第187条规定:"依本法第180条第1款第1项至第3项规定的财产(注:指建筑物和其他土地附着物,建设用地使用权,以招标拍卖、公开协商等方式取得的荒地等土地承包经营权)或者第5项规定的正在建造的建筑物抵押的,应当办理抵押登记。抵押权自登记时设立。"

---

① 这一观念是如此之强大,以至于《物权法》不得不用专条予以矫正。该法第15条特别规定:"当事人之间订立有关设立、变更、转让和消灭不动产物权的合同,除法律另有规定或者合同另有约定外,自合同成立时生效;未办理物权登记的,不影响合同效力。"如果不了解我国的特殊背景,对于前述法律的特别规定,是很难理解的。

3. 例外情况下实行公示对抗要件主义的原因

然而,不动产物权公示成立要件主义在涉及农村集体土地承包权之变动模式确定时,却遇到了重大的障碍:由于我国农村的土地承包系采用以农民家庭(农户)为单位的形式,而此种土地承包关系中的承包人具有特定的主体身份,即本村的土地(至少是耕地)只能承包给本村的村民,加之土地依其品质的优劣、不同的地理位置以及不同的地形等具有不同的使用价值,故土地承包无须采用精确的面积测量。与此同时,农村土地承包权历来不允许自由流转,故登记制度的实行既无必要,也因成本巨大(土地测量成本以及设立登记机关的成本)而至少暂时无法实行。为此,立法者只能对农村土地承包权"网开一面",规定"土地承包经营权自土地承包经营权合同生效时设立",(《物权法》第127条第1款)同时规定"土地承包经营权人将土地承包经营权互换、转让,当事人要求登记的,应当向县级以上地方人民政府申请土地承包经营权变更登记;未经登记,不得对抗善意第三人"(《物权法》第129条)。此外,鉴于设立于土地的地役权主要发生于农村,故《物权法》第158条也将此种土地物权规定为适用登记对抗要件主义。

上述物权变动的公示对抗要件主义,除农村土地承包权和地役权之外,还适用于一般动产、登记动产(机动车、船舶、航空器)以及动产抵押权(包括动产浮动抵押)。

4. 未来之展望

我国不动产登记制度由来已久,登记机构成为政府中最为重要的行政机关之一,登记制度也被认为是政府行使房地产行政管理职能最为重要的手段,登记程序和其他制度越来越完善,尤其是《物权法》对于不动产登记制度予以了特别的关注,对于登记原则、登记程序、登记种类、登记机构的职责、登记机构的禁止行为及其登记错误的赔偿责任等,进行了比较详尽的明文规定[1]。由此可见,不动产物权变动的形式主义以及与之相适应的登记成立要件主义,将是一种长期存在的立法模式。与此同时,就农村集体土地承包权而言,尽管《物权法》的立法者基于该种权利的自由流转政策尚未确定以及其他原则而不得不采用登记对抗要件主义的规则,但我国农地改革的呼声越来越强烈,允许土地承包权的投资和抵押以及采用其他方式自由流转,已经被很多人认为是解决农村土地商品化、保护农民利益和实现农村土地经营现代化的根本性出路,相应的试点工作,也早已在某些省份推行。尤为重要

---

[1] 《物权法》第10条第2款规定了国家对不动产实行"统一登记"(包括登记范围、登记机构和登记办法)原则,第12条规定了登记机构应当履行的职责;第13条规定了有关登记机构不得要求对不动产进行评估、重复登记等禁止性规定;第18条规定了登记查询制度;第19—20条规定了更正登记、异议登记和预告登记等特殊登记种类;第21条规定了登记机构登记错误的赔偿责任;第22条规定了确定登记收费标准的原则。

的是,自 2014 年以来,农村集体土地实行"三权分置"的政策被国家逐渐予以确定。所谓"三权分置",即允许对土地享有承包权的农民将其承包土地的"经营权"予以转让、投资或者抵押,由此构成农村集体土地的所有权、承包权和经营权的"三权分开"。由此可以预见,实际包含于农村土地承包权中的土地经营权的自由流转,是不可遏止的历史发展潮流。而一旦此种土地权利流转得以许可,则承包权和所谓"土地经营权"的物权变动,即必然采取与国有土地使用权相同的登记和实行登记成立要件主义模式。

理论拓展之三:物权变动的公示与有关合同的效力的关系

我国《物权法》第 15 条规定:"当事人之间订立有关设立、变更、转让和消灭不动产物权的合同,除法律另有规定或者合同另有约定外,自合同成立时生效;未办理物权登记的,不影响合同效力。"这一有针对性的规定,对于纠正我国立法上长期存在的将物权变动的公示与合同效力直接挂钩的错误认识具有重要意义。

对于质权和抵押权的设定,我国 1995 年颁布的《担保法》明确规定该两种担保物权的成立可以直接决定质押合同及抵押合同的效力。该法第 64 条第 2 款规定:"质押合同自质物移交于质权人占有时生效。"依此规定,质权成立之公示(交付质物)得直接决定质押合同效力的发生。该法第 41 条规定:"当事人以本法第 42 条规定的财产抵押的,应当办理抵押物登记,抵押合同自登记之日起生效。"依此规定,抵押权成立之公示(抵押物登记)得直接决定抵押合同效力的发生。

对于房屋所有权以及国有土地使用权的让与,我国过去多数司法解释规定此种让与之登记得直接决定让与合同的效力。如我国最高人民法院 1995 年 12 月 27 日《关于审理房地产管理法施行前房地产开发经营案件若干问题的解答》第 5 条规定:"出让合同出让的土地使用权未依法办理审批、登记手续的,一般应当认定合同无效,但在一审诉讼期间,对于出让集体土地使用权依法补办了征用手续转为国有土地,并依法补办了出让手续的,或者出让未经依法批准的国有土地使用权依法补办了审批登记手续的,可认定合同有效。"第 14 条规定:"土地使用者就同一土地使用权分别与几方签订土地使用权转让合同,均未办理土地使用权变更登记手续的,一般应当认定各合同无效……补办了土地使用权变更登记手续的,可认定该合同有效。"在另一个司法解释中(最高人民法院给黑龙江省高级人民法院《关于房管二所与哈铁办事处房屋买卖争议的批复》),明文规定当事人"签订房屋买卖合同协议后,提出解除买卖协议,未办理产权移转手续,应认为该民事法律行为依法尚未成立,一方反悔是可以的",等等(但早期也存在相反的司法解释,如 1984 年最高人民法院《关于贯彻执行民事政策法律若干问题的意见》第 56 条规定:"买卖双方自愿,并立有契约,买方已交付了房款,又没有其他违法行为,只是买卖手续不完善的,应当认为买卖有效,但应令其补办房屋买卖手续。")。

长时期中,上述立法和司法解释招致理论界强烈批评,被认为从根本上表现了一些人对于合同基本性质的误解和对于契约自由原则的漠视,同时,也是对合同所设立的债权债务关系与物权变动事实发生这两项完全不同的法律效果的混淆。

合同的基本功能在于设定双方之间的债权债务或其他财产以及身份上的应为事项。一般而言,合同仅仅表明双方对于应为之特定行为的承诺,而该特定行为的实行即合同目的的实现,须通过合同的履行而达到。因此,只要当事人具有主体资格,其允诺事项的实行具有可能且不违背公序良俗,意思表示真实,则合同即应对双方发生约束力,双方之间的债权债务关系即行设立。为此,合同的成立与合同的履行必须分开,合同的效力之有无与合同目的最终是否达到必须分开。

就物权变动的公示与有关合同的关系而言,可具体分为以下两种情形:

1. 物权变动以公示为成立要件

当物权变动以公示(交付或者登记)为成立要件时,有关合同自签订时生效,物权变动是否发生,不影响合同效力之有无,其中包括:房屋等不动产所有权或者用益物权的转让(买卖、赠与、投资等)、不动产抵押、动产质押以及权利质押。前述以物权变动为目的的合同,只要物权变动本身不具有违法性,则双方一旦达成合意,合同即可生效,物权变动是否确实发生,与合同之效力毫无关涉。据此,房屋买卖一旦达成协议,合同即行成立并发生效力,房屋所有权的过户登记,为合同义务的履行,与合同是否生效无关;国有土地使用权出让合同亦同。而不动产质押合同与动产或者权利质押合同虽纯为以设定担保物权为目的的合同,但合同一旦成立,双方即受合同约束,不得反悔,抵押权的登记以及质押财产、权利凭证的交付或者某些权利质权的登记,为不动产抵押权和质权的成立要件,但并非不动产抵押合同和质押合同生效要件。因此,除非发生合同的履行在客观上自始不能(如约定出售或者抵押的特定房屋在买卖合同或者抵押合同签订前已经毁损等),否则,合同的成立与生效通常不受嗣后发生之任何事项的影响。在此,不仅当事人约定的物权变动的结果是否发生不影响合同的效力,甚至于该种结果最终能否发生也不影响合同的效力(例如,当事人签订房屋买卖合同之后,作为出卖物的房屋被烧毁,此时,构成买卖合同的"嗣后"履行不能,不影响买卖合同的效力)。

2. 物权变动以公示为对抗要件

当物权变动以公示为对抗要件时,有关合同自签订时生效,某些情况下,物权变动即行发生(如土地承包经营权或者宅基地使用权的转让、地役权的设立、动产抵押等),但其物权变动是否公示(登记),不影响合同及其所引起的物权变动的效力;某些情况下,物权变动因交付行为而发生(如机动车以及船舶和航空器的转让等),但其物权变动是否发生以及是否公示(登记),均不影响合同的效力。

第五章 物权公示原则

理论拓展之四：德国、瑞士及我国台湾地区的公示成立要件主义立法简介

德国及我国台湾地区民法采用物权行为理论，认为动产交付与不动产登记是引起物权变动的一种独立的法律行为（物权行为），而瑞士民法不采用物权行为理论，认为动产交付和不动产登记仅是引起物权变动的一种事实行为（履行债务的行为），但在前述两种立法例上，物权变动不经公示而不发生，却是完全相同的结果。由此，依照此种"公示成立要件主义"，物权的变动与物权的公示合为一体，密不可分，一切实际为当事人所取得的物权必定具有对抗效力，不存在无对抗力的物权。

就动产物权变动而言，无论德国、瑞士或者我国台湾地区，任何动产物权的让与，非经交付，不发生物权变动的效力（《德国民法典》第929条、《瑞士民法典》第714条第1项、我国台湾地区"民法典"第761条第1项）。

但是，对于不动产物权变动是否必须经登记而成立，德国、瑞士及我国台湾地区的规定则并不完全相同：

1. 基于法律行为所生之物权变动

依《德国民法典》的规定，基于法律行为之物权变动，原则上须经登记而发生，但也存在下列例外：(1) 依单方意思表示的物权变动。如遗赠生效后，受遗赠人只需实施一定行为即可取得不动产物权（包括不动产所有权即土地抵押权等）而不须借助于登记（第2165条及第2166条）；(2) 担保物权证券（证券抵押、证券土地债务、证券定期土地债务）之让与（第1154条、第1192条）；(3) 证券担保物权的用益物权或者质权的设定（第1069条第1项、第1274条第1项）；(4) 无记名抵押及指示抵押的让与（第1187条）。[①]

依《瑞士民法典》的规定，基于法律行为的土地所有权移转（第626条）、土地上物权如地役权、用益权、建筑权（第675条、第779条）以及取水权（第780条）、土地负担及担保物权等的设定，必须经登记生效。但抵押权的移转例外。（第835条）

依我国台湾地区"民法典"第758条规定："不动产物权依法律行为而取得、设定、丧失及变更者，非经登记不生效力。"

2. 非基于法律行为的物权变动

对于非基于法律行为之物权变动，《德国民法典》亦广泛地规定其须经登记而发生效力，如因取得时效而取得物权（第900条）、因除权判决成为无主物的土地所有权的取得（第927条）、因抛弃成为无主物的土地所有权的国库取得（第928条）等，同时，依土地登记法规定，依继承、夫妻财产共同制的权利取得、法人解散后剩

[①] 德国为使土地动产化，准许抵押证券的发行。此种抵押权的让与，得依书面的让与意思表示及抵押证书的交付为之。其他情形亦同。参见史尚宽：《物权法论》，中国政法大学出版社2000年版，第31—32页。

余财产的国库取得、物上代位、因除权判决的不动产担保权的取得等,虽可不依登记而发生物权变动,但权利人非经登记不得处分其物权(第40条第1项)。①

相对之,《瑞士民法典》则规定,因先占、继承、土地征收、强制执行、法院判决于登记前已经取得土地所有权的,非经登记不得处分其土地(第656条);因附合、冲击土地移动之所有权取得(第659—660条、第662条等),以及因夫妻财产制之所有权取得等,非经登记不得进行处分。

而我国台湾地区法律则规定,因继承、强制执行、公用征收、法院判决、土地恢复原状、附合、夫妻财产制等而取得所有权,非经登记,不得处分。②

3. 不须登记而发生物权变动效力的不动产

依德国民法,包括根据土地交易法等公法产生的所有权移转、公共不动产(联邦、州以及乡镇的不动产、公共道路等)物权的变动等,不须登记③;依我国台湾地区民法,法定抵押权(第513条)、法定先买权及优先承典权(土地法第107条)以及法定收回权("土地法"第219条)等,不须登记。

理论拓展之五:法国公示对抗主义立法简介

在法国,不动产登记的主要意义在于使公示的行为或权利对第三人产生对抗效力。不过,在不动产物权登记的整体制度中,已登记的抵押权的对抗力主要表现为其优先权和追及权的存在(即抵押权未经公示不具有优先权和追及权效力),而经公示的主物权(所有权和用益物权)的对抗力则表现为第三人对权利的"尊重"(即未经公示的主物权在涉及第三人时被视为不存在)。

(一)"不得对抗第三人"中"第三人"的条件

由于该种"第三人"必须是因权利无对抗力而受益的第三人,因此,其必须同时具备以下四个条件:

1. 第三人为特定权利承受人

法国民法中的"特定权利承受人"指仅承受当事人的一项或数项财产权利的

---

① 参见史尚宽:《物权法论》,中国政法大学出版社2000年版,第32页。
② 此处的继承既包括法定继承也包括遗嘱继承,遗嘱继承人虽因遗嘱行为而取得其继承人地位,但在不动产所有权取得的地位上,与法定继承人具有同等地位;此处的强制执行,不限于因判决之执行,也包括依扣押、抵押权实行或破产之执行。因强制执行拍卖之不动产的买受人,应自领得执行法院所发给的权利移转证之日起,取得该不动产的所有权(我国台湾地区"强制执行法"第98条);公用征收,原则上因补偿发放完成始取得被征用土地之所有权(我国台湾地区"土地法"第235条、第231条);法院的判决须为直接判决原告以所有权之判决,其仅确定被告人有移转所有权之义务者,不在其内。此外,下列情形,权利人亦于登记前取得所有权:因土地恢复原状时原所有人之取得;因附合之取得;定作人新建筑物之取得;因夫妻财产制之取得;因除斥期间完成时典物所有权取得;对于无主土地之国库取得以及因没收而取得等。参见史尚宽:《物权法论》,中国政法大学出版社2000年版,第35—36页。
③ 公共不动产属于"登记自愿"的不动产,其是否登记由当事人自行决定。参见孙宪忠:《德国当代物权法》,法律出版社1997年版,第141页。

人。仅以特定身份(受让人、受赠人等)受让物权的受益人或设定物权的受益人,得因权利无对抗力而受益。在此,应排除两种当事人:

(1) 权利的概括承受人。在法国民法上,"权利的概括承受人"是指概括承受当事人的全部财产(权利义务)的人(如继承人等)。依照法国法的观念,权利的概括承受人是原权利人之人格的"延续",并应依此身份而必须对原权利人的行为予以尊重,故权利的概括承受人不得因权利无对抗力而受益。

下面为两个"一物二卖"并涉及权利的概括承受人的案例:

例一:A 将同一不动产出卖给 B 及 C,C 为其继承人或其概括遗赠的受遗赠人。C 首先公示了其行为,但其既不能以其公示的在先,也不能以 B 未将其行为予以公示而对抗 B。事实上,根据法国最高法院的众多判例,此类案件中,作为 A 的人格的继受者的 C 对于 B 负有所有权追夺担保责任。

例二:A 于 1966 年出卖一块土地给其儿子之一,其对此行为未予公示;后其又于 1972 年将同一土地给予另一儿子,并对此赠与行为进行了公示。在 A 死后,受赠人不得以前述买卖未予公示而主张其无对抗力,因为该两个受让人均为其父亲的继承人,均不得基于以保护第三人为目的的不动产公示制度而具优势地位。作为出卖人的继承人、受赠人须对受让人负担保责任,保证其不受追索。

(2) 普通债权人。根据法国法的原则,普通债权人(无担保债权的债权人)仅为一般担保权的权利人,不能从任何物权的转让或设定行为中获益。然而,普通债权人可通过可为任何普通债权人所利用的扣押不动产的请求之公示而变为特定权利的承受人。

2. 第三人所相对的应为同一出让人

法律设置不动产公示制度的目的并不在解决涉及物权是否存在的纷争,而仅在解决因物权转让而引起的纷争(如在"一物二卖"的情形,发生争议的并非出卖人的物权之存在与否,而是同一标的的两个买受人的权利)。因此,此种纠纷总是应当而且能够追溯至发生冲突的两项权利之同一出让人(至于该出让人本来所享有的权利,则原本并无争议),以使法院得就发生争议的转让或设定的权利的当事人中谁应受益的问题作出裁决。

至于不同出让人的特定权利承受人之间所发生的争议的处理,依同样的原则,此种争议仍应溯及至其关系较远的同一出让人。例如:P 在 1966 年同意赋予 L 一项地役权,但未予公示。以后,L 将其土地(需役地)出卖给 M,而 P 则将其土地(供役地)出卖给 B,后者进行了公示。如下图:

此种情形,虽然 B 和 M 系从不同出让人处取得其土地,但 M 主张的并对抗 B 的地役权来源于 1966 年 P 赋予 L 地役权的行为,亦即 M 持有 L 的地役权,而此项地役权来源于 P,P 同样是 B 的出让人。由于 B 首先对其权利进行了公示,故 M 享

有的地役权(先由 L 享受,后为 M 取得)之持续对 B 不具有对抗力。

前述不同出让人之特定权利承受人之间所发生的争议的情形,如无法追溯其同一出让人(例如,A 出卖不动产给 B,C 出卖同样之不动产给 D。A 与 C 系从不同出让人处获得其权利,而通过上溯其转让的链条,不可能寻找到其共同的出让人),则争议应适用物权的证明规则予以处理。

3. 第三人应为争议权利的权利人

如前所述,法国法有关对抗力的原则的规定,其目的在于解决权利之间的冲突。因此,当事人双方争议所针对的须为同一不动产,同时,当事人双方各自所享有的权利须为不能并存的权利(如在"一物二卖"的情况下所产生的两项所有权),或一权利对另一权利有所损害(例如,所设定或转让的地役权或用益权损害了完整所有权受让人的利益)。

4. 第三人对其权利进行了有效的公示

依不动产公示制度,处理权利承受人(权利受让人)之间的争议,其根据的是公示的日期,即公示在先者优于公示在后者。

(二)"第三人"资格的剥夺

某些看起来完全符合上述四个条件的第三人,得基于道德上的原因而被剥夺因权利无对抗力而受益的资格。这些人主要是指依照法律规定有义务完成公示程序的当事人或其继承人。有关判例将这些人视为恶意第三人,其企图利用不动产公示制度实施欺诈以损害他人已取得但尚未公示的权利(如 B 代理 A 购买了 C 的不动产,未予公示;其后,B 又为自己利益而向 C 购买了同一财产,并以前一买卖未予公示为由否认其对抗力)。在确认第二受让人与让与人之间存在真正的欺诈之通谋的情况下,法国现代的判例即会认定存在第三人之恶意,即第三人事实上知晓其受让的权利已经存在争议且未被他人公示。总之,无论基于何种原因,只要从恶意出让人手中获得其权利的次受让人被确认为恶意,则其不得利用不动产公示制度获利;如该次受让人为善意,则不论出让人是否存在欺诈或其他过错,基于不动

第五章 物权公示原则

产公示的公信力，"无辜"的受让人应当获得法律保护。[①]

理论拓展之六：日本公示对抗要件主义立法简介

（一）概说

在物权变动的立法模式上，尽管日本的学说上存在争论，但主流观点仍认为日本民法采用的是意思主义。而在物权变动之公示的效力问题上，自然也只能采用公示对抗要件主义。

为什么不将物权公示作为物权变动的成立要件？就物权公示在日本现实生活中的作用及其某些适用上的局限性，有日本学者指出：

1. 无论不动产或者动产，登记或者交付均不可能成为物权变动成立的绝对要件

不动产登记制度是为实现近代物权法上不动产物权（尤其是土地之上的物权）的公示原则而确立的。如果将全国的土地予以测量，制作正确的地图，确定区域划分，标上土地号数，确定土地种类，评定土地价格，并将之全部登录于登记簿，进而再将不动产物权的变动一律予以登记，使有关土地的各种情况都能在登记簿上充分反映，亦即规定未经登记的不动产物权均无效力，是合乎理想愿望的。但日本的土地登记及地籍整理历来都不完善，至今仍有土地未予登记，而实际情况与登记不相一致的情形也大量存在。

2. 交易习惯决定了某些不动产物权变动不可能采登记的公示方法

首先是法律对林木交易习惯的认可。就林木而言，在日本，自古以来就被作为与土地不同的物而成为物权交易的对象。制定《日本民法典》之际，由于对林木并未设立专门的登记制度，故交易习惯上采用刮去林木的一层皮或立一块写有所有权取得人姓名的告示牌的公示方法，为判例所承认。虽然以后的立法为之设置了专门的登记制度，但却并未使此种惯例消失。

但日本学者指出，就发展趋势而言，在日本，不动产上用益物权的强化，促使人们不得不承认未采用登记方法公示的用益物权也具有对抗力。

近代法保护及强化土地与建筑物上的用益物权，对原本不属权利登记范围的标示或占有赋予其对抗力，由此导致未登记的不动产用益权具有排他性，为发展之必然趋势。在日本，建筑物保护法承认以建筑物之登记为土地用益权之对抗要件、租屋法与农地法以不动产之交付（伴随作为其结果的居住或农耕等占有）为建筑物或农田租赁之对抗要件，即为说明。对此，学者特别指出了日本不动产交易中出现的一种除重视登记之外，还重视占有的一般性倾向。例如，乙向甲购买土地，在

[①] 尹田：《法国物权法》（第2版），法律出版社2009年版，第549—562页。

未登记的情况下即修建了住宅并居住。其后,甲又将土地二重转让给丙并予以登记。此种情形,多数人认为,在乙、丙两个买受人之间,虽然乙未予登记,但丙在受让土地时没有不到现场察看的道理,故应当保护实际占有土地的乙。

总之,重视不动产物权登记的公信力但又不使之绝对化,是日本民法在采用公示对抗要件主义时比较强调的问题。而理论上特别注重对于公示对抗力的具体研究,甚至不惜以专门的著作对之达到条分缕析的地步①,则是日本物权法的重要特点。

(二)不动产物权变动公示的对抗力

1. 必须登记的物以及权利的范围

在日本,一切可以独立成为私权客体的不动产的物权变动,均以登记为对抗要件。即使是未经登记的不动产,就其权利上之变动,也须进行登记。② 但不得成为私权标的的不动产,不实行登记。而构成私权标的但不能单独成为交易对象之物(如建筑物区分所有中的共有部分),也不实行登记。

此外,除性质上不适合登记者外,一切不动产物权都应以登记进行公示。需要登记的不动产物权包括:所有权、地上权、永佃权、先取特权、不动产质权、抵押权。但占有权、留置权、一般先取特权以及建筑物区分所有的共有部分的持分权(份额权利)等可不予登记。除此而外,不动产物权之外的权利中,租赁权和不动产买回权得实行登记。就不动产租赁权而言,如当事人无特别约定,自不必登记,但如出租人进行了登记,则其移转等如不再进行登记,即不能对抗第三人(《日本民法典》第605条、《不动产登记法》第1条第8款)。但建筑物之租赁权或者农地之租赁权,如建筑物或者农地已交付,则具有对抗力(《租屋法》第1条、《农田法》第18条)。就不动产买回权而言,如已进行登记,则其变动不经登记即不能对抗第三人。

2. 登记的对抗效力及其无对抗力含义的解释

不动产物权变动一经登记,便对第三人具有对抗效力。如甲将不动产所有权让与乙,未予登记时又将之让与丙并进行了登记,此时,丙即成为完全的所有人,乙不能对丙主张先取得的所有权。

但学者指出,所谓登记为对抗要件,是大体上以有效之物权变动为前提的。例如甲所有之不动产即使出卖给乙并进行了登记,如果其买卖无效,甲不仅可以请求其登记之涂销,而且,即使在该不动产已被乙转卖给丙并且进行了登记的情况下,

---

① 参见〔日〕铃木禄弥:《物权的变动与对抗》,渠涛译,社会科学文献出版社1999年版。
② 依日本大审院1917年5月21日判决,于未登记建筑物之受让人尚未实行登记期间,让与人之债权人若实行扣押,则受让人不能对抗所有权之取得。大审院民事判例集第887页。转引自〔日〕我妻荣:《日本物权法》,有泉亨修订、李宜芬校订,台湾五南图书出版公司1999年版,第80页。

第五章 物权公示原则

甲亦可对丙主张其所有权。①

关于未经登记的不动产物权无对抗力的含义,日本学界存在三种观点:

第一种观点认为无对抗力指无登记之物权变动,可为第三人所否认,如前例,甲将不动产让与乙,未予登记时又将之让予丙,丙进行了登记,此时,丙可以甲乙之间的物权变动无登记为理由否认其效力,由此导致仅依意思表示而发生的甲乙之间的物权变动失去效力,所有权回归甲,丙即可以受让其所有权。

第二种观点认为,未经登记期间,物权变动对第三人之关系上不发生效力,或者仅只发生债权性效果。依此观点,未经登记的不动产物权变动,在第三人关系上被视为不存在。

第三种观点认为,物权变动未经登记,即不发生完全的效力。亦即物权的归属本来应具有排他性,如未采取公示方法,则物权变动并非没有发生,而是其变动不具完全的排他性,但受让人并非完全无权利人。

以上三种观点均招致各种批评。对于第一种观点,批评者认为不能适用于丙(第三人)对于甲乙作出的物权变动的特别意思表示并不进行否认的情形,特别不能适用于丙根本不知道甲乙之间发生了物权变动的情形;对于第二种观点,批评者认为由于未登记的物权变动并不妨碍第三人承认其有效,故在对第三人的关系上,认为此种物权变动全然无效是不妥当的;而对于第三种观点,批评者认为,物权具有排他性,不可能同时归属于甲、乙二人,故甲将物权让与乙后,即不能再将之让与丙。此种情形,如果还认为已登记之第二受让人丙取得所有权,只能是因为其登记被赋予一种公信力之缘故,所以此时应要求丙具有善意。②

很显然,在债权意思主义模式下,物权变动公示只能采对抗要件主义。但由于物权已经根据债权合意而发生转移,如何解释未经公示的物权无对抗力的问题,便必然存在逻辑上的冲突:如依第三人之否认或者对第三人不发生效力作为无对抗力的解释,则与物权依债权合意而变动发生矛盾;如对之解释为物权"不完全",则又与"一物一权"原则相抵触。尤其在二重买卖且均未登记的情形,究竟两个受让人中哪一个优先,无论采用何种观点都是难以说明的(对此,日本过去有少部分人以及某些判决认定,对之,应根据产生物权变动的时间先后予以确定,即第一受让人应优先获得权利。但多数学说及后来的判例均认为,应确定先进行登记的受让人的权利获得保护)。

3. 无登记不得对抗之第三人的范围

依《日本民法典》第177条的规定,未经登记的不动产物权变动不得对抗第三

---

① 〔日〕我妻荣:《日本物权法》,有泉亨修订、李宜芬校订,台湾五南图书出版公司1999年版,第136页。

② 同上书,第138—139页。

人。该"第三人"范围究竟如何？是否包括物权变动当事人之外的一切人？对此，日本学说最初主张对于"第三人"不应设任何限制（无限制说），但自1908年大审院民事联合部的一项判决之后（案件中，甲让与乙建筑物未予登记，丙认为该建筑物是自己建造的，遂主张权利，并认为乙未登记就不得主张权利。但法院判决认定乙胜诉）①，"限制说"成为判例和理论的主流学说，此说认为，所谓"对抗"，是指于彼此利害相反时才发生之事项，故所谓"第三人"仅限于"就主张登记欠缺有正当利益之第三人"，对于并无此种利益之第三人，无登记亦可对抗。为此，学者认为，无登记不得对抗之第三人具体包括以下几种：

其一，就同一不动产最终拥有互不相容权利之人。其中包括：(1) 已取得物权之人。如在甲让与乙不动产所有权但未登记时，乙虽取得所有权，但对就同一不动产已取得地上权、抵押权等物权的丙来说，乙不得主张所有权之取得或者否认丙所取得的地上权、抵押权等。(2) 就未登记物权变动的不动产享有租赁权及其他特定债权之人。如甲在将不动产出租给丙期间，将该不动产让与乙，即使出现根据法律规定乙可以否定丙的租赁权的情事，如果乙未登记，仍不得对抗丙；又如就买受并已采伐林木之丙，乙自称先于丙买受了林木，并向丙要求损害赔偿和交付采伐剩余的木材，判例确认，乙受让林木所有权缺乏明认及公示方法，故无论认定丙因林木买卖而取得其所有权或者认定丙不过是取得了使林木所有权移转于自己之单纯债权，对于乙来说，丙均属于作为对抗要件之"就主张登记（公示）欠缺具有正当利益之第三人"，故法院判决丙胜诉。(3) 就未登记物权变动的不动产享有一般债权之人。如就甲所有之不动产，乙即使取得了所有权或抵押权，如果其未进行登记，乙不能以之对抗甲的一般债权人。在乙取得所有权的情形，于不登记期间，甲的一般债权人仍有权扣押不动产；在乙取得抵押权的情形，乙虽得根据未登记的抵押权对抵押物进行拍卖，但甲的其他债权人有权参加分配，此时，乙不得主张优先受偿。

其二，对处于特定不动产物权人地位之人享有契约上权利义务之人。如乙从甲处受让土地所有权时，丙在此之前已经对甲的土地享有租地权，如果乙就土地所有权的取得未予登记，不得对丙主张租地契约所规定的地租请求或解约等权利。②

关于前述之第三人是否以善意者为限的问题，日本学界争论颇大。有不少学者认为应排除恶意第三人③，同时，强调对不动产用益权之保护，也是其重要理由。

---

① 参见〔日〕我妻荣：《日本物权法》，有泉亨修订、李宜芬校订，台湾五南图书出版公司1999年版，第142页。

② 以上参见〔日〕我妻荣：《日本物权法》，有泉亨修订、李宜芬校订，台湾五南图书出版公司1999年版，第143—146页。

③ 〔日〕舟桥谆一：《物权法》，有斐阁1960年版，第183页。转引自王轶：《物权变动论》，中国人民大学出版社2001年版，第128页。

事实上，有关判例已经认可，当丙明知受让的土地上存在租地人乙所有的建筑物而仍买受该土地，并以建筑物没有登记为由要求腾让土地，丙即因其构成恶意而不受保护。① 但主流观点则认为，"在买卖交易中，即使他人已取得了物权，如果有人与该他人竞争而向原权利人提供更有利的条件，这完全符合自由竞争的法则。同时为了在自由竞争的世界中立于不败之地，物权取得者应及时进行登记，以确保自己的地位；如果急于登记，第三人纵使为恶意，倘使其行为属于社会生活上正当的自由竞争，第三人依然应受保护"。②

4. 无登记也可对抗之第三人

在特定情形，即使不动产物权变动没有登记，对于某些第三人也具有不可否定的效力。依照日本法及判例，无登记也可对抗之第三人主要包括：

（1）以不公正手段妨碍实质上权利人获得登记之人。如利用欺诈或强迫而妨碍登记申请之人（日本《不动产法》第4条），虽事后自己二重受让同一不动产并进行了登记，也不得对被妨碍登记的第一受让人主张登记的欠缺。

（2）处于应当协助登记地位上之人。有为他人申请登记义务之人（日本《不动产法》第5条），包括代理人、破产管理人等，如急于履行为登记行为之义务，即使其自己二重受让同一不动产并进行了登记，也不能优先于第一受让人获得保护。

（3）背信之恶意人。如第三人主张登记欠缺但明显违背诚信原则时，即构成"就主张登记欠缺无正当利益之情形"。例如，甲、乙之交易未予登记，丙以中介人或者其他作用参与甲、乙之间的交易，后甲又将同一标的物让与丙，丙主张乙未登记之物权变动对其不发生对抗力。对此，法院判决丙败诉。

（4）实质上之无权利人。外观表现出享有与主张具有物权的人不相容之物权，但实质上却无任何真实权利之人，为"实质上之无权利人"。具体包括以下情形：

第一，登记本身构成违法者。例如，就甲所有之不动产，丙伪造文书进行移转登记，进而又将其让与给丁并进行移转的登记。此时，丁虽然表面上呈现拥有所有权之外观，但由于登记没有公信力，故丁即使信赖丙之登记而买下不动产，丁在该不动产上也不能取得任何权利，为实质上之无权利人，甲对丁可以主张所有权。③

第二，无权处分行为人。包括从无继承人资格之人处受让遗产中不动产之让

---

① 〔日〕我妻荣：《日本物权法》，有泉亨修订、李宜芬校订，台湾五南图书出版公司1999年版，第148页。

② 〔日〕舟桥谆一：《物权法》，有斐阁1960年版，第183页。转引自王轶：《物权变动论》，中国人民大学出版社2001年版，第128页。

③ 不过，近来日本学界强烈主张，此种情形，甲、丁之间并不处于对抗关系，只有当甲之另一受让人乙出现时，乙和丙之间才会产生对抗关系。根据这一见解，就乙的角度，丙和丁都为实质上之无权利人，乙即使无登记也能与其对抗而主张自己之权利。参见〔日〕我妻荣：《日本物权法》，有泉亨修订、李宜芬校订，台湾五南图书出版公司1999年版，第153页。

与并已进行登记之人等。对于前述当事人,从真正权利人(继承人或从继承人之受让人)处取得其所继承的不动产之权利,即使无登记,也得发生对抗力。

第三,契约无效或者被撤销。例如,甲、乙之交易未予登记,丙二重受让并已作移转登记,但甲、丙之间的契约无效或者被撤销,此时,丙不得对乙主张登记之欠缺。①

第四,因登记错误而成为登记名义人之人,或者从此种登记名义人处受让标的物之人。如丙从甲取得 A 土地,却就 B 土地进行了登记,而丁此后又从丙处受让 B 土地并进行了登记。此种情形,B 土地的所有人乙有权对丁主张该土地属自己所有。

第五,应被担保的债权消灭而丧失效力的已经登记的抵押权人。如甲对乙享有债权并就乙的特定财产享有经过登记的抵押权,当甲将其债权连同抵押权让与丙后,甲未将债权及抵押权之让与通知乙,乙仍对甲清偿了债务,此时,丙不能否认乙的债务清偿,因此,即使乙未就抵押权的消灭进行涂销登记,亦得对抗丙。②

第三节 物权公示的权利推定效力

【基本原理】

一、概说

(一)物权公示的权利推定效力的概念

物权公示的权利推定效力又称为"权利正确性推定效力",是指除非有相反

---

① 但当丙又将标的物让与丁时,甲、丙之间的契约无效或者被撤销,乙之未登记物权变动对于丁是否仍具有对抗力呢?对此,日本学界分歧很大。我妻荣认为,应当对契约无效与撤销相区别。如果甲、丙之间的契约无效,则丁亦为实质上之无权利人;如果甲、丙之间的契约被撤销,则由于撤销属于对一度产生的物权变动的溯及性复归(在行为被撤销之前,物权变动视为已经发生;一旦行为被撤销,物权变动方自始无效),所以,丁处于与丙同样的地位,只有在丁之物权变动进行了登记的情况下,丁才能不被认为是实质之无权利人。参见〔日〕我妻荣:《日本物权法》,有泉亨修订、李宜芬校订,台湾五南图书出版公司1999年版,第154页。

② 以上参见〔日〕我妻荣:《日本物权法》,有泉亨修订、李宜芬校订,台湾五南图书出版公司1999年版,第150—155页。

证据,否则,推定以不动产登记簿所记载的当事人的权利内容为正确的不动产权利,推定动产的占有为权利人占有。这就是说,即使不动产登记簿所记载的物权与实际的不动产物权不一致,或者动产的占有与实际的动产物权不一致,但无论该种不一致是由于权利人、相对人的过错所造成,或者是由于不动产登记机关的过错所造成,不动产登记对善意第三人均为正确,动产占有人则被推定为所有人。

物权公示所具有的权利推定效力为各国民法所承认。如《德国民法典》第1006 条第 1 款第 1 项规定:"为了动产占有人的利益,推定占有人即为物的所有人";第 891 条规定:"(1) 在土地登记簿册中为某人登入一项权利时,应推定,此人享有此项权利。(2) 在土地登记簿册中注销某一项权利时,应推定此项权利不复存在。"又如《日本民法典》第 188 条规定:"占有人就占有物行使的权利,推定为具有合法性。"再如《法国民法典》第 2279 条第 1 款规定:"对于动产,占有具有与权利证书相等的效力。"根据学理解释,这一规定包含了权利推定的意思,即"当动产占有人系从真正所有人处获得该动产时,允许推定其获得了所有权"。①

我国《物权法》第 16 条规定:"不动产登记簿是物权归属和内容的根据……"这一规定应当解释为:在无相反证据证明不动产登记错误的情况下,不动产登记簿上载明的物权归属和物权的具体内容,应推定为正确的权利记载,并用以作为推定当事人享有物权的根据。

就动产占有的权利推定效力,我国物权法草案学者建议稿作出了规定②,全国人大法工委《物权法草案建议稿》前五稿也规定:"对于动产的占有,如无相反证据,推定为有权占有。"但这一规定在《物权法》被正式颁布时被删除。尽管如此,我国《物权法》所规定的"善意取得"制度以及我国民事诉讼法所实行的举证责任规则等,均反映和表现了动产占有之权利推定效力的要求:根据善意取得制度,相信出让人(动产占有人)为权利人的善意第三人受到保护,而第三人的此种信赖的基础便在于对动产占有人为权利人的推断。而在民事诉讼中,原告如对被告占有的动产主张权利,则根据"谁主张,谁举证"的原则,原告必须对其主张承担举证责任,如果原告无充分证据证明其对争议标的享有权利,则其应当败诉。这一结果,实质上也是建立在推定被告为权利人的基础之上。

---

① 尹田:《法国物权法》(第 2 版),法律出版社 2009 年版,第 228 页。
② 如梁慧星教授主持起草的物权法草案建议稿第 419 条规定:"占有人于占有物上行使的权利,推定为其合法享有。"(第 1 款)"前款规定,不适用于依照法律规定应当办理登记的财产权利。"梁慧星:《中国物权法草案建议稿》,社会科学文献出版社 2000 年版,第 792 页。

(二) 物权公示的权利推定效力的特征

在理解物权公示的权利推定效力时,应当注意其所具有的以下特征:

1. "权利推定"不等同于"权利确认"

民法上的"推定",是对于某种法律事实或者权利存在与否作出的法律推断,其前提是人们并不知晓该种事实或者权利是否客观存在,亦即基于保护法律秩序的目的,依法对该种事实或者权利的存在或者不存在所作出的推断。例如,根据我国《继承法》第25条第1款的规定,继承人在遗产分割前未作出放弃继承表示的,视为(推定为)接受继承。在此,继承人究竟是愿意接受继承还是放弃继承,客观上并不能确定,但基于遗产继承关系稳定的需要,法律规定在一定条件下推定继承人以"沉默"的方式表示其接受继承。同样,推定动产占有人以及不动产登记人为权利人,也是在不能确定其是否为真正的权利人的情况下而作出的法律推断,如果有证据证明动产占有人以及不动产登记名义人系真正的权利人,则无适用此种"权利推定"的余地。由此,法律赋予物权公示的权利推定效力的目的主要在于维护财产的支配秩序,根据动产占有或者不动产登记所作出的权利推定,并非是对动产占有人或者不动产登记名义人真实享有权利的最终确认。

2. "权利推定"仅在无相反证据时可以适用

实际生活中,占有动产的人不一定是权利人,而由于有可能出现登记错误,故不动产登记的名义人也不一定是权利人。所谓"权利推定",实际上是在无法依据充分证据确认所公示的物权非为真实的条件下,法律基于某种需要而对公示的物权作出的其具有正确性的一种推断。但是,如果有充分的证据(相反证据)证明占有动产的人或者不动产登记名义人并非真正的权利人,则无作出此种推断的余地。

3. "权利推定"属"可推翻的推定"

民法上的"推定"分为"可推翻的推定"与"不可推翻的推定"两种。

"可推翻的推定"依法可为以后出现的事实所推翻。例如,人民法院对于下落不明的自然人作出的"宣告死亡"的判决,即为对下落不明达一定期间的自然人"已经死亡"所作出的一种法律推定。此种推定可因以后出现的相反事实(被宣告死亡的自然人生还等)而被推翻,且自始无效。

"不可推翻的推定"则相反,即不可被以后出现的相反事实所推翻。例如,我国《继承法》第25条第2款规定,受遗赠人知道受遗赠后,应在2个月内作出接受遗赠的表示,超过2个月不作出接受表示的,视为(推定为)放弃受遗赠。

此种推定为不可推翻的推定,即使以后出现的事实表明,受遗赠人在法定期间内作出了接受遗赠的表示,但因第三人传递方面的原因,其表示未能在法定期间内到达继承人或者遗嘱执行人,则该受遗赠人亦不得主张其受遗赠权利。

依据物权公示而作出的权利推定,可以为以后出现的相反证据所推翻。如下例:

> 甲提起诉讼,要求法院确认其对为乙所占有的一块手表享有所有权,并责令乙向其返还该手表。诉讼中,虽乙并未提供证据证明其对该手表享有所有权,但因甲无充分证据证明其对争议财产享有所有权,故法院推定该手表所有权应归属于乙,据此判决驳回甲的诉讼请求。事后,丙提起诉讼,要求乙返还该手表,并以充分证据证明其对该手表享有所有权。乙则以前案法院生效判决已经认定其对该手表享有所有权为由,予以抗辩。乙的抗辩能否成立?

上例中,乙的抗辩不能成立。原因在于,前案之中,甲无证据证明其为该手表的所有人,则应依法推定该手表的占有人(乙)为权利人,但其并非是对乙享有该项权利的最终司法确认,如果以后出现与该项权利推定相反的事实(丙为该手表真正的权利人),此项权利推定则当然被推翻。因此,法院有关前案的生效判决可以作为证明乙占有该手表之事实的证据,但不能作为证明乙对该物享有所有权的证据。

(三) 权利推定效力的功能

很显然,只有在需要确定动产占有人或者不动产登记名义人是否为真正的权利人的情况下,物权公示的权利推定效力才能发挥其作用。因此,以物权公示作为权利推定的依据,通常发生在民事诉讼之中。权利推定的目的,在于保护动产占有人或者不动产登记名义人的利益。物权公示的此种效力,对于物权的保护以及财产秩序的维护,具有特别重要的作用:

1. 免除物权人的举证责任,有利于保护物权

实际生活中,动产多为真正的权利人所占有,而不动产登记的名义人则通常就是真正的权利人(登记错误实属少数)。由于财产取得方式多种多样,权利人有时很难证明其财产权利的享有(尤其是动产权利,多数情况下权利人很难保留其取得权利的证据)。因此,以动产占有为动产权利享有的推定依据,以不动产登记为不动产权利享有的推定依据,符合社会生活的实际情况,可使权利人在诉讼中居于优势地位,免受举证责任承担之累,有利于对物权的保护。

2. 及时恢复财产支配关系，有利于维护财产秩序

在动产占有人或者不动产登记名义人是否为财产的权利人发生争议的情况下，如果对其权利提出争议的人不能提供充分的证据证明自己为真正的权利人，则法院即应驳回其诉讼请求，无须确认被诉方是否为真正的权利人，这样可使诉讼纠纷得以及时解决，迅速恢复动产占有人或者不动产登记名义人对财产的支配，使财产秩序得以维护。与此同时，如果动产占有人或者不动产登记名义人事实上非为真正权利人，则权利推定规则并不影响真正权利人对其合法权利的行使。

二、动产占有的权利推定

（一）适用范围

1. 对物的适用范围

动产占有的权利推定适用于一般动产，但不包括下列情形：

（1）依法不得成为占有人之所有权标的的动产

占有物必须依法可以成为占有人享有的所有权的标的。如果占有物本身的性质决定其所有权不得为占有人所享有，则当然不可能适用占有的权利推定。例如，对于民事主体非法占有的枪支弹药，不得适用占有的权利推定。

（2）以登记为物权公示方法的动产

动产占有的权利推定是建立在动产物权享有以占有为其公示方法的基础之上，故仅有以占有为物权公示方法的动产，方可适用动产占有的权利推定规则，凡依法应以登记为其物权公示方法的动产（称为"特殊动产"或者"登记动产"），不适用此种权利推定。在我国，一般动产的占有可适用权利推定规则，但机动车、船舶、航空器等依法采用登记为物权公示方法的动产，不能适用此项规则。

（3）货币及无记名有价证券

货币以及无记名有价证券的所有权随占有的转移而转移，无论基于何种原因，占有货币或者无记名有价证券的人即为所有人，故其不适用动产的权利推定规则。

（4）占有物系他人（前占有人）被盗窃、抢夺或者遗失的动产

《德国民法典》第1006条第1项之第2题规定：动产占有的所有权推定，"不适用于对占有物系被盗窃、遗失或以其他方式丢失的前占有人，但占有物为金钱或无记名证券者，不在此限。"此规定中所谓"前占有人"，是指过去的占

有人。

动产占有的权利推定实际上是建立在两个先决条件的基础之上：

第一，占有人是否对占有物享有所有权无法确定。如果能够认定占有人对占有物确定地享有所有权或者确定地不享有所有权，则无占有之权利推定的余地。例如，占有人有证据证明其对占有物享有所有权，或者有证据证明占有人对占有物不享有所有权（如小偷占有赃物），均不可适用占有的权利推定。

第二，占有物所有权有可能为占有人所依法取得。如果占有人根本无可能依法取得占有物的所有权，则当然不可能适用占有的权利推定。

因此，当占有物为他人（前占有人）非基于其意思而丧失占有的情况下（如他人因盗窃、抢夺或者遗失等原因而丧失对其动产的占有），对于丧失占有的他人（前占有人），不得推定占有人对占有物享有所有权。如下例：

> 甲拥有的一串珍贵项链被盗窃，后在乙处发现此物，遂请求乙返还，被乙拒绝。甲诉至法院。经法院审理查明：甲有证据证明其项链被他人盗窃，但不能证明盗窃人为乙，同时，甲仅能证明其曾经占有该项链，但不能证明其对之享有所有权；乙称该项链系在旧货摊上所购买，但无证据证明这一事实。

上例中，占有人乙对占有物是否享有所有权不能确定，但在甲（前占有人）能够证明该项链系其被盗窃的财产的情况下，尽管无证据证明乙为盗窃人，但即使乙是通过购买或者其他途径而取得对该物的占有，由于各国民法对于盗赃物的善意取得的适用作出了禁止或者严格限制性规定，或者规定盗赃物的购买人在任何情况下均不能取得该物的所有权（如根据我国《物权法》的规定），或者规定盗窃物的购买人必须是通过拍卖或者在公开市场以及出卖同种类商品的商人处所购得，且必须是失窃人超过法定期间不主张返还请求权，否则其不能主张善意取得（根据其他国家民法的规定），故在乙的占有物为甲被盗窃的财产的情形，根据我国《物权法》的规定，乙不可能取得该动产的所有权；而根据其他国家法律的规定，乙如不具备法定条件，也不能取得该动产的所有权。因此，对于此种情形，不得推定占有人乙对占有物享有所有权。相反，应当依法推定前占有人甲对该物享有所有权。

据此，在前占有人与现占有人发生的纠纷中，如果前占有人能够证明现占有人的占有物系其被盗窃、抢夺、遗失等原因而丧失占有之物，则对现占有人的占有，不得适用权利推定规则。

2. 对物权的适用范围

以占有为其公示方法的动产物权主要包括动产所有权和动产质权,故动产占有的权利推定主要适用于这两种权利。动产抵押权虽然也属于动产担保物权,但其法定公示方法为登记,故不可适用动产占有的权利推定。

3. 对人的适用范围

(1) 自主占有人和动产质权人

动产占有的权利推定的受益人为动产的自主占有人(以所有人名义占有财产的人)和他主占有(以非所有人名义占有财产的人)中的质权人,其他他主占有人并非以物权人的名义占有财产,当然不得适用动产占有的权利推定。例如,以拾得人的名义占有他人的遗失物的人,不得推定其对该物享有所有权;以承租人、借用人、保管人等名义占有动产的人,也不得推定其为该物的所有人。

(2) 间接占有人

在间接占有的情形(如所有人将动产出租给承租人,承租人为直接占有人,出租人为间接占有人),动产的所有权推定仅适用于自主占有的间接占有人(如租赁合同关系的出租人、保管合同关系的寄存人等)。如果存在"多级间接占有"(如承租人将租赁物转租第三人,则出租人和承租人均为间接占有人,次承租人为直接占有人),则居于最高等级的间接占有人(如出租人)得适用权利推定规则。

(二) "前占有"的权利推定

1. 概说

"前占有"是指在"现占有"之前的占有,"前占有人"是在"现占有人"之前占有动产的人。如某物品在乙占有之前曾为甲所占有,甲为"前占有人",乙为"现占有人"。前占有人与间接占有人不同,间接占有是占有的一种形式,间接占有人为占有人之一种(如在租赁期间,出租人是租赁物的间接占有人),而前占有人是指曾经占有但目前并不占有动产的人,亦即对于被现占有人占有的物,前占有人对之既无直接占有,亦无间接占有。

各国民法均规定了"前占有"的相关问题。[①] 其中,《德国民法典》对"前占有"的权利推定作出了明确规定,该法第1006条第2项规定:"为了前占有人的

---

① 参见《法国民法典》第2235条;《德国民法典》第858条、第1006条;《瑞士民法典》第930条、第941条;《日本民法典》第187条;《意大利民法典》第1146条。

利益,应推定前占有人在其占有期间为物的所有人。"①《瑞士民法典》第930条规定:"原占有人,推定曾为该动产的所有人。"

2. "前占有"之权利推定的适用

动产占有的权利推定通常是发生于动产所有权归属发生争议的情形。如果动产的非占有人不能证明其对该动产享有所有权,则推定该动产的占有人享有所有权。但在诉讼中,如果动产的非占有人为前占有人,则为了前占有人的利益,除了应当推定前占有人在其占有期间对动产享有所有权之外,某些情况下,还应推定前占有人一直对动产享有所有权。如下例:

> 被告与原告均主张为一珍贵的钻石项链的所有权人。该案之实体法律关系已无法查清,所能确定的事实仅为:原告直至1945年自主占有该项链,之后她将项链交给被告保管,以确保项链在战后骚乱中的安全。被告辩称,原告在1950年写信给她说,她可以以项链支付她为此所付出之辛劳;但此项辩称,被告无法证明。问:本案如何判决?②

上例中,原告为该项链的前占有人,被告为现占有人。在动产权利无法确定的情况下,动产占有的权利推定不但应当适用于动产现时的占有人,也应当适用于动产原来的占有人。也就是说,应当推定前占有人占有动产期间,为动产的权利人。而在本案中,被告取得该项链的占有系基于原、被告双方的保管关系,鉴于此种法律关系,原告为间接占有人,并未丧失对该物的占有。据此,被告如主张对该物的所有权,应当承担举证责任,不得对之适用占有的权利推定规则。所以,应推定上例中的原告(前占有人)对该项链一直享有所有权,有权请求被告(现占有人)予以返还。

"前占有"的权利推定主要适用于主张权利的非动产占有人仅能证明其先前对动产的占有事实,但无法证明其所有权的情形。例如,乙将甲交给其保管的动产擅自赠与给丙。依照《物权法》第106条的规定,丙不能主张善意取得。尽管甲(前占有人)只能证明其将该物交给乙保管的事实而不能证明其对该物享有所有权,但亦应推定其为该物的所有权人;又如,现占有人无法证明其根据合同或者其他合法原因已从前占有人处取得了该动产的所有权(如甲对乙占有的动产主张所有权,乙称该动产系从甲处购得,但无法证明该买卖合同的存在。

---

① 德国学者认为,此规定中的"在其占有期间"容易引起"误导",某些情况下,应当理解为应推定前占有人不仅在过去、而且直到现在一直都是所有权人。参见〔德〕鲍尔、施蒂尔纳:《德国物权法》(上册),张双根译,法律出版社2004年版,第179页。

② 〔德〕鲍尔、施蒂尔纳:《德国物权法》(上册),张双根译,法律出版社2004年版,第179页。

此种情形,应推定前占有人甲对该物享有所有权)。

3. 不适用"前占有"之权利推定的情形

"前占有"的动产为货币或者无记名有价证券时,不适用"前占有"的权利推定。

任何情况下,货币和无记名有价证券的所有权均随占有的转移而转移,故不可能推定前占有人对货币或者有价证券享有所有权而否定现占有人对之享有的所有权。例如,甲有证据证明其遗失的现金5000元为乙所拾得,据此请求乙返还该笔款项。因依社会生活习惯,货币不具有可识别性,故甲占有的货币一旦脱离其占有,甲即丧失对之享有的所有权,取得该货币占有的乙即享有所有权。甲有权请求乙返还同种金额的货币,但不得主张对其遗失并为乙占有的货币仍享有所有权。与此同时,无论该货币的前占有人甲基于何种原因取得其占有,甲均对之确定地享有所有权,故无须适用"前占有"的权利推定。

三、不动产登记的权利推定

(一) 法律适用

1. 适用范围

不动产登记的权利推定是建立在不动产物权变动以登记为其公示方法的基础之上,故仅有以登记为公示方法的不动产物权,方可适用不动产登记的权利推定规则,凡依法不以登记为其公示方法的不动产物权,不适用此种权利推定。

目前,在我国,依法无须登记的不动产物权主要包括国有土地所有权、集体土地所有权及属于不动产的自然资源所有权。这些不动产所有权不得成为交易标的,无须采用登记的方法予以公示,不得适用不动产登记的权利推定。而其他不动产物权(包括房屋等建筑物的所有权、建设用地使用权、农村集体土地承包经营权、宅基地使用权、地役权以及不动产抵押权等),均以登记为其公示方法,故均适用不动产登记的权利推定。除此以外,以登记为公示方法的动产物权,也适用登记的权利推定,包括机动车、船舶、航空器的所有权和抵押权,以及其他动产的抵押权等。

此外应注意两点:

(1) 此种权利推定不仅适用于已登记之权利的存在,也可适用于已被注销的权利之不存在。但如注销该登记的目的不是为了使该登记自始无效,则应推定该权利在被注销前之存在。不过,对于应予登记但未予登记的不动产(如新建房屋尚未登记),不得推定其所有权的不存在。

(2)不动产登记的权利推定仅适用于不动产登记簿所载明的权属状况(物权种类和内容、物权主体等),但不适用于登记簿中所记载的其他事项(如对权利人处分权的限制以及某些事实性陈述事项等)。

2. 适用目的

动产占有的权利推定系为动产占有人的利益而作出,与之不同,在特殊情况下,不动产登记的权利推定有可能适用于对登记名义人产生不利益的情形。例如,在发生无因管理的情况下,管理人乙请求本人(房屋所有权登记名义人)甲偿付管理所支出的房屋维修费用,甲称:该房屋所有权实际上由丙享有,甲只是名义上的所有人,故乙应请求丙支付维修费用。此种情形,应推定甲为该房屋的所有人并令其承担维修费用。

(二)不动产登记行为的性质

在我国,长期以来,不动产登记被认为是"行政确权"行为,具有与法院生效判决之同等的效力,未经撤销,其所确认的物权不可动摇,甚至于法院在任何情况下也不得作出与登记确权相反的判决。如此一来,在不动产已经登记的情形,如果发生所有权归属争议,一方面,登记机构无权对民事纠纷作出行政决定;另一方面,民事法庭无法作出与不动产登记相反的判决。这样,在登记错误的情况下,真正的权利人将无法寻找任何法律救济途径。如下例:

> 甲有一经过登记的房屋,乙对之主张产权。乙找到房管部门,房管部门称,此属产权纠纷,应向法院起诉。乙便起诉到法院。法院审理中,乙出示大量证据证明该房屋产权应归其享有,产权登记实属错误。而甲则出示其产权证,称:该产权证为其享有产权的合法依据。法院认为,产权证为行政机关的确权文书,未经依法定程序撤销,应具有法律效力,故要求乙首先应请求房管部门撤销该产权证,否则,只能判决乙败诉。经乙请求,房管部门认为,产权证是否登记错误,须以法院就产权争议作出的判决为确定依据,故应由法院先就产权归属作出判决。有人建议乙以房管部门不作为为由提起行政诉讼,但房管部门是否应撤销产权登记,仍须以产权归属争议的解决为依据,而此种争议,又不属行政诉讼审理范围。于是,乙便走投无路。问:本案应如何处理?

事实上,民事权利争议只能由司法机关予以裁判,登记机构并无此项权力,即使在采用"实质审查"的登记制度下,不动产登记也仅仅是不动产物权变动的公示方法。在物权诉讼中，不动产登记只是不动产物权的推定依据，此种推定为可推翻的推定，即只要原告有充分证据证明其享有争议不动产的所有权，亦即证明登记确属错误，则该项登记不得成为被告（登记名义人）对原告主张的合法抗辩依据。法院根据事实作出所有权归属于原告的判决后，原告可持生效判决申请不动产登记机关办理该不动产的更正登记。因此，上例中，法院应当根据查明的事实和法律规定，作出争议房屋的所有权应属乙（原告）享有的判决。

不过应当指出，当法院的确权判决结果与不动产登记不一致时，在获得权利确认的权利人未将其不动产物权予以公示（更正登记）之前，其不得以之对抗善意第三人。如上例，在乙未将其被判决确认的房屋所有权予以公示（即未依据生效判决办理所有权更正登记）之前，如果甲将该房屋向丙设立抵押权并进行了登记，则乙不得以其享有的所有权否认抵押权人丙所享有的抵押权。

就不动产登记行为的性质而言，由于我国物权法不采用德国民法上的物权行为理论，不承认不动产登记行为属独立存在的法律行为，故理论上认为，不动产登记行为具有两面性：一方面，对申请登记的双方当事人之间的关系来说，登记是一种能够引起不动产物权变动的事实行为即履行不动产买卖等合同义务的行为；另一方面，对登记机构与当事人之间的关系来说，登记是一种行政管理行为。在登记机构没有合法依据而拒绝登记、迟延登记或者拒绝更正错误登记的情形，当事人得提起行政诉讼以获得救济。

对于不动产登记行为的性质，我国《物权法》没有作出直接规定。但该法第19条第1款规定，当事人认为不动产登记簿记载的事项错误的，可以申请更正登记；第2款规定，在当事人双方就登记是否错误发生争议时，利害关系人可以申请异议登记。如果登记机构予以异议登记而申请人在异议登记之日起15日内不起诉，异议登记失效。前述规定所隐含的意思是：在当事人对登记于他人名下的不动产物权主张权利时，如果登记名义人拒绝对登记予以更正，该当事人得提起民事诉讼以获得司法救济。这就表明，不动产登记仅具有权利推定效力而并不具有权利确认效力，在民事诉讼中，法院可以不受不动产登记事项的约束，依照事实和法律，直接对相关不动产物权争议依法作出裁判。

（三）登记机关的登记行为与登记的基础行为的区分

登记机关应当事人的申请而对不动产物权变动进行登记，必须以当事人之间的不动产买卖、赠与、投资、抵押等合同作为依据，这些合同行为被称为不动产登记的"基础行为"。我国最高人民法院《物权法司法解释一》第1条规定："因不动产物权的归属，以及作为不动产物权登记基础的买卖、赠与、抵押等产生争议,当事人提起民事诉讼的,应当依法受理。当事人已经在行政诉讼中申请一并解决上述民事争议,且人民法院一并审理的除外。"根据这一规定,因登记机关违反有关登记的行政法规而引起的争议,应属行政争议,由法院的行政法庭依照行政诉讼程序予以裁判;因不动产的权属和作为登记基础行为的法律行为引起的争议(如因房屋买卖合同的效力、履行、合同解除、违约责任等发生的争议),应属民事争议,由法院的民事法庭依照民事诉讼程序予以裁判。

(四)不动产登记簿和权属证书的法律地位

不动产登记形成两项文件,一为不动产登记簿,由登记机关掌握和管理;二为权属证书,包括不动产所有权证书(俗称"产权证")、国有土地使用权证书以及抵押权等所谓"他项权利"证书。不动产权属证书由登记机关根据登记簿的内容制作,交由不动产权利人持有。

在我国,根据《物权法》的规定,不动产登记簿与权属证书具有如下相互关系和地位:

1. 不动产权属证书是不动产登记簿的副本

《物权法》第 16 条规定:"不动产登记簿是物权归属和内容的根据……"第 17 条规定:"不动产权属证书是权利人享有该不动产物权的证明。不动产权属证书记载的事项,应当与不动产登记簿一致;记载不一致的,除有证据证明不动产登记簿确有错误外,以不动产登记簿为准。"前述规定表明,不动产权属证书只是不动产登记簿的"副本",仅为证明当事人享有不动产物权的一种证据,权属证书的遗失、损毁,对于权利的享有并无任何影响。

2. 不动产权属证书是证明不动产物权享有的证据

在诉讼中,不动产权属证书可以作为证据使用,并具有极高的证明效力,当事人可单独以该证书证明其权利的享有,无须其他证据作为补充,只要不存在足以推翻权属证书证明事项的相反证据,法院即可依据该证书认定(推定)不动产权属。但不动产权属证书的证明效力得被相反证据所推翻,一旦存在足够的相反证据,则权属证书的证明力即行丧失。

3. 不动产物权变动时间以登记簿上的记载完成为准

由于不动产登记手续的完成与不动产权属证书的颁发之间存在一定的时间差距,故实务上曾经就不动产物权变动究竟发生于登记手续完成之时还是不动产权属证书颁发之时,产生过争议。如下例:

> 甲公司将其一幢楼房出卖给乙公司,双方签订了房屋买卖合同,并到登记机构办理房屋所有权过户登记,登记手续完成后,乙公司被告知应于

5个工作日之后领取房屋所有权证书。次日,法院应甲公司的债权人的申请,对甲公司的财产进行强制执行,查封了该幢楼房。乙公司提出异议,认为该房屋所有权已为其所取得。但法院认为,乙尚未获得该楼房的所有权证书,故该楼房所有权仍属于甲公司,法院有权对之予以强制执行。乙的异议能否成立?

依据登记簿与权属证书的相互关系,对于不动产物权变动时间的确定,《物权法》第14条明确规定:"不动产物权的设立、变更、转让和消灭,依照法律规定应当登记的,自记载于不动产登记簿时发生效力。"据此,不动产物权变动发生于登记簿记载完成之时,而非发生于不动产权属证书颁发之时。据此,上例中,乙公司的异议能够成立。

【思考问题】

思考题三:动产占有的权利推定会导致"原罪豁免"吗?

在我国《物权法》制定过程中,有人批评物权法草案有关"对于动产的占有,如无相反规定,推定为有权占有"的规定,使不法侵吞国有资产的人得到保护。理由是:当前,由于权利腐败现象严重,存在大量侵吞国有资产的情况,由于腐败分子很狡猾,有关机关无法找到其贪污腐败的证据。如根据前述规定,则这些不法占有国家资产的行为即变成合法行为,其"原罪"即被公然豁免。

问:这一批评能够成立吗?此外,动产占有的权利推定与刑法上的"巨额财产来源不明罪"的关系如何?

思考题四:占有人无法证明善意取得事实时其占有应否受到保护?

甲以丙为被告提起诉讼,请求法院责令丙返还一串珍贵项链。经法院审理查明:甲有证据证明其于2000年6月将该串项链借给乙使用,在乙于2000年12月因车祸死亡后,该串项链下落不明,现在丙处的项链与甲借给乙的项链为同一物品。丙则称该项链系于2000年10月从乙处以合理价格购得,且对该项链的其他情况一无所知,但丙无证据证明其所述事实。

问:本案如何处理?

【理论拓展】

理论拓展之七:法国民法有关动产占有之权利推定的理论

在法国现代民法上,根据对《法国民法典》第2279条第1款的解释,有形动产的占有在不同的法律关系中具有两种基本效果:一是当占有人获得出让人无支配权的动产时,如其为善意,其自主占有可使其即时获得所有权,此为动产的即时取

第五章 物权公示原则

得制度,这一制度基于交易安全的保护,在一定程度上"牺牲"了真正所有人的利益。这是动产占有之最主要的效果。二是当动产占有人系从真正所有人处获得该动产时,该法律条款允许推定其获得了所有权。与因占有动产而即时取得其所有权不同,在此,占有是权利证书(所有权证书)的一种推定,亦即当动产的出让人对该动产有支配权时,动产的受让人(占有人)被推定为所有人。但这只是一种单纯的推定,可以为相反证据所推翻。①

很显然,在上述第二种情形,动产占有人从该动产所有人处是否真正"获得"该动产,是其是否可被推定为具有权利证书的关键。实践中,常常存在的争议是动产占有人究竟是根据何种原因(何种权利)而获得对动产的占有。如果其获得对动产的占有系根据使用借贷、保管或委托等合同,则其并未获得对动产的自主占有;反之,如果其获得对动产的占有系根据买卖、赠与或"以物抵债"(une dation en paiement),则其占有可被推定为权利证书。在当事人转移动产的占有时未采用书面形式,或尤其是在当事人之间存在夫妻关系、家庭关系或同居关系时,前述争议便有可能发生(特别是涉及一些家庭财产中价值极高的动产如首饰、绘画、银器、金条等,当事人间的冲突往往非常激烈)。例如,当原所有人死亡后,一与死者亲近的人(继承人、配偶、同居者、佣人等)占有从死者处获得的动产。继承人坚持认为该动产是由死者出借的,遂要求返还,而持有人则声称系死者所赠(夫妻间的相互赠与)或所出售。在这种情况下,如依死者的继承人的主张,财产所有权未发生转移;如依占有人的主张,则所有权已经转移。应当如何确认动产占有人的权利证书呢?

长期以来,法国法院的许多判例均认定,《法国民法典》第2279条第1款的规定包括了一项证明规则,它确认动产的占有人具有一项推定的权利证书,亦即仅其占有动产这一事实,就足以被认为是取得了该动产的所有权,当事人无须证明原所有人与其本人之间法律行为的存在(即实际持有财产这一事实便可证明这一行为的存在),也无须证明这一法律行为的性质(即根据该自主占有,便可推定这一法律行为是转移所有权的行为)。例如,在配偶一方死亡而另一方占有其动产的情形,考虑到联结现时占有人与出让人之间的特殊关系,一般应考虑推定在夫妻相互间存在一项赠与关系。

不过,对于上述推定,要求返还财产的人可采用两种方法而予推翻:

1. 证明占有人占有动产系根据一项暂时持有动产的权利证书

权利证书的推定是一种单纯的推定,如同一切所有权的推定,可被相反证据所

---

① 至于受让人善意占有原所有人遗失或被第三人偷窃或强占的动产的情形,《法国民法典》第2279条第1款赋予该善意占有以与所有权的取得相同的证书,其所确定的基本原则是:善意占有人虽然不能从其出让人处获得动产的所有权,但在一定条件下,可以通过占有该动产而获得其所有权。

推翻。相反证据包括出示真正的权利证书(借用、保管、委托、租赁等合同),根据该证书,占有被转让给被告,但被告并未获得转让所有权的证书。假若这一证明能够成立,则所谓的占有人就仅仅是动产的暂时持有人,其承担有返还原物的义务。原则上,涉及当事人之一或当事人的财产的概括承受人(如遗产继承人)实施的法律行为的证明,《法国民法典》第1341条的规定必须被遵守(其规定,凡超过5000法郎的行为,须以书面形式证明)。但是,从实际操作来看,法国法院比较容易确认(尤其在家庭关系中)当事人"事先"采用书面形式的不可能性,由此允许当事人以证人证言证明或推定的方法确认有关法律行为的存在。

2. 否认该推定的成立,亦即否认被告的自主占有

如果要求返还原物的当事人不能证明动产的占有人应基于合同而承担此项义务,则其可以直接否认占有人的自主占有。例如,证明占有人的权利证书因具有无效原因(违背道德、同意具有瑕疵等),从而达到要求返还的目的。当然,当事人也可直接证明占有人未对标的物进行自主占有。如法国最高法院第一民事法庭1955年12月20日判决的案件中,一些德国坦克在战争期间被"摈弃"在位于法国洛林地区的一企业的土地上。因有关行政机关证明了该企业未以所有人名义对坦克进行占有,故法庭判决行政机关有权要求该企业返还。

法国学者指出,事实上,《法国民法典》第2279条第1款的推定是以一项真正的、无瑕疵的自主占有为条件。但在前述类型的争议中,占有人的善意无任何意义,亦即上述法律条文所确定的规则的目的,并不在于一般地对"善意占有人"进行保护。如法国最高法院第一民事法庭1987年12月8日判决的案件中,一当事人将一套房带家具出租,但在租赁合同中未说明该出租物带家具的特点,也未交付财产清册。租赁期满后,其要求承租人返还家具,这一主张被法庭驳回,理由是:"为反对为承租人占有的、争议的动产的占有的效果,出租人不仅必须证明其为该动产的所有人,而且应证明根据其与承租人订立的一项协议,承租人的占有具有暂时性质。"然而,当事人却不能出示一项书面证据的"端绪"(un commencement de preuve)。① 此外,"以占有人在获得占有时必须存在善意为理由而否认其权利的主张是不能成立的,因为这一善意不能由从所有人处获得财产的占有人自己来加以证明"。

在司法实践中,当事人自主占有的瑕疵常常表现为其占有性质的"含糊不清",这是因为,财产的占有人(配偶、同居者或佣人等)其本身就是所有人自己的生活的一部分,因此,其试图享有所有权的动产实质上是占有人与所有人共同使用的标

---

① "诉讼被告或其代表之人所立的证书,证实原告所主张的事实者,称为书证的端绪。"(《法国民法典》第1347条第2款)

的。如法国最高法院第一民事法庭 1961 年 6 月 20 日判决的案件中,罗什佛科尔德夫妇给其儿子的未婚妻一些首饰。在该对新婚夫妇离婚后,他们要求其"前儿媳"返还首饰,认为系借用。法院认为:儿媳对这些价值极高的首饰的自主占有基于其家庭的关系及财产来源的特殊性而具有"含糊性",故不适用《法国民法典》第 2279 条的规定。法院遂判决,本案涉及的是罗什佛科尔德夫妇向其儿子实施的赠与,该赠与以其儿子将之给其妻子作"共同生活的装饰所用"为条件。因此,原告有权要求返还。

但是,结婚这一事实本身并不能使自主占有具有含糊性。如法国最高法院第一民事法庭 1991 年 6 月 11 日的判决指出:"持有人对不可能共同使用的财产的占有并将之毫不隐瞒地置于一租用保险箱内的行为,构成不具瑕疵的自主占有。"又如,同一法庭 1957 年 1 月 30 日的判决,将由同居中女方购买并放置于其情人住所内的使用过的财产,确定为女方享有所有权的共同使用的财产。再如,同一法庭 1989 年 3 月 18 日判决指出:"一切均取决于被占有的动产的性质,如果动产非共同使用,其占有即不具含糊性。"[①]

第四节 物权公示的公信力

【基本原理】

一、物权公示的公信力的概念和功能

(一)物权公示的公信力的概念

1. 物权公示的公信力的含义

物权公示的公信力,是指采用法定方式进行了公示的物权,能够为社会公众所信赖,相信物权公示而进行交易的善意第三人的利益,受法律特别保护。其表现为,依公示方法所表现的物权即使不存在或内容有异,但对于该善意第三人,法律仍承认其交易能够产生与真实物权存在之相同的法律效果。

例如,甲享有所有权的房屋被错误登记在乙的名下,乙将该房屋出卖给丙,

[①] 以上参见尹田:《法国物权法》(第 2 版),法律出版社 2009 年版,第 227—232 页。

丙相信该房屋的所有权登记而与之签订合同并办理了过户登记。此时,尽管该不动产登记为错误登记,但丙仍依法取得该房屋的所有权,真正权利人甲仅有权请求乙赔偿损失,但无权请求丙返还房屋。

物权公示的公信力表现了物权公示所具有的一种保护善意第三人的效力,故也可称为物权公示的善意保护效力。

应当指出,物权公示的公信力力图解决的问题并非是正常情况下的第三人利益的保护问题:在公示的物权状态与真实的物权状态完全吻合的情形,第三人对物权公示的信赖不会被辜负,故不存在信赖利益的任何损害,物权公示的公信力无从积极表现,亦无所谓公示的公信力之有无。只有在公示的物权根本不存在或者其内容与真实物权不相符合的情况下,方存在为物权交易行为的第三人的信赖利益,而物权公示的公信原则,则对第三人的此种信赖利益予以保护,以维护交易安全。

2. 物权公示的公信力与权利推定效力的关系

物权公示的公信力与权利推定效力为物权公示的两种不同的效力,二者之间具有本质区别:

(1) 适用对象和目的不同

物权公示的权利推定效力主要运用于物权权属争议的诉讼之中,即在无相反证据的情况下,推定动产占有人或者不动产登记名义人为权利人,其目的在于维护财产支配秩序。而物权公示的公信力则通常运用于财产交易所引起的诉讼纠纷,其目的在于维护财产的流转秩序。

(2) 法律效果不同

物权公示的权利推定效力所产生的效果为权利享有的推定,其适用通常使动产占有人或者不动产登记名义人获得利益。而物权公示的公信力所产生的效果为物权变动(权利取得)的确认,其适用使财产交易中的善意相对人获得利益。

(3) 对当事人的"信赖"所具有的意义不同

物权公示的权利推定效力主要运用于诉讼之中,为一种由法院作出的"司法推定",但当事人在交易时自然也可依据此种权利推定从而推断相对方为权利人,因此,在交易中,物权公示的权利推定对于交易相对方当事人之"善意"的成立,实际上具有一种基础和根据的作用,即第三人对动产占有人或者不动产登记名义人为权利人的信赖,首先是建立在物权公示的权利推定效力的基础之上。但是,只有当法律赋予物权公示以公信力时,善意第三人才能取得其预期的交易效果,反之,如果法律不赋予物权公示以公信力,则即使第三人构成善意,其相对人所实施的无权处分行为也不能发生与有权处分行为相同的法律效果。因此,物权公示的权利推定效力是当事人之"信赖"据以产生的条件,而物权公示的公信力则是使当事人的"信赖"所产生的利益得以保护的依据。

由此可见,赋予物权公示以权利推定效力,不等于承认物权公示具有公信力。而赋予物权公示以公信力,则必然承认物权公示具有权利推定效力。

(二) 物权公示的公信力的功能

物权公示的公信力的功能主要在于保护交易安全。

交易安全保护为近代以来民法最为重要的价值取向,许多重要的民法制度因此而得以建立。虽然学说上对于交易安全的含义存有不同见解,但主流学说认为交易安全仅指"动的安全",即法的安全由"静的安全"与"动的安全"共同组合而成。"静的安全乃对吾人本来享有之利益,法律上加以保护,不使他人任意夺取,俾得安全之谓,此种安全之保护,系着眼于利益之享有,故亦称'享有的安全'或'所有的安全'",而"动的安全乃吾人依自己之活动,取得新利益时,法律上对该项取得行为进行保护,不使其归于无效,俾得安全之谓,此种安全之保护,系着眼于利益之取得,故亦称'交易安全'"。[①]

总之,交易安全主要是指交易主体合理信赖利益的安全,亦即交易者根据一般的判断标准,在外观为正常的条件下进行的交易行为,其期待利益应受法律保护。在交易中,交易者对用于交易标的权利归属的判断,通常只能通过财产的"权利外观"来进行,而物权的公示,则正是物权权属状况的外部表现。诚然,财产的权利外观有可能是"虚像",即表现出来的权利并非真实存在(例如,占有动产的人不一定是真正的权利人),但基于两个原因,交易者不可能总是去探寻财产权利的真实状况:(1) 通常情况下,动产占有人或者不动产登记的名义人就是该动产或者不动产的真正权利人。(2) 征信成本过高。如果动产的购买者必须弄清动产的占有人是否具有合法的财产来源,或者房屋的购买人必须弄清出卖人持有的真实的房屋产权证是否登记错误,要么根本做不到,要么客观上能够做到但成本巨大。因此,赋予物权公示以公信力,使交易者在正常情况下所实施的正常的交易行为能够产生其预期的交易结果,可以避免交易秩序因善意交易者不可预见的原因而被破坏,同时也可以使社会经济发展不会因为交易的过分谨慎而受到阻碍。

由此可见,物权公示的公信力在民法保护交易安全的规则体系中具有特别

[①] 郑玉波:《民商法问题研究》(一),台湾三民书局1980年版,第39页。

重要的作用。

（三）物权公示的公信力的赋予

物权公示的公信力的作用,主要是体现在发生交易中的一方所享有的权利为虚假而另一方毫不知情的情形,即表面上看起来享有物权的人并非真正的权利人,其处分的权利是他人所享有的权利,但物权公示的公信力却使此种无权处分发生与有权处分相同的法律效果,从而使善意第三人获得权利,同时也使真正权利人的权利归于消灭或者被设定负担。因此,物权公示的公信力是一把双刃剑:一方面,此种公信力极大地保护了善意交易者的利益,使交易安全得以维护;另一方面,真正权利人的利益被牺牲,不利于合法权利的保护。

因此,尽管各国民法均赋予动产占有以一定的公信力,但基于立法政策和制度设计的考量,对于是否赋予不动产物权公示的公信力,各国家和地区采用了不同的立法选择。

就动产物权公示的公信力原则,学说上认为其来源于古代日耳曼法及法国大革命以前的旧法,而古代罗马法上并不存在这一原则。近代以来,随着资本主义经济的发展,动产交易日益频繁,交易安全的保护为各国民法所追求,各国民法在承认动产占有的公信力的基础之上,普遍设立了动产善意取得制度。

在大陆法系各国,不动产登记是逐渐发展形成的一项制度。德国民法最先赋予不动产物权公示以公信力,其后为瑞士以及我国台湾地区民法所效仿。但基于不动产登记制度的实际情况,法国、日本等国民法迄今未明确赋予不动产登记以公信力。

我国《物权法》第106条规定了不动产的善意取得制度,根据这一规定,在不动产登记错误的情形,信赖不动产物权公示而进行交易的善意相对人,其根据交易而取得的物权受法律保护。由此,我国法律明确承认了不动产物权公示具有公信力。

二、物权公示的公信力的表现形式

（一）动产占有与不动产登记在公信力上的差异

由于物权公示的方法不同,动产占有与不动产登记所具有的公信力在程度上有所区别。

1. 动产占有的公信力较弱

占有为最古老的物权公示方法。占有作为一种基于当事人自身活动所产生的事实状态,其表现的权利固然对第三人能够产生一定的信赖,但实际生活中,动产常因租赁、保管、借用等合同关系而为非权利人占有,也可因遗失、盗窃等原因而为他人所不法占有,因此,动产占有所表现的权利外观与权利享有本身有可能并不统一。尤其是近代以来,由于社会经济生活的变化发展,物的利用形式多样化,物权的中心由"所有"向"利用"转变,物的占有与物权的分离日渐普遍,故占有所公示的物权的可靠性及正确率更为降低。但在近代法上,至少基于三点理由,动产占有仍然被认为是支配权的外部表现即所有权或其他物权的权利外形,仍然具有一定的公信力:(1) 由于动产的性质和特点,一般动产不可能采取登记的公示方法;(2) 占有作为一般动产的权利外观符合生活习惯;(3) 基于征信成本的考虑,在发生频繁、数量巨大的一般动产交易中,受让人只能根据占有来推定动产物权的归属。不过,动产占有作为权利外形的稳定性、明确性和完整性在程度上并不高,而且更重要的是,动产占有是否构成权利外形以及构成何种权利外形,第三人必须依据占有人的意思及其所处的具体环境加以判断,亦即占有事实本身,并不足以产生第三人的信赖,占有是否构成权利外形,除占有事实本身之外,很大程度上还必须取决于第三人的判断能力及其注意程度,亦即占有的公信力是否发生,第三人是否存在可值保护的信赖利益,取决于第三人是否为"善意"。而鉴于占有所表现的物权的真实性程度较低,第三人不得不承担更严格的注意义务,从而使占有的公信力大大降低。

2. 不动产登记的公信力较强

与动产占有相比较,在一种严格的登记制度保障之下,不动产登记所具有的公信力要强大得多:不动产登记为国家机关所管理、实施,其登记采用文字记载并具有严格的程序,同时,不动产登记簿在一定条件下对社会公开,易于查检,其载明的所有权归属状态以及他物权设定状态清晰明白,尤其在采实质审查制度的情况下,公示的权利与实际的权利相一致的几率较高,而公示成立要件主义的实行,又使物权变动中受让人的利益获得进一步的保护。诚然,任何精心设计的登记制度都有其弊端和漏洞,登记所公示的物权并非绝对准确,但由此才存在登记之公信力的适用余地。而登记所具有的上述技术方面的优势,使其公信力得以强大。不过由此一来,真权利人的利益保护便成为另一个必须重视的问题,为避免登记的公信力使真权利人遭受过度损害,有关国家和地区除加强登记制度的完善之外,或规定因登记机关的失职而造成损失的国家赔偿责任(德国、瑞士),或规定从登记手续费中提取部分作为补偿基金或保险基金

(英国、美国及我国台湾地区),借以作为救济。①

(二)物权公示的公信力与善意取得制度

大陆法系各国和地区均基于动产占有的公信力而规定了动产的善意取得制度,而除了法国、日本等国民法之外,在其他国家或者地区的民法上,不动产登记的公信力也被明文规定(如德国、瑞士等)或者为实务上所承认(如我国台湾地区②)。由于有关国家将动产善意取得和不动产登记的公信力的问题在其民法典上分别加以规定,故对于这些规定是否构成不动产善意取得制度,理论上存在不同看法。例如,有学者认为,《德国民法典》系将善意取得制度适用于不动产,即"当一个无权利人登记为某项不动产物权人时,善意第三人也可以从其手中获得该项物权,这就是所谓'从非权利人处取得'制度(redlicher Erwerb vom Nichtberechtigen)。不动产物权的这一制度,是由《德国民法典》第892条和第893条规定的;动产物权的这一制度,是由《德国民法典》第932条规定的"。③ 但另外的学者则认为《德国民法典》仅规定了不动产登记的公信力。④

从理论上讲,对于物权公示的公信力的表现形式,可以采用两种不同的立法模式:一种是同时规定动产占有和不动产登记的公信力均通过善意取得制度而加以表现;另一种则是规定动产占有的公信力通过善意取得制度加以表现,而不动产登记的公信力则直接导致善意保护效果的发生。

我国民法理论中的主流观点历来主张善意取得仅适用于动产,不适用于不动产,不动产登记的善意保护效力应直接通过不动产登记的公信力予以表现。有学者指出其理由是:

1. 占有与登记之公信力的强弱差异决定了其各自公信力表现方式的差异

物权公示的公信力在保护善意第三人的同时,必然导致真权利人利益的损害,故在真权利人与善意第三人之间,必须寻找适度的利益平衡点,亦即如果赋予公示以绝对的公信力,则意味着放弃对第三人应承担的注意义务的要求,这样一来,动的安全难免获得过度保护,静的安全则难免遭受不当贬损,由此导致利益失衡。为此,必须在赋予物权公示以公信力的同时,对其效果的发生予以必要的限制。而由于不动产登记与动产占有的公信力存在强弱差异,故必然导致其效果发生的限制条件有所不同,由此,也导致其公信力表现形式的不同:不

---

① 我国台湾地区"土地法"第70条规定了"登记储金"。参见谢在全:《民法物权论》(上册),中国政法大学出版社1999年版,第62页。
② 同上书,第61页。
③ 孙宪忠:《德国当代物权法》,法律出版社1997年版,第86页。
④ 谢在全:《民法物权论》(上册),中国政法大学出版社1999年版,第61页。

动产登记所具有的较强的公信力,使之具有独立存在并独立表现的条件,可以直接通过登记的公信力原则加以表现,而动产占有的公信力则不得不通过另一项特别的制度即动产善意取得制度加以表现。

2. 制度发展的不同历史轨迹决定了动产和不动产物权公示的公信力各自采用不同的表现方式

物权的公示方法方由一元化(占有)改变成二元化(占有与登记),经历了漫长的历史发展过程。而在不动产登记制度尚未出现之前,占有公信力所要求的结果,已经通过古代日耳曼法和法国旧法的法理予以体现。近代交易安全保护思想的日益浓厚,促进了善意保护制度的兴起。在此基础上,鉴于动产占有的公信力较弱,如果不加以某些特别的具体限制,难免有损静的安全,为此,近代各国立法将动产占有的较弱的公信力与善意保护制度相结合,形成了动产善意取得制度。也可以说,由于动产占有的公信力不足以独立成为权利取得的根据,遂有必要使这一公信力为善意保护制度所"吸收",成为动产善意取得制度的理论基础,而非以其独立功能表现其存在。至于不动产登记制度的功能,基于各国登记制度的不同设置以及不同物权变动模式的选择,发生"公示成立要件主义"(德国等)与"公示对抗要件主义"(法国等)的界分,进而发生登记之有公信力与无公信力的界分。而在承认登记有公信力的情况下,鉴于登记的较强的公信力使之得独立产生权利取得的效果,同时鉴于动产善意取得制度业已成形,如果再将不动产纳入其适用范围,一方面有可能破坏其固有规则的统一性(例如,关于占有委托物与占有脱离物的重要区分就完全不能适用于不动产),另一方面也有可能导致制度理念解释上的更大困难(关于动产善意取得制度的理论基础,其本身就存在各种不同学说,认为善意第三人取得权利是基于动产占有的公信力的观点,尚不能成为主流观点)。因此,认为善意取得制度不适用于不动产的主流理论,作为一种淳化既存法律制度以及便于法律适用的选择,是有其合理性的。[①] 为此,我国物权法立法草案各个学者建议稿均在规定动产善意取得的同时,另行规定不动产登记的公信力。

但是,《物权法》的立法者没有采纳多数学者的意见,该法在其第106条中明确规定:动产和不动产均适用善意取得制度。

从制度效果上看,动产善意取得与不动产登记公信力规则所产生的基本效果是完全相同的(均为无权处分行为的善意第三人依法取得所有权或他物权),因此,将善意取得同时适用于动产和不动产对于相应效果的发生并无大碍。但

---

① 尹田:《物权法理论评析与思考》(第2版),中国人民大学出版社2008年版,第308—309页。

是，由于不动产与动产的物权公示的公信力强弱不同，不能不导致法律对于第三人的注意义务的要求有所不同，亦即第三人"善意"的法定构成标准有所不同。与此同时，动产善意取得的某些规则不适用于不动产善意取得。因此，在我国法律将善意取得同时适用于动产和不动产的情况下，应当注重其法律适用条件上的某些重要区别，以保证相关规则的正确运用。

【思考问题】

思考题五：未经公示的物权是不是一种法律上的权利？

有人认为，未经公示的物权不具有绝对效力，故其是一种不完整的物权，或者是一种"事实物权"而不是法律上的权利。

问：这种说法对吗？

思考题六：所有权未经登记的小汽车买受人享有哪些权利？

甲将其小汽车一部出卖给乙，双方签订了买卖合同，甲将小汽车交付给乙，乙当场支付了购车款。

问：在甲、乙双方未到登记机关办理该小汽车的所有权转移登记手续之前，如果发生下列事项，应当如何处理：

1. 小汽车被他人非法损坏，乙有无权利提起诉讼追究加害人的侵权责任？

2. 甲因拖欠他人货款，债权人申请法院强制执行甲的财产，法院有无权力扣押该辆小汽车并予以强制执行？

3. 甲向银行申请贷款，以该小汽车作为抵押并办理了抵押权登记，该抵押权的设立是否有效？

4. 甲将小汽车出租给丙，丙根据甲持有的该小汽车的所有权证书而相信其为所有人，与之签订了租赁合同并向其支付了租金。甲与丙签订的租赁合同是否有效？丙有无权利请求乙依照租赁合同的约定交付小汽车供其使用？

思考题七：介绍人抢先购买的行为应否得到保护？

甲经其朋友乙的介绍，将自己的小汽车出卖给丙。在乙的协助之下，甲、丙签订了买卖合同，甲将小汽车交付给了丙，丙也向甲支付了约定的8万元购车款。双方约定两天后去登记机关办理过户登记手续。事后，乙认为甲出卖该小汽车的价格实在便宜，表示愿意自己出9万元购买，甲同意，两人遂签订了买卖合同，并于次日抢先办理了小汽车的过户登记手续。其后，甲、乙找到丙，试图向其退回8万元购车款并收回小汽车，被丙以其已经依法取得该车的所有权为由予以拒绝。

问：丙的主张能否成立？

【理论拓展】

理论拓展之八：物权公示的公信力制度之历史发展

物权变动的公示在罗马法上即存在,不仅如此,就所有权的让与(所有权的市民法取得),早期罗马法甚至采用了较之标的物交付更为严格的"曼兮帕蓄"和"拟诉弃权"的方式(至公元6世纪,查士丁尼才废除旧制,将交付作为转移所有权的一般根据)。但罗马法基于"任何人不得以大于自己所有之权利让与他人"以及"我发现我自己之物之处,我得取回之"的法谚,完全不承认物权变动之公示的公信力。由此可见,物权变动的公示,在罗马法上仅仅具有决定物权变动的作用,但不具有保证无从取得权利的善意受让人也能取得权利的作用。而在日耳曼法上,占有具有特别重要的意义,物的支配权的变动,追随事实上使用外形之变动,作为物权公示方法的占有具有移转物权的效力,因此,日耳曼法实行"所有人任意让与他人占有其物,则只能对该他人请求返还"以及"以手护手"的原则,由此产生了类似占有之公信力的法律效果。而受日耳曼法的影响,法国早期的法律(直至15世纪左右)背离了罗马法关于动产的请求返还制度,奉行"动产无追及力"(meubles n'ont pas de suite)的法谚,即动产所有人不得请求从占有人处善意取得动产的第三人返还的规则①,由此也发生与占有之公信力相似的法律效果。② 但是,无论日耳曼法或者法国旧法的前述规则,均立足于抽象化与观念化的物权与"占有"(即实际支配之物权)尚未清晰分离的基础,动产所有人返还请求权的被阻止,缘于其因脱离占有而导致的权利保护的减弱,而非缘于法律对善意取得财产的受让人的保护。因此,我们可以说近代以来的动产物权公示之公信力以日耳曼法和法国旧法的前述有关法谚为"滥觞"③,但不可以简单地将日耳曼法和法国旧法的前述法谚所依据的法理作为解释近代以来动产物权公示之公信力的基本理论。近代以来,法律重视动产交易安全的保护,各国遂放弃了罗马法的原则,而继受和发展了日耳曼法和法国旧法的原则,普遍建立了动产善意取得制度,由此确定了动产物权公示的公信原则。④

有关资料表明,不动产物权登记被赋予公信力发端于德国,最先始于抵押权之取得,然后才扩及于不动产所有权及其他不动产物权。在普鲁士普通法上,抵押权登记具有公信力,当时德国各地的特别法中,也有很多相同的例子。以后,登记的

---

① 但这一规则包括一种例外,即对于盗窃物或者拾得物,在证明其所有权的条件下,所有人仍可从某些占有人手中重新获得该物。
② 参见尹田:《法国物权法》(第2版),法律出版社2009年版,第210—211页。
③ 参见谢在全:《民法物权论》(上册),中国政法大学出版社1999年版,第60页。
④ 《法国民法典》第2279条以下;《德国民法典》第932条以下;《瑞士民法典》第714条第2项、第933条以下;《日本民法典》第192条以下;等等。

公信力被普鲁士1872年《关于所有权取得之法律》作了一般性扩充,最终完善于《德国民法典》第892条①以下,其后为《瑞士民法典》第973条以下所继受。但是,法国民法和日本民法均未承认不动产登记的公信力。②

历史和现实表明,物权公示是否具有公信力,完全是立法政策选择的结果:是否赋予物权公示以公信力,取决于立法者在两相冲突的利益中如何进行协调和平衡。实质上,公信原则的采用虽有保护交易安全(动的安全)的强大作用,但其系以牺牲真权利人的利益(静的安全)为代价,故不可不慎重。对于一般动产物权的公示,尽管其公示方法极不完全(动产占有人与真正权利人非为同一人的情形较为普遍,所以,仅凭"占有"之事实状态作为昭示物权的方式相当不可靠),但基于交易上的强烈需要(动产交易发生频繁,数量巨大,需要牺牲静的安全以保护动的安全),各国仍对之赋予了公信力。但对于以土地为代表的不动产,虽然各国和地区均采登记为其物权的公示方法,但是否赋予登记以公信力,却有不同选择:

在德国、瑞士和我国台湾地区等,由于采用物权变动的形式主义立法模式,其不动产登记具有决定不动产物权变动是否成立的效力,故其对不动产登记采取严格的管理。例如在德国,不动产登记极为重要,类别繁多,登记程序复杂,不动产登记簿完备③,同时,德国的不动产审批登记被置于司法裁判权的控制之下(因司法裁判权可以确定被公示的法律行为的正当性),故其保障了审批登记的真实和准确。由此,法律赋予不动产登记以极强的公信力:凡信赖登记而为物权交易的善意第三人得依据登记的公信力直接获得保护。

但在法国、日本等国家,由于采用物权变动的意思主义立法模式,其不动产登记不能决定不动产物权变动本身,而仅仅是对已经基于当事人的合意而业已发生的物权变动进行昭示,故其登记的主要效果是赋予当事人的物权变动以对第三人的对抗效力,但并未赋予其公信力。④ 不过,与法国不同,在现代日本,强调通过改善不动产登记制度来创造赋予登记以公信力的条件,甚至直接主张承认登记的公信力的呼声极高,但尚未得到现行法的采纳,其主要原因在于日本的不动产登记制度尚不完善,具体表现为:(1) 不动产登记簿不完备,构成不实登记的可能性极大

---

① 《德国民法典》第892条第1项规定:"1. 土地登记簿册所记载的内容,对由于法律行为取得一项权利或取得此项权利上的权利的人,为权利人的利益,应视为是正确的;但对于其正确性有异议的登记或取得人明知其为不正确者,不在此限;2. 权利人在处分一项登入土地登记簿的权利时为特定的人的利益受限制者,此项限制仅在土地登记簿册中有明显记载或为权利取得人所明知时,对权利取得人始生效力。"

② 〔日〕我妻荣:《日本物权法》,有泉亨修订、李宜芬校订,台湾五南图书出版公司1999年版,第41—42页。

③ 参见孙宪忠:《德国当代物权法》,法律出版社1997年版,第130—159页。

④ 参见尹田:《法国物权法》(第2版),法律出版社2009年版,第532—562页。

(尤其是建筑物)。从避免不当损害静的安全的角度出发,如认可登记有公信力,必须把真权利人的损失遏止在最小限度,就需要在登记簿上对不动产作尽可能正确的标示,但日本的"地图制作和土地测量极不完全,且由于'宗'(分宗、合宗)相当错综复杂,因而登记之记载不甚明确。特别是把房屋作为独立之不动产与土地分别处置,从而使关系复杂化。不仅如此,房屋状况之标示十分困难,其标示登记往往与实际不相符合。从房屋台账制度之创设,一步步发展到采用标示之登记制度,而且已备有公图,使这一点虽然有了很大的改善,但……仍然不够完善"。(2) 物权变动模式对登记审查范围的影响。与德国不同,由于德国采物权行为理论,物权行为与原因行为相分离,所以,登记官得仅就物权之合意审查其效力;而在瑞士,虽不采物权行为理论,但要求当事人就原因行为(买卖合同等)办理公证证书,以此保证登记的真实性。但日本既不采物权行为理论,物权变动模式上也不采形式主义,同时也未设置如同瑞士法之同样的制度,这样一来,"作为登记官,面对登记,要判定为其原因之行为之效力,是不可能的"。①

【本章思考问题参考答案】

思考题一参考答案:

在我国《物权法》所规定的各类财产的物权变动模式中,机动车、船舶和航空器最具特色:一般而言,无论不动产还是动产,要么实行形式主义及与之相应的公示成立要件主义(如房屋所有权、建设用地使用权以及动产质权等),要么实行意思主义及与之相应的公示对抗要件主义(如土地承包经营权、地役权以及动产抵押权等),但机动车、船舶和航空器在实行物权变动的形式主义而非意思主义的同时(以交付为准),却实行公示对抗要件主义(不经登记不得对抗善意第三人)。这一特点,显然与该三种财产性质上属于动产但却依法采用不动产物权的公示方法即登记有关。

就物权变动的三种依据(即当事人的合意、交付以及登记)而言,交付和登记均具有外部表现形式,而较之交付,登记对于彰显物权的变动显然更为有力。与此同时,我国《物权法》明确赋予了不动产登记以权利推定效力和公信力,而机动车等特殊动产的物权登记与不动产登记应当具有完全相同的法律效力。因此,尽管机动车、船舶以及航空器得以交付为其物权变动的依据,但如果当事人办理了该三种财产的所有权过户登记,虽其尚未交付,也应发生物权变动。

据此,法院的主张不能成立。

---

① 参见〔日〕我妻荣:《日本物权法》,有泉亨修订、李宜芬校订,台湾五南图书出版公司1999年版,第43页。

思考题二参考答案：

物权的优先效力即"物权优先于债权"，指的是当物权和债权在实现上发生冲突时，物权应优先于债权而得以实现。此处的"优先"，是对均应由法律保障实现的两项权利（物权和债权）所安排的一种权利实现的"顺位"，仅适用于担保物权（抵押权、质权和留置权）与普通债权发生冲突的情形，即担保物权优先于普通债权得以实现，如担保物权实现之后，债务人的财产还有剩余，则应用于清偿"后顺位"的债权。而物权的对抗效力则是指物权人能够以其物权否认第三人对物权标的的权利或者利益主张的效力，如果物权无对抗效力，则该物权对于善意第三人视为"不存在"。

因此，当强制执行程序中的债权人（申请执行人）和取得执行标的所有权但未经公示（登记）的所有权人发生冲突时，需要确定的并不是该两项权利（未经登记的物权与已申请强制执行的债权）实现的先后顺位，而是该物权对于该债权人应否被视为"不存在"。如果该物权对其有对抗力，即该物权对于该债权人是"存在"的，在这种情况下，由于被执行的财产根本就不是被执行人的财产，故该债权人请求执行该财产就丧失了依据。反之，如果该物权对该债权人无对抗力，即该物权对于该债权人应视为"不存在"，那么，该财产当然就应当被视为被执行人的财产而被强制执行。

所以，以"物权优先于债权"来作为未经登记的物权可以对抗已申请强制执行的债权的理论依据，是不妥当的。

思考题三参考答案：

民法上有关动产占有的权利推定，目的是为了保护财产支配秩序，同时，在多数情况下，也保护了财产所有权。但是，此种推定不是"确定"，且为一种可推翻的推定，推定作出后，只要出现相反证据，则此种推定即被推翻，因此，认为此项规定的适用会导致一切未被发现或者未被证实的不法占有国家财产或者他人财产的行为即具有合法性，并从此得到法律的保护，完全是一种误解或者故意歪曲。同时应当指出，法律上认定的事实并不一定是客观存在的事实，客观上存在的事实如无有效的证据加以证明，则不能成为法律认定的事实。所以，"侵吞国有资产"的情况虽然在客观上大量存在，但就具体的人而言，如果"有关机关无法找到其贪污腐败的证据"，则法律上绝对不可认定其为"腐败分子"，在民法上，也不得推定其对财产的占有为不法占有。

我国《刑法》第 395 条第 1 款所规定的"巨额财产来源不明罪"，是针对国家工作人员而设置的罪名，其设置的依据是国家工作人员负有对其财产来源的法定说明义务，违反这一义务且其所拥有的财产或者支出明显超出其合法收入且数额巨大的,应承担刑事责任。当国家工作人员因无法说明其巨大差额财产的合法来源而被认定构成巨额财产来源不明罪时,其对财产的占有即确定地成为不法占有,在民法上,即构成"相反证据",当然不得再适用动产占有的权利推定。

思考题四参考答案:

本案中,甲为前占有人,丙为现占有人。在前占有人与现占有人发生的诉讼中,如果前占有人能够证明其动产因盗窃、遗失等非基于其意思而丧失占有的事实,则不得推定现占有人对其占有物享有所有权。但本案中的甲是基于其意思(借用关系)而丧失对该项链的占有,在此种情况下,虽丙无法证明其向乙购买该物的事实从而主张善意取得,但丙有可能通过善意取得而获得该项链的所有权,如果因其无法证明该善意取得的事实而对之不适用占有的权利推定,反而推定前占有人甲对该项链享有所有权且延续至今,则有可能损害丙的合法利益。因此,应对丙的占有适用权利推定规则。

思考题五参考答案:

未经公示的物权虽然不能具有对抗善意第三人的效力,但仍然具有物权的支配效力、绝对效力和追及效力,物权人不仅有权对标的物进行占有、使用、收益,而且有权将物予以出租、出借,物权人死亡时,其标的物仍然作为遗产由其继承人继承,更为重要的是,物权人有权排除任何人的不法侵害,可以行使排除妨害、返还原物以及损害赔偿等请求权利,仅在涉及善意第三人的正当利益时,物权人不得以其物权对之予以否认。因此,未经公示的物权虽然不具有经过公示的物权的全部效力(即不具有对抗效力或者处分效力),其效力具有不完整性,但仍然是一种受法律强制力保护的法律上的权利。

思考题六参考答案:

未经登记的机动车所有权仍具有绝对效力,在该所有权受到他人不法侵害时,所有人有权追究侵权行为人的侵权责任,故乙有权请求加害人赔偿损失。但由于该乙取得的所有权未经公示而不具有对抗善意第三人的效力,故对于出让人甲的普通债权人以及在标的物上设立已经登记的抵押权的抵押权人,乙的所有权被视为不存在,法院有权经甲的债权人申请而对标的物进行司法扣押,而第三人在该标的物上所设立的抵押权为有效。

此外,甲将其已经不享有所有权的标的物出租给丙,因租赁合同的成立仅设定当事人之间的债权债务关系,租赁合同签订时,出租人是否对承诺交给承租人使用的财产享有处分权,不影响租赁合同的效力,故该租赁合同不因甲对小汽车不享有处分权而当然无效。但如甲隐瞒真实情况,则其行为构成欺诈,承租人丙有权请求撤销该合同,也有权主张合同有效。但由于承租人丙并未获得该小汽车的占有,且租赁权依法不适用善意取得,故丙在主张合同有效时,只能请求甲返还收取的租金并追究甲不能履行租赁合同的违约责任,而无权请求乙履行该租赁合同。

思考题七参考答案:

甲将小汽车出卖给丙时,因已经交付,故丙取得了该物的所有权,因未经登记,其不得对抗善意第三人。但乙明知丙取得该物所有权的事实,其仍与甲实施交易,其行为构成恶意,丙有权以其所有权对抗乙的权利主张,即拒绝返还小汽车,请求确认甲、乙之间的物权变动无效,并请求责令甲按约定办理小汽车的物权变动登记。

第六章 动产的占有、交付与不动产登记

第一节 动产的占有与交付

【基本原理】

一、动产占有构成物权公示的条件

对动产的占有,是指对动产在物质形态上的控制及支配。

动产占有是动产物权享有的法定公示方法,但并非一切对动产的占有均构成动产物权的公示。动产占有构成对动产物权享有的公示,必须具备下列条件:

(一) 有动产占有的事实

作为动产物权享有的公示,首先必须存在对动产占有的事实状态。

由于物权公示只是财产的权属状况于外部的表现,采用法定方法公示的物权有可能是真实的,也有可能是不真实的,但依照物权公示的权利推定规则,在不存在相反证据的情况下,推定动产占有人为该动产的物权人,故只要存在动产占有的事实,即可成立动产物权享有的公示,至于动产占有人是否为真正的物权人,在所不问。据此,无论动产占有人的占有在客观上是属于"有权占有"(其占有具有法律上的原因或者根据)或者"无权占有"(其占有不具有法律上的原因或者根据)、"善意占有"(占有人不知及不应知其占有无法律根据)或者"恶意占有"(占有人明知或应知其占有无法律根据),均不影响动产物权公示的成立。

(二) 占有人须有物权享有的意思

仅有占有动产的事实,尚不足以构成动产物权的公示,动产占有人须表现其物权享有的意思,方可产生动产物权公示的效果。如果动产占有人系以非物权人的名义为占有,则其不能构成动产物权的公示。例如,以承租人名义占有租赁的动产、以保管人名义占有保管物等,均不能成立动产物权的公示。

动产占有所公示的物权种类,应以占有人之物权享有的意思予以确定。在自主占有的情形,占有人以所有的意思为占有(即以所有人的名义为占有),其公示的物权为动产所有权;在他主占有的情形,如果占有人以质权人名义为占有,其公示的物权为动产质权;如其以留置权人名义为占有,则其公示的物权为留置权。

根据占有状态的推定规则,在动产占有人的占有名义(自主占有抑或他主占有)不明时,推定其占有为自主占有,其占有为对动产所有权享有的公示。不过,在占有人以他主名义占有但未明示其质权或者留置权享有的意思时,不得推定其占有为质权或者留置权享有的公示。

二、动产交付的概念和种类

(一)动产交付的概念

动产交付为动产占有的转移,即动产原占有人将动产交由相对方所占有。如根据买卖合同的约定,出卖人向买受人交付货物;又如根据质押合同的约定,出质人向受质人交付动产质物。

依照法律规定,动产交付是动产所有权让与的公示方法,也是质权设立的公示方法。但其他与物权变动无关的动产交付,则不构成动产物权的公示方法,如出租人向承租人交付租赁物、出借人向借用人交付借用物等。此外,依法应采用登记为其物权公示方法的动产,如机动车、船舶、航空器等,其交付虽然能够直接引起物权变动,但并非其受让人所取得的物权的公示方法。

(二)动产交付的种类

动产交付可分为"现实交付"与"观念交付"两大类。

1. 现实交付

典型的动产交付为对动产物质形态上的支配、控制的转移,此种交付称为"现实交付",为动产交易中交付的常态。如出卖人将一批钢材实际交付给买受人、赠与人将一幅画实际交付给受赠人等。某些情况下,交付钥匙或者告知电子锁开锁密码,也可构成现实交付。如汽车的出卖人将汽车钥匙交付给买受人。

现实交付常由一方向另一方进行,但以下情形仍构成现实交付:

第一,通过占有辅助人而为交付。如甲向乙出卖其汽车,由甲雇用的司机将该汽车的钥匙交给乙雇用的司机。

第二,通过"被指令人"而为交付,即双方约定,由债务人指定的第三人向债权人履行交付义务。如甲将其借用给乙的电脑出卖给丙,乙受甲的指令而将该电脑交付给丙。

2. 观念交付

基于交易需求的多样化,还存在所谓"观念交付",即交付本身并不导致实物占有的移转,仅发生观念上的占有的移转。观念交付主要包括以下四种情形:

(1) 简易交付

简易交付是指在接受交付的一方已经占有标的物的情形,合同成立即视为交付完成。

如果动产的买受人、受赠人或者受质人在买卖合同、赠与合同或者动产质押合同成立前已经实际占有该动产,则交付不必进行。此种情况下,买卖、赠与或者质押等合同生效之时,即视为约定交付的动产已经发生交付。例如,甲将已经借用给乙的笔记本电脑出卖给乙,双方签订的买卖合同一旦生效,则视为交付已经完成。在简易交付的情形,接受交付的一方基于何种原因而占有标的物,对简易交付的成立毫无影响。

我国《物权法》第 25 条规定:"动产物权设立和转让前,权利人已经依法占有该动产的,物权自法律行为生效时发生效力。"此即为对简易交付的规定。

(2) 占有改定

占有改定是指依照双方约定,财产让与人基于新的法律关系而继续占有标的物,新的法律关系的成立即视为交付完成。

事实上,占有改定是通过占有人改变其占有名义而发生交付的效果。例如,甲将其电脑出卖给乙,同时约定,买卖成交之后,甲以租赁的方式在一定期间继续占有该电脑。此时,甲、乙之间先后成立两项法律关系,一为买卖合同关系,即甲将电脑出卖给乙;二为租赁合同关系,即乙将购买的电脑出租给甲。依照买卖合同,甲应向乙交付电脑,而依照租赁合同,乙应向甲交付同一电脑。很显然,如果两项义务以实物交付分别履行,毫无必要。故在此种情形,不妨采用观念上的交付方式,即在租赁合同成立之时,占有电脑的甲的身份即由电脑的所有人(自主占有)改变成为承租人(他主占有),亦即租赁合同的成立,即视为买卖合同约定的交付完成,乙即获得该电脑的所有权,与此同时,乙通过租赁合同的履行而成为该电脑的间接占有人。

我国《物权法》第 27 条规定:"动产物权转让时,双方又约定由出让人继续占有该动产的,物权自该约定生效时发生效力。"此即为对占有改定的规定。

(3) 指示交付

指示交付又称"返还请求权的让与",是指以让与对特定第三人的标的物返还请求权的方式为交付。在让与的动产为第三人占有时,应交付动产的让与人可以将其对第三人享有的该动产的返还请求权转让给受让人。该请求权让与成立之时,视为交付完成。例如,甲将出借给乙的自行车出卖给丙,甲可在请求乙返还其自行车后再将之交付给丙(现实交付),也可以将请求乙返还自行车的权利转让给丙,由丙径直向乙请求返还从而实现对该自行车的直接控制。在甲将对乙的返还请求权转让丙时,视为甲的交付行为即行完成,丙即成为该自行车的间接占有人。

在指示交付的情形,出让人向受让人转让的对特定第三人的返还请求权可以是债权请求权(如根据租赁、借用、保管等合同而产生的返还请求权等),也可以是物权请求权(如返还所有物请求权等)。根据我国《合同法》第 80 条第 1 款的规定,转让债权请求权时,出让人应当通知债务人,否则,其债权转让不得对抗债务人。参照这一规定,在为指示交付时,无论其转让的是债权请求权或是物权请求权,其返还请求权的转让自其转让协议成立时发生效力,但应通知负有返还义务的第三人,未经通知,其返还请求权的转让对该第三人不能发生对抗效力。

我国《物权法》第 26 条规定:"动产物权设立和转让前,第三人依法占有该动产的,负有交付义务的人可以通过转让请求第三人返还原物的权利代替交付。"此即为对指示交付的规定。

(4) 仓单、提单等权利凭证的交付

现代交易中,基于物权的证券化,仓单、提单等证券本身即可成为交易的标的。但仓单、提单的转让不仅转让单证本身,同时也使单证所代表的权利发生转移。因此,此类证券的交付或者背书,实际上也代替了动产的交付,因而构成一种特殊的动产交付形式。

第二节　不动产登记

【基本原理】

一、不动产登记机构及其职责

(一) 不动产登记机构

我国《物权法》第 10 条第 1 款规定:"不动产登记,由不动产所在地的登记机构办理。"第 2 款规定:"国家对不动产实行统一登记制度。统一登记的范围、登记机构和登记办法,由法律、行政法规规定。"此条第 2 款的规定,称为不动产的"统一登记原则",其针对的是我国多数地方至今仍在实行的"二元登记"以及管理混乱、收费混乱的现象。

在我国,不动产登记由县级以上人民政府行政主管部门负责。根据《中华人民共和国土地登记办法》(以下简称《土地登记办法》)第 3 条第 1 款的规定,土地登记由土地所在地县级以上人民政府国土资源行政主管部门(国土局)负责;根据《中华人民共和国房屋登记办法》(以下简称《房屋登记办法》)第 4 条的规定,房屋登记由直辖市、市、县人民政府建设(房地产)主管部门或其设置的负责房屋登记工作的机构负责。此种土地与房屋分别由两个登记机关进行登记的方式,不仅造成登记不便,效率低下,而且导致许多法律上的复杂问题:由于房屋与土地的不可分离,我国实行"房地合一"(房随地走、地随房走)的原则,即土地使用权与房屋所有权必须同属于一人。但上述"二元登记"体制却会造成房、地权利的分离。实际生活中,基于各种原因,当事人在进行房地产交易或者设定不动产抵押权时,常常会出现房屋办理了过户登记或者抵押权登记,但土地使用权没有办理相应登记的情形以及相反情形,从而为有关司法判决的强制执行、抵押权效力的认定以及抵押权的行使造成了难以排除的障碍。与此同时,一些不动产登记机构管理无序,基于部门利益而乱收费,极大地损害了当事人的合法权益。为此,我国《物权法》明文规定了"统一登记原则",同时,为制止登记机构乱收费现象,该法在第 22 条明确规定:"不动产登记费按件收取,不得按照不动产的面积、体积或者价款的比例收取。具体收费标准由国务院有关部门会同价格主管部门规定。"这些原则性规定对于推动我国不动产登记制度的健全和完善,具有重大意义。

(二) 登记机构的职责

基于不同的历史原因和现实条件,大陆法系各国不动产登记制度存在很大差异,其中最为重要的差别在于不动产登记机构的职责有所不同,并由此导致其登记在内容、效力等方面的不同。对此,主要存在"形式审查主义"和"实质审查主义"两种模式。

形式审查是指登记机构对于不动产登记的申请仅进行形式上的审查,只要申请人按要求提交了完备的书面材料,即按照买卖合同等文书(契据)所记载的内容予以登记,至于契据所记载的权利事项在实质上是否真实、是否具有瑕疵,不在登记机构的审查范围之列。例如,在办理基于房屋买卖而发生的所有权让与登记时,登记机构仅审查是否存在买卖合同,但对该合同是否存在足以影响其法律效力的瑕疵,则不负责审查;采形式审查主义的登记制度又称"契据登记制",为法国、日本、意大利等国所采用。此种登记制度的优点是简便、快捷,但其公示的物权权属状态不具有较高的正确度,故其登记常常不被赋予公信力。

实质审查主义是指登记机构对不动产登记的申请必须进行实质性审查,除了审查申请人提交的书面材料是否完备之外,还需审查不动产物权变动的原因与事实是否相符合、是否存在瑕疵,经审查确定后,方可进行登记。采实质审查主义的登记制度又称"权利登记制",为德国、瑞士等国所采用。此种登记制度的特点是其公示的物权状态的正确度较高,故其常常被赋予登记的公信力。[①]

鉴于我国不动产登记制度尚不够完善,在一定时期尚不具备采用严格的实质审查的客观条件,故我国《物权法》对于我国不动产登记采用了"一定程度的实质审查"的原则。该法第11条规定:"当事人申请登记,应当根据不同登记事项提供权属证明和不动产界址、面积等必要材料。"第12条规定:"登记机构应当履行下列职责:(一)查验申请人提供的权属证明和其他必要材料;(二)就有关登记事项询问申请人;(三)如实、及时登记有关事项;(四)法律、行政法规规定的其他职责。"(第1款)"申请登记的不动产的有关情况需要进一步证明的,登记机构可以要求申请人补充材料,必要时可以实地查看。"(第2款)

(三)登记机构违法行为的禁止

我国《物权法》第13条对于登记机构的违法行为作出了禁止性规定,具体包括:(1)不得要求对不动产进行评估;(2)不得以年检等名义进行重复登记;(3)超出登记职责范围的其他行为。与此同时,该法第21条还明确规定了登记机构的赔偿责任:"当事人提供虚假材料申请登记,给他人造成损害的,应当承担赔偿责任。"(第1款)"因登记错误,给他人造成损害的,登记机构应当承担赔偿责任。登记机构赔偿后,可以向造成登记错误的人追偿。"(第2款)

二、不动产登记的种类

(一)概说

不动产登记包括总登记、初始登记、移转登记、变更登记、更正登记、异议登记、预告登记、注销登记、消灭登记等诸多不同种类。在我国《房屋登记办法》和《土地登记办法》上,这些登记类型的适用在某些情况下存在混乱。

[①] 陈华彬:《物权法原理》,国家行政学院出版社1998年版,第163—164页。

"总登记",是指对特定行政管辖区域内的全部不动产所进行的登记。根据我国《土地登记办法》第21条的规定,土地总登记,是指在一定时间内对辖区内全部土地或特定区域内的土地进行的全面登记。

"初始登记",顾名思义应指特定的不动产物权的首次登记。依据不同的不动产物权变动成立条件,初始登记可能产生不动产他物权设立的效果(如建设用地使用权、不动产抵押权等),也可能仅产生不动产所有权以及他物权具有处分效力以及对抗效力的效果(如房屋及其他建筑物所有权、农村集体土地承包权、宅基地使用权、地役权等)。我国《房屋登记办法》、《土地登记办法》分别对相关不动产物权的初始登记作出了规定。不过,对于某些从性质上应属"移转登记"的情形(如以国有建设用地使用权作价出资或入股),《土地登记法》第30条仍将之规定为"初始登记"。

"移转登记",俗称"过户登记",是指不动产转让时办理的登记。移转登记的效果有可能是引起不动产物权的转让(如基于房屋的买卖、互换、赠与、出资入股等而进行的房屋所有权过户登记),也有可能是使已经发生的不动产物权变动具有处分效力(如基于房屋的继承、受遗赠等而进行房屋所有权过户登记)。我国《房屋登记办法》将移转登记规定为一种独立的登记类型,但其列举规定的应属移转登记的事项中,包括了"房屋分割、合并"等本应属于"变更登记"的事项。而我国《土地登记办法》则根本不承认移转登记是一种独立的登记类型。依照该办法,因地上建筑物、构筑物及其附属设施的买卖、交换、赠与等而发生所设计的建设用地使用权转移的,需办理建设用地使用权的"变更登记"(第40条),因作价出资或入股而取得国有建设用地使用权的,亦应办理"变更登记"(第39条),亦即该办法将土地权利人因土地权利转让而发生的改变,统统纳入"变更登记"的范围。鉴于不动产登记为不动产物权变动的公示方法,而物权变动中,物权的转移与物权的变更具有不同的含义(前者为物权的让与,后者为除物权让与外物权关系各要素所发生的改变,物权转移所导致的物权人的改变不属于物权变更的范围),故《土地登记办法》的此种做法与《物权法》不相衔接,应予纠正。

"变更登记"是指在不动产物权未发生转移的情况下,就不动产登记的相关事项办理的登记,包括不动产物权人姓名或者名称的改变(自然人改变其姓名、法人组织改变其名称);土地用途的改变;不动产面积的增减;房屋坐落的街道、门牌号或房屋名称的改变;同一物权人分割、合并不动产(如一宗土地被分为数宗、一栋房屋被分为数套,或者相反,数宗土地被合并为一宗);等等。"变更登记"与"更正登记"不同,变更登记是基于正常原因而对发生变化的有关事项进行登记,而更正登记则是对错误的登记进行纠正。

"注销登记",又称"涂销登记",是指因不动产物权消灭而办理的登记。如建设用地使用权因期限届满而消灭、房屋所有权因房屋毁损灭失而消灭等所办理的登记,等等。

对于上述不动产登记种类,我国《物权法》未作规定,但该法对于"更正登记""异议登记"以及"预告登记"等三种比较特殊的不动产登记类型,作出了明确规定。

(二) 更正登记

1. 概念

"更正登记"是指对错误的不动产登记进行更正的登记。我国《物权法》第19条规定:"权利人、利害关系人认为不动产登记簿记载的事项错误的,可以申请更正登记。不动产登记簿记载的权利人书面同意更正或者有证据证明登记确有错误的,登记机构应当予以更正。"

更正登记适用于不动产登记簿上任何错误记载的事项。不动产登记簿记载错误的事项被更正后,登记机构应当书面通知权利人换领不动产权属证书。

2. 更正登记的申请

依照《物权法》第19条的规定,不动产权利人、利害关系人有权申请更正登记。

不动产权利人为不动产物权登记名义人,权利人申请更正登记时,经登记机构核实,确实存在登记错误的,应予办理更正登记(如权利人姓名书写错误、不动产面积记载错误、房屋所在地址记载错误,等等)。

有权申请更正登记的所谓"利害关系人",是指登记名义人之外的、不动产之错误登记有损其利益的人,包括不动产的真正权利人以及遗漏登记的不动产其他共有人等。例如,甲享有所有权的房屋被错误地登记到乙的名下,乙为利害关系人,有权申请更正登记,将房屋所有权人甲更正为乙;又如,应属夫妻共有的房屋所有权被错误地登记在丈夫一人名下,其妻为利害关系人,有权申请更正登记,将房屋所有权由丈夫享有更正为夫妻共同财产。利害关系人申请更正登记时,因涉及不动产登记名义人的利益,故必须征得权利人的书面同意,经登记机构核实,确实存在登记错误的,应予办理更正登记。

3. 登记机构依职权而为的更正登记

我国《物权法》对于登记机构在一定条件下是否得径直为更正登记未作规定。理论上认为,如果登记机构发现不动产登记簿的记载有错误,但权利人或

第六章 动产的占有、交付与不动产登记

者利害关系人未申请更正登记的,登记机构可依其职权径直为更正登记。① 对此,《土地登记办法》和《房屋登记办法》均予以肯定,其规定涉及两种情形:

(1) 更正登记不涉及不动产权属和内容。根据《土地登记办法》第58条第1款的规定,国土资源行政主管部门发现土地登记簿记载的事项确有错误的,应当报经人民政府批准后进行更正登记,并书面通知当事人在规定期限内办理更换或注销原土地权利证书的手续。当事人逾期不办理的,国土资源行政主管部门报经人民政府批准并公告后,原土地权利证书废止。根据《房屋登记办法》第75条第1款的规定,房屋登记机构发现房屋登记簿的记载错误,不涉及房屋权利归属和内容的,应当书面通知有关权利人在规定期限内办理更正登记。当事人无正当理由逾期不办理更正登记的,房屋登记机构可以依据申请登记材料或者有效的法律文件对房屋登记簿的记载予以更正并书面通知当事人。

(2) 更正登记涉及不动产权属。根据《土地登记办法》第58条第2款的规定,土地登记机构发现土地登记簿记载的涉及土地权利归属的事项,也可经过人民政府批准后进行更正登记,但应当对更正登记结果进行公告。而根据《房屋登记办法》第75条第2款的规定,对于涉及房屋权利归属和内容的房屋登记簿的记载错误,房屋登记机构应当书面通知有关权利人在规定期限内办理更正登记;办理更正登记期间,权利人因处分其房屋权利申请登记的,房屋登记机构应当暂缓办理。

很显然,不动产权属及其内容的更正涉及登记名义人的重大利益,但登记簿所记载的其他事项则并不影响权利人之权利的享有。因此,如果更正登记不涉及不动产权属及其内容,则在登记机构发现登记簿确有错误时,可以通知权利人办理更正登记,如果权利人逾期不予办理,登记机构不妨直接予以更正。但《土地登记办法》规定此种情形得由登记机构报经政府批准后径直进行变更登记,是不妥当的。

而在需要更正的事项涉及不动产权属及其内容时(例如,登记机构认为登记名义人甲享有的不动产权利应属乙所享有),则除非经通知登记名义人且其明确表示无异议并出具书面同意文书,否则,登记机构在任何情况下均不得径直进行更正登记。原因是:对登记簿上涉及不动产权利归属或权利内容的改变,意味着对登记名义人全部权利或者部分权利的剥夺,在登记名义人不予同意的情况下,构成不动产的权属争议。依照法律规定,民事纠纷的裁判权属于法院,不动产登记机构不具有民事权利归属争议的裁判权。如果登记机构未经

---

① 胡康生主编:《中华人民共和国物权法释义》,法律出版社2007年版,第58页。

权利人的同意而径直对登记簿上涉及不动产权属或者权利内容的事项进行变更,则等同于对不动产的权属争议行使了裁判权。据此,《土地登记办法》前述规定明显具有违法性。

(三) 异议登记

1. 异议登记的概念

异议登记是指为标明不动产登记簿上记载的权利处于争议状态而办理的登记。

在不动产登记名义人与他人(利害关系人)发生权属争议时,利害关系人在以下两种情况下均可申请异议登记:

(1) 在登记名义人不同意更正登记时申请异议登记

利害关系人就不动产登记簿所记载的权属状况提出异议并请求更正登记时,如登记名义人书面同意且经登记机构审查确属登记错误,则应予办理更正登记(例如,夫妻共有的房屋被错误登记到丈夫名下,经妻子申请并经丈夫书面同意,登记机关可将该房屋更正登记为夫妻共有)。但如登记名义人不同意更正,则主张权利的利害关系人可以申请办理异议登记,登记机构应将异议事项记载于不动产登记簿。

(2) 直接申请异议登记

在登记名义人与他人就不动产已经产生权属争议的情况下,当事人无必要再行申请更正登记,故其可直接申请异议登记,对此,登记机构应予办理。

我国《物权法》第 19 条第 2 款规定:"不动产登记簿记载的权利人不同意更正的,利害关系人可以申请异议登记……"我国《土地登记办法》第 60 条、《房屋登记办法》第 76 条也对异议登记作出了规定。

2. 异议登记的意义

法律设置不动产异议登记的目的,是为了保护对登记的不动产权属提出异议的利害关系人的利益:在利害关系人就登记簿记载的不动产权属提出异议并主张其权利时,如果登记名义人予以反对,则双方之间发生不动产权属纠纷,利害关系人应以诉讼的方式将该争议提交法院裁判。在法院作出判决之前,如果登记名义人将不动产转让给第三人,则即使将来法院判决确认该不动产权利应属利害关系人享有,则购买该不动产的第三人可以根据善意取得制度而取得其权利,作为真正权利人的利害关系人的利益即不能得到保护。因此,为避免非真正权利人的登记名义人在纠纷处理期间恶意处分该不动产权利,法律允许利害关系人申请异议登记,以保障其未来利益的实现。

3. 异议登记的效力

对于异议登记所生效力,存在两种不同的立法模式:

(1) 限制登记名义人的处分权。在异议登记有效期间,不动产登记名义人不得对其不动产进行处分,包括不得转让不动产所有权或者在不动产上设定抵押权等他物权。依照此种模式,异议登记实质上具有对存在争议的不动产进行诉讼外"查封"的效力。

(2) 限制善意取得的适用。在异议登记有效期间,不动产登记名义人仍可自由处分其权利,异议登记有可能阻却和排除的,仅仅是不动产受让人的善意取得。例如,对甲登记的房屋,乙申请了异议登记并提起诉讼。诉讼期间,甲可将该房屋出卖给丙并办理过户登记。以后,如法院判决乙胜诉,则丙不得主张善意取得而保有该房屋的所有权。依照此种模式,异议登记不具有限制登记名义人处分权的效力,但系通过使不动产受让人成为"恶意"的方式达到保护真正权利人的目的。此种模式为德国民法所采。在德国民法上,异议登记产生两种法律效果:一是使不动产登记暂时丧失公信力,从而使交易相对人不能对异议登记所涉及的不动产物权主张善意取得;二是使不动产登记暂时丧失其权利正确性推定效力。[①]

比较上述两种立法模式,可以发现其各有利弊:异议登记如果具有限制不动产登记名义人的处分权的效力,则对申请异议登记的利害关系人有利,但在其所登记的异议并不能成立的情况下,则登记名义人的合法权利就会遭受损害。相反,异议登记如果不具有限制不动产登记名义人的处分权的效力,但具有阻却不动产受让人善意取得的效果,则不仅不损害异议不成立时登记名义人的合法利益,而且也不损害在异议成立时真正权利人的利益。但是,不动产交易行为的效力却因此而处于悬而未决状态,而在所登记的异议成立时,已经发生的不动产物权变动将自始无效,不动产的返还将有可能导致各种复杂问题的发生。

我国《土地登记办法》采用的是前述第一种立法模式。该办法第60条第3款规定:"异议登记期间,未经异议登记权利人同意,不得办理土地权利的变更登记或设定土地抵押权。"我国《房屋登记办法》亦如此,该办法第78条规定:"异议登记期间,房屋登记簿记载的权利人处分房屋申请登记的,房屋登记机构应当暂缓办理。"(第1款)"权利人从处分房屋申请的登记,房屋登记机构受理登记申请但尚未将申请登记事项记载于房屋登记簿之前,第三人申请异议登记

---

① 〔德〕鲍尔、施蒂尔纳:《德国物权法》(上册),张双根译,法律出版社2004年版,第369—370页。

的,房屋登记机构应当中止办理原登记申请,并书面通知申请人。"(第2款)

我国《物权法》第19条第2款规定:"……异议登记不当,造成权利人损害的,权利人可以向申请人请求损害赔偿。"这一规定虽未指明异议登记的效力,但因其规定了异议不成立时异议登记申请人的损害赔偿责任,故可认为其采用的应为前述第一种立法模式,即异议登记具有限制处分权的效力。

不过,在异议登记存续期间,登记名义人就有关不动产与第三人签订的买卖、赠与、抵押等合同的效力,不受异议登记的影响。如果所登记的异议最终不成立,前述合同自可履行;如异议成立,则发生合同履行不能的效果,登记名义人应对第三人承担相应的违约责任。

4. 异议登记的失效

根据《物权法》《土地登记办法》和《房屋登记办法》的规定,异议登记可因下列原因而丧失效力:

(1) 申请人自异议登记之日起15日内不向法院提起诉讼。
(2) 法院对异议登记申请人的起诉不予受理。
(3) 法院判决驳回异议登记申请人的诉讼请求。

异议登记因上述原因失效的,异议登记申请人或者不动产登记簿记载的权利人可向登记机构申请注销异议登记。

(四) 预告登记

1. 预告登记的概念和意义

预告登记是指为保障以发生不动产物权变动为目的的债权能够实现而进行的登记。预告登记中所预先指明的不动产物权变动登记,称为"本登记"。

很显然,预告登记是旨在实现不动产物权变动的合同(如房屋买卖合同等)成立之后、当事人进行"本登记"(如办理房屋产权过户登记)之前所采取的一项措施。预告登记的目的在于保障当事人约定进行的不动产物权变动能够顺利实现:在当事人双方签订以不动产物权变动为目的的合同(如房屋买卖、建设用地使用权转让以及不动产抵押等合同)后,须依法办理不动产登记(房屋所有权过户登记、抵押权设立登记等)方可发生不动产物权的变动。某些情况下,如果合同的成立与约定的不动产物权变动的发生在时间上相距较远,则不动产受让人或者他物权设定的受益人的利益实现便存在风险。例如,在房地产开发商与房屋购买人签订商品房预售合同的情形,合同成立之时,房屋尚未建成,无法办理房屋产权过户登记。而到房屋建成之后,如果开发商违反合同约定,实施"一房二卖",将已出售的房屋又出卖给他人并办理房屋产权过户登记,则商品房预

第六章　动产的占有、交付与不动产登记

售合同的购买人的利益将难以得到保护。为避免此种风险，购房人与开发商签订预售合同之后，可以向登记机构申请预告登记，以保障其在购买的商品房建成之后能够确定地获得所有权。

预告登记具有将特定不动产"将于未来发生不动产物权变动"之事实予以"公示"并发生保障力的作用。理论上一般认为，预告登记的对象是以不动产物权变动为目的的债权（如房屋买受人依据房屋买卖合同而享有的请求转让房屋所有权的债权、抵押权利人依据不动产抵押合同而享有的请求抵押人设定抵押权的债权，等等），故预告登记主要是为保全某些债权而为的登记。[①] 我国《土地登记办法》第62条以及《房屋登记办法》第67条对预告登记作出了规定。我国《物权法》第20条也明确规定了此项制度："当事人签订买卖房屋或者其他不动产物权的协议，为保障将来实现物权，按照约定可以向登记机构申请预告登记……"

2. 预告登记的申请条件

根据我国《物权法》第20条的规定，申请预告登记须同时具备下列条件：

（1）须当事人签订了房屋买卖合同或者其他以不动产物权变动为目的的合同

预告登记以保全债权为目的，故当事人之间必须存在以不动产物权变动为目的的债权债务关系，如买卖合同、抵押合同等。鉴于预告登记是对将来发生的不动产物权变动的预告，故相关债权关系的存在，是预告登记赖以成立的基础。

在债权附生效期限（始期）或者附生效条件的情形，其他立法例（如《德国民法典》第883条第1项）也允许其进行预告登记。我国《物权法》第20条对此未作明确规定，仅规定"当事人签订买卖房屋或者其他不动产物权的协议"为预告登记的条件。考虑到在债权附生效期限或者生效条件时，其债权关系已经成立，只是尚待生效，为保全将来发生的债权，并无限制其对之作预告登记的理由。因此，应将前述《物权法》第20条规定的"协议"解释为包括附生效期限或者生效条件的合同。

（2）须有不动产权利人的同意

根据《物权法》第20条的规定，办理预告登记须以当事人之间存在"约定"为条件。此处的约定可以是当事人在所签订的房屋买卖等合同中的约定，也可以是不动产权利人以任何方式作出的同意表示。但在当事人双方存在办理预

[①] 崔建远：《物权法》，中国人民大学出版社2009年版，第190页。

告登记的约定的情形,如果不动产权利人拒绝申请办理预告登记,则登记机构仍不得予以办理,其原因在于:不动产权利人之拒绝,有可能存在合法的抗辩事由(如相对方存在违约行为等),但登记机构对之无权审查。故在此种情形,相对方应诉请法院判令不动产权利人办理预告登记,或者追究不动产权利人的违约责任。

就预告登记是否必须经不动产权利人同意的问题,存在一些不同看法。有些人认为,预告登记不过是防范不动产权利人实施违约行为的一种措施,既然不动产权利人已经承担转让不动产物权(如买卖)或者在不动产上设定他物权(如抵押)的债务,则预告登记对其利益并无损害,故不应将其同意作为申请办理预告登记的必要条件。但应看到,预告登记具有限制不动产权利人处分权的效果,如果相对人不经其同意即可申请办理预告登记,则在相对人已经违约或者有违约之可能的情形,有损于不动产权利人的合法利益。因此,是否将办理预告登记确定为一项交易条件,并将之设定为不动产权利人应当承担的一项义务,应由双方当事人约定。如果当事人双方就是否办理预告登记未达成一致意见时,登记机构不得接受相对方单方面请求办理预告登记的申请。不过,法律、法规对此有相反规定的情形除外。例如,在我国,根据《房屋登记办法》第69条的规定,商品房预售合同签订后,预售人未按照约定与预购人申请预告登记的,预购人可以单方面申请预告登记;又如,在德国,根据《不动产登记法》的规定,当义务人拒绝协助时,预告登记权利人可以向法院提出申请,由法院按非讼程序作出裁定,权利人可凭此裁定向登记机关申请预告登记。

3. 预告登记的效力

(1) 权利保全效力

与异议登记一样,预告登记的主要作用在于暂时限制不动产权利人对其不动产的处分权,亦即在预告登记有效期间,未经预告登记的权利人(不动产交易的相对方)的同意,不动产权利人不得处分其不动产,包括基于买卖、赠与等而将不动产所有权转让给第三人、在不动产上为第三人设立抵押权等他物权等。从限制不动产权利人的处分权的目的在于保障相对方债权的实现的角度而言,预告登记的此项效力,被称为"权利(债权)保全效力"。

在理论上引起争议的问题是:不动产预告登记后,如果权利人对不动产另行实施处分行为,其处分行为的效力如何?对此存在不同的模式:一种是禁止权利人为其他处分;另一种是采取处分行为相对无效原则,即在预告登记之后,义务人仍可处分其不动产权利,但是在预告登记权利人与第三人之间,在妨碍预告登记权利人请求权的范围内,该处分行为无效,而在当事人之间,对预告登记的权利人无效,但对其他人仍为有效;就内容而言,仅在妨碍之范围内无效。[①] 此种模式为《德国民法典》和我国台湾地区"土地法"所采用。[②]

对此,我国《土地登记办法》第 62 条第 4 款规定,预告登记期间,未经预告登记权利人同意,不得办理土地权利的变更登记或土地抵押权、地役权登记;《房屋登记办法》第 68 条第 1 款规定,未经预告登记的权利人书面同意,处分该房屋申请登记的,房屋登记机构应当不予办理。我国《物权法》第 20 条第 1 款规定:"……预告登记后,未经预告登记的权利人同意,处分该不动产的,不发生物权效力。"这一规定表明,我国采取的是禁止权利人在预告登记存续期间擅自为处分行为的模式,亦即在当事人为预告登记之后,即发生有关不动产之物权变动被"冻结"的效果,在预告登记存续期间,除征得预告登记的权利人同意之外,不动产权利人有关不动产物权变动的登记申请将被登记机构无条件拒绝,其处分权根本无法行使。即使在登记机构工作人员因疏忽大意或者与当事人恶意串通而使有关不动产得以办理物权变动登记的情形,该登记亦应因其违法而当然自始无效。

但是,上述对不动产权利人处分权的限制应当不适用于"重复抵押"的情形。所谓"重复抵押"(又称"多重抵押"),是指当事人就同一物同时或者先后设定两项以上的抵押权。根据我国《物权法》第 199 条的规定,同一财产可向两个以上债权人抵押,因此,不动产权利人在办理抵押权设定的预告登记之后,仍可用同一不动产向第三人再行登记设立抵押权。

需要特别指出的是,在预告登记存续期间,不动产权利人就该不动产而与第三人签订的买卖、赠与、抵押等合同的效力,不因合同标的物的处分权受限制而受到任何影响。如果不动产权利人因预告登记的存在而无法履行其变动物权的义务,应当对第三人承担相应的违约责任。

(2) 顺位保全效力

在重复抵押的情形,多个抵押权的实现,应按照抵押权登记的先后顺序进行(《物权法》第 199 条)。但在数个抵押权中,如果其中一个办理了预告登记,其效果如何? 如下例:

甲与乙于 2001 年 2 月 2 日签订了不动产抵押合同,约定 10 天后办理

---

① 王泽鉴:《民法学说与判例研究》,中国政法大学出版社 2005 年版,第 64 页。
② 《德国民法典》第 883 条第 2 款规定:"在对土地或权利为预告登记后所为的处分,在妨害前项请求权的全部或一部的限度内无效。"我国台湾地区"土地法"第 79 条也作了这样的规定:"前项预告登记未涂销前,登记名义人就其土地所为之处分,对于所登记的请求权由妨碍者无效。"

抵押权登记,合同签订后,双方于当日到登记机构办理了抵押权设定的预告登记。同年2月4日,甲又以同一不动产向丙设定抵押,并于当日办理了抵押权登记。同年2月12日,甲、乙按约定也办理了抵押权登记(本登记)。后甲不能清偿到期债务,其抵押物被拍卖,但所得价款不足以全部清偿其所欠乙和丙的债务。丙以其抵押权登记在先为由,主张优先于乙而受偿,乙则以其抵押权预告登记在先为由,主张优先于丙而受偿。问:本案应如何处理?

登记顺位是指同一不动产上所设定的多个物权在登记簿中的顺序,主要适用于"重复抵押"的情形。在同一不动产上先后设定多个抵押权时,如果数个抵押权均已登记,原则上实行"设定在先、权利在先"规则。而预告登记之保全顺位的效力,则是指当预告登记推进到本登记时,不动产物权的顺位不是以本登记的日期予以确定,而是以预告登记的日期予以确定,亦即预告登记具有保全登记顺位的效果。德国、日本等国法律对预告登记之保全顺位效力作出了规定。《德国民法典》第883条第3款规定:"请求权以权利的给予为目的的,按照预告登记来确定该项权利的顺位。"《日本不动产登记法》第7条第2款规定:"已进行假登记(即预告登记)时,本登记的顺位,依假登记的顺位而定。"

赋予预告登记以顺位效力的目的是使预告登记在先的债权人具有权利顺位上的优势地位。理论上认为:"预告登记本身并没有独立的效力,只是在本登记时,才具有意义。因此,预告登记的命运与效力完全依赖于日后本登记是否可以作成。经由预告登记,被保全的权利之顺位被确定在预告登记之时。"[1]

我国《物权法》对此未作规定,理论上存在不同观点,有人认为,不动产登记顺位的确定应依预告登记的时间为准,而不依本登记的时间为准[2];也有人认为,我国《物权法》第14条明文规定不动产物权变动"自记载于不动产登记簿时发生效力",未设但书,故应采取物权变动的时间点以本登记为准的立场,预告登记不具有顺位效力。[3] 考虑到预告登记虽不能导致不动产物权的变动,但其具有限制不动产权利人处分权的效力,尽管重复抵押不在其限制之列,但预告登记对于其后设立的抵押权应当具有对抗效力,此举并不损害其后设定的抵押权的权利人的预期利益,也可避免抵押人的恶意行为,故应当承认预告登记的

---

[1] 王轶:《不动产法上的预备登记制度——比较法考察报告》,载《中国房地产法研究》(第1卷),法律出版社2002年版。
[2] 李昊等:《不动产登记程序的制度建构》,北京大学出版社2005年版,第432页。
[3] 崔建远:《物权:规范与学说——以中国物权法的解释论为中心》(上册),清华大学出版社2001年版,第194—195页。

保全顺位的效力。

因此,在上例中,虽然丙的抵押权登记先于乙的抵押权之"本登记",但在乙的抵押权存在预告登记的情况下,其抵押权的顺位应当以其预告登记的时间予以确定,故乙的抵押权在顺位上先于丙的抵押权,具有优先于丙而获得清偿的效力。

但是,就预告登记的保全顺位效力是否可导致"本登记"所引起的物权变动"溯及"至预告登记时发生的问题,理论上存在争议。在日本,不动产物权变动根据当事人的合意而发生,登记为物权之对抗效力的根据。而对于"假登记保全本登记顺位的效力是否指本登记有溯及假登记时的效力"这个问题,日本司法实务中存在"对抗力溯及说"和"对抗力不溯及说"两种对立的观点,学界通说支持"对抗力不溯及说",晚近的判例也尽量避免采用"对抗力溯及说"。① 应当看到,预告登记的保全顺位效力将不动产物权变动登记的时间由本登记而提前至预告登记之时,目的仅在于确定预告登记人的优先顺位,故不宜将本登记的效力溯及至预告登记之时,否则易生事端,且不免使法律规则过分诡异。

4. 预告登记的失效

《物权法》第 20 条第 2 款规定:"预告登记后,债权消灭或者自能够进行不动产登记之日起 3 个月内未申请登记的,预告登记失效。"根据这一规定,预告登记因下列原因而丧失其效力:

(1) 债权消灭

预告登记系为保障债权实现所设,故预告登记与相关债权之间存在依附关系,即如无需要保全的债权的存在,即无预告登记的前提。反之,如预告登记所保障的债权消灭,则预告登记也丧失其效力。至于债权消灭的原因,在所不问,债权可以是因为设定债权的买卖等合同被确认无效或者被撤销而自始不存在,也可以是因为设定债权的合同被解除或者债权人放弃其债权而消灭,还可以是因本登记的实行而归于消灭。

但在债权转让的情形,预告登记不丧失其效力,当事人应申请对之予以变更登记。

(2) 当事人自能够进行不动产登记之日起 3 个月内未申请登记

此处的不动产登记指本登记,即房屋买卖等合同约定的本登记时间届至,当事人即应办理不动产物权变动登记手续,如预告登记权利人能够办理本登记

---

① 王轶:《不动产法上的预备登记制度——比较法考察报告》,载《中国房地产法研究》(第 1 卷),法律出版社 2002 年版。

而未申请办理超过3个月的,预告登记归于失效。但应注意,所谓"能够办理本登记"不包括下列情形:第一,约定办理本登记的期限界至,但因不动产权利人的原因而无法办理本登记;第二,不动产权利人拒绝按约定办理本登记。

【思考问题】

思考题一:预告登记能否对抗法院的生效判决及强制执行?

(1) 开发商甲公司与乙签订了"商品房预售合同",并办理了预告登记。房屋竣工后,甲公司又将同一房屋出卖并交付给丙,但无法办理过户登记。丙不知该房屋为"一房二卖",遂提起诉讼,请求法院责令甲公司履行办理过户登记的义务。甲公司未到庭应诉。后法院作出判决,认定甲公司与丙签订的房屋买卖合同有效,并责令甲公司判决生效后15日之内办理过户登记手续。该判决生效后,甲公司仍不予理会,丙即持法院生效判决到登记机构请求直接办理房屋产权过户手续,被登记机构以该房屋上存在有效的预告登记为由,予以拒绝。

问:登记机构的拒绝行为是否合法?

(2) 开发商甲公司将在建的商品房一套出售给乙,双方签订了商品房预售合同并到登记机构办理了预告登记,乙交付了全部购房款。在该房屋竣工并验收合格后,甲公司正待将房屋交给乙之时,甲公司的债权人申请法院强制执行甲公司的财产,法院遂将前述房屋予以查封并予以拍卖,乙以已办理预告登记为由提出异议。

问:其异议能否成立?

(3) 甲公司将其一幢楼房出卖给乙公司,双方签订了房屋买卖合同,约定:乙公司应分四次支付购买房款(每季度一次),合同生效后,甲公司应将房屋交付给乙公司,并到登记机构办理预告登记,待乙公司付清全部购房款时,即正式办理房屋所有权过户登记。合同签订后,甲公司将楼房交付给乙公司,乙公司也依约向甲公司支付了第一期购房款,双方到登记机关办理了预告登记。不料时隔仅一周,甲公司的债权人申请法院强制执行甲公司的财产,法院遂将前述楼房予以查封,乙公司即以该楼房已办理产权过户的预告登记为由,提出异议。

问:其异议能否成立?

思考题二:在已预告登记的不动产上设立的地役权应属无效还是无对抗效力?

甲公司将其楼房出卖给乙公司,买卖合同签订后,双方到登记机构办理了预告登记。在预告登记有效期间,甲公司未经乙公司同意,与丙公司签订了地役权合同,在该不动产上为丙公司设立了通行地役权,但未能进行物权登记。后甲、乙公司将预告登记转为本登记,乙公司取得该楼房的所有权。其后,乙公司欲否定丙公

第六章 动产的占有、交付与不动产登记

司的地役权行使主张。

问：乙公司所持理由应是该地役权设立无效还是其预告登记可对抗该地役权？

【理论拓展】

理论拓展之一：预告登记对债权效力的影响

就预告登记对于预告登记权利人所享有的债权所产生的影响，既有理论上存在很多不同观点："准物权说"认为，预告登记使该种债权具有物权的排他效力，故其兼具债权和物权性质，是一种"准物权"[1]；"债权物权化说"认为，预告登记的本质特征是使被登记的请求权具有物权的效力[2]，本质上属于物权法向债法的扩张[3]；"特殊债权说"认为，经预告登记后的物权变动请求权的实质性质，仍为债权，是一种法律出于保护交易安全的考虑而赋予其对抗第三人效力的特殊债权[4]；而"债权物权结合体说"则认为，预告登记与本登记属于同质形态，均为表征权利的形式，并最终产生物权效力，故预告登记为债权内容与物权效力的结合体。[5] 很显然，上述观点均认为预告登记使有关债权具有某些物权的效力（排他效力或者对抗效力），只是对其物权效力所达到的程度的认识有所不同。

事实上，上述观点都是建立在预告登记并不限制权利人的处分权的立法模式之上：根据德国以及我国台湾地区的立法例，预告登记后，权利人仍可实施处分行为。例如，甲将其土地出让给乙，约定1年后办理过户登记（本登记），并随即办理了预告登记。此后，甲又将同一土地为丙设立了为期2年的用益物权。此例中，该用益物权于本登记期限届至前的存在，并不妨碍本登记的实行，故用益物权在该1年期限内应属有效，但甲超出预告登记1年之期限所为之处分，应归于无效。此种情形，预告登记权利人乙有权以妨碍其债权实现为由，对第三人丙主张该超出1年期限的用益物权之设定无效，从而表现出其债权对第三人所具有的所谓"排他效力"或者"对抗效力"。

但在我国，依照《物权法》第20条的规定（即"预告登记后，未经预告登记的权利人同意，处分该不动产的，不发生物权效力"），预告登记对于不动产权利人的处分权具有直接的限制作用，其表现为：在预告登记后，凡需经登记而发生的不动产物权变动（如房屋所有权转让以及房屋抵押等），未经预告登记权利人同意，当事人

---

[1] 王利明：《物权法研究》（修订版），中国政法大学出版社2007年版，第172页。
[2] 梁慧星：《中国物权法草案建议稿——条文、说明、理由与参考立法例》，社会科学文献出版社2002年版，第168—169页。
[3] 孙宪忠：《论物权法》（修订版），法律出版社2008年版，第416页。
[4] 杨立新、宋志红：《预告登记的性质、效力和范围探索》，载《法学杂志》2006年第4期。
[5] 常鹏翱：《比较法视野中的预告登记》，载《金陵法律评论》2005年第1期。

无法在登记机构办理其物权变动登记;凡无须登记而发生的不动产物权变动(如地役权的设立等),未经预告登记权利人同意,依照前述规定,其行为也不能发生物权变动的效力。这就表明,在预告登记期间,不动产权利人根本无法对该不动产有效地实施任何变动物权的处分行为,故不存在其处分行为有可能生效的问题。更为重要的是,权利的对抗力必须表现为权利人有权否定第三人之权利或者利益的主张,亦即权利的对抗力必须发生于权利人与第三人的相互关系之中。但在不动产权利人的处分权因预告登记而不能行使的情形,第三人根本无法取得不动产物权,预告登记权利人与第三人之间根本不可能实际产生任何利益冲突关系,故并不存在任何需要该债权人以其债权去"排斥"或者"对抗"的第三人所享有的物权或者其他实体权利。

此外,物权的排他效力是指一物上不得同时存在两项所有权或者两项以上其内容相互排斥的他物权。在预告登记的情形,预告登记权利人并不因此而对不动产享有直接支配的权利,其债权在性质和权能上并不发生任何变化。而不动产权利人在其不动产上设定他物权的可能性之所以被排除,其源于预告登记的作用而非源于预告登记权利人之债权的"物权化"。如不这样解释,则任何为保全债权而限制财产所有人处分权的措施(如法院为保障债权人实现其债权而对债务人特定财产的司法扣押、查封等),均不得不被解释为债权被"物权化"。因此,在我国的立法模式下,认为预告登记改变了预告登记权利人之债权的性质的各种观点,至少是没有什么实际意义的。

应当指出,在预告登记期间,虽不动产权利人在不动产上设定担保物权肯定会对本登记造成妨害,但如其为第三人设立短期的用益物权(如地役权),则有可能不会造成此种妨害,那么,允许当事人在不妨害本登记的条件下实施该种处分,应当具有合理性。

此外,不动产权利人在预告登记期间所实施的其他财产处分行为(如租赁行为等),如不妨害本登记,亦可认定其为有效,否则即为无效。若如此,是否可以认为经预告登记的债权对于承租人的租赁权具有对抗力呢?对此,学者多持肯定观点,认为既然该债权能够对抗所有权、抵押权等物权,"举重明轻",自然也可对抗租赁权。[①] 但此种观点亦难成立,理由是:

首先,如前所述,预告登记并不产生预告登记权利人的债权对抗第三人取得的物权的问题,故不能以此作为论据。

其次,预告登记的目的在于保全有关债权,故凡不影响债权实现的事项均无禁止之必要,因此,不动产权利人在预告登记后、本登记前对不动产的正当利用,应当

---

① 苏永钦:《走入新世纪的私法自治》,中国政法大学出版社 2002 年版,第 344—345 页。

予以保护。预告登记后,不动产权利人可以将不动产出租给他人,但在不动产因本登记发生所有权转让时,承租人不得以其租赁权对抗受让人所取得的不动产物权,即承租人既不得主张优先购买权,也不得主张"买卖不破租赁"。① 由上可见,在预告登记未转入本登记之前,租赁关系并不妨碍预告登记权利人的利益,故其无须用其债权去"对抗"承租人的租赁权;而在进行本登记之后,预告登记人已经取得不动产物权,其债权即因实现而归于消灭,故仅发生当事人以经本登记而取得的不动产物权去对抗租赁权的问题,但并不发生以预告登记的债权去对抗租赁权的问题。

由上所述,在我国,预告登记对于债权的效力并不发生任何影响。

理论拓展之二:预告登记之"增强效力"

一些国家的立法赋予预告登记以"增强效力"。所谓"增强效力",亦称"满足的效力""破产保护效力",是指因预告登记表明被保全的债权一经履行即会产生某种不动产物权,故该债权被视为与该项未来产生的不动产物权之相同的权利,具有与之相同的效力。据此,在不动产权利人破产时,预告登记的权利人有权请求将该不动产不列入破产财产,以使其债权发生原有的效果。如《德国破产法》第24条规定:"为保全破产人的土地权利,或破产人所为登记的权利让与、消灭,或权利内容、顺位变更请求权,在登记簿内记入预告登记时,债权人对破产管理人得请求履行。"依照这一规定,如甲公司将其房屋出卖给乙公司,在对该房屋进行预告登记后,甲公司被宣告破产,此时,本登记尚未办理,乙公司仍为债权人,但预告登记增强了其债权的效力,乙公司有权对破产管理人主张该房屋的给付。

我国法律对此未作规定。从理论上讲,预告登记应当仅具有限制不动产权利人的处分权的效力,但不能使债权人对该不动产享有优先权,更不能使债权人具有与该不动产之物权人的相同地位(否则,预告登记与本登记便无任何区别)。故在破产程序中,上述预告登记的"增强效力"赋予相关债权人以财产所有人的同等地位,没有合理依据,对债权人明显保护过度,故不宜采用。

【本章思考问题参考答案】

思考题一参考答案:

关于预告登记除了"权利保全"效力(即限制不动产权利人处分其不动产)之外,是否还具有"排他效力"以及"对抗效力"的问题,现行理论多持肯定态度(参见本章理论拓展之一),亦即经过预告登记的债权即具有了某种物权的效力,预告登

---

① 这一结果,与《物权法》第190条有关"抵押权设立后抵押财产出租的,该租赁关系不得对抗已登记的抵押权"的规定具有相似性质。

记权利人(债权人)甚至具有了物权人的相同地位。但这种比较极端的看法是不妥当的,原因在于:预告登记虽然使债权及"未来的物权变动"得以公示,权利人可据此否定债务人所实施的与预告登记目的相悖的处分行为,但依照我国《物权法》第20条的规定,我国法律并未赋予预告登记权利人对不动产本身享有其他特权(法定优先权或者支配权),由于预告登记所公示的仅仅是不动产将在未来有可能发生(而并非必然发生)物权变动的一种安排,而不是对物权变动已经发生的公示,故预告登记不可能使债权人立即变成物权人,也不能使债权人具有担保物权人相同的地位(即不能使债权人对不动产享有支配权和优先权)。而从合理性上讲,预告登记权利人仅可利用预告登记制度而"冻结"债务人的财产即限制其处分权,但较之其他债权人,预告登记权利人并无特别的利益付出,也无特殊的利益需要法律予以特别的保护,预告登记权利人没有理由在任何情况下均具有优于其他债权人的法律地位。因此,预告登记原则上应仅仅具有权利(债权)保全效力,而不应产生其他效力,其表现为:

1. 在存在预告登记的情形,登记机构有权拒绝办理与之相悖的物权变动登记

预告登记限制债务人擅自处分其不动产的作用,系直接通过登记机构拒绝办理有关物权变动登记而得以实现的,即只要债务人实施的物权变动行为未经预告登记权利人同意,则登记机关无须预告登记权利人主张,即应依法拒绝接受债务人及第三人的登记申请。因此,预告登记所具有的这种"权利保全效力",与其说是表现为预告登记权利人的债权具有"对抗效力",不如说是表现为法律赋予登记机构拒绝办理相关物权变动登记的权力。

在第三人依据法院生效判决请求办理物权变动登记的情形,因法院判决的事项仅为债务人应为的给付(而非登记机构应为的行为),所以,判决生效后,如果该应为给付因事实上的障碍(如标的物毁损灭失)或者法律上的障碍(如标的物已被其他法院强制执行)而无法履行,则该给付行为之判决依法转而发生其他法律效果。因此,在案例(1)中,尽管丙持有法院的生效判决,登记机构仍有权依法拒绝办理过户登记。

2. 预告登记权利人不得以其预告登记对抗法院对不动产的强制执行

预告登记权利人得依据预告登记阻碍不动产所有人对不动产实施处分,但其对该不动产并不享有优先权或者物权,该财产所有权仍属债务人享有,仍为债务人的责任财产,可以成为强制执行的标的。因此,在预告登记有效期间,债务人的其他债权人有权申请法院对不动产予以强制执行。

据此,在案例(2)中,预告登记权利人乙无权根据其预告登记对法院强制执行甲公司的不动产提出异议,但是,根据我国最高人民法院《关于建设工程价款优先受偿权问题的批复》(法释[2002]16号)的规定:"建筑工程的承包人的优先受偿权

优于抵押权和其他债权"(第1条),而"消费者交付购买商品房的全部或者大部分款项后,承包人就该商品房享有的工程价款优先受偿权不得对抗买受人"(第2条),故本案中,已交付全部购房款的乙对该房屋依法享有优先权,且优先于该房屋上设立的担保物权以及工程款优先权。因此,乙有权根据其购房人法定优先权对抗法院的该项强制执行。而前述购房人优先权的成立,并不以预告登记为条件。很明显,法律赋予购房人优先权的原因,乃在于购房人具有特殊利益需要加以特别保护(购房人的消费者身份及其支付全部或者大部购房款的事实),而此种特别保护的理由,对于一切预告登记权利人并不一定都存在,这也是论证预告登记不应具有普遍的对抗效力的重要依据。

而在案例(3)中,购房人乙公司不具有消费者身份,故其债权不具有优先效力,其对强制执行提出的异议不能成立。

思考题二参考答案:

地役权的设立为物权变动,为对不动产的处分。根据我国《物权法》第20条的规定,"预告登记后,未经预告登记的权利人同意,处分该不动产的,不发生物权效力",故甲公司设立地役权的行为依法不能发生地役权设立的法律效果,乙公司应主张该地役权设立行为无效,而不应主张该未经登记的地役权无对抗效力或者以其预告登记"对抗"该地役权。这一案例表明,预告登记的权利保全效力表现为限制不动产权利人处分其不动产(即直接使其处分行为归于无效),但预告登记或者预告登记权利人所享有的债权并不具有对抗效力。

第七章 善意取得

第一节 概述

【基本原理】

一、善意取得的概念和意义

（一）善意取得的定义

善意取得又称"即时取得",是指无处分权的人将他人的动产或者不动产予以处分,接受动产交付或者办理了不动产登记的善意相对人依法取得该动产或者不动产的物权,该动产或者不动产的原权利人不得请求其返还或者否定其取得的物权的制度。

例如,甲将动产交由乙保管,乙擅自将该动产出卖给丙,善意购买人丙接受交付时,即依法取得该动产的所有权;又如,甲享有所有权的房屋被错误登记在乙名下,乙将该房屋向丙设定抵押并办理了抵押权登记,如丙为善意,则其依法取得该不动产抵押权,甲不得主张该抵押权无效。

（二）善意取得的制度价值

善意取得制度为各国民法所规定,这一制度表现了民法在平衡各种利益冲突时,极为重视对于交易安全的保护:在发生对他人财产的无权处分的情况下,所有人的权利遭受侵害,应当得到法律保护,故其应当有权请求财产的受让人返还原物。但财产受让人信赖动产占有人或者不动产登记名义人为物权人,并基于此种信赖而为交易,其正当利益亦应予以保护,故其应当有权保有自己通过交易而获得的利益。在这里,财产所有人与财产的善意受让人之间发生了利益冲突,且冲突双方所主张的利益均为正当利益。很显然,如果法律保护财产所有人的权利,责令受让人返还财产,则善意受让人的利益会遭受不当损害;如果法律保护善意受让人,令其取得财产所有权,则原所有人即丧失其所有权,其利益也会遭受不当损害。两相权衡,立法者认为,善意受让人为交易者,如不侧重保护其利益,则交易将变得极不安全:由于动产占有为动产物权的公示方法、不动产登记为不动产物权的公示方法,如果信赖物权公示而为交易的人不能获得预期的交易利益,则任何表面上看起来正常的交易亦将危机四伏,而社会经济发展则会因人们进行交易时不得不过分谨慎而受到阻碍。为此,法律不得不设置善意取得制度,以牺牲所有人的权利为代价,达到保障交易安全之更为重要的目的。

我国《物权法》第106条规定:"无处分权人将不动产或者动产转让给受让人的,所有权人有权追回;除法律另有规定外,符合下列情形的,受让人取得该不动产或者动产的所有权……"这一条文是对善意取得制度的明确规定。

二、我国善意取得制度的立法模式

在多数国家的民法上,善意取得是专就动产的无权处分而设置的一项制度,亦即善意取得仅适用于动产。至于不动产无权处分所涉及的对善意相对人的保护,则通过不动产登记的公信力本身的效果而加以实现。我国《物权法》将善意取得制度规定在其第9章"所有权取得的特别规定"中,用三个条文加以规定(第106条至第108条)。依照该法第106条的规定,善意取得同时适用于动产和不动产。

此外,《物权法》有关善意取得的规定针对的是动产所有权和不动产所有权,但依照其第106条第3款,有关规定可以参照适用于其他物权的善意取得。

【理论拓展】

理论拓展之一:关于动产善意取得的理论根据的学说

通说认为,近代各国民法上的善意取得制度源于日耳曼法上的"以手护手"(Hand muss Hand Wahren)原则。罗马法上不存在这一制度。相反,罗马法非常强调物权的追及效力:除非成立取得时效,否则,"物在呼唤主人","无论何人,不能以大于自己所有之权利,转让与他人","发现我物之处,我取回之",权利人得取回被转让给第三人的动产。而依日耳曼法,动产所有权的享有,必须以占有为条件,权利人未占有动产时,其权利的效力便减弱,如该动产被占有人转让第三人,原所有人无权请求该第三人返还,"任意授予他人以占有者,除得向相对人请求返还外,对于第三人不得追回,唯得对相对人请求损害赔偿"。[①] 后世大陆法系各国乃至于

---

① 参见梁慧星主编:《中国物权法研究》,法律出版社1998年版,第474—475页。

英美国家法律上所陆续规定的并不完全相同的善意取得规则,均被认为是日耳曼法上"以手护手"原则之承继或者为受其影响的结果。①

但已有学者指出,近代动产善意取得只是在"结果"上与日耳曼法的"以手护手"原则相同,然二者形似却并不神似:日耳曼法的"以手护手"原则,其采用的是限制所有权追及力的结构,亦即受让财产的第三人之所以不予返还,一方面是因为原所有人因丧失占有而导致其所有权效力的减弱并进而导致其丧失返还请求权(亦即第三人之不返还首先是因为原所有人不得请求返还),另一方面则是因为日耳曼法上独特的"Gewere"制度的作用。这一制度要求权利须以占有为外衣,"故取得占有之人,虽未必有真实之权利,但并非完全无权利,自占有人取得此种占有(Gewere),只需移转行为有效,即非无权利,故受让人可谓系从弱的权利转化为强的(完全)权利"。② 而善意取得的立足点则完全在于善意受让人权利的取得,也就是说,原所有人丧失请求第三人返还原物的权利,为第三人取得权利所导致的结果而非导致第三人取得权利的原因。

但为什么善意受让人能够取得权利呢? 或者说,善意受让人是依何种根据取得权利呢? 对此,存在不同学说:(1) 即时时效或瞬间时效说:认为受让人取得权利是取得时效的结果;(2) 占有保护说:认为依物权公示原则,动产占有具有公信力,故善意受让占有的人即被推定为法律上的所有人,从而发生善意取得的效果;(3) 法律赋权说或者法律特别规定说:认为善意受让人取得权利系由法律直接赋予;(4) 权利外形说:认为善意取得的根据是基于对权利外形的保护,即其建立在占有的"权利外形上",对此外形的信赖值得法律保护,从而使物权人负起某种"外形责任"。③

就立法上的安排来看,动产善意取得在几个主要国家或者地区的民法典中所处的位置有所不同,由此便引出对各种立法所采用的理论基础的种种议论:

在《德国民法典》上,善意取得被规定在物权编第三章第三节"动产所有权的取得和丧失"之内,一般认为,其理论依据在于将第三人取得权利归结于让与人占有动产之公信力。

在《法国民法典》上,善意取得被规定在"时效"一章。为此,普遍认为法国法上的善意取得立足于时效(瞬间时效)的效果。④ 而善意取得之过程并不实际经历任何"时间",故"将不以时间经过为要件作为时效之一种态样,难免会受到理论上不

---

① 关于世界各主要国家善意取得制度的沿革和现状的介绍,参见梁慧星主编:《中国物权法研究》,法律出版社1998年版,第476—487页。
② 谢在全:《民法物权论》(上册),中国政法大学出版社1999年版,第219页。
③ 刘德宽:《民法诸问题与新展望》,台湾三民书局1980年版,第325页。
④ 谢在全:《民法物权论》(上册),中国政法大学出版社1999年版,第220页。

第七章 善意取得

正确之非难"。① 但实际情况并非完全如此,有研究法国民法的学者指出,法国法上之善意取得,其立足点并非在于"瞬间时效"而在于善意受让人之"占有"事实,亦即动产的善意受让人是基于自主占有而取得所有权。②

在《日本民法典》和《瑞士民法典》上,善意取得被规定于"占有"一章。由此,便产生受让人系因取得占有并因占有的公信力而取得权利的印象(占有保护说③)。但日本学者指出:这种理解从公信原则在现代法中的意义来讲是不正确的。尽管在制度沿革中,善意取得是从限制所有权之返还请求权(亦即日耳曼法上的"以手护手")的立场上发展起来的,从这一立场,把此一制度看成是第三人所取得的占有之效力,理所当然,但在近代法中,善意取得制度带有保护信赖动产物权之表象(占有)之人而使其取得物权之意义,故必须认为,善意取得并非是第三人所取得之占有之效果,而是发生于让与人之占有之效果。而《瑞士民法典》和《日本民法典》之所以把善意取得规定于"占有"一章,就瑞士民法而言,"因为瑞士民法是把占有和登记并列起来规定,并且与其说是规定占有,倒不如说是以公示和公信这两个原则为中心而作出规定的,所以将有关占有公信力之规定收入'占有'一章中,是理所当然的。然而,在宁可把占有规定为占有诉权中心之日本民法中,和德国民法相同,把公信原则作为物权取得之态样作出规定,这是适当的"。④

我国台湾地区"民法典"第801条仿瑞士立法例,将善意取得分别规定于动产所有权及占有之内,但台湾地区学者多认为不能将之解释为善意取得系占有之效力,而应解释为系基于占有之公信力,即第三人信赖让与人占有动产即为动产之所有人,而善意受让,据此获得法律保护。⑤

从以上学者的论述可以看出,除法国学说坚持以受让人的自主占有为解释其权利取得的出发点之外,其他国家或者地区的主要学说均将善意取得的法理解释集中于对善意受让人信赖利益的保护亦即交易安全的保护,为此,让与人对动产占有的公信力,是善意受让人取得权利的基本原因。至于学者在具体阐释善意取得的根据时所提出的各种见解("法律赋权说"等),其实都是以交易安全的保护即让与人占有的公信力作为基础的。对此,有学者指出,让与人占有动产而获得的权利外观所产生的占有的公信力,毫无疑问与善意取得制度的设计有直接关系,或者

---

① 〔日〕我妻荣:《日本物权法》,有泉亨修订、李宜芬校订,台湾五南图书出版公司1999年版,第195页。
② 尹田:《法国物权法》(第2版),法律出版社2009年版,第207—209页。
③ 谢在全:《民法物权论》(上册),中国政法大学出版社1999年版,第220页。
④ 〔日〕我妻荣:《日本物权法》,有泉亨修订、李宜芬校订,台湾五南图书出版公司1999年版,第195页。
⑤ 参见谢在全:《民法物权论》(上册),中国政法大学出版社1999年版,第220页;苏永钦:《动产善意取得之若干问题》,载《台湾法学丛刊》第28卷第4期,第49页。

说,占有的公信力无疑是善意受让人取得权利的基本逻辑依据。但是,由于占有的公信力远远不足以强大到能够"独立"引起善意受让人取得权利的程度,故将占有的公信力作为解释善意取得制度得以建立的唯一原因,却是不妥当的。善意取得所涉及的问题,实际上是真权利人与善意受让人之间的利益冲突问题。由于所有人利益的伤害被认为仅仅是其个别利益的伤害,而善意受让人利益的伤害却因其被认定为是对交易安全即交易整体秩序的伤害,故法律保护的天平倾向了善意受让人一边。善意取得制度,不过是执行这一法律选择的技术工具而已。在此,所谓"让与人占有的公信力",不过是用来说明善意受让人值得保护的利益的正当性(信赖利益),但并不能充分说明善意受让人的利益较之所有人的利益更值得保护的本质原因。因此,善意取得制度的理论根据在于民法所确定的利益冲突的平衡原则,即交易安全(整体利益)的保护高于个别权利(个别利益)的保护。[①]

第二节 动产善意取得的成立要件

【基本原理】

一、概说

善意取得的成立要件是指善意取得的成立所必须具备的全部法定条件。

我国《物权法》第106条规定了善意取得的成立须具备三项基本条件:(1)受让人受让该不动产或者动产时是善意的;(2)以合理的价格转让;(3)转让的不动产或者动产依照法律规定应当登记的已经登记,不需要登记的已经交付给受让人。前述三项条件针对的是动产和不动产所有权的善意取得,并不完全适用于他物权。同时,该三项条件也并非善意取得的全部成立要件。此外,由于动产与不动产在财产形态上的重要区别以及在物权公示方法上的重大差别,两种财产在其善意取得成立要件的法律适用上存在诸多不同。就整体而言,不动产物权以登记为其物权公示方法,其物权公示的公信力较强,故法律对于不动产无权处分的受让人的注意程度要求较低,其善意处分规则的具体适

[①] 尹田:《物权法理论评析与思考》(第2版),中国人民大学出版社2008年版,第316—317页。

用较为简单,而动产物权以占有为其物权公示方法,其公示的公信力较弱,故法律对于动产无权处分的受让人的注意程度要求较高,加上无处分权人占有他人动产的原因比较复杂(其占有可能为合法取得,也可能为非法取得),由此导致动产善意取得的成立存在许多特殊的条件和规则。

二、成立要件分述

动产善意取得须同时具备下列条件:

(一)须动产物权具有可转让性

1. 不具有可转让性的动产物权

动产善意取得适用于动产物权。由于善意取得的效果是善意受让人依法取得财产权利,亦即善意取得的适用直接引发所有权或者他物权的变动,因此,适用善意取得的动产权利本身必须具有可转让性,为依法可以进行交易的动产物权。

下列动产物权或者不具有可交易性,或者其交易条件及处分权行使受到法律限制,故其不适用或者在一定条件下不适用动产善意取得:

(1)禁止流通物的所有权

不具有财产属性的违禁物品(如淫秽书刊等)根本不能成为权利的标的物,不能适用善意取得;虽具有财产属性,但依法禁止进入民事流转的物品(禁止流通物),如军用枪支弹药、毒品等违禁物品,不得成为交易的标的物,当然也不能适用善意取得。

(2)超出法定范围的限制流通物的所有权

限制流通物能够进入民事流转,但其交易条件、交易主体等受到法律的限制,如麻醉品、黄金、珍贵文物等。超出法定限制范围的限制流通物不能适用善意取得。

此外,动产中的货币虽具有可转让性,但因货币的所有权随占有的转移而转移,故不能适用善意取得。例如,小偷用赃款购买物品,接受赃款的出卖人无论为善意或者恶意,均取得该货币的所有权。如物品出卖人为恶意,失主有权请求其返还相同金额的货币而非"原物";如出卖人为善意,则不负返还之责,但其取得该货币的所有权并非依据善意取得规则。

2. 可参照适用善意取得的其他具有可转让性的财产权利

我国《物权法》第106条第1款和第2款规定了动产和不动产所有权的善意取得,同时在其第3款规定了他物权可以参照适用前款有关规定,但未对物权之外的其他财产权利是否可以参照适用善意取得的问题作出规定。理论上认为,股权、知识产权及其他无形财产权等权利也可以参照适用善意取得的规定,但债权不能适用善意取得。如下例:

> 甲、乙、丙各投资50万元共同设立有限责任公司(A公司),基于某种原因,甲与丁约定,由丁以自己的名义代替甲充当名义上的投资人(股东),出资义务由甲承担,其股东权利义务实际由甲承受。因此,在A公司成立后,其工商登记上载明的股东为乙、丙、丁,但丁的股权实际由甲享有。对此,其他股东乙、丙并不知情。以后,丁未经甲同意,在其他股东同意的情况下,擅自将其名下的股权转让给戊,并办理了股权变更登记手续,戊为善意。甲知道这一情况后,起诉要求法院确认其真实股东的身份,并要求确认丁转让股权的行为无效。而戊则认为,其相信工商登记而进行股权交易,其利益应当得到保护。

上例中,丁为工商登记名义上的股东,但实际出资人为甲,甲为"隐名股东"。因此,丁将本不属于其享有的股权转让给戊的行为构成无权处分。但股权受让人戊相信股权登记而为交易,其利益应予保护,故可参照适用善意取得的规则,认定善意受让人戊在办理股权过户登记后即依法取得该项受让股权,原真正股东甲不得请求恢复其股东权利,只能请求无处分权人丁向其赔偿损失。对此,我国最高人民法院《关于适用〈中华人民共和国公司法〉若干问题的规定(三)》第25条承认了有限责任公司的实际出资人与名义股东之间签订的有关"隐名股东"的合同为有效,且承认了实际出资人享有股东权利,其第26条进一步规定:"名义股东将登记与其名下的股权转让、质押或者以其他方式处分,实际出资人以其对于股权享有实际权利为由,请求认定处分股权行为无效的,人民法院可以参照物权法第106条的规定处理。"(第1款)"名义股东处分股权造成实际出资人损失,实际出资人请求名义股东承担赔偿责任的,人民法院应予支持。"(第2款)上述规定认可了股权的善意取得规则。

股权是公司的投资人(股东)所享有的权利,股权不是财产所有权,但具有表现某种"归属"关系的性质(故历来有"股东是公司的所有者"之说),因此,股权与反映财产归属关系的所有权在某种意义上具有相似之处。股权的公示方法为登记,在股权登记错误的情况下,股权登记名义人非为真正权利人,如其实施对股权的无权处分,则存在对善意受让人的保护问题。因此,《物权法》有关善意取得的规定应当参照适用于股权。

知识产权和其他无形财产权(如商业秘密等)的标的为智力成果等无形财

产。知识产权等无形财产权表现的是无形财产的归属、支配关系,故其与财产所有权具有相同的性质。各种知识产权有其不同的权利公示方法(或为登记,或为对无形财产事实上的控制支配),如公示的权属状态非为真实,则有发生无权处分及第三人善意受让的可能,因此,知识财产和其他无形财产权应当可以参照适用《物权法》有关善意取得的规定。

但债权为请求权,而不是设定于财产(包括无形财产)上的支配权。债权无须公示,也不存在法定公示方法,因此,债权不同于物权,其不可能存在权利享有的可值信赖的虚假权利外观。如果转让的债权并不存在,或者转让的债权不具有可处分性(如具有人身属性的债权不得转让),则发生债权让与行为无效的效果,但不能发生债权的善意取得。

(二) 须无处分权人基于原所有人的意思而取得动产的占有

1. "委托物"与"脱离物"的区分

无处分权人对动产实施无权处分,即将他人的动产通过交付或者办理过户登记转让给受让人,须以无处分权人占有动产或者为动产登记名义人作为前提条件。而无处分权人取得对动产的占有,可以是基于动产所有人的意思(如无处分权人根据与所有人签订的租赁、借用、运输、保管等合同而占有其动产),也可以是非基于所有人的意思(如无处分权人系通过盗窃、抢夺、拾得遗失物等而占有他人动产)。据此,传统民法将无处分权人占有的动产分为两类:一类是所谓"委托物",即基于原所有人意思而占有的物;另一类是所谓"脱离物",即非基于原所有人意思而占有的物。

对于动产善意取得是否同时适用于无处分权人占有并转让的委托物和脱离物的问题,各国立法有所不同,但大陆法系国家中,包括法国、德国、瑞士、日本等绝大多数国家的立法均规定:在动产善意取得的适用范围上,区分占有委托物与占有脱离物。占有委托物的转让,原则上得适用善意取得,而占有脱离物的转让,则原则上不适用善意取得。

我国《物权法》第107条明确规定:遗失物的无权处分,不适用动产善意取得。该法虽未对盗赃物是否适用善意取得的问题作出明文规定,但依照第107条的规定,应当解释为其排除了盗赃物适用善意取得的可能。

据此,只有在无处分权人将其占有的委托物予以转让时,善意受让人方可主张成立善意取得。如果无处分权人转让的是脱离物,则即使受让人为善意,亦不得主张成立善意取得。

但应强调指出,须经登记的机动车、船舶、航空器等动产,其物权公示方法为登记而非占有,盗窃者可以窃取机动车的占有,但无法窃取该机动车的登记,故对此类登记动产不存在委托物与脱离物之区分。无论无处分权人基于何种原因而成为此类动产的登记名义人,均不影响此类动产之善意取得的适用。

2. "委托物"的性质认定

委托物是无处分权人基于原所有人的意思而占有的他人的动产,即委托物是由原所有人根据合同约定"自觉自愿"地将动产交由无处分权人占有。但是,如果无处分权人对动产的占有在事后被认定为自始即违背原所有人的真实意思,或者在无处分权人处分该动产时,其占有已经违背了原所有人的意思,那么,该占有物还能被认定为"委托物"吗?如下例:

例一:甲公司将其一台机器设备出租给乙公司使用,在约定的租期届满之后,乙公司无理拒绝向甲公司返还租赁物,双方为此发生纠纷。在诉讼期间,乙公司竟将该机器设备出卖并交付给丙公司。丙公司以善意取得为由拒绝向甲公司返还该机器设备,甲公司则以乙公司无权处分的是其不法占有的财产(其占有非基于甲公司的意思)为由,否定丙公司的主张。

例二:甲公司将一台机器设备出卖给乙公司,双方钱货两清后,乙公司将该机器设备转卖并交付给丙公司。此后,甲公司以受欺诈为由诉请法院撤销其与乙公司之间签订的买卖合同,其请求得到法院判决支持。甲公司请求丙公司返还该机器设备,丙公司主张善意取得而拒绝返还,甲公司则以其与乙公司之间的买卖合同自始无效、乙公司非基于甲公司的意思而占有该机器设备为由,否定丙公司的主张。

委托物的认定依据仅在于无处分权人取得动产占有的原因为"基于原所有人的意思",但并不考虑该种"意思"是否真实或其意思表示是否合法有效。这是因为,只要无处分权人基于合同行为而取得对他人动产的占有,即可构成动产物权享有的"外观",至于该合同效力如何,对于此种权利外观的形成并不产生任何影响。因此,无处分权人在为无权处分时,其与原所有人之间签订的合同是否有效或者其效力是否继续存在,无论其占有在当时是否具有合法根据,对其占有动产的委托物性质的认定均不发生影响。故上述两个例子中,丙公司善意取得的主张均可成立。

(三)须受让人取得动产的占有或者办理了物权登记

1. 概说

善意取得制度的目的在于通过保护善意受让人的信赖利益以保护交易安

全。但与其他以保护交易安全为宗旨的制度(如表见代理)不同,善意取得的效果并不在于使善意受让人与无处分权人之间签订的合同具有效力,而是直接确认善意受让人依法取得交易标的物的所有权或者其他物权,亦即以法律的强制力强行维护善意受让人所已经获得的交易成果(物权的取得),以使交易所形成的事实状态(即善意受让人取得对动产的占有或者物权登记)能够得以稳定的保护。因此,我国《物权法》第 106 条第 1 款第 3 项规定,善意取得的成立,须"转让的不动产或者动产依照法律规定应当登记的已经登记,不需要登记的已经交付给受让人"。这一规定所确定的条件,应按照动产物权的不同依据而分别适用:

(1) 一般动产须已经交付

如涉及一般动产的所有权或者质权,其善意取得须以动产交付完成即受让人已经取得动产的占有为成立条件(如无处分权人将权利人交给其保管的物品出卖并交付给买受人,又如无处分权人将借用他人的物品向第三人设定质押并将该物品交付给质权人)。如果无处分权人与第三人签订买卖合同或者质押合同之后,未向买受人或者质权人交付标的物,则善意买受人或者善意质权人不得主张标的物所有权或者质权的善意取得。

应注意的是,受让人对动产的占有既包括直接占有(如无处分权人将动产直接交付给受让人,使之获得对该动产的直接占有),也包括间接占有(如无处分权人将动产交付给受让人指定的保管人,使之根据寄存人身份而对该保管物进行间接占有)。

(2) 机动车、船舶、航空器须已经办理登记

机动车、船舶、航空器等以登记为物权公示方法的动产的所有权,其善意取得以无处分权人和受让人已经办理物权变动登记为成立条件。如无处分权人将错误登记在其名下的机动车出卖给受让人并办理了机动车所有权的过户登记手续,则善意受让人可以主张善意取得。如果无处分权人与受让人签订了买卖合同但未办理过户登记,即使买受人占有了该机动车,则仍然不成立动产的善意取得,其原因在于:第一,根据《物权法》第 24 条的规定,机动车、船舶、航空器的物权变动以交付为准,但其未经登记不得对抗善意第三人。根据这一规定,发生无权处分时,即使认定机动车等登记动产的善意买受人在接受交付但未登记的情况下可主张所有权的善意取得,则其取得的所有权也不得对抗真正的权利人;第二,如果真正权利人通过请求登记机关更正登记而成为登记名义人,则其享有的经登记的所有权可以对抗受让人未经登记的所有权。(详见本章第四节有关适用公示对抗要件主义的不动产的善意取得成立要件的阐述。)

至于无处分权人将未经登记的机动车、船舶、航空器等动产的所有权转让给受让人，则应适用同样的方法予以处理。如下例：

> 甲因故出国，临行前将其一部小汽车以及机动车行驶证、保险单等文件交给乙保管。其后，乙急需一笔资金，遂伪造了一份向甲购买该小汽车的买卖合同，以该小汽车所有人的名义，将小汽车出卖给丙，丙受其欺骗，误认为乙已经取得该小汽车的所有权，即与其签订买卖合同，接受乙交付的小汽车并向乙支付了购车款。甲回国后，请求丙返还小汽车，丙则主张善意取得。

上例中，丙的善意取得主张不能成立：一方面，机动车物权的法定公示方法为登记而非占有，故乙对小汽车的占有不能形成"权利外观"，丙相信乙为权利人缺乏充分依据，其不构成善意；另一方面，依照前述《物权法》第106条第1款第3项的规定，在无权处分的情况下，受让人受让依法应当登记的动产时，仅在办理了物权变动登记时才能主张善意取得，而本案中，丙受让小汽车并未办理登记，故其不得主张善意取得。

但是，我国最高人民法院《物权法司法解释一》第20条规定："转让人将物权法第二十四条规定的船舶、航空器和机动车等交付给受让人的，应当认定符合物权法第一百零六条第一款第三项规定的善意取得的条件。"这一规定否认了机动车等应登记的动产的善意取得须以受让人已经办理登记为条件，其正确与否，有待讨论。

2. 动产抵押权是否适用善意取得

动产抵押权的设立不以抵押权人占有抵押物为条件。因此，对于动产抵押权是否适用善意取得，历来有所争论，主要存在两种不同观点：

（1）否定说

持否定说的学者认为：动产善意应仅适用于以占有为特征的动产物权（动产所有权以及动产质权等）。因为这一制度除强调无处分权人占有动产从而形成"权利外观"之外，还强调无处分权人已经将动产交付给善意受让人，从而使受让人因占有动产而形成"权利外观"。而动产抵押权的设定无须转让动产的占有（无须"交付"），故抵押人并不丧失其对动产的占有，抵押权人也根本不能取得任何形式的占有。因此，动产抵押权不应适用善意取得。

（2）肯定说

持肯定说的学者的主要理由是：

第一，动产抵押权表面上不转移占有，但如对"让与占有"作广义解释，则其不必限于现实占有,而包括了其他代替方式,故动产抵押权的设立也可视为一种占有。

第二,虽然动产抵押权的设定在外观上不包含抵押人丧失占有和抵押权人取得占有,但仍能显示某种权利外观:如经登记,抵押人即以登记公示了其自主占有的意思。而债权人无法考察抵押人是否对抵押物享有所有权,为保护交易安全,应类推适用善意取得。

第三,从法律规定善意取得制度的精神讲,其目的在于保护受让人的信赖利益(信赖让与人的占有事实),动产抵押权的设定也表现了抵押权人对抵押人的信赖,所以,不能仅作形式上的观察,而应作利益上的衡量。①

很显然,与其他动产物权不同,动产抵押权设定之后,抵押物仍为抵押人所占有。与此同时,动产抵押权依抵押合同而设定,依登记而取得对抗效力。在无处分权人将他人的动产设定抵押权但尚未登记的情形,如果不允许对该抵押权的设定一无所知的动产权利人请求仍然实际占有动产的无处分权人(抵押人)返还财产,难免有伤动产权利人的感情。但是,在动产抵押权已经登记的情况下,该担保物权的设定采用了法定的公示方法,相当于其他动产物权(动产所有权、动产质权)采用了占有的物权公示方法。因此,对于已经登记的动产抵押权,应当适用善意取得。对此,我国《物权法》第106条第1款第2项规定"转让的动产依照法律规定应当登记而已经登记"的,即可成立动产善意取得。参照这一规定,动产抵押权为依法应当登记的物权,在无处分权人以他人动产(包括机动车等登记的动产)设定抵押权时,抵押权即使依据抵押合同的签订而设立,但如未经登记,不成立该抵押权的善意取得;如已经登记,则该抵押权的善意取得应当成立。

(四)须受让人基于合同行为取得动产的占有或者办理登记

1. 概说

交易安全保护是善意取得制度赖以设置的基础,只有交易行为中的善意相对人(善意交易者)才值得法律牺牲真权利人的利益而给予特别保护。而合同是交易行为的法律表现形式,因此,只有当受让人基于买卖、互易(以物易物)、出资、以物抵债以及质押、抵押等合同行为而取得动产的占有或者登记时,才能主张动产物权的善意取得。与此同时,我国《物权法》第106条第1款第3项将"以合理的价格转让"作为所有权善意取得的成立要件,据此,基于买卖、以物抵

---

① 参见王泽鉴:《民法物权》,北京大学出版社2009年版,第500页。

债等合同而取得动产占有或者登记的情况下,其动产所有权的善意取得,尚需具备"价格合理"的必要条件。

善意取得的这一成立要件,排除了以下情形中善意取得的适用:

(1) 受让人基于合同行为之外的原因而取得动产的占有或者登记

在善意受让人取得动产的占有或者登记的各种原因中,有可能存在合同行为之外的原因,其中包括因遗产继承、受遗赠等而取得动产的占有,例如,依照被继承人生前设立的遗嘱,继承人继承并取得了某项动产的占有,后发现该动产系他人享有所有权的财产。此种情形,继承人不得主张对该动产的善意取得。此外,共同继承人善意占有其他继承人应当继承的遗产的,也不得对之主张善意取得。

(2) 受让人基于赠与合同等无偿法律行为而取得动产的占有或者登记

动产赠与等合同系无偿法律行为,不具有交易性质。在赠与人为无处分权人的情况下,善意受赠人取得受赠物无须支付相应对价,对其利益无须给予特殊保护且并不损害交易安全,故基于无偿法律行为而取得动产占有或者登记,不适用善意取得。

就善意取得是否适用于赠与等无偿法律行为,理论上存在不同意见。但前述我国《物权法》有关所有权的善意取得须"以合理价格转让"的规定,明确排除了赠与合同中受赠人主张善意取得的可能性。

但应注意,动产质押合同及动产抵押合同以设定动产质权或者抵押权等担保物权为目的,并合同本身不存在有无对价的问题,故基于动产质押合同而占有质押动产以及基于动产抵押合同而办理了动产抵押权登记的,应当适用善意取得。

(3) 受让人基于有偿法律行为而取得动产的占有或者登记,但其约定的价格不合理

对于无处分权人实施的买卖、以物抵债等合同行为,传统理论未将"转让价格合理"作为善意取得的成立条件,其原因在于:转让价格是否合理,常常是用来判定受让人是否构成善意的重要证据之一,故不必将之单独规定为善意取得的成立要件。但我国《物权法》第 106 条第 1 款第 2 项将"以合理的价格转让"明确规定为与"受让人为善意"相并列的成立要件,无疑更为强调了"合理价格"在善意取得适用中的重要地位,表现了立法者注重利益平衡的思想,即纵然受让人为善意,也不应因善意取得制度而获得不正当利益。

对此,有以下两点需要特别加以注意:

第一,"以合理的价格转让"中的"价格"指合同约定的价格而非已经实际支

付的价款。

在无处分权人实施的买卖等合同行为中,善意受让人取得动产的占有或者登记为善意取得的成立要件,但受让人是否向无处分权人实际支付了约定的价款,与善意取得的成立毫无关系。因此,《物权法》所规定的"以合理的价格转让"是指双方在合同中约定的价格具有合理性。

对于《物权法》第106条第1款第2项有关"以合理的价格转让"的规定,学界存在不同理解,有些学者认为,该规定应当指的是已经实际支付的价款而非约定的价款,否则,将导致很多实质上无偿、形式上有偿的转让将为法律所保护,违背善意取得制度的宗旨。[1] 但这种看法是不正确的:善意取得制度的目的在于保护善意受让人的期待利益(物权的取得),其立足点是建立在受让人已经取得动产占有或者不动产登记的事实状态基础之上,而不是建立在单纯避免受让人经济利益损失的基础之上(即受让人因实际支付价款而遭受损失),否则,即使受让人实际支付了价款,如无权处分人能够返还价款,或者真正权利人愿意通过代无权处分人向受让人返还价款,则善意取得即无适用的依据。但这样一来,善意取得制度的法理基础即被否定。因此,受让人是否实际支付价款,不应成为善意取得的成立要件。此外,所谓"以形式上的有偿掩盖实质上的无偿"的问题,纯属无权处分人与受让人之间的合同关系性质(买卖或是赠与)的事实认定问题,与善意取得成立要件的确定毫无关系。

第二,"合理价格"应参照市场价格等因素予以判断。

交易中,决定交易价格形成的因素往往十分复杂,除了商品的一般供求关系之外,交易者的专业判断能力、谈判能力以及交易双方之间的情感基础等,均有可能对交易价格的确定产生影响。而"合理价格"的判断实际上就是对交易行为在外观上是否正常所作出的判断。因此,该"合理价格"应当根据交易标的物的具体情况,参考交易时当地物价部门指导价或者市场交易价等各种因素予以确定,如果当事人约定的价格略低于市场价格,不应认定为价格不合理。对此,我国最高人民法院《物权法司法解释一》第19条规定:"物权法第一百零六条第一款第二项所称'合理的价格',应当根据转让标的物的性质、数量以及付款方式等具体情况,参考转让时交易地市场价格以及交易习惯等因素综合认定。"

(4) 受让人基于不法行为而取得动产的占有或者登记

善意取得制度意在保护实施正常交易的相对人,故受让人须基于无处分权人的交付而取得动产占有,或基于正常的登记行为而取得动产物权登记。如果

---

[1] 王利明、尹飞、程啸:《中国物权法教程》,人民法院出版社2007年版,第148页。

受让人取得动产占有或者登记系因其实施欺诈、胁迫、偷窃、抢占等不法行为,则其不得主张善意取得。

2. 留置权是否适用善意取得

留置权是占有债务人财产的债权人,在其债权未获清偿前,扣留该财产以作担保的一种法定担保物权。在债权人所扣留的财产并非债务人的财产的情况下,债权人能否主张留置权的善意取得? 如下例:

> 甲将其笔记本电脑交给乙保管,乙未经甲同意而擅自使用该电脑,并因使用不当将电脑硬盘损坏。乙将电脑交给某商店修理,因其未支付修理费用,商店将该电脑予以扣留,并通知乙交付费用。此时,甲以所有人名义请求商店返还该电脑,并否定该商店对之享有留置权,其理由是:我国《物权法》第230条第1款规定:"债务人不履行到期债务,债权人可以留置已经合法占有的债务人的动产,并有权就该动产优先受偿。"这一规定明确限定留置权的标的仅为"债务人的动产"。而该商店则主张对该电脑的留置权的善意取得。

对于留置权是否适用善意取得,理论上历来存在争论。

否定者认为:法律既然明文规定留置物须为债务人的财产,就不能作相反解释,且留置权的设定无须双方合意,其法定性使其丧失交易性质。善意取得系为保护交易安全,故当然不适用于非交易领域。同时,扣留第三人的物对不履行债务的债务人未必形成心理上的压力,故其不能产生担保作用。①

肯定者则认为:交易领域当属广义概念,不应限于契约关系。因此,善意取得不一定以让与行为为条件,留置的事实所导致的占有,即可使善意取得发生。同时,在实际生活中,债权人无法判定承揽、运输、保管的物是否为债务人的财产,如果其留置权不适用善意取得,则债权人势必需要另行要求债务人提供担保,从而严重影响交易的进行。② 而从立法上看,也有一些国家的立法似乎明文规定留置权可适用善意取得。如《瑞士民法典》第895条第3款规定:"债权人对善意取得之不属于债务人所有的物,有留置权。"

应当指出,无权处分行为的存在,是适用善意取得的前提条件,而所谓"受让人基于合同行为而取得对动产的占有",是指无处分权人与受让人签订了买卖等以物权变动为目的的合同,基于该合同,无处分权人将动产交付给受让人

---

① 苏永钦:《民法经济法论文集》,台湾政治大学法律系法学丛书编辑部1988年版,第184页。
② 江帆、孙鹏主编:《交易安全与中国民商法》,中国政法大学出版社1997年版,第130—131页。

从而使其取得对该动产的占有。但在上例中,债务人乙并未实施任何处分行为(承揽合同并非以发生物权变动为目的),债权人(商店)虽基于承揽合同而占有标的物,但并非基于乙所实施的以物权变动为目的的合同行为而占有标的物。因此,留置权作为一种由债权人依法取得的法定担保物权,其取得应当直接依照法律规定的条件。留置权非基于债务人的处分行为而产生,故不存在是否适用善意取得的问题。而基于交易习惯,承揽人、承运人、保管人等接受相对方交付修理、运送或者保管的物品,无须审查其财产来源,故债权人有权留置的财产应不限于债务人享有所有权或者处分权的财产。

据此,上例中,修理商店有权对乙交给其修理的电脑依法行使留置权,其无须主张留置权的善意取得。结论就是:作为一种法定权利(法定担保物权),留置权只能依据法律的直接规定而产生,留置权根本不存在是否适用善意取得的问题。

(五)须无处分权人与受让人签订的合同为有效

1. 概说

善意取得是对交易安全的保护,故只有为法律所承认和保护的交易行为,才能适用善意取得。所以,无处分权人与受让人签订的以转让动产所有权的合同(如买卖、投资、以物抵债等合同)或者设定他物权的合同(如动产质押、动产抵押等合同)必须具有法律效力,如双方签订的合同被确认为无效或者被撤销,则受让人不得主张善意取得。

2. 理论争议

在我国制定物权法的过程中,有关立法草案曾多次规定善意取得以"转让合同有效"为其成立要件,但这一规定在立法草案第6次审议稿中被删除,2007年3月颁布的《物权法》上,也未将"转让合同有效"规定为善意取得的成立要件。因此,在无处分权人与受让人签订的合同无效或者被撤销的情况下,受让人是否可以主张成立善意取得,便成为引起争论的问题。如下例:

> 甲公司将一批特种钢材暂时存放于乙公司的仓库内,乙公司因急需资金,便擅自将该批钢材出卖并交付给丙公司,丙公司向乙公司支付了全部货款。后丙公司发现乙公司就该批钢材所提供的质量检验报告等文件系伪造,且钢材质量不符合合同约定的标准,遂以受欺诈为由请求法院撤销该买卖合同及判决双方相互返还财产。法院经审理,判决撤销双方签订的买卖合同,并判决双方退货还款。判决生效后,因乙公司无还款能力,丙公司未向其退还货物。此时,甲公司发现其钢材被乙公司无权处分,即请求

受让人丙公司予以返还,丙公司以已经善意取得该批钢材的所有权为由,拒绝返还。甲公司则认为,乙公司与丙公司之间的买卖合同因被撤销而自始无效,故丙公司依法未能取得标的物的所有权,也不能主张善意取得。

问:在无处分权人乙公司与受让人丙公司之间的买卖合同被撤销的情况下,丙公司能够主张对已交付的标的物所有权的善意取得吗?本案中,丙公司应如何保护自己的利益?

对于是否应将"转让合同有效"作为善意取得的成立要件,我国民法理论界一直存在激烈争论,学者有持肯定意见的[①],也有持否定意见的[②]。但基于以下理由,肯定意见是正确的:

(1) 合同无效是对交易的否定,善意取得是对交易的肯定,两者水火不相容。

法律判令合同无效,目的是制止交易结果的发生,因此,合同无效后,尚未履行的不得再履行,已经履行的应当相互返还以恢复至双方交易前的状态。而善意取得制度的目的则是为了保护无权处分情况下的善意受让人能够实现其交易目的,即依法获得其预期的交易结果(物权的取得)。如果认定合同无效时受让人可以因善意取得而获得标的物所有权,明显背离了合同无效制度的目的。

(2) 转让合同自始无效,依法导致动产交付绝对不发生物权变动效果,故无适用善意取得的余地。

我国《物权法》不采用物权行为理论,动产交付不是独立于买卖等合同之外的法律行为。据此,转让合同无论被确认为无效或者被撤销,其效力均自始不发生,出让人已经进行的动产交付行为,则自始不能发生物权变动的效果,这就是说,即使出让人为有权处分,只要转让合同自始无效,则不仅其动产交付不能导致所有权的转移,而且受让人在任何情况下均不得主张所有权的取得。而在出让人为无权处分的情形,善意取得的适用,实质上是法律为保护交易安全,强令其发生与有权处分之相同的物权变动效果(只不过在有权处分的情形,受让人是根据交付行为而获得动产所有权,属于所有权的"继受取得",而在无权处分的情形,受让人不是根据交付行为而是直接根据法律规定获得动产所有权,属于所有权的"原始取得")。因此,合同无效时,有权处分依法绝对不能发生的

[①] 王利明、尹飞、程啸:《中国物权法教程》,人民法院出版社2007年版,第150页。
[②] 崔建远:《物权:规范与学说——以中国物权法的解释论为中心》(上册),清华大学出版社2001年版,第205—215页。

物权变动效果,不可能在无权处分的情况下通过善意取得的适用而得以发生。

(3)转让合同无效时,善意取得的适用不具有正当性。

善意取得制度是以牺牲原权利人的利益为代价的,故其适用必须具有正当性。这就要求善意受让人的行为和期待利益必须具有合法依据和正当性。而在合同无效或者被撤销的情形,善意取得的适用明显不具有正当性基础:

第一,转让合同因违反法律、行政法规的强制性规定而无效,双方当事人的行为均属违法,受让人非为正常交易者,不得主张善意取得。

第二,转让合同因行为人无相应行为能力而无效时,如无处分权人为欠缺行为能力人,为保护其利益,不可允许受让人主张善意取得;如受让人为欠缺行为能力人,因其欠缺意思能力,不具备成立"善意"的主观条件,故当然也不可能由监护人主张善意取得。

第三,转让合同因意思表示不真实(重大误解、欺诈、胁迫、乘人之危、显失公平等)而被撤销时,如撤销权人为无处分权人(发生重大误解、受欺诈一方),则受让人(实施欺诈、胁迫等不法行为的一方)非为正常交易者,自然不得主张善意取得,而重大误解人的相对方(受让人)虽无过错,但其依法可以选择变更合同以使合同有效而不予选择①,表明其无意保有交易所获得利益,故其也不得主张善意取得;如撤销权人为受让人(受欺诈人等),其在选择行使撤销请求权进而否定整个交易的同时,又主张保有交易所获得的结果(通过主张善意取得而享有对接受交付的动产的所有权),此种矛盾的主张,自然也不可成立。

第四,有学者认为,合同无效时仍允许受让人主张善意取得,然后可以根据合同无效的规则令受让人返还不当得利,但"善意取得人负有返还给付物的义务,是合同无效后果的表现,但不是否定善意取得本身的根据"。② 然而,依理论通说,善意取得的结果(受让人取得物权)具有终局性,亦即合同无效时善意取得的适用结果,是受让人确定地取得标的物所有权,而真正权利人则确定地丧失其所有权。那么,在无效合同的受让人将其依善意取得而享有所有权的动产返还给出让人时,如果是出让人(无权处分人)取得所有权,不免荒唐;如果是原权利人取得所有权,则其权利死而复活,不免怪异。而从根本上讲,认定合同无效时受让人仍可主张善意取得,既不是为了保护受让人(因其必须返还),也

---

① 我国最高人民法院《关于贯彻〈中华人民共和国民法通则〉若干问题的意见(试行)》第73条规定:"对于重大误解或者显失公平的民事行为,当事人请求变更的,人民法院应当予以变更;当事人请求撤销的,人民法院可以酌情予以变更或者撤销。一方要求变更,应予变更。"

② 崔建远:《物权:规范与学说——以中国物权法的解释论为中心》(上册),清华大学出版社2001年版,第215页。

不是为了保护第三人(在合同无效的情况下,受让人如已将接受交付的动产转让并交付给第三人,则即使受让人为无权处分,善意第三人也可通过主张善意取得而得到保护),故此种主张没有任何实益。

据此,前例中,在买卖合同被撤销时,受让人丙公司不得主张依善意取得而享有该批钢材的所有权。但在出卖人乙公司无返还货款能力的情况下,丙公司得行使对该批钢材的留置权,并以此对抗甲公司的返还请求。

(六)须受让人为善意

1. 善意的确定标准和举证责任

(1)善意的判定标准

民法上的"善意"一般具有两种不同含义:一种是指行为人实施法律行为的动机纯正,即非以损害他人合法利益为行为目的(例如,"当事人恶意串通"以及"恶意磋商"中的所谓"恶意",指的就是行为动机不纯正);另一种是指当事人对于法律行为所存在的足以影响行为效力的瑕疵之"不知情"的心理状态。善意取得中,受让人的"善意"指的是后者,即受让人在受让财产时不知或不应知让与人为无处分权人,从而信赖其虚假的权利外观并进行交易的心理状态。

但在具体的制度中,"善意"的构成条件有所不同。有时法律仅要求行为人"不知"(不知情),其即可构成善意。但有时法律不仅要求行为人"不知"而且对其"不知"无重大过失(即"不应知"),方可构成善意。就动产善意取得中受让人的善意的确定标准,《德国民法典》第932条第2项规定:"受让人明知或因重大过失而不知物不属于让与人者,视为非善意者。"依照这一规定,受让人须不知情且对其不知情无重大过失,才能构成善意。我国台湾地区学者就善意取得中何谓"善意",存在三种解释:一是认为只要受让人不知让与人无让与权利,即构成善意,其有无过失,在所不问[①];二是认为受让人之善意指其不知让与人无让与权利,是否出于过失,不必过问,但依客观情势,于交易经验上一般人皆可认定让与人无让与之权利的,应认为系恶意[②];三是认为受让人所谓非善意,指明知或可得而知让与人无让与的权利。[③] 而新近的学者通说,则认为应当参考前述《德国民法典》第923条之规定,将善意解释为受让人不知让与人无让与权且无重大过失。而如何判定受让人是否为善意,应斟酌当事人、标的物的价值及

[①] 姚瑞光:《民法物权论》(上),台湾1989年自版,第268—269页。
[②] 谢在全:《民法物权论》(上册),中国政法大学出版社1999年版,第229页。
[③] 王泽鉴:《民法物权》(占有),台湾1996年自版,第137页。

推销方式等因素综合判定。①

鉴于动产占有的公信力较弱,动产受让人在交易中应当对让与人是否为真正的权利人作出较为谨慎的判断,除让与人占有动产的事实之外,还应注意到交易的环境(交易的时间、地点、场合)、交易方式(公开交易或者私下交易)以及交易价格等是否正常,因此,无权处分中的动产受让人的善意,应当以受让人不知让与人为无处分权人且对其"不知"无重大过失为判定标准。

(2) 善意的举证责任

对于受让人之善意的确定,理论上存有所谓"积极观念"和"消极观念"两种观点:

"积极观念"主张受让人必须具有将让与人视为权利人的认识,即根据让与人的权利外观而信赖其享有真实权利的认识,唯如此,其善意方可成立。依照此种观点,受让人有义务证明其何以相信让与人为权利人,亦即对于受让人的善意的举证责任,应当受让人自己承担。

"消极观念"主张受让人只要"不知"或者"不应知"让与人为无处分权人即可构成善意。根据此种观点,受让人无须证明其为何相信让与人享有权利,而提出返还请求的真正权利人必须证明受让人为恶意,如果真正权利人不能证明受让人为恶意,则推定受让人为善意。

基于动产善意取得制度保护交易安全的宗旨,主流理论认为应采"消极观念"为妥,亦即在诉讼中,被告(受让人)只需主张其"不知"让与人为无处分权人即可,无须自证其善意的成立,而原告(真正权利人)必须证明被告的"明知"或者"应知",否则即推定被告为善意。一般而言,动产之不正常的交易时间、交易地点、交易场合、交易价格以及让与人与受让人之间存在某种特殊关系(亲属关系、亲密关系)等,均可作为证明受让人非为善意的证据。

2. 受让人之善意的判断时点

就受让人善意的判断时点,我国《物权法》第 106 条第 1 款第 1 项将之规定为"受让人受让该不动产或者动产时"。根据这一规定,受让人在动产交付完成之时为善意的,即构成善意。具体而言,所谓"动产交付完成之时",在现实交付的情形,是指受让人取得实际占有之时;在简易交付的情形,是指让与合同成立之时;在占有改定的情形,是指新的法律关系成立之时;在指示交付的情形,是指返还请求权让与成立之时。但当无处分权人与受让人在买卖合同中设定有"所有权保留条款"时,虽动产已经交付,但受让人须在其依照约定取得动产所

---

① 王泽鉴:《民法物权》(占有),台湾 1996 年自版,第 137—138 页。

有权时为善意,方可主张善意取得。例如,乙将借用甲的一套音响设备擅自以分期付款方式出卖并交付给丙,乙、丙双方约定,丙在付清最后一笔款项时取得该音响设备的所有权。此种情形,丙的善意的判断时点,应以其付清最后一笔款项之时为准。

应注意,受让人只需在上述善意的判断时点为"不知"及"不应知"让与人为无处分权人,即可成立其善意,如果受让人在此以后明知或者应知真实情况,不影响其善意的成立。

【思考问题】

思考题一:因赠与、遗赠而取得财产是否在任何情况下均不适用善意取得?

(1)甲有两套房屋,后甲因车祸受伤,临死前与其朋友乙约定,甲将其中一套房屋赠与乙,乙应负责将甲的女儿(12岁)抚养至就业。赠与协议签订后,甲将该套房屋向乙办理了过户登记手续。甲去世后,乙即依约与甲的女儿共同居住并履行抚养义务。过了3年,经法院判决确认,甲的两套房屋的所有权均应属丙享有,甲所取得的产权登记为错误登记。据此,丙请求确认甲与乙之间的房屋所有权转让行为无效,要求乙返还该受赠房屋,乙则主张善意取得。

问:丙的主张能否成立?

(2)甲为孤寡老人,在其70岁时,得到老朋友乙赠与的房屋一套。其后,甲与邻居丙签订了一份"遗赠扶养协议",约定:丙负责对甲的生养死葬,并有权在甲去世时获得该房屋的所有权。协议签订后,丙对甲进行了扶养,5年后甲去世,丙则将甲的房屋过户登记到了自己名下。不料事隔不久,有丁某提起诉讼,请求确认乙赠与甲的房屋的所有权应归其享有,同时请求确认乙和甲以及甲和丙之间因赠与以及遗赠而发生的房屋所有权转让无效,丙应返还房屋。诉讼中,丁有充分证据证明其对该争议房屋享有所有权,但被错误登记到乙的名下,故乙将房屋赠与并转让给甲,构成无权处分。此时,丙主张其系基于"遗赠扶养协议"而取得该房屋所有权,故成立善意取得。

问:丙的主张能否成立?

【理论拓展】

理论拓展之二:占有改定是否适用善意取得?

所谓"占有改定",是指动产所有权的出让人与受让人之间特别约定,标的物在出让后仍然由出让人继续占有。在占有改定的情形,转让所有权的合同成立时,标的物被视为即行交付,受让人即取得对标的物的间接占有。占有改定是一种特殊的交付方法,即在观念上虽使受让人取得对标的物的间接占有,但实质上其占有(直接占有)还是存留在让与人处。

在无权处分的情况下,如果无处分权人以占有改定的方式向受让人为交付,受让人是否得主张善意取得?如下例:

甲的笔记本电脑交给乙保管,被乙实施无权处分,将之以3000元出卖给丙,丙为善意。乙、丙签订了买卖合同,同时约定,乙出卖该笔记本电脑后,以丙的承租人的名义在1个月之内继续占有、使用该电脑,并向丙交付租金100元,从购买价款中扣除。合同签订后,丙当即付给乙2900元。半个月后,甲要求乙返还笔记本电脑,乙无奈之下只好予以返还。丙知情后,以其根据善意取得制度已经取得该电脑的所有权为由,要求甲返还该电脑。丙的主张能否成立?

上例中,无处分权人乙向善意受让人丙所为标的物的交付采用了占有改定的方法。对于占有改定是否适用善意取得的问题,我国《物权法》未作规定。

传统的善意取得理论认为,动产善意取得的构成,必须以受让人已获得对该动产占有为要件。但是,占有包括现实占有与观念占有、直接占有与间接占有。移转占有的方式也包括现实交付、简易交付、指示交付和占有改定。根据占有改定方式而受让的占有,属于观念上的占有和间接占有,让与人仍保持对标的物的现实占有和直接占有。那么,此种情形是否适用善意取得呢?对这一问题,在德国、日本法学界,见仁见智,议论纷纷,并形成有代表性的各种见解[①]:

1. 否定论

否定论认为,在占有改定的情形下不应适用善意取得,理由为:

(1)善意第三人虽能在通常情形下依占有改定的方式取得所有权,但在无权处分领域,第三人没有能够接受现实交付之前,真正权利人对无处分权人的信赖虽然被辜负,但尚未现实化,其权利应理解为依然存续。所以,真正权利人对现实占有人(无处分权人)请求返还标的物时,现实占有人不得拒绝。同时,一旦真正权利人回复对标的物的现实占有,在此之后,真正权利人就完全能够以自己的占有是基于自身固有的权利的回复为由,拒绝善意第三人返还标的物的请求。

(2)占有改定在占有转移的各种方式中最不具有明显的外部表现,亦即是一种最不完备的公示方法,对于第三人依占有改定方式获得的占有,外界无法从表面上识别和知晓,如果根据占有改定而承认善意取得并进而剥夺原权利人的权利,虽然可以维护交易安全,但对原权利人未免过于残酷,因此,这种处置欠缺法律的妥

---

① 刘德宽:《民法诸问题与新展望》,中国政法大学出版社2002年版,第371—372页。

当性。

(3) 从实际操作来看,在让与人(无处分权人)重复让与的情形,善意取得将会矛盾丛生,不合情理。例如,甲将其动产寄存于乙处,乙依占有改定方式将该动产出卖给善意受让人丙,以后,乙又将该动产出卖并交付给善意当事人丁。在这种情况下,丙向乙请求现实交付,而乙可以丁善意取得所有权为由拒绝。如此一来,丙的善意取得还有什么意义呢?

2. 肯定论

肯定论认为在占有改定的情形下,依然能够适用善意取得,其理论依据在于:

善意取得的制度价值为交易安全,现代善意取得制度已从日耳曼法以手护手原则中分离出来,成为保护交易安全的独立制度。就动产善意取得而言,其直接根据的是占有的公信力。也就是说,当第三人根据无处分权人的占有误认其为真正权利人而与之为交易时,应该保护第三人的利益,不能因第三人占有方式不同而有所区别,同时,能否从表面识别第三人的占有对此也不应当发生任何影响。

3. 折中论

这种观点认为,受让标的物的第三人,虽然能以占有改定的方式取得权利,但这种取得并非已经确定,而必须有待标的物的现实交付时,方能确定。因此,原权利人在无处分权人继续占有(直接占有)标的物期间,其所有权尚未确定地丧失。如果第三人比原权利人先取得标的物的现实交付,第三人善意取得的效力就能确定,原权利人的权利即行丧失;反之,如原权利人先行回复对标的物的现实占有,其权利重新回复圆满的状态,第三人善意取得的权利即因此而丧失。

4. 衡平论

对衡平论的内容可以分两种情况予以说明:(1) 无处分权人将原权利人的动产出卖给善意第三人时,法律主要应保护该第三人的利益。如果动产在无处分权人手中,第三人可以先于原权利人受现实交付;如果原权利人已回复对动产的现实占有,第三人仍可对原权利人提出现实交付的请求。但是,如果第三人已取得所有权,原权利人可以向第三人主张一半份额的赔偿请求。(2) 权利人将自己的动产依占有改定的方式出卖给甲后,又以占有改定的方式出卖给乙(在此情形,应解释为甲为真正权利人,出卖人为无处分权人,乙为善意第三人),甲、乙双方均具备物权变动的成立要件或对抗要件。根据折中论,先获得现实交付的当事人取得所有权,这种"先者为胜"的法则显然会致甲乙之间利益的不平衡,所以,从理论上说,甲、乙双方应各有二分之一的份额,先取得占有的人有义务将一半份额作价归还另一方。

我国有一些学者赞同肯定论。① 很显然，上述四种观点分歧的根源，在于对真正权利人和善意第三人利益的调和点即保护交易安全的界线设定不明。如果着重保护真正权利人的利益（静的安全），那么善意取得就不能适用于占有改定这种不完全的公示方法；如果单是考虑到交易安全，而对于真正权利者利益置之不顾，那么自然会得出相反的结论。而这两种做法似乎均较极端。而衡平论力求达到这两种利益的平衡，从学理上来看较为妥当，最值得立法上参考。但从目前一些主要国家的立法看来，尚未出现采用这一学说的范例。因此，衡平论只是部分学者提出的一种理论。此种情形出现的主要原因，是这种理论所主张的结果与传统的善意取得的效力（善意取得人不负返还及赔偿等责任）相违背。而折中论的特点，是将获得现实占有的事实，作为是否完整取得所有权的依据，这种"先占为胜"的规则给了各当事人以均等的机会，而且能促使当事人积极实现权利，对减少和尽快消灭权利不明状态有一定的意义。所以，在很多学者看来，折中论比较妥当，可以为我国立法及司法解释所借鉴。

理论拓展之三："回首取得"是否适用善意取得？

所谓"回首取得"，是指无处分权人将动产交付给受让人之后，又从受让人处将该动产购回并重新取得占有。例如，甲将手表交乙保管，乙将之出卖给丙并为交付。其后，乙又出钱将该手表买回。此种情形下，甲可否要求乙返还？

首先应当指出，在成立善意取得的情况下，善意受让人依法取得的所有权属于终局确定，不得变动，即使善意受让人再将同一动产转让给恶意第三人，该第三人也能取得所有权。但在回首取得的情形，再取得动产的是原转让人（无处分权人），对此在学者之间便存有两种不同意见：

一种意见认为，既然善意受让人依据善意取得制度已经取得标的物所有权，则其对无处分权人（原转让人）所为的处分行为当然有效，这样处理，在逻辑上并无不当。

另一种意见认为，善意取得制度的目的在保护交易安全，并无保护无处分权人的必要，故应责令无处分权人向原所有人予以返还。对此在理论上应当解释为：当善意受让人将标的物回首转让给无处分权人时，原所有人即行恢复其动产所有权。与此同时，该动产上的其他权利也随之而复活。②

很明显，上述第一种意见虽然完全符合逻辑，但其结果却使无处分权人获得利益，而此种利益不具有正当性。如果采取此种意见，则容易使善意取得制度被恶意

---

① 王利明：《物权法论》，中国政法大学出版社1998年版，第219页；梁慧星主编：《中国物权法研究》（上），法律出版社1998年版，第494页。
② 王泽鉴：《民法物权》，北京大学出版社2009年版，第474页。

当事人用来规避法律以谋取不法利益。而从结果来看,上述第二种意见既不妨害善意受让人的利益,也避免了使恶意当事人(无处分权人)获取不正当利益,同时也保护了所有人的所有权。尽管有关理论用"权利复活"的方式解释此种结果发生的依据颇有强词夺理之嫌,但基于法律逻辑应当为法律的目的服务的指导思想,立法上对此问题作出例外规定(即特殊情况下,善意取得所产生的权利取得效果不具有终局性),是完全可以成立的。

理论拓展之四:有关"无权处分"含义和性质的理论争议

动产善意取得的适用基础,是动产善意受让人实际获得对受让动产的占有,而其受让动产的事实,却是某一交易行为(以买卖行为为典型)引发的结果。既然如此,对该项交易行为的法律评价,虽然并不直接影响动产善意取得制度的设置,但却必定"后续"地发生因善意取得的适用而成为交易标的所有人的受让人与出让人以及原所有人三方的相互地位的确定,乃至于从根本上影响善意取得之发生的原因以及其适用上效果的确定。事实上,立法者必须回答:在适用善意取得的情况下,让与人与受让人之间的买卖合同效力如何?如果该合同为有效,则受让人对让与人享有合同上的一切权利(包括抗辩权等),与此同时,让与人也对受让人享有价款请求权及其他合同权利;反之,如果该合同为无效,则在受让人尚未支付价款的情形,受让人是否承担向让与人支付货款的义务便不无疑问,如果受让人有义务支付,其根据何在?如果受让人无义务支付,则其价款是否应向原所有人支付?等等。

在讨论上述问题时,如何理解我国《合同法》第51条的规定(即"无处分权的人处分他人财产,经权利人追认或者无处分权的人订立合同后取得处分权的,该合同有效")引起了极大的争论,在民法学界形成了各种观点。

一些学者认为,依前述合同法的规定,无权处分行为为效力未定行为。但对此又存在两种不同意见:一种意见基于我国不采物权行为理论,主张无权处分行为指的是当事人之间的买卖合同①;另一种意见则认为出卖他人之物的买卖合同仍然有效,效力未定的仅为转移出卖物所有权的物权行为。②

另外一些学者认为,无论无权处分之受让人为善意或者恶意,无权处分行为均应为生效行为。其理由是:从形式上看,在债权形式主义的物权变动模式之下,作为无权处分行为的债权合同,其效力判断独立于物权变动法律效果是否实现的判断。而将交易相对人为善意的无权处分行为认定为生效行为,是鼓励交易立法宗

---

① 梁慧星:《如何理解合同法第五十一条》,载《人民法院报》2000年1月8日。
② 参见韩世远:《无权处分与合同效力》,载《人民法院报》1999年11月23日;张谷:《略论合同行为的效力》,载《中外法学》2000年第2期。

第七章 善意取得

旨的体现,同时也有助于保护善意的交易相对人的利益。至于交易相对人为恶意的情形,由于大量通过中间商进行的交易活动中,中间商与零售商之间订立的合同均属此类(订立合同时,零售商明知或应知中间商此事并非所售货物的所有人),故如将合同认定为效力待定,将使大量的交易无以进行,背离交易习惯,损害交易信用。①

也有学者认为上述观点均非正确,原因在于其错误地理解了"无权处分行为"的含义。

该学者指出:德国民法理论中,"处分行为"与"负担行为"两相对应:所谓"负担行为",是指产生一项或多项请求权的法律行为,主要是指各种债权合同(买卖、赠与、租赁等);所谓"处分行为"则是指引起权利变动的法律行为,主要是指动产交付、不动产物权变动登记等"物权行为"以及让与债权以及抛弃所有权等行为。而德国民法中的"处分行为"与"负担行为"的划分,直接源于物权行为与债权行为的划分,亦即买卖合同为典型的债权行为,动产交付和不动产物权变动登记等物权行为是典型的处分行为。因此,所谓"无权处分行为",指的是对动产或者不动产不享有处分权的让与人向受让人交付动产或者办理不动产登记的行为,此种行为如事后经权利人同意或者让与人取得处分权,则为有效,能够引起物权变动,否则即为无效,故其属"效力待定"的法律行为。但买卖合同为负担行为而非处分行为,其成立并不能引起物权变动,故其不存在"有权处分"与"无权处分"的问题。因此,在德国民法上,当发生无权处分时,无论受让人为善意或者恶意,无论善意取得是否适用,均不影响买卖合同本身的效力。

而在我国民法不采用物权行为理论的情况下,出卖人交付动产或者办理不动产登记的行为不被视为一种独立于买卖合同的法律行为,而被视为一种履行买卖合同义务的事实行为,因此,所谓"无权处分"(如出卖人以他人的动产而为交付),仅仅指的是一种事实,其能否引起物权变动的效果,取决于权利人事后是否同意或者出卖人事后是否取得处分权。但出卖人实施无权处分行为,仅构成不适当履行合同义务的行为,对于买卖合同的效力根本不能发生任何影响。实践中,买卖合同签订时,出卖人常常尚未取得约定交付的标的物的所有权(如甲公司向乙公司出卖一批进口设备,买卖合同签订后,甲公司才从国外购进该种设备并按约定时间向乙公司为交付),甚至于约定交付的标的物客观上尚不存在(如甲公司向乙公司出卖一批机器设备,待双方签订合同后,甲公司才安排生产出该批机器设备向乙公司为交付)。此种情形,根本不构成"无权处分",该买卖合同成立即生效,也不存在"效力待定"的问题。因此,在适用善意取得的情况下,不仅无处分权人和受让人之间

---

① 参见王轶:《物权变动论》,中国人民大学出版社2001年版,第213—215页。

签订的合同有效,而且该合同有效是善意取得的适用条件。受让人依善意取得而取得标的物的物权之后,仍应履行合同约定的支付价款的义务。双方之间的权利义务关系(包括标的物质量瑕疵担保责任、违约责任以及各种抗辩权的行使等),仍应依照合同法的有关规定予以处理。总之,善意取得制度仅仅保护善意受让人取得并保有合同标的物的物权,但并不减轻甚至豁免受让人以及出让人在交易中应当承担的任何义务(债务)。至于在善意受让人尚未支付价款的情况下,真正权利人可否直接向受让人请求支付价款以填补其损失的问题,自可适用法律有关不当得利返还或者代位权的规定予以处理(真正权利人可以依据不当得利返还的规定请求无处分权人将对受让人的债权移交其行使,也可以在无处分权人怠于行使其债权时依法行使代位权)。

据此,该学者认为,我国《合同法》第51条有关"无处分权的人处分他人财产的合同效力待定"系将买卖合同和所谓"处分行为"混为一谈,故其规定是错误的。而其他一些学者也犯了同样的错误。①

第三节　脱离物之无权处分的效果

【基本原理】

一、立法模式

(一) 其他国家或地区的立法例

所谓"脱离物",是指非基于原所有人意思而丧失占有的物,包括盗赃物、遗失物、遗忘物及误取物等。当非法占有人将占有物非法转让并交付第三人时,第三人即构成对脱离物的占有。

大陆法系多数国家的民法典均规定占有脱离物原则上不适用善意取得,但大体上有两种不同的立法模式:

1. 规定货币、无记名有价证券以及公开拍卖方式受让的脱离物得适用善意取得。此种做法为德国民法所采(《德国民法典》第935条第2项)。

---

① 尹田:《物权法理论评析与思考》(第2版),中国人民大学出版社2008年版,第328—339页。

第七章 善意取得

2. 规定除货币、无记名有价证券外,占有脱离物不适用善意取得,但对所有人请求返还原物进行限制,并对善意受让人予以特别保护。此种做法为法国、瑞士、日本等国民法所采,其规定主要涉及三个方面：

(1) 脱离物被无权处分时,所有人应于法定期间内请求返还原物,否则,受让人确定地取得所有权。对于所有人请求返还原物的法定期间,有些国家或者地区的民法典规定为 2 年(《日本民法典》第 193 条),有的国家规定为 3 年(《法国民法典》第 2279 条),有的国家规定为 5 年(《瑞士民法典》第 934 条)。

(2) 所有人仅在向善意受让人予以补偿的条件下,才能请求返还原物。①

(3) 脱离物受让人之善意的确定,仅限于法律规定的事项。对此事项的范围,有的规定仅限于通过拍卖、公开市场或从出售同类商品的商人处购得(法国、瑞士),有的规定仅限于从公开市场或出售同类商品的商人处购得(日本)。②

(二) 我国《物权法》的立法模式

长时期中,我国法律未对脱离物被无处分权人转让的效果作出明确规定,而在实践中,则实行对犯罪嫌疑人所获赃款、赃物"一追到底"的原则。但在上世纪 90 年代中期以后,有关司法解释开始对因诈骗等而获得的赃款、赃物被转让后善意受让人可不予返还的问题作出规定,如最高人民法院、最高人民检察院、公安部和国家工商行政管理局于 1998 年 5 月 8 日联合发布的《关于依法查处盗窃、抢劫机动车案件的规定》第 12 条规定："……对不明知是赃车而购买的,结案后予以退还买主。"

我国民法理论历来赞成区分委托物与脱离物,且认为脱离物原则上不适用善意取得,但应对脱离物的善意受让人给予一定的保护。在我国物权法制定过程中,这一观点被有关立法草案前 5 次审议稿所采用,其所作具体规定是:盗赃物、遗失物被无权处分时,所有人有权请求受让人返还。但受让人系通过拍卖或者从公开市场以及出售同类商品的商人处购买的,所有人须在 1 年内请求其返还,且所有人请求善意受让人返还原物的,应当支付其购买该物时所支付的价款。但这一规定后来遭受一些人的强烈批评,这些人认为,规定盗赃物无权处分的善意受让人在一定条件下可以取得占有物的所有权,不利于国家追回流失的国有资产。为此,《物权法》颁布时基本保留了有关遗失物的规定,但将所有人请求返还的法定期间规定为 2 年,同时,取消了确定受让人善意的事项中

---

① 《法国民法典》第 2280 条、《瑞士民法典》第 934 条、《日本民法典》第 194 条。
② 同上。

有关"公开市场"的规定。此外,原草案审议稿中有关盗赃物的规定被予以删除。

二、拾得物无权处分的效果

(一)概说

根据我国《物权法》第109条至114条的规定,当事人拾得遗失物时,应当返还给权利人。拾得人应当及时通知权利人领取,或者送交公安等有关部门。有关部门收到遗失物后,知道权利人的,应当及时通知其领取;不知道的,应当及时发布招领公告。遗失物自发布招领公告之日起6个月内无人认领的,归国家所有。拾得漂流物、发现埋藏物或者隐藏物的,参照拾得遗失物的有关规定。文物保护法等法律另有规定的,依照其规定。

对于拾得物,拾得人在遗失物送交有关部门前以及有关部门在遗失物被领取前,应当妥善保管遗失物。因故意或者重大过失致使遗失物毁损、灭失的,应当承担民事责任。而权利人领取遗失物时,应当向拾得人或者有关部门支付保管遗失物等支出的必要费用。如果权利人悬赏寻找遗失物的,领取遗失物时应当按照承诺履行义务。但如果拾得人侵占遗失物的,其无权请求支付因保管遗失物等而支出的费用,也无权请求权利人按照承诺履行义务。

依照上述规定,对于遗失物,拾得人在任何情况下均不能取得其所有权。

在遗失物被拾得人无权处分的情形,根据我国《物权法》第107条的规定,所有人或者其他物权人有权向无处分权人请求损害赔偿,也有权请求受让人返还原物,但其返还请求权受到两方面的限制:

1. 权利人的返还请求权须在法定期间内行使

权利人应当在2年内向受让人请求返还原物,否则,其返还请求权归于消灭。该2年法定期间从权利人知道或者应当知道受让人之日起开始计算。

2. 权利人须支付善意受让人所支付的费用

在受让人为善意的情况下,权利人请求其返还原物时,应当支付其已向无处分权人支付的价款。权利人向受让人支付该款项后,有权向无处分权人追偿。

(二)受让人善意的确定标准

依照《物权法》第107条的规定,遗失物受让人在两种情况下构成善意:(1)通过拍卖而购得遗失物。此处的"拍卖"是指有资质的拍卖机构依照法定程序而进行的公开拍卖。(2)向具有经营资格的经营者购得遗失物。此处的

"经营者"是指具有对与遗失物相同种类的物品具有合法经销资格的商业企业或者个体商人。

委托物为基于所有人意思而为无处分权人占有的动产,由于无处分权人基于买卖等合同而取得对标的物的占有,故其占有所形成的权利外观较容易造成受让人的信赖。但遗失物拾得人对遗失物的不法占有本身即为不正常状态,故在遗失物无权处分的情形,法律要求受让人具有更高的谨慎注意义务,因此,对该种受让人之善意的成立,法律上应当设置更为严格的条件。所以,对于上述有关遗失物受让人之善意确定标准的理解,应注意以下问题:

1. 受让人之善意的举证责任应由受让人自己承担

与委托物受让人善意的证明规则不同,对于委托物受让人的善意的确定,法律上是采用推定的方法,即举证责任由请求返还的权利人承担,如果权利人不能证明委托物受让人为恶意,即推定其具有善意。但遗失物受让人的善意的认定实行举证责任倒置,即如果遗失物受让人不能证明其善意,即推定其具有恶意。

2. 受让人对其善意的证明仅限于法律明文规定的事项

对于其善意,遗失物受让人不得以任意的方法予以证明,而只能通过证明法定事项的存在的方法而证明其善意,也就是说,受让人必须证明其通过拍卖而购得遗失物或者向合法经营的商人购买购得遗失物,其善意方可成立,除该两项法定事项之外,受让人不得以其他任何事实证明其善意。例如,我国《物权法》未将"公开市场购买"作为遗失物购买人证明其善意的事项,则即使购买人能够证明其占有的遗失物是在自由市场上无营业执照的流动摊贩处购买的,即使其能够证明此种交易在事实上的普遍性和正常性,其善意的主张也不能成立。

3. 如存在相反证据,受让人的善意仍不能成立

在受让人能够证明存在确定其善意的法定事项的情况下,如果请求返还的权利人能够提出相反证据,则受让人不得主张其成立善意。例如,即使受让人能够证明其标的物是在合法经营的商人处购买,权利人也有可能通过证明受让人与出卖遗失物的商人之间存在特殊关系(夫妻关系、亲属关系等)而证明其恶意,也有可能通过证明受让人购买遗失物的价格属于"明显不合理的低价"而证明其恶意。

【思考问题】

思考题二:被连续转让的财产可否适用善意取得?

A在某金店定制了一串刻有"LOVE"字样的价格昂贵的金项链,将之赠与女

友 B,不久后该项链被 B 遗失。C 拾得该项链后,因缺钱用,将之以 1 万元出卖给 D,D 又将之交由其经营金银首饰商店的朋友 E 代其出售,E 将该项链置于其商店货柜出售,被顾客 F 以正常价格 5 万元购得,F 将之赠与其女友 G,G 将之出借给 H,被 H 擅自以 4.5 万元出卖并交付给 I,I 为善意。后 B 在 I 处发现该遗失的项链,遂要求 I 返还,被 I 以善意取得为由拒绝。

本案如何处理?

【理论拓展】

理论拓展之五:有关委托物与脱离物之区分的学说争议

对于动产善意取得在适用上何以区分占有委托物与占有脱离物,各国立法的主要理由在于:所有人依其意思使让与人占有其物时,所有人自己因创造了一个可使第三人信赖的状态,对交易安全产生危险,故理应承担其动产被他人无权处分的不利益。而动产因被盗窃、遗失而脱离所有人而由他人占有时,所有人并无过失,基于所有权无论何时何地均有受到普遍保护的价值,以及维系社会的财产归属秩序,故原则上应使受让人不能取得动产所有权。[①] 对之,在法国占上风的观点也认为:区分委托物和脱离物并设定不同的处理原则是必要的。因为在盗窃的情形,所有人丧失对物的占有完全违背其意志,而在受欺诈或者轻信(如基于委托合同、保管合同等而将动产交给相对方)的情形,则系所有人自愿将物交给他人。由于所有人错误地相信他人,故其应获得较少的"宽容"。如果要求受让财产的第三人返还财产,则无异于令善意第三人因所有人这一不谨慎行为而受损,这是不公平的。[②] 而有日本学者也指出:日本民法"关于盗赃及遗失物品在 2 年时间内,原所有人可请求返还之问题,这种限制就沿革来讲,存在于构成这种制度起源之日耳曼法理论之中,即信赖他人并给与其占有之人,只能由给予其信赖之人请求其物之返还。不过,对于被盗窃或者遗失物来说,由于所有人自始就没有信赖任何人并给予其占有,所以认为可以追及到任何地方而请求。"[③]

但学说上对此也存在相异观点。有法国学者指出:"人们反复讲其动产被侵占的所有人应获较少的宽容,因其在相信他人问题上有过失。但这种认识是有偏见的:遗失财产的人难道就无过错?财产被偷窃的人难道就无未能足够谨慎地守护

[①] 王泽鉴:《民法物权》(占有),台湾 1996 年自版,第 125 页。转引自梁慧星主编:《中国物权法研究》,法律出版社 1998 年版,第 501 页。

[②] 尹田:《法国物权法》(第 2 版),法律出版社 2009 年版,第 227 页。

[③] 〔日〕我妻荣:《日本物权法》,有泉亨修订、李宜芬校订,台湾五南图书出版公司 1999 年版,第 195—196 页。

第七章 善意取得

其财产的过错?"① 另有日本学者指出:以日耳曼法的理论解释"委托物"与"脱离物"的区分是有问题的,"近代法之所以排斥罗马法之理论而继承日耳曼法之理论,是出于保护动产交易安全这一近代之理想。如此,在解释与应用之际,就不应该盲从于沿革"②。事实上,将盗赃物与遗失物作为善意取得之例外来对待,"这种特则若从近代法之理想来看,欲未必恰当。如果从取得人之立场来讲,只限于盗赃与遗失物,并不存在应当削弱公信力之理由,而且,只限于盗赃与遗失物,应当保护原所有人静的安全之理由,也并不是如此地强烈。对于像有价证券那样,需要特别保护交易安全之情形,这一特则就显得欠妥。"③

显而易见,各国立法就占有脱离物的效果所作安排(规定所有人请求返还时须向善意受让人支付价款等),其用意在于对脱离物的所有人给予适当的保护,使之有回复原物的可能。而在其理论解释上,则于交易安全保护之外,引入了原所有人的所谓"过失"的因素,即法律之所以放弃对委托物之所有人的保护,一个重要原因在于所有人以自己的意思丧失对物的占有,从而使之形成他人的占有,即形成他人之权利外观,为此,所有人应负担所谓"外形责任"。相反,所有人非因其意思而丧失占有,即不存在轻信、疏忽或"用人不当"之过失,便不存在其道德上的可"非难"之处,既此,如果剥夺所有人请求返还原物的权利,则有违公平观念。但即便如此,所有人之"无过失"并不等于善意受让人之"有过失",于是,在占有脱离物的问题上,因公平或者道义的支撑而突然变得格外强大起来的所有人的权利保护与交易安全的保护之间,发生了较之占有委托物的情形更为激烈的冲突。

很明显,法律上,区分占有委托物与占有脱离物,实际上是为了平衡交易安全之保护与人们的法感情(社会道德)的冲突,以弥补善意取得制度对所有人所发生的并非绝对公平的遗弃和伤害。而有关占有脱离物的处理原则的实际运用,被认为并非完全不利于交易安全。有学者指出,如果善意受让人支付的价款为标的物的正常价格,所有人通过向受让人补偿价款而获得原物返还在利益上一般毫无可取之处,而无论是否向所有人返还原物,善意受让人的利益均可得到保护(或者因所有人不请求返还而不返还,或者返还原物而获得相对应的价款)。反之,如果受让人支付的价款低于正常价格,则其应当对财产的非法来源发生怀疑,其善意的成立本身便值得考虑,故其即使因返还原物而未获得与原物价值相适应的补偿,于情于理并不相悖。所以,在标的物为遗失物、盗窃物的情形,善意受让人同样能受到

---

① 尹田:《法国物权法》(第 2 版),法律出版社 2009 年版,第 227 页。
② 〔日〕我妻荣:《日本物权法》,有泉亨修订、李宜芬校订,台湾五南图书出版公司 1999 年版,第 195—196 页。
③ 同上书,第 212 页。

法律的切实保护。①

对于上述为多数国家所采用的似乎"两全其美"的方法(既满足了所有人返还原物的请求,也不使善意受让人的经济利益遭受任何损失),有学者批评其是一种"法律上的虚伪",理由是:(1)善意取得制度的效果是牺牲真正权利人的利益而保护交易安全,物权公示的公信力是其建立的基础,而对于善意受让人来说,无处分权人占有委托物与占有脱离物所形成的权利外观是没有区别的,故以所有权应受保护或者脱离物的所有人"更值得同情"为由否定其善意取得的适用并无道理。(2)从实际效果来看,在购买遗失物或者盗赃物的情形,正常价格应当是受让人之善意的重要证据。既然如此,令所有人向善意受让人支付价款而取回原物,于所有人当徒增烦劳,毫无实益:当今工业化社会中,多数动产都具有可替代性,除收藏品、纪念品、信物等少数具有特殊意义的动产之外,在支付价款取回原物与重新购买同一物品之间,选择前者的应当极少。故此种规定貌似对所有人投以关爱,实质上却是诚心不让其得到任何好处,其真正关心和保护的,仍然是善意受让人及其所代表的交易安全。据此,该学者建议:一方面,应当坚持交易安全保护胜于个别权利保护的基本原则,确定动产善意取得原则上适用于一切得交易之动产;与此同时,应当区分占有委托物与占有脱离物,但区分的目的不在于使其产生善意受让人权利取得上的不同效果,而在于确定受让人之善意应具有的不同标准,通过列举规定脱离物受让人之善意构成的具体情形,尽可能限制其善意的成立,以使交易安全的保护不致因走向绝对化而严重背离人们的法感情。②

第四节 不动产善意取得的成立要件

【基本原理】

一、概说

动产以占有为其物权公示方法,而不动产则以登记为其物权公示方法。较

---

① 尹田:《法国物权法》(第2版),法律出版社2009年版,第227页。
② 尹田:《物权法理论评析与思考》(第2版),中国人民大学出版社2008年版,第326页。

之动产占有,不动产登记具有较为强大的公信力,与此同时,不动产交易不如动产交易那么频繁,不动产登记形式单一,远不如动产交付或者占有那么形式多样,不动产的无权处分所涉及的问题也不如动产的无权处分那么复杂,因此,虽然不动产善意取得具有与动产善意取得相同的法理基础和价值取向,但在善意取得的成立要件上,较之动产善意取得,不动产善意取得的成立要件相对单纯,其表现为:(1)动产善意取得的某些成立要件,不适用于不动产善意取得。如根据无处分权人取得动产占有的原因,动产分为"委托物"与"脱离物",脱离物不适用善意取得。但不动产善意取得完全建立于不动产登记的公信力之上,故其并不考虑无处分权人被错误登记为权利人的原因,并不考虑真正权利人对于错误登记的发生是否具有过失,也无"委托物"与"脱离物"之区分。(2)对于受让人"善意"的确定,动产受让人与不动产受让人采用的标准有所不同。

二、成立要件分述

不动产善意取得须同时具备下列条件:

(一)须不动产物权具有可转让性

不动产善意取得的适用效果为不动产物权的取得,故不动产善意取得仅适用于具有可转让性的不动产物权。

在我国,下列不动产物权不具有可转让性,不得适用善意取得:

1. 国家或者农村集体经济组织的专属不动产。国家土地所有权、集体土地所有权以及国家或者集体专有的其他自然资源所有权等,为国家或者农村集体经济组织所享有的专属权利,依法不得进入民事流转,也不得适用善意取得。

2. 依法不得转让的不动产物权。如依法不得转让的划拨建设用地使用权等,不得适用善意取得。

3. 未经登记不得处分的不动产物权。如根据法院判决取得的但未经登记的不动产物权、根据继承或者受遗赠以及事实行为而取得但未经登记的不动产物权,这些权利在未经登记前依法不得处分,即不具有可流通性,故不适用善意取得。

4. 其合法性尚未被认定的建筑物。中国农村大量存在的所谓"小产权房"[①]以及其他违法建筑物,在其合法性尚未被认定之前,虽其客观上长期存在

---

① "小产权房"是指未经合法审批,农村集体经济组织利用其集体土地修建的商品房,因其常由乡政府等部门违法颁发房屋所有权证书,故俗称"小产权房"。实践中,"小产权房"有时也被用来指称一切违章建设的商品房住宅。

并在事实上流通,但其能否成为不动产所有权的标的物尚不确定,故此种建筑物当然不具有可流通性,也不适用善意取得。

5. 超出法定限制流通范围的不动产物权。例如,依照现行法律规定,农村宅基地使用权仅允许在具备一定条件的同村村民之间转让,超出这一限制范围,该种不动产物权即不具有流通性,不适用善意取得。

(二) 须不动产物权变动已经登记

1. 两种不同的解释

我国《物权法》第106条对善意取得成立要件之一的规定是:"转让的不动产或者动产依照法律规定应当登记的已经登记,不需要登记的已经交付给受让人。"(第1款第3项)就这一规定对于不动产善意取得的适用,我国学界存在两种解释:

第一种解释是:不动产物权中,以登记为物权变动依据的,其善意取得以办理了登记为成立要件;不以登记为物权变动依据的,其善意取得以交付为成立要件。[①] 依照此种解释,土地承包经营权等不以登记为物权变动依据的不动产物权,受让人无须办理登记即可主张善意取得。

第二种解释是:不动产物权的善意取得一律以办理了登记为成立要件,该条文所谓"不需要登记的已经交付给受让人",仅适用于一般动产的善意取得。[②]

2. 理论分析

事实上,善意取得是建立在两项事实的基础之上:一是受让人信赖物权公示而为交易行为(即物权公示的公信力使受让人成立其善意);二是物权交易在形式上已经完成(受让人通过接受交付或者登记而在形式上取得物权)。上述《物权法》的规定即为对前列第二项事实基础的立法表达。

按照《物权法》第31条的规定,根据法院、仲裁机构的法律文书以及遗产继承、受遗赠或者修建房屋等事实行为取得的不动产物权,未经登记,不得处分,故此类未经登记的不动产物权依其不得转让的性质,当然不适用善意取得。而在基于法律行为的不动产物权变动中,以登记为成立要件的不动产物权(房屋所有权、建设用地使用权、不动产抵押权等),其善意取得当然必须是以受让人已经办理不动产登记为成立要件。因此,需要讨论的仅仅是非以登记为成立要

[①] 王利明、尹飞、程啸:《中国物权法教程》,人民法院出版社2007年版,第150页。
[②] 崔建远:《物权:规范与学说——以中国物权法的解释论为中心》(上册),清华大学出版社2001年版,第218—219页。

第七章　善意取得

件的不动产物权之善意取得是否应以登记为成立要件？

在我国，其物权变动不以登记为成立要件的不动产物权具体包括农村集体土地承包经营权、宅基地使用权以及地役权等三类。根据《物权法》第127条及第158条的规定，土地承包经营权和地役权均依合同而设立，而该法对宅基地使用权的设立也并未规定须以登记为要件。与此同时，《物权法》对于前述物权在未经登记的情况下能否转让未设限制性规定，因此，这些不动产物权在未经登记时也可以进行转让（如未经登记的土地承包经营权的互换、未经登记的宅基地使用权在符合条件时的转让等）。此外，对于已经登记的前述三种不动产物权在转让时是否须以登记为物权变动的成立要件，《物权法》虽然未作直接规定，但该法第129条规定："土地承包经营权人将土地承包经营权互换、转让，当事人要求登记的，应当向县级以上地方人民政府申请土地承包经营权变更登记；未经登记，不得对抗善意第三人。"依照这一规定，应认定土地承包经营权的转让不以登记为依据；同时，该法第155条规定："已经登记的宅基地使用权转让或者消灭的，应当及时办理变更登记或者注销登记。"此规定也应解释为已登记的宅基地使用权的转让并不以登记为依据。因此，前述三种土地权利的物权变动仍以转让合同的成立为要件，但未经登记不得对抗善意第三人。

如上所述，土地承包经营权、宅基地使用权以及地役权无论其设立后是否登记，均可不经登记而进行转让，亦即其物权变动并非以登记为依据。因此，在发生无权处分的情形，其物权交易在形式上的完成，显然并不以登记为标志。据此，前述学者的第一种解释（即不以登记为物权变动依据的不动产物权，受让人无须办理登记即可主张善意取得）似乎比较符合该条文的目的（该条文仅规定"物权交易在形式上完成"这一善意取得的成立要件之一，并不涉及其他问题），即该三种不需要登记的不动产物权的善意取得，以交付为成立要件（尽管该三种不动产物权变动的依据并非交付而是转让合同的成立）。

但是，鉴于以下三项理由，前述学者的第二种解释（即不动产物权的善意取得一律以办理了登记为成立要件）应当是正确的，而第一种解释是错误的，其错误在于：

（1）与善意取得的法理基础不相符合

关于善意取得的法律基础，理论上存在复杂的分析，但除了无处分权人对动产的占有或被登记为不动产物权人所具有的公信力以及交易安全保护的需要之外，善意受让人已经取得的对动产的占有或者成为物权登记的名义人这一事实对外界所产生的信赖，也是法律上"固定"受让人物权之享有事实的重要理由。而在善意受让人所受让的不动产物权并未公示（登记）的情形，其虽然在形式上完成了对于该种不动产物权的取得,但对于外界却无法产生其享有物权的外观,故认定其构成适用善意取得的条件,不符合相关法理。

(2) 受让人的善意难以成立

善意取得制度中,信赖物权公示而为交易,是受让人成立其"善意"的基本原因,亦即不动产登记的公信力,是不动产善意取得制度设立的基本依据。但在前述三种不动产物权未经登记而被无处分权人转让的情形,由于被转让的不动产物权未经公示而无公信力,故即使受让人可以依据合同或者通过接受土地的交付而在形式上取得不动产物权,该受让人也因不能构成善意而根本无法主张善意取得。

(3) 受让人所取得的"无对抗力"的物权不能发生善意取得的效果

如前述三种不动产物权在错误登记的情况下被无处分权人转让,受让人固然可构成善意,也固然可依据合同成立或者通过接受土地交付而在形式上取得不动产物权,但在其受让的不动产物权未予登记的情形,其取得的不动产物权对真正权利人不具有对抗效力,亦即对于真正权利人而言,受让人取得的不动产物权被视为根本不存在,真正权利人仍有权请求其返还不动产。鉴于受让人主张善意取得的目的正是为了对抗原权利人的返还请求,因此,前述情形实际上根本不能发生善意取得的效果。

上述分析同样适用于机动车、船舶、航空器等登记动产的善意取得。也就是说,在发生无权处分时,被处分的动产或者不动产必须采用了法定的物权公示方法(即无处分权人为动产占有人或者登记动产以及不动产的登记名义人),否则,受让人因无法构成善意而无法主张善意取得。与此同时,因善意取得的物权必须能够对抗原权利人,故受让人不仅已经根据物权变动的规则取得了物权,即动产已经交付(包括一般动产及机动车等登记动产)、不动产已经登记或者不动产物权转让、设立合同已经生效(如土地承包经营权、地役权等合同的生效),而且其已经取得的物权必须具有对抗第三人(包括真正权利人)的效力(即登记动产以及不动产已经进行物权变动登记),否则,受让人仍不得主张善意取得。

由此可见,在无权处分的情况下,受让人受让的不动产物权已经登记,是善意取得的成立要件。而《物权法》第 106 条第 1 款第 3 项中所谓"不需要登记的已经交付给受让人"的财产,只能解释为仅指一般动产。

(三) 须受让人基于有效合同行为而进行了不动产登记

不动产善意取得以保护不动产交易安全为宗旨,故只有不动产交易才能适用善意取得。不动产交易包括房屋买卖、建设用地使用权转让、土地承包经营权以及宅基地使用权的转让、不动产抵押权和地役权的设定以及以不动产投资或者抵债等。非基于合同而取得不动产物权,如因遗产继承或者受遗赠而取得遗产中被错误登记为被继承人的不动产所有权等,不适用善意取得。

此外,不动产善意取得不适用于不动产赠与等无偿合同行为。而根据《物权法》第106条第1款第2项的规定,在房屋买卖、建设用地使用权转让等合同中,当事人约定的价格必须具有合理性,否则,受让人不得主张善意取得。

设定或者转让不动产物权的合同必须具有法律效力,如果其合同无效或者被撤销,其物权变动效果自始不发生,即已经办理的不动产登记亦自始无效,受让人不得主张善意取得。

(四) 须受让人为善意

较之动产占有,不动产登记具有较强的公信力,故在不动产无权处分的情形,法律对于受让人在交易中应有的谨慎程度要求相应较低。根据《德国民法典》第892条的规定,与动产受让人不同,只要不动产受让人非"明知"出让人为无处分权人,即可构成善意,而无须考虑其对于不知情是否具有重大过失。我国《物权法》第106条第1款第3项未对动产受让人与不动产受让人在其善意的构成条件上进行区分,但依照社会生活习惯和常识,与动产交易不同,在不动产交易中,不动产物权登记的公信力足以使不动产受让人产生充分的信赖,而交易的时间、地点、场合以及出让人的身份等因素,均难以动摇此种信赖。因此,如果真正权利人无充分证据证明不动产受让人为恶意(即明知不动产登记错误而为交易),则应推定其为善意。

不动产受让人之善意的判断时点应为不动产物权变动登记之时。

【思考问题】

思考题三:承租人可否主张善意取得或者"买卖不破租赁"?

甲的房屋所有权被错误登记到乙的名下,乙将该房屋出租给丙,丙为善意,且约定的租金价格合理。租赁期间,甲经提起诉讼被法院判决确认为该房屋的所有人,甲申请登记机构作了更正登记后,要求承租人丙返还房屋,丙先以其善意取得租赁权为由,拒绝返还;后又以"买卖不破租赁"为由拒绝返还。

问:丙的主张能否成立?

第五节　善意取得的法律效果

【基本原理】

一、善意取得之效果发生的条件

善意取得之法律效果的发生,须以受让人主张善意取得为条件。

如同表见代理等制度,善意取得是为保护善意第三人(受让人)的利益而设置的制度,其基本手段是以强制的方法令存有瑕疵的交易(在表见代理为代理人欠缺代理权、在善意取得为让与人无处分权)产生与正常交易相同的效果。但如同表见代理等保护交易安全的规则,法律并不将相关规则的适用强加给善意第三人,而是赋予善意第三人以法律适用的选择权。例如,在具备表见代理成立要件的情况下,无权代理的相对人可以主张表见代理而使代理行为有效,也可以不主张表见代理而使代理行为无效,并追究无权代理人的损害赔偿责任。因此,在无权处分的情形,如果具备善意取得的成立要件,受让人有权主张善意取得从而依法取得受让标的物的物权,也有权不主张善意取得,进而基于让与人履行不能而追究其违约责任。

实践中,受让人对其善意取得的主张,通常表现为受让人在民事诉讼中对原所有人之返还原物的请求以善意取得为由而提出抗辩,依照抗辩权行使的规则,此种抗辩必须在法院一审法庭辩论终结前提出,否则,即使客观上具备善意取得的成立要件,受让人也不得再行主张善意取得。

与此同时,在诉讼案件中,法院不得主动援引善意取得的规范。

二、法律效果分述

如果善意受让人主张善意取得,则对无权处分所涉及的三方当事人发生相应的法律效果,包括善意受让人取得动产或者不动产的物权、原所有人享有的所有权归于消灭或其动产承受他物权之负担、原所有人对无处分权人享有损害赔偿等请求权利,等等。

(一) 善意受让人取得物权

善意取得经受让人主张而成立时,受让人依法取得受让的动产或者不动产的所有权或他物权。对此应注意以下几点:

1. 受让人取得所有权属原始取得

依照是否根据原所有人的权利转让而取得所有权,所有权的取得方式分为原始取得与继受取得两种。原始取得又称"最初取得",即当事人取得所有权非依据原所有人的权利转让(如因生产而取得产品所有权等);继受取得又称"传来取得",即当事人取得所有权系依据原所有人的权利转让(如基于动产交付、不动产登记而取得动产或者不动产的所有权等)。在适用善意取得的情况下,因无处分权人根本无权利可以转让,故受让人系直接根据法律规定而非依据让与人的动产交付或者不动产登记而取得物权,其权利取得为原始取得。

在此应当指出,在适用善意取得的情形,尽管无处分权人与受让人之间的买卖合同为有效,出卖人交付动产或者办理不动产登记为其履行买卖合同义务的行为,但因出卖人无处分权,故其动产交付或者不动产登记本身不可能引起物权变动,受让人取得标的物所有权只能被视为直接根据法律有关善意取得的规定。

2. 受让人自取得动产占有或者不动产(包括登记动产)登记完成时取得物权

善意取得因受让人主张而发生受让人取得物权的法律效果,此物权变动效果应溯及至受让人取得动产占有或者不动产(包括登记动产)登记完成之时发生。如下例:

例一:甲的房屋被错误登记在乙的名下,乙将房屋出卖给丙,于2008年2月1日办理了过户登记。2008年4月,丙将该房屋向丁设定了抵押权。后甲起诉要求丙返还房屋,丙在2008年8月3日的庭审中以善意取得为由对甲的请求提出抗辩。法院于2009年3月5日作出生效判决,确认丙有关善意取得的主张成立。问:丙设定该项抵押权是否构成无权处分?

例二:乙将为甲保管的一张古画擅自出卖给丙,乙、丙在于2009年3月4日签订的买卖合同中约定,乙应于2009年6月4日向丙交付该古画,但该古画的所有权自合同成立时起转移。丙于2009年4月12日又将该古画出卖给丁,双方约定,丙应于2009年6月4日向丁为交付,但该古画所有权自合同成立时起即由丁取得。2009年6月4日,乙向丙交付了古画,同日,丙如约向丁交付了古画。其后,甲请求法院确认乙与丙、丙与丁之间的买卖合同无效,并责令丁向其返还古画。法院认定该两项买卖合同均为有效,丙构成善意取得,判决驳回了甲的诉讼请求。问:丁是于何时取得该古画的所有权的?

上述例一中,丙应自2008年2月1日办理房屋过户登记时取得该房屋的所有权,其在2008年4月以该房屋向丁设定抵押权的行为,为有权处分;例二中,虽乙、丙在买卖合同中约定标的物所有权自合同成立时转移,但因动产善意取得系以受让人取得动产占有为成立条件,故丙应于取得古画占有时(2009年6月4日)取得其所有权。因此,丙、丁约定其买卖合同成立时(2009年4月12日)古画所有权转移,构成丙的无权处分,该约定为效力待定。由于丙事后取得了古画所有权,故前述约定成为有效且成为古画之所有权转移的根据,丁仍于2009年4月12日取得古画的所有权。

(二) 标的物上受让人不知或者不应知的原有权利归于消灭

1. 动产上的原权利

我国《物权法》第108条规定:"善意受让人取得动产后,该动产上的原有权利消灭,但善意受让人在受让时知道或者应当知道该权利的除外。"

在受让人因善意取得而取得动产所有权的情形,根据所有权原始取得的法理,所有权一经原始取得,则不仅标的物上原有的所有权归于消灭,通常情况下,标的物上原有的一切负担(他物权)也归于消灭。善意取得为原始取得,受让人取得所有权不以原所有人的所有权为基础,但善意受让人虽对让与人不享有处分权不知情,但并不等于对标的物上存有他人的权利也一定不知情,因此,在受让人知道或者应当知道标的物上存有他人权利时,该种权利不应归于消灭。同样,受让人如因善意取得而取得动产他物权,如果该动产上原设定有他人享有的权利且为受让人所明知,该种权利仍应继续存在。

但由于动产的特性,对于《物权法》这一规定的适用,应注意以下问题:

(1) 不归于消灭的动产上的原权利不包括债权

由于债权不是设定在物上的权利,且债权为相对权,仅能约束债务人而不能约束第三人(包括善意受让人),故所谓"动产上的原权利"不包括债权。事实上,在适用动产善意取得的情况下,如果受让人明知真正权利人针对该动产而为他人设定有债权(如就出卖该动产而与他人签订了买卖合同),则受让人不可能构成善意,无从成立善意取得;如果受让人明知无处分权人针对该动产而为他人设定有债权(如"一物二卖"),该债权对受让人应无约束力。

(2) 不归于消灭的一般动产上的原权利,仅指由出让人登记设立的抵押权

由于一般动产的善意取得以受让人取得动产的占有为成立条件,受让人取得的动产上不可能设定有他人享有的动产质权,故前述《物权法》第108条规定主要适用于受让人取得的一般动产上设定有他人享有的抵押权的情形。具体包括以下两种情况:

第一,该一般动产上的抵押权由原权利人设立。

在原权利人在动产上设定有抵押权的情形,无论该抵押权是否登记,如果受让人知道或者应当知道该抵押权的存在,则其当然知道或者应当知道出让人对标的物无处分权,故其不能构成善意,也无善意取得制度的适用余地。因此,当受让人因善意取得而取得动产物权时,原权利人在该动产上设定的抵押权应当归于消灭。

第二,该一般动产上的抵押权由无处分权人设立。

当无处分权人在一般动产上设定有抵押权时,因其为无权处分,如该抵押权未经登记,抵押权人不得主张善意取得,该抵押权的设定即使为善意受让人所明知,也不应成立;如该抵押权经过登记,则抵押权人可以主张善意取得,在这种情况下,依照我国《物权法》第191条对抵押人处分权的限制性规定,无处分权人将设立抵押权的动产出卖时,如未经抵押权人同意,其转让无效,故该动产所有权的受让人不得主张善意取得;如其转让经过抵押权人的同意,则应依法将转让所得价款用于提前清偿债务或者提存,该抵押权归于消灭,善意受让人取得该动产所有权时,该动产上并不存在"原权利"。不过,当无处分权人将设立了经登记的抵押权的动产再行向善意受让人设立抵押权(重复抵押)时,善意受让人当然知道该动产上设定有他人享有的抵押权,故在其善意取得抵押权之后,该动产上的原有抵押权继续存在,且居于先顺位。

此外,当无处分权人将设立了经登记的抵押权的动产向善意受让人设立动产质权时,因该动产抵押权采用了公示方法,应认定该抵押权的存在为受让人所应知,故其善意取得动产质权后,该抵押权继续存在,且根据"设立在先、权利在先"的原则,应居于先顺位。

(3) 不归于消灭的登记动产上的原权利,包括由无处分权人登记设立的抵押权和质权

机动车、船舶、航空器等动产发生错误登记时,因真正权利人不是登记名义人,故其通常不可能以之设立抵押权或者质权,但这些动产在被无权处分之前,无处分权人(登记名义人)却有可能以之向他人设定抵押权或者质权。对此,应

分别不同情况予以处理：

第一，无处分权人登记设立的抵押权。

当无处分权人向他人登记设立抵押权时，该他人得主张抵押权的善意取得。此后，如无处分权人将该登记动产予以出卖，根据相关规定，如未经抵押权人同意，其出卖行为应属无效，受让人不得主张所有权的善意取得；如经过抵押权人同意，则抵押权因债务提前清偿或者价款提存而归于消灭，受让人善意取得所有权的动产上并不存在"原权利"；如无处分权人将该登记动产又向第三人设立质权或者设立抵押权并予登记，则第三人善意取得质权或者抵押权时，应认定其应当知道原抵押权的存在，故原抵押权继续有效，并居于先顺位。

第二，无处分权人设立的质权。

无处分权人向他人设立质权时，该他人可主张质权的善意取得。此后，如无处分权人将该登记动产予以出卖，因该动产被质权人占有，应认定受让人应当知道该动产上设定有他人享有的质权，受让人主张所有权善意取得时，该他人享有的质权继续存在；如无处分权人将该登记动产又向第三人设立抵押权并予登记，同样也应认定第三人应当知道该动产上设定有他人享有的质权，受让人如主张抵押权的善意取得，该质权继续有效并居于先顺位。

2. 不动产上的原权利

不动产上的原权利主要包括不动产抵押权和地役权。

（1）不动产上的抵押权

无权处分人经登记为他人设立了抵押权时，他人可主张该抵押权的善意取得。此后，如无处分权人将该不动产又向第三人设立抵押权，第三人也可主张善意取得。因该第三人明知不动产上设立有他人享有的抵押权，故他人的抵押权继续有效，并居于先顺位。

（2）不动产上的地役权

不动产受让人善意取得不动产物权之前，如无处分权人在该不动产上为他人设立了地役权并进行了登记，该他人可主张地役权的善意取得，因该地役权为不动产善意受让人所明知，故其效力不受该不动产所有权、用益物权或者抵押权、地役权之善意取得的影响。

（三）原权利人丧失其所有权或用益物权，或者其不动产以及动产承受他物权之负担

善意受让人一旦取得不动产或者动产的所有权，原所有人的所有权即归于消灭；如善意受让人取得的权利为他物权，则所有人享有的所有权依然存在，但

其财产必须承受他物权之负担。

善意受让人在取得抵押权时,因抵押人的改变,应办理相应的抵押权更正登记。

(四)原所有人对无处分权人享有损害赔偿等请求权利

由于无处分权人的行为损害了原所有人的利益,故其不法行为对原所有人可同时产生三项请求权(为请求权的竞合),原所有人可以选择其中之一予以行使:

1. 原所有人可基于与无处分权人之间的租赁、借用、保管、承揽、运输等合同关系而请求无处分权人承担违约责任;

2. 原所有人可基于无处分权人的侵权行为而追究其损害赔偿责任;

3. 原所有人可基于无处分权人无法律依据获得不正当利益而请求其返还不当得利,即无处分权人以原所有人的所有权消灭为对价,从善意受让人处获得价款或者请求支付价款的债权,由此造成原所有人的损失,故应向其返还不当得利。例如,乙将甲的动产以 5 万元出卖给丙,丙善意取得该动产后,甲有权请求乙返还所收取的该 5 万元价款,如丙尚未支付该价款,甲有权请求乙将其对丙享有的 5 万元债权作为不当得利返还给甲。

理论上有所争议的是:如果乙将甲之市场交易价格为 5 万元的动产以 8 万元出卖给丙,甲对于该高于市场价格的 3 万元是否享有不当得利返还请求权?

对此,一种观点认为,依不当得利的返还规则,在利益大于损害时,不当得利人应以损害为标准返还其所受之利益,以避免原所有人因此反而获得不当得利,故所有人不得请求返还该 3 万元;但另一种观点认为,应当类推适用民法有关无因管理的规定(管理人应向本人返还管理行为获得的全部利益),将无处分权人的行为视为"准无因管理",允许所有人请求返还该 3 万元。①

但考虑到以下因素,上述两种观点均为不妥:(1)所谓"市场价格"是指通常交易价格或者市场交易的平均价格,而无处分权人能够获得的交易价格,不等于原所有人如自己出卖标的物就一定不能获得。因此,所谓"利益大于损害"的说法本身就不能成立。(2)返还标的物价款仅使原所有人在经济利益上得到填补,其对标的物的支配利益并未得到恢复。(3)无处分权人处分他人财产,可能为恶意(如故意实施无权处分),也可能为善意(如误将他人财产当做自己的财产而为处分),但基于其行为的不法性,他不应因此而获得任何利益,即

---

① 谢在全:《民法物权论》(上册),中国政法大学出版社 1999 年版,第 232 页。

使因返还财产或者利益而负担某些损失（如管理费用、谈判费用等），也不得请求补偿，故不应将无处分权人的行为类推适用无因管理的规则，否则，虽无处分权人应返还所获全部利益，但其亦相应可请求补偿其管理费用等，与善意取得制度的目的相悖。

据此，原所有人请求无处分权人返还因其因无权处分而获得的全部利益时，无处分权人不得以该利益高于原所有人的损失或因管理、处分标的物支出了费用等为由请求予以适当减少。

【思考问题】

思考题四：分期付款的买受人可否主张善意取得？

乙将为甲保管的一套组合音响设备擅自出卖给丙，乙、丙签订的买卖合同中约定，乙应将音响设备交付给丙，丙应于1年内分期付清购货价款，在丙未付清货款之前，该音响设备的所有权仍归乙享有。合同签订后，乙向丙交付了音响设备，丙也按期陆续支付了部分货款。在丙未付清全部货款之前，甲请求丙返还其音响设备，丙则主张善意取得，理由是：(1) 丙为善意；(2) 约定的价格合理；(3) 丙已取得该音响设备的占有。

问：丙的主张能否成立？

思考题五：财产上原设定的租赁权是否应因善意取得而归于消灭？

甲的房屋产权被错误登记到乙的名下，乙将该房屋出租给丙，租赁期间，乙将房屋出卖给丁并办理了过户登记，丙未主张承租人优先购买权，但丁知道该房屋出租的事实。后当事人之间就该房屋产权归属发生争议，法院判决支持了丁有关善意取得的主张。其后，丁请求承租人丙返还房屋，理由是丁系根据善意取得制度而取得该房屋所有权，故不适用"买卖不破租赁"的规则，而丙则以丁知道其善意取得的房屋上原设立有租赁权为由，主张其租赁权不因善意取得而消灭。

问：丙的主张能否成立？

【本章思考问题参考答案】

思考题一参考答案：

善意取得制度的宗旨是保护交易安全，故不适用于赠与行为以及遗产继承、遗赠等，基于赠与、遗赠、遗产继承而取得财产具有无偿性，不属交易行为，且责令取得财产的受赠人、受遗赠人以及继承人返还财产，不损害其原有利益。但在赠与、遗赠或者遗嘱继承附有义务的情形，如果该种义务具有财产性质（包括财产的支付或者劳务的付出等），则此种行为实质上具有交易性质，因信赖不动产登记而接受

第七章 善意取得

赠与、遗赠或者遗产继承并因此而同意承担义务的财产受让人应当得到特别保护，故其应当适用善意取得。不过，如果赠与、遗赠或者遗嘱继承所附义务非为财产性义务，或者所附义务产生的财产或劳务的负担轻微，则不应适用善意取得。

同理，遗赠扶养协议为遗赠行为与扶养行为互为给付的合同关系，扶养行为为扶养人获得遗赠财产的对价，故应认定此种行为具有交易性质，在发生遗赠财产的无权处分时，扶养人有权主张善意取得。

思考题二参考答案：

占有遗失物不适用善意取得，故遗失物无论经过多少次转让，除非出现受让人取得其所有权的法定事由，否则所有人均有权请求遗失物的占有人予以返还。本案中，D从C处购买遗失物，不适用善意取得；但F以合理价格从首饰商店善意购买该项链，构成可适用《物权法》第107条有关规定的事由，即如果所有人B在法定期间内不请求返还，F即可取得该项链的所有权。应当注意的是：法律所规定的"从具有经营资格的经营者处购得"指的是买卖合同的出卖人为经营同类商品的商店，由此可依法构成购买人的善意。如果商店系为他人代售物品但不为购买人所知晓，不应影响购买人善意的成立。本案中，如果F依法取得该项链的所有权，则该项链之"遗失物"的性质即不复存在，故在借用人H将之擅自出卖给I时，I可主张善意取得。但是，如果F未能取得该项链的所有权，则该项链仍为遗失物，善意受让人I不得主张善意取得。

如果F依法取得该项链的所有权，则I可主张善意取得，B无权请求其返还项链。此种情形，G有权请求无处分权人H返还价款4.5万元；B则有权请求无处分权人C赔偿损失5万元（市场价格），C则有权请求D返还不当得利5万元，但应向D返还1万元。

如F未能取得该项链所有权，则I不得主张善意取得，B有权请求其返还项链。此种情形，I有权请求H返还4.5万元价款，F有权请求首饰商店返还5万元价款，首饰商店有权请求D返还5万元价款，D有权请求C返还1万元价款。

思考题三参考答案：

关于租赁权是否适用善意取得，学界直接进行的讨论较少。但在讨论我国物权法应否采用德国民法上的物权行为理论时，支持者曾以其有利于保护善意承租人合法利益作为重要理由（如采物权行为理论，则当买卖合同无效时，买受人仍应因接受动产交付或者不动产登记而成为所有人，故其将标的物出卖或者出租，仍为有权处分；如不采物权行为理论，则当买卖合同无效时，动产交付或者不动产登记自始不发生物权变动效力，买受人将标的物出卖或者出租，即构成无权处分，其中，买受人可以得到善意取得的保护，但善意承租人则无法得到保护）。鉴于通说认为善意取得仅适用于物权,且《物权法》第106条第3款也仅规定善意取得可参考适用于所有权之外的他物权,故租赁权适用善意取得尚无理论和现行法上的支持。与此同时,"买卖不破租赁"规则的适用应具备三个条件:(1)承租人的租赁权合法存在;(2)出租人在租赁期间转让租赁物为合法行为;(3)买受人明知或者应知该标的物上存在租赁关系。因此,当出租人为无处分权人时,租赁合同可以为有效,但承租人对租赁物的占有则未必合法。故适用"买卖不破租赁"规则保护善意承租人也是很困难的。

但是,鉴于以下理由,应当认定不动产善意承租人的租赁权可以参照适用善意取得的规则:(1)不动产租赁关系涉及承租人重大的商业经营利益或者生活利益;(2)承租人信赖不动产登记,其信赖利益应受特别保护;(3)法律赋予租赁权(尤其是不动产租赁权)以诸多物权效力的目的,是强化承租人的法律地位,故不动产租赁权可以视为一种他物权;(4)尽管租赁权无须公示,但其存续以承租人占有不动产为条件,故不动产真正权利人有可能对不动产登记错误不知情,但通常不可能对于不动产被出租给他人毫不知情。

思考题四参考答案:

乙、丙之间签订的合同为"附所有权保留条款"的合同,根据这一条款,买卖标的物所有权的转移不以动产交付为准,而是以买受人付清全部货款为准。我国《物权法》第106条规定,善意受让人取得动产的占有,是动产善意取得的成立要件。这一规定的理由在于:(1)动产交付是动产物权变动的法定依据,即通常情况下,动产所有权转移系以动产交付为准,因此,在无权处分的情形,受让人占有动产即表明交易中的物权变动在形式上已经发生,正常情况下,受让人即已取得动产所有权。(2)善意受让人因接受交付而占有动产,即形成其享有动产权利的外观,并对外界产生信赖。总之,受让人取得动产占有,是有权处分情况下受让人取得动产所有权的条件,当然也应是受让人依据善意取得而取得动产所有权的条件。但是,在买卖合同附所有权保留条款时,买受人取得标的物所有权须以付清全部货款为条件,故在该种条件未能成就的情形,动产所有权并未发生转移,亦即出卖人对标的物的"处分"尚未实际发生,所以,在出卖人对标的物无处分权时,买受人之善意取得的成立,应当以其形式上的物权变动已经发生(即已经付清全部货款)为条件,而不能以其占有动产为成立条件。故本案中,不能适用《物权法》第106条的规定,丙不能主张动产善意取得。

思考题五参考答案:

我国《物权法》仅规定"善意受让人取得动产后,该动产上的原有权利消灭,但善意受让人在受让时知道或者应当知道该权利的除外"。(第108条)但这一规定应当参照适用于不动产。由于债权的相对性,前述规定原则上仅能适用于被善意取得的财产上原设立的他物权。但是,与一般债权不同,租赁权(尤其是不动产租赁权)具有某些物权效力,故法律上存在"承租人优先购买权"和"买卖不破租赁"等特别规则。而本案最重要的事实,在于善意受让人丁知道其购买的房屋上设立有丙享有的租赁权,如果出让人乙的行为为有权处分,则丁本来就必须尊重丁的租赁权("买卖不破租赁")。而在该房屋买卖为无权处分的情况下,丁的期待利益已经通过善意取得的适用而获得了充分的保护,如果再赋予丁否认丙的租赁权的权利,则无异于使丁获得了在正常交易情况下也不能获得的额外利益,明显不公。

但问题在于,财产上原设立的不因善意取得而消灭的权利,必须是合法存在的权利。本案中,乙将房屋出租给丙的行为,构成无权处分,但即使承租人丙为善意,根据《物权法》的规定,丙也不能主张其租赁权的善意取得。据此,在出租人乙被确认为无处分权人之时,承租人丙自始不享有租赁权,其无权向真正权利人或者因善意取得而取得该租赁物所有权的善意受让人主张"买卖不破租赁"。

由此可见,在无权处分的情形,承租人的权利能否得到保护,取决于租赁权可否适用善意取得。如果租赁权可适用善意取得,则本案中丙的租赁权应属于房屋上的"原有权利",应当得到房屋新的所有人丁的尊重,否则,丙的租赁权即根本不存在。而本案的处理则清楚表明:将不动产租赁权视为他物权而适用善意取得,有利于保护善意承租人的合法利益,同时,也无损租赁物善意取得人的应有利益。反之,则会使租赁物善意取得人获得不正当利益。

第八章 取得时效

第一节 概述

【基本原理】

一、取得时效的概念

取得时效,是指财产的无权占有人以自主、和平、公开的方式持续占有财产达到一定期间,即依法取得占有物的所有权或者他物权的一种制度。例如,甲的动产被乙不法占有,乙以该动产所有人的名义公开占有、使用该动产,甲对此不闻不问,当乙占有该动产达一定期间(如5年)时,乙即依法取得该动产的所有权,甲的所有权即归于消灭。

时效制度是源自罗马法的最古老的民法制度之一。时效被分为消灭时效与取得时效两种,消灭时效主要适用于债权,取得时效主要适用于所有权和他物权。

大陆法系多数国家的民法典均规定了取得时效制度,但其规定的方式和具体内容不完全相同:《法国民法典》将之与消灭时效视为时效制度的统一整体,一并规定于"时效"一章;《德国民法典》则将之视为与消灭时效性质不同的制度,将消灭时效规定于民法典总则,将取得时效作为物权取得的一种方法规定于物权编。

我国在制定物权法的过程中,学者所提出的有关草案建议稿以及全国人大法工委提交审议的前两次物权法草案审议稿均规定了取得时效制度,但在物权法草案第3次审议稿上,这一制度被删除。2007年3月颁布的《物权法》对这一制度未作规定。

二、取得时效的制度价值

对于取得时效制度的本质,理论上存在多种解释。法国学者认为,从本质上讲,取得时效是保护公共秩序的一种制度,即"通过在一定期间后'并合'权利与事实的方法,禁止占有与所有权之间的无休止的分离"。① 德国民法规定取得时效,最重要的目的是为了保护交易安全,即法律必须将当事人的实际权利和在不动产登记簿上登记的权利加以统一。②

我国民法学者总结各种学说,多将时效制度的存在理由归纳为以下几个方面:(1) 维护既定秩序的稳定,即避免事实状态与法律状态的不一致;(2) 督促权利人及时行使权利,即"法律保护勤勉者,不保护懒惰者";(3) 物尽其用,即加速财产流转,有效利用资源;(4) 避免当事人举证和法院调查证据的困难。③

但也有学者认为,权利意味着自由,只要不损害他人利益和社会公共利益,权利人有权不行使其权利,故取得时效制度的目的并不是为了惩罚不行使权利的权利人。而在一定的社会条件下,资产的闲置只要不违反法律强制性规定,即为法律所许可。因此,为了"物尽其用"而鼓励对他人财产的不法占有,违背法律的宗旨。此外,在民事诉讼中,动产占有人可通过占有的权利推定而得以保护,而当事人应对其权利主张承担举证责任,法院通常并无主动为原告调查取证的义务,故取得时效制度并无保护诉讼当事人或者降低诉讼成本的功能。该学者认为,如同消灭时效,取得时效制度的制度价值仅在其有利于保护财产支配制度及交易安全,亦即在财产被他人不法占有的情况下,如果权利人长期不行使请求返还的权利,则逐渐形成财产占有人之享有财产权利的可值信赖的外观,第三人基于此种信赖而与财产占有人形成各种法律关系,如果为保护真正权利人的利益而破坏此种已经得以稳定的法律关系,会导致财产秩序的混乱以及善意第三人利益的损害。因此,法律规定财产的占有人在一定条件下依法取得占有物的所有权或者他物权,以通过牺牲真正权利人的利益而达到保护财产秩序和交易安全的目的。④

三、取得时效的适用范围

取得时效只能适用于法律允许流转的财产。此外,对于无主物的占有,多数国家的民法规定适用先占原则,故也不适用取得时效。

---

① 尹田:《法国物权法》(第2版),法律出版社2009年版,第243页。
② 孙宪忠:《德国当代物权法》,法律出版社1997年版,第202页。
③ 参见王利明:《民法总则研究》,中国人民大学出版社2003年版,第703—704页;马俊驹、余延满:《民法原论》(第2版),法律出版社2006年版,第242—243页。
④ 尹田:《论"不公正胜于无秩序"》,载梁慧星主编:《民商法论丛》(第19卷),金桥文化出版(香港)有限公司2001年版。

由于取得时效是建立在财产占有人之占有所形成的权利外观的基础之上,故取得时效主要适用于动产。机动车等登记动产以及不动产以登记为物权公示方法,故他人对之进行的占有不会形成其享有权利的外观,所以,对这些财产无论占有的时间有多长,不法占有人均不得依取得时效而取得其物权。

但是,一些国家(如德国、瑞士)的民法典规定,有两种不动产可以适用取得时效:(1) 未经登记的不动产,即占有他人未经登记的不动产达一定期间(如 20 年),占有人可申请登记成为不动产所有人;(2) 登记错误的不动产,即不动产登记错误达一定期间(如 20 年),错误登记即成为正确登记,原不动产所有人不得请求更正。

鉴于我国土地管理制度十分严格,合法建筑长期未经登记且为他人持续不法占有的情况实属罕见,故在我国,取得时效仅应参照适用于登记错误的不动产。

四、取得时效规范的性质

(一) 取得时效规范的强制性

取得时效制度的基本功能在于维护社会生活秩序,故民法有关取得时效的规定属于强制性规范,不得因当事人的约定而加以改变或者排除其适用,亦即当事人不得约定排除取得时效期间的适用,也不得改变取得时效的法定期间的长短,此外,不得改变取得时效的法定成立条件(如当事人不得约定秘密占有也可以成立取得时效),也不得改变时效期间的计算方法等。

与此同时,当事人不得预先放弃取得时效利益。时效利益为当事人因时效届满而获得利益,对此利益,当事人有权予以放弃。例如,取得时效期间届满时,动产占有人即可依法取得该动产的所有权,但动产占有人亦可主动向原权利人返还动产,且不得再以原权利人为不当得利为由请求其返还。但是,在取得时效期间届满前,动产占有人与原权利人有关取得时效届满后占有人必须向原权利人返还动产的约定,应为无效。

(二) 取得时效的援用

取得时效期间届满后,动产占有人取得权利的效果是即刻发生还是必须经由当事人主张(援用时效)才能发生? 如下例:

甲的动产被乙长期不法占有,后甲请求乙返还原物,乙在诉讼中以其他事由予以抗辩,但未主张其已经依取得时效的规定而取得了该动产的所有权。不过,有关证据已经表明,乙占有该动产已经超过了法律规定的取得时效期间且具备取得时效的其他成立要件。在乙的其他抗辩事由不能成立的情况下,法院应否以乙已根据取得时效的规定而取得该动产所有权为事实依据,径直判决甲败诉?

关于法院在诉讼中可否主动援用时效规范的问题,多数国家或地区的民法持否定态度,即只有当被告在诉讼中提出时效抗辩(即以时效届满为由对抗原告的诉讼请求)时,时效的效果(权利的取得)才能发生,如果被告未提出时效抗辩,法院不得主动援用时效规范以保护被告的利益。对于法院可否主动援用时效的问题,我国理论界曾发生过争议。肯定者多以时效为强制性规范为主要理由,而否定者则多以意思自治原则的实行为主要理由。① 但很明显的是,法律既然允许当事人放弃时效利益,则当然不可禁止当事人根本不主张时效利益,故法院主动援用时效的做法是错误的。

【理论拓展】

有关我国《物权法》中应否规定取得时效制度的讨论

在我国民事立法历史上,取得时效制度命运多舛。继1909年的《大清民律草案》将取得时效规定于第一编总则之后,1929年至1931年颁布的《中华民国民法》在物权编对之作了规定。但在1949年以后曾经"三起三落"的民法典起草中,取得时效未被考虑写入,而在于1986年颁布的《民法通则》的制定过程中,民法学术界曾对取得时效制度展开过讨论,但由于苏联民法的影响,否定意见仍占绝对优势地位,故《民法通则》仅规定了诉讼时效。至20世纪90年代中期,取得时效成为几无争议的物权法制度为学者所赞同,而在我国民法理论中,取得时效从绝对的被否定到绝对的被肯定,其变化主要源于人们对这一制度"违背我国拾金不昧、物归原主传统美德"之观点的遗弃。但是,这一制度在物权法起草过程中被删除,其主要原因之一是因为有人提出"取得时效应当与诉讼时效接轨,故无须规定"。依照这些人的观点,在财产被他人占有的情形,如果权利人不行使其权利(原物返还请求权)达到一定期间,即根据诉讼时效而丧失其请求权,占有人则当然取得占有物的所有权。因此,不必另行规定取得时效。

对此,很多学者持反对意见,认为取得时效制度仍有必要单独规定,其主要理由是:

---

① 参见王利明:《民法总则研究》,中国人民大学出版社2003年版,第713—175页。

1. 取得时效与诉讼时效所依据的"事实状态"及其确定方法不同

诉讼时效针对的是受侵害的债权,其立足于债权人有权利不行使的事实状态,而取得时效针对的是受侵害的所有权,其立足于非法占有人的占有事实状态,即占有人自主、公开、和平、持续占有财产而产生的稳定的权利外观,两项制度的立足点与关注点完全不同。

2. 两种时效之期间的确定所考量的因素不同

各国立法上,取得时效与诉讼时效的完成所需法定期间是不相同的。造成此种情况的原因在于,时效完成的依据应为相关事实状态已经持续到足以形成不容破坏的法律秩序,但此种秩序的形成所需期间,却因权利性质或者特征的不同而有所不同,故法律确定两种时效之完成所需期间不可能采用统一标准。

3. 两种时效的法律效果不同

鉴于返还原物请求权虽基于物权的存在而存在,但物权的存在却并不因该项请求权的消灭而在逻辑上当然消灭,因此,在设计限制此种请求权法律保护期间的规则时,与其令时效完成仅仅导致返还原物请求权的消灭,而使占有物之权利归属不知所终(物权人丧失返还请求权但物权不消灭,占有人得拒绝返还却并不能成为权利人),毋宁直接规定占有人取得占有物之物权而权利人当然丧失其物权以及返还请求权,一了百了,不留后患。为此,各国以权利取得为取得时效完成的效果,实为当然选择。

而债权人不行使给付请求权仅仅意味着债务人应减少的利益未获减少,并不意味着债务人由此而取得了何种权利,故令时效完成仅仅导致债权人之债权归于消灭,并不发生任何遗留问题。为此,各国以债权消灭(或抗辩权发生以及债权人丧失胜诉权)为消灭时效(诉讼时效)完成的效果,当属自然。

4. 两种时效的适用范围、举证责任分配以及起算点确定和中断事由等均有不同

(1)债权的保护原则上均得适用诉讼时效,但取得时效不能适用于一切返还原物请求权(已登记的动产或者不动产不能适用取得时效)。

(2)在诉讼中,取得时效完成的举证责任由主张时效利益的占有人承担,如其不能证明取得时效的完成,则推定取得时效不完成。而消灭时效完成的举证责任则采用"倒置"方法由债权人承担,即债权人应通过证明其行使权利的事实(使时效发生中断)或者无法行使债权的事实(使时效发生中止)等,以证明诉讼时效的不完成,如果债权人不能证明时效的不完成,则推定其时效完成。

(3)取得时效期间以占有人符合法定条件的占有事实的发生为起算点,但消灭时效则以权利人知道或者应当知道权利被侵害之时为起算点。同时,其时效的中断事由,与取得时效也有所不同。

第八章 取得时效

因此,物权法有必要对取得时效制度作出规定。①

第二节 取得时效的构成要件

【基本原理】

一、须占有动产并具备法定条件

对于他人动产的占有,是取得时效建立的事实基础。但对他人动产的占有状态十分重要,必须和取得时效的本旨相符,也就是说,对他人动产的占有必须能够形成权利外观。所以,占有人的占有必须是自主、和平、公开的占有。

(一) 自主占有

1. 自主占有的概念

占有人必须是以所有人的名义而占有动产。这是因为,只有自主占有才能产生占有人享有所有权的外部印象。如果占有人为"他主占有"(如以借用人的名义占有动产),则其本身就是对所有人权利的一种承认,从而根本不会形成占有人享有所有权的外观。

与此同时,对他人动产的自主占有具有一种向真正权利人"报警"和"宣战"的功能,如果所有人对此熟视无睹,则其权利的丧失方可有道德上的支撑。因此,动产的他主占有人除非在后来转换占有名义(亦即将其他主占有改变成为自主占有),否则,其永远不能基于取得时效而取得占有物的所有权。

2. 自主占有的确定

对于占有人的自主占有的确定,法律上通常采用推定的方法,即如无相反证据证明占有人为他主占有,则推定其为自主占有。但在占有人取得占有时为他主占有的情形,对于占有名义的转换,占有人应当承担举证责任。例如,甲的某物出借给乙使用,借期届满后,甲未请求其返还,乙仍继续占有、使用该物。如乙主张取得时效的适用,则必须证明其占有的名义已从他主占有(借用人)转

---

① 尹田:《论物权法规定取得时效的必要性》,载《法学》2005年第8期。

换成为自主占有(所有人)并达到法定期间,否则,其主张不能成立。

3. 自主占有人取得占有时的主观心理状态

对于占有人取得占有是否必须为善意(即对其为无权占有不知情),存在两种立法模式:德国、瑞士等国民法规定,占有人取得占有之时须为善意,否则不得主张取得时效;但日本等国民法则对之不加以限制。我国学者认为,取得时效的目的在于保护财产秩序,故不应以占有人取得占有时为善意或者恶意为适用条件。但在设置取得时效的期间时,应当根据占有人取得占有时的主观心理状态而有所区别,即占有人取得占有时为善意的,其取得时效的期间应规定得较短,反之则应规定得较长。

4. 共有物的自主占有

财产的共同共有或者按份共有关系中,如其中一共有人以单独所有的意思占有共有物,且该共有人实施的行为已明显与其他共有人的权利相悖,即已经表现为对所有人享有的排他权利的行使,则该共有人可依取得时效而取得共有物的所有权。

(二) 和平占有

占有人须以非暴力的方式(如非以抢夺、胁迫等)而占有他人的动产。以和平方式取得动产占有后采用暴力的方式予以维持的,转换为暴力占有。

(三) 公然占有

占有人须公开以所有人名义占有、使用动产,反之则为秘密占有。对于何谓"秘密",有学者指出:凡特意使他人不知其占有之事实而故意为隐藏之占有,为秘密占有。其是否为公然占有,应依一般社会观念决定,例如,对恶意取得的冬季西装,冬季虽有穿着,但夏季则收藏于衣柜,仍属公然占有;反之,将恶意取得的古钟放置于客厅,但故意加以伪装,使他人难以发现者,为秘密占有。[①] 对此,法国学者更为强调秘密状态的作用,认为秘密占有的目的是占有人想借此阻止真正权利人要求返还。所以,只有那些有可能阻止所有人要求返还的秘密占有,才能构成占有的秘密性。[②]

二、须经过一定期间

各国家和地区的民法对于取得时效完成所须法定期间,依据不同情况作出

[①] 谢在全:《民法物权论》(上册),中国政法大学出版社1999年版,第149页。
[②] 尹田:《法国物权法》(第2版),法律出版社2009年版,第184页。

了不同的规定:对于动产的取得时效期间,有的规定为 10 年(德国),有的规定为 5 年(瑞士及我国台湾地区);对于不动产的取得时效期间,有的规定为 10 年(日本),有的规定为 10 年至 20 年(法国),有的则规定为 30 年(德国),等等。

我国学者提出的物权法草案建议稿规定:"以所有的意思,10 年间和平、公然、连续占有他人动产者,取得其所有权。但其占有之始为善意并无过失者,为 5 年。""不动产所有权错误登记和未登记的,均为 20 年。"[①]

第三节 取得时效期间的计算

【基本原理】

一、取得时效的起算

取得时效自动产占有人取得对动产的自主占有时开始计算。

他主占有转换为自主占有的,取得时效自占有名义转换之时开始计算。

二、取得时效的中止和中断

(一)取得时效的中止

取得时效的中止,是指在时效进行期间,取得时效期间因权利人无法行使返还请求权而暂停计算,待中止事由消除之后,取得时效期间继续计算。对于取得时效的中止,多数国家规定中止事由只有发生于时效完成前 6 个月之内,才能引起取得时效的中止;有的国家则规定时效中止后,如剩余时间不足 6 个月的,延长为 6 个月。

取得时效因下列事由而中止:

1. 不可抗力:如不可抗力使权利人陷于不能中断取得时效(如请求占有人返还占有物等)的状态时,取得时效发生中止。

2. 欠缺行为能力的权利人无法定代理人:权利人无行为能力或仅具有限

[①] 梁慧星主编:《中国物权法草案建议稿》,社会科学文献出版社 2000 年版,第 228—233 页。

制行为能力时,如无法定代理人,则不能以自己的行为中断取得时效,故应导致时效中止,待其法定代理人得以确定或者权利人取得或恢复完全行为能力时,取得时效继续计算。

3. 法定代理关系的存在:在欠缺行为能力人的动产被其法定代理人自主占有的情形,在法定代理关系存续期间,取得时效不开始进行或者发生中止。自欠缺行为能力人取得或者恢复完全行为能力或有新的法定代理人时,时效期间开始计算或者继续计算。

4. 夫妻关系的存在:基于婚姻关系的本质,以及在夫妻关系存续期间一方对另一方的财产之自主占有的模糊性,取得时效期间在夫妻关系存续期间不开始进行或者发生中止。

5. 权利人的继承人或者遗产管理人未确定:权利人死亡后,如其继承人或者遗产管理人未确定,被他人占有的财产的返还请求权无法行使,故取得时效应发生中止。

(二) 取得时效的中断

取得时效的中断,是指在时效进行期间,因发生与取得时效建立的基础相反的事实,致使已经进行的时效期间归于无效。在中断事由消除之后,取得时效期间重新开始计算。

取得时效的中断可因下列事由而引起:

1. 占有人自主占有的丧失:在时效进行期间,如果占有人自行中止占有(如抛弃占有的动产等),或者非基于占有人的意思而丧失占有(如占有物被他人侵夺或者遗失占有物等),或者占有人自主占有的名义发生转换(其自主占有转换为他主占有)等,取得时效的建立基础消灭,时效发生中断。

2. 权利人行使返还请求权:在时效进行期间,如权利人以诉讼或者非诉讼的任何方式行使其返还请求权时,取得时效发生中断。

第九章 物权的保护

第一节 概述

【基本原理】

一、物权的公法保护

保护民事主体所享有的民事权利不受侵害,是一切法律的共同任务,故物权的法律保护既包括公法的保护,也包括私法的保护。

物权的公法保护首先体现在《中华人民共和国宪法》(以下简称《宪法》)对保护公民个人财产权利的原则性规定,其中包括"私有财产不受侵犯"原则(《宪法》第13条第1款规定:"公民的合法的私有财产不受侵犯。")、"私有财产权和继承权受保护"原则(《宪法》第13条第2款规定:"国家依照法律规定保护公民的私有财产权和继承权。")、"私有财产征收及征用的补偿"原则(《宪法》第13条第3款规定:"国家为了公共利益的需要,可以依照法律规定对公民的私有财产实行征收或者征用并给予补偿。"),等等。这些规定,从基本法上奠定了物权保护的基础。

物权法的公法保护还具体体现在我国刑法、行政法等法律、法规对民事主体财产权利的保护性规定。其中包括我国《刑法》对侵犯财产的各种犯罪行为进行的刑事处罚,也包括我国《土地管理法》《城市房地产管理法》等行政法规对于公民所享有的土地使用权以及房屋所有权的保护性规定,等等。

二、物权的私法保护

物权的私法保护即物权的民法保护:在物权遭受不法侵害时,物权人有权根据民法所赋予的救济权利追究加害人的民事责任,以使其受到妨害的物权回复圆满状态或者在经济利益上得到填补。物权的民法保护主要是通过赋予其物权受到侵害的物权人以各种请求权来实现的。理论上,物权的民法救济被分为物权法上的救济与债权法上的救济两种。

（一）物权法上的救济

物权法上的救济是指以使受到侵害的物权回复圆满状态为目的而赋予物权人以各种请求权利。因此种救济方式以回复物权的圆满状态为特征，且主要由物权法加以规定，故称为"物权法上的救济"。

我国《物权法》明确规定了对国家、集体和私人的物权予以平等保护的原则（第4条），明确规定保护私人的房屋、生活用品、生产工具、原材料等不动产和动产的所有权（第64条），对于公民的合法财产，明确规定禁止任何单位和个人侵占、哄抢、破坏（第66条）。同时，对于土地征收与房屋拆迁中私人利益的切实保障，作出了具体规定（第42条第2款规定："征收集体所有的土地，应当依法足额支付土地补偿费、安置补助费、地上附着物和青苗的补偿费等费用，安排被征地农民的社会保障费用，保障被征地农民的生活，维护被征地农民的合法权益。"第3款规定："征收单位、个人的房屋及其他不动产，应当依法给予拆迁补偿，维护被征收人的合法权益；征收个人住宅的，还应当保障被征收人的居住条件。"第4款规定："任何单位和个人不得贪污、挪用、私分、截留、拖欠征收补偿费等费用。"）。同时还规定了财产征用的返还及补偿原则："被征用的不动产或者动产使用后，应当返还被征用人。单位、个人的不动产或者动产被征用或者征用后毁损、灭失的，应当给予补偿。"（第44条）

对于受到不法侵害的物权的法律救济，《物权法》设专章（第三章）进行了规定，具体包括物权救济的法律途径（第32条规定："物权受到侵害的，权利人可以通过和解、调解、仲裁、诉讼等途径解决。"）、物权的救济方法（第33—37条）、物权救济方法的适用（第38条规定："本章规定的物权保护方式，可以单独适用，也可以根据权利被侵害的情形合并适用。"）。

根据《物权法》的规定，物权之物权法上的救济方法主要包括：物权请求权（包括原物返还请求权与妨害排除请求权）、占有保护请求权（包括占有物返还请求权以及占有人的妨害排除请求权等）。

（二）债权法的救济

债权法的救济，主要是指以其权利受到不法侵害的物权人在经济利益上获得填补为目的而赋予其各种请求权利。由于此种救济是以在物权人和加害人之间产生债权债务关系的方式得以实现，故称为"债权法的救济"。

债权法的救济方式主要包括：

1. 损害赔偿请求权。如我国《民法通则》第117条规定："损害国家的、集体的财产或者他人财产的,应当恢复原状或者折价赔偿。"(第2款)"受害人因此遭受其他重大损失的,侵害人并应当赔偿损失。"(第3款)又如我国《物权法》第37条规定:"侵害物权,造成权利人损害的,权利人可以请求损害赔偿。"

2. 不当得利返还请求权。如《民法通则》第92条规定:"没有合法根据,取得不当利益,造成他人损失的,应当将取得的不当利益返还受损失的人。"

3. 占有物损害赔偿请求权。根据《物权法》第245条有关占有保护的规定,"占有的不动产或者动产被侵占的……因侵占或者妨害造成损害的,占有人有权请求损害赔偿"。

第二节 物权的主要保护方法

【基本原理】

一、物权确认请求权

(一)物权确认请求权的概念

物权确认请求权是指当物权归属发生争议时,物权人有权请求法院确认其享有物权的权利。物权发生争议,物权人的权利即处于不稳定状态,而他人对物权享有的主张,则直接威胁物权人对其物权的正常行使,故物权确认请求权属于物权保护方法之一种。

我国《物权法》第33条规定:"因物权的归属、内容发生争议的,利害关系人可以请求确认权利。"根据这一规定,物权确认请求权不仅包括物权归属的确认,还应包括物权内容的确认。但是,物权的内容十分广泛,包括物权的权限(如土地使用权的权限范围)、物权标的物的范围(如抵押物的范围)、物权的顺位(如抵押权的顺位)、物权不得对抗的第三人的范围(如未经登记的地役权不得对抗的第三人范围)等,虽然物权内容的争议也直接关涉物权人权利的保护,但其争议主要的作用在于妨害了物权人权利的正常行使,故其应被纳入物权保护方法中的妨害排除请求权之中为妥。①

(二) 物权确认请求权的性质

对于物权确认请求权的性质,存在不同的观点。有人认为其属于实体法上的权利,为物权请求权之一种②;也有人认为其属于程序法上的权利,其主要理由是:(1) 物权的享有是物权请求权产生的基础,而没有物权的人也享有物权确认请求权,只是其请求不能得到法院支持;(2) 物权请求权的行使可以采取诉讼外的方式,而物权确认请求权则必须采用诉讼的方式;(3) 物权请求权的行使确定地产生物权恢复圆满状态的实体法上的效果,但物权确认请求权的行使不能直接达到该种实体法上的效果。③ 考虑到物权确认请求权只能采用诉讼的方式向法院提出,故认定其为一种诉讼权利更为妥当。

(三) 物权确认请求权的行使

1. 请求权主体

根据我国《物权法》第 33 条的规定,物权确认请求权的主体为"利害关系人"。这里的利害关系人应当理解为与物权归属的确认具有利益牵连的人,亦即只有与物权归属的确认存在利害关系的人,才可以作为物权确认诉讼的原告,非利害关系人就他人的物权归属确认提起诉讼,其起诉应被法院驳回。

与物权归属的确认存在利害关系的人主要是指主张物权享有的人(如乙对甲持有产权证的房屋主张所有权,乙和甲均有权诉请法院确认该房屋所有权归其所有),也包括其他与物权归属的确认存有利害关系的人(如甲死亡后,甲的继承人乙提起诉讼,请求确认登记在丙名下的房屋的所有权归被继承人甲享有,因甲的财产权利确认涉及其遗产范围,故甲的继承人为利害关系人)。

2. 请求权行使期间

物权确认请求权非为实体法上的权利,故不适用诉讼时效或者除斥期间的规定,即此种请求权的行使,不受时间的限制。

3. 物权确认机构

法院和仲裁机构对于物权归属享有确认裁判权。国家行政机关对民事权利不享有裁判权力,故不动产登记机构或者其他行政机关均无权对不动产或者

---

① 参见崔建远:《物权:规范与学说——以中国物权法的解释论为中心》(上册),清华大学出版社 2001 年版,第 270 页。
② 王利明主编:《中国物权法草案建议稿及说明》,中国法制出版社 2001 年版,第 206—210 页。
③ 崔建远:《物权:规范与学说——以中国物权法的解释论为中心》(上册),清华大学出版社 2001 年版,第 271 页。

动产物权归属争议进行裁判和确权。

二、物权请求权

(一) 物权请求权的概念

物权请求权又称"物上请求权",是指当物权的正常状态遭受或者有可能遭受不法侵害时,物权人请求加害人为一定行为或不为一定行为,以恢复物权的圆满状态的权利。

物权请求权是物权受到侵害产生的诸多请求权中的一种。

根据物权遭受不法侵害的不同情形,物权的侵害方式可以归纳为三种类型,即不法妨害、不法占有以及不法损害,与此相适应,物权人可依法享有三种请求权:

1. 排除妨害请求权

排除妨害请求权因不法妨害而产生。

不法妨害是指以不法行为妨害物权人行使物权,为此,物权人有权请求妨害人排除妨害。此项权利称为"排除妨害请求权",包括请求妨害人排除现实存在的妨碍("妨害除去请求权"),也包括请求妨害人消除有可能发生妨害的危险("妨害防止请求权")。

2. 返还原物请求权

返还物权请求权因不法占有而产生。

不法占有是指物权的客体物被他人不法占有。为此,物权人有权请求不法占有人返还原物。

3. 损害赔偿请求权

损害赔偿请求权因不法损害而产生。

不法损害是指物权的客体物被他人非法毁损灭失。为此,物权人有权请求加害人赔偿损失。与此同时,如果被损坏的财产有修复的可能和必要,则物权人还可以请求加害人修复还原。此项权利被称为"恢复原状请求权"。

传统民法上,法律为救济遭受不法侵害的物权而赋予物权人的上述各种请求权中,"排除妨害请求权"和"返还原物请求权"被称为"物权请求权",通常作为恢复物权圆满状态的法律救济方法被规定在物权法之中。而"损害赔偿请求权"则被作为一种"债权请求权"(即在财产被毁损灭失的情况下,以在加害人和受害人之间产生损害赔偿之债的方式,对受害人进行利益填补),被规定在债权法之中,视为债权债务关系的发生原因之一。至于"恢复原状请求权",则通常被作为损害赔偿的一种特别方法而加以规定。

(二) 物权请求权的特征

与损害赔偿请求权等债权请求权相比较,物权请求权具有以下特征:

1. 物权请求权的目的在于恢复物权的圆满状态

物权请求权旨在保护物权,其来自于物权的支配内容,目的在于使物权恢复圆满状态和支配力。只有当物权人的支配权利受到他人侵害时,为恢复物权的圆满状态,物权人才能行使此种请求权。而损害赔偿请求权的目的仅仅在于对受害人进行利益填补。

2. 物权请求权基于物权产生,且与物权不可分离

依德国民法理论的通说,物权请求权"是一种附属性权利而不是独立的权利",其理由是:物权请求权基于保障物权的完满状态而生,并无独立的存在目的,且更重要的是,此种权利完全不可以与本权(指物权)脱离,不可以独立地被转让给第三人(凡是独立的财产权利,必然可以被独立转让),同时,此种权利具有消极性,仅在物权的积极权能的行使受到妨碍时方可有行使的机会。① 因此,物权请求权是附属于物权的一种救济性质的权利。如果物权人的物权消灭,则其物权请求权也不可能继续存在。

3. 物权请求权的产生不考虑加害人是否有过错

当物权遭受不法侵害时,法律是否赋予物权人以请求权作为救济,必须根据具体情况确定相应的条件。

在财产被毁损灭失的情况下,由于责令加害人承担损害赔偿义务,对于加害人而言,意味着对其施加了一种法律制裁(强令加害人以自己的利益去填补受害人的损失,是对加害人的一种惩罚),而如果加害人对于损害的发生主观上没有过错,即损害系由不可抗力或者意外事故而发生,则责令无辜的加害人承担损害赔偿义务,不仅违反人道主义精神,而且会不恰当地限制人们的自由。因此,近代民法对于损害赔偿责任的承担,实行"过错责任"原则。据此,损害赔偿请求权的成立,原则上须以加害人对于损害的发生主观上具有过错为条件。而责令加害人以自己的费用恢复被损之物的原状,也是对加害人的一种惩罚,所以,恢复原状请求权的成立,也应以加害人有过错为条件。

但是,在物权行使受到不法妨害或者财产被他人不法占有的情况下,责令不法侵害人排除妨害或者返还原物,仅剥夺其获得的不法利益,而并不增加其

---

① 孙宪忠:《德国当代物权法》,法律出版社1997年版,第88页。

经济负担,故并不意味着任何制裁或者惩罚,因此,排除妨害请求权和返还原物请求权的成立,不以妨害人或者财产的不法占有人的过错为条件。

4. 物权请求权不适用诉讼时效

损害赔偿请求权等债权请求权适用诉讼时效的规定,物权请求权不适用诉讼时效。

(1) 排除妨害请求权依其本质不适用诉讼时效

由于妨害为一种持续进行的加害状态(如在他人门前堆放物品,妨碍他人正常通行),而妨害的存在为排除妨害请求权的成立要件,故排除妨害请求权无法计算时效的起算点,其性质上不能适用诉讼时效。

(2) 返还原物请求权因取得时效制度而不能适用诉讼时效

返还原物请求权以救济物权为目的,随物权的存在而存在,故在财产被他人不法占有的情况下,只要物权本身不因取得时效的适用而消灭,则物权请求权即不应因诉讼时效而丧失其强制力,否则,就会造成物权人享有物权但又无法请求不法占有人返还原物的状态,使物权因失去物权的实质而有名无实。例如,物被盗窃,如物权人的返还原物请求权依消灭时效而消灭,而盗窃人又未能根据取得时效而取得物权。此时,物权人虽享有物权,但却无法实现。为此,在财产被不法占有而物权人长期不行使返还原物请求权的情形,民法专门设置了取得时效制度,使占有人在一定条件下取得占有物的物权,并使物权人的物权因此而归于消灭,与此同时,其返还原物的请求权也随物权的消灭而消灭。

(三) 排除妨害请求权的行使

1. 排除妨害请求权的成立要件

(1) 须妨害存在

除不法占有之外,其他凡属影响物权人正常行使物权的妨害,物权人均得请求排除。

妨害包括两种情形:一为正在进行的妨害(如在他人房屋过道上堆放垃圾,妨碍他人正常通行),对正在进行的妨害的排除,我国立法上称之为"排除妨碍";二为发生妨害的危险(如在他人房屋旁边放置装满汽油的汽油桶,有可能引发火灾),对妨害发生危险的排除,我国立法上称之为"消除危险"。但妨害必须现实存在,如果过去存在的妨害目前已经消除,则受害人可以请求损害赔偿,但不得请求排除妨害。

妨害与损害的区别在于:损害表现为可衡量的经济利益的损失,而妨害则表现为物权行使上的障碍或者发生障碍以及损害的危险。不法妨害如果同时造成物权人的损失,物权人在请求权排除妨碍的同时,可以请求加害人赔偿损失。但加害人承担排除妨害的责任不依其对妨害的形成具有过错为条件,而除法律有特别规定的情形,加害人只有在其对损害的发生具有过错的情况下,才能承担损害赔偿责任。

妨害不包括不法占有。对财产的不法占有,通常会造成物权人丧失对物的控制支配(如将小汽车停放于他人的停车位,他人即不可再利用该车位停放汽车),但有时也可能仅造成物权人对物进行支配利用上的不便(如将丢弃的旧家具置放于他人停车位旁边并占有其小部分面积,虽他人仍能停放小汽车,但造成其停车不便),因此,妨害与不法占有之间有时会发生重叠。为法律适用的便利,应当确定的原则是:如果不法全部或者部分占有他人财产而导致他人丧失对物的控制支配或者利用的,构成不法占有,物权人有权请求加害人返还财产;如果不法部分占有他人财产仅导致他人财产使用上的不便的,构成不法妨害,物权人应请求加害人排除妨害。

(2) 须妨害具有不法性

物权行使受到法律的必要限制,故依照法律规定或者国家行政机关的行政命令,基于公共利益而对物权人行使物权的方式、权限等进行的合法限制,不构成不法妨害。此外,基于他物权(如地役权)或者合同约定(如租赁合同)而对物权行使的限制,也不构成不法妨害。与此同时,依照社会生活习惯,对物权行使之轻微的妨碍,物权人应有适当的"容忍"义务,其不构成不法妨害。例如,邻家小孩白天在家练习钢琴,只要不在午休时间,则通常不构成不法妨害。对此,相邻关系的规则常常被适用于判断当事人的行为是否构成不法妨害的法定依据。

妨害只需具有不法性,即构成不法妨害,妨害是否造成或者有可能造成物权人的损失,以及妨害人对妨害的发生是否具有过错,在所不问。

2. 请求权主体与相对人

受到不法妨害的物权人为排除妨害请求权的主体。排除妨害请求权与物权不得分离,故其产生后,随物权的存在而存在,随物权的转移而转移,且不得脱离物权而单独转让给他人享有。

妨害人为该请求权的相对人。根据妨害发生的不同情况,妨害人被分为两种:

(1) 行为妨害人。以自己的行为对他人的物权行使产生妨害的人为行为妨害人。如放置垃圾于邻人家之通道而妨碍其通行。

(2) 状态妨害人。因自己持有或者经营的物或者设施具有某种状态而造成对他人物权行使的妨害的人,为状态妨害人。妨害人是否由于自己的行为导致妨害状态的形成以及其是否有过错,在所不问。例如,种植的树生长后其枝丫伸入邻人的窗户,邻人有权请求其修剪;又如,房屋所有人违章搭建的屋顶阳光房遮挡了邻人的正常光照,该房屋出卖给他人后,邻人仍有权请求房屋购买人(所有人)拆除该阳光房,购买人不得以该阳光房非为自己修建为由予以抗辩。

3. 费用承担

排除妨害的费用由不法妨害人承担。如物权人以自己的费用排除妨害,有权请求妨害人予以补偿。

(四)返还原物请求权的行使

1. 返还原物请求权的成立要件

(1)须原物被他人不法占有

动产或者不动产被他人不法占有时,物权人有权请求不法占有人返还原物。所谓"不法占有",是指占有人之占有不具有合法根据,故又称"无权占有"。如果占有人之占有具有合法根据(包括根据法律的直接规定或者根据当事人之间的约定,如承租人对租赁物的占有等),则为"有权占有",不构成不法占有。

基于物权的支配性特征,物权具有追及效力,亦即物权人得请求任何不法占有其财产的人返还物权。至于不法占有人是否具有过错,其取得无权占有为善意或者恶意,均不影响物权人行使其返还原物请求权。

(2)须原物存在

返还原物请求权以原物存在为条件。如果原物已经毁损灭失,则加害人客观上不能返还原物,物权人只能请求损害赔偿。在原物被损坏但能予以修复的情形,物权人可以在请求返还原物的同时,请求加害人对物恢复原状,如仍有损失,还可请求其赔偿损失。

原物存在是指物在物质形态上仍独立存在,如原物之物质形态已经转变(如面粉已被做成馒头),或者原物因已经成为他物的组成部分而丧失其独立性(如木料已被用于修建房屋),则原物已不存在;如原物已被转让给第三人,除非第三人根据善意取得制度而取得了占有物的所有权,否则,原物仍存在于不法占有的第三人处,物权人得请求其返还。

2. 请求权主体及相对人

(1)请求权主体

返还原物请求权的主体为物权人(包括物的所有人以及他物权人),因租赁权具有某些物权效力,故在租赁物被他人不法占有时,承租人也有权请求其返还原物。

因返还原物请求权与物权不可分离,故其依法产生后,随物权的存在而存在,随物权的消灭而消灭,亦不得脱离物权而转让给他人享有。

对于被不法占有的共有物,由于共有人对共有物的支配和利用及于共有物之全部,故无论按份共有或者共同共有,各共有人均有权请求不法占有人返还共有物之全部。

(2) 请求权之相对人

返还原物请求权的相对人是原物的不法占有人,包括直接占有人以及间接占有人,但不包括占有辅助人。因占有辅助人是受占有人指示而为占有(如占有人将其不法占有的汽车交给其雇用的司机驾驶),不具有占有人的地位,故非为返还原物请求权的相对人。

3. 原物所生孳息的返还

原物在被不法占有期间,有可能存在两种利益:一为对原物的使用所获利益(如居住房屋所获的利益),二为原物所生孳息(收益)的收取(如将房屋出租所收取的租金)。

一些国家或者地区的立法规定,无权占有人如为善意,对其善意占有期间对原物的使用及收益可不予返还,而恶意占有人则在返还原物的同时,必须返还原物所生孳息,孳息如已不存在,须返还相应价金,同时,还应对其使用向权利人支付相应价款(德国、我国台湾地区民法)。其理由是:善意占有人不知其为无权占有,"盖历年取得之孳息,若令其系数返还,善意之占有人,必蒙不测之损害,非保护善意占有人利益之道。……恶意占有人,当其占有时,逆知将来须以其占有物所生孳息,及占有物共返还于恢复占有人,纵使其返还现存之孳息,并清偿现已无存孳息之价金,必不致因此而受不测之损害"[①]。

关于占有人的善意的确定时间,当收益为天然孳息时,以孳息由原物分离之时为准;当孳息为法定孳息时,按善意存续期间的日数,取得其相当期间的孳息。[②] 但是,根据《德国民法典》第 988 条规定,无偿取得占有的善意占有人,应当返还其所取得的使用收益。

我国《物权法》第 243 条规定:"不动产或者动产被占有人占有的,权利人可以请求返还原物及其孳息,但应当支付善意占有人因维护该不动产或者动产支出的必要费用。"此条规定虽然确定了权利人在请求返还原物时,有权请求占有

---

① 王泽鉴:《民法物权》,北京大学出版社 2009 年版,第 504—506 页。
② 我国台湾地区"民法典"第 70 条。

人返还孳息,但并未免除善意占有人返还孳息的责任。

不法占有人对原物所生孳息的返还,其性质属于不当得利的返还。

4. 物权人对原物费用支出的补偿

原物在被不法占有人占有期间,有可能产生费用。其费用分为三种:

(1) 必要费用

必要费用包括为保存原物通常必须支出的费用(如房屋、汽车一般所需要的维修保养费用),以及特殊情况下必须支出的费用(如房屋遭受地震、汽车被洪水淹没所需支出的重大修缮费用)。学说上认为,对于必要费用,物权人对于占有人原则上应予补偿,但善意占有人如已经取得孳息,则对通常维护所支出的费用不予补偿,这是因为,孳息通常与保存原物通常支出的费用相当。但对于特殊情况下支出的必要费用,因金额较大,善意占有人仍有权请求予以补偿。

(2) 有益费用

有益费用是指因对原物进行改良所支出的费用(如在汽车窗玻璃上加贴防晒膜、将汽车门窗由手动改为电动等)。因改良行为使原物价值有所增加,故物权人应在其增加的现存价值范围内对占有人予以适当补偿。但就恶意占有人是否有权请求补偿有益费用,理论上存在争议。[①]

(3) 奢侈费用

奢侈费用是指为增加享受而支出的费用(如改变汽车的颜色、用高级涂料重新粉刷墙壁等)。对于奢侈费用,占有人不得请求物权人予以补偿。

依照我国《物权法》第243条的规定,权利人在请求返还原物及其孳息时,"应当支付善意占有人因维护该不动产或者动产支出的必要费用"。根据这一规定,善意占有人应当返还孳息,但有权请求物权人补偿其支出的必要费用。而恶意占有人则不享有此项请求权利。

理论上认为,占有人请求物权人支付原物的必要费用,应参照适用民法有关无因管理的有关规定予以处理。

5. 返还原物请求权与其他请求权的竞合及其处理原则

(1) 请求权竞合的概念及其一般处理原则

请求权竞合,是指基于同一法律事实而根据不同的法律规定产生两个以上的请求权。例如,医生在为病人动手术时,错将其无病的器官切除。此一事实对受害人同时产生两项请求权:一为违约损害赔偿请求权,基于医院违反与病人签订的医疗合同的约定而依照《合同法》的规定产生;二为侵权损害赔偿请求

---

① 参见王泽鉴:《民法物权》,北京大学出版社2009年版,第513—514页。

权,基于医生侵害病人身体权及健康权的侵权行为而依照《侵权责任法》的规定而产生。

有关请求权竞合及其处理原则,各国立法和理论学说上存在差异。我国主流理论认为,在发生请求权竞合(民事责任竞合)的情形,权利人有权在发生竞合的两种以上请求权中任意选择其中之一行使,如权利人行使其请求权已达到目的,则不得再行使其他请求权;如权利人选择行使的请求权因诉讼时效届满等原因而未能实现,则其仍可选择行使其他请求权。据此,我国《合同法》第144条规定:"因当事人一方的违约行为,侵害对方人身、财产权益的,受损害方有权选择依照本法要求其承担违约责任或者依照其他法律要求其承担侵权责任。"

(2) 返还原物请求权与其他请求权的竞合

基于不法占有而产生的返还原物请求权与基于不当得利而产生的返还原物请求权以及基于违约行为等而产生的返还原物请求权有可能发生竞合。

不当得利是指无法律上的根据而获得利益并对他人产生损害的行为。不法占有他人财产同时构成占有人的不当得利,在原物存在的情况下,受损人有权请求不当得利人返还原物。所以,物权请求权中的返还原物请求权总是会与不当得利之原物返还请求权发生竞合。

在租赁、借用等合同中,出租人、出借人享有请求相对方返还原物的请求权,因承租人、借用人对财产的占有为有权占有,故其不产生不法占有的原物返还问题。但在出租人、借用人在合同期限届满或者合同解除之后,拒不返还占有物,则构成对财产的不法占有。此时,即发生请求权竞合:承租人、借用人可以根据合同法的规定请求其返还租赁物、借用物,也可以根据物权法的规定请求其返还原物,还可以根据不当得利的规定请求返还不当得利。此外,在租赁等合同无效或者被撤销的情形,占有租赁物的承租人也构成无权占有,也会发生请求权竞合。

(3) 返还原物请求权竞合之处理

返还原物请求权竞合适用一般的处理原则,即权利人有权在各请求权中任选一种行使。但是,理论上认为,在物权法为保护善意占有人而设有特别规定时,应依照其立法目的,排除一般规定的适用。[①]

根据我国《物权法》第243条的规定,请求返还原物及孳息的权利人"应当支付善意占有人因维护该不动产或者动产支出的必要费用"。而我国《民法通

---

① 王泽鉴:《民法物权》,北京大学出版社2009年版,第516页。

则》有关不当得利的第 92 条规定:"没有合法根据,取得不当利益,造成他人损失的,应当将取得的不当利益返还受损失的人。"这一规定并未赋予权利人向善意的不当得利人支付"必要费用"的义务。此外,我国最高人民法院《关于贯彻执行中华人民共和国〈民法通则〉若干问题的意见(试行)》第 131 条规定:"返还的不当利益,应当包括原物和原物所生的孳息。利用不当得利所取得的其他利益,扣除劳务管理费用后,应当予以收缴。"这一规定同样没有赋予权利人支付"必要费用"的义务。但鉴于前述《物权法》的规定为特别规定,故应排除不当得利有关规定的适用。例如,甲的房屋被乙善意占有,乙占有期间支付了该房屋必要的维修费用。甲可选择按《民法通则》第 92 条的规定请求乙返还不当得利之原物,但不得拒绝按《物权法》第 243 条的规定向乙支付该维修费用。

三、损害赔偿请求权

(一) 损害赔偿请求权的性质

在物权的标的物被他人不法损害时,物权人有权请求加害人赔偿损失。此种损害赔偿请求权属于债权请求权,加害人所承担的损害赔偿责任,为侵权责任。根据我国《侵权责任法》的规定,加害人承担损害赔偿责任原则上应以其具有过错为条件(第 6 条),除法律规定适用无过错责任的情形之外,因不可抗力造成他人损害的,不承担责任。(第 29 条)

(二) 占有物毁损灭失的赔偿责任

物权标的物被他人实施侵权行为而毁损灭失的,物权人有权根据《侵权责任法》的有关规定追究加害人的赔偿责任。但对于物权标的物系在被他人不法占有期间毁损灭失的情形,《物权法》第 242 条作出了特别的规定,根据其规定,占有人应承担的赔偿责任因占有人之占有为恶意或者善意而有所区别。

1. 善意占有人的赔偿责任

一些国家或者地区的立法规定:善意自主占有人因故意或者过失而使占有物毁损灭失的,仅应在其所受利益的范围内承担赔偿责任。[1] 所谓"所受利益",是指善意占有人因占有物的毁损灭失而获得利益,如保险赔偿金、第三人支付的赔偿金等。但他主占有人明知其占有的为他人之物,对之应负注意义务,故不适用此项规则。[2]

---

[1] 我国台湾地区"民法典"第 953 条。
[2] 王泽鉴:《民法物权》,北京大学出版社 2009 年版,第 506 页。

我国《物权法》第 242 条规定:"占有人因使用占有的不动产或者动产,致使该不动产或者动产受到损害的,恶意占有人应当承担赔偿责任。"依照这一规定,善意占有人似乎仅在占有物因"使用"而毁损灭失的情况下,才不承担赔偿责任。但该法第 244 条又规定:"占有的不动产或者动产毁损、灭失,该不动产或者动产的权利人请求赔偿的,占有人应当将因毁损、灭失取得的保险金、赔偿金或者补偿金等返还给权利人;权利人的损害未得到足够弥补的,恶意占有人还应当赔偿损失。"依照此条规定,无论占有物是否因为"使用"而毁损灭失,善意占有人均仅应返还因此所取得的保险金、赔偿金或者补偿金,但并不承担其他赔偿责任。据此,可以将前述第 242 条中所规定的"使用"扩张解释为占有物在被占有人所占有期间,均处于"使用"状态。总之,结合上述两条规定,可以认为,在占有物毁损灭失的情况下,无论导致其毁损灭失的原因以及占有人是否存有过错,善意占有人均不承担赔偿责任,但应将因此而获得的利益返还给权利人。

鉴于善意占有人不知且不应知其占有为无权占有,故法律对其予以特别保护。但无权占有之他主占有人明知其占有物为他人财产,应负谨慎注意义务,故上述规则应限制适用于自主占有人。他主占有人如因其过错而导致占有物毁损灭失的,应承担赔偿责任。同时,他主占有人的赔偿范围,也不以其因此所受利益为限。例如,甲将其笔记本电脑遗忘在乙处,乙误认为甲同意其借用该笔记本电脑,即对之进行占有使用。后乙不慎将笔记本电脑摔坏。此种情形,即使乙为有权占有(即甲、乙之间存在合法的借用合同关系),乙也应当向甲承担赔偿责任。故他主占有人乙的无权占有虽为善意,也应因其过错而导致的占有物的毁损灭失承担赔偿责任。

2. 恶意占有人的赔偿责任

根据前述《物权法》第 242 条及第 244 条的规定,占有物因恶意占有人的过错而毁损灭失时,恶意占有人应当承担赔偿全部损失的责任,其赔偿责任不限于所受利益的范围。

(三) 占有物损害赔偿请求权与其他请求权的竞合及其处理

占有物的损害赔偿请求权属损害赔偿请求权的范围,本应适用《侵权责任法》的规定,不存在请求权竞合的问题。但是,由于我国《物权法》第 242 条及第 244 条对此种请求权作出了不同于《侵权责任法》的特别规定,故其成为独立于《侵权责任法》所规定的一般损害赔偿请求权的一种请求权类型,由此导致此种损害赔偿请求权与《侵权责任法》所规定的一般损害赔偿请求权的竞合。依照请求权竞合的一般处理原则,权利人有权选择请求加害人根据《物权法》的规定承担占有物的损害赔偿责任,也有权选择请求加害人根据《侵权责任法》的规定承担其赔偿责任。但是,由于《物权法》第242条及第244条中有关保护善意占有人的规定属于特别规定,依其立法目的,应排除《侵权责任法》的适用。

例如,甲的动产被乙不法占有,且在乙占有期间被乙不慎损坏。此时,如果占有人乙为恶意占有或者他主占有,甲可依照《物权法》或者《侵权责任法》的规定请求乙赔偿损失。但如果占有人乙为自主占有且为善意,则根据《物权法》第242条的规定不承担赔偿责任。此时,甲不得根据《侵权责任法》的规定请求乙赔偿损失。

【思考问题】

思考题一:出租人能否请求不法占有租赁物的第三人返还原物?

甲将其小汽车出租给乙,租赁期间,该小汽车被丙不法占有。

问:甲有无权利请求丙向其返还该小汽车?

思考题二:善意占有人应否承担赔偿金不足以弥补的损失的赔偿责任?

甲的动产被乙不法占有,但乙为善意。在乙占有期间,该动产被丙损坏,乙获得一笔赔偿金。

问:甲在请求乙返还该赔偿金时,如果认为该赔偿金不足以弥补其损失,可否依据《侵权责任法》的规定请求乙赔偿该赔偿金不足以弥补的损失部分?

【理论拓展】

物权请求权的性质和立法安排

(一)关于物权请求权性质的理论争议

依通说,在立法上,物权请求权制度为1900年《德国民法典》所创设。[①] 其原因,与德国民法将物权与债权严格区分有直接关系。但在此之前,罗马法及法国民

---

① 理论上认为,虽然《德国民法典》中并无"物权请求权"的用语,但其有关"基于所有权的请求权"的规定已经确定了物权请求权的一般规则。《德国民法典》上,基于所有权的请求权被规定于物权编。物权请求权首先作为所有权的保护方式,包括"返还请求权"即所有人有权请求所有物的占有人返还财产(第985条)、"除去侵害请求权"即在所有人遭受以剥夺或扣留占有之外的方式的侵害时,有权请求侵害人除去侵害(第1004条第1项)以及"不作为请求权"即所有人有继续遭受侵害之虞时,有权提起防止侵害之诉(第1004条第2项)。与此同时,《德国民法典》明确规定他物权准用法律有关所有权保护的规定(第1017条、第1027条、第1133条、第1134条以及第1227条等),并对基于占有的请求权(分为因占有被侵夺而生的请求权与因占有被妨害所生的请求权两种)作出了规定。

事诉讼法上有关保护所有权的各种诉权,实际上早已形成了物权请求权的基本内容。①《德国民法典》以后,《瑞士民法典》②以及我国台湾地区民法典③均对物权请求权作了明确规定。《日本民法典》虽然没有对物权请求权作出一般性规定④,但这一制度在司法实务上和理论上均得到承认。⑤

作为对物权之直接支配效力的保障,与物权的排他效力、优先效力及追及效力一样,物权请求权也是基于物权人对标的物的直接支配权而产生的,但就此种请求权的性质,日本民法理论上却存在不同观点,主要包括"债权说""物权说(物权作用说)""准债权说""物权效力所生请求权说"以及"物权派生的请求权说"等不同解释。⑥ 归纳起来,或认为物权请求权为债权(其为请求特定人为特定行为的独立权利,纯属债权),或认其为"不纯粹之债权"(其为类似于债权的一种独立请求权,但从属于基础物权并与之同命运),或认其为依附于物权的一种请求权(其基于物权的作用而生,依存于物权而存在、消灭,非独立的权利)。上述观点中,认为物权请求权"虽是一种独立的请求权,欲并非是一种纯粹的债权"的理论在日本占上风。⑦ 依德国民法理论的通说,物权请求权"是一种附属性权利而不是独立的权利",其理由是:物权请求权基于保障物权的完满状态而生,并无独立的存在目的,且更重要的是,此种权利完全不可以与本权脱离,不可以独立地被让与第三人(凡独立的财产权利,必可予以独立转让),同时,此种权利具有消极性,仅在物权的积极权能的

---

① 罗马法上有保护所有权的所谓"对物之诉"(包括所有物返还之诉、排除妨害之诉等),对于他物权,则设有"役权确认之诉""永佃诉权"以及基于地上权而提起的"准对物权之诉"和基于抵押权而提起的"质押之诉"等(参见〔意〕桑德罗·斯奇巴尼选编:《民法大全选译(三)》,范怀俊译,中国政法大学出版社1993年版,第75页及第93页;〔意〕彼德罗·彭梵得:《罗马法教科书》,黄风译,中国政法大学出版社1996年版,第227页及第230页;周枏:《罗马法原论》,商务印书馆1994年版,第379页)。而《法国民法典》则对"返还不动产的诉权"(第25条)以及对用益权、地役权等进行保护作了规定(第597条、第599条以及第701条等),在《法国民事诉讼法》上也设置了保护不动产所有权的各种诉权("占有之诉""本权之诉"等)。只是无论罗马法或者法国民法,其理论上均未提出物权请求权的概念,所以不能说其民法上形成了物权请求权的独立制度。
② 《瑞士民法典》规定了基于所有权的请求权(第641条第2项),并对基于占有的请求权作出了极为详尽的规定(第927—929条)。
③ 我国台湾地区"民法典"将基于所有权的物权请求权分为"返还请求权""妨害排除请求权"和"预防侵害请求权"三种(第767条),对基于占有所生的请求权也作了相似的规定(第962条),并基于地役权的物权请求权作了规定(第858条)。
④ 《日本民法典》仅规定了占有回收之诉(第200条)、占有保持之诉(第198条)以及占有保全之诉(第199条)等三种请求权,但对所有权的请求权却未作任何规定。
⑤ 日本理论学说上就所有权一般都认可与其相对应的所有物返还请求权、所有物妨害除去请求权以及所有物妨害防止请求权。不仅如此,对于他物权,也人可与其相对应的请求权。同时,将这些请求权作为物权的一般效力,称之为物权上请求权或者物权的请求权。(参见〔日〕我妻荣:《日本物权法》,有泉亨修订、李宜芬校订,台湾五南图书出版公司1999年版,第19—20页)
⑥ 参见梁慧星主编:《中国物权法研究》,法律出版社1998年版,第95页。
⑦ 参见〔日〕我妻荣:《日本物权法》,有泉亨修订、李宜芬校订,台湾五南图书出版公司1999年版,第20页。

行使受到妨碍时方可有行使的机会。①

而我国学者多认为，物权请求权既不同于债权，也不同于物权，而是一类独立的请求权。②

围绕物权请求权的性质所展开的争议于立法模式的选择有重大意义：如物权请求权为债权或者"准债权"，则应纳入债权的体系（侵权所生之债），适用债法的一般规则；如其非为债权而为物权之组成部分（物权支配效力之当然结果）或者为既非债权亦非物权的一种"独立权利"，则可以纳入物权法的体系，不适用或不完全适用债法的一般规则。

实际上，从权利产生原因和性质来讲，与损害赔偿请求权一样，物权请求权也是基于对受到不法侵害的物权的救济而产生，性质上应当属于债权，但物权请求权以恢复物权的圆满状态为目的，依附于物权的存在而存在、消灭而消灭，且不适用消灭时效，因此，物权请求权作为恢复物权圆满状态的措施，难以完全适用债法的一般规则，故为立法及实用上的方便，将之不予纳入债法体系而归于物权法体系，同时规定物权请求权在其"性质许可之范围，准用债权之规定"③，实有其必要。

据此，作为一种特别的立法技术安排，多数大陆法国家的民法典将物权请求权视为一种区别于一般债权的特殊的请求权，规定于物权法，而不将之作为债权债务关系规定在债权法之中。但迄今为止，"物权请求权"仍然是一个民法学理论上的概念，并未成为任何国家民法典立法上的用语，即便在极其注重法律形式理性的《德国民法典》，物权请求权也是通过所有权保护方法为中心的各种具体的请求权而得以表现（《德国民法典》所采用的方法是：在所有权制度中详细规定"基于所有权的请求权"，而在他物权制度中，规定援引有关所有权的请求权的规定④）。

（二）物权请求权在我国立法体系中的安排

我国《物权法》在其第三章规定了物权保护的五种方法，即在物权遭受不法侵害时，物权人得请求"确认权利""返还原物""排除妨害"或者"消除危险""修理、重作、更换或者恢复原状"⑤"损害赔偿"。上述五种因物权遭受侵害所产生的请求权中，"确认权利"的请求只能在诉讼中向法院提出，故很多国家的民法将之作为一种诉权在民事诉讼法中予以规定，它既不属于物权请求权，也不属于债权请求权。而

---

① 孙宪忠：《德国当代物权法》，法律出版社1997年版，第88页。
② 参见梁慧星主编：《中国物权法研究》，法律出版社1998年版，第96页；王利明：《物权法论》，中国政法大学出版社1998年版，第149页；陈华彬：《物权法原理》，国家行政学院出版社1998年版，第100页。
③ 史尚宽：《民法总论》，中国政法大学出版社2000年版，第27页。
④ 参见《德国民法典》第1017条等。
⑤ "修理、重作、更换"应当是买卖、承揽等合同债权的救济方式，但《物权法》将之规定为物权的救济方式，这一规定是不妥当的。

"返还原物"和"排除妨害"以及"消除危险"请求权为物权请求权,"恢复原状"以及"损害赔偿"请求权为债权请求权。但是,《物权法》前述规定既未具体指明各种请求权的成立条件以及适用规则,也未指明各种请求权在性质上的区别。

与此同时,我国1986年颁布的《民法通则》将"返还原物""排除妨害(包括排除妨碍和消除危险)"以及"损害赔偿"等均作为"侵权的民事责任"加以并列规定,这一立法模式,为我国2009年颁布的《侵权责任法》所采纳。该法15条规定:"承担侵权责任的方式主要有:(1)停止侵害;(2)排除妨碍;(3)消除危险;(4)返还财产;(5)恢复原状;(6)赔偿损失;(7)赔礼道歉;(8)消除影响、恢复名誉。"但对于"排除妨害"和"返还财产"的具体适用条件,该法并未作出任何具体规定。

上述资料表明,在我国现行民事立法中,"排除妨害"和"返还原物"被同时在两部法律中予以规定:在《物权法》上,其被规定在"物权的保护方法"之中;在《侵权责任法》上,其被规定为侵权责任的两种形式。而无论是《物权法》还是《侵权责任法》,都没有对该两种请求权或者侵权责任的具体适用,作出明确、具体的规定。这种涉及物权请求权的重复的而且是明显不完善的立法模式的出现,与我国民法学界有关"侵权责任是否在民法典中独立成编"的争论直接相关。

在我国民法典内容的编撰体系问题上,一种意见认为,应当将侵权责任(包括侵害物权的责任)的规范在民法典分则中独立成编,与物权、债权等制度相并列,以彰显侵权责任法的重要性;另一种意见认为,应当保留传统的民法典分则体系,将损害赔偿作为债的一种产生方式规定于债权制度,将排除妨害、返还原物作为物权请求权规定于物权制度。两种意见的本质分歧在于:前者突破了以"权利"为基点建立民法规则体系的原则,另行以"(侵权)责任"为基础单独设置了侵权责任制度;后者则批评其打乱了民法典的科学体系,会使相关规则发生混乱。[1] 也有学者认为,即使侵权责任在民法典中独立成编,也应当将所谓"侵权责任"仅仅限于损害赔偿责任,"排除妨害"和"返还财产"应当仍然作为物权请求权规定在物权法之中。[2]

很显然,在物权受到侵害的情形,如将"排除妨害"和"返还财产"作为侵权责任规定于侵权责任制度中,则因该两种责任既不适用侵权责任的一般归责原则(过错责任),也不适用其无过错责任原则(该原则仅适用于某些特殊侵权责任),与此同时,因不法妨害以及不法占有产生的法律效果涉及很多物权法上的规则的运用(如相邻关系、善意取得、取得时效、善意占有人之特殊保护等),侵权责任法难以对之作出具体规定。这也正是其他一些国家的立法将物权请求权与损害赔偿请求权加以分开,并将物权请求权作为一种保护物权的特殊方式规定于物权法的主要原因。

---

[1] 参见崔建远:《物权法》,中国人民大学出版社2009年版,第117页。
[2] 尹田:《评侵权责任的独立成编与侵权行为的类型化》,载《清华法学》2008年第4期。

因此，从"权利"的角度将因不法妨害和不法占有产生的请求权命名为"物权请求权"并由物权法加以规定，更为科学、合理。

【本章思考问题参考答案】

思考题一参考答案：

所有人在其物上为他人设定建设用地使用权或者质权等以占有为特征的他物权，或者将所有物出租给他人时，如该物被他人不法占有，所有人可否径直向不法占有人请求返还原物？对此，学说上认为：如所有人请求不法占有人向自己返还原物，则所有人将由间接占有变为直接占有，此时，不仅所有人将取得较之他人不法占有发生前更大的利益，而且会损害他物权人或者租赁权人的利益。因此，所有人仅得请求不法占有人向他物权人或者租赁权人返还。① 但在他物权人或者租赁权人不愿或者不能回复其对物的占有的情形，所有人有权自己回复对物的占有。

思考题二参考答案：

根据占有物损害赔偿请求权与其他请求权的竞合的处理原则，如果占有人乙为恶意，甲可依照《物权法》第244条的规定请求乙返还该赔偿金，如果赔偿金不足以弥补损失，可以请求乙赔偿其损失；甲也可依照《侵权责任法》的规定请求乙赔偿损失。但如果占有人乙为善意，则甲只能根据《物权法》第244条的规定请求乙返还该赔偿金，但不得请求其赔偿该款项不足以弥补的损失。此种情形，即使有关侵权损害赔偿责任的法律规定允许其对加害人返还的保险金、赔偿金等不足以弥补的损失部分另行主张赔偿，甲也不得根据该种规定而提出该种主张。

---

① 陈华彬：《物权法原理》，国家行政学院出版社1998年版，第227页。

第十章 占 有

第一节 占有制度的法律特性

【基本原理】

一、占有制度的本质

(一)占有制度的逻辑起点

占有是对物的控制与支配的事实。

在民法上,占有是一种十分重要的法律现象。占有可以引起各种法律效果,比如:因受让人对动产的占有,可以引起动产的物权变动;无权处分中善意受让人对动产的占有,可以成立动产的善意取得;占有他人动产达一定期间,可以因取得时效而取得所有权;等等。而占有人取得占有的原因也多种多样:有的是合法占有或者"有权占有"(如所有人基于所有权而对其所有物的占有;质权人基于质权而对质物的占有,承租人基于租赁合同而对租赁物的占有等);有的则是不法占有或者"无权占有"(如租赁合同解除后承租人拒绝返还租赁物而为之占有;拾得人占有遗失物;小偷占有赃物等)。

对于在各种法律关系中所产生的占有,民法均设置了相应的规则予以规范。这些有关占有的规范,均以民事权利的确认和保护为其逻辑起点。例如,所有人对所有物的占有被他人侵害,为保护所有权,法律即责令加害人返还原物;又如,租赁关系解除后承租人拒绝返还租赁物,出租人可以根据其对租赁物的所有权而请求承租人返还原物,也可以根据租赁合同赋予的债权而请求承租人返还原物,甚至还可以根据承租人无根据获得利益并造成其损害而请求出租人返还不当得利之原物。

但是,与物权法的其他制度完全不同,占有制度不是以"权利"为其基础或者逻辑起点,这一制度被单纯地建立于"占有"的事实基础之上,其各种规则的逻辑起点,并不是各种物权的概念,而是民事主体对物的现实支配与控制的客观事实。如下例：

例一：甲在图书馆看书时，将手腕上佩戴的一块手表取下放置于书桌上。甲离开书桌去卫生间期间，该手表被乙拿走。甲要求乙返还手表被拒绝后，提起诉讼请求法院责令乙返还。诉讼中，乙承认其拿走手表的事实，但声称其有证据证明甲的手表是甲采用欺诈的手段从案外人丙手中所骗取，为不法占有他人的财产，故甲无权请求其返还，该手表应当返还给真正的权利人丙。对于乙的指控，甲不予理会，既不说明该手表的来源，也不主张自己对手表享有所有权或者其他权利，只是口口声声对乙强调："你甭管我戴的手表是从什么地方来的，反正你拿了我的手表，就应当返还给我。"问：法官应如何处理本案？

例二：甲公司在其工程项目建设过程中，因缺少资金，遂与乙公司签订合作合同，约定乙公司向该工程项目投入一定资金，工程竣工后，建筑物之3—4层所有权归其享有，其余部分所有权归甲公司享有。工程竣工验收后，甲公司和乙公司发生纠纷，甲公司认为，乙公司未完全按合同约定履行其出资义务，故其只应获得该建筑物第3层的所有权。据此，甲公司仅向乙公司交付了第3层楼房，拒绝交付第4层楼房。乙公司遂提起诉讼，法院一审判决认定：甲公司应当向乙公司交付第4层楼房。甲公司对一审判决不服，提起上诉。在法院进行二审期间，乙公司乘甲公司看守建筑物的工作人员不备，派人强占了该建筑物第4层，并拒绝搬出。甲公司即提起诉讼，请求法院责令乙公司返还其不法占有的第4层楼房，理由是，在法院尚未对该第4层楼房的所有权归属作出生效判决之前，乙公司无合法根据强行占有该部分楼房。乙公司在庭审中提出的抗辩理由是：乙公司依照合同约定对该第4层楼房应当享有所有权，且已经过法院的一审判决认定。即使该部分楼房权属未定，因有合同的约定为依据，乙公司较之甲公司更有权利占有该部分楼房。问：法院应如何处理本案？

上述两个案例中，被告非基于原占有人的意思而取得对动产或者不动产的占有，其占有的取得显然没有权利作为依据（例一中，乙对手表不享有所有权；例二中，乙公司是否应享有第4层楼房的所有权尚待确定），因此均应当返还。但原告之返还请求权的基础或者依据是什么？如果不能确定或者推定原告享有某种应受法律保护的权利（即原告对标的物的占有为有权占有），法官以什么作为根据对原告给予保护？

很显然，原告并未提供证据证明其对标的物享有所有权或者其他权利，而占有的"权利推定"规则在两个案例中均不能适用:首先,诉讼中"权利推定"的适用须以占有人主张其权利享有为前提,但例一中,甲根本不主张其对手表享有任何权利,故推定其对手表享有所有权没有依据;其次,不动产的权利推定依据为登记,在例二中,标的物为不动产,不动产的占有根本不能作为不动产"权利推定"的依据。由此,两个案例中,法院均不可能根据原告享有或者推定其享有的某种权利(物权、债权或者其他权利)而判令被告向其返还原物。

在此种情况下,如果法官必须确定或者推定原告享有某种权利后才能支持其返还请求,则诉讼将变得异常复杂甚至于无法进行:例一中,法官必须审查甲的财产来源,乃至通知第三人丙到庭应诉。如果丙果然到庭并以受甲欺诈为由主张手表的返还请求权,则诉讼延伸为审理甲、丙之间的法律关系,而即使丙有关其受欺诈的主张成立,则法官又必须继续审查丙的财产来源……如此演绎,诉讼将陷入泥潭,久拖不决,而乙对手表的不法占有状态却得以继续维持。更为棘手的是,如果丙拒绝到庭应诉,则诉讼将陷于僵局。在例二中,因争议标的(第4层楼房)权属未定,法官只能中止本案审理,待双方的"合作合同"纠纷案获得生效判决后再行处理。但既然标的物权属不清,那为什么要在事实上维持乙公司以不法方式所取得的占有呢?同时,如果该案在二审中因事实不清而发回重审,重审判决后当事人又上诉,而二审最终判决甲公司胜诉(即乙公司对该第4层楼房不应享有所有权),则甲公司便因占有返还之诉未能及时处理而遭受了不当损失。

反之,如果法官不考虑原告是否对其占有的标的物享有权利,仅针对被告以不法方式剥夺原告对标的物的占有的事实,判决被告向原告返还,则诉讼可得以迅速解决。至于例一中原告与第三人之间有可能发生的纷争、例二中原告和被告之间的权属纠纷,可另案解决。

这就是占有保护制度。

由此可见,占有制度中的"占有",被视为一种脱离权利而单纯、孤立存在的法律现象,此种"占有"与根据所有权及他物权、合同或者财产管理人资格而对财产享有的占有权利以及对他人财产的不法占有,具有完全不同的法律性质:占有制度中的"占有",既非所有权或者用益物权、质权等他物权本身所包含的一项基本权能,也非依据租赁、保管、承揽、借用等合同而对相对方当事人的财产所进行的合法占有,亦非监护人或者失踪人的财产管理人依照法律规定而对被监护人以及失踪人的财产所享有的占有权利。与此同时,此种"占有",也不是基于侵权行为或者其他法律事实而对他人财产的不法占有。

占有制度中的"占有",只是一种控制财产的事实。

（二）占有制度的价值

占有制度起源于古代罗马法，而罗马法上的占有保护是基于诉讼的需要而产生的：罗马时代的法官在审理财产归属纠纷时发现，在占有被侵犯的情形，如果以占有人的权利（所有权）为基础决定对其是否保护，是复杂而且不必要的（无论原告的占有是否合法，被告对其占有的侵犯肯定具有不法性），因此，此一诉讼如果仅解决恢复占有的问题，有利于社会秩序的稳定。此种无须审查占有的根据而仅凭占有的单纯事实即对之予以诉讼保护的方式，称为"占有诉权"。据此，罗马法上的占有理论将占有与物权相分离并予以独立，认为占有是一种事实，而不是权利；占有保护的目的不在于保护权利，而在于保护社会和平。法学家尤里比安（Ulpian）称："所有权与占有非属相同。"保利斯（Paulus）则强调指出，对占有而言，有无占有的权利，在所不问。[①]

在19世纪，德国学者萨维尼和耶林发展了罗马法上关于占有之保护的理论。萨维尼认为，之所以对无所有权的人的占有也要加以保护，是因为一切侵犯占有的行为均破坏了公众和平和个人利益，构成违法行为，应受法律制裁。虽然对未取得所有权的占有人进行保护是不公正的，但由于对占有人的侵犯导致了对秩序的侵犯，所以必须牺牲公正而保护秩序；而耶林则认为，"占有诉权"并非是基于保护公众和平的思想，其不过是使占有具有确定性，从而保护了所有权，也间接保护了公众和平。耶林宣称，占有是"前方防御工事"，是"所有权的堡垒"，占有是所有权的外部表现形式。在大多数情况下，保护占有即保护了所有权。因为对于占有，当事人是可以证明的，相反，由于所有权具有可转让性，如果保护占有的前提是必须确定占有人的所有权，那么，就不得不无休止地去追溯所有权转移的链条，所有权将永不稳定，这将是一个"恶魔般的难题"。[②]

总的来说，近代以来民法上的占有制度具有双重价值：(1)由于占有人通常即为所有人，故保护占有的结果通常就是保护了所有权（占有保护是所有权保护的"前线堡垒"）；(2)即使占有保护所保护的是非所有人，也使财产的支配秩序首先得到了保护。

由此可见，占有制度并不是对"占有"这种生活事实在民法上所引起的各种法律效果（如物权变动、法律义务以及法律责任等）所进行的归纳总结，而是基于迅速恢复被破坏的财产秩序的目的，首先对占有给予诉讼保护。而占有保护

[①] 参见王泽鉴：《民法物权·用益物权·占有》（总第二册），中国政法大学出版社2001年版，第2页。

[②] 尹田：《法国物权法》（第2版），法律出版社2009年版，第259页。

的结果仅为秩序的恢复,并不意味着对占有人的权利的确定。如果占有人并非权利人,则权利人得依据民法有关保护权利的规则,请求不法占有人返还原物。

如上述两个案例:例一中,法院判令乙向甲返还手表后,如该手表果然系甲欺诈丙所得,丙有权请求甲返还;例二中,法院判令乙公司向甲公司返还第4层楼房后,如果双方之间的合作合同纠纷经法院二审作出维持原判的生效判决,则乙公司有权请求甲公司交付该第4层楼房。

二、占有制度的立法

(一)占有的立法例与学说

由于占有保护与所有权保护直接相关,故在各国民法典上,占有制度被纳入物权制度加以规定,而且在理论上,"占有"被一些学者称之为"类物权"。此外,近代各国民法典均设置了占有制度,但其将占有作为什么来保护却有所不同:法国、日本民法将占有仍作为一种权利来加以保护(称为"占有权");德国、瑞士等国及我国台湾地区民法则将占有作为一种事实来加以保护。

从制度内容设置来看,《德国民法典》对于占有制度的规定最为典型:在该法典上,"占有"被规定于其物权编之首(第一章),其全部内容均仅涉及占有的取得、转移、消灭以及占有的保护等;但《日本民法典》则对占有制度的内容进行了扩大,其所规定的"占有权"(物权编第二章)中,除对占有的取得、消灭以及占有保护作出规定外,还对占有的权利推定、动产善意取得以及不法占有人的返还责任和赔偿责任等作出了规定。

从占有的理论学说来看,多数学者虽然承认占有制度的逻辑起点为占有的事实状态,但在其有关占有制度的理论阐述中,却全面包含了占有所引起的各种法律效果(如权利推定、善意取得、取得时效等),亦即仍然以"权利"为逻辑起点去分析占有的各种法律形态(如有权占有与无权占有、善意占有与恶意占有、和平占有与强暴占有等),同时,还阐述了不法占有人对权利人之占有物及其孳息的返还责任以及占有物毁损灭失的赔偿责任等。

应当指出,占有制度的唯一宗旨即立法目的,是通过对占有事实的保护以即时恢复财产秩序。不考虑、不审查占有人的占有是否具有合法根据,是占有制度的基本特征。而占有所引起的权利推定、动产善意取得以及取得时效的适用等法律效果,为权利的(暂时)认定或者权利的取得,有关规则应当在物权公示、善意取得以及取得时效等物权制度中予以规定;无权占有人之善意与恶意以及由此导致的财产返还责任以及赔偿责任上的区别,应在物权的法律保护、

第十章 占 有

不当得利、侵权责任、无因管理、合同解除等相关权利保护制度中分别予以规定；动产不法占有人之占有状态（和平占有与强暴占有等），应当在取得时效成立要件中予以规定。

（二）我国《物权法》上的占有制度

我国民法理论通说认为，在占有制度中，占有应当被作为一种事实来加以保护。但在关于占有的理论中，仍然包括了占有在物权以及债权（包括不当得利、侵权责任）的各项法律制度中所产生的各种法律效果。

我国《物权法》将占有制度规定为其第五编及第十五章。其内容包括："基于合同关系等产生的占有，其占有物的使用、收益、违约责任等应按合同约定或者法律规定处理"（第241条）；"占有人因使用占有物致使其受到损害，恶意占有人应当承担赔偿责任"（第242条）；"权利人可以请求不法占有人返还原物及其孳息，但应当支付善意占有人维护占有物而指出的必要费用"（第243条）；"占有物毁损、灭失时，占有人应当将因毁损、灭失取得的保险金、赔偿金或者补偿金等返还给权利人；权利人的损害未得到足够弥补的，恶意占有人还应当赔偿损失"（第244条）；"占有的不动产或者动产被侵占的，占有人有权请求返还原物；对妨害占有的行为，占有人有权请求排除妨害或者消除危险；因侵占或者妨害造成损害的，占有人有权请求损害赔偿。占有人返还原物的请求权，自侵占发生之日起一年内未行使的，该请求权消灭"（第245条）。

上述规定中，当事人根据合同而享有的对相对方财产的占有权利（第241条），其性质属于债权，应适用合同法的规定而不适用物权法有关占有保护的规定；有关不法占有他人财产而产生的各种法律责任（第242条、第243条以及第244条），应适用物权请求权、不当得利返还请求权以及侵权责任的相关规定，也不适用有关占有保护的规定。

事实就是，在上述规定中，仅第245条涉及占有的保护。

【思考问题】

思考题一：占有人的返还责任应否由占有制度加以规定？

很多民法教科书在其"占有"一章中指出：善意占有人在返还原物时，可以不返还原物所生孳息，但恶意占有人在返还原物时，必须返还孳息。

问：这一规则涉及无权占有人的返还义务，是否应当包括在占有制度之中？

第二节　占有的成立和消灭

【基本原理】

一、占有的成立

对物的占有,通常表现为对物在物质形态上的实际控制,此种实际控制可以是实物上的直接控制(如将电视机放置于家中),也可以是观念上的控制(如电视机出借人对于出借给他人使用的电视机,仍然具有控制支配能力)。

理论上认为,对于占有的成立,应当依照社会的一般观念予以确定,并可从人与物相结合的空间、时间以及法律关系等方面予以考察:

(一)人与物相结合的空间

人与物相结合的空间是指某种可以表现人对物的实际支配状态的场合,在此种场合,无论人与物实际接触的程度如何,只要在观念上认为人对物具有控制能力,则成立占有。例如,将提包拿在手上,固然成立占有,但如将提包放置于座椅上,起身去附近的茶水柜取水,仍不丧失占有。又如,将汽车锁上停放于路边,固然成立占有,但如忘记锁上车门而离去,仍不丧失占有。不过,倘若前述放置于座椅上的提包被小偷拿走,或者未上锁的汽车被他人盗走,则当事人客观上已无对物的实际控制能力,故其占有即行终止。

(二)人与物相结合的时间

人与物相结合的时间是指某种可以表现人对物的实际支配状态所需要的持续性,即对物构成占有的事实状态,须有时间上的继续,短暂或者暂时的控制,虽有直接控制物的事实,但不成立占有。如在餐馆使用餐具,在图书馆取阅图书,在机场临时使用所提供的推车等。但如顾客误将餐馆的餐巾放入口袋中带走,或读者偷偷将图书馆的图书带出,则成立对物的占有。

实际上,民法上占有的成立固然与人对物在物质形态上的控制的持续时间有关(瞬间或者暂时的控制不构成占有),但其实更为重要的决定因素是实际控制物的人是否具有"占有意思"。如果当事人不具有占有的意思,则其较长时间对物的实际控制仍不能构成占有(如当事人在图书馆从早到晚阅读同一本书籍,仍不构成占有)。

所谓"占有意思",是指当事人对物进行排他支配的内心意志。传统理论上,对于占有的成立是否须以存在占有的意思为条件,主要有主观说和客观说两种观点和立法例。依主观说,占有不仅须有控制物的事实(称之为"体素"),而且须有某种意思(称之为"心素",即"所有"的意思,或者"支配"的意思,或者"为己"的意思);依客观说,占有仅须对物事实上的控制即可成立。[①]

由于民法上的占有能够产生诸多法律效果,故确定占有的成立具有重要的法律意义。很显然,所谓"占有意思"是实际控制物的人的一种主观心理状态,只能通过其行为予以判定。在多数情况下,占有意思之有无是判断占有是否成立的重要依据,但在某些情形,单纯的占有事实亦不妨成立占有(例如,某人将某物一直遗忘于朋友家中,朋友虽实际控制了该物,但对此一无所知,此种情形,其占有亦应成立)。因此,是否成立占有,应根据当事人控制财产的具体情况,结合社会观念予以认定,所谓"时间的持续"并非特别重要。

(三) 法律关系

如前所述,民法上的占有不是对物的实际控制为必要条件,某些情况下,占有人虽然并未在实物形态上对物有所控制,但基于某种法律关系的存在,从社会观念的角度看,仍然对物实施了占有,其中包括两种情形:

1. 间接占有

依占有人是否对物进行物质形态上的直接控制,民法上的占有分为直接占有与间接占有两种:

所谓"直接占有",是指对物进行物质形态上的直接控制支配。

所谓"间接占有",是指基于一定的法律关系,通过他人(直接占有人)的行为而对物进行控制支配。例如,出租人基于其与承租人之间的租赁合同关系,对于交给承租人占有(直接占有)的租赁物,仍进行了控制支配(间接占有)。

理论上认为,间接占有须具备三个条件方可成立:

(1) 存在"占有媒介关系"

间接占有实际上是当事人(如出租人)通过特定的直接占有人(如承租人)的占有行为而表现其对物的控制支配,故间接占有人与特定的直接占有人之间

[①] 陈华彬:《物权法原理》,国家行政学院出版社 1998 年版,第 788 页。

必须存在某种法律关系,此种法律关系是使间接占有人通过直接占有人的行为而与标的物发生控制支配关系的桥梁或者媒介,所以,被称为"占有媒介关系"。凡是导致财产所有人暂时脱离对财产直接的实物控制的法律关系,均可成为"占有媒介关系"。其中最为典型的是某些合同关系,如租赁、保管、运输、承揽、质押等各种合同。这些合同关系中,承租人、保管人、承运人、承揽人以及质权人等直接控制财产的人为直接占有人(也称为"占有媒介人"),而出租人、寄存人、托运人、定作人以及出质人等为间接占有人。此外,某些根据法律规定产生的法律关系,也可成为"占有媒介关系"并导致间接占有的发生,如因监护、宣告失踪以及无因管理等产生的法律关系,其中,监护人、失踪人的财产代管人以及无因管理的管理人为占有媒介人,被监护人、失踪人以及无因管理的本人为间接占有人。

应当注意的是,基于占有媒介关系而产生的间接占有是一种占有的事实状态,故只要占有媒介关系在形式上客观存在,即可使间接占有具备成立的条件。至于作为占有媒介关系的法律关系本身是否有效存在,并不影响间接占有的成立。例如,承租人基于租赁合同而占有租赁物,后租赁合同因被确认为无效或者被撤销而自始无效,无论租赁双方对于租赁合同的自始无效是否知情,只要直接占有人在事实上是以承租人身份占有租赁物,则仍然成立间接占有。

(2) 与间接占有相关的直接占有须为"他主占有"

根据占有人占有的不同名义亦即是否具有所有的意思,占有被分为"自主占有"与"他主占有"。

所谓"自主占有",是指占有人系以所有人的名义占有财产,即其占有具有所有的意思,也就是说,占有人以其行为表现出对占有物享有所有权。自主占有是对占有的事实状态的一种描述,故只要存在以所有的意思进行占有的事实,即可构成自主占有,至于占有人是否真正对于占有物享有所有权,则不影响自主占有的成立。例如,某人将拾得物据为己有,或小偷占有盗窃物等,均构成自主占有。

所谓"他主占有",是指占有人系以承租人、保管人等非所有人的名义占有财产,即其占有不具有所有的意思,亦即占有人以其行为表现出对占有物不享有所有权。与自主占有一样,他主占有也是对占有事实的一种描述,故只要存在以非所有的意思进行占有的事实,即可成立他主占有,至于占有人所表现出来的他主占有人身份是否真实存在,并不影响他主占有的成立。例如,某人拾得他人的笔记本电脑后,公开使用并声称其系借用他人之物。尽管占有人并不具有借用人身份,但其系以非所有的意思占有,故仍构成他主占有。

由于间接占有是借助于占有媒介关系而对被他人直接占有的物进行的控制支配,故直接占有人必须有为他人而占有的意思(即"他主占有"的意思),如果直接占有人为自主占有,则排斥了间接占有人对物的控制支配。因此,基于占有媒介关系而实施的直接占有,只能是他主占有。例如,甲将某物出租给乙,乙为该物的直接占有人,如果乙以承租人名义(非所有的意思)占有该物,即对之实行他主占有,则出租人的间接占有即可成立。但如果承租人乙以所有人的名义(所有的意思)占有租赁物,即对之实行自主占有,尽管客观上存在占有媒介关系(租赁合同关系),但在外部表现上,出租人对租赁物的控制支配无从展示,故其不能成立间接占有。

(3)间接占有人对直接占有人享有占有物返还请求权

间接占有是占有的一种类型,能够依法产生占有的各种法律效果。因此,间接占有必须具有占有的实质,即通过直接占有人的占有而对物进行控制支配。而间接占有人对物的控制支配,最终体现为其有权请求直接占有人返还占有物(如出租人对租赁物的支配,最终表现为在租赁期满时请求承租人返还租赁物)。所以,间接占有人对直接占有人享有占有物的返还请求权,是间接占有成立的必要条件。①

间接占有必须同时具备上述三个条件。如果存在"占有媒介关系"但直接占有人为"自主占有",不成立间接占有(如承租人对租赁物为自主占有,不成立出租人的间接占有);如果占有人为"他主占有"但不存在"占有媒介关系"或者虽有"占有媒介关系"但该关系中的所谓"间接占有人"对直接占有人并不享有返还占有物的请求权,也不成立间接占有(如乙拾得甲遗失的物品后,以丙为出借人的借用人名义对该物为他主占有,因在失主甲与占有人乙之间不存在"占有媒介关系",尽管甲对乙享有遗失物的返还请求权,但不成立甲对该物的间接占有。与此同时,尽管占有人乙与丙之间形式上存在借用合同关系即"占有媒介关系",但由于丙并非真正的出借人,其对乙并不享有该物的返还请求权,故不成立丙对该物的间接占有)。

2. 通过占有辅助人而为的占有

根据占有人是否亲自占有,占有被分为自己占有和通过占有辅助人而为的占有两种。

所谓"亲自占有",是指占有人以自己的行为对物进行事实上的控制支配;

---

① 以上参见王泽鉴:《民法物权·用益物权·占有》(总第二册),中国政法大学出版社2001年版,第164页及第184页。

所谓"通过占有辅助人而为的占有",是指占有人基于与他人之间特定的从属关系,通过指示他人对物进行事实上的控制支配而占有该物。基于特定的从属关系,受占有人指示而对物进行事实上的控制支配的人,称之为"占有辅助人",占有辅助人对物的占有称之为"辅助占有"。例如,企业的工人对其使用的工具、公务员对其办公用品、售货员对其柜台内的商品等,均构成辅助占有。而有关企业、国家机关以及商场等法人组织,则构成"通过占有辅助人而为的占有"。

在通过占有辅助人而为的占有的情形,占有人与辅助占有人之间须存在特定的从属关系,亦即命令与服从的关系,辅助占有人受占有人的指示并为占有人的利益而占有财产。前述特定的从属关系主要包括雇佣合同关系、劳动合同关系、行政职务关系等。

辅助占有与承租人等进行的直接占有以及他主占有不同,在基于"占有媒介关系"而产生的间接占有人和直接占有人(他主占有人)之间,不存在特定的从属关系(即命令与服从关系)。辅助占有不过是占有人实现其占有的一种工具,故辅助占有不具有占有的实质,也不能适用占有的保护(例如,企业工人使用的工具被他人损坏,仅企业法人有权请求加害人赔偿;商场柜台内的商品被他人盗窃,仅商场而非售货员有权请求加害人予以返还)。

辅助占有的成立,除占有人与占有辅助人之间存在特定的从属关系之外,还须辅助占有人具有辅助占有的意思。如果辅助占有人转变其占有意思,则辅助占有归于消灭,占有人即丧失其占有。例如,商场的售货员将柜台内的商品偷偷带走并据为己有,此时,尽管售货员与商场之间的雇佣合同关系仍然存在,但售货员对该商品的占有即转而成为自主占有,商场即丧失对该商品的占有。

通过占有辅助人而为的占有性质上属直接占有。

二、占有的消灭

占有人对占有物丧失事实上的控制力,占有即归于消灭。至于导致占有人丧失控制力的原因,在所不问。但占有人之控制力的丧失应当是确定的,如其仅为一时不能行使控制力,不导致占有的消灭。例如,甲将其笔记本电脑遗忘在自习教室,1小时之后,甲返回教室,发现其笔记本电脑仍在原处。此种情形,尽管在该1小时内甲丧失了对其占有物的控制力,但仍不导致其占有的消灭。

在占有人死亡的情形,其占有为其继承人所继承。例如,甲死亡时,其遗产的占有人即为其继承人乙,其时尽管乙尚在外地,但乙即通过遗产管理人而对遗产成立间接占有。

第三节 占有的保护

【基本原理】

一、概说

各国和地区民法对占有主要采用两种方法予以保护:一是赋予占有人以自力救济权;二是赋予占有人以占有保护请求权。

所谓"自力救济"(又称"私力救济"),是指法律允许当事人在特定条件下,依靠自己的力量以排除妨害而保护其权利或者利益(如在债务人转移财产以逃避债务履行的紧急情况下,来不及请求公力救济的债权人得以自己的力量强行扣留债务人的财产)。现代法治国家一般都禁止自力救济,但也有少数国家和地区予以允许,但对之设置了严格的条件。

对于占有的保护,德国、瑞士以及我国台湾地区民法设置了自力救济的规定。依照其规定,占有人的自力救济权包括自力防御权和自力取回权两项权利:

自力防御权是指对于不法侵夺或妨害其占有的行为,占有人有权以自己的力量对之加以抵抗。如《德国民法典》第858条第1项规定:"违反占有人的意思而侵夺其占有或妨害其占有的人,以法律不准许其侵夺或妨害者为限,其行为是违法的(禁止的擅自行为)。"第859条第1项规定:"占有人得以强力防御禁止的擅自行为。"

自力取回权是指在占有物被侵占时,占有人有权以自己的力量从侵占人处径直取回。如《德国民法典》第859条第2—3项规定:"以禁止的擅自行为侵夺占有人的动产时,占有人得当场或追踪向加害人以强力夺回其物","对土地(不动产)占有人以禁止的擅自行为侵夺其占有时,占有人得于侵夺后即时排除加害人而回复占有。"

占有人的占有保护请求权则是在占有被侵夺或者妨害时,占有人有权请求加害人返还占有物、排除妨害,以回复其占有。

我国现行民法不承认私力救济。依照我国《物权法》第245条的规定,占有人的占有物被侵占或者妨害的,占有人仅享有返还占有物、排除妨害以及损害赔偿等请求权。

二、占有的保护方法

(一) 概说

占有的保护方法包括占有物返还请求权、占有妨害排除请求权以及占有物损害赔偿请求权三种。前两种目的在回复占有的圆满状态,故被称为占有人的"物上请求权"。

占有人的物上请求权与物权请求权非常近似,但二者具有以下区别:

1. 请求权主体地位不同

物权请求权主体为物权人,物权人仅在证明其享有物权或者被推定为物权人时,方可享有此项请求权利。而占有保护所产生的请求权主体为占有人,客观上,占有人可能依据其享有的物权或者债权而合法占有财产,其占有也可能没有合法依据,但当事人仅需证明其占有事实,即可享有此种请求权。

2. 请求权产生的条件不同

物权人享有的返还原物请求权,可针对任何物的不法占有人而行使,不以物被他人"侵夺"为条件(对于遗失物的拾得人、根据无效合同取得其财产的相对人、合同终止后拒不返还原物的相对人等),物权人均可请求其返还原物。但占有人仅在占有物被侵夺的情况下才享有占有物返还请求权。

3. 请求权行使的效力不同

物权请求权行使的效果是物权圆满状态的回复,占有人的物上请求权行使的效果为占有圆满状态的回复。

4. 请求权行使的限制方法不同

物权请求权随物权的消灭而消灭,其本身并无行使期间的限制。而占有人的物上请求权受1年的除斥期间的限制。

在上述三种占有的保护方法中,占有妨害排除请求权是指占有人的占有被他人不法妨害时,占有人所享有的请求权,包括排除妨碍(既存妨害)请求权与消除危险(妨害防止)请求权。占有妨害排除请求权人为占有人,排除妨害所生费用由妨害人承担;占有物损害赔偿请求权适用于占有物被加害人毁损灭失的情形,且适用过错责任原则。而占有物返还请求权则适用于占有人被他人侵夺的情形,其涉及的法律问题最为复杂。

(二)占有物返还请求权的行使条件

占有物返还请求权又称"回复占有请求权",是指占有物被不法侵占时,占有人有权请求加害人返还原物。

占有物返还请求权的行使应具备下列要件:

1. 须请求权人为占有人

占有制度的保护对象为占有人,包括对物的直接占有人和间接占有人。非占有人,即使其对物享有权利,也不得主张此种请求权。例如,甲向乙出卖一个古花瓶,双方约定古花瓶所有权自合同成立时起转移。买卖合同签订后,在交付前,甲占有的古花瓶被丙侵占。此时,虽乙对古花瓶享有所有权,但无权对丙行使占有物返还请求权,仅甲对丙享有此项请求权利。不过,乙得基于所有权而请求丙返还所有物。

就间接占有人占有物返还请求权的行使,应注意以下问题:

(1)占有被侵夺时,直接占有人享有占有物返还请求权,间接占有人也同样享有此项权利。如租赁物被侵占时,承租人(直接占有人)有权请求加害人返还占有物,出租人(间接占有人)也享有此项权利。(《德国民法典》第869条第1项)

(2)间接占有人可请求加害人向直接占有人返还,如直接占有人不愿或者不能回复其占有,间接占有人可请求加害人向自己返还。(《德国民法典》第869条第2项)

2. 须占有物被不法侵夺

"侵夺"是指以盗窃、抢夺、抢占等积极不法行为剥夺占有人的占有。因占有保护制度的目的在于迅速回复被破坏的财产秩序,故仅在占有物被不法侵夺时,占有人才能享有占有物返还请求权。如果占有人基于自己的意思而丧失其占有,则即使他人之占有为不法,也不构成对占有的侵夺,如占有人因受欺诈、胁迫而将占有物交给他人占有;借用人借期届满后拒不返还借用物等。前述情形,占有人得依据合同被撤销时的财产返还制度或者依据其享有的借用合同所生之债权而请求不法占有人返还原物,但不享有占有物返还请求权;如果占有人因自身行为或者自然事件等而丧失占有,也不构成对占有的侵夺。如占有人遗失的占有物被拾得人占有、占有人饲养的宠物自行进入他人房间而被他人占有等。前述情形,占有人得依据不当得利等制度请求返还原物,但不得行使占有物返还请求权。

在占有人为间接占有的情形,占有被侵夺应以直接占有人的占有被侵夺为判断标准。如甲将其计算机出借给乙,被丙盗走。丙的行为同时构成对乙的直接占有和甲的间接占有的侵夺。但如借用人乙遗失该计算机而为丙所拾得并据为己有。丙的行为既不构成对乙的直接占有的侵夺,也不构成对甲的间接占有的侵夺。

3. 须返还请求权的相对人为占有物侵夺人或其承继人

占有物侵夺人是实施侵夺行为的行为人,其承继人是指概括承受侵夺人财产的继承人(概括承继人)或者特定财产的受让人(特定承继人)。理论上认为,占有物如为侵夺人的继承人所继承,占有人可请求其继承人返还。但对于占有人可否请求侵夺人的特定承继人行使占有物返还请求权,则存在不同观点。例如,甲占有的某物被乙侵夺,乙将之出卖给丙。对此,有人认为应以恶意的特定承继人为限(即只有在受让人丙为恶意时,甲才有权对丙行使占有物返还请求权);有人则认为善意的特定承继人取得的占有物为盗窃物、遗失物时,在法定期间未届满前,占有人得请求其返还(即丙即使为善意,但因乙无权处分的是脱离物,故在限制真正权利人请求返还的法定期间未届满之前,占有人应有权对其行使占有物返还请求权)。①

很显然,在占有侵夺人将占有物出卖他人时,如受让人为恶意,则允许占有人对其行使占有物返还请求权,有利无弊。但在受让人为善意的情形,如果真正权利人不在法定期间请求其返还,则其可依法取得标的物所有权。因此,如果允许占有人在此期间内对善意受让人行使占有物返还请求权,在占有人非为真正权利人的情况下,善意受让人的利益就会遭受不当损害。例如,甲遗失的物品被乙拾得,乙占有该物品期间,被丙侵夺,丙又将之出卖给丁,丁为善意。后甲在丁处发现该物品,但未要求其返还。其后,乙对丁行使占有物返还请求权。如支持乙的主张,则无疑使丁丧失了因真正权利人甲不在法定期间内请求返还而获得该物品所有权的机会。因此,对于侵夺人之善意的特定承继人,占有人不得行使占有物返还请求权。如果占有人为真正权利人,则其完全可以依其所有权请求善意受让人返还原物,不必借助于占有物返还请求权而实现其利益保护。

4. 占有物返还请求权须在法定期间内行使

基于占有保护迅速恢复财产秩序的功能,法律要求受侵夺的占有人必须及

---

① 谢在全:《民法物权论》(下册),中国政法大学出版社 2011 年版,第 1016 页。

时行使其占有物返还请求权,为此,各国民法典多规定该请求权行使期间为1年,占有人超过法定期间不行使权利的,其请求权归于消灭。但对于该1年期间的性质,有的明确规定为消灭时效(瑞士民法),有的未予明确规定。理论上多认为该期间应为除斥期间。

我国《物权法》第245条第2款规定:"占有人返还原物的请求权,自侵占发生之日起一年内未行使的,该请求权消灭。"

占有人之占有物返还请求权因超过法定期间而归于消灭时,占有人仍可根据法律有关权利保护的其他规则,请求侵夺人返还原物。

【思考问题】

思考题二:"交互侵夺"会产生何种法律效果?

(1)甲的笔记本电脑被乙偷走,半年之后,甲在乙处发现该电脑,即强行将之夺回。乙提起诉讼,要求责令甲返还其占有物,甲则以其对该电脑的占有被乙侵夺为由予以抗辩。

问:甲的抗辩能否成立?

(2)甲占有的房屋被错误登记在乙的名下并由乙强行占有,甲提起诉讼要求法院确认其对房屋的所有权并责令乙返还该房屋。案件审理期间,甲乘乙外出之机,强行将房屋夺回。乙随即提起占有物返还之诉,本案诉讼期间,法院对前案作出了生效判决,确认该房屋所有权属甲享有并责令乙向其返还,甲即据此判决作为本案诉讼中的抗辩理由。

问:甲的抗辩能否成立?

【本章思考问题参考答案】

思考题一参考答案:

占有制度的目的仅在于对占有事实的保护,占有制度对占有的保护不考虑占有人取得占有的原因或者根据。所谓"善意占有"与"恶意占有"的区分,针对的是无权占有(不法占有),如果占有人不法占有他人财产(无权占有),即构成对他人权利的侵害,权利人有权根据其权利请求无权占有人返还原物。这一财产返还制度系建立于权利保护的基础之上,与占有的保护无关,故不应由占有制度加以规定。

思考题二参考答案:

占有人的占有被侵夺后,占有人又采用侵夺的方式从侵夺人处将原物取回,称为"交互侵夺"。对此,《德国民法典》第861条第2项明文规定,如占有人或者权利人的占有被侵夺不超过1年期间时,占有人或者权利人如采用侵夺的方式从侵夺人处取回占有，侵夺人不得行使占有物返还请求权。这一规定的意思是：占有人或者权利人的占有被侵夺，如超过 1 年，则其丧失对侵夺人的占有物返还请求权，如其再行从侵夺人处夺回占有，侵夺人有权请求其返还，但如其未超过 1 年，则因其有权请求侵夺人返还占有物，故侵夺人不得请求其返还。如依照此种规定，所列案例(1)中，乙对甲的笔记本电脑的侵夺未超过 1 年，当甲又采用侵夺方式将该电脑取回时，乙无权请求甲返还占有物，甲的抗辩能够成立。

但应看到，《德国民法典》的上述规定，是建立在承认占有人可实施"私力救济"（自力取回权）的基础之上。如不承认占有人的自力取回权，则不能适用前述规则。不过，在"交互侵夺"的情形，虽然被侵夺占有的占有人又以侵夺方式取回原物不为法律所允许，但在其占有被侵夺未超过 1 年时，其有权请求侵夺人返还占有物，故"交互侵夺"即对原、被告双方各自产生占有物返还义务（占有人有权请求侵夺人返还原物，侵夺人有权请求占有人即再侵夺人返还原物），其相互间可以抵销，故在所列案例(1)中，甲虽然不能以其占有被乙侵夺为由而提出抗辩，但可以主张返还义务的抵销，从而实际达到拒绝返还占有物的效果。但如甲的侵夺为乙造成损害，乙有权请求其赔偿。

就所列案例(2)而言，理论上认为，占有人的占有被侵夺时，即使侵夺人为占有物的权利人，占有人仍得以占有物被侵夺为由，请求返还。诉讼中，如果侵夺人以其权利享有为抗辩，其抗辩不能成立。这是因为，权利人有权请求不法占有人返还财产，但不得采用"私力救济"的方式行使其返还请求权，这一规定，对于防止权利的滥用及维护社会生活秩序，具有十分重要的意义。但是在案例(2)中，尽管乙有权基于其占有被侵夺而请求甲返还房屋，但是，由于甲有权请求乙返还所有物，故甲可主张两项请求权予以抵销，从而达到拒绝返还房屋的效果。不过，因甲的侵夺为不法，如由此而为乙造成损失，甲应当承担赔偿责任。

第二编

所　有　权

第十一章 所有权通论

第一节 所有权的概念和基本权能

【基本原理】

一、所有权的概念和特性

（一）所有权的定义

所有权是所有人（又称"所有权人"）对其不动产或动产，依法享有占有、使用、收益和处分的权利。

上述所有权的定义，揭示了所有权最为重要的基本特性：

1. 所有权是所有人享有的支配财产的权利；
2. 所有权的标的物原则上仅限于有形财产，即不动产和动产；
3. 占有、使用、收益和处分是所有权的基本权能；
4. 所有人行使所有权须符合法律的规定。

所有权是民法上物权之一种，称为"自物权"或者"完全物权"。较之各种他物权，所有权不仅是各种他物权设定的基础和依据，而且具有对物的全面支配的功能。更为重要的是，所有权具有确定有形财产归属的作用。

财产归属的确定是建立财产秩序的前提和基础，因此，"所有权"是最为古老的法律概念之一。日常生活中，所有权常被简称为"产权"，而表现有形财产归属的"所有权"以及"所有人（所有者）"的概念在物权法学乃至民法学之外的其他学科领域也被广泛借用，常被用来描述某种抽象的财产或者无形财产的"归属"关系。例如：政治经济学上存在"所有制"的概念；经济学上存在"产权"的概念；公司法理论上存在股东是公司的"所有者"的固有表达；知识产权理论上存在"专利所有人""注册商标所有人"的表达。但民法上的所有权，仅指民事主体对有形财产或者被视为有形财产的"物"在其归属和利用上所享有的直接支配权利。

（二）所有权的特性

1. 概说

所有权是一切财产权的基础。

在物权制度中，虽然所有权与各种他物权均被确定为物权的某种权利类型，并在立法上被置于并列的地位，但从实质上看，任何他物权都是建立在所有权的基础之上，都是所有权"派生"出来的权利，即先有所有权，然后才有他物权；所有权因所有物灭失等原因而绝对消灭时，他物权即不复存在。与此同时，他物权的设定，常基于所有人的意思和利益，是所有人行使其所有权以获得某种利益的方式，因此，所有权具有与他物权完全不同的特性，在物权体系中，所有权始终具有中心地位。

在债权制度中，所有权是以财产为标的物的合同债权发生的前提和目的：各种财产交易的实现，通常须以交易者对交易物（交换的商品）享有所有权为条件，其交易实现的结果，则常常是商品所有权的取得。而财产租赁等行为，不过是所有人利用所有权而获得收益的各种方式。因此，在通常情况下，债权不过是取得所有权或者行使所有权的一种手段和方法。可以说，如无所有权，则无交易的发生，亦无债权的发生。

与其他有形财产权利不同，其他财产权通常是由权利人直接行使权利并获得其利益，而所有人可以直接行使对所有物的占有、使用、收益和处分的权利，也可以通过设定他物权的方式，由非所有人对所有物行使占有、使用、收益乃至于处分的权利，所有人却并不因之而丧失其所有权。此种现象，被称为"所有权的权能与所有人相分离"，其表现了所有权最为重要的一种特殊属性。

既有理论多将所有权的特性归结为"整体性""弹力性"和"永久性"三种。

2. 所有权的整体性

所有权的整体性，指所有权是一种对物的概括支配的权利，包括对物的占有、使用、收益和处分。但所有权并非其包括的各种支配权的单纯集合或者是其各种权能在量上的总和，而是单一的、"浑然整体"的权利。因此，在所有物上设定他物权，并非将所有权的部分予以转让，他物权的设定对于所有权的完整存在毫无影响。[1]

很显然，既有理论对于所有权的所谓"整体性"的强调，不过是想说明：所有权的完整性不因所有权的某些权能与所有人相分离而受到任何影响；所有人将

---

[1] 参见谢在全：《民法物权论》（上册），中国政法大学出版社1999年版，第120—121页；崔建远：《物权：规范与学说——以中国物权法的解释论为中心》（上册），清华大学出版社2001年版，第370页。

占有、使用、收益甚至处分权能让与他人享有,并不意味着所有权的部分转让,也不意味着所有权因之而残缺不全。

实质上,就所有权的基本功能而言,其包括"物的归属"和"物的利用"两个方面,而物的归属的确定是物的利用权利得以确定的前提。因此,所谓"占有、使用、收益和处分",不过仅仅是对所有权所包含的"利用"上的权能(即权利的具体作用)的揭示,而所有权之确定所有物归属的作用(归属权能),才是所有权最为根本和最为核心的权能,"占有、使用、收益和处分"只是实现物的"归属"之目的(支配财产并获得利益)所必要的手段。此种手段,可以由所有人自己实施,也可以由所有人交由其他人实施,但只要财产的归属不变,所有权的存在也就不变。简而言之,所有权之所以是所有权,关键不在于其确定了对物的利用关系,而在于其确定了物的归属关系。这种归属关系,可以通过对物的控制而表现,也可以纯粹存在于人们的观念之中。

对于所有权所具有的这种"整体性"属性的揭示,符合财产多种利用方式的社会生活需求,有利于物的经济效用的发挥。尤其是在现代社会,随着财产观念和财产利用方式在经济生活中的改变,物的占有、使用、收益乃至处分的权能常常被转而由他人享有和行使,所有人与所有物之间常常仅在观念上存在"归属"关系,故强调所有权的整体性,有利于认识和确定所有权在物的归属和利用相分离的情况下的法律状态和法律效力。

3. 所有权的弹力性

所有权的弹力性,是指所有权在利用上的四项基本权能可以部分或者全部脱离所有人而以他物权的形式为他人所享有,而在他物权消灭之时,所有权即回复其完满状态。

从效果上看,他物权的设置,不仅产生对所有人行使其所有权的限制(如用益物权的设定导致所有人无法对所有物进行占有、使用),而且使所有权的内容产生减缩,甚至减缩殆尽,仅存留一个徒有其名的躯壳,以至于在学理上被称之为"空虚所有权"或者"虚有权",一旦他物权归于消灭,所有权被减缩的内容即行恢复,则又可回复其全面支配之圆满状态。所有权的内容减缩后可回复,回复后又可再减缩,但由于物的归属关系不变,故所有权从整体上并未受到影响。此种现象,即为所有权的弹力性。

实质上,所有人与所有权各项权能的分离,是所有人利用对物的支配而获得最大化利益的方式:所有人将所有物的占有、使用及收益权能(使用价值)转化为他人享有的用益物权,但因此而从用益物权人处获得对价(如土地所有人在其土地上设定他人享有的土地使用权,因此而获得土地使用费),此种对价,通常大于所有人自己使用所有物而能获得的利益；所有人将所有物的处分权能（交换价值）转化为他人享有的担保物权，但因此而从担保物权人处获得融资（如房屋所有人在房屋上设定债权人享有的抵押权，因此而获得借款），此种融资所满足的利益需要，所有人不可能通过自己行使对物的处分权而能获得。据此，所有人与所有权之权能的分离，常常是所有人对所有物最有效益的一种利用方式。从这种意义上讲，所有人与所有权权能的分离，不过是所有人行使其所有权的一种方法，也就是说，所有人是通过他物权人的行为而行使其所有权，所有权的内容（占有、使用、收益和处分权能），是通过他物权而加以表现，故所谓所有权因"内容的减缩"而成为"徒有其名的空壳"的说法，其实是不够准确的。

应当看到，在现代经济社会，伴随财产观念的变化，发生了所有权的中心由"所有（归属）"向"利用"转移的趋势，早期所有权作为一种对物实施现实支配的现实性权利，逐渐演变为在物与现实之支配相分离（甚至是无限期的分离）后对物的观念的支配的一种观念性权利，由此，"现代所有权以离开其对物直接支配之固有形态，而化为用益及担保对价之请求权，以债权之形态出现"，从而发生了"物权之债权化"倾向[①]，甚而至于有学者断言，所有权在近代财产法上的优越地位，已经被债权所替代。[②]

而当所有权的权能与所有人长期甚至于永久地相分离越来越成为所有权存在的一种"常态"时，所有权的所谓"弹力性"，在某些情况下便有可能仅仅是一种理论上的假设。

但是，只要所有权的归属权能不消灭，则所有权即不归于消灭。

4. 所有权的永久性

所有权的永久性，是指所有权随所有物的存在而存在，其存续期间不得预先加以确定。

所有权的永久性不是指所有权可以永久存续，而是指物不消灭，物上设定的所有权即不会消灭。所有人可以将其所有权转让他人，所有权可因取得时效而为他人所取得，但物上的所有权却依然存在，只是所有权的主体发生变化而已。与之不同，他物权等财产权利通常具有时间性，其时间性可能是由于法律的限制（如在我国，住宅建设用地使用权最长期间为 70 年，农村集体土地承包经营权的法定期限为 30 年等），也可能是由于当事人的约定（如当事人可以通

[①] 谢在全：《民法物权论》（上册），中国政法大学出版社 1999 年版，第 121 页。
[②] 参见〔日〕我妻荣：《债权在近代法上的优越地位》，王书江译，中国大百科全书出版社 1999 年版，第 6 页。

过设定地役权的合同约定地役权的存续期间），还可能是由于权利本身的属性（如债权设定的目的在于强制债务人为特定行为，而债务人一旦履行其债务，债权即归于消灭，故言"债权存在的目的即消灭自己"，不存在永久性的债权；又如，担保物权只能随主债权的存在而存在）。

所有权的永久性是由所有权建立财产归属秩序的社会功能所决定的。财产归属秩序是建立财产利用秩序和交换秩序的基础和前提。因此，任何财产只要在客观上出现或者形成，则其财产归属关系必须立即通过所有权的设立而加以确定。所有权在现代社会所具有的"定分止争"作用，是其他任何财产权利都不能替代的，而所有权的永久性，则是所有权这一基本特性的理论表达。

二、所有权的基本权能

（一）概说

"权能"为权利的作用的具体表现，是构成权利内容的各个有机组成部分。每一种民事权利都包含了特定的权能。就所有权而言，确定所有物与所有人之间的归属关系，是其最为根本的权能。但"归属"本身并不能为所有人直接产生利益，所有人的利益必须通过对财产的直接支配而实现，故所有权具有占有、使用、收益和处分四项权能，此四项权能的作用在于保障所有人以自己的积极行为支配所有物而获得利益，故被称为所有权的"积极权能"。与此同时，所有物对于所有人的归属以及所有人对所有物的支配并不能完全保障所有权的实现，故所有权还需要具备防范他人不法侵害的权能，亦即排除他人非法干涉的权能，其表现为所有权所具有的物权请求权的效力，称为所有权的"消极权能"。

所有权的积极权能为所有权基本权能的主要方面，是所有人为支配行为的根据；所有权的消极权能仅在所有权行使受到不法妨害时才能显现，为防御性的权能。

（二）所有权的积极权能

1. 占有权能

所有人有权对所有物进行实物上的控制。对物的占有是对其进行使用的前提，通常也是财产归属最为直接的表现，因此，对所有人占有权能的不法侵害，往往构成对所有权最为严重的侵害。

占有权能可以单独与所有人相分离而为他人所享有。如由保管人对保管物进行占有，由承运人对承运的物品进行占有等。

构成所有权权能之一的占有，与占有制度中的所谓"占有"具有不同性质。

所有权的占有权能是行使所有权的表现,占有制度中的占有则仅仅是一种控制财产的事实状态。

2. 使用权能

所有人有权按照所有物的性能和用途对之进行使用或者消费,即利用所有物的使用价值以满足其物质或者精神的需要。在不违背禁止滥用权利原则及不损害他人利益或公共利益的前提下,使用权能还允许所有人自由地选择对物的使用方式。

使用权能不能脱离占有权能而单独实现,故其常常与占有权能一起同时为他人享有。如承租人对租赁物的占有、使用等。

3. 收益权能

所有人有权通过对物进行利用或经营而获得孳息以及其他收益。

与使用权能一样,收益权能也是所有人对物进行利用的权利,但使用权能为对物的直接利用(如居住房屋),收益权能则为获得孳息的权利(如获得出租房屋的租金)。某些财产依其性质只能被使用而不能产生孳息(如大米、水泥等消耗物);相反,某些财产虽不能使用却能产生收益(如有价证券)。

所有人享有决定收益方式的权利:收益权能的行使,可以通过所有人自己的行为进行,即所有人占有财产并直接取得财产所产生的收益(如自行摘取果树上的果实),或者通过将占有和使用权能让与他人而获得对价(如将房屋出租给他人以收取租金);也可以通过他人的行为而行使(如将不动产委托给他人经营管理,并按约定向受托人收取经营所获得的利润)。在现代经济社会,所有人(自然人或者企业法人)将其所有的财产通过承包经营或者资产信托的方式交由他人经营管理,并与经营管理人分享财产收益,是资产经营最为有效的形式之一。

4. 处分权能

所有人有权对所有物进行处置。对所有物的处分包括两类:一类是"事实上的处分",即对物进行物质上的处理,使之不复存在(如对物的消耗、损毁、丢弃等);另一类是"法律上的处分",即将所有权或者所有权的某些权能转让给他人(如将所有物出卖或者出租、在所有物上设置他物权等)。

所有人对所有物的处分权能可以转给他人行使,他人行使对所有物的处分权可以是基于所有人的意思(如质权人对质物的变卖、承租人经出租人同意而将租赁物予以转租等),也可以是根据法律的规定(如监护人依法对被监护人的财产的处分、失踪人的财产管理人依法对失踪人财产的处分等)。

所有权的处分权能中,所谓"法律上的处分"之"处分"与法律行为中的处分行为之"处分"以及《物权法》第 31 条规定的未经登记的不动产"不得处分"之"处分"不同,后两者的"处分"仅指能够引起物权或者其他权利变动的行为,而处分权能之"法律上的处分"为广义的处分,不仅包括能够引起物权变动的行为(如交付出卖的动产、在不动产上设定抵押权等),而且还包括其他转让所有权权能的行为(如将所有物出租、出借、委托经营等)。

第二节 所有权的本质

【基本原理】

一、所有权与所有制

"所有权"是一个法律上的概念,"所有制"则是一个政治经济学上的概念。所有权是一种法律权利,而所有制是一种基本经济制度;所有权是一个具体概念,用来描述特定的民事主体与特定的物(有形财产)之间的归属和利用关系,而所有制是一个抽象的整体概念,用来描述一定社会的物质资料(主要是生产资料)的归属状态;所有权的客体是现实存在的、具体的物(动产和不动产),而所有制所涉及的生产资料概括地包含了一切与人类劳动生产过程有关的物质资料和非物质资料。

不同的所有制对于法律上的财产所有权的制度结构能够产生重大影响。例如,在西方私有制国家,私人所有权(包括土地私人所有权)是财产所有权的主要表现形式,而在我国以社会主义公有制为主体的经济制度下,国家所有权(尤其是国家土地所有权)在财产所有权的结构中具有特别重要的地位。

但是,具体意义上的"所有权"和整体意义上的"所有制"之间不一定有必然联系,在西方私有制经济制度下,也存在大量的公共所有权或者国家所有权,这些公共领域的所有权的性质并不因为其私有制经济制度而具有"私权利"性质;而在我国以公有制经济为主体、以非公有制经济为重要组成部分的经济制度下,存在大量的私人所有权。这些所有权的性质,也不因为我国实行以公有制为主体的基本经济制度而具有"公权利"的性质。

任何性质的财产所有权既受公法(如刑法、行政法)的保护,也受私法(民法)的保护。民法上的物权法的主要任务,是对民事主体依照民法规定而取得的财产所有权和其他物权进行确认和保护。在我国实行的市场经济条件下,商品的"私"的属性,决定了一切市场主体均为平等的民事主体(私的主体),一切市场行为(商品交换)均为私的领域(民事领域)的活动,而作为市场交易标的的商品(动产或者不动产),其所有权当然具有私权(民事权利)的性质。换言之,物权法以民事生活领域中的财产归属关系为规范对象,民法为私法,民事权利为私权,民事主体为私权主体,其依照物权法的规定而取得的所有权和其他物权为私权,其中不仅包括个人享有的财产所有权,也包括作为民事主体的法人所享有的财产所有权。

二、所有权的限制

民法上的所有权是民事主体自由支配其财产的权利,但此种自由并非毫无限制,尤其是在现代社会,财富的拥有和利用必须更多地顾及他人利益和社会公共利益,由此,现代民法上的所有权被认为具有"社会性"的特征,亦即所有人在享有和行使所有权的同时,必须承担各种社会责任。

所有权行使的限制包括私法的限制和公法的限制:

所有权的私法限制主要体现为民法上有关禁止权利滥用的规定:当所有人以损害他人为目的而行使权利时,所有人构成过错,应赔偿因此而为第三人造成的损失。与此同时,由于所有人可以任意支配其所有物,因此,所有人即使对物的使用无过错,也应对因其特殊的使用而对第三人造成的全部损失予以赔偿。简言之,因使用财产而导致他人的不利或者损害,应成为所有人承担民事责任的根据,这一原则,构成了相邻关系中民事责任的理论基础。

所有权的公法限制主要体现为行政法等公法基于公共利益的保护而针对所有权所作出的各种禁止性或者限制性的规定,尤其是基于城市规划、环境保护、生态平衡、耕地保护、野生动植物保护以及对危险或有害健康的工业的限制等需要,现代各国对所有权及他物权的行使颁布了越来越多的管制性法规,以使国民经济能够可持续发展,并防止人类的未来因财产所有权的滥用而承受灾难性的后果。

【理论拓展】

理论拓展之一：所有权制度从古代到现代的历史发展

（一）原始社会与古罗马时代的所有权

数个世纪以来，私人所有权是西方文明社会经济制度的基础。然而，在原始社会，它仅存在于动产，其基本上系个人使用之物，如衣服、武器、珠宝首饰等。土地既不属于私人，也不属于家庭，而是属于氏族或农村共同体。以后，随着肥料的使用，农业得以发展，同样的人群（其后为同一个人），有可能在同一土地上进行长期的耕种，这样，土地便自然而然地成为家庭所有权的标的，后来又成为个人所有权的标的。

在罗马时代，上述变化大约是在十二铜表法（XII Tables）时期完成。依照传统，在古代罗马，土地的分割须经努玛（Numa）皇帝的批准，其首先存在的是一种对土地使用的暂时分割：每一个人获得一块特定的土地，其应耕种并收获。但一旦收获结束，土地即回复至集体所有。逐步的，让土地属于同一私人渐成习惯：当事人一年年地耕种，并在土地上建房盖屋，遂形成私人所有权并具永久性，家父（pater familias）为其唯一的权利人。事实上，所有权的现代制度直接来源于十二铜表法所规定的"市民法上之所有权"（dominium ex jure quiritium）。[①] 它赋予享有这种具有排他性、支配性和永久性权利的当事人以使用、收益和处分的权利，其为一种对物的完全支配权（plena in res potestas），一切限制均是对所有权性质的损害。在罗马法上，所有权最初仅为罗马市民[②]所享有，以后，其扩大至拉丁人。最终，随着罗马帝国的扩大，出现了所有权的其他形式（万民法上之所有权、罗马大法官法上之所有权以及外省之所有权等），其内容有所不同。伴随这一政治上的变革，罗马法的所有权也发生了技术上的变化：最初，罗马法上出现"mancipium"概念，其为一种家长权，设定于其权力支配下的人及重要的物。后来，出现了"dominium"，是一种可以对抗一切人的权利，即绝对权，但其并非毫无限制。在公众利益和邻人利益（相邻关系）中，这种权利受到一些限制[③]，它能够与其他权利一起并存于一物。最后，优士丁尼皇帝（Justinien）时期，相对于用益权和占有权，出现了"proprietas"（即

[①] 参见陈朝璧：《罗马法原理》，商务印书馆1937年版，第302页。

[②] 罗马市民（les quirites），指不在军队服役的罗马市民。

[③] 《学说汇纂》（Digeste）的某些条文对所有人因行使权利而为邻人造成的损害进行了制裁。但就罗马人对所有权的理解来说，私人的因素占据了极为重要的地位，而社会因素则几乎完全不被重视。

所有权)的概念。①

（二）欧洲中世纪的土地所有权

所有权被肢解为身份上的支配权与使用上的支配权，是以法国为代表的欧洲中世纪封建国家之土地所有权的基本特点。

作为封建制度的产物，封建地主是其拥有的广大土地的主人，封建王权系于土地所有权。然而，享有所有权的人自己并不经营土地，而是"特许"佃农经营。作为回报，后者应向前者交付佃租（称为"cens"，即每年向领主交纳的现金租税、年贡）。如此一来，土地成为两种权利的客体：佃农对土地享有使用权（使用领域的权利），封建领主则对土地享有身份上的支配权（人身领域的权利）以及构成封建领主阶层的全部特权。佃农非经封建领主许可或至少向其交付财产移转税，不得转让土地使用权。随着封建土地所有人的身份上的支配权转变为封建领主的特权，根据"普天之下，莫非王土"这一古老的格言，产生了"皇权的支配权"原则。

最初，封建领主享有的身份上的支配权为真正的所有权，除将某些权利让与佃农之外，其包含从物获得一切利益的权利。但恰恰是这种让与，不仅赋予佃农以使用权，从而获得对物的基本利用，而且使身份上的支配权变成单纯的君权及领主权的标志或象征。于是，至18世纪后期，佃农的使用权逐渐变成了一种真正的所有权，而封建特权则被视为对所有权无法容忍的否定而不复存在。

（三）法国大革命及《法国民法典》编纂时期的所有权

1. 法国大革命时期的所有权

法国大革命前夕，封建领主对土地的控制力成为有名无实的空洞形式，由于此后再无"对价"的存在，封建特权难以为继。法国大革命消灭了这种特权，解除了所谓身份上的权利，重建了被封建制度肢解的所有权。但革命的立法在清除封建特征的前提下，保留了其他物权形式。伴随大革命时外逃的贵族和教会财产的没收，大革命实行了所有权的巨大转变，使新的阶层得以形成。

最为重要的是，大革命使所有权神圣化。它宣布私人所有权是一种人权，是一种可以自由处分的权利。在1789年9月3日法国《人权宣言》中，所有权被表述为一项天赋权利（第2条），所有权与自由被置于同一地位。该宣言第17条还进一步明确："所有权为不可剥夺的神圣的权利。"在此，法国新兴资产阶级旗帜鲜明地宣称：革命的立法者的全部努力，就是要在民法领域内，相对于人的自由而规定所有权的自由。

---

① 因中文对应概念的缺乏，有的学者将"mancipium"译为"财产权"，将"dominium"和"proprietas"均译为"所有权"，可作参考。（参见〔意〕朱塞佩·格罗索：《罗马法史》，黄风译，中国政法大学出版社1994年版，索引部分）

大革命时期,立法上的变革主要针对不动产。其基本任务是:给予土地所有权以动产相同的绝对性、私人性和永久性。据此,大革命将土地所有权牢固地"置放"于土地经营者,从根本上摧毁了身份上的所有权及封建特权。

2.《法国民法典》编撰时期的所有权

在大革命所取得的成果的基础上,《法国民法典》明确地确定了私人所有权的原则。波塔利斯(Portalis)公开宣称:"所有权是一种天赋权利。"拿破仑则在民法典编纂预备会上指出:"所有权是其享有者不可侵犯的权利,即使对我本人也同样如此;虽有众多军队归我指挥,但我也不能侵占他人一寸田地,因之会侵犯他人所有权,这同时也是对一切人的侵犯。"在法典编纂者眼中,个人所有权是社会肌体的基础,一切财产权利(物权、债权)的取得方式和消灭方式(继承、契约等),均应根据所有权的作用来加以研究和规定。在其第544条,《法国民法典》给所有权下了著名的定义:"所有权是对于物所享有的绝对无限制地用益、处分的权利。"所有权的绝对化由此而确定,其政治上的实质理由仅只一个,这就是,巩固所没收的外逃贵族和教会财产的获得者通过大革命而已经获得的权利。

依照《法国民法典》确定的原则,私人所有权是一种管领、排他和永久的权利。所有人不得通过法律行为而同意对其所有权的任何一种限制,其只能同意为民法典所允许的某些限制;物权的种类由法律列举规定;民法典对有利于实现土地自身价值的处分行为予以承认,为此,用益权、地役权及租赁权成为暂时性的权利,承租人不再享有物权而仅对出租人享有单纯的债权。总之,《法国民法典》明确地确认了国家对私人所有权的尊重,因此,国家因公共利益需要而依其权力对所有人的财产进行征用时,其仅得在对被征用者预先给予补偿的条件下方有权实施(《法国民法典》第545条)。[1]

《法国民法典》所确立的个人主义的所有权观念,成为近代各国所有权制度的思想基础。

(四)近代以来所有权的变革

在早期资本主义社会,其自由主义的极端发展导致了大量的社会问题(如两极分化、贫富悬殊以及劳资冲突等),于是,在19世纪末以后,财产上的自由主义受到了社会连带主义、历史法学和法律实证主义的猛烈抨击。在德国,耶林对罗马型土地所有权思想痛加批判,认为所有权绝对的观念,是个人恣意、刚愎、利己思想作祟所致;基尔克则倚重日耳曼法的所有权观念力倡社会的所有权思想[2];而从社会连

---

[1] 以上参见尹田:《法国物权法》(第2版),法律出版社2009年版,第118—127页。
[2] 梁慧星:《原始回归,真的可能吗?》,载《从近代民法到现代民法》,中国法制出版社2000年版,第8页。

带法学的角度,法国学者狄骥在所有权中发现了一种社会职责、一种符合社会需要的法律职责;美国的社会法学派代表人物霍姆斯和布兰代斯对自由财产观念进行了猛烈的抨击,倡导相对的财产概念,而后者贬低了财产的价值和地位。到20世纪初,自由财产概念被社会财产概念所替代,在西方国家,民族主义运动、无财产资格的普选制度以及结社和集会等新型的自由权利在宪法上得以确认等等,都深刻地改变着私人财产制度,使财产所有权具有了社会化的特点,其主要表现是:

1. 所有权社会化在实定法上的确立

在德国《魏玛宪法》中,立法者将所有权负有"社会义务"这一思想提升为一项具有宪法地位的基本原则,其《基本法》第14条第2款规定:"所有权负有义务。它的行使应同时服务于公共利益。"在法国,很多司法判例对个人所有权的范围进行了限制,1946年法国第四共和国成立,其宪法中追加并列举规定了若干"社会权",标志着社会的所有权制度在法国法上正式形成①;美国虽然并未在宪法中给予社会所有权以正式的法律表达和认同,但其最高法院以一种社会化的方式解释宪法,将其转变为满足社会需要的工具,而不再是保障个人自由和私有财产的"圣经"。②

2. 对私人所有权的限制和剥夺

20世纪以来,私人所有权受到各种限制,其中包括:

(1) 所有权因保护邻人或相关联人利益而受限制

在法国,通过学说和判例对《法国民法典》有关侵权责任的第1382条的扩张解释,确立了"近邻妨害"的概念,其涵盖了所有侵害相邻的形式,并对所有权人不以过错就课以责任。与此同时,在许多不动产上,各种"准所有权"(quasi propriétés)被设定于所有权之上;公共团体对所有人的权利进行监督,而所有人的权利同时也被承租人的权利所限制;在德国,其《民法典》第906条和907条规定了妨害排除请求权制度,财产的个人主义概念被相邻共同体(邻人关系)概念所代替,对自由财产的限制甚至从"相邻共同体关系"拔高到"民族共同体";在美国,自1900年的栅栏影响邻人采光案件之后,愈来愈多的州通过了禁止恶意建筑栅栏和高墙的法律。

(2) 所有权因公共福祉而受到限制或征用

在20世纪,各国对私人财产的限制受到各种不同利益考量的驱动:为了城市的美化、为了住房的安排、为了保障物质供给、为了一个良好的工作环境以及为了公共交通等社会需要,限制私有财产的立法如潮水般蜂拥而至。③ 在法国,伴随着工业的进步、发明的增加及当代社会的动乱,法律施加于私人所有权的限制不断增

---

① 陈华彬:《民法物权论》,中国法制出版社2010年版,第173页。
② 肖厚国:《所有权的兴起与衰落》,山东人民出版社2003年版,第220页。
③ 同上书,第215页。

加，国家干预主义在"公共利用之地役权"（servitudes d'utilité publique）的设定问题上表现得尤为突出；在德国，建筑法、土地交易法及联邦和州的其他许多法律给所有权人规定了各种各样的义务。同时，大规模的生产资料的所有权已被纳入到经济宪法的框架，这种所有权的"为宪法所保护的私有性"，在很大的领域里已被压缩为"广泛的所有权思想的某个方面"，公法和民法对它的法律构成起着同等的作用。今天，根据不同的客体及这些客体所承担的最广泛意义上的"社会功能"，所有权的内容和权利人享有权限的范围也各不相同。①

（3）所有权因社会福利而受到限制或者剥夺

学者认为，福利国家的社会理想是私有财产所有权所面临的最大危险。在现代社会，法律不仅规定所有人为共同体利益而拥有和使用财产，而且直接将财产从所有人那里拿走并交给一无所有的人。起初，法律以"他人利益的并存"来限制自由财产，随着劳工问题的出现，人们则进一步以人道主义为基础支持着社会立法。无论是在美国还是在法国、德国，限制童工和妇女乃至成年人工作时间的立法越来越细密，失业保险和救济、对年老者和疾病者的救助，甚至法律规定债务人的许多财产免于强制执行，其实质都是对某些私人财产的使用和剥夺。②

第三节　所有权的种类

【基本原理】

一、所有权分类的标准

（一）所有权的传统分类

在传统民法上，所有权的分类是按照所有权标的物的不同性质来进行的。因此，所有权被区分为动产所有权和不动产所有权两类。该两类所有权的主要区别在于：

---

① 〔德〕卡尔·拉伦茨：《德国民法通论》（上册），王晓晔等译，法律出版社 2003 年版，第 85—87 页。
② 肖厚国：《所有权的兴起与衰落》，山东人民出版社 2003 年版，第 215 页。

1. 所有权变动根据及其公示方法不同

动产所有权的变动通常以交付为根据,以交付及占有为其所有权公示方法;而不动产所有权的变动通常以登记为根据,并以登记为其所有权公示方法。由于动产和不动产所有权的公示方法不同,导致其所有权公示的公信力强弱不同,故在所有权善意取得适用条件的确定上也有所不同。

2. 物的占有产生的法律效果不同

对于动产所有权的取得(包括善意取得、先占取得、因取得时效而取得等)、转让及消灭、所有权之权利推定等法律效果的发生,动产之占有是最为重要的事实根据,但不动产占有原则上均不发生上述法律效果。

3. 公法干预的强度不同

不动产中的土地是最为重要、最具稀缺性的自然资源,土地制度涉及社会的基本经济制度,土地资源的利用则涉及社会现时和未来的根本利益,因此,公权力对于土地权利的行使进行了高强度的管制。在我国,城市土地为国家专属财产,仅国家可对之享有所有权;农村土地原则上只能由农村集体经济组织享有所有权,除集体土地所有权因土地征收而变为国有土地之外,土地所有权不得发生任何转让。而政府代表国家行使国有土地所有权以及农村集体经济组织行使集体土地所有权,均受到有关土地管理、土地规划等各种行政法规的限制。

不动产中的房屋是最为重要的生产资料和生活资料,关涉土地的合理利用,也关涉企业的生产经营需要和普通百姓的基本生活保障,因此,房屋所有权的原始取得(通常为因修建房屋而取得房屋所有权)受到有关土地管理、城市规划以及建设工程项目管理的各种法律和行政法规的限制,而房屋所有权的性质则因其建设用地使用权的性质(国有划拨土地或者国有出让土地)而有所不同,其转让所受限制也有所不同:如"商品房"所有权原则上得自由转让(但地方政府基于商品房价格的调控也有可能颁布"限购令",即规定一个家庭不得在当地购买第二套住房等);"经济适用房"所有权则只能在符合法定条件时允许自由转让(即购买经济适用房达到一定期间并交纳规定的土地使用权出让金等)。

动产所有权中,除小汽车等登记动产的所有权转让有可能受到一些大城市的地方政府"限购令"的限制之外(如北京市政府规定一个家庭不得购买第二辆小汽车),一般动产所有权的取得和转让不受公法上的特别限制。

(二) 我国《物权法》上所有权的分类标准

在我国制定《物权法》的过程中,对于所有权的分类方法及类型的确定产生了理论上的重大分歧:依照我国《民法通则》和其他有关现行法律的规定,我国所有权根据财产的所有制性质被区分为"国家所有权""集体所有权"以及"公民个人所有权"三类,此种分类得到一些学者的支持,认为其反映了我国社会主义公有制条件下财产所有权的特点。但也有学者认为,这种以所有权的主体作为标准的分类,"是为了反映生产资料所有制的性质,更多地具有政治意味而不是法学意味。民法中所有权的主体无论是国家、集体还是个人,其所有权的性质都相同,保护的手段并无差异。这种区分并无任何实益"。[1]

《物权法》最终承继了我国原有的所有权理论和立法上历来的做法,在其第五章中对国家所有权、集体所有权和私人所有权分别作出了规定。

二、国家所有权

(一)国家所有权的概念及其客体范围

国家所有权是国家对其动产和不动产占有、使用、收益和处分的权利。

依照我国《宪法》和法律的规定,《物权法》对于作为国家所有权客体的财产范围作出了具体的规定,包括:(1)城市土地,以及法律规定属于国家所有的农村和城市郊区的土地(第47条);(2)森林、山岭、草原、荒地、滩涂等自然资源,但法律规定属于集体所有的除外(第48条);(3)法律规定属于国家所有的野生动植物资源(第49条);(4)无线电频谱资源(第50条);(5)法律规定属于国家所有的文物(第51条);(6)国防资产(第52条);(7)依照法律规定为国家所有的铁路、公路、电力设施、电信设施和油气管道等基础设施(第53条)。

除上述财产外,其所有权归属于国家的其他不动产和动产,也是国家所有权的客体。

作为国家所有权客体的财产可以分为两大类:

1. 国家专属财产

国家专属财产是指其所有权只能由国家享有的财产,如国有土地所有权、海域所有权、矿产资源所有权、水资源所有权、国防资产所有权等。国家专属财产所有权不得进入民事流转,即不得作为交易的标的物。对此,《物权法》第41条明确规定:"法律规定专属于国家所有的不动产和动产,任何单位和个人不能取得所有权。"

但在某些国家专属财产上可以依法设立民法上的用益物权,用益物权为民

---

[1] 梁慧星:《中国民法典草案建议稿附理由:物权编》,法律出版社2004年版,第65页。

事主体所享有,可以进入民事流转。如在国家所有的土地上设立建设用地使用权、在国家所有的海域上设立海域使用权等。

2. 国家非专属财产

国家非专属财产是指国家享有所有权的财产中可以进入民事流转并由民事主体所取得和享有的财产。如国家可以将其国库中的货币以财政划拨或者投资的方式将其所有权转让给国家设立的公法人(国家机关以及国办事业单位等)或者企业法人。

(二) 国家所有权的特殊性

与自然人、法人等民事主体所享有的财产所有权相比较,国家所有权具有极为特殊的性质,其具体表现为:

1. 国家所有权主体的特殊性

民事权利的主体为民事主体。在其他很多国家,"国家"在民法上是一个可分割的概念,如在德国,联邦政府之国库可称之为"国家",各州之国库亦可称之为"国家",其均可作为"公法人"(民事主体)而享有财产所有权并参加民事活动。[①] 但在我国,"国家"是一个抽象的、不可分割的整体概念,国务院(中央人民政府)和地方各级政府均不能等同于国家。

在我国,国家纯粹是公权力的载体,国家仅是国家利益(社会公共利益)的代表,国家代表全体人民享有国家财产所有权,国家所有权存在的目的最终是为了满足广大人民的物质和文化生活的需要,国家在行使国家所有权的过程中,也应当充分反映全体人民的意志和利益。[②] 因此,国家作为国家所有权的主体,既不属于公法人,也不同于任何一种民事主体。

2. 国家所有权行使的特殊性

民法上的所有权可以由所有人以自己的名义和自己的行为而行使,也可以由代理人以所有人的名义代为行使。但是,作为一种抽象的存在,在我国,国家对其财产所有权通常并不以国家的名义行使,而是由国务院或者国务院授权的地方人民政府代表国家行使国家所有权。我国《物权法》第45条第2款规定:"国有财产由国务院代表国家行使所有权;法律另有规定的,依照其规定。"

3. 国家所有权取得方式的特殊性

民事主体取得财产所有权的方式主要有:其一,原始取得:包括基于修建房屋、生产产品、先占等事实行为而取得所有权;因占有动产而依善意取得以及取

---

① 周友军:《德国民法上的公法人制度研究》,载《西南政法大学学报》2005年第6期。
② 王利明、尹飞、程啸:《中国物权法教程》,人民法院出版社2007年版,第172页。

得时效等规定而取得所有权等;其二,继受取得:包括基于各种法律行为(买卖、赠与、借贷等)以及遗产继承、遗赠等而取得所有权。

而国家所有权的取得方式则完全不同,其特殊方式主要有两种:

(1) 直接根据宪法、法律的规定而取得财产所有权。

国家专属财产所有权系直接根据宪法、法律的规定而取得。例如,我国《宪法》第10条规定:"城市土地属于国家所有。"第9条第1款规定:"矿藏、水流、森林、山岭、草原、荒地、滩涂等自然资源,都属国家所有,即全民所有;由法律规定属于集体所有的森林和山岭、草原、荒地、滩涂除外。"上述《宪法》的规定直接创设有关财产的国家所有权,无须其他法律予以确认。与此同时,法律也是创设国家所有权的直接根据。如《中华人民共和国物权法》对"无线电频谱"国家所有权的创设;《中华人民共和国国防法》对"国防资产"国家所有权的创设;《中华人民共和国海域使用管理法》对"海域"国家所有权的创设等。

(2) 以强制方法取得所有权。

国家可以通过其公权力的行使,通过国有化、没收、征收等强制手段强行将私人财产收归国有,也可以通过强制征收税、费而取得货币的所有权。此外,国家得根据其颁布的法律直接取得某些特定财产的所有权。如根据《物权法》的规定,遗失物自发布招领公告之日起6个月内无人认领的,归国家所有(第113条);拾得漂流物、发现埋藏物或者隐蔽物的,参照拾得遗失物的有关规定。文物保护法等法律另有规定的,依照其规定(第114条)。

4. 国有所有权保护方法的特殊性

首先,国家所有的财产不得被强制执行。例如,公有物(为公众服务的目的而由政府机构使用的物,如政府机关的建筑物等)以及公用物(为一般公众所使用的物,如公共道路、桥梁、公园等)一律不得被纳入破产财产的范围。

其次,民法和其他法律有关民事主体所有权的一切保护方法,均适用于国家所有权的保护。但是,民法上有关民事权利保护的任何限制性的规则,均不得适用于国家所有权。如国家所有权无须公示;任何人无论善意、恶意,必须无条件返还侵占的国家财产,国家所有权不适用善意取得,也不适用取得时效。[①]

为此,我国《物权法》第56条专设明文规定:"国家所有的财产受法律保护,禁止任何单位和个人侵占、哄抢、私分、截留、破坏。"与此同时,该法还设专条(第57条)对国家财产管理人的义务和法律责任作出了明确规定:"履行国有财

[①] 最高人民法院《关于贯彻执行〈民法通则〉若干问题的意见(试行)》第170条规定:"未授权给公民、法人经营、管理的国家财产受到侵害的,不受诉讼时效期间的限制。"

产管理、监督职责的机构及其工作人员,应当依法加强对国有财产的管理、监督,促进国有财产保值增值,防止国有财产损失;滥用职权,玩忽职守,造成国有财产损失的,应当依法承担法律责任。"(第1款)"违反国有财产管理规定,在企业改制、合并分立、关联交易等过程中,低价转让、合谋私分、擅自担保或者以其他方式造成国有财产损失的,应当依法承担法律责任。"(第2款)

三、集体所有权

(一) 集体所有权的概念和客体范围

集体所有权是指集体经济组织对集体所有的动产和不动产享有的占有、使用、收益和处分的权利。

依照《物权法》的规定,在我国,集体所有权包括两种:(1) 农村劳动群众集体财产所有权(第59条);(2) 城镇劳动群众集体财产所有权(第61条)。后者所涉及的城镇集体所有制企业在我国经济体制改革的过程中,大多数已被淘汰而不复存在。

依照《物权法》第58条的规定,农村集体所有权的客体包括:(1) 法律规定属于集体所有的土地和森林、山岭、草原、荒地、滩涂;(2) 集体所有的建筑物、生产设施、农田水利设施;(3) 集体所有的教育、科学、文化、卫生、体育等设施;(4) 集体所有的其他不动产和动产。

在农村集体所有权中,农村集体土地所有权最为重要,该种所有权为农村集体组织的专属财产,不得转让,仅得因国家基于公共利益的需要而被征收并变为国家所有权的客体。除集体土地所有权和其他自然资源所有权之外,其他集体财产所有权通常可以进入民事流转。但是,在集体土地及其他自然资源上,可以设立承包经营权等用益物权。该种用益物权可以依法在一定范围之内流转。

(二) 农村集体所有权的特点

随着我国农村经济体制改革的发展和农村集体土地联产承包制度的实行,农村集体财产所有权的存在方式及其运行发生了根本的变化,由此导致农村集体土地所有权及其他集体财产所有权的法律界定发生困难。《物权法》根据我国农村的实际情况作出的以下规定,反映了农村集体所有权的某些重要特点:

1. 集体所有权主体的特殊性

《物权法》第59条第1款规定:"农民集体所有的不动产和动产,属于本集体成员集体所有。"依照这一规定,农村集体所有权的主体是全体集体成员,但其对集体财产的权利享有方式不是"共有"而是"集体所有"。

2. 所有权行使程序和方式的法定性

《物权法》第59条和第60条就农村集体所有权的行使方法和程序,从两个方面作出了明确规定:

(1) 集体所有权行使的法定程序

依照《物权法》第59条的规定,下列事项应当依照法定程序经本集体成员决定:土地承包方案以及将土地发包给本集体以外的单位或者个人承包;个别土地承包经营权人之间承包地的调整;土地补偿费等费用的使用、分配办法;集体出资的企业的所有权变动等事项;法律规定的其他事项。

(2) 集体所有权行使的法定方式

依照《物权法》第60条的规定,对于集体所有的土地和森林、山岭、草原、荒地、滩涂等,依照下列规定行使所有权:属于村农民集体所有的,由村集体经济组织或者村民委员会代表集体行使所有权;分别属于村内两个以上农民集体所有的,由村内各该集体经济组织或者村民小组代表集体行使所有权;属于乡镇农民集体所有的,由乡镇集体经济组织代表集体行使所有权。

(3) 集体所有权保护的特别方法

集体所有权适用法律对所有权保护的一般规定。针对集体所有权的特点,《物权法》在规定"集体经济组织或者村民委员会、村民小组应当依照法律、行政法规以及章程、村规民约向本集体成员公布集体财产的状况"(第62条)的同时,明确规定"集体所有的财产受法律保护,禁止任何单位和个人侵占、哄抢、私分、破坏"(第63条第1款);"集体经济组织、村民委员会或者其负责人作出的决定侵害集体成员合法权益的,受侵害的集体成员可以请求人民法院予以撤销"(第63条第2款)。

四、私人所有权

(一) 私人所有权的概念

私人所有权是指私人对其合法的收入、房屋、生活用品、生产工具、原材料等不动产和动产享有的所有权(《物权法》第64条)。

在理论上,存在对《物权法》上所规定的"私人所有权"的含义和范围的不同理解。

在我国过去的民事立法中,用来指称单个"个人"的用语主要是"公民""公民个人"(《民法通则》等)以及"自然人"(《合同法》等)。"私人"不是一个规范用语。因此,就《物权法》中所规定的所谓"私人所有权"的范围,便发生了理论争议,存在几种不同理解:(1)"私人"仅指"自然人"即个人[①];(2)"私人"是与国家、集体相对应的物权主体,除自然人外,还包括个人独资企业、个人合伙等非公有制企业[②];(3)"私人所有权"除包括自然人享有的所有权之外,还应包括个体工商户、合伙、各类企业法人、三资企业中投资者的权益等[③];(4)当"私人所有权"作为与国家所有权、集体所有权相并列的概念而使用时,法人所有权也应属于私人所有权。[④]

上述观点中,将"合伙"作为所有权的主体是不正确的(观点二),因为合伙(包括合伙企业)不具有民事主体资格,不能作为所有权主体,合伙财产应归全体合伙人共有;认为私人所有权"应包括个体工商户、合伙、各类企业法人、三资企业中投资者的权益"的观点也是不正确的(观点三),因为根据法人制度和公司法的规定,企业法人的投资者一旦将其财产投资于企业,该财产即成为企业法人的注册资金,其所有权为企业法人所享有,投资人因此而享有投资人权益即"股权"。股权不是对物占有、使用、收益和处分的权利,故不是一种财产所有权。个体工商户(个体商人)投入经营活动的财产,其所有权为个体商人享有;非法人企业如具有合伙性质,其财产所有权为全体投资人享有。因此,所谓"投资人权益"不是一种所有权。

由此可见,《物权法》上规定的"私人所有权"除自然人享有的所有权之外,是否还包括企业法人乃至于其他非企业法人(如事业单位、社会团体等)的财产所有权,是真正的分歧要点。

(二) 私人所有权的范围

基于以下理由,应当认定《物权法》上所规定的"私人所有权"仅指自然人(个人)享有的财产所有权:

1.《物权法》对所有权分类的基础是"所有制",即国家所有、集体所有以及公民个人所有;

2.《物权法》第65条规定:"私人合法的储蓄、投资及其收益受法律保护。"(第1款)"国家依照法律规定保护私人的继承权及其他合法权益。"(第2款)因

[①] 崔建远、申卫星、王洪亮、程啸:《物权法》,清华大学出版社2008年版,第114页。
[②] 全国人大常委会法制工作委员会民法室编:《中华人民共和国物权法条文说明、立法理由及相关规定》,北京大学出版社2007年版,第99页。
[③] 王利明、尹飞、程啸:《中国物权法教程》,人民法院出版社2007年版,第199页。
[④] 崔建远:《物权:规范与学说——以中国物权法的解释论为中心》(上册),清华大学出版社2001年版,第396页。

仅自然人享有继承权,而"私人储蓄"通常仅指个人储蓄,故该法中的"私人"仅指自然人。此外,该法第 67 条规定:"国家、集体和私人依法可以出资设立有限责任公司、股份有限公司或者其他企业。……"这一规定中的"私人"未作任何特别说明,也明显应指自然人。

3. 更为重要的是,企业法人(尤其是国家投资的企业)是否对其财产享有所有权,是物权法起草过程中的重大争议问题之一,对此不仅始终未能达成理论共识,而且否认企业法人(主要是国家投资的企业法人)对其财产享有所有权的主张始终占据上风。

因此,《物权法》对于企业法人和其他法人财产的归属问题采取了模糊处理的方法:该法第 55 条规定:"国家出资的企业,由国务院、地方人民政府依照法律、行政法规规定分别代表国家履行出资人职责,享有出资人权益。"第 67 条规定:"……国家、集体和私人所有的不动产或者动产,投到企业的,由出资人按照约定或者出资比例享有资产收益、重大决策以及选择经营管理者等权利并履行义务。"前两项条文似乎指明企业的投资人(包括国家、集体和私人)仅按照约定或者出资"比例"享有"投资人权益",对其投入企业法人的动产和不动产不再享有所有权。但该法第 68 条第 1 款却又规定:"企业法人对其不动产和动产依照法律、行政法规以及章程享有占有、使用、收益和处分的权利。"此款规定虽然指明了企业法人对其财产享有占有、使用、收益和处分四项权利,但并未指明其权利的性质为"所有权",鉴于我国曾经长期盛行国有企业财产之"两权分离"的理论(此种理论认为:国有企业的财产所有权为国家享有,经国家授权,国有企业对财产享有经营管理权,包括对财产的占有、使用、收益和处分的权利),这种曾为立法所采用过的"经营管理权"中,也包含占有、使用、收益和处分四项权能,故不能认为此款规定已经明确确定了企业法人对其财产享有所有权。此外,对于非企业法人中的国家机关的财产归属,《物权法》第 53 条规定:"国家机关对其直接支配的不动产和动产,享有占有、使用以及依照法律和国务院的有关规定处分的权利。"对于国办事业单位的财产归属,该法第 54 条规定:"国家举办的事业单位对其直接支配的不动产和动产,享有占有、使用以及依照法律和国务院的有关规定收益、处分的权利。"上述虽也指明国家机关对其财产享有占有、使用和处分的权利,国办事业单位对其财产享有占有、使用、收益和处分的权利,但《物权法》同样没有指明该两种权利为所有权,而《物权法》第 68 条第 2 款还特别规定:"企业法人以外的法人,对其不动产和动产的权利,适用有关法律、行政法规以及章程的规定。"也就是说,国家机关、国办事业单位等非企业法人对其财产是否享有所有权,在立法上同样未予确定。

但是，对于社会团体法人的财产归属，《物权法》第69条却作出了异乎寻常的明确规定："社会团体依法所有的不动产和动产，受法律保护。"根据这一规定，社会团体法人对其财产依法享有所有权。

《物权法》有关企业法人财产以及国办事业单位财产归属的上述规定的模糊及混乱，是我国某些民法理论错误地将所有权和所有制"挂钩"所产生的后果：根据这些有关所有权的固有理论，全民所有制必须通过国家所有权加以表现，而国家投入到企业（国有独资企业或者国家参股的公司）中的财产为"国有资产"，国有资产的所有权当然应属国家所有，否则，以全民所有制为特征的社会主义公有制即被损害。但事实上，全民所有制并不等同于国家所有权，国家对于投入到企业中的财产不再享有所有权，但依法享有投资人权益（股权）。

由此可见，我国《物权法》的"私人所有权"仅指自然人享有的财产所有权，并不包括企业法人以及其他法人组织的财产所有权。

但是，根据法人制度以及公司法的基本原则和社会生活的实际情况，我国民事立法应当承认法人组织对其财产享有所有权，其中，不仅公司和其他企业法人对因投资人投资而形成的财产（注册资金）及其经营活动增加的财产享有所有权，而且在民事活动中，具有法人资格的国家行政机关、事业单位、社会团体以及作为"财团法人"的各种基金会（慈善组织），也应对其财产享有所有权。

【思考问题】

思考题一："储蓄""投资"等可否成为所有权的客体？

《物权法》第65条规定："私人合法的储蓄、投资及其收益受法律保护。"（第1款）"国家依照法律规定保护私人的继承权及其他合法权益。"（第2款）

问：前述规定是否意味着我国私人的储蓄、投资及其收益以及遗产继承权等在立法上均被视为所有权的客体？

思考题二：股东可否将公司转让给第三人？

甲、乙登记注册设立了一家有限责任公司（兴锋公司），后甲、乙与丙签订合同，约定将兴锋公司及其全部财产转让给丙，并特别约定：转让前该公司发生的一切债务由甲、乙承担清偿责任，转让后该公司发生的一切债务由丙自行承担清偿责任。

问：前述约定有无效力？

【理论拓展】

理论拓展之二：关于国家所有权性质的理论研究

有学者认为，在我国，国家不是民事主体，国家所有权依其性质应属公权利而

第十一章　所有权通论

非民事权利,故其不属民法上的物权的一种。该学者指出:

法律部门的划分有其特有的历史沿革和科学依据。根据法律主要保护公权还是私权、法律关系是否为公权力所约束以及法律关系主体是否表现其作为公权力代表的身份为依据,法律被分为公法与私法。依据历史传统,用于主要调整民事生活领域的民法,属于私法。而权利的性质也因其所依据创设的法律(公法或者私法)不同以及表现的利益性质不同(公的利益或者私的利益)而被分为"公权"与"私权"。民事权利属于私权,民事权利应由民事主体依据民法的规定、参加民事活动而取得,民事权利均应适用民法的规定。

但从权利的创设根据来看,国家对于城市土地和其他自然资源以及国防资产等国家专属财产的所有权,系直接依据宪法及其他公法而取得,而非直接依据民法(私法)而取得。国家专属财产不具有民事上的可让与性,亦即根本不能进入民事领域;而从权利所代表的利益来看,无论公有物、公用物或者其他属于国家所有权标的的财产,均代表了国家利益即社会公共利益而非私的利益。因此,国家所有权具有与民事权利(私权)完全不同的目的和性质,原则上不适用物权法的具体规则。例如,国家所有的土地等不动产所有权不适用物权变动的公示规则;国家所有权不适用共有、善意取得、取得时效以及占有保护规则;等等。

与此同时,国家所有权与民事主体享有的所有权并不处于同一法律领域(一为公法领域,一为私法领域),故其相互之间不可能居于完全平等的法律地位,这表现为:国家所有权是社会公共利益的载体,此种利益当然高于私人利益。据此,国家基于公共利益的需要,得强行将他人之所有权变为国家所有权(如征收集体所有的土地或者私人财产),或者基于国有土地所有权的行使需要而强制消灭他人之所有权(如强行拆迁私人房屋),或者基于公有物使用的需要而限制他人所有权的行使,即使他人之权利的行使完全符合通常的准则(如基于军事设施使用的需要,限制其周边的居民以正常的方式使用土地或者建筑物),等等。

据此,依照公权与私权划分的标准,国家所有权的性质应为公权利而非私权利。而在我国民法上,国家既不是公法人,也不是自然人、法人之外的民事主体。在物权法上,基于特别之规定,国家作为公权利(国家所有权)的主体而存在。

该学者指出,大陆法系各国民法对国家所有权的规定模式并不相同:德国民法及其强调其民法的私法性质,未对公有物或者公用物作出规定,亦未对国家强制征收私人财产作出规定(此种规定交由德国基本法作出[①])。但包括法国、比利时、瑞士、泰国、伊朗、墨西哥、智利、意大利在内的很多大陆法国家,则普遍在其民法典中

[①] 参见梁慧星:《中国民法典草案建议稿附理由:物权编》,法律出版社2004年版,第53页。

对公用物或者国家所有权作出某些基本规定乃至具体规定。① 考虑到中国的国情，我国《物权法》在着重保护自然人、法人财产权利的同时，可以对公有物和公用物以及国家征收、征用的一般规则作出规定，其中，有关国家征收、征用的规定，应从限制公权力滥用的角度着手。但对于国家对土地及其他自然资源的所有权的创设，我国《宪法》已经作了全面、具体的规定，故《物权法》不应重复规定。②

理论拓展之三：关于农村集体土地所有权性质的理论研究

在我国《物权法》起草过程中，农村集体土地所有权主体的确定是一个重大疑难问题。

很显然，农村集体土地所有权享有人肯定只能是"集体"，此一"集体"是否为法人暂且不论，但其首先必须是一个经济组织。但当今中国农村，根本不存在任何有资格成为集体土地所有权主体的所谓"集体（经济组织）"（乡政府为一级政府机关，村委会为村民自治组织，无经济职能，因而均非"经济组织"）。为此，一些学者在其物权法草案建议稿中将集体土地所有权规定为一种特殊的财产"共有权"（如梁慧星教授主持的学者建议稿第298条规定："宪法及法律指定的国有以外的农村和城市郊区的土地属当地全体居民共同所有。其所有权由所有人选定的机关依法行使，但其所有权的行使不得违犯法律和妨碍公共利益。"③）。但是，"共有权"不是一种所有权类型，与此同时，"共有权"的主体为"全体村民"，而"全体村民"与以全体村民为成员并实体存在的"集体"非属同一。最终，《物权法》第59条以"农民集体所有的不动产和动产，属于本集体成员集体所有"这一模糊表述，宣布放弃了寻找此种所有权主体的努力（《物权法》的前述规定根本没能回答"集体财产"究竟是归"集体组织成员共同所有"还是归集体组织成员之外的"集体"所有？）。而《物权法》第60条关于"集体所有的土地……属于村农民集体所有的，由村集体经济组织或者村民委员会代表集体行使所有权……"等具体规定，则不仅明确划分了"集体"与"集体经济组织"的界限（亦即当前中国部分农村中即使存在某种集体经济组织，如农业合作公司等，其也只能"代表"集体行使所有权，但其并非"集体"自身），而且进一步使由集体经济组织、村民委员会等所代表的所谓"集体"抽象化、虚无化，从而使农村集体财产所有权的"主体"更加模糊不清。

有学者认为，上述结果是由三方面的原因所造成：

---

① 参见《法国民法典》第531—541条；《比利时民法典》第538—541条；《瑞士民法典》第664条；《泰国民法典》第1304—1306条；《伊朗民法典》第24—26条；《墨西哥民法典》第764—770条；《智利民法典》第589—598条、第600条、第602—603条、第605条；《意大利民法典》第822条。

② 参见尹田：《论国家财产的物权法地位——"国家财产神圣不可侵犯"不写入物权法的法理依据》，载《法学杂志》2006年第2期。

③ 梁慧星：《中国民法典草案建议稿附理由：物权编》，法律出版社2004年版，第99—100页。

第十一章 所有权通论

1. "集体所有制"为政治经济学上的概念，它描述了一种生产资料的低等级公有制形态（公有制的高等级形态为全民所有），集体所有制之所谓"集体"，应当表现为人们所预设的某种以特定人群为成员并担负经济职能尤其是生产、分配职能的组织形式（如苏联的集体农庄、中国改革开放前的人民公社）。但是，经过经济体制改革后的中国农村，在采用家庭联产承包制的条件下，生产单位由集体变为个体（农户），不需要也不存在负责组织生产及分配利益的经济组织体，从而使"集体所有制"之"集体"，由经济组织之实体存在形态嬗变为一种抽象存在的形态。

2. 人的结合体成为民法上的权利主体，必须具备特定性，任何纯粹抽象存在、无任何特定外在表现方式从而使之与其他同类的人的群体相区别的人的结合体，不可能成为具体权利的载体。所谓"团体人格（法人）"的拟制，正是以具备实体形态并适于成为交易主体的组织体的独立存在为前提，而"具备自己的名称"，则是团体获得法律人格的首要条件。因此，无外部标志（名称）、抽象存在且不能成为交易主体的农村"集体"，完全不具备"团体"的特征，从而无法通过适用法人制度的规则而获得权利主体资格（法律人格）。

3. 由此出现一个悖论：如果赋予"集体"以权利主体资格（法律人格），则无异于将之视为法人之一种（团体人格之一种）。而"集体"与"团体"在本质上具有根本的不同，或者说，"集体"根本不是一个法律概念，"集体所有"与"团体（法人）所有"完全不同，"团体所有"与所谓"公有制"毫不相干。因此，赋予"集体"以法律人格，将使"集体"被混同于"团体"，使其作为一种公有制形态的根本价值毁于一旦，此举断不可采；然而，如果不赋予"集体"以权利主体资格，则"集体"将无根据享有任何实体法上的权利和程序法上的权利，"集体所有权"便将因缺乏主体而成为空中楼阁，徒有虚名。

该学者指出，现行民法主体理论和相关法律规则完全无法适用于"集体"，由此，对于"集体所有权"的主体问题的解决，立法者进不能进（向前一步，"集体"即成为法人"团体"，集体所有权就变为法人所有权），退不能退（退后一步，"集体所有"即成为"共有"，集体所有权就变为成员共有权），最终不得不采用了一种非法律用语的模糊表达（即规定集体财产"归本集体的成员集体所有"）。

该学者认为，实质上，中国农村的集体土地制度与因投资而设立的企业或者公司制度具有本质的不同，20世纪50年代中国农村的集体化运动，在令农民丧失土地所有人身份而换得集体成员（人民公社社员）身份的同时，没有赋予（当初的）农民以任何类似于"投资人"的法律地位，由此彻底切断了农民与其被集体化的私有土地之间的任何权利联系。20世纪70年代后转而实行的家庭承包制，则使作为土地所有人的农村"集体"成为一具抽象存在的空壳，无法成为任何财产权利的主体，而缺乏主体的所谓"集体所有权"，当然只能具有一种抽象的所有制意义上的内涵，无法成为民法上具有实体权利性质的财产所有权之一种。据此,农村"集体所有制"根本无法寻找到其法律上的权利表达形式,在政治经济学意义上的"集体所有制"与法律意义上的"集体所有权"之间,不存在任何能够达成其相互转换的法技术。在物权法上,所有制意义上的"农村集体",永远不能成为物权法的主体。所以,农村集体的物权法主体地位问题,是一个没有答案的死问题。

该学者作出的结论是:在农村,土地集体所有制将有可能长期存在,但由于权利主体的缺乏,农村土地的集体所有权成为空中楼阁,无从立足。由此,中国农村土地所有权只有在脱离有关所有制与所有权关系的传统观念的羁绊之后,方可寻找到其生存的空间,其具体解决方案应当是:尊重科学,实事求是,在观念上切断所有制(一种经济制度)与所有权(一种法律制度)之间的所谓"必然联系",否定"有什么样的所有制,就有什么样的所有权"的错误结论,在农村土地集体所有制(公有制)继续存在的条件之下,抛弃与"集体所有制"严格对应的"集体所有权"概念,将农村土地所有权设计为一种区别于一般财产共有权的、与集体所有制相适应的、具有某种"身份"性质的特殊共有权(例如,仅具有集体成员身份的人才能享有权利;该种权利不得分割、退出、转让、继承等等)。①

【本章思考问题参考答案】

思考题一参考答案:

所有权为对物(动产和不动产)占有、使用、收益和处分的权利,其客体只能是物,例外情况下,某些无形财产(如无线电频谱资源、电力、天然气等)被视为"物",也可以成为所有权的客体;某些权利(如土地使用权、知识产权乃至于应收账款等债权)也可以成为担保物权(抵押权、质权)的客体。但储蓄关系是一种合同关系,存款人对银行仅享有债权,所谓"保护私人合法的储蓄",仅指存款人的债权受到保护;"投资"为以营利为目的的出资行为,如果对企业法人投资,则投资人取得股权,如果对合伙等投资,投资人取得对合伙财产的共有权利,对"投资及其收益"的保护,指的是对投资人权益的保护;遗产继承权是一种获得遗产的资格性权利或者法律地位,不能成为所有权的客体。实质上,上述公民个人合法利益应属广义上的"财产"范围,对之予以保护,不属物权法调整的对象范围。事实上,如同不能根据我国《物权法》第3条明文规定"国家在社会主义初级阶段,坚持公有制为主体、多种所有制经济共同发展的基本经济制度""国家巩固和发展公有制经济,鼓励、支持和引导非公有制经济的发展"而认定该法具有宪法地位一样,该法有关保护私人储

---

① 尹田:《民法典总则之理论与立法研究》,法律出版社2010年版,第99—100页。

蓄、投资以及遗产继承权的规定,不过是对私人财产保护的一般性宣示,根本不具有创设"储蓄所有权""投资所有权"乃至"遗产继承权所有权"的目的和功能。

思考题二参考答案:

公司为独立的法人组织,有独立的财产并独立承担民事责任,股东享有其投资的公司的股权,但对公司的财产不享有所有权,对公司的债务也不承担清偿责任。因此,股东可以将其对公司享有的股权转让给第三人,也可以公司的名义将公司的财产所有权转让给第三人,但股东无权以自己的名义转让公司的财产。因"公司"不能成为所有权的标的,故股东也无权将"公司"转让给第三人。本例中,根据双方签订的合同的真实意思,可以将之解释为甲、乙愿意将公司的全部股权转让给丙,但双方就公司债务由股东负责清偿的约定原则上应属无效。但应注意,实践中,股权受让人为防止受让股权时公司已负担的债务被原股东部分隐瞒,故在股权转让协议中约定,股权转让前,如公司尚承担有未经披露的对第三人的债务,其清偿责任由原股东负责清偿。此项约定对第三人(公司的债权人)无约束力,股权转让后,第三人仍可请求公司清偿债务,但公司履行该部分债务后,股东有权依照该约定向原股东进行追偿。

第十二章 共 有

第一节 共有的概念和特征

【基本原理】

一、共有的概念和产生根据

（一）共有的概念

共有是指两个或者两个以上的民事主体共同享有一项财产所有权的法律状态。如甲、乙共同出资购买一辆汽车，该汽车的所有权即由甲、乙二人共同享有。

共同享有所有权的两个以上民事主体称为"共有人"，共有人可以是自然人，也可以是法人；共有人相互之间的法律关系称为"共有关系"；共有人在共有关系中享有的权利称为"共有权"；共有权的客体称为"共有财产"或者"共有物"。

民事主体对于所有权之外的其他财产支配权利（如他物权、知识产权及其他无形财产权），也可以采用共有的方式享有，此种共有被称之为"准共有"。《物权法》第105条规定："两个以上单位、个人共同享有用益物权、担保物权的，参照本章规定。"除他物权外，其他财产权利的准共有亦可参照适用《物权法》有关共有制度的一般规定。

请求权（包括债权和其他请求权）不是设定于物上的权利，如一项请求权为二人以上共同享有，其多个请求权人之间的相互关系应当适用或者参照适用法律有关"多数人之债"（包括按份债权、按份债务以及连带债权、连带债务）的规定，不适用共有制度的规定。

（二）共有的产生根据

共有可基于当事人意思或者根据法律的规定而产生：

1. 意定共有

意定共有是指基于当事人意思而产生的共有。

为满足生活或者经营的需要,当事人常以约定的方式设立财产共有关系。如共同出资购买物品而产生对该物品的共有,共同投资从事合伙经营而产生合伙财产的共有等。

2. 法定共有

法定共有是指直接根据法律规定而产生的共有,具体包括两种:

(1) 既定共有

既定共有是指根据法律规定的某种法定事实而产生的共有,此种共有通常具有暂时性。如据《中华人民共和国婚姻法》(以下简称《婚姻法》)的规定,如无相反约定,婚姻关系存续期间获得的财产为夫妻共有财产;又如根据《中华人民共和国继承法》(以下简称《继承法》)的规定,遗产有数个继承人的,遗产在未分割之前,为数个继承人所共有。在既定共有产生之后,当事人可通过约定而改变共有的性质甚至解除共有关系:如夫妻财产共有依法产生后,夫妻双方可达成协议,将夫妻共同财产制改为分别财产制;又如遗产共有因被继承人死亡产生后,数个继承人可以继续保持遗产的共有状态,也可以对遗产进行分割而消灭其共有关系。

(2) 强制共有

强制共有是指直接根据法律的强制性规定而产生的共有,此种共有通常具有永久性。如根据《物权法》第 70 条、第 72 条以及第 73 条的规定,业主对建筑物专有部分以外的共有部分和建筑区划内的道路、绿地以及其他公共场所、公用设施和物业服务用房等,享有共有和共同管理的权利,对于这些共有权,业主不得单独转让,不得放弃,也不得通过约定而解除其共有关系及分割共有财产。

二、共有的特征

共有具有以下法律特征:

(一) 共有权是共有人行使所有权的一种权限

共有权是共有人基于共有关系而享有的权利。共有关系是共有人之间由于共同享有财产所有权而产生的相互关系,共有人在共有关系中的权利和义务,依照共有人的约定或者法律规定而予以确定。与所有权属一人(称为"单独所有")的情形不同,各个共有人虽均为财产所有人,但其各自对财产的支配行为,须受到其他共有人利益的制约,故所谓"共有权",首先是当事人在共有关系中所具有的法律地位的表现，同时，也是共有人对于共有物所具有的支配权限的确定。各个共有人依照其享有的共有权对共有物行使所有权，其所有权行使可能受到时间或者空间上的限制，也可能受到利益分配上的限制。

总之，共有关系首先确定的是共有人之间的内部关系，而在外部关系上，共有人对共有物为支配行为的根据仍然是其享有的所有权。共有或者共有权只是享有和行使所有权的一种方式，不是一种所有权的类型。

（二）共有人的支配权及于共有物之全部

共有权的标的可以是一项独立财产，也可以是财产群（两项以上的独立财产），如夫妻共有的财产为除夫妻个人财产之外的全部财产。但无论共有人根据共有关系的规定而对共有物所享有的支配权限范围如何，共有人均可在其权限范围之内，对共有物在整体上进行占有、使用。

传统理论强调，共有仅仅是对所有权在"量"上的分割而非"质"的分割，亦即共有既非将一个所有权分为几个独立的部分而为共有人所分别享有，亦非将所有物分割成几个独立的部分而为共有人所分别进行支配。因此，共有物上的所有权须依"一物一权"原则予以确定：当共有物为一个物时，为一个所有权为共有人所共同享有；当共有物为数个独立物时，为数个所有权为共有人所共同享有。与此同时，每个共有人的支配权均及于共有物的全部。例如，甲、乙共有一辆汽车，依照约定，甲、乙分别有权在单、双号使用。甲、乙因财产共有而在其使用汽车的时间上受到限制，但甲、乙对于汽车的占有和使用权利，及于该汽车的全部（整体）而不能是其一部分；又如，甲、乙共有一套两室一厅的房屋，依照约定，两间卧室分别由甲、乙使用，客厅共用。甲、乙对于卧室的使用虽受到空间上的限制，但甲、乙仍对该套房屋在整体上享有支配权。

在共有权标的为财产群的情形，每个共有人对全部共有物均享有支配权，但构成财产群的每一个独立物上，仍存在一个独立的所有权。

（三）共有物的支配须根据共有人的共同意思

在单独所有的情形，所有权的行使仅凭所有人自己的意思即可。但在共有的情况下，所有权的行使则必须符合全体共有人的意思。共有人的共同意思可以表现为当事人事前或者事后的协商约定，也可以表现为合伙企业章程或者业主大会所通过的章程。

实际生活中，各种共有具有不同的特点。一般而言，除家庭共有和夫妻共有之外，以消费为目的的共有（生活资料的共有）通常具有临时性和不稳定性的特点，如共有人就共有物的支配不能协商一致，则可随时采用解除共有关系的方法予以处理。但以经营为目的的共有(成立合伙或者合伙企业)则有可能具有长久性和稳定性的特点,在共有人就合伙的经营活动发生分歧时,应适用法律有关合伙以及合伙企业法的相关规定予以处理。

(四) 共有具有团体性

共有为数人对所有权的共同享有,由于共有关系的存在,共有人相互之间存在利益牵连亦即共同的利益追求,而共同利益以及追求该种利益的共同意志的存在,便决定了共有必然具备一种"团体"的性质,尤其是在商业经营中因合伙而产生的财产共有,其共有财产常常与共有人的其他财产相分离,从而具有某种"实体性"特征,而形成企业形态的合伙(合伙企业),则更加具有某种"组织体"的性质。由此,当财产共有的规模和稳定性达到一定程度时,亦即当财产共有的团体性达到一定程度时,一种特殊的团体即"非法人组织"或者"非法人团体"便产生了。事实上,在商品房住宅小区全体业主因建筑物及其相关土地的使用而形成其对共有部分的共有权时,由此而产生的业主大会,便是典型的非法人组织。

三、共有的种类

(一) 按份共有和共同共有的概念和区别

依照共有人行使共有权的不同方式,共有被分为按份共有和共同共有两大类。

共有人对共有的不动产或者动产按照其份额享有所有权的,称为"按份共有"(《物权法》第94条)。按份共有人应当按照自己的份额对共有物行使所有权并承担相应义务。例如,甲、乙各出资50%购买了一辆小汽车,按双方约定,甲、乙对该小汽车各按50%的份额共同享有所有权,双方按约定分别在单、双号使用该辆汽车,并对相关费用(汽油费、保险费、维修费等)各承担一半。

共有人对共有的不动产或者动产共同享有所有权的,称为"共同共有"(《物权法》第95条)。共同共有人对共有物可不分份额地共同行使所有权,并共同承担因共有物的使用所产生的相关费用等。例如,甲死亡时未设立遗嘱,其留下的一套房屋依法应由乙、丙继承。在乙和丙未对该房屋确定其各自应当继承的遗产份额之前,双方对该房屋平等地享有和行使所有权,并共同承担相关费用。

按份共有和共同共有主要有以下区别:

1. 产生原因不同

共同共有为不分份额的共有,常常基于共有人之间的共同生活关系而产生,其典型为家庭财产和夫妻财产的共同共有。遗产继承人对遗产的共同共有,也是产生于亲属关系之中。因此,共同共有关系因其在财产利益上"不分彼此"而常常具有强烈的伦理性。

而按份共有则多基于共同出资而发生,按份共有人之间虽然存在信赖基础和共同利益,但其各自的利益具有明确的界限和独立性。因此,基于共同经营的目的而形成的财产共有,除特殊情况外,均采用按份共有的形式。基于消费目的而形成的按份共有,通常建立在房屋等不动产以及机动车等价值较大的动产之上。

2. 存续期间不同

基于共同生活关系而形成的共同共有,常伴随共同关系的存在而存续,故其具有长期性和稳定性;而按份共有多建立于共有人各自利益而非共同利益的追求基础之上,故其多具有短期性和不稳定的特点。但是,基于合同约定或者法律规定,某些特殊的按份共有关系也可以具有长期性和稳定性的特点。如合伙人对合伙财产的共有,建筑物区分所有权对共有部分的共有等。

3. 共有人的权利义务不同

共同共有人不分份额地对全部共有物平等地享受权利和承担义务。在家庭或者夫妻共同共有关系中,共有物通常是全部家庭财产或者家庭财产中的主要部分,共有人之间形成联系紧密的生活共同体及利益共同体,故共有人权利的行使和义务的承担具有整体性特点,就共有物的管理和处分,通常需经全体共有人的同意,就共同共有人之间因支配共有物所发生的纠纷,常常采用自我协调的方式解决。而就共有的外部关系而言,基于共同生活关系的存在,第三人通常会将共同共有人视为一体并产生信赖,故共同共有人对于共有物的无权处分或者无权代理行为多数情况下都有可能成立善意取得或者表见代理,对共有物产生的债权或者债务,共同共有人必须共同享有(连带债权)和共同承担(连带债务)。

按份共有人依照各自的份额对共有物享受权利和承担义务。按份共有人之间通常不存在共同生活关系,故共有人权利的行使和义务的承担通常以事先确定的份额为依据,其相互之间的利益界限分明,基于其相互之间的利益冲突,按份共有人之间可以发生各种复杂的请求权关系。就共有物的管理和处分,按份共有人之间不存在强有力的自动协调机制,在发生意见分歧时,往往必须借助于法律规则的强行介入方可得以解决。为此,《物权法》第76条、第97条等就共有物的管理、改建、重大修缮等，规定了共有人决议形成的表决机制。在外部关系上，按份共有人虽然和共同共有人一样存在整体性，但对于共有物产生的债权或者债务，除法律有特别规定的情形之外，按份共有人可以和第三人约定各自按照其份额行使债权（按份债权）或者分担债务（按份债务）。

4. 消灭原因不同

家庭或者夫妻共同共有的终止，常因家庭共同生活关系或者婚姻关系的终止而发生。因其共有不分份额，故不存在共有人将其共有份额予以处分（出卖、赠与、放弃等）的问题。此外，为维护家庭或者夫妻共同共有关系的稳定，《物权法》第99条明文规定，在共同关系存续期间，如无相反的明确约定，共同共有人仅在共有的基础丧失或者有重大理由需要分割共有财产时，才可以请求对共有财产进行分割。

但按份共有人对于自己的共有份额享有自由处分权利，除法律有特别规定或者当事人另有约定之外，按份共有人可以通过转让或者抛弃自己的共有份额而随时退出共有关系。此外，除非有相反约定，按份共有人可以随时请求分割共有财产以终止共有关系。

（二）共有类型的推定

共同共有和按份共有具有重要区别，法律适用规定上也有诸多不同。因此，确定共有的类型涉及共有人的切身利益。

依法律规定产生的共有，其所属类型应依法律的规定予以确定；基于当事人意思而产生的共有，其所属类型应根据当事人的约定予以确定。在共有人对共有的类型没有约定或者约定不明的情形，共有人可协商确定，协商不成的，应按法律的规定予以推定。

对于共有类型的推定，我国最高人民法院《关于贯彻执行〈民法通则〉若干问题的意见（试行）》第88条规定："对于共有财产，部分共有人主张按份共有，部分共有人主张共同共有，如果不能证明财产是按份共有的，应当认定为共同共有。"依照这一规定，在共有类型约定不明时，应一律推定为共同共有。但我国《物权法》对此作出了不同规定："共有人对共有的不动产或者动产没有约定为按份共有或者共同共有，或者约定不明确的，除共有人具有家庭关系等外，视为按份共有。"依照这一规定，如共有类型约定不明，共有人之间存在共同生活关系（家庭关系，包括夫妻关系）的，应推定为共同共有，否则，应推定为按份共有。

法律推定实际上是对当事人意思的一种推断，所以，任何法律的推定均建立在社会生活习惯(包括交易习惯)或者生活常理的基础之上。依照我国家庭生活的习惯,大多数家庭的共有财产通常采用共同共有的模式,亦即家庭共有财产的共同共有为常态,按份共有为例外,故在家庭成员之间无明确相反约定的情形,应当推定家庭财产的共有为共同共有。但不以家庭关系为基础建立的财产共有则多为按份共有,共同共有为其例外,故在其共有人无相反明确约定的情况下,应推定其共有为按份共有。可见,《物权法》的规定更为合理。

【理论拓展】

理论拓展之一:"总有"制度简介

在我国《物权法》起草过程中,由于难以确定我国农村集体土地所有权的主体,学者就该种土地所有权的享有方式发生争议。有的学者建议将集体土地所有权规定为由全体村民共有;有的学者则建议参考古代日耳曼法的"总有"制度设计我国农村集体土地所有权。

根据我国台湾地区学者的介绍,"总有"是指无法律上独立人格的团体,以团体资格而对所有物共同享有所有权。"总有"是一种古老的所有权享有形态,具有强烈的身份色彩,为古代日耳曼村落共同体所采用。

日耳曼村落的共同体是一种将村落与其居民合二为一的综合体。此种共同体的财产的管理、处分的支配权利属于村落共同体,共同体对财产的管理及处分应征得其全体成员的同意或根据团体的规约经多数成员表决同意。与此同时,对财产的使用和收益的权利,则为村民所享有,从而形成对共同体财产所有权的"质"的分割。而各个村民依照一定的份额共同享有财产的使用、收益权,但此种权利产生并依附于其共同体成员的身份,并非独立、直接地设定于物,亦即依照团体的管理规范,该种权利因共同体成员身份的取得而取得,也因其身份的丧失而消灭,不得脱离共同体成员的身份而单独予以转让或者继承,共同体成员亦无权请求将之予以分割。

当共同体成员违反共同体的规则而行使其使用、收益权时,共同体可以依照其规定请求该成员停止其行为并赔偿损失。某个成员的越权行为妨害其他成员行使其使用、收益权时,其他成员有权分别以其享有的权利受侵害为由,请求妨害人停止侵害并赔偿损失。当共同体成员的使用、收益权利受到共同体成员之外的第三人侵害时,共同体有权以团体的资格请求第三人排除妨害及损害赔偿,共同体各成员也有权以其各自的权利受侵害为由,各自独立请求加害人排除妨害和损害赔偿。

总有权为共同体各成员对于财产的一种经济上的权能,与个人所有权不同,其非以成员的个人利益为目的,而是以团体利益的追求为首要目标,只有在共同体的整体利益与成员的个人利益相一致的范围内,才能允许各个成员行使其享有的权利,成员的个别权利实际上是一种为整体利益所制约的财产利用权利。由此可见,总有权是绝对的私有权与绝对的国家所有权之中间的一种所有权形态。

学者指出,《日本民法典》第263条所规定的"具有共有性质的入会权"即为总有权。① 所谓"入会权",是指坐落于特定的山林原野的部落村庄的居民,根据当地的习惯而共有享有的收益权利。其收益的内容主要为藻类、秣草、肥草等杂草的采取,也包括枯枝、落叶、杂木等柴火的采取以及建筑用材、石材等的采取等。居民收益所使用的工具、每次的收益数量以及收益的时段等,均应符合部落习惯上的规则。入会权无须登记即可对抗第三人。

该学者认为,在中国社会生活之中,习惯上也存在类似总有的所有权形态,如祀产、祠堂、学田以及其他宗族共同财产、会馆等。②

理论拓展之二:关于合伙财产的共有性质的争论

关于合伙人对合伙财产的共有究竟属于按份共有还是共同共有,存在不同的理论观点。一些人认为,从合伙人对合伙财产的所有权享有上来看,由于合伙人应按其出资比例(即事先确定的份额)享有合伙财产所有权,并且按其权利份额分享合伙财产的经营收益,合伙人对合伙财产的共有显然具有按份共有的基本属性,故其应属按份共有。但另一些人认为,合伙的目的是经营一定的合伙事业,这一目的即构成合伙财产得以建立的共同关系基础,并使合伙财产具有很强的整体性和不可随意分割性,即合伙人对合伙财产实行共同管理,除非合伙关系消灭,否则合伙人不得随意请求分割合伙财产,虽然合伙人对合伙财产享有的权利具有份额划分,但其作用通常并不明显,属于一种"潜在"的份额,故合伙人对合伙财产的共有应属共同共有③;还有一些人认为,将合伙财产的共有认定为按份共有和共同共有均有所据,但都不够全面,应将之予以综合,把合伙财产看做一种混合的共有。④

事实上,按份共有和共同共有的本质区别是在于共有人对共有物所有权的享有是否划分份额,即是否通过份额的划分而在其相互之间在利益上确定清晰的界限。共同共有最根本的特征在于共有人在财产利益上"不分彼此"。至于共有人对共有物的管理方式或者管理权限,共有人是否可以随时请求分割共有财产以终止

---

① 《日本民法典》第263条规定:"关于有共有性质的入会权,除依各地区的习惯外,适用本节的规定。"

② 以上资料根据史尚宽所著《物权法论》(中国政法大学出版社2002年版)第153—154页的内容摘录整理。

③ 谢在全:《民法物权论》(上册),中国政法大学出版社1999年版,第325—326页。

④ 崔建远:《物权:规范与学说——以中国物权法的解释论为中心》(上册),清华大学出版社2001年版,第479—480页。

共有关系等,均为两种共有类型的一般或者通常的区别而非本质区别。合伙人对合伙财产的共有系以出资比例为份额划分依据,合伙人彼此之间具有确定的利益界限,尽管基于合伙关系的特点,合伙人共有的合伙财产具有强烈的整体性,依法不适用一般的按份共有的许多规则,但就其本质而言,仍应属按份共有。

第二节　按份共有

【基本原理】

一、按份共有的内部关系

按份共有人相互间的关系为按份共有的内部关系。此种内部关系的内容是按份共有人依照约定或者依照法律规定而享有的共有关系中的权利和承担的义务。

（一）按份共有人份额的确定

1. 按份共有人份额的特征

按份共有中,共有份额(又称为"应有部分")是共有人对共有物的所有权享有在比例上的划分,共有份额通常是共有人对共有物行使所有权和承担义务的根据。

共有份额具有以下特征:

(1) 共有份额是一种抽象的权限划分比例

共有份额须表现为抽象的百分比(如甲、乙共有一物,各享有50%的份额),其针对的是共有人的权限,而不是针对共有物,更不是对共有物在实物具体部分上的划分。例如,甲、乙共有一辆汽车,各占50%份额,不等于该汽车在实物上一半归甲,另一半归乙。

(2) 共有份额是对所有权量上的分割而非其权能上的分割

共有份额仅为共有人行使所有权的权限,各共有人均对共有物享有占有、使用、收益和处分的权利。共有份额不具有将共有物所有权的各项权能分别确定由共有人分享的功能。如共有人甲、乙约定,由甲占有、使用共有物,所得收益由甲、乙分享,此种约定,不是对共有份额的约定。

2. 共有份额的性质

按份共有人的份额确定了按份共有人在共有物所有权享有上的比例,是共有人对共有物享有所有权的表现。由于该种份额可以作为一种财产利益而被共有人处分(转让、抵押),也可以作为遗产而被共有人的继承人所继承;在共有人之间因份额发生争议时,共有人可就其份额对其他共有人提起确认之诉,如涉及不动产份额,可以请求对份额进行更正登记;如共有人依照其份额行使权利受到其他共有人妨害,受害人有权行使物权请求权;等等,故理论上对于该种份额的性质存在各种不同学说,有的人甚至认为在该份额上存在一个所有权。[1]

实际上,以抽象的财产"份额"的方式存在的财产利益有很多表现形式,如"股份"即股东在公司全部投资人权益中所占比例,股权也就是一种"份额权"。财产份额虽不具有物质形态,但也存在归属的确定,当财产份额被作为交易的标的时,也会发生其归属权利的变动。因此,如同股权,按份共有人的共有份额也可以被处分(转让或者将之用于设定担保),其归属权利的变动也可以参照适用物权变动的规则,甚至于在作为抵押权或者质权的标的时被视为一种"物"。但如同股权可以作为担保物权(权利质权)的标的却不能成为所有权的标的一样,按份共有人的共有份额也不能作为所有权的标的。

3. 按份共有人份额的确定方法

基于当事人的意思而成立的按份共有,其共有人的共有份额根据共有人之间的协议而确定。如果按份共有人对共有的份额没有约定或者约定不明确的,根据我国《物权法》第104条的规定,应按照各共有人的出资额确定;不能确定出资额的,视为等额享有。

基于法律规定而强制成立的按份共有,共有人的共有份额应依照法律的规定予以确定。如商品房住宅小区业主对业主共用部分财产的共有权份额,应当按照业主所购房屋的建筑面积所占比例予以确定。

(二) 共有人对共有物的占有、使用和收益

按份共有中,各共有人对共有物的占有、使用权利的行使以及对收益的分配比例,应当依照共有人的协议进行。如果共有人之间没有约定或者约定不明的,应当依照共有人的共有份额予以确定。

---

[1] 参见崔建远:《物权:规范与学说——以中国物权法的解释论为中心》(上册),清华大学出版社 2001年版,第462—463页。

按份共有中,共有人对共有物所有权的享有比例与共有人对共有物的占有、使用以及收益的分配比例之间,不一定存在必然联系。例如,甲、乙共有一辆汽车,各占50%的份额,但双方可以约定,周六和周日由甲使用,其余时间由乙使用;又如,甲、乙共有一套房屋,各占50%的份额,但双方可以约定,该房屋用于出租所获得的租金,在甲、乙之间按6∶4的比例予以分配。前述按份共有人的约定应属有效,原因是:就财产共有所产生的利益,在不损害他人利益以及公共利益的前提下,按份共有人有权依照其意思进行安排和分配。但是,在按份共有人对之未作约定或者约定不明的情形,应当推定按份共有人具有按其共有份额分享共有物利益的意思。

对此,我国《物权法》第94条规定:"按份共有人对共有的不动产或者动产按照其份额享有所有权。"依照这一规定,按份共有人的份额为其"享有"所有权的根据(即按照份额确定的比例享有所有权)而非"行使"所有权的根据。这就表明,按份共有人的共有份额具有在共有物之"归属"上划分比例的意义,但不一定具有在共有物的具体支配(占有、使用和收益)上划分比例的功能。

在按份共有人对共有物行使占有、使用的权利被其他按份共有人不法妨害时,受害人有权请求加害人返还原物、排除妨害或者赔偿损失;当按份共有人应当获得的收益被其他共有人不法侵占时,受害人有权请求返还不当得利。

(三) 共有人对共有物的管理及费用分摊

1. 管理权的确定

共有物的管理是指为维护或者增加共有物的使用价值或者交换价值而进行的管理行为,如对共有房屋的维护、维修等。

共有物的管理方式以及管理权归属等由共有人约定,可以由共有人中一人或者数人负责管理,也可以由共有人委托他人负责管理。共有人对管理人没有约定或者约定不明确的,依照《物权法》第96条的规定,应由全体共有人共同管理,即各共有人都有管理的权利和义务。

2. 管理权限范围

在共同管理的情况下,各共有人的管理权限范围有约定的按照约定,没有约定或者约定不明的,依照法律规定予以确定。各国民法对于以下三种管理行为作出了不同的规定:

(1) 保存行为

保存行为是指维持财产正常状态的管理行为,如为保证共有物的正常使用而对之进行必要的保养以及简易维修、清偿共有物产生的到期债务及交纳有关税费、以请求有关债务人履行债务等方式引起诉讼时效的中断,以及其他从财产的整体上看是维持财产现状或者财产价值的行为。处理易腐败的物品虽为处分行为,但从保全相应价值的角度看也可视为保存行为。因保存行为系维护共有物的现状之必需,常具有时间上的紧迫性,且有利于其他共有人的利益,故各国民法均规定各共有人有权不经其他共有人同意而予以实施(《德国民法典》第744条第2项等)。对此,我国《物权法》未作明文规定,但根据社会生活习惯和法律原则,应当允许共有人有权自行决定实施保存行为。

(2) 改良行为和利用行为

改良行为是指增加物的使用价值或交换价值的行为,如给房屋内外适当增加一些必要设施、对房屋进行大修等;利用行为是指利用财产增加收益的行为,如将共有房屋予以出租以收取租金等。对财产的改良行为不改变物的性质,但须支出相当费用,而利用行为则涉及共有人的重大利益且存在一定风险,因此,各国民法规定该两种行为应当经过半数以上共有人(且其共有份额超过半数)同意,共有人方可实施。(《德国民法典》第715条、《瑞士民法典》第647条第3项等)

对于改良行为和利用行为,我国《物权法》未作一般规定,但其第97条规定:"处分共有的不动产或者动产以及对共有的不动产或者动产作重大修缮的,应当经占份额三分之二以上的按份共有人或者全体共同共有人同意,但共有人之间另有约定的除外。"其中,"重大修缮"属改良行为,"处分"在民法上有广义和狭义之别,广义的外分包括出租等,故共有人实施的行为可以适用此条规定。

3. 管理费用的分担

依各国通例,对共有物的保存行为、改良行为、利用行为和其他管理行为所支出的费用或者产生的负担(即债务),按份共有人应按照其约定予以分担,没有约定的,应按照各共有人的共有份额予以分担。共有人就超出其应当分担的部分的支出,有权请求其他共有人偿还。对此,我国《物权法》第98条作了原则性规定:"对共有物的管理费用以及其他负担,有约定的,按照约定;没有约定或者约定不明确的,按份共有人按照其份额负担……"与此同时,该法第102条规定:"因共有的不动产或者动产产生的债权债务……在共有人内部关系上,除共有人另有约定外,按份共有人按照份额享有债权、承担债务……偿还债务超过自己应当承担份额的按份共有人,有权向其他共有人追偿。"

此外,管理费用及所生负担,仅限于因共有或者共有物而产生,按份共有人因转让其份额而产生的税费等,不在其范围之内。

(四) 共有人对共有份额的转让

1. 概说

按份共有依据当事人的协议而建立,也可因当事人的协议而终止。在按份共有关系存续期间,第三人可以"加入"共有关系,按份共有人也有权"退出"共有关系。在第三人加入共有关系的情形,新的按份共有人的权利义务以及共有关系中共有份额比例的变更等,应依照相关约定处理。而按份共有人"退出"共有关系,则通常采用将其共有份额出让给其他共有人或者共有人之外的第三人的方式。

共有份额是一种财产利益,按份共有人对之可以自由转让。根据我国《物权法》第101条的规定,"按份共有人可以转让其享有的共有的不动产或者动产份额。其他共有人在同等条件下享有优先购买的权利"。共有份额的转让会引起共有物的物权变动(所有权共有主体的变更),如涉及不动产共有物,应根据《物权法》第9条的规定,其份额转让根据登记而发生;如涉及动产,因共有份额为抽象存在的财产利益,故其变动应根据份额转让合同生效而引起。

由于按份共有通常依共有人之间的协议而建立,且共有人相互之间所存在的信赖,是按份共有存在的重要基础。而按份共有人向共有人之外第三人转让其份额,既产生该按份共有人退出共有关系的效果,同时也产生第三人加入共有关系的效果,因此,共有人转让其共有份额,涉及其他按份共有人的利益,必须符合法律规定的原则。

2. 有关份额转让的限制性约定及其效力

为保持按份共有关系的稳定,按份共有人有可能约定共有关系的存续期间,并就共有人向第三人转让其共有份额作出限制性规定或者禁止性规定。鉴于当事人限制或者处分自己利益的自由意志受法律尊重,故前述约定应为有效。

就按份共有人有关限制或者禁止份额转让的约定的效力,我国《物权法》未作规定,但依照其第99条的规定,在按份共有人约定不得分割共有财产的情形,如果共有人有重大理由需要分割的,可以请求分割,但对由此造成其他共有人的损害,应承担赔偿责任。参照这一规定,在共有人就共有份额的转让存在限制或者禁止性约定的情况下,如果共有人违反此种约定而将其份额转让第三人,其他共有人可请求确认该项份额转让行为无效,也可以依照法律规定行使同等条件下的优先购买权并追究该共有人的违约责任。但是,如果按份共有人有重大理由需要转让其份额的,则其他共有人或者行使同等条件下的优先购买权受让其份额,或者允许其向第三人转让份额,但有权追究该共有人的违约赔偿责任。

所谓"重大理由",主要是指按份共有人出现其必须转让共有份额以解除其急需资金等紧迫危难状态等事由。

3. 按份共有人的优先购买权

(1) 优先购买权的概念和适用范围

按份共有人的优先购买权是指按份共有人在转让其份额时,其他共有人在同等条件下享有优先购买该份额的权利。在其他国家的立法上,优先购买权也被称为"先买权"。

按份共有人的优先购买权仅适用于按份共有人将其共有份额转让给共有人之外的第三人的情形。这是因为,按份共有关系建立于共有人相互信赖基础之上,共有份额如在按份共有人之间转让,仅发生共有主体人数和份额比例上的变化,通常不影响共有关系的稳定,故此种转让可自由进行。但如按份共有人将其份额转让给共有人之外的第三人,则该第三人有可能不具有为其他共有人所信赖的信用基础,故有可能导致共有关系的不稳定及损害其他共有人的利益。但是,按份共有人应当对其共有份额享有自由处分的权利,而以转让份额的方式退出共有关系则为按份共有人享有的基本权利,因此,法律在允许个别共有人转让其份额的同时,赋予其他共有人以优先购买权,以使共有份额存留于原共有人内部,达到维护共有关系稳定的目的。

(2) 优先购买权的行使条件

按份共有人优先购买权的行使,应符合下列条件:

第一,按份共有人的优先购买权仅在个别共有人有偿转让其份额时方可行使,如共有人的共有份额系因赠与或者遗产继承、遗赠转而由共有人之外的第三人享有,则其他共有人不得主张优先购买权。

对此,我国最高人民法院《物权法司法解释一》第9条规定:"共有份额的权利主体因继承、遗赠等原因发生变化时,其他按份共有人主张优先购买的,不予支持,但按份共有人之间另有约定的除外。"

第二,共有人优先购买权应在转让其份额的共有人与第三人签订了转让合同之后,才能行使。

第三,共有人优先购买权的行使须采用意思表示的方法,并向转让其份额的共有人为之。该种意思表示无形式上的限制,即口头形式和书面形式均可。

第四,共有人优先购买权的行使须以"同等条件"为前提。

所谓"同等条件",是指相同的交易条件,主要是指交易的价格,同时也包括履行时间、履行方式以及其他附加条件等。但交易条件的"同等"应当理解为实质上的等同而非形式上的等同。例如,如果第三人就合同义务的履行提供了担保,则行使优先购买权的共有人也必须提供同种类的担保。由于较之人的担保(即保证),物的担保(抵押权或者质权)更具有可靠性,故在第三人提供的担保为物的担保时,主张优先购买权的共有人也必须提供物的担保。但由于抵押权与质权的担保功能相同,故在第三人提供的担保为抵押权时,共有人也可以采用质权作为担保。

与此同时,出卖人基于第三人的信用而给予第三人的某些优惠条件,行使优先购买权的共有人不得无条件享有。例如,在出卖人与第三人签订的合同中,出卖人同意第三人延期支付买卖价款的,优先购买权人仅在就延期支付的价款金额提供担保时,才能请求延期付款。(参见《德国民法典》第 468 条)

对此,我国最高人民法院《关于物权法的司法解释一》第 10 条规定:"物权法第一百零一条所称的同等条件,应当综合共有份额的转让价格、价款履行方式及期限等因素确定。"同时,其第 12 条第 1 项规定:如优先购买权人提出"减少转让价款、增加转让人负担等实质性变更要求"的,法院不予支持。

第五,共有人优先购买权应当在合理期限内行使,即按份共有人将其份额转让给共有人之外的第三人时,应当通知其他共有人,其他共有人应在合理期间内作出同意或者不同意的意思表示,如果其他共有人表示不同意的,应当按份额转让人与第三人交易的同等条件与之签订买卖合同。其他共有人超过合理期限不做表示或者虽作出反对表示但不行使其优先购买权的,应视为其放弃了优先购买权。对于上述共有人优先购买权的行使期间,《德国民法典》第 469 条规定,出卖人就先买权的行使指定了期间的,依照其指定。如无指定,涉及土地买卖的,先买权存续期间为 2 个月(从出卖人的通知到达先买权人时起计算),涉及其他标的的,先买权存续期间为 7 天。对此,我国法律未作规定。但最高人民法院《物权法司法解释一》第 11 条明确规定:"优先购买权的行使期间,按份共有人之间有约定的,按照约定处理;没有约定或者约定不明的,按照下列情形确定:(一)转让人向其他按份共有人发出的包含同等条件内容的通知中载明行使期间的,以该期间为准;(二)通知中未载明行使期间,或者载明的期间短于通知送达之日起十五日的,为十五日;(三)转让人未通知的,为其他按份共有人知道或者应当知道最终确定的同等条件之日起十五日;(四)转让人未通知,且无法确定其他按份共有人知道或者应当知道最终确定的同等条件的,为共有份额权属转移之日起六个月。"

（3）共有人优先购买权行使的效果

优先购买权是一种法定权利，其设置目的是为了保障特定当事人能够优先于第三人而获得出卖物的所有权。除共有人优先购买权之外，还存在承租人优先购买权、股东优先购买权（有限责任公司股东在转让其股权时，其他股东享有优先购买权）等。优先购买权均须在同等条件下才能行使。

对于优先购买权的性质，理论上存在很多不同说法[①]，但很显然，此种权利不是一种实体性权利（物权或者债权），而是一种程序性权利即形成权。就优先购买权在正常情况下行使的效果，《德国民法典》第464条第2项规定："在先买权被行使时，权利人和义务人之间的买卖，依照义务人和第三人所约定的条款而成立。"依照这一规定，在出卖人与第三人签订合同之后，只要优先购买权人行使其权利，即在出卖人与优先购买权人之间以该合同的条款成立了买卖合同，双方无须另行签订买卖合同。这一规定符合法律设置优先购买权的目的。因此，共有人优先购买权的行使，应直接导致转让份额的共有人与行使优先购买权的共有人之间共有份额转让合同的成立，共有份额转让人与第三人之间合同的条款，即为转让份额的共有人与受让份额的共有人之间合同的条款。

根据我国最高人民法院《关于物权法的司法解释一》第12条第2项的规定，如果其他按份共有人仅"以其优先购买权受到侵害为由，仅请求撤销共有份额转让合同或者认定该合同无效"的，法院不予支持。依照这一规定，优先购买权人应当在其诉讼请求中明确表示其"以同等条件在原告之间成立共有份额转让合同"的意思，否则，法院只能驳回请诉讼请求，而不得自行判决确认该共有份额转让合同的成立。

应当注意，共有份额是共有物所有权的划分比例，共有份额的转让导致共有物所有人（共有人）的变动，故共有份额的变动应适用物权变动的基本规则，即不动产（包括登记动产）共有份额的变动，以不动产变更登记为发生根据。但因动产共有份额不能以交付作为其权利变动的公示方法，也不能采用其他公示方法，故动产共有份额的变动应根据动产共有份额转让合同的生效而发生。

（4）共有人优先购买权竞存的处理

权利竞存是一种权利冲突现象，即二人以上分别享有的权利在实现上发生抵触。在按份共有人转让其份额时，其他共有人如为二人以上，则发生优先购买人的竞存。

[①] 参见崔建远：《物权：规范与学说——以中国物权法的解释论为中心》（上册），清华大学出版社2001年版，第470—471页。

优先购买权的作用在于赋予特定的买受人优先于其他普通买受人的地位，其实质为赋予特定的当事人以债权设立的优先性和排他性。按份共有人的优先购买权基于法律的直接规定而产生，故各个共有人在优先购买权的享有和行使上处于平等地位。据此，在发生优先购买权竞存的情形，应由有关共有人协商解决，如协商不成，应按其各自所占共有份额的比例行使优先购买权。对此，我国最高人民法院《关于物权法的司法解释一》第14条规定："两个以上按份共有人主张优先购买且协商不成时，请求按照转让时各自份额比例行使优先购买权的，应予支持。"

司法实践中，常发生按份共有人的优先购买权与共有物承租人的优先购买权的冲突。我国《合同法》第230条规定："出租人出卖租赁房屋的，应当在出卖之前的合理期限内通知承租人，承租人享有以同等条件优先购买的权利。"法律在以"买卖不破租赁"的原则（即出租人在租赁期间出卖租赁物，不影响租赁关系的继续存在）保护租赁关系稳定的同时，赋予房屋承租人以优先购买权，主要是基于保护弱者的社会政策的需要：住房为基本生存条件，在房屋供不应求的情况下，应当将之尽量分配给最需要房屋的人，而房屋的承租人通常最需要房屋。但是，在房屋共有人转让其共有份额时，如其他共有人行使优先购买权，则仅导致共有人内部结构的变化即共有人人数的减少，房屋所有权并未发生转让。与此同时，共有人优先购买权的设置目的是为了维护共有关系的稳定，如允许承租人的优先购买权优先于共有人的优先购买权，与前述立法目的相悖。对此，我国最高人民法院2009年《关于审理城镇房屋租赁合同纠纷案件具体应用法律若干问题的解释》第24条规定作出了相应规定，即房屋共有人行使优先购买权的，承租人不得行使优先购买权。不过，如对这一规定作反向解释，则当共有人放弃优先购买权或者超过合理期限不行使优先购买权时，对于共有人之外的第三人，承租人仍享有同等条件下的优先购买权。考虑到此种解释无害于其他共有人且有利于避免共有人恶意规避承租人优先购买权的法律规定（例如，甲、乙共有一套房屋，出租给丙，租赁期间，甲、乙欲将房屋出卖给丁，即先由甲将其共有份额转让给丁，然后再由乙将其共有份额转让给丁，从而阻碍丙行使其承租人优先权），故应予采纳。

（5）侵犯优先购买权的效果

出卖人侵犯优先购买权的行为主要有两种：其一，出卖标的物时未在合理期间内通知优先购买权人；其二，虽与优先购买权人成立了买卖合同，但将标的物所有权转让给了第三人。

侵犯优先购买权的效果确定首先涉及的问题，是出卖人与第三人之间签订的买卖合同究竟效力如何？对此，既有各种理论看法不同，有主张该合同应为有效的，有主张该合同效力待定的①，而前述我国最高人民法院有关租赁的司法解释第21条规定："出租人出卖租赁房屋未在合理期限内通知承租人或者其他侵害承租人优先购买权情形，承租人请求出租人承担赔偿责任的，人民法院应予支持。但请求确定出租人与第三人签订的房屋买卖合同无效的，人民法院不予支持。"依照这一规定，出租人侵犯承租人优先购买权，仅对承租人产生损害赔偿责任，承租人不得再行使其优先购买权而主张其与出租人之间成立买卖合同，也不能主张出租人与第三人签订的合同为无效。此外，该司法解释第24条规定，在"第三人善意购买租赁房屋并已经办理登记手续的"情形，承租人不得再主张优先购买权。依照这一规定，出租人与善意第三人之间签订的合同也为有效。但上述有关承租人优先购买权的规则能否适用于共有人的优先购买权，不无疑问。

从法律赋予当事人以优先购买权的目的看，最大限度地保证优先购买人能够获得出卖物的所有权，应当是这一制度追求的基本目标，因此，如果侵犯优先购买权的效果仅仅是赔偿损失，则完全背离了这一制度目的。只有在优先购买权人的利益与善意第三人的利益发生冲突时，才能根据保护交易安全的原则作出特殊处理。根据这一立法精神，应当确定下列原则：

首先，优先购买权依法具有限制出卖人对出卖物的处分权的效力，但优先购买权人对其权利的行使仅仅具有可能性，因此，在出卖人与第三人签订买卖合同后，该合同能否实际履行，取决于优先购买权人是否行使其权利。所以，出卖人与第三人签订的合同的效力应分为两种情形：如果第三人明知优先购买权的存在，则该合同应为效力待定，即如果优先购买权人行使其权利，则该合同确定不发生效力，第三人不得追究出卖人的违约责任；如果优先购买人不行使其权利，则该合同效力发生。但在第三人不知道存在优先购买权的情况下，该合同应为有效，如果善意第三人因动产交付或者不动产登记而已经取得了标的物的所有权，则优先购买权人因权利标的丧失而不得再主张其优先购买权，仅得追究出卖人的损害赔偿责任。如果该合同因优先购买权人行使权利而未获实际履行，第三人有权追究出卖人的违约责任。

其次，优先购买权依法赋予优先购买权人享有的债权具有优先效力。在出卖人与第三人签订买卖合同而未在合理期间内通知优先购买权人的情形，如果

---

① 崔建远：《物权：规范与学说——以中国物权法的解释论为中心》（上册），清华大学出版社2001年版，第474页。

善意第三人尚未取得标的物的所有权,则优先购买权人仍有权主张其权利并依法成立其与出卖人之间的买卖合同,与此同时,优先购买权人有权优先于善意第三人而取得标的物的所有权。

再次,根据以上规则,应区分优先购买权所涉及的标的的不同情况,分别予以妥当处置:

就承租人的优先购买权而言,由于租赁权无法定公示方法,第三人有可能并不知晓租赁关系的存在,故在第三人为善意时,出租人与之签订的买卖合同为有效,如果动产已经交付以及不动产已经登记,则承租人不得再主张其优先购买权,仅得请求出租人赔偿损失;如果买卖合同尚未履行,则承租人有权主张其权利并成立买卖合同,且优先于善意第三人取得租赁物的所有权,善意第三人仅有权追究出租人的违约赔偿责任。但在第三人明知租赁关系存在的情况下,出租人与之签订的买卖合同为效力待定,一旦承租人主张其优先购买权,该合同的效力即确定不能发生。如果出租人已向第三人交付了动产或者办理了不动产移转登记,其行为构成无权处分,恶意第三人依法不得主张善意取得。

就股东优先购买权而言,因股权转让的性质,股东优先购买权为第三人所明知,故转让股权的股东与第三人之间签订的股权转让协议应为效力待定。一旦其他股东行使其优先购买权,则该协议的效力确定不发生。在以登记或在公司股东名册上作变更记载为股权变动依据的模式下,未经其他股东同意,第三人无法办理股权变动登记,也不可能发生在公司股东名册上作变更记载的事实,故第三人无法主张股权的善意取得;而在以股权转让合同的成立为股权变动依据的模式下,由于第三人为恶意,故其同样无法主张股权的善意取得。

就共有人优先购买权而言,在按份共有人向第三人转让其共有份额时,因共有关系的存在以及其他共有人依法享有的优先购买权的存在为第三人所明知,故其与第三人签订的共有份额转让合同应属效力待定。如果其他共有人表示同意即放弃其优先购买权或者未在合理期限内行使其优先购买权,则该合同即行生效;如果其他共有人行使其优先购买权,则该合同的效力即确定不发生。而在按份共有人未经其他共有人同意而向第三人转让其份额时,如共有物为动产,因转让合同效力待定,故转让合同的成立不能引起共有份额权利的变动;如共有物为不动产,则共有份额因不能办理不动产物权变更登记而不发生权利变动。

质言之,基于共有份额的性质,受让共有份额的第三人不可能不知道共有关系以及其他共有人的优先购买权的存在;基于共有份额的抽象性,客观上不可能发生动产共有份额的"交付";基于不动产共有份额以登记为其公示方法,客观上也不可能发生登记机关未经其他共有人同意而向第三人办理不动产变更登记的问题,为此,受让共有份额的第三人不可能主张所谓"善意取得"。

(五) 共有人对共有份额的抛弃

权利抛弃为单纯弃置权利的行为,不得附加任何条件。毫无疑问,按份共有人有权抛弃其共有份额。但按份共有人抛弃共有份额须有抛弃的明确意思表示,不得适用推定。

就按份共有人所抛弃的共有份额是否应由其他共有人取得的问题,学说上存在争议。持肯定观点的人认为,共有份额是对其他共有人权利的一种限制,如同他物权对所有权的限制一样,一旦共有份额因被抛弃而消灭,则其他共有人权利的限制即行解除,故其应按比例属于其他共有人,此种情形,相当于所有权弹力性的表现;持否定观点的人则认为,按份共有人的份额是共有人对共有物所有权的比例,而非对其他共有人权利的限制,因此,肯定观点不能成立。① 对此,《日本民法典》第255条规定:按份共有人中之一人抛弃其共有份额或无继承人而死亡时,其共有份额归属于其他共有人。

我国《物权法》对此问题未设规定。但是,上述以所有权的所谓"弹力性"来解释被抛弃的共有份额的归属似乎很难为人所理解。应当考虑的是,就所有人对所有物的抛弃,各国立法原则上实行"先占"原则(即最先占有抛弃物的人取得其所有权)。不过,按份共有人对共有份额的抛弃,固然可以参照适用民法上对无主物(动产)的"先占"原则,但一方面我国《物权法》未规定无主物的先占原则,另一方面,先占原则仅适用于动产而不适用于不动产。因此,不宜采用先占原则确定共有份额抛弃后的权利归属。然而十分重要的是,按份共有人对共有份额的抛弃,完全不同于所有物的抛弃,其发生于共有关系存续期间,而基于共有关系的存在,共有物为其他共有人所控制支配。因此,可以推定按份共有人对其份额的所谓"抛弃",实质上具有将其共有份额的利益无偿让渡给其他共有人的意思,亦即共有份额的抛弃实质上为共有人权利的放弃,故应认定被抛弃的共有份额依法归属于其他共有人,其他共有人依照其共有份额,按比例取得被抛弃的共有份额的权利。

不过,依照我国《继承法》第32条的规定,无人继承又无人受遗赠的财产,应归国家或者集体。因此,在我国,如按份共有人死亡而无继承人或者受遗赠人的,其共有份额依法应归国家或者集体享有。

---

① 谢在全:《民法物权论》(上册),中国政法大学出版社1999年版,第283—284页。

（六）共有人以共有份额设定抵押权

1. 抵押权的设定

共有份额是一种财产权利，具有交换价值，故可以作为担保物权的标的。以共有份额作为担保物权的标的不同于以共有物作为担保物权的标的，前者之担保物权设定于共有份额，后者之担保物权设定于共有物。

对于共有份额可以作为抵押权的标的的问题，德国、瑞士等国民法典设有明文规定（《德国民法典》第1114条、《瑞士民法典》第646条第3项以及第800条）。我国《物权法》对此未作明文规定，但依照该法第180条第7项的规定，凡是法律、行政法规未禁止抵押的财产均可设定抵押。据此，在我国，按份共有人可以就其不动产（包括机动车等登记动产）的共有份额设定抵押权。不动产共有份额抵押权以登记为其成立要件；登记动产共有份额抵押权以抵押合同生效为成立要件，以登记为对抗要件。

但是，如果共有物为一般动产，虽其共有份额具有财产价值，但鉴于其抵押权登记上的困难，故无法以之作为抵押权的标的。此外，动产共有物的共有份额性质上为动产权利，不妨作为权利质权的标的，但我国《物权法》未将其列入权利质权的标的范围，故共有份额的质权因不具备法定的公示方法而无法设定。

2. 抵押权的实现

如同任何抵押权的设定，以共有份额设定抵押权，其最终效果有可能发生共有份额的转让（即在主债务未获履行的情况下，担保物权人有权以拍卖、变卖共有份额所得价款优先获得债务清偿，或者以折价获得共有份额的方式得到债务的优先清偿）。因此，按份共有人以其共有份额设定抵押权，须不违反共有人之间的约定，在共有人对之存在限制性约定时，此种抵押权的设定行为无效。此外，在设定抵押权的共有份额被债权人以拍卖或者变卖的方式予以处分时，应当适用共有人优先购买权的规定，即在同等条件下，其他共有人对被转让的共有份额享有优先购买权。如果债权人和以共有份额设定担保的共有人协议以共有份额折价清偿债务，则其他共有人有权以向债权人支付同等价款的方法获得相关共有份额。

二、按份共有的外部关系

按份共有的外部关系是指按份共有人与共有人之外的第三人之间的相互关系。由于各种按份共有具有程度不同的某种团体性特征，故某些按份共有的

第十二章 共 有

共有人在对外关系上有可能被视为一个整体。

（一）按份共有人对共有物所生之物权请求权的行使

依照一些国家或者地区的立法和理论,因共有物被他人不法占有、不法妨害而产生的返还原物以及排除妨害请求权,按份共有人有权以全体共有人的名义向加害人行使,各按份共有人也可单独行使该类请求权,但返还原物请求权须为全体共有人的利益而为之,即在诉讼中,行使请求权的共有人仅有权请求不法占有人向全体共有人返还财产,但不得请求仅向自己返还财产。[①]

物权请求权的目的在于恢复受侵害的物权的完满状态,此种请求权的实现有利于全体按份共有人的利益,因此,允许各共有人均有权基于共有物的全部而行使物权请求权,有利无弊。至于原物返还是否必须向全体共有人为之的问题,如果返还原物请求权于诉讼外行使,为便于共有人利益的保护,应当允许不法占有人向行使请求权的共有人返还原物。但在诉讼的情形,依照我国《民事诉讼法》第54条的规定,可以由共有人推选代表人进行诉讼。

除物权请求权之外,共有物为不动产时,因相邻关系所产生的请求权,为全体共有人利益,各共有人也有权单独行使。但共有物所有权确认之诉中,因共有人对共有物的所有权有可能被否定,故主流学说认为必须由全体共有人参加,属必要的共同诉讼。但也有学者指出此种做法的某些缺陷。例如,如果共有人中有人拒绝参加诉讼,则因此项诉讼无法提起而产生"一人支配全体"的结果。但多数学者仍认为必要的共同诉讼较能反映共有关系的实体利益,而有关缺陷可以利用其他民法制度予以补救,例如,当共有人拒绝参加共同诉讼时,可以将之解释为终止共有关系的行为。[②]

（二）按份共有人对共有物所生债权的行使

共有物所产生的对第三人的债权,包括共有人因出租或以其他方式利用共有物而对第三人享有的租金、使用费等请求权,还包括共有人依法对第三人享有的不当得利返还请求权、损害赔偿请求权等。按份共有人与第三人之间的债权债务关系,为一种多数人之债(即债权人或者债务人为二人以上的债)。

1. 依约定产生的债权的行使

依照按份共有人与债务人的约定,因共有物的出租或者其他利用所产生的

[①] 我国台湾地区"民法典"第821条规定:"各共有人对与第三人,得就共有物之全部,为本与所有权之请求。但回复共有物之请求,仅得为共有人全体之利益为之。"

[②] 谢在全:《民法物权论》(上册),中国政法大学出版社1999年版,第303页。

租金请求权或者其他债权,可以是按份债权,也可以是连带债权。如约定为按份债权,则按份共有人只能基于其享有的债权份额向债务人为清偿请求,债务人也只能向各按份共有人按其债权份额清偿部分债务(如甲、乙、丙将共有的房屋以月租2000元的价格出租给丁,就请求丁支付租金的债权,甲享有50%份额,乙和丙各享有25%份额。如果租赁合同双方约定多数出租人一方收取租金的债权为按份债权,则每月甲仅有权请求丁支付1000元租金,乙和丙仅有权各请求丁支付500元租金)。如约定为连带债权,则各按份共有人均有权请求债务人清偿全部债务,债务人也可以向债权人中之任何一人为全部债务清偿(如上例中,甲、乙、丙均有权请求丁支付全部租金2000元)。

就按份共有人享有其债权的方式,实际上存在按份共有人的内部约定与外部约定:内部约定是指按份共有人就其债权享有所采用的方式的约定;外部约定是指按份共有人与债务人之间就其债权行使方式(按份债权或者连带债权)的约定。按份共有人的内部约定是其与债务人之间的外部约定的基础。但也有可能出现按份共有人之间存在内部约定但与债务人并无约定的情形。例如,共有房屋出租人甲、乙、丙约定,各共有人仅有权根据自己的债权份额向承租人丁收取相应租金,但并未就此与承租人丁达成协议。

当按份共有人与债务人未就多数人债权的行使方式(按份债权或者连带债权)作出约定时,无论按份共有人之间的内部约定如何,由于较之连带债权,按份债权通常更有利于多数债权人中各个债权人利益的实现(如为连带债权,则多数债权人中之一人向债务人为全部清偿请求之后,多数债权人之间又会产生相互间的求偿关系,故对各债权人及时实现其债权部存在一定风险),故基于债务人利益的保护,应将之认定为连带债权,其理由是:

(1)当债务履行方式存在多种选择可能时,应参照适用"选择之债"的处理规则。依照法定原则,选择之债中,双方对于选择权没有约定或者约定不明的,选择权应归属于债务人。在多数人之债中,如多数债权人行使债权的方式没有约定或者约定不明,实质上构成债务人履行的方式(得向多数债权人中之一人履行全部债务,抑或必须向各个债权人按其债权份额分别履行)约定不明,此时,债务人有权选择对其最为简便、有利的履行方式。

(2)多数人之债中,多数债权人内部有关债权份额的分配,通常不为债务人所知晓。即使债务人知晓按份共有人的共有份额分配比例,但共有份额比例不一定是按份共有人实际享有共有物所产生的收益的分配比例。因此,在无约定的情况下,债务人根本不可能按照按份共有人内部确定的债权份额分别向各个按份共有人履行债务。

(3) 多数人之债中,多数债权人行使债权的方式涉及债务人的利益,故按份债权的设定,必须经过债务人的明确同意。所以,即使债务人知晓按份共有人内部有关债权享有份额的约定,也无理由将按份共有人享有的债权认定为按份债权。

对此,我国《物权法》第 102 条规定:"因共有的不动产或者动产产生的债权债务,在对外关系上,共有人享有连带债权、承担连带债务,但法律另有规定或者第三人知道共有人不具有连带债权债务关系的除外……"就按份共有人与第三人之间因约定而产生的债权,上述条文中有关"债务人知道共有人不具有连带债权关系"的规定应当解释为"债务人与按份共有人约定为按份债权",即按份共有人与第三人之间基于共有物而因约定产生的债权,除债务人与按份共有人约定为按份债权之外,应当认定为连带债权。

2. 依法律直接规定产生的债权的行使

按份共有人基于共有物而对第三人享有的不当得利返还请求权、损害赔偿请求权直接根据法律规定而产生。对于此种债权的行使方式,有学说认为,各共有人仅得按其共有份额行使相应的请求权,即使债务人应为的给付具有不可分性(如以恢复原状的方法赔偿损害),各共有人亦可请求债务人向全体共有人履行,因此,就债权诉讼而言,无论债务人的给付是否可分,各共有人均可以单独提起诉讼。① 但根据前述我国《物权法》第 102 条的规定,除"法律另有规定或者第三人知道共有人不具有连带债权债务关系的"外,按份共有人对第三人享有的债权应认定为连带债权。依照这一规定,对于按份共有人对第三人享有的损害赔偿等请求权,除非按份共有人在其内部约定了债权份额比例并将之通知第三人(债务人),否则,应将其认定为连带债权,各共有人均有权请求债务人履行全部债务。鉴于按份共有人内部约定按照一定份额享有债权的事实并非当然为第三人所明知,故我国《物权法》的前述规定更具有合理性和可操作性。

(三) 按份共有人对共有物所生之债务的承担

共有物所生债务主要是指由于按份共有人对共有物的管理、使用、经营等所产生的债务,也包括按份共有人由于共有物致人损害所产生的损害赔偿义务(如共有的建筑物上的搁置物、悬挂物坠落而致人损害的赔偿责任等)。

1. 因约定产生的债务的承担

在基于合同而产生的债务人为多数人的债的关系中,多数债务人承担债务

---

① 谢在全:《民法物权论》(上册),中国政法大学出版社 1999 年版,第 304 页。

的方式可由双方约定。如约定为按份债务,则各个债务人仅就其分担的债务份额对债权人承担清偿责任,债权人也仅有权依照各个债务人承担的债务份额请求其清偿债务;如约定为连带债务,则多数债务人中之任何一个债务人均得对全部债权承担清偿责任,即债权人有权请求连带债务人中之一人或者数人清偿全部债务。清偿全部债务的债务人有权请求其他连带债务人按照其债务份额予以补偿。例如,甲、乙、丙各按50%、25%、25%份额按份共有一套房屋,因对之进行装修,应付丁装修费为40万元。如双方约定,各债务人应按其共有份额分别向丁承担装修费的支付义务,则构成按份债务,即丁仅有权分别向甲请求支付20万元,向乙和丙各请求支付10万元;如双方约定各债务人均须承担全部债务的清偿责任,则构成连带债务,即丁有权请求甲、乙、丙中任何一人支付全部40万元装修费。如甲支付了40万元装修费,则甲有权请求乙和丙分别向其偿还10万元。

较之按份债务,连带债务加重了各个债务人的债务清偿责任,其实质是由各个连带债务人相互之间就全部债务的清偿承担了担保责任。因此,根据连带责任的确定原则,除法律有特别规定外,连带债务的设定必须有双方当事人的明确约定,没有约定或者约定不明的,应推定为按份债务。

在按份共有人与第三人因约定产生的债的关系中,如按份共有人之间为合伙关系的,则其债务为合伙债务。对于合伙经营(包括基于合伙财产即合伙人共有的财产的经营)所产生的债务,合伙人应首先用合伙财产予以清偿。对于合伙财产不足以清偿的债务部分,依照我国《民法通则》第35条的规定,合伙人(即合伙财产的共有人)应当承担连带责任。

2. 因法律直接规定产生的债务

因共有物(不动产)致人损害所产生的损害赔偿义务,应由共有物的所有人即全体按份共有人承担。对于此种债务的承担方式,《中华人民共和国侵权责任法》(以下简称《侵权责任法》)未作具体规定。但根据该法第85条的规定,建筑物、构筑物或者其他设施及其搁置物、悬挂物发生脱落、坠落造成他人损害时,所有人、管理人或者使用人不能证明自己没有过错的,应当承担侵权责任,即共有物致人损害的侵权责任的承担实行"过错推定"原则,而该法第8条规定:"二人以上共同实施侵权行为,造成他人损害的,应当承担连带责任。"结合上述条文,可以认为,按份共有人因共同过错而致共有物致人损害所承担的赔偿责任,具有共同侵权责任的性质,因此,为保护受害人利益的原则,按份共有人应当对之承担连带责任。

三、按份共有的消灭

（一）按份共有消灭的法定事由

按份共有的消灭是指按份共有关系不复存在。一般的财产共有，在按份共有消灭的法定事由出现时即行消灭，共有人即可对共有财产进行分割；如涉及经营性资产（如合伙财产），则财产共有一般随合伙等非法人组织的消灭而消灭。

按份共有基于以下原因而消灭：

1. 共有人约定的共有存续期间届满或者终止条件成就

除依法律规定强制产生的共有关系（如建筑物区分所有权中的共有关系）之外，按份共有基于共有人的协议而产生，也可因共有人的协议而消灭。共有人可在设立共有关系的协议中约定共有存续期间或者存续条件，该约定的期间届至或者终止条件成就，共有关系即行消灭。

2. 共有物依约定被分割

共有物的"分割"，是指对共有物的实物分割或者变价分割等，其导致的效果为按份共有关系的消灭。共有人可在共有关系存续期间协议终止按份共有关系。共有关系一旦消灭，则必然发生共有人对共有物的分割。反之，共有物的分割，则必然导致共有关系的消灭。因此，共有人有关共有物分割的协议，与共有人终止共有关系的协议具有相同性质。

3. 共有物的处分

共有物的处分包括对共有物事实上的处分（如消耗或者损毁共有物）和法律上的处分（如将共有物出卖给第三人）。按份共有人对共有物的事实上的处分，当然导致按份共有的消灭。共有物在法律上的处分涉及全体按份共有人的根本利益，故将共有物出租、在共有物上设定他物权以及将共有物予以转让等行为，必须符合共有人协议的约定，且征得占共有份额三分之二以上的按份共有人的同意。（《物权法》第97条）

共有人依照其协议将共有物予以转让的，按份共有关系归于消灭。

4. 共有关系的法定终止

经营性财产的按份共有关系存续期间，如合伙企业等经营性组织因违法经营等事项而被有关机关吊销营业执照或者强制解散而消灭时，其财产共有关系随之而归于消灭。

5. 共有人行使共有物分割请求权

(1) 共有物分割请求权的行使

鉴于按份共有基于共有人相互之间的信赖而产生，故法律允许按份共有人在共有存续期间可以随时请求对共有物进行分割以消灭按份共有关系。但在共有人为保护共有关系的稳定而明确约定在共有存续期间不得分割共有物的情形，按份共有人不得主张其共有物分割请求权。不过，为保护按份共有人的合法利益，我国《物权法》第99条规定：在具有重大理由时，按份共有人仍可主张其共有物分割请求权。

共有物分割请求权是按份共有人享有的一项极为重要的权利，共有人固然可以通过约定的方式限制此种请求权的行使，但此种限制涉及共有人的重大利益，故法律要求其约定必须采用明确的方式，而不得采用推定的方法予以确定。为此，《物权法》第99条明文规定：在共有人对限制分割共有物约定不明的，应推定为没有约定，"按份共有人可以随时请求分割"。

(2) 分割请求权人的赔偿责任

共有物因个别按份共有人行使分割请求权而分割，在共有人对该种请求权无明确约定限制的情形，即使共有物分割对其他共有人造成某种损失，分割请求权人依法不承担任何赔偿责任。但在共有人明确约定限制分割请求权的情形，个别按份共有人如基于重大理由而主张分割共有物，则依《物权法》第99条的规定，应承担因此而为其他共有人所造成的损失的赔偿责任。

(二) 共有物的分割方式和共有物瑕疵责任

1. 共有物的分割方式

依共有物为可分物或者不可分物，其分割方法有所不同：共有物如为可分物，实物分割不会导致其财产价值有所减损，故共有人对之可采用实物分割的方法；共有物如为不可分物，则共有人应采用"变价分割"（即拍卖或者变卖共有物而分割其价款）或者"折价补偿"（即对共有物折算其价格，由一共有人获得共有物所有权，同时由其对其他共有人予以金钱补偿）的方法。(《物权法》第100条第1款)

2. 共有物瑕疵责任

在采用折价补偿方式分割共有物时，如果共有人分割所得的不动产或者动产有瑕疵的，其他共有人应当按照其共有份额的比例分担由此而导致的损失。(《物权法》第100条第2款)

【思考问题】

思考题一：共有份额转让时原债务应当由谁承担？

甲、乙、丙在某住宅小区按份共有一房屋，分别享有50%、30%和20%的份额，并约定依照共有份额分担管理费用。该房屋每年应缴纳的物业管理费为4000元。某年，甲因缴纳了当年全部物业管理费，可请求乙偿还1200元及请求丙偿还800元。其后，乙在甲、丙不行使优先购买权的情况下将其份额转让给丁。

问：此种情形，甲是否有权请求丁偿还原乙应当分担的1200元物业管理费？

思考题二：不动产共有份额可否作为地役权、租赁权的标的？

有学者认为，按份共有人可在其不动产共有份额上设定不以占有为内容的地役权，也可将其依照份额而对共有物享有的使用权、收益权出租给他人。①

问：这种说法正确吗？

第三节 共同共有

【基本原理】

一、共同共有的内部关系和外部关系

（一）共同共有人的内部关系

1. 对共有物占有、使用和收益权利的行使

共同共有为基于共同关系的存在而不分份额的共有，其中最为典型的是夫妻共同共有与家庭共同共有，该两种共有通常均针对包括不动产和动产在内的全部或者部分家庭财产而设立。我国《物权法》第95条规定："共同共有人对共有的不动产或者动产共同享有所有权。"我国《婚姻法》第17条规定："夫或妻对夫妻共同所有的财产，有平等的处理权。"亦即对于共有的全部财产，共同共有人均有权行使占有、使用、收益和处分的权利。对共同共有的财产的占有、使用

---

① 崔建远：《物权：规范与学说——以中国物权法的解释论为中心》（上册），清华大学出版社2001年版，第468—469页。

和收益的权利,共同共有人可根据生活需要共同行使。

2. 对共有物管理、处分权利的行使

共同共有人对共同共有财产的管理权,有约定的按照约定,没有约定或者约定不明确的,各个共有人均有权行使(《物权法》第 96 条)。就管理费用及其他因共有物产生的负担,根据《物权法》第 98 条的规定,有约定的按照约定,没有约定或者约定不明确的,共同共有人应共同负担;对共同共有财产的处分权,如果涉及家庭日常生活需要,各共同共有人均有权决定,但非因日常生活需要而对共有财产作出重要处理决定的(如对共有的房屋进行重大修缮或者出租、出卖等),应经过全体共同共有人的同意。(《物权法》第 97 条)

(二) 共同共有人的外部关系

1. 物权请求权的行使

当共有物遭受他人侵害时,各共同共有人均有权请求加害人停止侵害、排除妨害,并可请求共有物的不法占有人将共有物返还给全体共同共有人。

2. 债权请求权的行使和债务的承担

与按份共有不同,共同共有为不分份额的共有,故在与第三人之间因共有物而产生的债权、债务关系中,共同共有人不可能按照共有份额享受债权以及分担债务,故根据我国《物权法》第 102 条的规定,因共有的不动产或者动产产生的债权债务,在对外关系上,共同共有人应当享有连带债权、承担连带债务。

二、共同共有的消灭

(一) 共同共有消灭的法定事由

1. 共同关系的消灭

基于夫妻关系、家庭共同生活关系而产生的共同共有,因夫妻离婚或者一方死亡、家庭共同生活关系的终止(俗称"分家析产")而归于消灭。夫妻关系消灭时,双方均可请求分割共有财产。而家庭财产共同共有关系中,如共有人有重大理由需要分割共有财产时,即使家庭成员之间存在不得分割共有财产的约定,该共有人也可请求分割共有财产,从而使共有关系归于消灭,但因分割而造成其他共有人损失的,应当予以赔偿。(《物权法》第 99 条)

2. 共同共有人的约定

夫妻在婚姻关系存续期间,可以经双方同意而将共有财产制改变为分别财产制(即财产分别归各自所有);家庭财产的共有也可以因家庭成员的协商而由共同共有改变成为按份共有。而因遗产继承产生的共同共有可因继承人对遗产进行分割而消灭,也可因继承人的协商而确定各自应得的遗产份额但继续保留共有关系,从而使其对遗产的共同共有改变成为按份共有。

(二)共有物的分割方法

共同共有财产的分割方法与按份共有财产的分割方法基本相同,即"共有人可以协商确定分割方式。达不成协议,共有的不动产或者动产可以分割并且不会因分割减损价值的,应当对实物予以分割;难以分割或者因分割会减损价值的,应当对折价或者拍卖、变卖取得的价款予以分割。共有人分割所得的不动产或者动产有瑕疵的,其他共有人应当分担损失"(《物权法》第100条)。但是,夫妻共有财产的分割应当适用《婚姻法》及相关司法解释的某些特别规定。

【本章思考问题参考答案】

思考题一参考答案:

就共有人因就其超出应分担的费用的部分而请求其他共有人偿还的权利的性质,理论上存有争论。有学者认为,按份共有人就管理费用的负担附随于其共有份额而存在,在该份额转移时,此种负担也应随份额的转移而转移,故甲有权请求丁支付该笔费用(对此,《日本民法典》第254条、《德国民法典》第75条第2项的规定可以作为参照),否则,共有人便可以通过转让其份额而逃避其义务的履行,从而损害其他共有人的利益。此外,共有份额受让人在支付该笔费用后,可以请求出让人予以补偿,也可借此促使份额受让人在受让前注意有无此项负担存在,故对份额受让人也并不过分苛刻。但也有学者认为,鉴于物权的受让人除法律另有规定或者合同另有约定之外,仅承受物权上的负担,但其与受让的标的物有关的债务,并不随物的移转而当然移转给受让人。因此,甲无权请求丁支付该笔费用。[①] 前述第二种观点应当是正确的,这是因为:在按份共有人转让其份额时,受让人应当支付的对价和承受的负担应当限于受让人能够了解和预见的范围之内。如果共有份额所涉及的共有物上存在有负担(如他人享有的抵押权等),因该种负担已予公示,能够为受让人所知晓,故其应由受让人承受。但按份共有人相互之间因垫付管理费用而产生的偿付请求权,系共有人之间存在的单纯的债权、债务关系,其脱离共有物或者共有份额而单独存在,故不应随共有份额的转移而由受让人承担。

思考题二参考答案:

这种观点是不正确的:共有份额为共有人对共有物所有权享有的一种比例,具

---

① 谢在全:《民法物权论》(上册),中国政法大学出版社1999年版,第299页。

有抽象性和观念性的特点,故动产共有份额不得作为留置权的标的(债权人只能扣留动产而无法扣留动产上的"共有份额"),不动产共有份额也不得单独作为任何用益物权的标的(用益物权人无法对不动产上抽象存在的"共有份额"进行占有、使用或者收益)。即使某些地役权不以占有不动产为内容,但因不动产共有人的共有份额的划分并非是对不动产在实物上的划分,故尽管可以在不动产的一部分上设定地役权负担,但却无法在不动产之抽象的"共有份额"上设定此种负担。基于同样的道理,共有份额也不可能成为租赁的标的。而按份共有人将其依份额而对共有物享有的使用权有偿让与他人行使,其性质应为将共有物予以出租而非将其"共有份额"予以出租:如甲、乙共有一辆汽车,各占50%的份额,依照约定,甲、乙可分别在单、双号使用。后甲将汽车在单号交由丙使用并收取租金。对于甲的这一行为,可以看成是甲将对汽车的使用权有偿让与丙,也可以看成是甲将汽车出租给丙,但却绝对不能将之看成是甲将其对汽车的"共有份额"出租给丙。事实上,将标的物的占有权和使用权有偿让与他人,正是租赁合同的特征。因此,甲的行为构成对该汽车的出租。而将共有物予以出租是对共有物的一种处分行为,非经其他共有人同意,该种行为应属无效。

第十三章 建筑物区分所有权

第一节 建筑物区分所有权的概念和特征

【基本原理】

一、建筑物区分所有权的概念、性质与权利结构

（一）建筑物区分所有权的定义

建筑物区分所有权，是指因"业主对建筑物内的住宅、经营性用房等专有部分享有所有权，对专有部分以外的共有部分享有共有和共同管理的权利"而形成的一种特殊的建筑物所有权结构形式。（《物权法》第70条）

作为建筑物区分所有权人的"业主"，是指对房屋享有所有权的人，不包括房屋的承租人、借用人或者基于其他原因而占有、使用房屋的人。根据我国最高人民法院2009年《关于审理建筑物区分所有权纠纷案件具体应用法律若干问题的解释》第1条第2款的规定："基于与建设单位之间的商品房买卖民事法律行为，已经合法占有建筑物专有部分，但尚未依法办理所有权登记的人，可以认定为物权法第六章所称的业主。"根据这一规定，已经从开发商处合法取得占有的商品房购买人，虽其尚未取得房屋所有权，但将之视为"业主"，对有关房屋使用中的纠纷的处理，可以参照适用《物权法》有关建筑物区分所有权的相关规定。

（二）建筑物区分所有权的性质

在现代社会，由于土地资源的匮乏，城市住宅和经营性用房多采用高层建筑的建设方式，且一幢住宅楼或者商用楼通常被分割为数个"单元房"分别由不同业主享有所有权。由于建筑结构上和使用上的原因，各个业主在分别拥有一个独立空间（即单元房）的同时，对屋顶、楼道、电梯、门厅、走廊、共用管道乃至楼房周边的绿地、道路等只能采取共同使用的方式，由此以来，即形成所谓"建筑物区分所有权"。

建筑物区分所有权不是一种所有权的类型,也不是一种共有的类型,而是包括一项独立的所有权(房屋所有权)以及与之相关的其他财产权利(共有权和管理权等)在内的一种权利结构,此种权利结构不是基于当事人的约定而产生,而是根据法律的强制性规定而产生:当一幢独立的建筑物上设定一个所有权时,如所有权归属于一人,其权利行使比较单纯,即使该所有权为数人所共同享有(按份共有或者共同共有),也仅发生共有人的内部关系和外部关系的法律调整,其中,按份共有具有暂时性,可合可分,而共同共有则主要发生于家庭内部。两种共有关系中,共有人的人数有限,不可能具有"大规模"的特点。而在以商品房住宅小区为主要住宅建设方式的中国现代城市中,每一个住宅小区包括了为数众多的住宅楼房,而每一幢住宅楼房被分割为为数众多的独立单元("单元房"),这种由独立的私人不动产所有权与多层次的不动产共有权相结合的权利结构形式,具有稳定性、永久性和复杂性,并且关涉千家万户的重大利益和生存环境,为此,必须由法律直接对相关权利义务进行强制规定,以维护社会生活秩序的安宁。

因此,我国《物权法》第六章有关建筑物区分所有权的规定,多属强制性规范,当事人不得以约定加以改变或者排除其适用。

(三) 建筑物区分所有权的权利结构

对于建筑物区分所有权的权利结构,中、外民法理论上存在各种说法[①],但从实证的角度来看,该种权利结构为三种权利所具体构成:

1. 专有权

专有权是业主对建筑物中的"专有部分"所享有的各个所有权的总称。所谓"专有部分",是指建筑物及其相关设施中由业主排他地占有、使用、收益和处分即享有所有权的部分,其中,建筑物中的专有部分(住宅或者营业性用房)被视为一个独立物(不动产),为一个所有权的标的。就一幢10层楼房(每层4套房间)而言,专有部分可以是该楼房纵向分割出来的一部分(如该楼房从中切割,左边1至10层以及右边1至10层各设定一个所有权,分别由甲和乙享有),也可以是该楼房横向分割出来的一部分(如该楼房1至5层设定一个所有权,归甲享有;6至10层设定另一个所有权,归乙享有),还可以是纵、横切割,将楼房分割成为各自独立的40套房间并设定40个所有权,分别归40个业主

---

① 参见陈华彬:《物权法原理》,国家行政学院出版社1998年版,第316—319页。

享有。商品房住宅楼业主的专有权,主要是指业主对套房(单元房)所享有的所有权。

除建筑物之外,其他有关设施(如规划用于停车的地面停车位等),也可以成为专有权的标的。

2. 共有权

共有权是业主对"共有部分"所共同享有的各种共有权的总称。所谓"共有部分",包括建筑物及其相关设施中为全体业主共同占有、使用、收益和处分即共同享有所有权的部分,也包括建筑物以及住宅小区土地规划红线范围内的建设用地使用权。共有部分与专有部分在物质形态上相互结合,不可分离。建筑物专有部分之外的其他部分,均属共有部分。

就商品房住宅小区而言,建筑物及相关设施的所谓"共有部分"主要由两个部分所构成:(1)各个独立楼房的共有部分,包括楼道、电梯等,该楼房的全体业主对该楼房的共有部分共同享有所有权(理论上称为"一部共有部分");(2)整个小区的共有部分,包括小区的绿地、道路、物业管理用房以及其他公用设施等,其所有权为整个小区的全体业主所享有(理论上称为"全体共有部分")。

由此,业主的共有权包括对楼房共有部分的共有权以及对整个住宅小区共有部分的共有权。

3. 共同管理权

业主的共同管理权是指对建筑物共有部分所享有的共同管理权利,不包括业主对自己享有专有权的建筑物专有部分的管理权利。

共同管理权是业主对共有部分享有的共有权所派生或者包含的一项重要权利。

二、建筑物区分所有权的特征

建筑物区分所有权具有以下特征:

(一)权利结构的复杂性和一体性

建筑物区分所有权既包括业主对专有部分的一项或者数项独立的所有权(如商品房业主有可能仅对其单元房屋享有所有权,也有可能同时对一个乃至数个停车位享有所有权),也包括对建筑物及其设施的共有部分与其他业主共同享有所有权(财产共有),还包括对共有部分中的建设用地使用权与其他业主共同享有权利(准共有)。不仅如此,业主的共有权标的中,甚至还包括一些动产所有权(如按规定在建筑物及住宅小区公共场所购置的灭火器等公共消防器材)。因此,"建筑物区分所有权"的概念是对以建筑物为中心而产生的"权利群"的一种法律描述,其作为一种权利结构,具有复杂性的特点。

建筑物区分所有权所包含的各种权利有机结合,构成一个紧密结合的整体,为其"一体性"特征的表现。

就建筑物区分所有权所包含的各种权利的相互地位,理论上存在不同看法。在德国民法上,由于建筑物被视为土地的组成部分,故学者多认为专有部分的所有权附属于共有部分的所有权,即"在法律上共同所有权占支配地位,而特别所有权仅为共同所有权之'附属物'"①。我国学者则多认为专有权具有"主导性",其理由主要是:专有权的取得和存续是共有权取得和存续的前提;在不动产登记上,仅登记业主的专有权而并不登记其共有权等。② 也有学者以我国《物权法》第72条第2款有关"业主转让建筑物内的住宅、经营性用房,其对共有部分享有的共有和共同管理的权利一并转让"的规定,说明共有权和共同管理权对于专有权的"从属"地位。③ 但这种认识并非妥当。

从表面观之,建筑物区分所有权确实是以建筑物为中心而建立起来的,而无论从财产用途或者交易目的来看,房屋所有权(专有权)是业主取得和实现其财产利益的核心,而其他权利(对共有部分的权利以及管理权利)不过是为保障业主实现其专有权而服务的,因此,强调专有权的"主导"地位是有道理的。但是,用"从属"关系来确定专有权与其他权利的相互地位却是不恰当的,原因在于,房屋所有权(专有权)与业主共有的建设用地使用权以及其他共有权均为独立的权利,且在法律上不存在从属关系(即主物与从物的关系)。就房屋所有权与建设用地使用权的相互关系而言,其为两项各自独立的物权,相互之间不存在从属关系,房屋不是土地的从物,土地也不是房屋的从物。尽管从交易习惯上讲,人们仅称"买房"而绝对不说"买地",仅签订"房屋买卖合同"而并不签订"房地买卖合同",仅根据房屋的建筑面积计算价格而不根据土地面积计算价格,但基于房屋与土地之不可分离的关系,任何房屋买卖合同必定以两项物权(房屋所有权和建设用地使用权)作为其交易标的,房屋价格中实际上包含了建设用地使用权的价格,而房屋买卖所导致的不动产物权变动也必须分别或者同时进行两项不动产登记。在法律上,房地权利的同时转让系根据"房地合一"(即所谓"房随地走,地随房走")的强制性规定,而并不是根据"从物所有权随主

---

① 〔德〕鲍尔、施蒂尔纳:《德国物权法》(上册),张双根译,法律出版社2004年版,第637页。
② 陈华彬:《物权法原理》,国家行政学院出版社1998年版,第324页。
③ 崔建远:《物权:规范与学说——以中国物权法的解释论为中心》(上册),清华大学出版社2001年版,第404页。

物的转移而转移"的物权法规则。据此,从法律的角度观之,建筑物区分所有权所包含的各种权利相互独立,又相互依存,构成一个统一整体,其相互之间不存在主物与从物的从属关系。认识这一点,对于正确理解和适用有关建筑物区分所有权的法定规则,具有重要意义:例如,基于各种权利的独立性,当相邻业主的专有权行使发生冲突或者业主的专有部分与相邻的共有部分在权利行使上发生冲突时,可以适用相邻关系的规则予以处理;基于各种权利之一体性,业主不得在转让其专有权中的房屋所有权时保留其共有权,也不得将共有权单独予以转让或者予以放弃。

(二)权利设立的强制性和权利存续的永久性

业主的建筑物区分所有权直接根据法律的规定而强制设立,建筑物不消灭,则该种权利群将一直存在。

一般而言,财产权利的享有形式(单独所有或者共有)由当事人自行决定。财产共有的设立与终止、共有类型的选择(按份共有或者共同共有)以及按份共有份额的转让等,均可由当事人协商议定。但建筑物区分所有权却是法律强加给业主的一种权利结构模式,其中,业主的专有权的标的(即专有部分)的范围和共有权的标的(即共有部分)的范围,由法律直接规定,业主的共有为"强制共有",对共有人范围的确定、共有人管理权的行使方式和程序等,均适用法律的强行规定。法律通过设置建筑物区分所有权制度而对建筑物所有人权利的行使进行干预,目的是为了保护社会生活秩序的和谐安定。但是,在法定原则的基础之上,法律仍赋予建筑物所有人(业主)行使权利和享受利益的充分自由,鼓励和保护业主群体采用召开业主大会并选举产生业主委员会的形式,共同行使对建筑物共有部分的管理权利。

应当指出,业主之间的"强制共有",并不排除在特殊情况下,业主通过业主大会决议而在法定共有部分之外设定某种共有权利(例如,全体业主共同出资购买底层的房屋作为传达室),从而形成所谓"约定共有部分"。但部分业主之间对于专有部分形成的共有(如二人共同购买一套房屋,或者两个业主共同购买一个停车位等),不属于建筑物区分所有中的共有部分。

(三)权利的不可分割性和共有权的不可放弃性

建筑物区分所有权的一体性,是业主的基本利益能够得以实现的保障,而构成建筑物区分所有权的权利群依法具有的不可分割性和业主的共有权的不可放弃性,则是保证建筑物业主的整体利益所必不可少的条件。

建筑物区分所有权的不可分割性是指建筑物区分所有权所包含的各种权

利原则上必须整体存在,其中,房屋所有权与建筑物及其设施的共有权和管理权绝对不能分开而由不同的业主或者业主之外的第三人所分别享有,包括:

1. 权利享有的不可分割性

业主取得房屋所有权(专有权)的同时,即取得对建筑物及其设施的共同部分的共有权。业主不可以仅享有其专有权而不享有共有权及共同管理权,也不可以仅享有共有权而不享有专有权。与此同时,业主不得通过放弃共有权而不履行就共有部分所应当承担的管理费、维修费等义务。(《物权法》第72条第1款)

根据我国目前实行的不动产登记制度,在建筑物区分所有权所包含的各项不动产物权中,仅房屋所有权和建设用地使用权依法采用登记的公示方法,其中,就商品房住宅小区而言,业主的房屋所有权均实行单独登记(颁发房屋所有权证书),但其涉及的土地使用权共有份额可以采用单独登记的方式(向业主分别颁发土地使用权证书),也可以采用总括登记的方式(即不向业主分别颁发土地使用权证书)。而建筑物及其设施的其他共有部分(如楼道、电梯、绿地、道路等),则不必进行不动产登记。

2. 权利处分的不可分割性

因出卖、赠与、抵债等原因,"业主转让建筑物内的住宅、经营性用房,其对共有部分享有的共有和共同管理的权利一并转让"(《物权法》第72条第2款)。业主死亡时,其对共有部分的权利随同房屋所有权同时作为遗产归属于继承人或者受遗赠人。在业主将房屋设定抵押权时,须依法连同相应的土地使用权份额设定抵押权(《物权法》第182条)。虽然从法律形式上,除建设用地使用权之外,建筑物区分所有权的其他共有部分无须进行抵押权登记,但依照共有部分与房屋所有权(专有部分)不可分割的原则,应当视为其他共有部分仍连同房屋所有权和土地使用权一并成为抵押权的标的,并在抵押权实现时,一并转让给抵押物的买受人或者承受人。

由于共有权不可脱离专有权而单独转让,故业主连同房屋所有权和共有权一并转让时,其他业主不得享有共有人的优先购买权。

第二节 专有权

【基本原理】

一、专有权的概念与专有部分的认定

（一）专有权之概念的理解

如前所述，专有权是业主对建筑物及其设施的专有部分所享有的各个所有权的总称。我国《物权法》第71条规定："业主对其建筑物专有部分享有占有、使用、收益和处分的权利。"

在建筑物区分所有权中，"专有部分"是相对于"共有部分"的专门概念，用以描述业主对建筑物及其设施中有权进行独占性、排他性支配的部分。因此，如同"共有部分"是由为数众多的共有物（楼道、电梯、绿地、道路等）所构成一样，"专有部分"也有可能包括两个以上的独立物（如房屋和停车位），但房屋（通常是单元房）是最为主要的专有部分。而专有权则是对业主对其专有部分享有的全部所有权的概括描述。房屋所有权是业主专有权中最为主要的一种所有权。

据此，所谓"专有部分"是一个概括用语，专有部分可能仅包括一个独立物（如单元房），也可能包括数个独立物（如单元房、停车位、摊位等），故专有部分不能成为所有权的客体。而所谓"专有权"也是一个概括用语，其可能仅包括一个所有权（如房屋所有权），也可能包括数个所有权（如房屋所有权、停车位所有权等），故专有权不是一种所有权。

（二）专有部分的范围

1. 专有部分的认定依据

对于专有部分的认定，我国最高人民法院2009年《关于审理建筑物区分所有权纠纷案件具体应用法律若干问题的解释》（以下简称《建筑物区分所有权解释》）第2条第1款规定："建筑区划内符合下列条件的房屋，以及车位、摊位等特定空间，应当认定为物权法第六章所称的专有部分：(1) 具有构造上的独立

性,能够明确区分;(2) 具有利用上的独立性,可以排他使用;(3) 能够登记成为特定业主所有权的客体。"据此,专有权中所具体包括的所有权,应根据建筑物及其设施的专有部分中所包括的物的特征来加以判断。专有部分中能够成为所有权标的物必须具备独立性、特定性,并且能够进行不动产物权登记;专有部分中不具有独立性的物则只能成为其他独立物的组成部分。如根据前述《建筑物区分所有权解释》第 2 条第 2 款规定:"规划上专属于特定房屋,且建设单位销售时已经根据规划列入该特定房屋买卖合同中的露台等,应当认定为物权法第六章所称专有部分的组成部分。"这一规定中所指明的露台,应为作为所有权客体的住宅用房或者经营性用房的组成部分,不能成为所有权的客体。

2. 专有部分的具体范围

专有部分为建筑物及其设施中业主享有所有权的部分,主要包括:

(1) 建筑物内业主享有所有权的住宅用房或者经营性用房

业主享有所有权的住宅用房或者经营性用房通常为单元房,为专有部分中的核心部分。

(2) 建筑区划内业主享有所有权的规划停车位

所谓"规划停车位"是指规划设计专用于停放汽车的特定空间。为业主享有所有权的该种停车位属于专有部分。

(3) 业主享有所有权的规划摊位

所谓"规划摊位",是指规划设计专用于摆设商业摊点的特定空间。为业主享有所有权的该种摊位属于专有部分。

二、专有部分的界限

由于建筑结构上的原因,业主的专有部分(主要是单元房)与其他业主的专有部分以及共有部分构成不可分割的整体。就专有部分中"房屋"的界限划分,理论上存在各种学说,主要包括两大类:一类学说认为,相互连接的房屋应以墙壁、地板、天花板等厚度的中心点划分其界限("中心说");另一类学说则认为,相互连接的房屋之间的墙壁、地板、天花板或其中心部分为共有部分(其中,"空间说"认为墙壁等全部为共有部分;"最后粉刷表层说"认为墙壁等最后粉刷的表层属于专有部分,墙壁等本体为共有部分;"壁心和最后粉刷表层说"则认为,在区分所有权人之间,专有部分仅到达墙壁等表层所粉刷的部分,但在外部关系上,专有部分则到达墙壁等厚度的中心)。上述观点细致入微,但在实务上意义不大。实际生活中,不同所有人的房屋之间的墙壁、地板、天花板等因使用而发生的纠纷,应适用或者参照适用相邻关系的准则予以处理。至于业主专有部分的具体界限,大致以间隔厚度的中心线确定即可。如涉及房屋建筑面积的测量,应执行相关规定;如涉及墙壁、地板、天花板等间隔部分的维修义务以及维修费用的负担等,因一方的原因造成的损坏,由该方业主负责修复;因自然原因造成的损坏,由双方业主共同负责修复。

对于专有部分的面积,《建筑物区分所有权解释》第8条规定了确认的方法:(1)专有部分面积,按照不动产登记簿记载的面积计算;尚未进行物权登记的,暂按测绘机构的实测面积计算;尚未进行实测的,暂按房屋买卖合同记载的面积计算;(2)建筑物总面积,按照前项的统计总和计算。

三、专有权行使的法律限制

(一) 一般规定的限制

业主对专有部分相关所有权的行使,应遵守所有权行使的一般规则,尤其是应当遵守不动产相邻关系的法律准则,不得滥用权利造成他人损害。对此,我国《物权法》第71条特别规定:"……业主行使权利不得危及建筑物的安全,不得损害其他业主的合法权益。"

(二) 特别规定的限制

法律、行政法规或者管理规约对业主专有部分行使有特别规定的,业主所有权的行使应当遵守其相关规定。例如,业主对房屋专有部分的装饰、装修,应事先告知物业服务企业,并不得破坏房屋的基本结构,不得实施乱搭乱建等违反规定的行为。

在对业主专有权行使的限制中,限制业主擅自改变房屋的用途具有特别重要的意义。

改变房屋的既定用途,将住宅用房改变为营业性用房,有可能严重干扰其他相关业主的正常生活,并有可能导致住宅区域环境的恶化,影响房屋交易的价格等。因此,《物权法》对之专门设定了限制性条文,即:"业主不得违反法律、法规以及管理规约,将住宅改变为经营性用房。业主将住宅改变为经营性用房的,除遵守法律、法规以及管理规约外,应当经有利害关系的业主同意。"(第77条)前述最高人民法院《建筑物区分所有权解释》对该条文的两个问题作出了规定:

1. 所谓"有利害关系的业主"包括本栋建筑内的其他业主,也包括建筑区划内本栋建筑物之外的业主,但后者必须能够证明其房屋价值、生活质量受到

或者有可能受到不利影响。(第11条)

2. 将住宅改变为营业性用房的业主以多数有利害关系的业主同意其行为进行抗辩的,人民法院不予支持(第10条第2款)。依据这一规定,业主将住宅改变为营业性用房,必须经过全部有利害关系的业主的同意。

【理论拓展】

理论拓展之一:地下车库所有权归属的立法争议及其解决

在我国《物权法》制定过程中,"商品房住宅小区地下车库的所有权归属"问题一直为社会各界所广泛关注,且经参加物权立法的专家、学者反复讨论,争议激烈,无法达成共识,故被纳入物权立法"十大疑难问题"之内。

事实上,对于住宅小区地下车库(包括地面停车位)所有权归属问题的认识,立法者曾经走过一段弯路:在相当长的一段时期,人们试图直接从"所有权归属"出发而对之作出判断:主张地下车库所有权属于业主的人,或者认为地下车库应属住宅楼的附属设施,故当然应伴随住宅楼所有权的转让而归业主享有;或者认为地下车库的建造成本已经包含于住宅楼的价格之中,故业主在购买商品房的同时也购买了地下车库。这些主张曾一度为立法者所接受,故在物权法草案第4次审议稿中,出现过"地下车库所有权归属由双方约定,没有约定的,归全体业主共有"的条文。但在后来,人们发现,停车位(包括地下车库)的所有权归属,实质上是一个交易标的(内容)范围的确定问题,亦即停车位是否包括在商品房买卖合同的出卖物之中,应当根据合同法的规则予以确定。据此,正式颁布的《物权法》第74条作出了如下规定:"建筑区划内,规划用于停放汽车的车位、车库应当首先满足业主的需要。"(第1款)"建筑区划内,规划用于停放汽车的车位、车库的归属,由当事人通过出售、附赠或者出租等方式约定。"(第2款)"占用业主共有的道路或者其他场地用于停放汽车的车位,属于业主共有。"(第3款)

就地下车库的财产特性和权利取得,上述《物权法》的规定确定了以下重要问题:

1. 非规划停车位属业主共有

根据规划而建设的停车位为规划停车位。但在实践中,很多住宅小区由于规划建设的停车位不能满足业主的需求,不得不占用建筑区划内的道路一侧或者两侧或者其他公共场地画线设定停车位。这种停车位为非规划停车位,因其占用的道路及场所应属共有部分,故这种停车位也应属业主共有。

2. 规划停车位为独立物,得单独成为所有权的标的

某些持"地下车库所有权应属业主享有"观点的人,认为住宅小区地下车库在

建筑结构上与商品房(高层建筑)连为一体,其性质应属房屋的组成部分,如同楼房的门厅、过道、楼道、电梯以及公共储藏室一样,属于房屋的法定"共有部分",应依法属于房屋业主享有共有权的财产,不得成为单独的所有权的标的,故开发商不得将之单独予以出卖、赠与、出租等。

但立法者认为,地下车库在建筑结构上虽然与地面建筑浑然一体,但其具有独立的存在形态及使用价值,且在社会观念和交易习惯上非为"房屋"的组成部分,故《物权法》第74条将之明确规定为独立于房屋的财产,得单独成为物权的标的。

3. 规划停车位不是从属于房屋的"从物"

某些主张"住宅小区地下车库所有权应归业主享有"观点的人认为,地下车库即使为独立物,因其并无单独的使用价值(如不存在对房屋的使用,即不可能存在对地下车库的使用),离开房屋的使用,地下车库将毫无使用价值。因此,地下车库的存在系为房屋的使用提供服务,亦即增加或者改善房屋的使用效能,故如同商品房住宅小区中的配电房、物业服务用房等建筑一样,地下车库在性质上应属于服务于小区业主生活的"配套设施",亦即在法律上,房屋属于"主物",地下车库属于"从物",其所有权依法应随房屋所有权的转让而归业主享有。

但《物权法》的立法者认为,在使用功能方面,地下车库显然具有房屋的"附属设施"的性质。然而应当看到,在我国,停车位的使用并非房屋使用之必须,且停车位具有较大的经济价值。而在社会交易习惯上,房屋的价格通常并不当然包括停车位的价格,亦即不存在"如无相反约定,房屋买卖当然应包括停车位在内"的交易惯例,因此,《物权法》第74条规定,停车位不应视为房屋的从物,开发商在出让房屋所有权时,如无相反约定,停车位所有权并不当然随房屋所有权的转移而发生转移。

4. 地下车库的所有权为开发商所"原始取得"

在物权法的立法者看来,商品房住宅小区的地下车库在建成时,其所有权即根据《物权法》第30条的规定①为开发商所取得,其后,开发商可以将之以"出售、附赠或者出租"的方式予以处分。鉴于民法上的"买卖"(出售)、"赠与"专指有偿或者无偿转让财产所有权的合同行为,故该条文毫无疑问地确定了开发商基于其修建房屋的行为而首先取得了地下车库的财产所有权。

5. 业主对规划车位享有优先购买权或者优先承租权

对于开发商对停车位的处分方式,法律未作特别限制,开发商可以采用出卖、赠与或者出租的方式处分其停车位。但根据《物权法》第74条第1款的规定,开发

---

① 《物权法》第30条规定:"因合法建造、拆除房屋等事实行为设立或者消灭物权的,自事实行为成就时发生效力。"

商在处分停车位时,必须首先满足业主的需要,亦即在出卖停车位时,业主较之业主之外的第三人,享有同等条件下的优先购买权;在出租停车位时,业主享有同等条件下的承租权。

理论拓展之二:作为人防工程的地下室的所有权归属的立法争议

事实上,在讨论商品房住宅小区地下车库的产权归属问题的过程中,《物权法》的立法者忽略了一个重要的问题,那就是:在我国,绝大多数现代高层建筑物的地下空间(地下车库以及用作仓库、商场等用途的地下室)均属建设单位被依法强制修建的人防工程(俗称"防空洞")。而人防工程所有权的归属,是我国立法上尚待确定的重大问题。

(一)人防工程的概念和种类

在我国,人防工程是"人民防空工程"的简称,是指国家为了应对战争,提高城市整体防护能力,保护人民群众生命和财产安全需要,所修建的地下防护建筑及其附属设备、设施。① 人民防空是国防的组成部分,是防备敌人突然袭击,有效地掩蔽人员和物资,保存战争潜力的重要设施。

按照建筑方式,人防工程主要分为单建人防工程与结建人防工程两大类别:

所谓"单建人防工程",是指为保障战时人员与物资掩蔽、人民防空指挥、医疗救护等需要而单独修建的地下防护建筑。单建的人防工程与地面建筑在构造上具有相对独立性,其投资主体一般为中央或地方政府。但随着市场经济的深入发展和国家对市场领域的不断扩展,现阶段亦出现了地方政府和社会共同投资建设的单建人防工程。

所谓"结建人防工程",是指结合地面建筑修建的战时可用于防空的地下室。在我国实行住宅商品化政策的情况下,结建人防工程已经成为广大商品房住宅小区地下建筑物的主要部分。依照我国《人民防空法》第22条的规定,城市新建民用建筑(包括新建、改建、扩建)均须修建战时可用于防空的地下室,亦即结建人防工程的建设,为地面建筑物修建人必须承担的一项法定义务。对于结建人防工程,国家给予经济政策上的优惠(减免人防工程相关土地的使用费和其他税费等)。对于因地形、地质等技术原因而无法修建人防工程的,根据有关规定,当事人必须按照应修防空地下室面积所需造价交纳"易地建设费",由人民防空主管部门统一就近易地修建。

建筑物的地下车库以及其他用途的地下空间,绝大多数都是属于这种"结建人防工程"。

---

① 王胜然:《人防工程权属探讨》,载《北京房地产》2004年第5期。

第十三章 建筑物区分所有权

(二) 人防工程的法律属性

人防工程在用途上具有平战双重功能。在和平时期,其与一般的地下建筑物一样,具有极高的经济利用价值,但其更为重要的价值,在于其战时能够保护人民的生命安全。作为具有双重用途的特殊不动产,人防工程在财产法律属性上具有双重性:

1. 人防工程的"公共物"属性

人防工程是以防空为目的的地下防护建筑或者地下室,是一种基于公共利益而存在的财产。在我国立法上,尽管人防工程是否属于"国防资产"尚不明确,但人防工程具有国防性质却是毋庸置疑的。因此,与一般的地下建筑不同,人防工程具有强烈的"公共物"的特性,较之一般的不动产,人防工程的使用、管理必须更多地受到公法及公权力的制约。换言之,在公法的角度来看,人防工程只能是"人防工程",而非作为其平时用途的"地下车库"或者"地下仓库",任何损害人防工程属性的行为,均构成不法,并有可能承担公法上的法律责任。

人防工程作为公共物,具有整体性(不可分割性)的特点。

2. 人防工程的一般财产属性

从民事生活(经济生活)领域的角度观之,交由私人占有、使用的人防工程是以满足生产、生活需要为目的的"地下车库"或者"地下仓库"等,是一种基于私人利益而存在的财产。因此,从私法的角度来看,除了公权力的某些必要限制,"地下车库"与一般的财产并无本质区别,其占有人享有的权利仍属"私权"。事实上,从占有、使用人的角度看来,作为人防工程的地下车库与非为人防工程的地下车库没有任何区别,"人防工程"只是一个抽象存在的、没有实质意义的概念,而"地下车位或者车库"才是一个现实存在的、与自身利益相关的、有实质意义的事物。

人防工程作为一般财产,为实现其经济目的,往往在占有和使用上必须进行分割(如必须将地下车库分割成为数十个单独的"停车位"以供使用)。

人防工程(尤其是结建人防工程)所具有的上述财产上的双重属性相互之间存在着天然的冲突,如对之不予充分的协调,有可能严重影响人防工程基本目的的实现。

(三) 有关结建人防工程所有权归属的争议

依照《中华人民共和国人民防空法》第5条的规定,"人民防空工程平时由投资者使用管理,收益归投资者所有",即"谁投资,谁受益",但该法并未明确规定人防工程所有权的归属。而伴随各个地方政府就人防工程所有权归属纷纷出台的不同规定(有的将之规定为归国家所有,有的将之规定为归投资人所有),也出现了各种理论研究学说。各地方政府立法的分歧,在学说上也各有其支持,形成了人防工程的"国家所有"与"投资人所有"两类不同学说:

在"国家所有说"中,"法定依据说"认为人防工程属国防资产,故其所有权依法应归国家享有(但此种观点将人防工程认定为国防资产缺乏立法依据);"赋税说"认为,结建人防工程建设投资实为国家征收的一种赋税,故其所有权应归属于国家(但赋税须法律明文规定,且参照其他一些国家和地区的立法例,"异地建设费"的无偿、强制收取,并不意味着结建人防工程的所有权应属国家,故此种观点也难以成立);而"国家投资说"则认为,国家对于由社会负担的部分人防建设经费以直接或者间接方式支付了对价,故结建人防工程所有权为国家基于投资而取得(此种观点将国家对投资人在土地出让政策上的某些优惠认定为"投资",纯属强词夺理);另有"人防工程独立空间说"认为,结建人防工程所占用的土地空间并不包括在开发商所取得的建设用地使用权范围之内,故其所有权应属国家享有(此种观点与事实不符,也不能成立)。①

在"投资人所有说"中,"开发商所有说"认为,结建人防工程虽然在建造的过程中可以享受各种国家税费的优惠,但主要是由开发商出资建设的,故其应归开发商所有②,与此同时,建设部《商品房销售面积计算及公用建筑面积分摊规则》(建房[1995]517号)第9条规定:"凡已作为独立使用空间销售或出租的地下室、车棚等,不应计入公用建筑面积部分。作为人防工程的地下室也不计入公用建筑面积。"根据这一规定,在房屋买卖合同中,结建人防工程属于"附属公共配套设施",没有进行公共面积分摊,因此开发商应当享有所有权(此种观点将人防工程混同于一般建筑物,无视其国防属性,故难以成立)③;"业主所有说"认为,业主购买房屋其中摊付人防工程成本以及后续物业管理中也极有可能变相支付人防工程管理、维修费用的事实已经构成了对人防工程的投资,业主作为人防工程最终的实际投资人,其所有权应归属于全体业主④;"约定所有说"则认为,人防工程所有权的最终归属需要开发商与业主之间通过合同进行约定,当合同无明确约定时,则通过解释合同来确定(前述观点将业主的购房行为视为"投资",混淆了投资与购买的界限,故不能成立)。⑤

事实上,一切财产归属的确定,都是公共利益与私人利益平衡的结果。一项财产,如果仅具私人属性,应适用"谁投资,谁所有"的原则;如果具有公共属性,属于"公用物"或者"公有物",则此种财产应归国家所有或者公共所有。属于"公有物"的财产,一般由国家投资,如存在私人投资,则投资人可通过经营权或者使用收益

---

① 国家人民防空办公室:《人民防空法修订资料汇编之五:人民防空法修改意见汇总》。
② 王娜:《商品房地下人防工程权属之争》,载《法人》2005年第3期。
③ 王俊辉、廖志浓:《小区人防工程期待"名分"》,载《现代物业》2006年第5期。
④ 刘晓佳:《小区人防工程权属之争》,载《现代物业(新业主)》2005年第9期。
⑤ 王利明:《论物权法中车库的归属及相关法律问题》,载《现代法学》2006年第5期。

权的享有而获得相应投资回报。由于结建人防工程由投资人履行法定义务而出资修建,兼具公有物(防空功能)和一般财产(平时使用)的双重属性,故其权属的确定,既不能单纯采用一般财产的"谁投资,谁所有"的原则,也不能单纯采用共有物的所有权及其全部利益归国家所有的原则,而应采用利弊权衡即价值判断的方法,遵循"有利于人防工程防空功能的实现,有利于人防工程经济效用的最大化发挥,有利于鼓励民间投资修建人防工程的积极性,恰当平衡国家利益与投资人之间的利益分配"的原则,采用结建人防工程的"国家所有权与投资人用益物权"的权利结构模式,即人防工程归国家所有,以利于对人防工程的管理和实现人防工程的目的,同时赋予投资人以法定的、无对价及无期限的用益物权,以保障投资人的经济利益和实现人防工程在平时的经济效用。

而在确定人防工程归国家所有的情况下,凡不属人防工程的地下建筑(地下车库、地下仓库、地下商场等),应进行独立的不动产所有权登记;凡属人防工程的地下建筑,可由政府代表国家与投资人签订无期限、无对价的地下建筑物使用权合同,投资人(开发商)可将地下建筑物的使用权经分割登记后(如将地下车库分割成为数个停车位),将停车位使用权无偿或者有偿地转让给购房人(业主)享有,也可以将之用于出租。与此同时,应对《物权法》第74条的规定作出限缩性解释,即该规定所涉用的范围仅限于不属人防工程的规划用于停车的地下车库和地面停车场。

第三节 共有权和共同管理权

【基本原理】

一、共有权与共有部分的范围

(一)共有权与共有部分之概念的理解

共有权是对于业主对建筑物及其设施的共有部分所享有的共有权利的总称。我国《物权法》第72条规定:"业主对建筑物专有部分以外的共有部分,享有权利,承担义务……"

在建筑物区分所有权中,"共有部分"用以描述业主对建筑物及其设施中共同享有所有权的部分。如同"专有部分","共有部分"也是一个概括用语,是对由业主共有的全部不动产和动产的整体表达,因此,"共有部分"不是一个所有权的标的。而"共有权"则包括了业主所享有的全部共有权利。

业主共有权的性质应属按份共有。按份共有的基本特征是共有人按份额比例对共有物享有所有权,但按份共有人不一定必须按其共有份额行使权利或者承担义务。而业主对共有部分的权益及其负担原则上是按照其房屋(专有部分)所占建筑总面积的比例来确定的,对此,《物权法》第80条规定:"建筑物及其附属设施的费用分摊、收益分配等事项,有约定的,按照约定;没有约定或者约定不明确的,按照业主专有部分占建筑物总面积的比例确定。"

(二)共有部分的专用权

共有部分的专用权,是指特定业主对共有部分中的特定部分所享有的独占性、排他性的使用权。与业主的专有权不同,专用权不是所有权,而是根据法律规定或者当事人约定而设定的一种专有使用权。例如,特定业主对楼顶、绿地以及建筑物外墙等共有部分中的特定部分享有的专用权。业主根据法律规定而对共有部分享有的专用权,为"法定专用权";业主根据与其他有利害关系的业主的同意或者按管理规约及业主大会的决议而对共有部分享有的专用权,为"约定专用权"。

(三)共有部分的范围

建筑物及其设施中,除由各个业主单独享有所有权的专有部分之外的部分,均属共有部分。根据《物权法》第73条的规定以及我国最高人民法院《建筑物区分所有权解释》,共有部分主要包括:

1. 建筑物的基础、承重结构、外墙、屋顶等基本结构部分,通道、楼梯、大堂等公共通行部分,消防、公共照明等附属设施、设备,避难层、设备层或者设备间等结构部分。

上列共有部分中,外墙和屋顶(楼顶)具有特别重要的使用价值,对其性质的认定尤为重要:

(1) 外墙

建筑物的外墙具有很高的商业价值,可用于悬挂商业招牌、商业标志以及商业广告等。建筑物的外墙是建筑物的基本结构部分,不具有独立性(非独立物),不可以单独成为所有权的标的。建筑物外墙必须随建筑物所有权的转移而转移。因此,建设单位(房地产开发商)不得在转让房屋所有权时保留对建筑物外墙的所有权或者使用权,也不得将建筑物外墙的所有权或者使用权转让给业主之外的第三人。

但就外墙是否应属业主的专有部分(即房屋所有权标的的范围是否包括房屋相应的部分外墙在内),存在不同看法。不过,基于以下理由,有关司法解释将之认定为共有部分具有合理性:其一,有利于外墙的整体使用和管理;其二,外墙为建筑物的基本结构部分,建筑物的全体业主对之应当享有平等的收益权利。

但是,考虑到社会生活的习惯和特定业主对其专有部分外墙使用上的合理需求(如经营性用房的业主利用其专有部分的外墙悬挂商业招牌等),前述司法解释规定,在不违反法律、法规、管理规约且不损害他人合法权益的情况下,业主基于对住宅、经营性用房等专有部分特定使用功能的合理需要,可以无偿利用与其专有部分相对应的外墙面等共有部分。(《建筑物区分所有权解释》第4条)

业主对与其专有部分相对应的建筑物外墙所享有的无偿使用权利,为法定的专用权。除此而外,业主也可对建筑物的其他外墙部分享有约定的专用权。

(2) 楼顶

根据其建筑的方式,很多现代建筑的楼顶具有很高的使用价值,可用于栽花种草(称为"屋顶花园")及设置其他休闲娱乐设施。如同建筑物的外墙,楼顶也是建筑物的基本结构部分,为非独立物,不可以单独成为所有权的标的。建筑物楼顶必须随建筑物所有权的转移而转移,因此,开发商不可以在出卖房屋时保留对楼顶的所有权或者使用权,也不可以将楼顶的所有权或者使用权出让给业主之外的第三人。根据《建筑物区分所有权解释》第4条的规定,建筑物的楼顶属于建筑物的共有部分。

但同样考虑到社会生活的习惯和业主对楼顶在使用上的合理需求(如楼房顶层业主对楼顶的合理使用),《建筑物区分所有权解释》第4条规定,在不违反法律、法规、管理规约且不损害他人合法权益的情况下,业主基于对住宅、经营性用房等专有部分特定使用功能的合理需要,可以无偿利用楼顶。

业主对建筑物楼顶的专用权,也可以根据管理规约、业主大会决议而设立。

应当特别指出的是,特定业主对建筑物楼顶特定范围的专用权,也可根据业主与开发商之间签订的房屋买卖合同而设立:如果开发商在出售房屋时明确告知全体购房人"购买楼房顶层(即最高一层)的业主,可获得与其房屋屋顶相对应的'楼顶花园'(即与顶层房屋业主专有部分相对应的楼顶部分)的专用权",或者在与购买顶层之外的其他楼层的业主签订的房屋买卖合同中设置了"购买人自愿放弃楼顶的使用权"的条款,则应视为全体业主同意在建筑物楼顶上设定特定业主的专用权,特定业主取得此项楼顶的专用权为无偿取得。此项专用权设立后,其他业主不得通过管理规约或者业主大会决议而将之予以废除。

但前述对全体业主之同意的推定或者楼顶使用权放弃条款的设置,不得违反法律、法规的强制性规定,也不得对其他业主正常使用建筑物造成妨害或者损害。

2. 建筑区划内的道路

建筑区划内的道路(如商品房住宅小区内的道路)属于业主共有,但建筑区划内如有城镇公共道路穿越的,城镇公共道路不属业主共有。(《物权法》第73条)

为保护业主正常的生活需要,在建筑区划内的道路上,不得设定特定业主的专用权。

3. 建筑区划内的绿地

建筑区划内种植树木、草坪的绿地,属于业主共有,但属于城镇公共绿地的除外(《物权法》第73条)。某些情况下,如果特定范围的绿地(俗称"私家花园")被纳入特定业主所购买的房屋建筑面积之内且经过登记,则该特定范围的绿地属于该业主的专有部分。但特定范围的绿地归特定业主所有,必须符合建设项目的规划设计。

此外,在建筑区划内的绿地上,可以设定约定的专用权,主要包括两种形式:

(1) 根据房屋买卖合同设立

在出售房屋时,如果开发商对全体购房人明确表示"购买房屋底层(第一层)的业主,可获得与其房屋相连接的特定范围绿地的专用权(也被称为'私家花园')",或者在与其他楼层的业主签订的房屋买卖合同中设置了以"购买人自愿放弃底层房屋门前特定范围的绿地的使用权"为内容的条款,则应视为全体业主同意在该特定范围的绿地上设定了特定业主的专用权。此项专用权为无偿取得,设立后不得以管理规约或者业主大会决议而予以废止。但前述对全体业主之同意的推定或者特定范围的绿地的使用权放弃条款的设置,不得违反法律、法规的强制性规定,也不得对其他业主正常使用建筑物造成妨害或者损害。

(2) 根据管理规约或者业主大会决议而设立

业主可以通过管理规约或者业主大会决议而为特定业主就特定范围的绿地设定专用权。此项专用权的取得可以有偿,也可以无偿。

4. 建筑区划内的其他公共场所、公用设施和物业服务用房

不属于业主专有部分、也不属于市政公用部分或者其他权利人所有的其他场所及设施等,属于其他公共场所和公共设施,应属于共有部分。(《物权法》第73条以及《建筑物区分所有权解释》第3条第1款第2项)

物业服务用房是指专用于物业管理服务工作的房屋,其依法属于共有部分。

5. 建筑区划内规划停车位之外的车位

建筑区划内规划用于停车的车位,其所有权归有关业主享有。但占用业主共有的道路或者其他场地而增设的停车位,属于业主共有。(《物权法》第74条第3款)

属于共有部分的停车位,可根据管理规约或者业主大会的决议,由特定业主享有专用权。

应当注意的是,会所不属于共有部分:所谓"会所",是指建筑区划内主要向业主提供餐饮、储蓄、邮政、医疗、健身、娱乐等商业性服务的房屋。作为会所的房屋的所有权归特定业主享有,不属于建筑物的共有部分。

二、共有权的内容

(一)业主就共有部分享有的权利

业主对共有部分享有使用权和收益权。

根据《中华人民共和国物业管理条例》(以下简称《物业管理条例》)的规定,在征得业主委员会或者物业服务企业同意的情况下,业主可以临时占用、挖掘道路、场地以进行维修活动或者其他公益活动,但应在约定期限内恢复原状(第51条),也可以在办理有关手续后利用物业共用部分、公用设施设备进行经营(第55条),等等。

业主有权分享共有部分所产生的收益(包括广告收益、租金等),依照《物权法》第80条的规定,收益分配应按照约定进行,没有约定或者约定不明确的,应按照业主专有部分占建筑物总面积的比例予以确定。

当共有部分遭受不法侵害时,除业主大会、业主委员会外,在业主的合法权益受到侵害时,也有权行使物权请求权、损害赔偿请求权或者其他法定权利。例如,当开发商或者其他行为人擅自占用、处分业主共有部分、改变其使用功能或者进行经营性活动,造成业主损害的,业主有权请求排除妨害、恢复原状、确认处分行为无效或者赔偿损失(《建筑物区分所有权解释》第14条);又如,当其

他业主或者第三人违反法律、法规、国家相关强制性标准、管理规约,或者违反业主大会、业主委员会依法作出的决定,实施下列行为时,业主有权寻求法律救济:(1)损害房屋承重结构,损害或者违章使用电力、燃气、消防设施,在建筑物内放置危险、放射性物品等危及建筑物安全或者妨碍建筑物正常使用;(2)违反规定破坏、改变建筑物外墙面的形状、颜色等损害建筑物外观;(3)违反规定进行房屋装饰装修;(4)违章加建、改建,侵占、挖掘公共通道、道路、场地或者其他共有部分。(《建筑物区分所有权解释》第15条)

（二）业主就共有部分承担的义务

业主应当依照《物业管理条例》的规定,按照共有部分的用途使用共有部分,不得擅自加以改变,如确需改变公共建筑和公用设施用途的,应当依法办理相关手续并告知物业服务企业。(《建筑物区分所有权解释》第50条第2款)

业主应当按照国家有关规定交纳共有部分的专项维修资金,并依照约定分担共有部分及附属设施的费用,没有约定或者约定不明确的,应按照业主专有部分占建筑物总面积的比例予以分担。(《物权法》第80条)

三、共同管理权

（一）共同管理权的内容

共同管理权是指业主参与对共有部分及其相关事务的管理活动的权利。

根据《物权法》第76条的规定,下列事项须由业主共同决定:

1. 制定和修改业主大会议事规则以及建筑物及其附属设施的管理规约

根据《物业管理条例》第18条的规定,业主大会议事规则是业主大会组织、运作的规程,是对业主大会的宗旨、组织体制、活动方式、表决程序、业主委员会的组成、成员任期及权利义务等内容进行记载的业主自律性文件;管理规约是指由业主大会依照法定程序制定的有关共有部分及相关共同事务管理的规则,管理规约对全体业主具有约束力,对于建筑物的承租人、借用人等,就相关事项也具有约束力。

为保证住宅小区的生活秩序,《物业管理条例》规定,开发商应当在销售房屋之前制定临时管理规约,对有关物业的使用、维护、管理以及业主应当履行的义务、违反临时管理规约应当承担的责任等事项依法作出约定。开发商应当在销售房屋时向买受人明示该临时管理规约并予以说明,买受人在与开发商签订房屋买卖合同时,应当对遵守临时管理规约予以书面承诺(第22—23条)。业主大会通过制定的管理规约不得违反法律、法规的禁止性规定,不得损害社会公共利益(第 17 条第 2 款)。

上述业主大会议事规则以及管理规约的制定和修改,应当经专有部分占建筑物总面积过半数的业主且占总人数过半数的业主同意。

2. 选举业主委员会或者更换业主委员会成员以及选聘和解聘物业服务企业或者其他管理人

业主委员会是业主大会的执行机关,有权根据管理规约以及业主大会的决议,代表全体业主管理建筑区划内的公共事务。业主委员会由业主大会选举产生。

物业服务企业是依照业主与之签订的物业服务合同的约定,对房屋及配套的设施设备和相关场地进行维修、养护、管理,维护物业管理区域内的环境卫生和相关秩序的活动的企业。物业服务企业或者其他管理人根据业主的委托管理建筑区划内的建筑物及其附属设施,并接受业主的监督。(《物权法》第 82 条)

选举业主委员会或者更换业主委员会成员以及选聘和解聘物业服务企业或者其他管理人,应当经专有部分占建筑物总面积过半数的业主且占总人数过半数的业主同意。

3. 筹集和使用建筑物及其附属设施的维修资金以及改建、重建建筑物及其附属设施

共有部分的维修资金是保证建筑物及其相关设施正常使用的物质基础,业主依照有关规定交纳的专项维修基金属全体业主共有,用于物业保修期满后物业共用部分、共用设施设备的维修和更新、改造,不得挪作他用。专项维修资金的筹集和使用,应由全体业主共同决定。此外,建筑物及其附属设施的改建、重建,涉及业主的重大利益,必须由团体业主共同决定。

上述事项的决定,应当经专有部分占建筑物总面积 2/3 以上的业主且占总人数 2/3 以上的业主同意。

除上述事项外,其他有关共有和共同管理权利的重大事项,也须经专有部分占建筑物总面积过半数的业主且占总人数过半数的业主同意。

根据前述有关司法解释的规定,业主人数应按照专有部分的数量计算,一个专有部分按一人计算。但建设单位尚未出售和虽已出售但尚未交付的部分,以及同一买受人拥有一个以上专有部分的,按一人计算;业主的总人数应当按照前项的统计总和计算。

（二）业主大会和业主委员会

1. 业主大会和业主委员会的性质

根据《物业管理条例》第8条第2款的规定，业主大会由全体业主组成，是管理建筑区划内建筑物及其附属设施的共有部分和共同事务的自治组织，代表和维护物业管理区域内全体业主在物业管理活动中的合法权益。业主可以设立业主大会，也可以不设立业主大会。如无业主大会，应由全体业主共同履行业主大会和业主委员会的职责；业主委员会是由业主大会选举产生的执行机构。

对于业主管理团体的法律地位，各国立法有所不同，有的国家（如法国）承认业主设立的管理机构（称为"共有人协会"）具有法人资格[1]，有的国家（如德国）不予承认，有的国家（如日本）则规定：30人以下的管理团体为非法人团体，30人以上的则可申请登记为法人组织。[2] 但我国立法对于业主大会和业主委员会的民事主体地位尚无明确规定。理论上多认为业主大会应属非法人团体。司法实务中，人民法院常允许业主委员会就相关事务作为原告，以开发商或者物业服务企业作为被告提起民事诉讼。

2. 业主大会以及业主委员会决定的效力

业主大会或者业主委员会的决定，对业主具有约束力。但业主大会或者业主委员会作出的决定侵害业主合法权益的，受侵害的业主可以请求人民法院予以撤销。（《物权法》第78条）业主以业主大会或者业主委员会作出的决定侵害其合法权益或者违反了法律规定的程序为由请求人民法院撤销该决定的，应当在知道或者应当知道业主大会或者业主委员会作出决定之日起1年内行使。（《建筑物区分所有权解释》第12条）

3. 业主大会及业主委员会的管理权力

业主大会和业主委员有权对建筑区划内的物业管理和共同事务行使管理权利，对任意弃置垃圾、排放污染物或者噪声、违反规定饲养动物、违章搭建、侵占通道、拒付物业费等损害他人合法权益的行为，有权依照法律、法规以及管理规约，要求行为人停止侵害、消除危险、排除妨害、赔偿损失。（《物权法》第83条）

---

[1] 尹田：《法国物权法》（第2版），法律出版社2009年版，第326—332页。
[2] 陈华彬：《物权法原理》，国家行政学院出版社1998年版，第346—347页。

第十四章 相邻关系

第一节 相邻关系的概述

【基本原理】

一、相邻关系的概念

（一）相邻关系的定义

相邻关系是指相互连接或者邻近的不动产的所有人或者使用人因不动产利用而依法产生的权利义务关系。相邻关系的内容,是一方有权使他方的不动产使用承受某种限制或者负担而获得其不动产利用上的基本保证。例如,甲、乙各自享有使用权的土地相邻,甲为使用其土地,必须经过乙的土地上的道路,为此,乙应允许甲在其道路上通行。

相邻关系仅发生于不动产相邻的当事人之间,故又称为"不动产相邻关系"。

与动产不同,不动产不能移动,且不同所有人或者使用人的土地相互连接,这决定了土地上的建筑物、栽种的林木以及其他不动产的相互毗邻。不动产必然涉及邻人,相邻则必然导致利益冲突。因此,法律有必要限制不动产所有权或者使用权的行使,即确定相邻关系中当事人的权利和义务,以促使相邻关系的和睦,提高财产利用上的效益。

（二）相邻关系制度的发展

作为一项古老的民法制度,相邻关系规范的对象是相邻不动产（尤其是土地）因利用而发生的利益冲突关系。在 19 世纪末以前,相邻不动产利用上的利益冲突主要是采用私法（民法）的方法予以调整。进入 20 世纪以后,随着大工业社会的形成,基于土地资源、水资源以及其他自然资源的合理运用、环境保护和生态平衡、耕地保护以及城市建设规划等公共利益的需要,土地利用越来越多地受到公法的限制,由此形成了所谓"公法上的相邻关系",即不动产相邻各方的权利义务直接依据环境保护法、建筑规划法、土地管理法等相关法律、法规而产生。由此,在农业社会和早期工业社会时代发挥重要作用的民法上的相邻关系制度,在现代工业社会的作用日益降低,大多数涉及相邻不动产利用的利益冲突关系均可直接依照公法的规定予以解决。但是,民法上的相邻关系制度仍然在一定范围内发挥其作用。

二、相邻关系的特征

(一)概说

在大陆法系国家民法的发展历史上,相邻关系与地役权两项制度因具有相同的目的和规范方式,故在立法上不易清晰划分。

地役权为因土地利用上的需要而对邻人土地施加某种负担的一种用益物权,例如,在邻人土地上通行、埋设管线等。在规范不动产使用关系的目的上,地役权制度与相邻关系完全相同;而在规范方式上,二者均以不动产一方当事人权利的扩张及另一方当事人权利的限制为基本手段。尽管两项制度在其历史发展过程中也曾相互纠缠、渗透,各国民法在制度安排上也有所区别,但相邻关系仍具有与地役权不同的法律特征。

(二)相邻关系与地役权的区别

相邻关系与地役权存在以下区别:

1. 相邻关系规范的目的在于保证不动产利用的基本需求

不动产权利人可以对不动产进行各种方式的利用,以满足其生活和经营上的各种需求。不动产权利人利用不动产所满足的需求可以分为两种:

一种是"基本需求",即保证不动产正常利用的最低限度的需求。例如,房屋居住所需要的采光、通风、通行的道路以及自来水、电力、天然气的供应和电话通讯等,此种需求的满足,有可能需要相邻不动产权利人提供某种便利或者使其不动产权利受到某种限制,如为保证必要的采光,相邻建筑物的修建必须保持一定的距离;为安装电话,相邻建筑物权利人应允许利用其建筑物安置经过的电话线等。

另一种是"更高需求",即为使不动产利用能够更为便利、舒适或者产生更高经济效益而发生的需求。此种需求的满足,也有可能需要相邻不动产权利人承受某种限制或者负担。例如,为获得房屋居住的安静,要求邻人不得喂养宠物或者不得在上午弹奏钢琴等;又如,为更方便地出入,要求利用邻人花园内的通道通行等。

不动产相邻关系和地役权都是对相邻不动产利用之间发生的抵触和冲突进行调节的法律形式,但在具体的制度设计上,各国民法采用了不同的方法,大致形成了两种不同立法模式:

(1)"相邻关系、自然地役权、法定地役权与意定地役权"模式

法国民法承继了罗马法的传统,以相邻关系的规则严格限定不动产所有权的范围,其限定方式多种多样,主要包括:分界标或篱笆、围墙(其中主要是分界共有墙)、种植、窗户和毗邻的"眺望"等。同时,设置了地役权制度。《法国民法典》第639条规定:"地役权的产生,或由于现场的自然情况,或由于法律规定的义务,或由于所有人之间的契约。"依此规定,地役权被分为三种:产生于特定地理条件和环境的地役权为"自然的地役权";产生于法定义务者为"法定地役权";产生于所有人之间协议者为"意定地役权"。

在法国民法中,相邻关系和自然地役权以及法定地役权,均系满足不动产权利人的"基本需求";意定地役权则是为了满足不动产权利人的"更高需求"。此种立法模式的优点,是以相邻关系的规则去规范一些并不产生用益物权的关系,而以地役权制度去规范一些需要依照法律直接规定或者当事人的约定而设定用益物权(地役权)的关系,在权利义务的安排上比较明晰。但其缺陷是在相邻关系与法定地役权之间,存在某种法律适用上的交叉或者模糊。

(2)"相邻关系与地役权"模式

在德国等国家的民法上,相邻关系是对相邻不动产的利用进行最低限度调节的规范,即以法律强行介入的方法来保证不动产权利人满足其"基本需求",而地役权则依当事人之间的约定而设立,其目的在于满足不动产权利人超越相邻关系的法定限度而提出的"更高需求"。此种立法模式的优点,是清晰地划分了相邻关系与地役权之不同的规范对象和范围,其缺点则是否定了相邻不动产权利人之间依照法律强行规定而产生的权利具有物权(用益物权)性质,从而导致理论解释和法律适用上的困难。例如,依照相邻关系规则而对邻人土地享有的通行权与地役权中的通行权并无本质区别,但将前者解释为不动产所有权的"扩张"而将后者解释为一种独立于所有权的他物权,难免有强词夺理之嫌。

我国《物权法》采用了上述第二种("相邻关系与地役权")立法模式,将"相邻关系"规定于"所有权编"(第二编),将"地役权"规定于"用益物权编"(第三编),并在其第156条明确规定,地役权是根据当事人之间签订的合同而设立的用益物权。

由此可见,在我国民法上,相邻关系的规则是对相邻不动产的利用所进行

的最低限度的调节,其满足的是不动产权利人就不动产利用而产生的"基本需求",而地役权则是当事人为满足其更高利益需求而以约定方式设定的一种他物权。

2. 相邻关系的规范具有强制性

不动产相邻各方当事人依照相邻关系的准则而享有权利、承担义务,该权利义务直接根据法律规定产生,无须借助于当事人的同意。由于相邻关系规则扩张相邻不动产一方权利人的权利、限制另一方权利人的权利的目的在于满足不动产利用的最低需求,故其规范具有强行性特点,当事人不得以约定事先放弃相邻关系规则所赋予的法定权利。此外,当事人依法取得相邻关系中的权利,无须支付对价,但因对邻人不动产的利用而造成其妨害或者损害的,应当予以补偿或者赔偿。(《物权法》第92条)

而地役权因依照当事人的约定而设立,故民法有关地役权的规定具有任意性特点,就地役权的设立、变更或者消灭以及地役权的具体内容,当事人可以根据双方的需要而自行协商确定。地役权的取得依照当事人的约定可以有偿,也可以无偿。

3. "相邻权"不被视为一种用益物权

相邻关系中当事人享有的权利在理论上有时被称为"相邻权"。实质上,相邻权与地役权在权利义务内容以及法律效力上并无根本区别,也可以说,至少在多数情况下,相邻权其实就是一种法定地役权。但有关理论为强调相邻关系与地役权的界分,认为相邻关系中的权利应被视为不动产所有权本身的扩张,其义务则应视为对相邻不动产所有权本身的法定限制,故"相邻权"不是一项独立的民事权利,更不是一种独立的物权类型。[①] 为此,立法上不必出现"相邻权"的概念,理论上也避免使用同一概念。

我国《物权法》将相邻关系规定于"所有权编",意味着"相邻权"不是一种独立的物权,而是与不动产所有权有关的一种权利。但在理解相邻关系中当事人的权利时,必须注意以下两点:

(1) 相邻关系的规则不仅适用于相邻不动产所有人之间,也可适用于相邻不动产的其他使用权人之间

我国《物权法》虽然将相邻关系规定于所有权制度,但有关法律条文均采用了"不动产权利人"以及"相邻权利人"的表达,对此应当解释为《物权法》有关相邻关系的规则并非仅仅适用于相邻不动产所有人之间。

---

① 陈华彬:《物权法原理》,国家行政学院出版社1998年版,第360页。

在我国，土地所有权归国家或者农村集体，民事主体只能享有土地使用权（包括建设用地使用权以及农村集体土地承包经营权、宅基地使用权），而相邻土地使用权人之间的利益冲突，是相邻关系规范的主要部分。此外，因相邻关系中的权利依照法律直接规定而产生，其目的在于规范相邻不动产的使用关系，故相邻不动产使用人使用不动产所依据的权利（所有权或者其他权利），并不妨害其相邻权的享有和行使，故相邻不动产的承租人以及其他使用权人之间，当然也可以适用相邻关系的规则。例如，相邻关系中的通行权，不仅不动产所有人依法享有，不动产的承租人或者其他使用权人也依法享有。对此，不必用"其他使用权人可以代不动产所有人行使相邻权"或者"其他使用权人可以用不动产占有人的身份享有相邻权"等牵强附会的复杂方式加以说明。[①]

由此可见，将不动产相邻关系中当事人享有的权利理解为不动产所有权所包含的一种权利或者是不动产所有权的一种延伸或者扩张，否认不动产其他使用权人享有"相邻权"，对于相邻关系规则的运用和制度目的的实现，有弊无利。

（2）相邻权可参照适用地役权的有关规则

相邻权在我国立法上没有被规定为一种用益物权，但在实务上，如涉及相邻关系纠纷的处理，必要时可以参照有关用益物权（地役权）的规定。例如，在相邻权遭受第三人不法侵害时，相邻权人得对加害人行使物权请求权或者其他请求权；又如，相邻权无须登记即具有对抗第三人的效力，承受限制或者负担的相邻不动产物权转移时，相邻权的效力不受任何影响。

三、相邻关系的法律调整

（一）相邻关系的处理原则

我国《物权法》第 84 条规定："不动产的相邻权利人应当按照有利生产、方便生活、团结互助、公平合理的原则，正确处理相邻关系。"这一规定，确定了处理相邻关系的基本原则。

与其他法律关系不同，相邻关系并非在任何主体之间均可产生，不同权利人的土地相连或者建筑物等不动产相毗邻，是相邻关系产生的前提条件。由于不动产的利用涉及人们最为基本的生活需求和生产需求，故"相邻关系中的冲突表现了最微小的利益和最重大的利益的混合"。[②] 而邻人之间的和谐相处，

---

① 参见崔建远：《物权：规范与学说——以中国物权法的解释论为中心》（上册），清华大学出版社 2001 年版，第 444 页。
② 尹田：《法国物权法》（第 2 版），法律出版社 2009 年版，第 387 页。

不仅是社会生活秩序的基本保证,而且也表现了一定社会中人们所具有的基本品行和道德水准。鉴于社会生活方式的多样性,民法在确定相邻关系的规制方法时,必须更多地借助于某些基本准则,法官应当根据这些准则,结合纠纷案件的实际情况作出适当判决。由此,在相邻关系纠纷案件的裁判中,法官享有较大的自由裁量权。

(二) 相邻关系的司法裁判依据

由于相邻不动产的利用关系具有强烈的伦理性,深受社会生活习惯的影响,不同地区、不同民族以及不同文化背景的人群以及生活社区,其往往存在不同的睦邻相处标准和道德规范,因此,作为文化和道德的历史沉淀的习惯,在相邻不动产利用关系中的调整作用,远远大于一般的财产关系。为此,我国《物权法》第85条明文规定:"法律、法规对处理相邻关系有规定的,依照其规定;法律、法规没有规定的,可以按照当地习惯。"这是我国现行民事立法中第一次承认"习惯"可以成为一种法律渊源。由此可见,在相邻关系的法律调整中,设定具体的严格规定与承认习惯在相邻关系纠纷裁判中的依据作用相结合,表现了我国民法上相邻关系制度的重要特点。

但应注意,习惯为补偿性的法律渊源,仅在法律、法规无明文规定的条件下方可适用。

第二节 相邻关系的法律适用

【基本原理】

一、各种相邻关系的基本准则

我国《物权法》对下列主要的不动产相邻关系作出了具体规定:

(一) 相邻用水、排水关系

在现代社会,水资源是最为重要、最为稀缺的自然资源。水资源的保护,为各国立法所极端重视。我国《水法》明文规定水资源属于国家所有(第3条),并对水资源的利用(取水权)作出了明确规定,而有关环境保护的立法中,污水排放的限制性规定具有十分重要的地位。因此,不动产相邻各方的用水、排水行为,首先受到有关水资源的行政法规的规制。

就因用水而发生的相邻关系,不动产权利人应当为相邻权利人用水提供必要的便利(《物权法》第86条第1款),比如,其不动产处于上游的权利人不得擅自改变水的自然流向、拓宽水流的宽度,或者堵截流水,妨害下游权利人的正常用水;相邻权利人需要利用不动产权利人的输水设施时,后者应当提供便利,但前者应当承担相应费用等。

就因排水而发生的相邻关系,相邻不动产权利人应当相互给予必要的方便。对自然流水的排放,应当尊重水的自流向然(《物权法》第86条第1—2款),比如,不动产位于低地段的权利人不得擅自筑坝拦截自然流水的下泻以造成高地段的不动产权利人排水的困难;相邻权利人需要利用不动产权利人的排水设施时,后者应当允许,但前者应当承担相应费用等。

(二) 相邻通行关系

不动产权利人对相邻权利人因通行等必须利用其土地的,应当提供必要的便利。(《物权法》第87条)

相邻通行关系主要发生于不动产权利人必须利用相邻方的土地才能进入公共道路的情形。此种土地称为"袋地"。对此,《法国民法典》第682条规定:"其土地被他人土地包围,且在为农业、工业或商业利用其土地或为进行建筑或小块土地上的建筑作业而无任何出路或出路不足通其公共道路时,其所有人得要求在其邻人土地上取得足够的通道,以保证其土地的完全通达,但应负担与通道所造成的损害相适应的赔偿。"

在中国现代城镇和农村,任何土地的利用、开发必须符合土地管理法律、法规的规定,任何建筑行为必须符合城乡规划的要求,因此,所谓"袋地"的形成殊无可能。但无论城市或者农村,仍有可能存留一些历史遗留的位于"袋地"的房屋或者其他建筑设施,农村承包土地相互之间,也有可能存在相邻通行关系,对此,一方应当依照相邻通行关系的准则给予另一方以便利,另一方应承担由此造成的损失的补偿义务。

(三) 因建造、修缮建筑物以及铺设管线而产生的相邻关系

《物权法》第88条规定:"不动产权利人因建造、修缮建筑物以及铺设电线、电缆、水管、暖气和燃气管线等必须利用相邻土地、建筑物的,该土地、建筑物的权利人应当提供必要的便利。"

因建造、修缮建筑物而必须利用相邻土地或者建筑物,是指权利人实施对其房屋或者其他建筑设施的建造或者修缮时,因自然条件而不得不进入或者临时占用邻人的土地放置建筑材料或者利用其土地或者建筑物搭设脚手架等,对此,邻人应予允许。但对他人土地或者建筑物的利用必须是基于"必须",而非基于方便或者省力省时,同时,利用他人土地或者建筑物必须选择造成最小妨碍和最小损失的方式,并及时恢复原状。对于因此而为相邻方土地或者建筑物造成的损害,不动产权利人应予以补偿。

因铺设管线而必须利用相邻土地或者建筑物,是指因铺设电线、电缆、水管、暖气和燃气管线等需要而对相邻土地的地下或者地上空间的利用,以及对建筑物外墙或者附属设施的利用。对此,邻人应予允许,但其利用必须出于必要,如能够利用公共道路或者公共区域铺设管线的,则不得基于节约材料和人力而利用邻人的土地或者建筑物。因铺设管线造成邻人土地或者建筑物损害的,应及时恢复原状,并赔偿有关损失。

此外,根据《物权法》第91条的规定,不动产权利人挖掘土地、建造建筑物、铺设管线以及安装设备等,不得危及相邻不动产的安全。如邻人因此遭受损失,有权请求加害人赔偿。

(四)因通风、采光和日照而产生的相邻关系

《物权法》第89条规定:"建造建筑物,不得违反国家有关工程建设标准,妨碍相邻建筑物的通风、采光和日照。"

国家颁布的有关工程建设标准对建筑物的自然采光、通风以及日照等均有明确的规定,而经过行政机关审核批准的建设工程项目必须符合有关建筑设计标准,故一般合法建造的建筑物不存在妨碍相邻建筑物的通风、采光和日照问题。如建设单位违反经审核批准的设计方案而导致其建筑物对邻人不动产的妨碍,该违法建设行为应由有关行政主管机关依法查处,不涉及民法上相邻关系规则的适用问题。但在我国广大农村,房屋及其他建筑物的建造尚未普遍建立严格的行政监管、审批制度,故因建造建筑物而妨碍相邻建筑物的通风、采光和日照的纠纷,应当适用相邻关系的准则予以处理。

(五)弃置固体废物或者排放污染物等产生的相邻关系

《物权法》第90条规定:"不动产权利人不得违反国家规定弃置固体废物,排放大气污染物、水污染物、噪声、光、电磁波辐射等有害物质。"

在民法理论上,大气污染物、水污染物、噪声、光、电磁波辐射等被称为"不可量物",在不可量物侵入超过法定标准或者一定容忍度时,即产生相邻关系的

适用。但在现代社会,环境保护早已上升为一个具有全局性的、最为重大的公共利益问题,对此,我国颁布了《环境保护法》《大气污染防治法》《环境噪声污染防治法》等一系列法律、法规,因此,违反法律规定弃置固体废物或者排放各种污染物等,应根据相关法律、法规的规定追究违法行为人的法律责任,通常情况下,不发生民法上相邻关系的适用问题。但在例外情况下,如果国家对于某些特殊的不可量物及其排放标准未作明文规定,则可适用相邻关系的规定,在不可量物的侵入超出合理限度时,相邻权利人有权请求加害人停止侵害、排除妨害以及赔偿损失等。

二、相邻关系中的损害赔偿

(一)有关立法例和理论学说

对于相邻关系中的损害赔偿,《法国民法典》未作明确规定,但在法国司法实务中,相邻关系中的损害赔偿责任建立于禁止权利滥用原则,其赔偿责任仅须行为人所导致的损害构成非正常损失即可成立,无须考虑行为人的过错。[1]

而德国、瑞士、日本等国《民法典》以及我国台湾地区"民法典"则普遍规定了所谓"补偿金"制度。其相邻关系中的补偿金包括两类:(1)对价性质的补偿金。此种补偿金的支付不以损害的实际发生为条件。如我国台湾地区"民法典"第783条规定:"土地所有人因其家用或利用土地所必要,非以过巨之费用及劳力不能得水者,得支付补偿金,对邻地所有人请求给予有余之水。"(2)补偿性质的补偿金。此种补偿金的支付须以有实际损害的发生为要件,但不以行为人的过失为要件。如我国台湾地区"民法典"第788条规定:"有通行权之人,于必要时得开设道路,但对于通行地因此所受的损害,应支付补偿金。"[2]

就相邻关系中的所谓"补偿金"规则的法理依据,存在两种解释:(1)私法的强制牺牲说。德国学者认为,相邻关系中的加害人的行为虽然具有合法性或公益性,但基于相邻关系中不动产所有权或利用权受限制的一方付出了私法上的"强制牺牲",故应要求加害人向其支付补偿金以达到平衡。(2)法定物权负担说。有我国台湾地区学者认为,相邻关系中的补偿金为一种法定的物权负担,是立法者对物权关系所作的物权配置之一部分。

(二)我国《物权法》的相关规定

我国《物权法》第92条规定:"不动产权利人因用水、排水、通行、铺设管线

---

[1] 尹田:《法国物权法》(第2版),法律出版社2009年版,第388—401页。
[2] 陈华彬:《物权法原理》,国家行政学院出版社1998年版,第366页。

等利用相邻不动产的,应当尽量避免对相邻的不动产权利人造成损害;造成损害的,应当给予赔偿。"这一规定表明,我国相邻关系中实行损害赔偿责任,如果相邻权人行使权利而为相对方造成损害,相邻权人有过错的,自然应当赔偿;即使相邻权人对损害的发生无过错,也应当予以赔偿。这一损害赔偿责任基于公平原则而发生,不属于侵权的损害赔偿责任,应当直接适用相邻关系的法律规定予以确定。

【理论拓展】

理论拓展之一:法国民法对各种相邻关系的规制

法国民法对相邻关系的规制首先表现为对不动产所有权范围的限定,其限定方式多种多样,对之,法律确定了许多严格的准则,而一切准则所追求的目标均在于保障邻人间的和平。

(一) 分界和围隔

分界(bornage)的作用在于划分两项地产的权利范围,根据《法国民法典》第646条之规定,"一切所有人得要求其邻人在双方毗邻的土地上树立界石。树立界石的费用由双方共同负担"。亦即任何人均有对其土地分界的权利并可强制其邻人参与分界。在外部表现形式上,对土地的分界一般是通过设置分界标(通常为界石)的方式进行。法律严禁损毁或移动分界标,违者将受刑法制裁(《法国刑法典》第434条),而在民法上,则往往引起占有权诉讼。

对不动产的"围隔"既是相邻关系中当事人的权利,也是其义务:就权利而言,依《法国民法典》第647条的规定,"一切所有人均得围隔其不动产",但不得造成通行的"过于"不便。如果围墙被认为是纯粹为了造成邻人的损害,或构成对邻人的损害,法官可根据禁止滥用权利原则,责令其拆除;就义务而言,《法国民法典》第663条规定:"在城市与市郊,相邻的一方均得要求他方分担分隔双方坐落在上述城市与市郊的房屋、庭院及花园的围墙的建筑及修缮……"即在城市与市郊,所有人可强制其邻人进行"围隔",围墙的费用由现有所有人负担。围隔物所有权归相邻关系中一方当事人享有,也可以为双方所共有。

(二) 围墙

1. 为相邻一方单独所有的围墙

墙(尤其是分隔两项相邻所有权的墙)可以为相邻一方单独所有,即排他地属于对之享有全部所有权的所有人(不过,所有人须尊重邻人的权利,在特定条件下承担地役负担和不得滥用权利而造成邻人损害),对之,邻人无任何权利。特别重要的是,邻人不得依墙修建建筑物,也不得填堆土方。但是,如果邻人依墙建筑已持续30年以上,其可通过时效而获得共有权。此外,所有人可以强制邻人向其出让共有权。与此同时,邻人也不承担对该墙的任何维修义务,该种负担排他地属于所有人。

2. 共有墙

分界共有是"围隔"以划分属于不同所有人的相邻地产的一种方式(具体包括壕沟、栅栏及墙),其中,分界共有墙涉及的法律问题最为典型和最为复杂。

就共有人的权利而言,分界共有墙与一方单独所有的墙是完全不同的:(1)每一共有人对位于其所在一侧的墙表面享有排他的使用权。如分界共有涉及结果实的树篱笆,每一共有人均有权分享果实。作为对价,每一权利均以承受维修负担为前提。此外,分界共有墙的共有人应当共同承担修缮费用,但基于一方共有人的过失或基于共有人一方排他的利益而产生的开支除外。(2)每一共有人均有权依墙修建建筑物,包括对墙的加高。

(三)种植、光照与眺望

在法国,邻人之间的关系不仅产生"bornage"(矮树篱笆围隔起来的田地或草地)、围隔和分界共有,在一定地区,当事人有关种植、眺望的权利还要受一定限制:为调整相邻关系,法律限制其种植权以限制其所有权,并对邻人土地的光照、眺望等作出限制性规定。

1. 种植

为防止树荫、树叶及潮湿造成损害(除了贴墙种植的果树行列可依分隔的墙而栽种之外),根据《法国民法典》第671条的规定,树木、灌木及小灌木只能依现行特别规定而确定的距离或依习惯以及依法律的补充性规定,距邻人所有的土地一定距离方可栽种。在法国,这方面的规定越来越具体和丰富,且倾向于使之最大限度地远离耕种的土地及取消篱笆。非正常的种植必须拔除或修剪。

根据《法国民法典》第673条的规定,邻人之树根、荆棘、细树枝越界伸至其土地上的所有人在不进入邻人土地的情况下,有权在分界线处自行砍除。但这一权利的行使既不否认其获得要求邻人为一定行为的权利,也不使之丧失获得其可证明的损害赔偿的权利。[①] 相反,如果涉及树枝,则其不得自行砍掉,其只可请求邻人为之。

2. 光照与眺望

(1)光照及光线

《法国民法典》第676条至第677条规定,光照不得妨碍邻人;在分界墙上开窗

---

① 法国最高法院第一民事法庭1965年4月6日判决:"以合法距离种植的所有人对由树根伸入邻人土地造成的损害应承担赔偿责任。"参见尹田:《法国物权法》(第2版),法律出版社2009年版,第400页。

以引入光线不得对邻人的活动进行观察;如无共有人之间的协议,在共有分界墙上开窗是禁止的。但对于单独所有的墙,当符合三个条件时,这一行为可被允许:(1)所设置的窗户为不能开启的玻璃窗;(2)在所设置的窗户上装置铁栏;(3)所设置的窗户距底楼地面2.60米以上及距其他楼层地面1.90米以上。至于窗户的大小则不重要(如窗洞),只要其不能窥视,也不能通风即可。有关判例确认,上述规则不适用于毛玻璃墙。

(2)眺望

《法国民法典》第678条至第679条对眺望作了具体规定。眺望赋予当事人以较之光照更为重要的权利,其为向邻人土地开启的能观察邻人的窗户、阳台或走廊。眺望权被要求具备比光照更为严格的条件,这些条件依不同的眺望权而有所不同。法律将眺望分为直接眺望和间接眺望。直接眺望的方向正对邻人的土地,仅得在1.90米的距离外方可允许实施;间接眺望为以倾斜的角度观看邻人的家里,其可在0.6米的距离外实施。[①]

理论拓展之二:法国民法上相邻关系中的损害赔偿制度简介

在法国,对于相邻方不动产的所有权,除法律的限制外,有关司法判例还进一步对之进行限制,其方法是将相邻关系的纠纷置于民事责任的特殊规则的调整之下。其首先表现为,相邻关系中的民事责任非以当事人的过错为基础,而是以当事人行为所导致的非正常损害为基础。

(一)过错不是承担相邻关系中损害赔偿责任的成立要件

法国学者指出,相邻关系损害赔偿的理论基础是禁止滥用权利的原则,但其同样采用了建立于过错之上的侵权责任的相同体系,即对其邻人产生"过分"损害的所有权的行使导致所有人的民事责任的产生。与此同时,有关判例也将相邻关系的侵犯视为一种滥用权利的民事责任,即使当事人无任何过错,或《法国民法典》第1384条第1款及第1386条所规定的无过失责任的条件不完全具备,也责令当事人承担责任。不过,法庭也经常确认这一民事责任适用上述法律条文。如此一来,获准授权以经营一家污染及有噪音的工厂的企业,即使无过失,也须补偿经邻人同意的通行所造成的不正当损失;同样,建筑物挡住邻人光照而使之陷入永久的黑暗,也应予以补偿。对此,某些学者认为其是对所有权的间接限制。但另一些学者认为,事实上,相邻关系的侵权同时适用数种法律规则,其中包括侵权民事责任、禁止滥用权利以及建筑法、城市规划法、环境保护法、航空法、行政法、民事诉讼法等特别法规。

---

① 尹田:《法国物权法》(第2版),法律出版社2009年版,第388—401页。

（二）损害的不正当性是相邻关系中损害赔偿责任的成立要件

不正当损害或系重大损害，或系反复发生的损害（如光线的遮挡、风景的遮挡、噪声、电视节目不能接收、烟囱不能方便地使用、不能方便地接待顾客等，如果其持续期间短或系偶尔出现，均可构成"正当的"相邻关系中的损害。但如系经常出现或持续出现，则为"不正当"损害）。此种损害违背了一般规律，超出了一定的容忍的极限。对此，应依时间、地点的具体情形而认定。如夜间噪声较之白天的噪声更为不正当，一工厂导致的损害在住宅区发生较之在工业区发生更为不正当。在现代法国，损害可以轻易地蔓延，故相邻关系损害的范围正日益扩大。

但因火灾的原因引起的损害不属相邻关系中的损害，因其依法适用特别规则（《法国民法典》第1384条第2款）。在此，过错的存在是重要的。

不过，对于某一早已存在因农业、工业、手工业、商业活动而产生的相邻关系中的损害的地区"安家"的当事人，法律对其要求相邻关系的损害赔偿主张不予支持。例如，当事人购买位于某一工业区的房屋后，不得以可证明的损害（如噪声、烟尘、气味等）提起诉讼。当然，前述损害应当具有合法性即符合现行规则。不过，如果当事人购买房屋后，其相邻的工厂改变了生产活动方式从而增加了损害，则当事人有权请求其给予赔偿。

（三）相邻关系中损害赔偿的适用范围

在现代法国民法上，相邻关系中损害赔偿的适用范围具有扩大的趋势：

一方面，相邻关系的概念超过了"毗邻"的范围，即并非只有不动产相邻的当事人之间才存在相邻关系。长期以来，相邻关系仅适用于"毗邻"的不动产。现在，损害的扩展已及于简单的相邻（指"相近"或"接近"）的不动产。例如，航空业的经营者应赔偿其经营活动为邻人造成的损害，即使后者的房屋与之并不"毗邻"。

另一方面，民事责任再也不仅仅适用于不动产所有人，而且被适用于任何使用不动产的当事人，尤其是不动产的承租人和经营者。在赔偿责任的承担者问题上，根据传统法则，相邻关系的损害无争议地应由所有人承担，而现在，这种损害有可能直接由损害的造成者负担，即使其仅仅是承租人或经营者。在这些情形，法庭常以《法国民法典》第1382条及第1384条第1款的规定作出判决。不过，也有一些判例认定，当房屋的经营者对房产实施修缮而引起邻人的损害时，房产所有人应承担赔偿责任。这说明，在法国，其实践中的法律适用并不完全统一。

（四）相邻关系的罚则

在法国，相邻关系的损害的多样性决定了其处罚方式的多样性。

一般而言，民事责任的一般规定适用于相邻关系不正当损害的补偿，在决定具体的处罚方式时，法官有极大的裁量权。例如，法官可以确认损害赔偿责任以使所造成的损害得以弥补，在某些情况下，也可以判决消除造成损害的原因（例如，法国最高法院第二民事法庭1969年5月30日的一项判决禁止一医药实验室夜间工作,以不对其邻人造成噪声损害)。但是,对于已获行政授权许可的对邻人造成损害的行为的实施,基于司法权与行政权的分离,法官不能否定该项行政授权许可,只能要求当事人改善其工作。如果相邻当事人已遭受损害,可通过损害赔偿获得补偿。①

---

① 以上参见尹田:《法国物权法》(第2版),法律出版社2009年版,第410—413页。

第三编

用益物权

第十五章　用益物权概述

第一节　用益物权的概念和特征

【基本原理】

一、用益物权的概念和制度价值

（一）用益物权的定义

我国《物权法》第117条规定："用益物权人对他人所有的不动产或者动产，依法享有占有、使用和收益的权利。"亦即用益物权是一种对他人的所有物享有的支配权，其设立目的，是为了利用他人之物的使用价值以满足生产或者生活的需要。

用益物权是他物权的一个种类，是对以占有、使用以及收益为内容的各种他物权的概括称谓。

（二）用益物权的制度价值

用益物权是一种历史悠久的民法制度。在罗马法上，即存在地上权、用益权等权利类型。罗马法将用益权定义为"对他人之物的使用和收益的权利，以保存物的本体为条件"[①]。自《法国民法典》以来，近代各国民法均设置了种类大同小异的用益物权。

历史上，用益物权的出现与土地使用方式的多样性具有内在联系，反映了土地所有权中的占有、使用、收益权能与土地所有人相分离的普遍事实。以土地为主要标的的各种用益物权的发展，促进了土地资源的有效利用，并构成了各国土地权利制度的重要特点。

在我国实行经济体制改革以前，不存在土地上真正意义的用益物权：国家所有的城镇土地主要采用行政划拨的方式交由国有企事业单位或者集体企业

---

① 《学说汇纂》，VII.I.I.，转引自尹田：《法国物权法》（第2版），法律出版社2009年版，第349页。

使用,城镇中少量存在的私人房产所占用的土地,其权利性质模糊不清;而农村集体所有的土地则由集体支配,农民的住房所占用的土地(宅基地)以及一度由农民个人支配的少量"自留地"的权利性质,也模糊不清。20世纪70年代末,随着我国经济体制改革的逐步推进,在农村实行了家庭联产承包制,集体所有的土地被分割成小块土地以承包的方式交给农民耕种经营,由此,农民获得了以对土地的占有、使用和收益为内容的集体土地承包经营权。但此种承包经营权根据农民与集体经济组织签订的承包合同而设立,也因承包合同的变更、解除而变更、消灭,长时期中,立法上并未承认其用益物权性质;在城镇,伴随城市经济体制改革的深化,逐步实行了国有土地有偿出让制度,由此形成了包括国有划拨土地使用权、国有出让土地使用权在内的各种国有土地用益物权。我国于2007年3月颁布的《物权法》第一次对用益物权作出了系统的明确规定,将农村集体土地承包经营权、宅基地使用权明确规定为用益物权,并对地役权、海域使用权等用益物权作出了规定,由此建立了我国民法上的用益物权规范体系。

在我国实行土地公有制的条件下,用益物权制度的建立对于巩固我国改革开放的成果、健全土地资源利用制度、保护民事主体(尤其是农民和城市私有房屋业主)的切身利益,具有极为重要的意义。

二、用益物权的特征

除具备他物权的一般特征之外,用益物权还具有以下两个重要特征:

(一) 权利标的主要为不动产

所有权和担保物权可以设定于不动产,也可以设定于动产。但用益物权作为一种他物权,其权利人对他人之物的占有、使用和收益权利具有长期性和稳定性的特点,而用益物权所具有的物权效力,可以使权利人的利益获得最为全面和可靠的保障。在各类财产中,由于动产具有价值较小、存在期间较短的特点,故对他人动产的利用,采用租赁、借用等方式即可满足当事人的需求。因此,在传统民法上,用益物权原则上只能设定于不动产(土地),不能设定于动产,作为用益物权主要种类的地上权、地役权、永佃权、典权以及居住权等,均设定于不动产之上。

但依照我国《物权法》第117条对用益物权所下定义,用益物权既可以设定于不动产,也可以设定于动产。不过,我国《物权法》所具体而详细规定的四种主要的用益物权(土地承包经营权、建设用地使用权、宅基地使用权以及地役权)全部设定于土地之上,而该法所列举规定的海域使用权、探矿权、采矿权、取水权和使用水域、滩涂从事养殖、捕捞的权利等,或者直接设定于土地以及具有不动产属性的海域之上,或者与土地以及海域直接有关,并无有关动产用益物权种类的明文规定。对此,有学者认为,如果依据物权法定原则,凡法律未明文规定的物权应不在物权种类的范围之内,故动产用益物权实质上并不存在,所以,《物权法》有关用益物权得设立于动产的一般性规定是不妥的。但考虑到社会生活发展的需要,《物权法》的这一规定可以为将来出现的动产用益物权的认可提供法律依据,故其仍然具有积极意义。[①]

(二)权利期限具有长期性乃至永久性

与担保物权具有期限性的特点不同,用益物权具有长期性,且某些用益物权的期限,或者具有不确定的特征,或者实际上具有永久性。

实际上具有永久性的用益物权包括宅基地使用权和住宅建设用地使用权。

宅基地使用权是指农村集体经济组织成员(农村村民)在农村集体所有土地上建造房屋(住宅)而对特定的土地享有的占有、使用和收益的权利。住宅及其相关的宅基地使用权是农村村民的基本生存条件,故农村村民不仅对其住宅享有所有权,而且对其获得的宅基地享有永久性的占有、使用权利,此种他物权具有无期限性,不仅与特定的住宅之所有权伴随始终,而且即使特定住宅所有权因住宅的毁损灭失而归于消灭,宅基地使用权也继续存在,权利人有权另行新建住宅。

住宅建设用地使用权是指在国有土地上拥有住宅所有权而对相应国有土地所享有的占有、使用和收益的权利。住宅建设用地使用权期限为70年。但我国《物权法》第149条第1款规定:"住宅建设用地使用权期间届满的,自动续期。"依照这一规定,只要房屋(住宅)所有权存在,则住宅建设用地使用权即可当然持续存在,故其实际上具有无期限性。

除上述两种用益物权之外,在我国,行政划拨建设用地使用权通常并无期限限制,而以家庭承包方式设立的农村集体土地承包经营权涉及农民的根本利益,故其虽在形式上有30年期限的限制,但承包期满时,承包人有权请求续期,故上述两种用益物权的期限性具有不确定的特征。

三、用益物权的行使和保护

(一)用益物权的行使

用益物权主要设定于土地。在我国,土地所有权及其他自然资源专属于国

---

① 崔建远:《物权法》,中国人民大学出版社2009年版,第267页。

家或者农村集体所享有,为充分利用土地和其他自然资源,国家建立了自然资源有偿使用制度,允许和鼓励民事主体利用其资金开发土地和其他自然资源(《物权法》第118条)。但是,为保护土地和其他自然资源,国家对于土地和其他自然资源的使用制定了严格的管理制度,为此,不动产用益物权的设定,必须严格遵守国家规定的程序;用益物权人行使其权利,除应遵守物权行使的一般法律限制之外,还应当遵守法律有关保护和合理开发利用资源的相关规定。(《物权法》第120条)

(二) 用益物权的保护

用益物权的保护,适用物权保护的一般规则。为防止公权力对民事主体依法享有的用益物权的不法侵害,《物权法》第120条明确规定:"……所有权人不得干涉用益物权人行使权利。"

除此而外,为防止政府在征地拆迁以及强制征用过程中损害用益物权人的合法利益,《物权法》第121条特别规定:因不动产或者动产被征收、征用致使用益物权消灭或者影响用益物权行使的,用益物权人有权依照相关规定获得相应补偿,亦即在集体所有的土地被征收时,集体土地承包权以及宅基地使用权的权利人有权依法请求支付土地补偿费、安置补助费、地上附着物和青苗的补偿费等费用(《物权法》第42条第2款);在民事主体的房屋及其他不动产被征收时,用益物权人有权依法请求给予拆迁补偿(《物权法》第42条第3款);在国家因抢险、救灾等紧急需要,依照法律规定的权限和程序征用民事主体的不动产或者动产时,对用益物权人应当给予补偿。(《物权法》第44条)

第二节 用益物权的种类

【基本原理】

一、其他国家或者地区民法上的用益物权种类

(一) 概说

依照不同的经济制度、生活观念和民间习惯,各国民法对于用益物权的种

类作出了不同的规定。在法国民法上,用益物权包括用益权、使用权(含居住权)、地上权以及地役权;德国民法规定了地上权、先买权、土地负担及役权(含地役权、用益权以及人的限制役权);日本民法规定了地上权、永佃权、地役权及入会权等;我国台湾地区民法则规定了地上权、永佃权、典权及地役权等。[①] 上述各种用益物权中,地上权和地役权被各个国家和地区的民法所普遍规定,其他各类用益物权,则反映了不同国家或者地区用益物权的不同特点。

在我国《物权法》起草过程中,居住权和典权曾被写入有关立法草案,就是否在用益物权制度中规定居住权和典权,学界发生过激烈的争论。而在设计我国农村集体土地承包经营权制度时,永佃权曾被一些学者作为重要参考。

(二)永佃权

永佃权是指以支付地租而在他人所有的土地上永久性耕种或者放牧的权利。此种用益物权为《日本民法典》所规定(第 270—279 条),我国台湾地区"民法典"原对之也作出了规定,后因永佃权的设定不符合现代农业政策,且在实践中渐渐被淘汰,故相关条文在 2010 年被修正,以"农育权"替代了传统的"永佃权"。[②]

永佃权通常由土地使用人与土地所有人以书面形式签订永佃权契约并经登记而设立,对其存续期限,《日本民法典》规定为 25 年以上、50 年以下,但允许通过契约更新而予以延长,但延长期间不得超过 50 年。在无相反约定的情形,永佃权可以转让,也可在权利存续期间内以耕种或畜牧为目的将土地出租;永佃权人因不可抗力连续 3 年以上完全未得到收益,或者 5 年以上所得到的收益少于佃租时,可以放弃其权利。

类似永佃权的对他人土地的长期使用的用益物权在法国也存在。在法国,法律允许当事人设立所谓"长期租赁权(l'emphytéose)",即长期对他人财产享有的用益物权。根据《法国乡村法》第 451 条的规定,承租人可通过支付廉价的租金而取得对他人土地长达 18 年至 99 年的使用权利,以之兴建重要的工程。与此相同,法国法律也允许当事人签订建筑租赁合同(bail à construction),在 18 年至 99 年期间内,承租人可以在承租的土地上修建并拥有高质量的建筑

---

① 陈华彬:《物权法原理》,国家行政学院出版社 1998 年版,第 506 页。
② 其立法理由是:"永佃权之设定,将造成土地所有人与使用人之永久分离,影响农地之合理利用。且目前实务上各地政事务所所里永佃权设定登记案件甚少,且部分案件系基于为保障抵押权或保障农地所有权移转之权利而设定,已扭曲永佃权之本旨,足见目前永佃权之规定已无存在之价值。"转引自:《民法物权编》,台湾"法务部"2010 年版,第 140—141 页。

物。法国民法理论将上述两种权利也列入用益物权的范围。①

（三）居住权

居住权是对他人的房屋享有的占有、使用的一种用益物权。法国、德国等国民法典对居住权作出了规定。

在法国早期，居住权的设定是一种社会生活中常见的现象。根据《法国民法典》的规定，"用益权"是对他人之物的使用和收益的权利。"使用权"为用益权之一种，其赋予权利人及其家属对财产进行使用及必要的收益的权利。而"居住权"则为一种使用权，其限制于受益人及其家庭必要的居住，即个人或家庭对住房的使用权。

在法国，居住权的设定主要包括以下三种情形：

1. 保留居住权的不动产出卖行为，其价款通常被设定为一笔养老金。这是一种法国人通常在年老时实施的行为：居住权人（房屋出卖人）为一老年人，其欲在维持现有生活环境和条件的同时，将其房屋转化为收入。为此，他将其房屋予以出售，但保留对该房屋的使用权利，而房屋受让人则以定期支付养老金的方式支付价款。

2. 保留居住权的赠与行为，其通常发生于家庭内部，通常由考虑自己生活保障的直系尊亲属（如父亲）向其卑亲属（如儿子）所实施，即房屋所有人将房屋赠与其子女，并保留对该房屋的使用权。

3. 生存配偶的法定居住权，此处的生存配偶通常是一老年寡妇。根据《法国民法典》第767条的规定，夫妻中一方死亡时，其生存配偶对于先亡配偶的遗产享有一定比例的用益权，包括对房屋的居住权。

居住权具有用益物权的效力，且适用用益物权的全部规则，但此种权利具有明显的人身属性：（1）对于居住权，居住权人既不可转让，也不可出租。此外，居住权依法不得被强制执行。（2）居住权应当在实质上被行使，但居住权人行使权利被限制于权利人所需要的范围之内。

居住权通常为居住权人享有的终身权利，即以居住权人的死亡为终止期限。不过，在特定情况下，法官可以判决生存配偶的居住权可根据其他继承人的请求而转换为终身养老金，此外，当享有居住权的当事人的健康状况（如年老多病）不允许其再在该房屋居住及被强制入住养老院时，法官也可行使这一转换权利，从而导致居住权的消灭。②

---

① 尹田：《法国物权法》（第2版），法律出版社2009年版，第29页。
② 同上书，第356—359页。

(四) 典权

典权关系是我国历史上出现的一种同时具有担保功能和用益功能的法律关系,典权制度为我国所独创,为我国台湾地区"民法典"所规定,除韩国于1953年在其民法典中规定了一种与典权相类似的权利(即"传贳权")之外[1],其他国家的民法均无典权的规定。

典权是指通过支付典价而取得的对他人不动产的占有、使用、收益和处分的权利。典期届满,出典人(不动产所有人)可以以返还原典价的方式赎回其不动产。典期届满后超过2年不予赎回的,称为"绝卖",不动产所有权即转归典权人享有。

典权经登记设立,具有物权效力。典权的存续期间(典期)不得超过30年。出典人在典期内出卖其设定典权的不动产时,典权人享有同等条件下的优先购买权。

典权制度在我国的出现,与我国传统观念中"祖产不得落入他人之手"的思想有关。在我国封建时代,变卖祖产为"不孝""败家"行为。为避免遭人耻笑及日后尚可赎回产业,急需大笔资金的人可以以"出典"(即设定典权)的方式将不动产交给他人长期使用,由此获得资金且不丧失其所有权;而需要长期使用不动产但无力购买的人,则可以通过支付一笔较小的资金(典价)而获得对不动产的长期使用。典权即由此而生,并从习惯法逐渐演变为成文法上的制度。

1949年以后,随着土地公有制的建立以及城镇私有出租房屋的社会主义改造(俗称"经租房"改造)等运动,私人房产的数量大大减少,典权制度在我国逐渐消亡,但历史上存留的典权关系和民间新产生的典权关系,在司法实务中仍然受到承认和保护。

典权关系兼具融资担保功能和用益功能:对出典人而言,其收取典价无疑是一种融资(借款),而在出典人无法返还原典价赎回典物(交给典权人占有、使用的不动产)时,该不动产所有权即转归典权人享有,此即表明交付的典物具有担保物的性质;但对典权人而言,其在典期内对出典人的不动产享有占有、使用和收益的权利,则具有不动产用益物权的性质。正因如此,理论上对典权的性质历来存在争议,有人认为典权是担保物权,有人认为典权是用益物权,还有人认为典权是兼具担保物权和用益物权性质的特殊权利。但如仅就典权人享有的权利(典权)而言,典权是一种用益物权。

---

[1] 韩国的"传贳权"类似于中国的典权,起源于韩国民间的家舍典当传统,《韩国民法典》在其第二编"物权编"第303—219条对之进行了规定。

二、我国《物权法》规定的用益物权种类

（一）概说

我国《物权法》在其用益物权编各专章规定了四种设定于土地之上的用益物权，其中，集体土地承包经营权和宅基地使用权设定于农村集体所有的土地之上，而建设用地使用权则主要设定于国家所有的土地之上。至于地役权，则可设定于任何土地。

就土地使用权而言，我国立法未采用传统民法上的"地上权"的概念，而是沿用了我国改革开放以来各种政策、法律文件所一直采用的有关称谓，这种做法，能够更为正确地反映我国特有的土地制度和土地政策下各种土地权利的不同性质和特点。

与此同时，《物权法》在其用益物权的一般规定（第十章）中，列举规定了其他各种用益物权。其中，海域使用权以单独条文予以列举（第122条）。"海域"是由水面、水体、海床以及底土构成的立体空间，是一种特殊的不动产，我国于2001年10月由国务院颁布的《海域使用管理法》首次宣布我国海域属国家所有，并创设了海域使用权。《物权法》将海域使用权明文规定为一种用益物权，丰富了我国民法上的用益物权体系。

为《物权法》第123条所列举规定的用益物权还包括探矿权、采矿权、取水权和使用水域、滩涂从事养殖、捕捞的权利。

（二）用益物权中的"准物权"

在传统民法理论中，探矿权、采矿权、取水权和渔业权等被称为"准物权"或者"特许物权"：

1. 探矿权和采矿权

探矿权和采矿权合称"矿业权"，其中，探矿权是指依法定程序在特定区域勘探矿产资源、取得矿石标本、地质资料及其他信息的权利；采矿权是指依法定程序在特定矿区开采矿产资源、取得矿产品的权利。国家行政主管机关颁发的勘查许可证和采矿许可证，是当事人享有探矿权和采矿权的依据。

在我国，矿业权主要由《矿产资源法》和《矿产资源法实施细则》等行政法规、条例加以规定。

2. 取水权

取水权是指依法定量取得地表水或者地下水的权利。在其他一些国家的立法上，取水权是包括于"水权"中的一项权利，除取水权外，水权还包括水力水

权、航运水权、竹木流放水权以及排水权等。在我国立法上,水力水权、航运水权以及排水权被纳入取水权之中。

除法律规定的情形,取得取水许可证,是享有取水权的依据。

在我国,取水权主要由《水法》以及《取水许可和水资源费征收管理条例》等行政法规、条例所规定。

3. 渔业权

渔业权是指依法在特定水域从事水生动植物养殖或者捕捞活动以及渔业娱乐活动的权利。渔业权包括养殖权、捕捞权和渔业娱乐权三种权利。

在我国,依照行政许可程序取得养殖证、捕捞业及捕捞许可证,是享有养殖权和捕捞权的依据。《中华人民共和国渔业法》(以下简称《渔业法》)、《中华人民共和国渔业法实施细则》等行政法规、条例,是规定渔业权的主要法律规范。

我国《物权法》第123条没有规定"渔业权",仅列举规定了养殖权和捕捞权(即"使用水域、滩涂从事养殖、捕捞的权利")

上述准物权具有与民法典所规定的物权完全不同的特点:(1)准物权主要是由各种行政法规(如土地管理法、矿产资源法、森林法、水法、渔业法等)加以规定;(2)准物权主要是根据行政许可程序而取得;(3)准物权多不表现为对特定的动产或者不动产的直接支配;(4)准物权常常包含多种内容不同的权利;(5)准物权的行使往往受到公权力的直接干预。

由于准物权所具有的上述特征,理论上对于准物权的性质一直存在争议:有人认为准物权根本不具备物权的基本特征,其实质上是一种从事探矿、采矿、捕捞等经营活动的资质;有人认为准物权仅仅具有某些用益物权的特征,但并非一种用益物权;还有人认为准物权虽具有与其他用益物权不同的特点,但仍应属用益物权的一种。

但根据《物权法》第123条的规定,其所明文列举的上述准物权被视为用益物权。对于这些准物权,《物权法》未作任何具体规定,因此,有关准物权的设立、转让及消灭以及权利效力、权利行使、权利救济方法等,应当首先适用有关特别法的规定,在特别法无规定的情况下,可以参照适用《物权法》有关用益物权的一般规定。

【理论拓展】

理论拓展之一:关于"居住权"存废的物权立法争议

从历史上看,居住权最初是作为人役权(即基于人的需要而支配他人财产的权利)的一种形式出现在罗马法中。罗马法时期的人役权包括用益权、使用权和居住权三种。其中,用益权是指无偿地使用、收益他人之物而不损坏或变更物的本质的权利,包含了除终极处分权之外的所有权的其他权能①;使用权,则是指需役人(特定的人)在个人及其家庭需要的范围内,对他人之物按其性质加以使用的权利,且不具收益的权能②;居住权则为使用权的一种,是指非所有人居住他人房屋的权利。③ 与用益权和使用权相比,居住权的权利范围最为狭窄(其仅限于房屋),但其权能则比使用权人宽泛(权利人不仅可以在他人房中居住,而且有权让其他相关人员享有该房居住权或者转租给第三人)。近代以来,法国、德国、意大利、瑞士等国家的民法典均对居住权作出了有所不同的规定。

就我国《物权法》是否应当规定居住权的问题,我国民法学界形成了两种完全对立的意见:

（一）赞成说

赞同规定居住权制度的学者主要从居住权的社会功能和经济功能论证我国《物权法》规定居住权的必要性。

学者指出,在罗马时期,居住权的设立初衷在于,随着社会的发展,"无夫权婚姻和奴隶的解放日多,每遇家长亡故,那些没有继承权又缺乏或丧失劳动能力的人的生活就成了问题。因此,丈夫和家主就把一部分家产的使用权、收益权等遗赠给妻或被解放的奴隶,使他们生有所靠,老有所养"④。因而,居住权是为生活中的弱者一方所设立的,具有扶助、赡养、关怀的性质。而在中国目前和今后很长的历史时期内,家庭必定仍将承担着相当的社会职能,这主要表现在对老年人的赡养和对未成年人的抚育还主要依靠家庭来完成,由此即发生了家庭成员之间的赡养、抚养和扶养关系。中国现行立法对上述关系中某些特殊的人(如配偶、某个亲属或其他有抚养必要的人,甚至是保姆)的居住问题没有给予切实的保障。居住权制度可以以其特有的物权效力确认居住权人对房屋的使用权,为这些特殊的人终生使用该房屋的需要提供法律依据。⑤ 例如,房屋所有权人也可以用遗嘱的方式,为居住权人(例如其配偶)设定居住权,而将房屋所有权规定由其子女继承,这样既解决了其生存配偶的生活需要,也可以达到房屋所有权的由其子女继承,将之传于子孙的意愿。通过这样的制度安排,房屋所有权人、居住权人以及第三人的利益都得到了最大的实现,现实生活中物的效益得到了最大的发挥,与物的利益相关的各方的利益

---

① 周枏:《罗马法原论》(上册),商务印书馆1994年版,第368页。
② 江平、米健:《罗马法基础》,中国政法大学出版社1987年版,第173页。
③ 周枏:《罗马法原论》(上册),商务印书馆1994年版,第375—376页。
④ 同上。
⑤ 江平、刘智慧:《确立中国居住权法律制度的若干思考》,载江平主编:《中美物权法的现状与发展》,清华大学出版社2003年版,第459页。

亦得到了合理的平衡。①

此外,有学者指出,居住权制度为有效利用房屋提供了一个重要的法律手段,可以满足人们利用财产形式多样化的要求。在德国民法上,共有两种类型的居住权,一是《德国民法典》中所规定的传统居住权,二是在德国特别民法《住宅所有权法》中所规定的长期居住权。这两个法律中所规定的居住权有很大的差别,前者是一种限制的人役权,不可转让,不得继承;而后者则是一项独立的用益物权,可以独立地转让和继承。显然,二者具有不同的社会功能,极大地满足了人们居住和投资的双重需求,成为居住权制度重要发展空间。② 因而学者强调,"有些国家的居住权,其功能绝不仅仅限于保护社会弱者的层面。其适用范围,经历了一个从仅局限于离婚妇女等社会弱势群体,演进到广泛适用于一般财产权利人;其社会功能,也经历了一个从保护弱者的社会性功能演进到作为实现所有人对财产利用多样化手段之一的投资性功能"。因此,居住权的设立,不仅仅是房屋所有权人行使所有权、使房屋所有权在经济上得到实现的途径之一,也为非所有人以其物权的特有方法提供了通过法律行为比较稳定地使用他人财产的可能性。③

(二) 反对说

反对规定居住权的学者主要从居住权的体系结构、继受"中断"、制度功能、制度缺陷等方面进行论述。这些学者指出:

1. 在我国民法上不存在"人役、地役"的二元划分习惯,也没有用益权、使用权、居住权的框架体系,单独地移植居住权制度难以融入我国的物权体系。④

2. 在法律移植中,日本、韩国和我国台湾地区民法未效仿法国、德国等国家的民法规定居住权制度,究其缘由,我国台湾地区民法物权编的立法理由书中称,"欧洲诸国民法于地役权及人役权皆设有规定。惟东西习惯不同,人之役权为东业各国所无,日本民法仅规定地役权,而于人之役权无明文,台湾地区习惯与日本相同,故本法亦只设地役权也"⑤。由此,居住权演进中断的原因在中国大陆也可能存在,故我国不存在规定居住权的社会基础。⑥

---

① 参见钱明星:《关于在我国物权法中设置居住权的几个问题》,载《中国法学》2001 年第 5 期。
② 申卫星:《视野拓展与功能转换:我国设立居住权必要性的多重视角》,载《中国法学》2005 年第 5 期。
③ 钱明星:《关于在我国物权法中设置居住权的几个问题》,载《中国法学》2011 年第 5 期。
④ 陈信勇、蓝邓骏:《居住权的源流及其立法的理性思考》,载《法律科学》2003 年第 3 期。
⑤ 转引自王泽鉴:《民法物权·用益物权·占有》(总第二册),中国政法大学出版社 2001 年版,第 73 页。
⑥ 虽然日本和我国台湾地区民法都没有继受人役权制度,但学者并未均认同这种做法,而对此进行了程度不同的反思:如日本学者我妻荣,台湾地区学者史尚宽、谢在全。参见〔日〕我妻荣:《日本物权法》,台湾五南图书出版公司 1999 年版,第 376 页;史尚宽:《物权法论》,中国政法大学出版社 2000 年版,第 224 页;谢在全:《民法物权论》(上册),中国政法大学出版社 1999 年版,第 423 页。

3. 居住权制度功能有限。从居住权的功能角度看,老人、妇女、家庭保姆等弱势群体的居住问题,或者已经通过其他方法得到解决,或者属于个别情形,没有必要再规定居住权。随着现代社会福利和社会保障制度的发展,居住权的存在价值将越来越小,居住权的其他功能也能够被现有制度替代。由此,有些学者认为创设居住权制度的理由并不充分。①

4. 居住权制度本身存在缺陷。传统居住权具有很强的人身依附性,不得转让、继承和出租,也不可以就居住权设定抵押权以及其他任何权利负担,即使居住权人生活拮据,为生计所迫也不例外,这显然是一种封闭式的、僵化的权利设计。② 另外,在传统居住权制度下,居住权人与所有权人之间不是一种互惠互利的制度安排,彼此间没有积极的权利义务。后者一般只能消极等待居住权的终止而回复所有权,不收取"租金"且一般没有维修房屋的义务;而居住权人除了日常维护看管外也不负其他义务,造成了虚所有权人与居住权人都不真正关心财产维护的后果。因此,"妨碍标的物的改良,不利于经济的发展,从社会的利益看,这种状态不应任其永续"③。

最终,虽然"居住权"曾被作为一种用益物权写入物权法草案,但我国《物权法》在其用益物权制度中,并没有对居住权作出规定。

理论拓展之二:关于典权存废的物权立法争议

典权制度是中国特有的制度,在历史上,这一制度的形成和发展经历了一个从习惯法到成文法的过程。新中国成立后,废除了民国时期的六法全书,从此典权在我国法律上完全消失。但是,对于过去留存以及实际生活中仍有发生的典权关系,我国最高人民法院有关司法解释以及国务院部委规章均予以认可。④ 在《物权法》

---

① 梁慧星教授认为,从居住权适用对象上看,《物权法征求意见稿》中规定的居住权主要是在于解决三类人的居住问题:一是父母,二是离婚后暂未找到居住场所的前夫或前妻,三是保姆。对于父母,我国《婚姻法》、《继承法》等法律中有关于夫妻互有继承权、父母是子女第一顺序继承人和子女对父母有赡养义务等规定,故理论上父母居住问题在法律上没有障碍;针对离婚后暂未找到居住场所的前夫或前妻,我国现阶段实行的住房商品化政策使得离婚后居住问题可以通过买房来解决,夫妻感情已经交恶到离婚程度,自无必要创设什么居住权再住在一个屋檐下;针对保姆,在中国使用保姆的家庭占只少数,而准备给保姆以物权性居住权的雇主,恐怕是少之又少。最后,梁慧星教授认为,为了极少人的问题而创设一种新的物权和一个新的法律制度,是不合逻辑的,也是不合情理的。参见梁慧星:《不赞成规定"居住权"》,载《人民法院报》2005 年 1 月 12 日 B1 版。
② 陈信勇、蓝邓骏:《居住权的源流及其立法的理性思考》,载《法律科学》2003 年第 3 期。
③ 周枏:《罗马法原论》(上册),商务印书馆 1994 年版,第 368 页。
④ 如国家房产管理局 1965 年 12 月 3 日《关于私房改造中处理典当房屋问题的意见》规定:"今后对于出典房屋一般仍应按照典当关系处理。"最高人民法院 1984 年 9 月 8 日《关于贯彻执行民事政策法律若干问题的意见》第 58 条:"对法律政策允许范围内的房屋典当关系,应予承认"的规定;等等。除此之外,《最高人民法院关于贯彻执行〈中华人民共和国民法通则〉若干问题的意见(试行)》第 120 条规定:"房屋出典期间或者典期届满时,当事人之间约定延长典期或者增减典价,应当准许。承典人要求出典人高于原典价回赎的,一般不予支持。以合法流通物作典价的,应当按照回赎时市场零售价格折算。"等等。

制定过程中,是否要规定典权制度成为学者们争论的焦点,而支持意见曾一度占据上风。因此,全国人大法工委于2004年10月提出的物权法草案第二次审议稿①中,典权制度被予以规定。但有关典权的这一规定在2005年6月公布的物权法草案征求意见稿(第三稿)中却被删除。

我国物权立法过程中有关典权存废的争论主要形成两种对立观点:

(一) 典权废除论

主张废除典权的学者主要是从历史传统条件、功能的可替代性、现代社会应用的缺乏、典权制度本身缺陷及《物权法》的逻辑体系等方面出发,认为无须在《物权法》中规定典权制度,具体理由如下:

1. 典权存在的历史条件已丧失

"典权之所以兴起,乃因我国传统认为变卖祖产尤其是不动产,乃是败家之举,足使祖宗蒙羞,为众人所不齿,故绝不轻易从事,然又不能不有解决之计,于是有折中办法出现,即将财产出典于人,以获得相当于卖价之金额,在日后又可以原价赎回。如此,不仅获得资金以应急需,又不落得变卖祖产之讥。"②而现在,"变卖房屋等不动产即为败家之举的观念已经更新。在市场经济体制下,人们着重经济利益之谋求,很多人甚至以房屋转卖为谋生手段,将房屋买卖与变卖祖产而败家联系起来的观念早已淡化。"③也有学者认为典权在我国出现的根本原因在于中国"特有的小农经济生活条件"④,而在现代社会形态中,已不合时宜。

2. 典权之功能已逐渐被其他法律关系所代替

就典权的用益功能而言,已有租赁、借贷、地上权等制度;就其担保功能而言,已有抵押权制度;就其回赎功能而言,则与买回相似。⑤

3. 典权制度的需求日益没落

由于典权历史条件的丧失、功能的可替代性,"典权已经走向没落"⑥。在我国台湾地区,近年来设立典权登记的数额为:1997年有2002件,1998年仅有16件,1999年有431件,2000年有29件,2001年1月至5月有9件,就整个趋势而言,典

---

① 《中华人民共和国物权法草案(第二次审议稿)》在第三编用益物权中,典权单独规定于第十五章。
② 张国福:《中华民国法制简史》,北京大学出版社1986年版,第80页。
③ 张新宝:《典权废除论》,载《法学杂志》2005年第5期。
④ 王明锁:《我国传统典权制度的演变及其在未来民商立法中的改造》,载《河南省政法管理干部学院学报》2002年第1期。
⑤ 徐洁:《典权废除之我见》,载《法学》2007年第4期。
⑥ 张新宝:《典权废除论》,载《法学杂志》2005年第5期。

权已告式微。① 而在我国,通过对最高人民法院针对典权纠纷案件的批复或解答的统计,也可推断出典权案件实属少量。② 因而,在缺乏广泛适用性的情况下,耗费法律的制定和实施等成本,实为无益。

4. 典权制度不合我国《物权法》之体系

对于典权的性质,有用益物权、担保物权和特种物权三种观点,多数学者认定典权属于用益物权之一种,主要基于典权之设立目的在于使用收益出典人之不动产。但不能否认典权与一般用益物权的不同,表现在:第一,典权具有一定之担保性;第二,在出典人到期不回赎典物时,典权人可以直接取得典物之所有权,即所谓"绝卖",一般性用益物权之设定不会涉及所有权之转移;第三,典权人的使用收益权限超过一般性用益物权,而相当于所有权。我国物权法的制定应当保持体系完整性并具有一定之先进性,而典权制度的特质无疑将会破坏用益物权体系的纯粹性。③

(二) 典权保留论

主张保留典权制度的主要理由是:

1. 典权具有中国特色

典权为中国独特的不动产物权制度,充分体现中华民族济贫扶弱的道德观念,颇具中国特色,保留典权有利于维持民族文化,保持民族自尊;典权制度从产生到现在已经有几千年的历史,既然几千年的历史长河都不能将其消磨殆尽,相信我们也不可能在短时间能将其抛弃。④ 因而,虽然典权是一个典型的传统法律制度,但又完全适应现实社会法律生活的需要,也没有充分理由说它是陈旧的制度而予以废除。⑤

2. 典权具有制度价值

典权有其独立存在的制度价值,可以同时满足融资和用益的双重需要,出典人可保有典物所有权而获得相当于卖价之资金,典权人可取得不动产之使用收益及典价之担保,以发挥典物之双重经济效用,为抵押权等其他制度难以完全取代。由此也可以看出,典权是一种资本或财产资源流转利用的特殊方式,即旨在同时满足

---

① 王泽鉴:《民法物权·用益物权·占有》(总第二册),中国政法大学出版社 2001 年版,第 10—12 页。
② 李婉丽:《中国典权法律制度研究》,载梁慧星主编:《民商法论丛》(第 1 卷),法律出版社 1994 年版,第 446 页。
③ 张新宝:《典权废除论》,载《法学杂志》2005 年第 5 期。
④ 王燕、张军亮:《典权制度的复兴价值与现代继受》,载《鸡西大学学报》2009 年 6 月第 9 卷第 3 期。
⑤ 米健:《典权制度的比较研究——以德国担保用益和法、意不动产质为比较考察对象》,载《政法论坛》2001 年第 4 期。

出典人和典权人双方需求的用益形式。通过典权制度,典产及典价皆得到了最大程度的利用,从整体上看,典权制度的设立可以提高整个社会的资本和财产的利用效率①,是市场经济不可缺少的"催化剂"或"推动剂"之一②。对当事人而言,物权法规定典权,增加一种交易、融资途径,供人们选择采用,于促进经济发展和维护法律秩序有益而无害。③

3. 典权制度具有实际需要

典权在现实生活中还是大量存在的。据学者实证研究,1949 年以来中国内地发布了 56 个典权文件,不但确立了典权用语及其客体、典期、典价、回赎权等制度,也反映出实质上典权在日常生活中并未"没落"。④ 还有学者指出典当行业的兴起及房屋典当的主流化为典权制度的存活提供了可操作的制度化土壤。虽然从学理上讲,典权与典当是两个不同的概念,但是在我国关于典权制度的单行法规及司法解释中,都将典权称之为房屋典当。因而,自 2001 年《典当行管理办法》实施以来,房屋典当业务已经开放,典当行有一整套的房屋典当操作流程,使出典人办理必要的手续,短期获得融资。

4. 典权是物权制度的重要组成部分

保留典权制度,是追求物权法的形式理性的必然要求。有学者考虑到中国地域辽阔,各地经济发展不平衡,传统观念与习惯之转变不可能整齐划一,纵然只有少数人依循传统习惯设定典权,物权法上也不能没有相应规则予以规范。⑤ 典权的社会实证研究也进一步表明,"典权制度既保存了古制的基本特征又具有现代社会的商业因素,但所暴露出来的弊端是,对典权纠纷采取个案的临时应对办法,显然缺乏系统性和规范性"。⑥ "作为用益权之一,典权亦是最大程度实现物之价值或取得物之最大利益的重要手段,所以它应是一个健全的物权制度中的必然组成部分。"⑦ 因而,在物权法定的原则下,规定典权作为一种独立的物权,不仅不致造成逻辑体系的混乱,也能使得《物权法》全面规制物权法律关系,规范典权的设立及行使,保障和促进典权这一传统法律制度发挥其现代功用。

---

① 白松:《典权保留论——从典权的制度价值出发》,载《法制与社会》2008 年第 5 期。
② 米健:《典权制度的比较研究——以德国担保用益和法、意不动产质为比较考察对象》,载《政法论坛》2001 年第 4 期。
③ 梁慧星:《物权法的立法思考》,载《江西财经大学学报》2001 年第 1 期。
④ 曾大鹏:《中国大陆典权的社会实证研究——兼评典权的存废之争》,http://www.110.com/ziliao/article-162416.html,2012 年 3 月 16 日最后访问。
⑤ 梁慧星:《物权法的立法思考》,载《江西财经大学学报》2001 年第 1 期。
⑥ 曾大鹏:《中国大陆典权的社会实证研究——兼评典权的存废之争》,http://www.110.com/ziliao/article-162416.html,2012 年 3 月 16 日最后访问。
⑦ 米健:《典权制度的比较研究——以德国担保用益和法、意不动产质为比较考察对象》,载《政法论坛》2001 年第 4 期。

理论拓展之三：关于准物权的特征及有关其性质的学术争论

（一）准物权与一般用益物权的区别

根据学者的论述，准物权与一般用益物权具有以下差异：

1. 权利的取得方式不同

一般用益物权的设立，或者根据不动产登记（如建设用地使用权），或者根据双方签订的合同（如集体土地承包经营权），但均基于所有人和用益物权人双方的合意。但准物权的设定不需要签订用益物权合同，而是直接通过行政审批的方式，根据行政许可而设立，即"没有行政许可，就没有准物权"①。例如，采矿需要获得采矿许可证，捕捞需要取得捕捞许可证，养殖需要获得养殖许可证等。实际上，这些行政许可是国家赋予符合法定条件的申请人从事捕捞、采矿等经营活动的一种资格。② 此外，准物权无须采用一般用益物权应当采用的公示方法（登记）。

2. 准物权规范的公法属性

准物权制度的目的具有一定的公法意义，权利人负有较多的公法上的义务。传统不动产物权制度主要是确定不动产的归属和利用，其价值目标是对不动产本身的占有和归属作一法律判断，因而不动产物权法属于传统的私法范畴。③ 而准物权制度的目的却不在于对不动产本身的归属进行界定，而是在不动产已存在合法物权人（国家、集体）的情形下，从社会公共利益出发设定特许物权，以保证自然资源合理和可持续地利用，因而准物权相关立法一定程度上具有公法的性质。在对标的物进行有效利用的价值取向方面，准物权制度强调在实现具体的准物权设立目的的前提下，对标的物进行有节制的利用。而用益物权则强调在不变更具体用益物权设立目的的前提下，对标的物进行充分利用。

3. 准用益客体的特殊性

准物权主要是以土地之外的各类自然资源为客体，在特殊情况下，某些准物权（如探矿权）以一定的勘探、开采行为为客体，如开采国有矿产的权利、在特定海域进行捕捞的权利等，都是对海域、矿产等资源从事某种特定的开发、利用等行为。因而，传统不动产用益物权表现为对土地本身进行利用，而准物权则表现为对土地上附属资源的利用。④ 不仅如此，在某些情况下，准物权的客体具有不特定性，比如在同一个特定的水域内可以同时为多个权利人设定捕捞权，因此权利人权利行使的客体具有很强的不特定性，很难在行使权利之时就具体确定其数量、形状、位

---

① 梁慧星主编：《中国物权法研究》，法律出版社1998年版，第87页。
② 梅夏英、高圣平：《物权法教程》，中国人民大学出版社2007年版，第269页。
③ 同上书，第270页。
④ 同上书，第269页。

第十五章 用益物权概述

置等。①

4. 准物权之权利构成的复合性

在权利构成方面,矿业权、渔业权和狩猎权等准物权具有复合性特点,如就渔业权而言,其包括的权利有:(1)占有一定水域并养殖、捕捞水生动植物;(2)水体的使用权;(3)保有水体适宜水生动植物生存、成长的标准。又如矿业权,其包括的权利有:(1)在特定矿区或者工作区内勘探、开采矿产资源;(2)特定矿区或者工作区内的地下使用权。②

5. 准物权效力的特殊性

准物权的效力与一般用益物权不同。一般情况下,由于准物权并无可以支配的特定客体,故准物权不具有物权的追及效力和优先效力。对行使准物权而取得的特定物,权利人可以行使其所有权并要求他人返还,但此种追及力是基于所有权而不是准物权而产生。③ 此外,某些准物权不具有排他效力,由于准物权的客体是一定的勘探、开采等行为,权利的行使方式是对土地之外的自然资源通过使用、勘探、开采、汲取、养殖、捕捞等方式进行利用,故在某些情况下,法律可以同时允许相同种类的准物权存在于同一自然资源上,例如,捕捞权人不能禁止他人在同一特定区域内进行合法的捕捞行为。

(二)关于准物权性质的争论

关于准物权是否属于用益物权,学者存在不同的看法。

一种观点认为,准物权实际上不是物权,只是由于这些财产权与物权、债权相比较,其在性质和成立要件上相似于物权,因而法律上把这些权利当做物权来看待,准用(即参照适用)物权法的规定。④ 因此,准物权乃被"视为"物权而不是物权,更不可能是用益物权。

另一种观点认为,准物权属于用益物权的一种。主要理由是:从权利的性质来看,一切直接支配并排除他人干涉的权利,均应属于物权⑤,而采矿、养殖等权利针对一定的客体并具有一定的支配性和排他性,故其具有物权的性质。例如采矿权人在特定的矿区,享有排他性的占有、勘探的权利;从权利内容来看,准物权都具有占有、使用、收益等权能,权利人可以针对特定的自然资源进行占有并进行使用和获取收益。在特殊情况下,准物权人也享有处分的权利。⑥ 准物权之所以为"准"物

---

① 崔建远:《准物权研究》,法律出版社2003年版,第366页。
② 崔建远:《准物权的理论问题》,载《中国法学》2003年第3期。
③ 胡田野:《准物权与用益物权的区别及其立法模式选择》,载《学术论坛》2005年第3期。
④ 张俊浩:《民法学原理》,中国政法大学出版社1997年版,第334页。
⑤ 崔建远:《物权:规范与学说——以中国物权法的解释论为中心》(下册),清华大学出版社2001年版,第655页。
⑥ 王利明:《物权法研究》(下),中国人民大学出版社2007年版,第270页。

权,是因为其与财产所有权、宅基地使用权、建设用地使用权、抵押权等典型物权之间存在一定差距[1],但这并不妨碍准物权被纳入用益物权的范围。

还有一种观点认为,准物权仅为具有某些用益物权性质的特许权利。一方面,准物权是对自然资源进行利用的一种绝对权利,故具有用益物权的某些特征;但另一方面,准物权设定的目的不在于占有土地上的自然资源,而仅在于对其行使某种开发性行为,物权法有关占有和归属的基本规则在准物权上无法得以实现。[2] 因此,准物权仅仅具有用益物权性质而非用益物权。

---

[1] 崔建远:《物权:规范与学说——以中国物权法的解释论为中心》(下册),清华大学出版社 2001 年版,第 655 页。

[2] 杨立新:《物权法》,高等教育出版社 2007 年版,第 342 页。

第十六章 建设用地使用权

第一节 建设用地使用权的概念、种类和特征

【基本原理】

一、建设用地使用权的概念和分类

(一) 建设用地使用权的定义

建设用地使用权是指基于在土地上建造建筑物、构筑物及其附属设施而依法对国家所有的土地享有的占有、使用和收益的权利。(《物权法》第135条)

所谓"建筑物"主要指各种房屋;所谓"构筑物"则指道路、桥梁、隧道、堤坝等房屋之外的建筑设施;所谓"附属设施"是指附属于建筑物和构筑物的其他建筑设施,如各种自来水、天然气、电力以及通讯设施。

我国《物权法》第十二章所规定的建设用地使用权,专指对国有土地的使用权。依照现行法律的规定,在集体所有的土地上,除修建农民的住宅(宅基地使用权)之外,也可以依法修建集体组织的办公用房以及乡镇企业的生产性用房等,对此,《物权法》第151条规定:"集体所有的土地作为建设用地的,应当依照土地管理法等法律规定办理。"

建设用地使用权涉及土地资源的利用和保护,其权利的设定、转让和行使受到严格的法律限制,尤其是受到公法及国家行政管理权力的制约。

(二) 建设用地使用权的分类

建设用地使用权根据其不同客体和不同取得方式,可被主要分为以下两类:

1. 地表、地下及地上建设用地使用权

《物权法》第136条规定:"建设用地使用权可以在土地的地表、地上或者地下分别设立。新设立的建设用地使用权,不得损害已设立的用益物权。"这一规

定中的所谓"地表",是指土地表面及其以上和以下的一定空间;所谓"地上",是指地表以上并与之相距一定高度的空间;所谓"地下",是指地表以下并与之相距一定深度的空间。

利用土地表面及其一定范围的地上和地下空间进行建筑、种植、放牧等活动,是人类利用土地最为古老的方法。传统的"地上权",指的就是这种对土地表面及其一定高度和深度的占有、使用和收益的权利。但在现代社会,随着经济发展和科学技术的进步,土地资源利用形式日益多样,尤其是在高度发达的现代城市,土地资源严重匮乏,迫使人们不得不在土地地表利用之外,去不断挖掘和开发土地地下空间和地上空间的使用价值,由此形成土地地下空间和地上空间脱离土地地表的独立的使用范围、使用方式、使用价值和交换价值(如城市地铁隧道、地下商城等),并由此形成了所谓"空间权"的理论和立法实践。而类似于建筑物区分所有权的"区分地上权",则是用来描述这种在土地上分层独立存在又相互联系的立体空间之权利结构的一个新的概念。

我国物权立法没有采用"空间权"的用语,而是将分别设定于土地之地表、地下以及地上的用益物权统称为"建设用地使用权"。其中,设定于地表及其一定范围的上、下空间的建设用地使用权,为其主要的一种权利。

2. 行政划拨建设用地使用权与出让建设用地使用权

行政划拨建设用地使用权是指基于行政命令而无偿取得的建设用地使用权。在我国改革开放之前,实行计划经济,国家机关、企事业单位对于国有土地的使用,完全是依照行政命令的方式无偿划拨而取得。改革开放以后,此种国有土地使用权在一定范围内继续存在,但行政划拨建设用地的取得受到法律的严格限制。(《物权法》第137条第3款)

出让建设用地使用权是指基于国家有偿出让国有土地使用权的行为而取得的建设用地使用权。国家有偿"出让"国有土地使用权的行为,实质上是国家在其土地上设定建设用地使用权的行为。在我国改革开放以后,实行了经营性用地的有偿出让政策,凡涉及工业、商业、旅游、娱乐和商品住宅等经营性用地的使用权取得,必须采用有偿出让的方式,且土地使用权出让合同的签订,由协议方式逐步改变成为必须采用招标、拍卖、挂牌(俗称"招、拍、挂")等公开竞争方式。

二、行政划拨建设用地使用权与出让建设用地使用权的不同特征

(一) 权利设定的目的和依据

行政划拨建设用地使用权设定的目的必须是为了国家利益和社会公共利

益,其设定的依据是行政命令。根据《中华人民共和国城市房地产管理法》(以下简称《城市房地产管理法》)及其他相关规定,仅在法律特别限定的范围之内,才能由县级以上人民政府依法批准划拨建设用地使用权,包括国家机关用地和军事用地、城市基础设施用地、公益事业用地、国家重点扶持的能源、交通、水利等项目的用地等。

出让建设用地使用权设定的目的是为了利用土地资源发展社会经济建设,其设定的依据是土地所有人(国家)与民事主体之间签订的土地使用权出让合同并进行建设用地使用权登记。国有土地有偿出让行为的性质为商品交换,民事主体通过支付对价而取得建设用地使用权之后,有权在法定范围内,通过对国有土地的占有、使用和收益实现其私的利益的合理追求。

(二) 权利的性质

行政划拨建设用地使用权基于公共利益而存在并服务于公益事业,故此种土地权利不具有商品的性质。而出让建设用地使用权基于私的利益满足而存在,其性质为一种纯粹的财产权利或者商品。据此,两种权利在主体范围、权利流转等各方面具有不同特点:

1. 权利主体范围及权利取得的对价

行政划拨土地使用权的主体范围受到法律严格限制,只有国家机关等公权利主体以及国办事业单位以及某些国有企业才能享有划拨土地使用权,此种土地权利的取得无须支付任何对价。

出让建设用地使用权的主体为私权主体,包括自然人、各种企业法人和其他组织。此种土地权利的取得必须向国家支付土地出让金。土地出让金为土地使用权的交易价格。

2. 权利的存续期间与转让的限制

行政划拨建设用地使用权原则上无期限限制,在符合法定条件的情况下,国家可基于行政命令而将之无偿收回。因此种权利不具商品属性,故权利人不得将之予以转让、抵押、出资或者进行其他处分。实践中,一些享有划拨建设用地使用权的单位需要转让其土地权利的,必须经过有关机关的批准并交纳土地出让金,亦即将划拨建设用地使用权改变成为出让建设用地使用权后,方可予以转让(《城市房地产管理法》第40条);如果抵押权的实现涉及拍卖划拨建设用地使用权的,应首先以拍卖所得的价款缴纳相应的建设用地使用权出让金(《城市房地产管理法》第51条)。

出让建设用地使用权具有存续期间,根据《中华人民共和国城镇国有土地使用权出让和转让暂行条例》第12条的规定,建设用地使用权根据其不同用途所具有的最长期限为:居住用地70年;工业、教育、科技、文化、卫生、体育用地50年;商业、旅游、娱乐用地40年;综合或其他用地50年。上述期限从权利人实际接受宗地交付之日开始计算;原行政划拨土地经补办手续转为出让土地的,从合同签订之日开始计算。

在符合法定条件的前提下,出让建设用地使用权可以单独转让、抵押、出资等,也可以连同地上建筑物所有权转让、抵押、出资等。

第二节 建设用地使用权的取得、转让和消灭

【基本原理】

一、建设用地使用权的取得

(一) 行政划拨建设用地使用权的取得

行政划拨建设用地使用权应经县级以上人民政府依法对用地单位的申请进行审批,由用地单位持批准用地文件申请并进行建设用地使用权登记。

(二) 出让建设用地使用权的取得

出让建设用地使用权的取得,应由用地者和政府国土资源管理机关签订建设用地使用权出让合同,并办理建设用地使用权登记。

1. 建设用地使用权出让合同

(1) 建设用地使用权出让合同的性质

建设用地使用权出让合同为国家与用地者就设定建设用地使用权而签订的合同。

对于建设用地使用权合同的性质,理论上历来存在不同认识。基于此种合同签订过程中政府的主导地位及行政权力对合同的订立及履行中的干预乃至某些行政处罚(警告、罚款、强行收回土地等),有人认为此种合同应属"行政合同"。但很多民法学者更为强调此种合同签订时所遵循的平等、自愿和有偿的

原则及其表现的交易关系,认为其应属民事合同。① 应当看到,由于建设用地使用权的客体为国有土地,故在建设用地使用权设定以及行使过程中,国家和土地使用权人之间存在双重法律关系:

第一,土地所有人与他物权人之间的关系。这一关系基于民法的平等原则建立,适用民法的规则。建设用地使用权为民法上的用益物权,出让合同为设定此种他物权的基础法律关系,具有商品交易性质,当然属于民事合同,有关合同效力及违约责任等,应适用《合同法》的规定。

第二,政府与土地使用人之间的土地行政管理关系。政府基于公共利益的需要,对土地资源的利用依法行使其行政管理权力。在这一关系中,政府(行政管理机关)与土地使用人(被管理者)之间的关系,为命令与服从关系,应适用行政法规的规定。

由此可见,建设用地使用权出让合同尽管采用"格式合同"的形式,其内容中也有可能设置某些行政管理性质的条款,但就出让合同本身而言,其应属民事合同。

(2) 建设用地使用权出让合同的订立形式

为保证国有资产在土地出让中不被流失,建立土地交易市场的公平环境,国家对于建设用地使用权的出让程序和行使采取了严格的管制措施。就出让合同的形式而言,《物权法》第138条第1款规定:"采取招标、拍卖、协议等出让方式设立建设用地使用权的,当事人应当采取书面形式订立建设用地使用权出让合同。"第137条第2款进一步规定:"工业、商业、旅游、娱乐和商品住宅等经营性用地以及同一土地有两个以上意向用地者的,应当采取招标、拍卖等公开竞价的方式出让。"

(3) 建设用地使用权出让合同的内容

根据《物权法》第138条的规定,建设用地使用权出让合同一般包括下列条款:当事人的名称和住所;土地界址、面积等;建筑物、构筑物及其附属设施占用的空间;土地用途;使用期限;出让金等费用及其支付方式;解决争议的方法。

2. 建设用地使用权的登记

建设用地使用权为不动产物权,其设立采取公示成立要件主义。《物权法》第139条规定:"设立建设用地使用权的,应当向登记机构申请建设用地使用权登记。建设用地使用权自登记时设立。登记机构应当向建设用地使用权人发

---

① 崔建远:《物权:规范与学说——以中国物权法的解释论为中心》(下册),清华大学出版社2001年版,第559页。

放建设用地使用权证书。"

二、建设用地使用权的转让

(一) 概说

行政划拨用地使用权原则上不得转让,但出让建设用地使用权人有权将建设用地使用权转让、互换、出资、赠与或者抵押(《物权法》第143条),对之,双方当事人应依法采用书面形式签订相关合同,并进行物权变动登记(《物权法》第145条)。受让人所取得的建设用地使用权的期限由双方当事人在转让、互换、赠与等合同中约定,但不得超过建设用地使用权的剩余期限。(《物权法》第144条)

(二) 建设用地使用权转让的限制条件

出让建设用地使用权的转让依法受下列条件的限制:

1. "房地合一"原则

在建筑物或者建设用地使用权发生转移的情形,为有利于土地和建筑物的使用,我国实行"房随地走,地随房走"的原则,即当事人转让其建筑物所有权时,必须连同相应的建设用地使用权一并转移,反之亦然。此外,建筑物和建设用地使用权可以作为抵押权的标的,而抵押权行使的结果仍是建筑物所有权以及建设用地使用权的转移,故当事人在将建设用地使用权设定抵押权时,必须连同地上的建筑物一并抵押,反之亦然。(《物权法》第182条)

2. 分割转让的审批

当事人如将一项建设用地使用权和一项地上建筑物所有权分割为两项以上独立物权进行转让(如将一幢商品房大楼分割成为数个单元房予以出售),应经市、县人民政府土地资源管理机关和房产管理部门的批准,并依照规定办理相应登记手续。

3. 投资开发程度的要求

为防止当事人炒卖土地(取得建设用地使用权后不进行任何投资开发即转卖他人以牟取暴利)和规范土地交易市场,国家历来严格规定了当事人转让建设用地使用权时在开发投资方面所应当具备的条件,即转让出让土地使用权时,当事人不仅已经按照出让合同约定支付了全部土地出让金,取得了土地使用权证书,而且必须实际进行了投资开发行为,其中,属于房屋建筑工程的,必须完成开发投资总额的百分之二十五以上;属于成片开发土地的,必须形成工业用地或者其他建设用地的条件。(《城市房地产管理法》第39条)

但是,在实际生活中,经常发生未完全按照上述规定转让建设用地使用权或者建设工程项目的情况,鉴于受让人往往已经投入大量开发资金,形成了实际开发的事实状态,一律认定违反有关规定的转让合同无效,有违公平原则,故我国最高人民法院在有关司法解释中作出了适当缓和的规定:(1)如土地使用者已投入一定资金,但尚未达到出让合同约定的期限和条件,与他人签订土地使用权转让合同,没有其他违法行为的,经有关主管部门认可,同意其转让的,可认定合同有效,责令当事人向有关主管部门补办土地使用权转让登记手续;(2)转让建设项目未办理审批手续和土地使用权转让手续,但符合土地使用权转让条件的,可认定项目转让合同有效,责令当事人补办土地使用权转让登记手续。[①]

三、建设用地使用权的消灭

建设用地使用权的消灭主要是因为期限届满、国家因权利人实施违法行为或者基于公共利益的需要而收回土地,以及土地因自然灾害等原因而灭失等引起。"建设用地使用权消灭的,出让人应当及时办理注销登记。登记机构应当收回建设用地使用权证书。"(《物权法》第150条)

对于建设用地使用权的消灭,《物权法》就其中两个重要事项作出了特别规定:

1. 国家因公共利益而提前收回土地的补偿

《物权法》第148条规定:"建设用地使用权期间届满前,因公共利益需要提前收回该土地的,应当依照本法第四十二条的规定对该土地上的房屋及其他不动产给予补偿,并退还相应的出让金。"此项规定针对的是城市房屋拆迁。所谓"房屋拆迁",指的就是国家基于公共利益需要而提前收回土地并征收建设用地使用权人的房屋,其结果是房屋被拆除,房屋所有人或者被另行安置住房,或者获得经济补偿。根据《物权法》第42条的规定,"征收单位、个人的房屋及其他不动产,应当依法给予拆迁补偿,维护被征收人的合法权益;征收个人住宅的,还应当保障被征收人的居住条件。"(第3款)"任何单位和个人不得贪污、挪用、私分、截留、拖欠征收补偿费等费用。"(第4款)其中,房屋拆迁的补偿包括对建设用地使用权消灭而进行补偿。

[①] 《最高人民法院关于审理房地产管理法实施前房地产开发经营案件若干问题的解答》第8—9条。

2. 住宅建设用地使用权的自动续期

物权立法过程中,建设用地使用权期限届满后是否允许权利人申请续期,是社会公众最为关心的问题之一。在当今中国,住房是大多数老百姓最为重要的财产,而建设用地使用权也是企业从事生产经营活动的基本条件。但各种建设用地使用权均有期限限制,且过去的立法未对建设用地使用权期限届满后是否可以申请续期作出明确规定。因此,公众普遍担心在建设用地使用权期限届满之后,如果国家无条件收回土地,会对人们的财产利益造成重大损害,而企业投资者也因无法确定其权利期满后的处境而难以对相关投资作出抉择。为此,经过反复讨论,立法者决定首先应对住宅建设用地使用权人进行必要保护,由此形成《物权法》第149条第1款的规定:"住宅建设用地使用权期间届满的,自动续期。"亦即住宅建设用地使用权期满时,如住宅建筑物存在,则权利人无须办理任何申请及审批手续,其住宅建设用地使用权期限即依法自动延长。但是,对于此种权利自动续期时权利人应否缴纳土地出让金、按何种标准缴纳土地出让金以及自动续期的具体年限等问题,立法者在当下难以作出明确回答,只能在将来根据我国社会经济发展的情况再行定夺。因此,《物权法》对之未作规定。

不过,对于经营性用途的建设用地使用权期满后是否及如何续期的问题,《物权法》未作明确规定,仅在其第149条第2款规定"非住宅建设用地使用权期间届满后的续期,依照法律规定办理"。对此,根据《土地登记办法》第52条及第54条的规定,非建设用地使用权存续期满时,权利人可以申请续期。如权利人未申请续期或其申请未被批准的,其建设用地使用权归于消灭。

非住宅建设用地使用权消灭之后,根据《物权法》第149条第2款的规定,"该土地上的房屋及其他不动产的归属,有约定的,按照约定;没有约定或者约定不明确的,依照法律、行政法规的规定办理"。

第十七章 土地承包经营权与宅基地使用权

第一节 土地承包经营权

【基本原理】

一、土地承包经营权的概念、种类和特征

(一) 土地承包经营权的概念

土地承包经营权,是指承包人"依法对其承包经营的耕地、林地、草地等享有占有、使用和收益的权利",承包人"有权从事种植业、林业、畜牧业等农业生产"。(《物权法》第125条)

土地承包经营权的客体主要是农村集体所有的土地,也包括少量的国家所有而依法由农民集体使用的土地。

在我国,土地承包经营权是伴随农村经济体制改革即家庭联产承包责任制度的实行而产生的一种土地使用权利。土地承包制度从根本上改变了我国农村的土地经营方式,承认了农民追求"私"的利益的合法性,极大地调动了广大农民生产的积极性、创造性和能动性,改变了我国农村的贫困、落后面貌。

为保护农民享有的土地承包经营权,我国颁布了《农村土地承包法》等一系列法律和行政法规。但是,土地承包经营权一直被视为一种根据承包合同而产生的权利(债权),从而使农民的土地权利不能得到强有力的法律保护。我国物权立法的一个重要任务,就是要将土地承包经营权物权化,以增强其稳定性和法律效力。但在物权立法中,就是否应当允许土地承包经营权自由流转(即规定农民有权对其承包经营权进行转让、抵押、投资和继承)的问题,发生了极大的争论,成为"十大疑难问题之一"。支持者认为,允许承包经营权自由流转,有助于推动农村土地制度的改革和农业现代化,土地权利的商品化,可以使广大农民的根本利益得到最大化的实现;反对者则强调,我国地域辽阔,各地经济发展水平差距很大,如允许土地承包经营权自由流转,则土地兼并盛行,将导致大

量农民丧失土地,造成无法解决的社会问题。由于无法达成共识,我国《物权法》未就承包经营权的自由流转问题作出实质性的规定。

不过,《物权法》以专章(第十一章)规定了土地承包经营权,将之明确规定为用益物权。这一规定有利于稳定土地承包关系,强化土地承包经营权的法律效力,并为土地承包经营权在将来的社会经济发展中最终能够成为一种可以自由流通的商品从而实现我国农村土地经营方式的现代化,奠定了最为重要的法律基础。

(二) 土地承包经营权的种类

根据土地性质、承包方式和承包人范围的不同,土地承包经营权主要包括以下两类:

1. 家庭土地承包经营权

以家庭(农户)承包方式对耕地、林地、草地等设立的承包经营权,为主要的土地承包经营权。家庭土地承包经营权是我国农村家庭联产承包责任制的法律表现,构成了我国农村土地权利制度的核心,决定了我国农村的生产方式和生活方式。

以家庭为单位获得对特定土地的占有、使用和收益的权利,是农民最为基本的生存权利,因此,每家农户均依法取得与其人口或者劳动力相对应的承包土地并享有土地承包权。依照实行家庭联产承包责任制时的相关规定,承包土地最初的分配方式是:口粮田使用权为按人平均分配;责任田承包经营权为按劳动力或者按人平均分配,亦即实行了"土地均有"原则。

家庭土地承包经营权只能由特定的农村集体经济组织的成员享有。

2. "四荒"土地承包经营权

所谓"四荒"土地,是指农村集体所有的土地中未被利用的土地(包括荒山、荒沟、荒丘、荒滩等"未利用地")。根据有关规定,农村集体所有的耕地、林地、草原以及由农民集体使用的国有土地中的未利用地,不属于"四荒"土地的范围。

为鼓励对"四荒"土地的开发利用,根据《农村土地承包法》第3条第2款的规定,不宜采取家庭承包方式承包的"四荒"土地,可采取招标、拍卖、公开协商等方式设立土地承包经营权。除对"四荒"土地享有所有权的农村集体经济组织的成员之外,其他农村集体经济组织的成员、城镇的企事业单位、社会团体以及其他组织和个人,均可按法定程序参加招投标、拍卖等,从而成为"四荒"土地承包经营权的权利人。

"四荒"土地承包经营权的取得不受主体资格范围的限制,其设立采用了公开竞争或者公开协商的方式，在不改变土地用途的条件下，其转让、出租、抵押以及投资等均不受任何限制，从而使农村集体所有的这部分土地在使用上与农村集体经济组织的成员（农民）身份相脱离，使此种土地权利具有了纯粹财产权利（即商品）的性质。

(三) 土地承包经营权的特征

土地承包经营权表现了我国农村土地集体所有制度下产生的一种主要以农民家庭（农户）为单位的土地经营方式（即"包产到户"），带有强烈的时代特征。土地承包经营权的出现，确定了农民的私权主体地位，改变了农村的生活风貌，以其巨大的冲击力，荡涤着过去年代积淀的错误思想观念和禁锢农民手足的各种荒谬的陈规陋习，以至于从根本上对整个中国社会的改革开放进程产生了不可估量的推进作用。不过，土地承包经营权在解放中国农民的生产力的同时，也将农民牢牢地束缚在其承包的小块土地之上，以其分散的土地经营方式，一定程度上阻碍着中国农村、农业和农民进一步走向现代化。

土地承包经营权除具有一般不动产用益物权的特征之外，尚具有以下重要特征：

1. 以农村土地为客体，以农业经营为目的

土地承包经营权的客体为农村土地。"农村土地"是一个广义的概念：从土地权属来讲，农村土地既包括农民集体所有的土地，也包括依法由农民集体使用的国有土地；从土地范围来讲，既包括耕地、林地、草原、山岭、沟壑、滩涂等，也包括池塘、水库等水域。但无论"土地"承包经营权的客体在事实上何等广泛，设定此种用益物权的目的却被严格限制于从事农、林、牧、渔以及养殖等农业经营活动并取得收益。

严格将承包土地限制于农业用途，对于保障我国农业经济的可持续发展具有重大意义。而土地承包经营权的这一特点，则决定了权利人的权限范围以及公权力对土地承包经营活动进行某些直接干预的必要性和正当性。

2. 具有强烈的身份性质和社会属性

农民以土地为基本生存条件，而我国农村的家庭联产责任承包制度，其实质是对农村土地进行的一次具有革命性的重新分配，即在不改变土地权属（集体所有）的前提下，将土地的支配权按人或者按劳动力平均分配给农民。因此，家庭土地承包经营权的主体只能是农村集体经济组织的成员（农民），而以农民家庭（农户）为单位设定土地承包经营权，则进一步强化了此种权利的身份性质。由此，"农村承包经营户"一度成为我国经济生活中的一种具有特别意义的

民事主体类型(《民法通则》第27—29条)。而土地承包经营权因与农民的基本生存权直接相联系,便具有了一种不同于其他任何财产权利的社会属性。

农村家庭联产承包责任制所产生的土地分配结果必然在一定程度上具有"终局性",尽管有关政策和立法一直将土地承包经营权设定为一种有期限的权利,内中包含了某种调节机制,但此种权利的身份性质和社会属性却使其一经确定便难以撼动:各地普遍实行的"增人不增地,减人不减地"的规则(即农户因娶妻生子增加人口,不因此而增加原有承包地面积;因家庭成员去世、女儿出嫁、子女当国家公务员等原因而人口减少,也不因此而减少原有承包地面积),使新一轮的土地承包制度只能延长承包期限,却不能大幅度地改变原来的土地分配格局,使"土地均有"原则在一定范围内名存实亡。不仅如此,有关政策和法律不断强调稳定农村土地承包关系。为了保证农民的利益不受侵犯,《物权法》不仅明文规定"承包期内发包人不得收回承包地"(第131条),而且明确规定"承包期内发包人不得调整承包地"(第130条)。

家庭土地承包经营权与农民的身份与生存的紧密联系,一方面保证了农民对土地权利的紧紧掌握,用以防范集体经济组织以及国家公权力对农民根本利益的不法侵害;另一方面也使土地承包经营权难以成为纯粹的财产权利而发挥其多种经济效能,更难以作为商品进入市场交易从而实现其最大化经济效益。

但"四荒"土地承包经营权则不具有身份性质和社会属性。

3. 实质上无期限

对于家庭土地承包经营权的期限,《中华人民共和国农村土地承包法》(以下简称《农村土地承包法》)第20条和《物权法》第126条第1款均作出了规定,即"耕地的承包期为30年。草地的承包期为30年至50年。林地的承包期为30年至70年;特殊林木的林地承包期,经国务院林业行政主管部门批准可以延长"。但承包期届满,土地承包经营权人有权按照国家有关规定继续承包(《物权法》第126条第2款),其具体方式可以是延长承包期限,也可以是重新签订土地承包经营合同。因此,家庭土地承包经营权实质上是一种无期限的用益物权。此种无期限性,是由家庭土地承包经营权的身份性质和社会属性所决定的。

"四荒"土地经营承包权的期限由农村集体经济组织与承包人约定,但依照国务院有关规定,"承包、租赁、拍卖'四荒'使用权,最长不超过50年"。

二、土地承包经营权的设立、流转和消灭

(一) 土地承包经营权的设立

1. 意思主义物权变动模式

土地承包经营权的设立采取"意思主义"的物权变动模式,即"土地承包经营权自土地承包经营权合同生效时设立"(《物权法》第127条)。

根据承包土地的不同情况,土地承包经营权合同的发包人可以是农村集体经济组织或村民委员会(如涉及村农民集体所有土地),也可以是农村集体经济组织、村民委员会或者村民小组(如涉及由农民集体使用的国有土地)等。

承包合同应当采取书面形式。"四荒"土地承包经营权合同的订立,应当依法采用招标、拍卖、公开协商等方式。

根据《物权法》第127条第2款的规定,土地承包经营权经土地承包经营权合同设立后,"县级以上地方人民政府应当向土地承包经营权人发放土地承包经营权证、林权证、草原使用权证,并登记造册,确认土地承包经营权"。

2. "四荒"土地承包经营权设立的特别限制

根据有关规定,"四荒"土地承包经营权的设立受到下列特别限制:

(1) 须履行特定程序

《农村土地承包法》第48条规定:"发包方将农村土地发包给本集体经济组织以外的单位或者个人承包,应当事先经本集体经济组织成员的村民会议三分之二以上成员或者三分之二以上村民代表的同意,并报乡(镇)人民政府批准。由本集体经济组织以外的单位或者个人承包的,应当对承包方的资信情况和经营能力进行审查后,再签订承包合同。"

(2) 集体经济组织成员享有优先承包权

根据《农村土地承包法》第47条的规定,在"四荒"土地承包经营权设立时,本集体经济组织成员在同等条件下享有优先承包权。对于此种优先承包权的行使,我国最高人民法院《关于审理涉及农村土地承包纠纷案件适用法律问题的解释》(法释[2005]6号)规定,在以下三种情况下,本集体经济组织成员不得主张优先承包权:第一,在书面公示的合理期限内未提出优先权主张的;第二,未经书面公示,在本集体经济组织以外的人开始使用承包地两个月内未提出优先权主张的;第三,在发包方将农村土地发包给本集体经济组织以外的单位或个人,已经法律规定的民主议定程序通过,并由乡(镇)人民政府批准后主张优先承包权的。

(二) 土地承包经营权的流转

我国《物权法》第128条规定:"土地承包经营权人依照农村土地承包法的规定,有权将土地承包经营权采取转包、互换、转让等方式流转。流转的期限不得超过承包期的剩余期限。未经依法批准,不得将承包地用于非农建设。"

但依照现行规定,家庭土地承包经营权与"四荒"土地承包经营权的流转方式和范围,具有完全不同的限制。

1. 家庭土地承包经营权的流转

《农村土地承包法》第32条规定:"通过家庭承包取得的土地承包经营权可以依法采取转包、出租、互换、转让或者其他方式流转。"《中共中央、国务院关于全面推进集体林权制度改革的意见》第3条第11项规定:林地承包经营权认可依法对拥有的林地承包经营权和林木所有权进行转包、出租、转让、入股、抵押或作为合资、合作的条件,对其承包的林地、林木可依法开发利用。

但具体而言,家庭土地承包经营权的流转受到相当严格的限制。

(1) 转包

转包是指土地承包经营权人将其全部或者部分承包地有偿或者无偿地交由他人经营,但土地承包经营权人不丧失其土地承包经营权。

转包须经发包人同意,且转包后的承包人(即转包合同的相对人,亦称"次承包人")仅限于本集体经济组织的成员。

对于转包,前述最高人民法院有关司法解释规定:"承包方经发包方同意,将承包经营的标的物全部或者部分转包给第三人的,承包方与发包方之间仍应按照原承包合同的约定行使权利和承担义务。承包方与转包后的承包方之间按转包合同的约定行使权利和承担义务。"

(2) 出租

出租是指土地承包经营权人收取租金并将土地交由承租人占有、使用和收益。对于承包土地的承租人范围,现行法未作限制,可以是本集体经济组织成员,也可以是其他民事主体。

有学者指出,承包土地的转包和转租并无实质区别。[1] 实际上,有偿转包与出租性质完全相同,现行法将之予以区分,原因仅在于"土地承包"是一种特定历史条件下出现的中国农村特有的经济制度,"承包"的概念具有特殊的含义,土地承包经营权被认为具有身份特征,故承包人(即使是"转包的承包人")

---

[1] 崔建远:《物权:规范与学说——以中国物权法的解释论为中心》(下册),清华大学出版社2001年版,第523页。

不可以是农民(集体经济组织成员)之外的人。而"租赁"则完全不具有"承包"的属性,故可以之描述土地承包人与非农民身份的第三人之间的土地有偿使用关系。

(3) 互换

互换是指两个以上土地承包经营权人将属于同一集体经济组织的土地承包经营权相互交换。土地承包经营权的互换通常是基于耕种方便或者各自的其他需要。

(4) 入股

入股是指将土地承包权作价作为设立农业企业的出资。《农村土地承包法》第42条规定:"承包方之间为发展农业经济,可以自愿联合将土地承包经营权入股,从事农业合作生产。"根据这一规定,以家庭土地承包经营权作价入股,仅限于"承包人之间"共同投资兴办的从事农业生产的企业。

(5) 转让

转让是将土地承包经营权全部或者部分让与他人。家庭土地承包经营权的转让须经发包方的同意,由受让方与发包方确立新的承包关系,原承包方与发包方之间的承包关系即行终止。但根据《农村土地承包法》第41条的规定,转让人必须"有稳定的非农职业或者有稳定的收入来源",更为重要的是,受让人仅限于"其他从事农业生产经营的农户"。

由上所述,依照现行规定,家庭土地承包经营权的流转,除出租之外,基本上限制于农户之间,亦即农户不得将其家庭土地承包经营权转让给非农民身份的第三人,因土地承包权的抵押最终有可能导致权利的转让,故家庭土地承包权不得用于向金融机构设定抵押权担保以获得融资。此外,现行立法不承认在承包人死亡后,其土地承包权可以作为遗产由其继承人继承,仅承认继承人可在承包期间内"继续承包"。如果承包人死亡而无继承人继续承包,则土地承包经营权归于消灭,发包人可收回土地。这一做法,与家庭土地承包权以"农户"为主体且"减人不减地"的特点是完全相吻合的。

上述对家庭土地承包经营权流转的限制,严重遏制了农民对承包土地的利用,阻碍了现代农业经济的发展,为此,2014年中央一号文件提出,稳定农村土地承包关系并保持长久不变,在落实农村土地集体所有权的基础上,稳定农户承包权、放活土地经营权。同年,中共中央办公厅、国务院办公厅印发的《关于引导农村土地经营权有序流转发展农业适度规模经营的意见》提出,在坚持农村土地集体所有的前提之下,实现所有权、承包权、经营权三权分置。2015年和2016年,中央均在其一号文件中提出,坚持农民家庭经营主体地位,引导土地经营权规范有序流转,创新土地流转和规模经营方式。为此,应明确农村土地承包关系长久不变的具体规定,落实集体所有权,稳定农户承包权,放活土地经营权,完善"三权分置"办法,依法推进土地经营权有序流转。

2. "四荒"土地承包经营权的流转

"四荒"土地承包经营权可以自由流转。对此,《农村土地承包法》第49条规定:"通过招标、拍卖、公开协商等方式承包农村土地,并依法登记取得土地承包经营权证或者林权证等证书的,其土地承包经营权可以依法采取转让、出租、入股、抵押或者其他方式流转。"根据这一规定,"四荒"土地承包权根据承包合同取得,但未经登记,不得处分。

不过,鉴于"四荒"土地承包经营需要具有经营能力,故《农村土地承包法》未明确承认在承包人死亡时,其土地承包权可以作为遗产由其继承人继承,只是规定承包权人应得的承包收益为遗产,但继承人在承包期内可以继续承包,亦即继承人是否继续承包,应当根据具体情况予以确定。

(三) 土地承包经营权的消灭

土地承包经营权消灭的法定事由主要包括:(1) 土地承包经营权期限届满且未续期;(2) 土地承包经营权人自愿交回承包土地;(3) 承包地因自然灾害等原因而灭失;(4) 承包地依法被调整;(5) 承包地被国家基于公共利益需要而征收;(6) 承包人死亡而无继承人继续承包。

除上述事由外,根据《农村土地承包法》第26条第3款的规定,承包期内,如果承包方全家迁入设区的市,转为非农业户口,承包方不交回承包的耕地和草地的,发包方可以收回承包的耕地和草地。此外,根据《中华人民共和国土地管理法》(以下简称《土地管理法》)第37条第3款的规定,承包人对承包地连续2年弃耕抛荒的,发包人应当终止承包合同,收回发包的耕地。承包地因上述原因而被收回的,土地承包经营权归于消灭。

三、土地承包经营权的效力

(一) 土地承包经营权的对抗效力

长期以来,我国对于农村集体所有的土地未能建立完善的登记制度,而家庭土地承包权因其流转受到严格限制,故亦无必须予以公示(登记)的必要。由此,土地承包经营权的设立和转让在立法上采取了"意思主义"的物权变动模式,即以承包合同为土地承包经营权的设立、转让(包括互换)、变更和消灭的发生依据。但土地承包经营权设立于不动产,其物权变动的公示方法应为登记,故其物权变动未经登记,不具有对抗善意第三人的效力。对此,我国《物权法》第 129 条规定:"土地承包经营权人将土地承包经营权互换、转让,当事人要求登记的,应当向县级以上地方人民政府申请土地承包经营权变更登记;未经登记,不得对抗善意第三人。"

(二) 土地承包经营权人的权利和义务

1. 土地承包经营权人的主要权利

(1) 对承包地进行占有、使用和收益

承包人对承包地排他地享有占有、使用和获得收获物的权利。在不违反承包地之农业生产用途的条件下,承包人有权展开独立自主的生产经营活动,尤其是对"四荒"土地,国家鼓励承包人在保持水土和培育资源的基础上"宜农则农,宜林则林,宜果则果,宜牧则牧,宜渔则渔",根据实际情况开发利用"四荒"。承包人有权从发包人处获得从事农业生产活动所必需的生产、技术、信息等服务。

(2) 对承包权依法流转及依法设定他物权

承包人可依法将承包地转包、出租及进行其他流转或者设定抵押权,并可对承包地设定地役权。(《物权法》第 162 条、第 167 条)

(3) 在承包地被征收时获得补偿

在承包地被国家征收时,土地承包经营权随集体土地所有权的消灭而消灭,在集体土地所有人得到补偿的同时,承包人有权根据其享有的土地承包经营权获得独立的补偿。

2. 土地承包经营权人的主要义务

(1) 按约定支付承包金

土地承包合同约定承包经营权人应当支付承包金的,承办人应当按约定支付承包金。

(2) 保护和合理利用土地

承包人应当依法保护和合理利用土地,不得给土地造成永久性损害。

(3) 不得弃耕抛荒

承包人不得闲置、荒芜耕地,连续 2 年弃耕抛荒的,发包人有权收回土地。

第二节 宅基地使用权

【基本原理】

一、宅基地使用权的概念和特征

(一)宅基地使用权的概念

宅基地使用权是指农村村民依法在集体所有的土地上建造住宅及其附属设施而对相应土地享有的占有和使用的权利。(《物权法》第152条)

"宅基地"本意是指用于修建住宅的土地,但在我国立法上,"宅基地"专指用于修建住宅的农村集体所有的土地。用于修建住宅或者其他建筑物的国有土地,称为"建设用地"。

与用于农业生产经营的农村集体所有土地一样,用于修建住宅的农村集体所有的土地,也是农民的基本生存条件。

(二)宅基地使用权的特征

宅基地使用权除具有一般不动产用益物权的基本特征之外,尚具有以下重要特征:

1. 以集体所有土地为客体,以居住为目的

宅基地使用权设定于集体所有土地中的宅基地之上。宅基地的来源有两种:(1)原有的宅基地、村内空闲地和耕地之外的其他土地。使用前述土地修建住宅的,须经乡级人民政府根据村庄、集镇规划和土地利用规划批准。(2)耕地(农用地)。需要占用耕地修建住宅的,须经县级人民政府批准并办理相关手续。(国务院1993年6月29日《村镇和集镇规划建设管理条例》;《土地管理法》第62条)

宅基地使用权的设置目的是为了满足农村村民居住的需要。

2. 具有强烈的身份性质和社会属性

宅基地使用权的主体原则上只能是农村村民,且以"农户"(即农民家庭)为权利主体,并严格实行"一户只能拥有一处宅基地"的原则,宅基地的面积不得

超过省、自治区、直辖市规定的标准。(《土地管理法》第62条)

与集体土地承包经营权产生于我国农村经济体制改革不同,自1949年新中国成立以来,农民一直对其住房享有所有权,与此同时,即使在20世纪50年代中国农村土地被集体化以后,与农民住房同时存在的宅基地使用权在事实上(而非法律上)也一直存在。长期以来,由于我国严重存在的城乡差别和实行严格的户籍制度,绝大多数农民只能以农民的身份终身定居在农村,而住房连同宅基地使用权,自然成为农民成家立业的基本条件。鉴于农民的住房和宅基地使用权关涉农民最为基本的生存条件,且在"一户只能有一处宅基地"的规则之下,农户原则上仅有一次机会获得一处宅基地使用权(根据《土地管理法》第62条第4款的规定,"农村村民出卖、出租住房后,再申请宅基地的,不予批准"),国家对于农民住房和宅基地使用权的转让,不得不实行严格的限制措施,以确保农民不因任何原因而丧失其基本生存条件,以致造成严重的社会问题。由此,如同土地承包经营权一样,宅基地使用权在作为一种财产权利的同时,也不得不负载极为重大的社会价值和重要的社会功能。但是,随着中国改革开放的深化和城市工业经济的急速发展,为数巨大的农村劳动力不断涌向城市,形成"农民工潮",加之原有的农业政策严重地伤害了农村、农业和农民(所谓"三农问题"),在农村一些地区,承包土地被弃置,人走楼空,农业经济遭受严重破坏,由此促进了国家和政府改变农业政策,扶助农业经济,减免农民税收,并支持和帮助农民改变生产方式和生活方式,大张旗鼓地搞社会主义新农村建设。中国农村经济及其土地经营方式的新格局,将有望在不久的将来形成。与此同时,伴随城市企业用工制度和户籍制度的改革,大批拥入城市的"农民工",开始与城市生活融为一体,"农民"与"非农民"的身份差别,正在不可阻挡地逐渐淡化。

而在这一过程中,农民在农村的住房连同宅基地使用权能否自由转让的问题,便成为社会议论的热点,以至于在《物权法》起草过程中,跻身于最终存留的"十大疑难问题"之列。尽管如此,在反复进行的激烈争论中,关系到农民基本生存条件的宅基地使用权,终因其强烈的社会属性而使立法者不敢轻举妄动,从而在2007年3月颁布的《物权法》中,就宅基地使用权能否自由转让的问题,没有作出任何突破性的规定(《物权法》第153条规定:"宅基地使用权的取得、行使和转让,适用土地管理法等法律和国家有关规定。")。

3. 无期限限制及无对价

与形式上有期限但实质上无期限的土地承包经营权不同,农户的住房所有权无期限,其宅基地使用权亦无期限。宅基地使用权的取得和享有,无须支付任何对价。

二、宅基地使用权的取得、转让和消灭

（一）宅基地使用权的取得

与土地承包经营权一律依承包合同而取得不同，宅基地使用权的取得有两种方式：

1. 因原有住房而享有宅基地使用权

1949年新中国成立后，在农村实行了大规模的土地改革，政府没收地主的土地和房屋分配给农民，大部分农民由此获得其房屋的所有权，也有部分农民保有其原有房屋的所有权。在农村土地归集体所有之后，这些房屋的宅基地所有权即随之而转变成为使用权并一直为农民所享有。而在20世纪70年代末实行农村经济体制改革以前，根据过去的政策因修建住房而取得的宅基地使用权，也属于因"原有住房"而取得的宅基地使用权。

2. 因履行规定的审批程序而取得宅基地使用权

改革开放以后，我国逐步建立和健全了宅基地审批制度。各个时期中，有关法律、行政法规以及政府规章对宅基地使用权的取得作出了相应规定，根据这些规定的要求，农户通过申请、审查及批准手续而取得宅基地使用权。

我国尚未普遍建立农村住房及宅基地使用权登记制度。

（二）宅基地使用权的转让

关于宅基地使用权的转让，现有相关规定存在一定的模糊性。在效力层次较低的政府文件中，有的明确规定"农民的住宅不得向城市居民出售，也不得批准城市居民占用农民集体土地建住宅"（1999年5月6日《国务院办公厅关于加强土地转让管理严禁炒卖土地的通知》），有的则以模糊方式规定"宅基地使用权不得单独转让。建造在该宅基地上的住房所有权转让的，宅基地使用权同时转让"（国家土地管理局《确定土地所有权与使用权的若干规定》第169条）。而《土地管理法》则根本回避了宅基地使用权转让条件问题，其第62条第4款有关"农村村民出卖、出租住房后，再申请宅基地的，不予批准"的规定，反而有可能被解释为法律不禁止转让宅基地使用权。至于《物权法》第184条虽将"耕地、宅基地、自留地、自留山等集体所有的土地使用权"列入"不得抵押的财产"的范围，但同时又但书指明"法律规定可以抵押的除外"。

在物权立法过程中，基于一种保守的立场，物权法第六次审议稿依照现行政策设计了相关条文，明确规定了农民住房及其宅基地使用权转让的限制条件:(1)须为农民闲置不用的住房(如农民整户迁入城镇定居并取得城镇户口等);(2)须购买人为同村的村民;(3)须购买人符合申请宅基地使用权的条件(即购买人须无宅基地);(4)同村村民购买他人房屋和宅基地后,不得再向集体经济组织另行申请宅基地。但这一条文最终被删掉,而代之以"宅基地使用权的取得、行使和转让,适用土地管理法等法律和国家有关规定"的表达。

在实务中,农民住房和宅基地的转让受到严格限制,但我国有关立法对此却又采取了模糊的立场,这是我国有关农村的经济政策和社会政策尚不完全确定的具体表现,反映了社会过渡时期中的一种立法特点。

但农民可以将其住房用于出借或者出租。

(三) 宅基地使用权的消灭

宅基地因自然灾害等原因灭失、宅基地被征收等原因而归于消灭。

根据《物权法》的规定,宅基地因自然灾害等原因灭失的,宅基地使用权消灭。"对失去宅基地的村民,应当重新分配宅基地。"(第154条)"已经登记的宅基地使用权转让或者消灭的,应当及时办理变更登记或者注销登记。"(第155条)

宅基地及其建筑物被征收时,房屋所有人及宅基地使用权人有权获得补偿。

第十八章　海域使用权

第一节　海域使用权的概念、种类和特征

【基本原理】

一、海域使用权的概念和制度价值

（一）海域使用权的定义

海域使用权，是指民事主体对国家所有的特定海域进行使用和收益的权利。

"海域"，是指我国内水、领海的水面、水体、海床和底土的立体空间；"内水"是指我国领海基线向陆地一侧至海岸线的海滩。

（二）海域使用权的制度价值

在古代和近代社会，人类对海洋资源的利用程度较低，仅限于传统的捕捞、晒盐、航运等利用方式，因而在罗马法上，海洋与阳光、空气等自然界的事物一样，尽管能满足人们的某种需要，但终究不能直接以金钱衡量其价值，所以并未被确认为私法上的物。

在现代社会，随着人类征服自然的能力不断提高，海洋已经成为人类开发利用的重要领域和重要资源。人类开发海洋、使用海域的方式，已扩大到海水养殖、海洋油气开采、滨海旅游等多种行业，并涉及军事、外交、科研调查等诸多部门，海域使用过程中形成的关系错综复杂。海域既为捕捞、航行等海洋利用方式提供了其存在的可能，也为港口、养殖、晒盐、旅游、矿产资源勘探、开采等海洋开发活动提供了必要的空间基础。由于上述海洋开发活动多数都需要占用特定的海域，而在一定的技术条件下，有价值的海域资源毕竟是有限的，因此，海域特别是近岸海域具有稀缺性，海域不仅完全可以为人力所支配，具有独立的经济价值，能够在很大程度上满足人类的生产、生活需要，而且具体海域的

地理位置是固定的,可以通过标明经纬度加以特定化。因此,海域已经具有民法意义上物的特征。由于海域在事实上已经成为民法上的物,故建立与之相适应的民法物权制度,亦当然成为规制海域归属秩序和使用秩序之必须。

我国是海洋大国,拥有近300万平方公里的可管辖海域(相当于陆地国土面积的三分之一),蕴藏着丰富的资源。为加强海域使用管理,统一规范海域物权,促进海洋经济的发展,全国人大常委会于2001年10月通过并颁布了《中华人民共和国海域使用管理法》(以下简称《海域使用管理法》),该法明确规定海域属于国家所有,并专章规定了海域使用权,规定海域使用权的变动以登记为要件,赋予海域使用权人各种保护其权利的法律手段,从而以特别法的形式创设了海域物权制度。

我国《物权法》在其第46条明文规定:"矿藏、水流、海域属于国家所有。"并在第122条明确规定:"依法取得的海域使用权受法律保护。"

二、海域使用权的特征

除具备一般用益物权的特征之外,作为一种新型的不动产用益物权,海域使用权还具有以下重要特征:

(一)海域使用权客体的特殊性

1. 海域的不动产属性

"海域"是包括水面、水体、海床和底土在内的立体物质结构或者立体空间,亦即海域是由前述四个物质要素所整体构成的独立物。与此同时,具体海域的地理位置是固定的,可以通过标明经纬度加以特定化。因此,海域可以成为物权的客体。

从物质形态来看,海域与陆地上的土地具有相同特点:在现代观念中,"土地"被视为包括地表、地上和地下的"三位一体"的立体空间,当土地被作为所有权的客体时,所有人的支配范围及于土地的地表、地上和地下,亦即作为所有权客体的"土地",是包括地表、地上和地下之立体空间的整体;而"海域"同样由水面、水体、海床和底土之"四位一体"的立体空间所构成,作为海域所有权客体的"海域",同样是包括水面、水体、海床和底土在内的立体空间的整体。在此意义上,土地之所以被认定为"不动产",首先在于其整体上不可移动,而海域也具有完全相同的性质。尽管作为海域组成部分的海水是流动的,但如同土地上空的空气之飘忽不定并不影响土地的不动产属性一样,海水的流动不定,也不影响海域的不动产性质。因此,海域为不动产。

2. 海域使用权的客体

传统民法上，用益物权的客体与所有权的客体应为同一客体（如土地所有权的客体为土地，设定于该土地上的地上权的客体亦为该同一土地），而在同一物上，不得设定两个以上以占有为内容的他物权（如不得在同一土地上同时设定两个以上的地上权）。但土地观念的现代化却击破了上述传统规则，其表现为：由于构成土地的三个组成部分（地表、地上和地下）具有单独的利用价值和利用可能，故可以在该三个组成部分上分别设定独立的用益物权（即地上权、地上空间权和地下空间权），而该三个用益物权均以对土地某部分独立空间的占有、使用和收益为内容。

海域也是如此，即在同一特定海域之上，有时也可以分别设定两个以上不同的海域使用权（如养殖海域使用权、港口海域使用权、海洋油气勘探开采海域使用权，等等），这些用益物权分别指向特定海域的某一"组成部分"，其相互之间甚至有可能存在使用上的重叠交叉，亦即同一海域所设定的他物权，其效力有可能并不及于该特定海域之全部立体空间，但这并不影响各个海域使用权的独立存在。

由于海域具有不动产性质，故海域使用权属于不动产用益物权。

（二）海域使用权排他性的特殊表现

海域使用权人有权依海域使用权证书记载的海域使用用途、期限、范围对特定海域进行直接占有、使用和收益，其权利行使不受任何人的不法干预和妨害。与此同时，在同一海域上不容许设立两个或两个以上内容不相容的海域使用权。例如，因水产养殖与海洋盐业是互为干扰和对立的用海活动，故在某一特定海域上已设定养殖海域使用权时，即不允许在同一海域上设定盐业海域使用权；又如，在已设定了港口海域使用权的特定海域上，不允许再行设立养殖海域使用权。

但是，不同海域使用活动的排他性程度有所不同，有完全排他性用海和相对排他性用海之别。因此，海域使用权的排他性仅限于权利实现的必要限度之内。例如，海水养殖主要是对海域之水面的利用，而铺设海底管线、建设跨海桥梁以及隧道等海洋工程对同一海域的水体、底土等其他部分的利用，并不妨碍养殖海域使用权人从事其海水养殖活动，此种情形，海域使用权人不得主张其权利的排他性。对此，我国《海域使用管理法》第23条第2款规定："……海域使用权人对不妨害其依法使用海域的非排他性用海活动，不得阻挠。"

（三）海域使用权具有社会属性

"靠山吃山，靠海吃海。"自古以来，海洋就是沿海渔民的基本物质生存条件，在海域从事捕捞、养殖以及其他生产活动，是渔民的基本权利。因此，在我国立法确认海域所有权归国家享有的同时，必须考虑沿海渔民的根本利益，为其设定满足其生产和生活需要的养殖及其他海域使用权且不应有期限的限制。由此可见，在海域使用权制度的整体安排中，人民群众根据利益的保护，应当是其最为重要的出发点和基本原则。据此，我国在实行海域有偿取得制度的同时，对于渔民使用海域从事养殖活动应进行特殊保护，减收或者免收其海域使用金。（《海域使用管理法》第 33 条及第 36 条）

但是，涉及渔民（即农民）利益保护的海域使用权的此种社会属性，并不妨碍海域使用权的商品属性的存在和作用发挥。如同农村集体土地承包经营权商品化的发展趋势，在保护社会弱势群体与社会稳定的前提之下，建立一种能够充分发挥海域资源的经济效益和促进人民财富增长的海域使用权制度，应当完全是有可能的。

（四）海域使用权行使的公法限制

对海域的使用不仅涉及海域经济价值的保护，而且更为重要的是涉及海洋资源的合理开发及可持续利用、海洋环境保护和海洋生态平衡，甚而至于涉及国家主权的维护和国防安全的保障。因此，海域使用权的行使，不仅要受到民法有关财产权行使的限制，而且要更多地受到公法的限制。对此，《海域使用管理法》具体规定了海域使用权人应当承担的各项法定义务，具体包括：

1. 保护和合理利用海域

海洋功能区划是海洋开发与管理的基础，其核心是根据海洋区位、自然资源的环境条件和开发利用的要求，按照海域功能标准，将海域划分为不同类型的功能区，确定海域使用的最佳功能顺序，以控制和引导海域的使用方向，为合理使用海域提供科学依据。针对我国海域开发利用秩序混乱，养殖与港口锚地、盐田、滨海旅游以及海洋开发国防设施安全之间等一系列用海矛盾日益突出的情况，为了协调行业用海矛盾，充分发挥海洋功能区划在海域使用管理中的作用，《海域使用管理法》第 4 条明确规定："国家实行海洋功能区划制度。海域使用必须符合海洋功能区划。"因此，海域使用权人对海域的使用必须依照海洋功能区划的具体规定进行，必须保护和合理利用海域。

2. 不得擅自改变海域用途

海域使用权人不得擅自改变经批准的海域用途（第 28 条），否则，有关机关将责令其限期改正,没收违法所得,并处非法改变海域用途的期间内该海域面积应缴纳的海域使用金5倍以上15倍以下的罚款;对拒不改正的,由颁发海域使用权证书的人民政府注销其海域使用权证书,收回海域使用权。(第46条)

3. 接受海洋主管机关的监督检查

海域使用权人必须对海洋行政主管部门的监督检查予以配合,不得拒绝、妨碍监督检查人员依法执行公务(第40条第2款),拒不接受海洋行政主管部门监督检查、不如实反映情况或者不提供有关资料的,责令限期改正,给予警告,可以并处2万元以下的罚款。(第49条)

4. 及时通知的义务

海域使用权人发现所使用海域的自然资源和自然条件发生重大变化时,应当及时报告海洋行政主管部门。(第24条第2款)

5. 禁止从事海洋基础测绘

海域使用权人在使用海域期间,未经依法批准,不得从事海洋基础测绘。(第24条第1款)

6. 拆除有害设施和构筑物

海域使用权终止后,海域使用权人必须拆除可能造成海洋环境污染或影响其他用海项目的设施和构筑物(第29条第2款),否则,有关机关得责令其限期拆除;逾期不拆除的,处5万元以下的罚款,并由有关机关委托他人代为拆除,所需费用由原海域使用权人承担。(第47条)

三、海域使用权的种类和期限

(一)概说

海域资源具有稀缺性,故海域使用权具有存续期间。根据各行业用海的不同情况和要求,兼顾不同用海活动的投资和预期收益,并参照各类土地利用年限、矿权存续年限等的规定,我国《海域使用管理法》对海域使用权的主要种类及其最高存续期间作了明确规定:

1. 养殖海域使用权

养殖用海主要包括饲养和繁殖鱼、虾、贝、蟹等海洋生物以及海带、紫菜、医用藻类等海洋植物的用海,其海域使用权的最高期限为15年。

2. 拆船海域使用权

拆船包括岸边拆船和水上拆船。岸边拆船是指废船停靠拆船码头拆解、废船在船坞拆解以及废船冲滩(不包括海难事故中的船舶冲滩)拆解等;水上拆船是指对完全处于水上的废船进行拆解。拆船活动须严格按照国务院1988年5月18日发布的《防止拆船污染环境管理条例》的规定进行。拆船活动的用海最高期限为20年。

3. 旅游、娱乐海域使用权

旅游、娱乐用海是指建设开发海上自然景观、旅游休闲、海水浴场、冲浪娱乐等设施和项目的用海,其最高期限为25年。

4. 盐业、矿业海域使用权

盐业、矿业用海指为开采海盐、采挖海砂、开采海底石油、天然气等矿产资源的用海,其最高期限为30年。

5. 公益事业海域使用权

公益事业用海包括建立自然保护区、修建公益海岸防护工程等的用海,其最高期限为40年。

6. 港口、修造船厂等建设工程海域使用权

港口、修造船厂等建设工程用海,是指建造各类客运、货运港口、码头、锚地等交通运输用海,制造、维修各类军用、民用船只用海,铺设海底电缆管道、隧道、海底仓储等海底工程建设用海,以及其他临海工业工程建设用海等,其最高期限为50年。

除上述《海域使用管理法》列举规定的海域使用权类型之外,其他海域使用权的最高年限应当参照以上类型来确定。如增殖用海以及繁殖重要苗种用海应当参照养殖用海,确定最高年限为15年等。

(二)海域使用权的续期

《海域使用管理法》第26条规定:"海域使用权期限届满,海域使用权人需要继续使用海域的,应当至迟于期限届满前二个月向原批准用海的人民政府申请续期。除根据公共利益或者国家安全需要收回海域使用权外,原批准用海的人民政府应当批准续期。准予续期的,海域使用权人应当依法缴纳续期的海域使用金。"

根据上述规定,海域使用权期限届满时,海域使用权人可以申请续期。海域使用权续期申请应当直接向原批准用海的人民政府海洋行政主管部门提出,无须逐级申报。一般情况下,海域使用权人申请海域使用权续期的,原批准用海的人民政府应当批准其续期申请。申请材料包括:申请书、海域使用权证书、身份证明材料。测量材料则无须提供。对海洋生态环境和海洋自然条件影响较大的项目用海,则还需要提交动态监测报告,海域自然条件发生重大变化的,

应当重新进行海域使用论证。如果因公共利益和国家安全需要使用该海域的,原批准用海的人民政府也可以不批准海域使用权人的续期使用申请。比如,某一利用海域开采矿产的海域使用权人按照《海域使用管理法》第 26 条规定的时间向原批准用海的人民政府提出了海域使用权存续使用申请,但是由于洋流变化或者采矿活动以及其他原因,使得该海域形成某海洋珍稀鱼类的回游和繁殖区域,如果继续进行矿产开采,就会改变该海域的自然条件,造成该海域珍稀鱼类的死亡或繁殖能力的降低,进一步发展将导致该海域的生态系统的恶化,在这种情况下,原批准用海的人民政府就可以不批准进行矿产开采的海域使用权人的续期使用申请。接受续期提出申请的海洋行政主管部门负责进行海域使用权续期申请审核,并出具审核意见报同级人民政府审批。对海域使用权续期申请应当在两个月内作出审批决定。

第二节　海域使用权的物权变动

【基本原理】

一、海域使用权的取得

（一）海域使用权取得的有偿性

《海域使用管理法》第 33 条规定:"国家实行海域有偿使用制度。单位和个人使用海域,应当按照国务院的规定缴纳海域使用金。海域使用金应当按国务院的规定上缴财政。对渔民使用海域从事养殖活动收取海域使用金的具体实施步骤和办法,由国务院另行规定。"第 34 条规定:"根据不同的用海性质或者情形,海域使用金可以按照一次缴纳或者按年度逐年缴纳。"根据上述规定,除渔民的养殖海域使用权之外,其他民事主体无论根据何种方式取得海域使用权,原则上必须承担支付海域使用金的义务。

但考虑到某些用海的非经营性及特殊性,《海域使用管理法》对之实行了海域使用金的减免制度。其中包括:

1. 法定免缴海域使用金的用海:(1) 军事用海;(2) 公务船舶专用码头用

海;(3)非经营性的航道、锚地等交通基础设施用海;(4)教学、科研、防灾减灾、海难搜救打捞等非经营性公益事业用海。

2. 经主管部门审查批准而减缴或者免缴海域使用金的用海:(1)公用设施用海;(2)国家重大建设项目用海;(3)养殖用海。

(二)海域使用权取得的方式

根据《海域使用管理法》的规定,海域使用权的取得方式包括两种:

1. 因行政审批而取得

《海域使用管理法》就海域使用的申请与审批的程序作出了如下规定:

(1)申请。单位和个人可以向县级以上人民政府海洋行政主管部门申请使用海域。申请人应当提交海域使用申请书、海域使用论证材料、相关资信证明材料及法律法规规定的其他书面材料。(第16条)

(2)审核。县级以上人民政府海洋行政主管部门依据海洋功能区划,对海域使用申请进行审核,并依照有关规定,报有批准权的人民政府批准。海洋行政主管部门审核海域使用申请,应当征求同级有关部门的意见。(第17条)有关审批权限的规定是:填海50公顷以上的项目用海、围海100公顷以上的项目用海、不改变海域自然属性的用海700公顷以上的项目用海以及国家重大建设项目用海等,须报经国务院审批;其他项目用海的审批权限,应当依照国务院授权省、自治区、直辖市人民政府作出的相关规定执行。(第18条)

(3)颁证。海域使用申请经依法批准后,国务院批准用海的,由国务院海洋行政主管部门登记造册,向海域使用申请人颁发海域使用权证书;地方人民政府批准用海的,由地方人民政府登记造册,向海域使用申请人颁发海域使用权证书。

海域使用申请人自领取海域使用权证书之日起,取得海域使用权。(第19条)

2. 招标与拍卖

《海域使用管理法》第20条规定:海域使用权除依照行政审批的方式而取得之外,"……也可以通过招标或者拍卖的方式取得。招标或者拍卖方案由海洋行政主管部门制订,报有审批权的人民政府批准后组织实施。海洋行政主管部门制订招标或者拍卖方案,应当征求同级有关部门的意见。"(第1款)"招标或者拍卖工作完成后,依法向中标人或者买受人颁发海域使用权证书。中标人或者买受人自领取海域使用证书之日起,取得海域使用权。"(第2款)

应当指出,除为保障沿海渔民和农民生产和生活需要的海域使用权之外,作为经营性财产权利而设定的海域使用权应当尽量采用招标或者拍卖等公开竞争方式设立,基于海洋资源的保护,国家对于海域使用权的设定应当采取严格的限制措施,但海域使用的行政审批,可以作为海域使用权设立的前置程序,而不应作为海域使用权设立的直接依据,这样可以遏制权力腐败现象,并使国有海域资源实现其最大化经济效益。

(三)海域使用权的变更

海域使用权内容的变更包括海域用途和海域使用权期限的变更。

1. 海域用途的变更

《海域使用管理法》第28条规定:"海域使用权人不得擅自改变经批准的海域用途;确需改变的,应当在符合海洋功能区划的前提下,报原批准用海的人民政府批准。"根据这一规定,海域使用权人确需改变用途且符合海洋功能区划的,其申请审批程序应当遵循一般申请审批程序规定。

2. 海域使用权期限的变更

海域使用权期限届满时,权利人可依照法律规定申请办理权利续期。对海域使用权期限的缩短,现行法无明确规定。由于围海填海造地以外的用海项目一般应按照年度缴纳海域使用金,需要按照规定的程序进行年度审查,因此,海域使用权人如果需要缩短海域使用权期限,可以在年审时提出,经批准后,其海域使用权期限可以缩短。

二、海域使用权的转让、继承、出租和抵押

(一)海域使用权的转让

根据《海域使用管理法》第27条的规定,海域使用权可以依法转让。但因企业合并、分立或者与他人合资、合作经营而导致海域使用权主体发生变更的,需经原批准用海的人民政府批准。海域使用权的转让,应由双方签订海域使用权转让合同,并经登记而发生物权变动。

(二)海域使用权的继承

《海域使用管理法》第27条第3款规定:"海域使用权可以依法继承。"这一规定表明立法者系将海域使用权视为纯粹的财产权利。如海域使用权人为自然人,权利人死亡时,其继承人除可继承被继承人用海所得全部收益之外,在符合法定条件的情况下,可以在海域使用权的存续期间内继续使用相关海域从事生产经营活动。

(三)海域使用权客体的出租和抵押

1. 海域使用权的出租

海域使用权客体的出租是指海域使用权人将特定海域及其用海设施物、构筑物租赁给承租人使用并收取租金的行为。我国《海域使用管理法》未对海域使用权的出租作出规定。但从发展趋势来看,允许海域使用权人将其享有权利的特定海域予以出租,符合海域资源利用的最大化原则。但鉴于海洋资源管理和保护的特殊需要,海域的出租应符合海域管理的相关规定。同时,军事用海单位不得将其所用海域用于商业租赁;公益性质的用海和免交海域使用金的用海,其海域也不得用于经营性出租。

由于海域使用权及于用海人使用的整个特定海域,具有不可分割性。为便于海域使用的管理,规范用海秩序,应当禁止出租部分海域。与此同时,特定海域范围内相关的用海设施和构筑物应连同海域一起出租,对不占用海域的相关设施,由双方协议处理。

海域的出租应当满足一定的条件,即海域使用权人必须已经全部缴清海域使用金,且承租人不得改变用海性质,防止以出租的方式改变海域用途。

此外,有学者建议,对于一些重要的海域的出租,应设置行政许可程序,并将行政批准作为海域租赁合同生效的法定条件,亦即租赁双方当事人应当向海洋行政主管部门申请出租许可。海域使用权租赁合同生效后,出租人应按有关规定缴纳海域租金,并服从海洋行政管理部门的管理。

2. 海域使用权的抵押

海域使用权的抵押往往是海域使用权人将其享有的海域使用权连同用海设施物、构筑物一并设定抵押权,故其具有"集合物"抵押的特点。海域使用权的抵押期限不得超过海域使用权存续期限。

对于海域使用权的抵押,我国《海域使用管理法》未作规定。但随着海域使用权制度的完善,海域使用权的抵押将成为一种重要的担保融资手段。

三、海域使用权的消灭

(一)海域使用权消灭的原因

海域使用权基于下列原因而归于消灭:

1. 特定海域因自然或者人为原因而消失

海域消失而成为陆地可因自然原因而引起(如淤积),也可以因人为原因而引起(如围海造地或填海)。

在围海造地或填海的情形,用海主体应首先取得海域使用权并进行相关的工程施工,待工程完成时,所填海域或所围海域已成为土地,其所有权应属国家。海域使用权人应当在工程竣工之日起3个月内,凭海域使用权证书,向县级以上人民政府土地行政主管部门提出土地登记申请,由县级以上人民政府登记造册,换发国有土地使用权证书,其原享有的海域使用权即归于消灭。(《海域使用管理法》第32条)

2. 海域使用权期限届满未续期或者未能续期

根据《海域使用管理法》第29条第1款的规定,若海域使用权人在其权利期限届满时未申请续期或者其续期申请未获批准,海域使用权即行终止。

3. 海域使用权人放弃海域使用权

海域使用权人如不能或不需继续进行用海活动,可以放弃海域使用权并申请注销登记。注销登记完毕后,海域使用权即终止。

4. 海域使用权因违法行为而被撤销

根据《海域使用管理法》的规定,海域使用权可因两种违法行为而强行撤销:

(1) 擅自改变海域用途而拒不改正;(第46条)

(2) 不按规定缴纳海域使用金。(第48条)

上述情形,应由相关机关责令其限期恢复海域原有用途或限期缴纳海域使用金,若拒不执行,由颁发海域使用证的人民政府注销海域使用证,收回相关海域。

5. 海域使用权因公共利益或国家安全需要而被国家依法收回

(二) 海域使用权消灭的效果

《海域使用管理法》对海域使用权消灭的有关效果作出了以下两条规定:

1. 海域使用权终止以后,原海域使用权人应当拆除可能造成海洋环境污染或者影响其他用海项目的用海设施和构筑物。(第29条第2款)

2. 海域使用权因公共利益或者国家安全的需要而在其期满前提前被依法收回的,国家应当对海域使用权人给予相应的补偿。(第30条第2款)

【理论拓展】

海域使用权与准物权尤其是传统渔业权的立法分界

(一) 概说

在物权法立法过程中,涉及海域使用权的立法安排,存在三个方面的争议问题:一是海域使用权是否为准物权之一种?二是准物权是否应当在物权法中予以规定及其规定的具体位置?三是海域使用权与传统渔业权的相互关系(主要是养殖用海使用权与传统渔业权所包括的养殖权的重叠)如何处理?为此,学者之间发生了激烈的争议,而在物权法草案各次审议稿中,准物权进进出出,海域使用权的规定则从略到详、从详到略。但立法者最终的选择,是将海域使用权和传统的准物权在"用益物权"的"一般规定"中并列加以原则规定,并取消了"渔业权"的权利类型,代之以"使用水域、滩涂从事养殖、捕捞的权利"的用语。

《物权法》第46条规定:"矿藏、水流、海域属于国家所有。"这一规定,是在2001年颁布的《海域使用管理法》首次宣布海域归国家所有的基础上,对海域之国家专属所有权的重申。而《物权法》在其关于用益物权一般规定一章(第十章)中,单条规定"依法取得的海域使用权受法律保护"(第122条)。同时,单条规定"依法取得的探矿权、采矿权、取水权和使用水域、滩涂从事养殖、捕捞的权利受法律保护"(第123条)。前述规定,是对就有关海域使用权及与之相关的某些准物权在物权法中的立法安排而发生的重大争议问题所作的最终立法了结。

(二)立法分析

有学者指出,我国《物权法》将海域使用权与传统准物权分别单独规定,说明了以下问题:

1. 海域使用权不属准物权之一种

就立法技术而言,被类型化的各种权利通常依照其性质和等级被分别纳入相应的权利体系和该种体系中的相应位阶。因此,海域使用权与探矿权等传统准物权被同时纳入用益物权的一般规定之中,自然表明立法者认为这些权利均属用益物权的性质,为用益物权之下位阶权利种类。

而从《物权法》对于各种用益物权的技术处理来看,在用益物权"总则(一般规定)"之后,分别列举规定了四种主要的用益物权类型(土地承包经营权、建设用地使用权、宅基地使用权和地役权),构成用益物权制度的"分则"。而海域使用权和探矿权等传统准物权没有被单列于用益物权分则之中,而是被纳入总则之末尾,仅以"权利类型列举"的方式作出原则性的规定,其规定既未明示这些权利的具体内容,也未说明这些权利在法律适用上的任何特殊性。此种安排,显然表明立法者基于某种考虑,认为这些权利更适合另行以单行法规的方式予以规定的用意。

既然如此,如果海域使用权与其他传统准物权被视为性质相同、位阶相同的权利类型,则其应当合乎逻辑地被规定于同一条文,在此,不存在任何技术障碍。但立法者将有关海域使用权的条文与传统准物权的条文分别单列,这就表明,立法者虽然认为海域使用权和传统准物权同属用益物权类型,但并不认为该两类权利具有完全相同的性质和特征。质言之,立法者将海域使用权和传统准物权的相关法条予以并列,表明其认为海域使用权不是传统准物权之一种。

2. 海域使用权是一种典型的用益物权

(1) 海域使用权与准物权的不同性质

依照物权法定主义,物权种类得依民法典和民法典之外的特别法而创设。但根据传统理论,依特别法设定的探矿权、采矿权和渔业权等,因其特殊性质,不属民法上他物权中用益物权之一种,故将之命名为"准物权"或者"特许物权"。诚然,就准物权是否为一种用益物权的问题存在不同观点①,但各大陆法典型国家或者地区的民法典未将准物权规定于民法典物权编中,却是事实。而准物权在法律特性上与典型用益物权的重大区别,在理论上承认也得承认,不承认也得承认。

然而,作为一种后生性的新型权利,海域使用权却具备典型用益物权的全部特征。对于这些特征,既有研究成果已经予以充分的揭示。其中,对于海域使用权客体的分析,尤其解决了此种用益物权与土地上设立的用益物权在法律特性上的衔接:物权为对物的支配权,物权人所支配的物必须具有现实性和特定性。由此,不动产本身即为不动产用益物权的标的(如建设用地使用权的标的为土地)。海域使用权为对可以特定化的海域的支配,对于整体性的海域使用权,特定的海域是一种可以用土地的原理加以理解的特定的物;对于具体的海域使用权(如养殖海域使用权),则使用权人所具体支配的特定海域的特定水面、水体或者底土,则是一种独立存在的特定的物。而对于海域使用权在设立变更方式上与传统准物权的区别,则从根本上揭示了此两种权利的某些本质差异:典型用益物权主要设定于土地,直接依当事人之间的合意或者在合意基础上依物权登记而设立,故用益物权的设立通常为私法上的行为,物权登记仅为用益物权设立的公示方法,不具行政许可性质。在我国,海域使用权的设立方式与建设用地使用权的设立方式毫无区别。而探矿权、采矿权、取水权和传统渔业权须经行政许可程序方可取得,其设立行为的性质为公法上的行为,并由此导致此类权利在权利存续条件、权利转让、变更及消灭等诸方面的公权力控制。

《物权法》的立法者充分接受了上述理论研究结论,不仅承认了准物权与一般的用益物权"有所不同",注意到"用益物权一般是通过合同设立,探矿权、采矿权、取水权和从事养殖、捕捞的权利是经行政主管部门许可设立",而且明确表示,《物权法》之所以将准物权规定于用益物权的一般规定,其基本理由是考虑到这些权利"主要是对国家自然资源的利用,权利人取得的这些权利后,即享有占有使用和收益的权利,其权能与用益物权是一致的,同时也需要办理登记并进行公示,符合物

---

① 参见梁慧星主编:《中国物权法研究》,法律出版社1998年版,第73页。

权的公示的原则。因此,物权法对这些权利作了原则性、衔接性的规定"①。这就表明,在我国,传统准物权并不被立法承认为一种典型的用益物权,这些权利仅仅是基于《物权法》与我国现行《矿产资源法》、《水法》和《渔业法》"衔接"的需要而被纳入用益物权体系。所谓"衔接"的必要性,主要是基于这些权利是由行政法律所设定的,由于该类法律"各从行政管理的角度对权利进行规范的,这些权利的物权属性并不明确,财产权利的内容并不完善,更缺少对这些权利相应的民事救济措施,因此实践中也出现了一些侵犯权利人合法权益的行为"②。亦即在我国《物权法》上,探矿权、采矿权等准物权仍然是准物权,只是被"视为"一种非典型的用益物权,准用用益物权的一般规则。

(2) 海域使用权在《物权法》未予专章规定的原因

准物权在《物权法》之用益物权编中未被列为与土地上的各种用益物权相同地位的权利而规定于分则,其根本原因在于这些权利从本质上就不属于用益物权,无法完全适用物权法的一般规则。但海域使用权同样也未被列入用益物权编的分则,而是与准物权一样,仅仅在用益物权的总则中作了原则性规定,这是否表明立法者对于此种权利的用益物权属性的认定信心不足?或者将此种权利视为与准物权具有相同性质,仅仅基于权利保护以及规则"衔接"的需要而作出规定?对此,立法者作出了清楚的说明:

首先,立法者承认"海域与土地具有相同的属性","海域使用权是与建设用地使用权等具有相同性质的用益物权"。③

其次,立法者指出,"如果将海域使用权专章规定,会造成《中华人民共和国物权法》用益物权编体系的不平衡"。④

事实就是,同样作为一种后生性权利类型,在我国,海域使用权不同于土地上设定的各种具体的用益物权,是一种概括、抽象的用益物权。

由于我国存在两种不同性质的土地所有权,即国有土地所有权和农村集体土地所有权,该两类土地所有权表现了两种不同的所有制(全民所有制与集体所有制),并具有完全不同的产生或者设立的依据(国有土地所有权主要基于法律、法令的规定而直接产生,农村集体土地所有权则是在集体化运动中,基于作为原土地所有权人的农民的自愿入社的行为而产生)。因此,物权法没有必要在两类土地所有权的基础之上再行设立有关"土地所有权"的一般规则。与此同时,基于国家的土

---

① 全国人大常委会法制工作委员会民法室编:《中华人民共和国物权法条文说明、立法理由及相关规定》,北京大学出版社 2007 年版,第 225 页。
② 同上。
③ 同上书,第 223 页。
④ 同上书,第 224 页。

地政策,两种土地所有权上所设立的使用权制度亦存在重大区别,故物权法亦无必要在两类土地使用权的基础之上再行设立有关"土地使用权"的一般规则,各种国有土地之使用权(划拨土地使用权、出让土地使用权等)并合于"建设用地使用权"加以规定,而农村集体土地使用权则以其不同的设立目的,分为"农村集体土地承包经营权"和"宅基地使用权"两种具体权利类型而在《物权法》中直接加以规定。由此,我国的土地所有权和土地使用权的体系在立法上表现为一种跳跃式的逻辑结构。如下图:

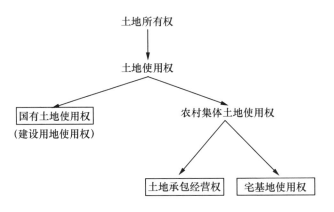

但是,与我国土地存在两类所有权的情况不同,国家为海域的唯一所有权人。而一元体制的海域所有权制度必然产生一元体制的海域使用权制度,从而产生了法律上直接规定海域使用权一般规则的必要性。由此,海域所有权和海域使用权的体系在立法上必然表现为一种非跳跃式的逻辑结构。如下图:

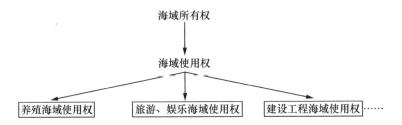

从各种类型化权利在权利体系中的逻辑地位来看,与国有土地使用权(建设用地使用权)居于同一位阶的为农村集体土地使用权,土地承包经营权与宅基地使用权为下一位阶的权利,但《物权法》没有遵守这一体系要求,直接将建设用地使用权与土地承包经营权和宅基地使用权作为三种基本的用益物权并列规定。鉴于上述三种土地使用权实际上均具有"最小权利形态"(即物权公示的基本权利单位),所以,此种规定方式在规则安排和实务操作上不存在任何弊端。然而,在不动产用益物权逻辑体系中,海域使用权与土地使用权处于同一位阶,比建设用地使用权高一级,比土地承包经营权和宅基地使用权高两级,而且,"海域使用权"只是一种理论上抽象存在的权利类型,不能成其为物权公示的基本权利单位,如果将海域使用权作为《物权法》的一章与建设用地使用权等具体权利并列规定,则不仅会使与之相对应的各种用益物权发生更为激烈的逻辑结构上的跳跃,而且基于海域使用权的概括性和抽象性,立法者还不得不在相关章节中再行划分"总则"(海域使用权的一般规定)与"分则"(各种具体的海域使用权),由此可能发生《物权法》之用益物权编体系上的不平衡。为此,尽管一直存在《物权法》应当"专章规定海域使用权"的强烈呼吁,基于上述考虑,立法者仍认为,"强化海域使用权的物权特点,弥补现行海域使用权立法不足的问题,还是应当留待修改《中华人民共和国海域使用管理法》时一并解决"①。

3. 传统渔业权的肢解与重构

传统渔业权主要包括捕捞权和养殖权两项权利。我国现行法上没有出现过"渔业权"的概念,至少在立法上,渔业权不是一种权利类型。我国于1986年1月26日颁布的《渔业法》对养殖和捕捞等权利作出了规定,并设置了"养殖使用证"等制度。在起草《海域使用管理法》的过程中,对于如何衔接《渔业法》和《海域使用管理法》之间的关系,展开过激烈讨论,其最终的结果,是修改了《渔业法》中的相关规定,把"养殖使用证"改为"养殖证"。这些讨论和立法上所作的努力,虽然并没有从根本上清晰地解决海域使用权中的养殖海域使用权与渔业权中的养殖权的冲突,但是,立法者试图尽量维护海域使用权的整体性的意图是十分明显的。

而对于《物权法》第122条和第123条的规定及其有可能发生的矛盾,应当作出如下分析:

(1) 在《物权法》第123条中,没有出现"渔业权"的用语,亦即在我国立法上不存在渔业权的权利类型。因此,继续用传统渔业权的理论去论证作为一种独立存在的权利类型以及渔业权应当包含的权利范围,没有立法上的根据。

(2) 前述法律条文将与传统渔业权有关的权利表述为"使用水域、滩涂从事养殖、捕捞的权利",实际上是重新确定了我国渔业权的具体内容。而该条文在"使用水域……从事养殖……的权利"的表达中,"水域"是"从事养殖等活动的权利"的地域范围,就一般理解,"水域"既包括内水水域,也包括海域。由于海域使用权中已经包括养殖海域使用权,因此,如果将"使用水域从事养殖的权利"解释为包含与养殖海域使用权内容相同的"使用海域从事养殖的权利",则两者之间必然要发生重叠或者冲突。对此,应当依照法律解释的原则予以正确解释。

---

① 全国人大常委会法制工作委员会民法室编:《中华人民共和国物权法条文说明、立法理由及相关规定》,北京大学出版社2007年版,第224页。

(3) 依照文义解释方法,同一法律用语适用于不同场合,当具有不同含义。而民法上的"权利"至少包括三种完全不同的类型:一是"实体性权利",即为法律强制力所保障实现的财产利益或者人格利益(如所有权、债权等);二是"程序性权利",即不以直接保障权利人自身利益实现为目的而仅发生程序性效果的权利(如撤销权、追认权、抗辩权等);三是"资质性权利",即权利人有从事某种特定活动的法律资格(如代理权、监护权等)。

在海域使用权已经被明确定性为典型用益物权的条件下,养殖海域使用权应当被解释为"实体性权利"而非"程序性权利"或者"资质性权利"。而"使用水域从事捕捞的权利"只能被解释为"资质性权利",至于使用水域从事养殖的权利则可以被解释为"实体性权利",也可以被解释为"资质性权利"。

(4) 但依照体系解释方法(即依"法律条文在法律体系上的地位,即依其编、章、节、条、款、项之前后关联位置,或相关法条之法意"①,对有关规范的意旨予以阐明),则在《物权法》第122条对于包括养殖海域使用权在内的海域使用权已经明确定位的情况下,第123条中所规定的"使用水域从事养殖的权利",应当被解释为"资质性权利"而非"实体性权利"。与此同时,鉴于在第123条中,"使用水域从事养殖的权利"与"使用水域从事捕捞的权利"被置于同一位置,亦即此处的"养殖权"和"捕捞权"应属同一性质,故亦应将此处的"养殖权"解释为"资质性权利"。

(5) 依照法意解释(又称立法解释、沿革解释或者历史解释),相关权利在立法过程中的发生、发展及变化,应当作为法律解释的重要依据。而海域使用权作为一种新型的、概括性的权利类型,已经被立法予以明确规定。与此同时,原《渔业法》中"养殖使用证"的被废止并取代为"养殖证"的修法事实,也表明了立法对传统渔业权中捕捞权和养殖权的资质性权利性质的认可。

(6) 依照目的解释方法,《物权法》第122条及第123条将海域使用权和准物权分条单独规定的目的,是为了界分两类不同性质的权利,而不在使两类权利发生重叠和混淆。为此,将"使用水域从事养殖的权利"解释为"资质性权利",即从事养殖经营活动的法律资格,以此避免海域使用权中的养殖海域使用权与渔业权中的养殖权的冲突,维护海域使用权在权利变动、权利行使和权利管理上的统一性,符合立法的目的。②

---

① 梁慧星:《民法解释学》,中国政法大学出版社1997年版,第217页。
② 尹田:《论海域使用权与准物权的立法分界》,载《海洋开发与管理杂志》2007年第6期。

第十九章　地役权

第一节　地役权的概念、特征和种类

【基本原理】

一、地役权的概念和制度价值

（一）地役权的定义

地役权是指"按照合同约定，利用他人的不动产，以提高自己的不动产的效益"的用益物权（《物权法》第156条第1款）。例如，土地相邻的甲、乙双方约定，甲可利用乙的道路通行，为此，甲向乙支付一笔费用。甲依照约定，基于对自己土地利用的更加方便而对乙的土地进行利用的权利，即为地役权。

"地役权"是一个中国传统民法中的用语，其中，"地"是指土地，"役"是指一种负担。与地上权（如建设用地使用权）不同，地役权人并不对他人的土地进行排他地占有、使用和收益（修建建筑物等），而只是为更加方便或者更有效益地利用自己的土地而利用他人土地，其利用方式为对他人土地增加某种负担。

在地役权关系中，被设定地役权之负担的不动产称为"供役地"；获得利用上的便利的土地为"需役地"（《物权法》第156条第2款）。供役地和需役地通常是相邻的不动产，但在并不相邻的不动产之间，也可以设定地役权。例如，甲的承包地与河流之间，为乙和丙的承包地。甲为提高其承包地的粮食产量，在集体经济组织修建的水渠供水不足的情况下，通过与乙和丙协商，利用乙和丙的承包地另行埋设管道以引水灌溉其土地。此种情形，虽甲的土地与丙的土地并不相邻，但甲不妨可在丙的土地上设定地役权。

在一些国家（如法国）的民法上，除当事人约定产生的地役权（意定地役权）之外，还存在法定地役权，即直接根据法律规定而产生的地役权。我国《物权法》没有对法定地役权作出规定。

(二) 地役权的制度价值

1. 地役权的历史沿革

地役权的历史与人类对土地的开发经营历史是相互平行发展的。地役权产生于罗马法。在古代社会，罗马帝国是一个干旱的国家，地役权首先出现于其农村的最为重要的原因，与古罗马人对水的利用需要（引水渠、汲水槽、取水装置、牲畜饮水槽、下水道等）密切相关。因此，在罗马时代，地役权是与土地不可分离的一种具有永久性的他物权。①

在罗马法上，地役权是所谓"役权"的一种。役权大致可被分为不动产役权与人役权两类：不动产役权系为特定不动产的利益而使用他人不动产的权利，其又可分为地役权与建筑物役权。建筑物役权是指为特定建筑物的利益而利用他人的建筑物的权利（如需役建筑物得使用供役建筑物的支柱、需役建筑物的雨水得流入供役地、供役建筑物不得妨害需役建筑物的眺望或不得妨害其光线等）。人役权系为特定的人的便利而利用他人的动产或者不动产的权利，主要包括用益权（对于他人之物的使用、收益的权利）、居住权（居住他人房屋的权利）、劳役权（得利用他人的奴隶或者家畜的权利）等。② 总的来说，在罗马法时期，在土地或者其他财产上设置"重叠"的各种权利，扩展和增加了对土地及其他财产经营开发的可能性，有利于调节土地的利用，提高需役地的使用效率，故包括地役权在内的役权制度在罗马社会具有重要作用。

近代以来，由于物权法定原则的实行，复杂的旧物权得以整理，地上权、永佃权等制度相继发达，加之所有权自由化与土地解放思潮的盛行，对于土地所有权加以限制的役权遂受到一定排斥。因此，各大陆法系国家和地区虽然继受罗马法均规定了役权制度，但其内容已大为简化。其中，罗马法上的"人役权"制度，亦为法国、德国、瑞士等国民法经整理后所规定（如《法国民法典》规定的用益权、使用与居住权等；《德国民法典》规定的用益权及限制的人役权等）。但人役权制度未被日本民法和我国台湾地区民法所采用。

2. 地役权的现代发展

古老的地役权制度在现代的命运究竟如何？对此，法国学者的阐述比较深刻。他们指出：如果说，在法国农业社会悠久的历史发展中，地役权是基于对水的利用而产生的话，那么，19世纪以来，地役权的发展则与法国工业（包括修建水坝和运河）相联系。不过，虽然地役权在现代法国社会继续发挥重要作用并

---

① 尹田：《法国物权法》（第2版），法律出版社2009年版，第414页。
② 谢在全：《民法物权论》（上册），中国政法大学出版社1999年版，第421页。

引起大量纠纷,但现代社会中的地役权却存在一种"衰退"的趋势,有时甚至代表了一种"过时的事物",其原因不仅在于法国农村的消退,而且还在于国家的干预(例如,有关行政法规对于水的引导的规定常常代替了传统的引水槽地役权;对于房屋高度的规定代替了"不得建筑"地役权;对于废水排放的规则代替了下水道地役权等)以及公共权力对不动产所有权的限制(如城市规划、有关军事、航空等方面的规定对不动产所有权的限制等)。这些由行政法规直接设定于不动产上的负担,法国人有时将之称为"行政地役权"(servitudes administratives)。

在《法国民法典》上,依据法律规定直接产生的地役权(法定地役权)是一种非常重要的权利。该法第650条规定:"为公共的或地方的利益所设立的地役权,得以沿通航河流的纤道、道路及其他公共工程或地方设施的建筑或修缮为标的。"(第1款)"一切有关此种地役权的事宜,由法律及特别规章确定。"(第2款)根据上述规定,在现代法国,基于社会公共利益的需要,大量的各种规定将有关土地的限制强加给不动产所有人,其广泛涉及通讯、交通、国防军事、城市规划、森林保护、文化遗产保护等各个领域。这些对不动产的限制远远超出了法定地役权的范围,虽被称为"行政地役权",但因其设定的目的是基于公共利益的需要而非对需役地的利用,尽管在某些情形,其具有利用土地的特点,但系以间接的和从属的名义,故其并非真正的地役权。[①]

由此可见,在土地资源的利用被严格管理的现代社会,以私人不动产利用为目的的地役权的适用范围日渐狭小。在中国城市,一切建筑行为均被置于行政审批(包括规划许可、建设许可以及环保、消防、人防等审查批准)的严格控制之下,涉及光照、日照、噪声、眺望、屋檐滴水、通行、管线埋设或者架设等相邻或者不相邻不动产的利用关系,通常必须依照行政程序予以安排和解决,所谓"为更有效率地利用不动产而以协商的方式为他人不动产设置负担"的必要性和可能性,日趋减少。但在中国农村,由于土地承包制的实行,小块土地相互之间设定负担以利于土地的使用,确实会在一定范围内存在。然而,随着"社会主义新农村"的建设而逐步推广的耕地、集体建设用地和宅基地的整体使用以及农业现代化的进程,以满足小农经济需要为主要特征的地役权的日渐消亡,应当是一种未来的发展趋势。

与此同时,法定地役权以及其他对不动产权利行使的法律限制适用范围的扩大,有可能正是现代社会经济发展的必然结果:当有关交通、能源、通讯等关

[①] 尹田:《法国物权法》(第2版),法律出版社2009年版,第145—146页。

系国计民生重大利益的建设项目的实施被认为构成公共利益之时,由此而需要对集体土地或者私人不动产所设置的负担或者限制,如果采用"协商议定"的方式,则几乎是行不通的。而通过一定的行政法规对之予以强行并且合理的安排,应当是实现公共利益和私人利益之间的平衡的最佳途径。

因此,我国《物权法》应当增加设置有关法定地役权的规定。

二、地役权的特征

(一) 地役权主体的特征

地役权的主体原则上仅限于不动产所有人或者用益物权人。

在传统理论上,需役地所有人得成为地役权人,而且,当需役地上被设定地上权等用益物权时,原设定的地役权应当由地上权人、永佃权人、典权人或者租赁权人继续享有。与此同时,当有地役权负担的供役地被设定用益物权时,用益物权人应继续承受该项负担。此外,传统理论也承认需役地和供役地的地上权等用益物权人有权设定地役权,只是其地役权的存续期间不得超过用益物权的存续期间。

但不动产的租赁权人可否取得地役权或者在其不动产上设定地役权呢?对此,学说上基于不动产租赁的物权化倾向,多认为应当予以承认。但也有学者认为,不动产租赁权人可以为利用租赁物的便利而在他人不动产上设定地役权,但由于租赁权人不享有物权,故不可以以租赁的不动产作为供役地而设定由他人所享有的地役权。[①]

我国《物权法》第 162 条规定:"土地所有权人享有地役权或者负担地役权的,设立土地承包经营权、宅基地使用权时,该土地承包经营权人、宅基地使用权人继续享有或者负担已设立的地役权。"这一规定主要针对的是集体所有的土地。根据这一规定,在土地承包经营权或者宅基地使用权设立之前,如果因该土地的利用(需役地)而已经设定了地役权,或者该土地被作为供役地而设定了地役权负担,则土地承包经营权人或者宅基地使用权人可继续享有地役权或者继续承受地役权的负担。例如,某集体经济组织在将特定土地发包之前,已经基于该土地的利用而对相邻的土地设定了埋设引水管道的地役权,则在该土地被承包之后,承包权人应继续享有该项地役权;又如,集体经济组织在将土地发包之前,已经在该土地上设定了他人的通行权,则在该土地被承包之后,该通

---

① 史尚宽:《物权法论》,中国政法大学出版社 2000 年版,第 230 页。

行权应继续存在。

此外,我国《物权法》第161条规定:"地役权的期限由当事人约定,但不得超过土地承包经营权、建设用地使用权等用益物权的剩余期限。"根据这一规定,在承包的集体土地或者受让的国有土地上未设定地役权负担或者未因该土地的利用而在他人土地上设定地役权时,承包经营权人或者建设用地使用权人有权基于该土地的利用而在他人不动产上设定地役权或者在该土地上设定地役权负担,但该地役权的期限被限制于承包经营权或者建设用地使用权的存续期间范围之内。

就不动产的承租人可否因其对不动产的利用而在他人不动产上设定地役权以及可否在租赁物上设定他人享有的地役权问题,我国《物权法》未作规定。但鉴于地役权的功能仅在于对不动产设定某种负担,不动产承租人为利用租赁物而设定地役权或者为他人对不动产的利用而限制自己对租赁物的利用,均不损害出租人的利益,因此,应当允许承租人在租赁期间内享有地役权或者承受地役权负担。

(二)地役权客体的特征

地役权为设定于他人土地上的用益物权,故地役权的客体是他人的土地,包括土地的地表,也包括土地的地下或者地上的空间。

根据我国《物权法》第156条的规定,"供役地"是指"他人的不动产";"需役地"则指地役权人"自己的不动产"。基于对这一规定的不同理解,理论上就地役权的客体存在三个有所争议的问题:(1)除土地之外,地役权的客体是否还应包括建筑物等?(2)"他人土地"是否仅限于他人享有所有权的土地?(3)地役权可否设定于自己的土地?传统理论认为,地役权的客体只能是土地而不包括建筑物[1],但很多学者认为地役权可设定于土地和建筑物等其他不动产[2];有人认为,设定地役权的"他人不动产"包括他人享有所有权或者用益物权的不动产[3],但也有人认为,该"他人不动产"仅指他人享有所有权的不动产,因此,用益物权人仅可以在自己的"权利上"为他人设定地役权,从而使该权利成为"供役地"。[4] 就地役权可否设定于自己土地的问题,很多人借鉴传统理论持肯定态度,指出:在两宗土地所有权同属于一人的情形,如果所有人在其中一

---

[1] 史尚宽:《物权法论》,中国政法大学出版社2000年版,第231页。
[2] 崔建远:《物权法》,中国人民大学出版社2009年版,第367页。
[3] 同上。
[4] 王利明、尹飞、程啸:《中国物权法教程》,人民法院出版社2007年版,第401页。

宗土地上设定了他人享有的用益物权,则在前一宗土地利用需要的情况下,应当允许土地所有人在后一宗土地上设定地役权。[①]

对于上述三个问题,正确的看法应当是:

1. 由于对建筑物的利用离不开对土地的利用,故不存在仅仅在他人的建筑物上设定地役权的可能。因此,从简便出发,应当将地役权的客体认定为他人的土地,即使对于土地上的建筑物设定的负担,也可视为对该土地设定的负担。

2. 在地役权制度中,所谓"自己的土地"(需役地)以及"他人的土地"(供役地),应当指当事人享有占有、使用权利的土地,包括土地所有权和建设用地使用权等用益物权,而不应理解为仅指自己或者他人享有所有权的土地,否则,就不能解释为什么法律允许承包经营权人等在其承包的土地上设定地役权。不仅如此,土地所有人在土地上设定了土地承包经营权或者建设用地使用权、宅基地使用权等用益物权之后,"未经用益物权人同意,土地所有权人不得设立地役权"(《物权法》第163条)。这就表明,无论是需役地或者供役地,在未设定承包经营权等用益物权的情况下,仅土地所有人有权对之设定地役权或者地役权负担。一旦土地上设定了承包经营权等用益物权,则用益物权的排他性即排斥了土地所有人对土地的占有、使用和收益,也当然排斥了土地所有人自行在其土地上设定地役权或者地役权负担的权利,此项权利依法应由用益物权人享有。

3. 土地所有人在土地上设定他人享有的承包经营权等用益物权后,即丧失对该土地的占有、使用权利,在地役权关系的角度来看,该土地即成为"他人的土地"(即他人享有占有、使用权的土地)而非土地所有人"自己的土地"(即所有人自己享有占有、使用权的土地)。土地所有人可以与承包经营权人经协商,在该承包土地上为自己的其他土地的利用而设立地役权,但该地役权应当视为设定于"他人土地"之上。

(三)地役权内容的特征

地役权是权利人为利用自己的土地而对供役地的支配权利。但与土地承包经营权、宅基地使用权以及建设用地使用权等以对他人土地的占有、使用和收益为内容的用益物权相比较,地役权在内容上具有以下特点:

[①] 崔建远:《物权法》,中国人民大学出版社2009年版,第367页。

1. 地役权的内容具有约定性

地役权之外的不动产用益物权的内容具有法定性,原则上不容许当事人通过约定而加以改变,亦即同种类的用益物权具有相同的内容,唯如此,用益物权的效用才能充分发挥,同时,也方便用益物权的公示及有利于用益物权的交易进行。例如,甲享有的建设用地使用权与乙享有的同种权利具有完全相同的内容;又如,土地承包经营权为对集体土地的占有、使用和收益的权利,当事人不得通过约定取消其中任何一项权能。基于此,物权法理论多将物权法定原则解释为对物权设立的两项限制:(1)类型强制(即物权种类由法律明文规定,当事人不得自行创设法定物权之外的物权类型);(2)类型固定(即物权的内容由法律明文规定,当事人不得通过约定对物权的内容进行限缩或者增加,如将所有权的内容限缩为对所有物的占有、使用和收益三项权能)。

但与之不同,地役权人对供役地的利用方式多种多样,有的需以对供役地部分地表、地下或者地上的空间"固定的"占有为内容(如铺设管线的地役权),有的以对供役地部分空间"临时的"占有为内容(如通行地役权),有的则不以对供役地的任何占有为内容(如眺望地役权)。因此,地役权的具体内容由当事人自行约定,不同的地役权具有完全不同的内容,作为一种用益物权,法律对地役权的内容仅抽象地限定为对他人不动产的"利用"(《物权法》第 156 条),但如何具体利用,纯然由当事人选择确定,只要符合"以需役地的利用为目的而使供役地承受某种负担"的条件,则均可构成地役权的内容。当然,当事人有关土地利用的某些请求权的约定,则不属地役权的内容范围。

2. 地役权所产生的负担常常仅及于供役地的部分而非全部

地役权之外的不动产用益物权通常是对特定不动产整体性的支配,亦即建设用地使用权、土地承包经营权等他物权需整体设定于一个独立的不动产(独立物)之上,而不能设定于一个独立物的部分之上,与此同时,一个所有权的客体上只能设定一个此类用益物权。

但地役权与之不同,对于供役地的利用,某些地役权有可能涉及其全部(如眺望地役权),但很多地役权仅涉及供役地的一部分(如通行地役权、引水地役权等)。因此,在同一宗土地上可以设定两个以上不同类型的地役权,例如,就同一宗土地可以同时设定眺望地役权、通行地役权、引水地役权等;而在同一宗土地上也可以设定两个以上同种类型的地役权,例如,在同一块包括两条通道的承包地上不妨设定两个以上的通行地役权,且分别由不同的地役权人所享有;又如,在同一块土地的不同部分不妨设定两个以上的埋设管线的地役权。

3. 地役权人对供役地的利用通常不具有独占性和排他性

建设用地使用权等用益物权以对他人不动产的独占利用为基本特征,此类用益物权的设定,即排除了所有人以及第三人对同一不动产的占有、使用。

但与之不同,地役权的内容即使表现为对供役地的地表、地下或者地上的物质性的利用,此种利用也通常不具有独占性和排他性,亦即地役权人的利用并不排斥供役地权利人为相同之利用(如在设定通行地役权的情形,地役权人有权利用供役地的通道通行,供役地权利人同样可以利用同一通道通行),甚至并不排除其他地役权人为相同之利用(如在道路所提供的交通容量允许的条件下,在供役地同一道路上,不妨设定两个以上的通行地役权)。

由此可见,当事人可以对供役地的利用采取多种多样的方式。在供役地权利人与一个或者数个地役权人对供役地进行共同利用的情形,有关利用的方法、相关设施的建设与维护以及费用的分摊等问题,可以由当事人协商议定。

(四)地役权的从属性和不可分性

1. 地役权的从属性

地役权的从属性是指地役权依附于需役地所有权或者承包经营权等用益物权而存在。

与其他用益物权不同,地役权是为自己土地利用的便利而设定于他人土地上的权利,亦即地役权是服务于需役地权利人利用土地的需要而设定的一种权利,因此,需役地权利人之权利的存在,是其设定的地役权存在的必要条件,并由此决定了地役权具有从属性:

(1)需役地权利人之土地利用权利的存在,是其设定地役权的前提

有权在他人土地上设定并享有地役权的人,只能是对需役地享有所有权或者建设用地使用权、承包经营权等权利的人。因此,地役权只能伴随需役地所有权或者承包经营权等权利的存在而存在。如果需役地所有权或者承包经营权等因需役地的消灭而消灭,地役权也归于消灭。

但应注意的是,需役地所有人在他人土地上设定的地役权,不因需役地所有人在需役地上设定他人享有的承包经营权等用益物权而归于消灭,该地役权应由承包经营权人继续享有,而在土地所有人因承包经营权期限届满等原因而收回土地时,该地役权依然存在。

应当指出,在不存在需役地的情况下,当事人就在他人土地上通行等所设定的权利,因不是为了自己土地的利用而是为了行为人的利益,故不属地役权,而因属"人役权"的性质。我国《物权法》未规定人役权,当事人设定的该类权

利仅具有债权的性质。

(2) 地役权不得脱离需役地而由当事人单独享有

地役权不得脱离需役地而单独存在。这是因为,地役权系为需役地的利用而设定,如其脱离需役地而单独存在,则因地役权人对需役地不享有占有、使用的权利,地役权的设定目的即不能实现,故地役权不得与需役地脱离而单独存在。其具体包括以下情形:

第一,地役权人不得保留对需役地享有的所有权或者承包经营权等权利,而单独将地役权转让给对需役地不享有占有、使用权利的第三人。

但应注意,集体土地所有人将土地发包给承包人,或者承包经营权人将承包地转包给第三人,该土地上原设定的地役权应由承包人或者次承包人继续享有,此种情形,虽地役权人发生变动,且土地所有人并未丧失所有权,承包人也未丧失承包权,但因承包经营权人或者次承包人享有对土地的占有、使用权利,故不属于地役权的单独转让。

第二,地役权人不得保留地役权而将其对需役地的所有权或者承包经营权等转让给第三人。

第三,地役权人不得将其对需役地享有的所有权或者承包经营权等权利与地役权分别转让给不同的他人。

对此,我国《物权法》第164条明确规定:"地役权不得单独转让。"

(3) 地役权不得单独成为抵押权的标的

由于抵押权的实现将导致抵押物的转让,故不得以地役权单独作为抵押权的标的。我国《物权法》第165条规定:"地役权不得单独抵押。土地承包经营权、建设用地使用权等抵押的,在实现抵押权时,地役权一并转让。"依照这一规定,在当事人将土地承包经营权、建设用地使用权设定抵押权时,地役权应随之而设定抵押,并在抵押权实现时,随土地承包经营权、建设用地使用权的拍卖、变卖等而同时发生转让。

(4) 地役权随主权利的转让而转让

《物权法》第164条规定,"土地承包经营权、建设用地使用权等转让的,地役权一并转让,但合同另有约定的除外"。依照这一规定,地役权被视为设定地役权的需役地所有权或者承包经营权等权利的从属性权利(从权利),在土地承包经营权等发生转让时,如当事人无相反约定,地役权依法应随主权利的转让而发生转让。所谓"合同另有约定",是指需役地承包经营权、建设用地使用权的权利人在与供役地权利人协议设定地役权时,在其地役权设立合同中明确约定,一旦承包经营权或者建设用地使用权发生转让时,该地役权即归于消灭。

此种约定合法有效。

2. 地役权的不可分性

地役权的不可分性是指地役权须整体存在,不可被分割为几个部分而分别为数人享有或者行使。

由于需役地所需要的利用具有整体性,而供役地所提供的便利(即供役地承受的负担)也具有整体性,故在需役地为数人共有的情形,共有人不得按其共有份额行使地役权;而在供役地为数人共有的情形,共有人不得按其份额承受地役权负担。

在需役地被分割或者部分转让的情形,如果分割后的需役地涉及地役权享有的,或者需役地被转让的部分涉及地役权享有的,则该需役地权利人应共同享有地役权。例如,甲、乙为其享有共有权的承包地的利用设定了在丙的土地上通行的地役权,后该承包地被分割为两部分,分别由甲和乙享有承包经营权。在必要的情况下,甲和乙均有权利继续享有该通行地役权;又如,甲为利用其不动产,在相邻的乙的土地上设定了通行地役权,后甲将其不动产的一部分转让给丙,在必要的情况下,丙有权利与甲共同享有该通行地役权。

供役地被分割或者部分转让的情形,如果分割后的供役地涉及地役权负担的,或者供役地被转让的部分涉及地役权负担的,则该供役地权利人应共同承受地役权负担。例如,甲、乙在其享有共有权的承包地上为丙设定了引水渠地役权,后该承包地被分割成为两部分,分别由甲和乙享有承包经营权。如果该引水渠经过该两部分承包地,则甲和乙应共同承受该引水渠地役权负担;又如,甲在其土地上为乙设定了通行地役权,后甲将该土地的一部分转让给丙,但该地役权所涉及的道路经过丙所受让的部分土地,则丙应与甲共同承受地役权负担。

对此,我国《物权法》第166条规定:"需役地以及需役地上的土地承包经营权、建设用地使用权部分转让时,转让部分涉及地役权的,受让人同时享有地役权。"第167条规定:"供役地以及供役地上的土地承包经营权、建设用地使用权部分转让时,转让部分涉及地役权的,地役权对受让人具有约束力。"

三、地役权的种类

(一)概说

地役权涉及不动产利用的各个方面,在农村,其主要涉及土地耕种、放牧、引水、排水、汲水等生产或者生活需要,而在城市,则更多地涉及通行、采光、通风、排水、眺望等生产或者生活需要,故根据其内容,存在各种类型的地役权。

在传统理论上,根据设定依据的不同,地役权可分为法定地役权与意定地役权两种,而根据需役地获益的不同情形,地役权可分为积极的地役权与消极的地役权两种。

"积极的地役权"又称"作为地役权",是指地役权人有权对供役地实施特定的行为以满足其土地利用的需要的地役权,如通行地役权、引水或者排水地役权、放牧地役权等。设定此种地役权的供役地所有人或者使用权人应当承担一种"容忍",亦即为地役权人提供一定的便利而限制自己权利的行使。

"消极的地役权"又称"不作为地役权",是指供役地所有人或者使用权人承担某种不作为义务的地役权。如眺望及不得建筑的地役权:B 土地位于海洋与 A 土地之间,两块土地的权利人可通过约定在 B 土地上设立一项不得修建超过一定高度的建筑物的地役权,以使 A 土地的使用人能够眺望大海。

在地役权的各种分类中,依照地役权行使方式的分类具有特别重要的法律意义。

(二) 依照地役权行使方式的分类

1. 持续性地役权与非持续性地役权

根据地役权的行使是否需要人的介入,地役权被分为持续性地役权与非持续性地役权。

持续性地役权,为无须人的积极行为即可持续行使的地役权,亦即这种地役权的行使无须需役地所有人或者使用权人的积极行为及重复实施的行为。例如,眺望地役权通过自然状态而表现;又如引水渠地役权通过当事人所修建的基础工程而表现,而行使前述地役权无须地役权人行为"实际的"介入。

非持续性地役权则涉及需役地所有人或者使用权人积极行为的介入,如通行地役权、汲水或放牧的地役权,这些地役权的行使依赖于地役权人现实的积极行为。

持续性地役权与非持续性地役权的分类意义主要在于有助于确定地役权的时效取得。因地役权取得时效的完成需当事人对他人的土地持续利用达到法定期间,故一般而言,仅持续性地役权可因时效而取得。

就如何判定地役权属于持续或者非持续性质,法国的司法实务提出了一些判断标准:某些情况下,即使地役权的行使涉及某些外部的、永久性的设施,只要其权利的行使须依赖于人的行为,且该地役权不经人的介入即不能更新,则该种地役权应为非持续性的。如法国最高法院第三民事法庭 1976 年 5 月 11

日判决的一项涉及污水排放地役权的案件中,波内(Bonnet)为排放其厕所溢出的污水,在 30 年中,使用了一条穿越其邻人拉卡兹(Lacaze)土地之下的管道。上诉法院判决:"因之以一种永久性设施及表见的方式持续地行使地役权,虽然其间断地使用(反复中止及重新使用),但包含了一种人的积极行为,其也因取得时效而取得了地役权。"后此项判决被法国最高法院撤销,其理由是:"作为表见的地役权,这一排污管道的地役权的行使须人的行为,非人的行为的重新介入不得自行持续,故其具有非持续性特点,不得适用取得时效的规定。"

相反,在另一些情形,尽管地役权的行使需要人的介入,但如果人的行为的介入是次要的,则该种地役权为持续性地役权。如法国最高法院第三民事法庭 1981 年 6 月 23 日在一因取水地役权而发生的纠纷的判决中指出:"地役权的非持续性只能表现为于其存在于权利行使中的人的行为,如为永久性设施设置的结果,且可以用持续方法行使时,尽管其使用只能是间断的且须有人的介入(暂停和重新使用),其也不能被视为非持续性地役权。"该案件涉及对于一池塘水的使用权利,其一方面必须依赖于一道闸门及一条引水渠(此非"人的积极行为"),另一方面,其又依赖于放水人的间断的开启行为,此构成"人的积极行为",但其为次要的。因此,该地役权属持续性的、表见的,可以适用取得时效。①

2. 表见地役权与非表见地役权

表见地役权是指由外部设施物表现出来的地役权,如在道路上通行的地役权、其管道铺设于地面的引水地役权等。但在某些情况下,即使外部设施并不明显,如果供役地权利人能够判断地役权负担的存在,则仍有可能构成表见地役权。例如,当事人以可见的和永久性的砖石砌筑设施引水,虽然该管道系统埋在地下,但其地役权也足以被认为具有表见性质。

非表见地役权则无外部表现形式,如不得超过特定高度修建建筑物的地役权、无专设道路的通行地役权等。但在某些情况下,即使地役权的外部表现并不明显,只要存在足以使供役地权利人判断地役权负担的存在的客观情况,则也有可能不构成非表见地役权。例如,无专设道路的通行地役权如果通过一扇门而具有外部表现,则仍属于表见的地役权。

上述分类的意义仍在于有助于地役权的时效取得的确定:只有表见地役权才能通过取得时效而取得。

---

① 尹田:《法国物权法》(第 2 版),法律出版社 2009 年版,第 423—424 页。

第十九章 地役权

【理论拓展】

法国民法有关地役权成立条件的理论简介

法国民法上，地役权作为一种不动产物权，其成立应具备三个条件：一是土地的存在；二是建立于两块土地之间，该两块土地分属两个所有人；三是其中一块土地向另一块土地提供服务。

（一）土地的存在

地役权以对不动产的使用或利用的实际行为为前提，故地役权只能设定于按其性质为不动产的财产（土地、房屋）[①]，而不能设定于不动产附着物。历史上，地役权的这一特点首先为罗马法所规定："之所以将土地上的负担称为地役权，是因为其脱离土地即不可能存在。如果某人非某一土地的所有人，则不可能在事实上获得或持有一项乡村或城市土地的地役权。"[②]与此同时，地役权还不能设定于作为"公产"一部分的不动产，因为这些不动产不能成为个人所有权的标的。

（二）两项不动产所有权的存在

根据一条古老的格言即"当事人不得就自己的财产享有地役权"（nemini res sua servit），地役权须以两项不同所有人的不动产所有权的存在为前提，其中一为需役地，一为供役地（不过，这一规则不适用于为公共利益而设定的法定地役权）。通常情况下，这两项土地相邻甚至于毗邻，其可使一方为另一方所利用。而根据《法国民法典》第705条的规定："如负担地役权的土地与享有地役权的土地同归一人所有时，地役权即归于消灭。"总之，一项共有权的两个份额之间，不产生地役权。而当一所有人利用自己的土地实施有利于其地役权的行使的行为（如使引水槽穿过自己的土地以从另一当事人之处引得用水）时，这种情形也不构成地役权。地役权仅得在前述土地后来被分割并分属两个不同的所有人时方可产生，在法国法上，其被称之为因"尽善良管理人之职责而产生的地役权"。此外，地役权只能由应"容许"他人利用的土地（供役地）的所有人与应获得利用的土地（需役地）的所有人所设定，在无因管理或委托的情形，也可为第三人所设定。

（三）一土地对他土地的利用发生影响

只有在一土地能为他土地所利用时方存在地役权。《法国民法典》第637条规定，加于供役地的负担，应当包括"另一土地的使用和其他利用"。这些规则被《法

[①] 在法国19世纪的司法实践中，曾有判例认定地役权不可设定于树木，虽然树木依其性质应为不动产。如法国最高法院诉状审理庭1841年4月6日的一项判决认定一栅栏"悬挂在一棵树上"的这一事实，不构成设定于该树木上的地役权。参见尹田：《法国物权法》（第2版），法律出版社2009年版，第429页。

[②] 《学说汇纂》，VIII.4，转引自同上书，第429页。

国民法典》第686条所进一步确定：在承认地役权设定的自由之后，该条文具体规定，这种负担"既不能施加于当事人人身，也不能为当事人的其他利益，而仅能施加于土地及为了土地的利益"①。

必须指出，《法国民法典》第686条的规定是有历史的和政治的根源的。法国大革命的一个根本任务，是解除所有权的全部封建负担。为此，法国1791年9月28日—10月6日法律第1章第1条规定："在其所涉及的一切范围内，法兰西的土地如同居住在这片土地上的一切人一样，是自由的。非经特许或依法律所不禁止的合同义务，土地不得为私人所支配。"《法国民法典》则试图通过确认这一革命的成果，来阻止令人厌恶的旧秩序的复辟。因此，这一法典坚决否认地役权的人身性质，强调地役权产生的负担只能施加于土地而不能施加于人，地役权产生的利益只能有益于土地的使用而不能给当事人带来其他人身或财产上的利益。

不过，在当代法国学者看来，在现代社会，对地役权的这种"自由"方面的法律限制似乎显得有些僵死和过分。这是因为，在法国，封建制度在土地所有权方面的复辟几乎完全没有可能性（事实上，当代经济上的封建制度也并不需要地役权）。法国学者指出，作为对地役权概念的解释，应区分《法国民法典》第686条所包含的各因素：首先，它说明的是地役权应对某一土地有益；其次，地役权只能设定于土地而不能设定于人；最后，地役权不能为人所"利用"，而只能为土地所利用：

1. 对土地有益

对于法律所采用的"有益"的概念，法国司法审判实践作了扩张的理解，而非仅理解为土地所有人单纯的"便利"，亦即这种便利并非仅是对人的活动的便利，而同时更重要的是在经济价值的领域对土地利用的便利。

2. 只能设定于土地而非人

地役权的客体不能是人的行为（否则其将成为古代劳役的重现），它绝对不能包括作为的义务，而只能是不作为义务，这在过去的拉丁语表达中即"servitus in faciendo non potest"（地役权不得强迫当事人为一定行为）。例如，一人有义务耕种他人之土地，此为作为义务，如其非永久性义务，则为有效。但此同一人不得就其邻人土地的利益而对自己的土地设定一项所谓耕种的地役权，因为它将成为该当事人永久负担的义务，此为《法国民法典》第1780条第1款所明文禁止（该条文规定："人们仅得就一定的时间，为一定的事情，承担对他人提供劳务的义务。"）。具体而言，供役地所有人只是"容许"需役地所有人对其土地的利用行为而非必须为

---

① 该规定的全文是："所有人得对其财产，并为其财产的利益设立其认为适当的地役权，但地役权之负担不得施加于当事人自身，亦不得为当事人的其他利益而设立，而仅得施加于土地及为了土地的利益而设立，且此种地役权不得违反公共秩序。"

一定行为。①

但是,供役地所有人可以要求需役地所有人实施某些给付行为(只要这些行为从属于地役权)。例如,负担有通行地役权的土地的所有人有权要求相对方实施维修行为。这一从属义务与具备该种特点的地役权相适应。至于这种给付请求权的性质,法国学者认为,其处于一种比较"古怪"的状态,其权利性质认定上的冲突使物权和债权之间的区别变得模糊起来。

3. 为土地而非人所利用

法国民法有关地役权应基于土地之利用而非人之利用的规则更为绝对。这意味着,供役地所有人是以所有人身份参加地役权关系,而在地役权与需役地的需要之间应存在某种联系,亦即土地占有人应获得较之其他人更多的利益。例如,司法实践中,就一项从供役地获得取暖柴火的权利而言,如果其涉及为一特定房屋(需役地)取暖之用,其性质即被认定为地役权;相反,如其涉及位于某处所的人的取暖,此即非地役权。如其具有永久性,则应归于无效。

前述规则的适用通过以下四种情形得以表现:

(1) 狩猎与捕捞

法庭坚决地确认,就某一土地享有的狩猎权与捕捞权的概念不能延伸于地役权,因为狩猎和捕捞仅为居住于某一土地上的人们"娱愉"之用,其非为使用该土地所需之便利。但并非一切人都赞同这一原则。许多人认为,狩猎为生态平衡之需。否则,耕地与森林将因野兔、野鹿、狐狸乃至于狼、猞猁的大量繁殖而被毁坏。然而,也有学者指出,如果某一地产仅仅用于狩猎或捕捞(如一狩猎区或一鱼塘),此种情形,狩猎权与捕捞权则为利用该土地的一般方式,其即可具有地役权的性质。

(2) 获得供应的权利

相反,一工业企业享有的对一土地的矿藏的开采权具有地役权性质。例如,一玻璃厂获得一煤矿煤炭的权利,该煤矿的采挖者即被强制实施采掘煤炭的行为。这一作为之义务与抵押权并非不可比较,因之仅为地役权的附属:事实上,此处的原则是一项资产被规定服务于另一项资产。但如果其期限是永久的,则该权利应属无效而不能成立地役权。例如,一锯木厂的受让人承受一项永久开业经营以满足一小城镇居民需要的义务,此为无效,因为如果该权利是地役权,则便利应为土地所获得而非人所获得。

---

① 但有法国学者特别指出,这一原则的适用有时是"令人尴尬的"。例如,当一小块土地的受让人依约定在该土地上必须修建特定风格的建筑物时,这一条款本来是确定了一项表现为作为债务的地役权,但这为《法国民法典》第 686 条所禁止。为使条款有效,当事人不得不将条款拟定为否定的表达:"不得用某种材料修建某种风格的建筑物。"亦即法律行为的效力取决于该行为表述上的"吹毛求疵",这显然是毫无道理的。参见尹田:《法国物权法》(第 2 版),法律出版社 2009 年版,第 432 页。

(3) 不竞争义务

不竞争义务是指当事人一方不得为与另一方(通常为商人)构成竞争的行为(通常是商业行为)。不竞争义务的主要意义是防止一方的商业活动为他方的同类商业活动造成障碍或不利(其典型表现是将其顾客"拉走")。这一义务的设定一般是在营业资产转让时所设定,即出让人承担不与受让人竞争的义务。如果这一约定不损及社会利益且未剥夺义务人从事正常的职业活动的可能性,则其为合法。

长时期中,法国民法理论和判例均认为,不竞争义务是一种债务,如其具有永久性,则应归于无效。对此,存在两个典型判例:

一是法国最高法院诉状审理庭 1851 年 7 月 8 日的判决。在有关案件中,一不动产出让人为了能够开采相邻土地的碱性碳酸铜,遂禁止其不动产受让人及其权利承受人开采位于其所购土地之下的碱性碳酸铜。法院判决,此项义务不得约束该不动产的再受让人,除非该当事人自行设定这一义务。

二是法国巴黎法院 1989 年 7 月 7 日的判决。在有关案件中,当事人订立的买卖合同中有一条款规定,一医生保留禁止相对方开设一间医疗诊所的权利。法院认为,"从某种意义上讲,这一权利非有益于不动产,而是对希望开设诊所的另一医生的强制,以使获得出让人同意设置诊所的人受益"。故这一条款不仅对特定的受让人无对抗力,而且具有违法性,其违反了法国 1965 年 7 月 10 日有关共有权规则的法律之第 8 条的规定。

事实上,在设定不竞争义务的情形,该不作为条款的真正受益人总是作为资产受让人的商人而非该不动产,故其并不符合地役权的成立所要求具备的条件。然而,在法国后期的判例中,也有某些判例认定,当其系一不动产受益于另一不动产时,不作为义务不仅可以构成地役权,而且即使其为永久性义务,也为有效:法国最高法院商事法庭 1987 年 7 月 15 日关于 Brusquand 夫妇案件的判决认定:"对具有特定用途的不动产受让人的禁止规定可具有地役权的特征,这种地役权产生于人为的事实,其使一土地的利益系于另一土地,因为这一利用不违背公共利益,故其为有效;而一项在时间上未予限定的限制实施特定商业活动的协议如果仅限适用于特定地点,则具有合法性。"案中,包括一项营业资产(汽车修理厂)的不动产出卖人承担了不得在其引起争议的不动产内安置任何同类营业的义务。上诉法院认定这一条款无效,理由是:"这一规定的结果是无限期地禁止他人在有关的不动产内从事特定的营业活动,其违背了公共秩序,且因有损商业自由而具有违法性。"但此判决被最高法院撤销。学者认为,这一做法重新在地役权和债权之间作了区别,对其正确与否,理论上发生极大的争论。[①]

[①] 尹田:《法国物权法》(第 2 版),法律出版社 2009 年版,第 428—435 页。

第二节 地役权的取得与效力

【基本原理】

一、地役权的取得

（一）地役权的设立根据

根据我国《物权法》第 158 条的规定，地役权的设立采用意思主义物权变动模式，即"地役权自地役权合同生效时设立。当事人要求登记的，可以向登记机构申请地役权登记；未经登记，不得对抗善意第三人"。

（二）地役权合同

1. 地役权合同的当事人

供役地和需役地的所有人、建设用地使用权人等用益物权人均可成为地役权合同的当事人。但是，依照《物权法》第 163 条的规定，"土地上已设立土地承包经营权、建设用地使用权、宅基地使用权等权利的，未经用益物权人同意，土地所有权人不得设立地役权"。亦即在土地上设定用益物权后，仅用益物权人有权为该土地的利用而设定地役权或者在该土地上设定地役权负担（但地役权的期限不得超过用益物权的存续期间），不过，在用益物权人同意的情况下，土地的所有人也可为该土地的利用而设定地役权或者在该土地上设定地役权负担。

2. 地役权合同的形式和内容

地役权合同为要式合同，当事人应当采用书面形式订立。（《物权法》第 157 条第 1 款）

地役权合同一般应包括下列条款：(1) 当事人的姓名或者名称和住所；(2) 供役地和需役地的位置；(3) 利用目的和方法；(4) 利用期限；(5) 费用及其支付方式；(6) 解决争议的方法。（《物权法》第 157 条第 2 款）

地役权的设定可以有偿，也可以无偿。

3. 地役权的存续期间

对于地役权的存续期间,如设定地役权的需役地或者供役地的权利人为土地承包经营权等用益物权人时,依照我国《物权法》第161条的规定,其约定的地役权存续期间不得超过其用益物权的剩余期间。但就不动产所有人设定的地役权的存续期间有无限制问题,《物权法》未作明确规定。

从地役权的发展历史来看,与其他用益物权多有其存续期间不同,地役权曾被认为是一种永久性权利:由于地役权依附于土地,故其通常与土地共生共灭;而由于土地具有永久性,故地役权也具有永久性。对此,法国早期的某些判例甚至夸张地宣称:"永久性是地役权的本质。"① 但事实上,永久性并非地役权的根本特点,这表现为,当事人之间的协议可以赋予地役权以暂时性特点。对此,法国后期的有关判例也确认:"临时地役权的约定是合法的。"② 因此,地役权的存续期间可由当事人约定,在当事人无约定的情形,供役地权利人得随时解除地役权合同。至于当事人是否可约定永久存续的地役权的问题,理论上多认为,基于罗马法以来地役权的沿革上的理由,并考量地役权对于所有权的限制程度甚低,且并不完全剥夺所有人对于供役地的利用的情势,故肯定当事人可以设定永久性地役权,并无不妥。③

(三) 地役权的其他取得方式

1. 依法律直接规定而取得

当地役权人在其享有所有权的土地上设立用益物权时,由于地役权系为需役地的利用所设,故用益物权人直接根据法律而取得该地役权。在我国,农村集体土地在发包或者分配给农民作为宅基地之前,如果已经为其设立了地役权,则该地役权依法由土地承包经营权人以及宅基地使用权人所取得(《物权法》第162条)。至于城市国有土地,在其出让即设立建设用地使用权之前,通常不会为该尚待开发或者建设的土地设立地役权,故一般不存在建设用地使用权人依法直接取得土地所有人原享有的地役权的问题。

2. 因转让而取得

地役权系为需役地利益而设定于供役地的用益物权,故供役地转让时,地役权负担随之而转让,而需役地转让时,则地役权随之而转让。在我国,土地为国家或者集体的专属财产,其所有权不具有可转让性,但建设用地使用权具有

---

① 尹田:《法国物权法》(第2版),法律出版社2009年版,第419页。
② 同上书,第420页。
③ 谢在全:《民法物权论》(上册),中国政法大学出版社1999年版,第522—523页。

可转让性,土地承包经营权和宅基地使用权在一定条件下也具有可转让性,因此,由建设用地使用权人、承包经营权人以及宅基地使用权人所享有的地役权,可因其用益物权的转让或者部分转让而为受让人所取得。(《物权法》第164条、第166条)

3. 因遗产继承、遗赠而取得

需役地房屋所有权以及建设用地使用权发生继承或者遗赠时,原为之利用而设定的地役权转由继承人或者受遗赠人享有。

4. 因善意取得或者取得时效而取得

地役权为不动产所有权或者建设用地使用权等不动产用益物权的从权利,在作为需役地的房屋所有权及其相关的建设用地使用权适用不动产善意取得的情况下,也随之而被受让人所善意取得。

在规定取得时效的国家,如需役地权利人对供役地长期进行利用,且其利用方式构成持续性及表见的特点,则其因取得时效期间的届满而取得地役权。

5. 因不动产分割而取得

当原属于一人的不动产被分割为两项不动产而分别由不同主体享有权利时,如果原权利人在该两项不动产之间设定了一种事实状态,该事实状态即可形成地役权并为作为需役地的不动产权利人所享有。例如,甲在其承包地上从西到东修建了一条引水渠,后甲将其承包地(土地承包经营权)从北到南一分为二,分别转让给乙和丙,由此,西面承包地即成为供役地,东面承包地即成为需役地,获得东面承包地的丙即取得引水渠地役权。

在法国,此种地役权的取得方式被称为"因前所有人的指定而取得"[①],并为《法国民法典》第692条至第694条所规定。此种地役权的取得须具备两个条件:

(1) 一定的事实状态

原所有人在土地上设定的事实状态,必须表现为当土地分割时能够形成地役权的一种客观状况,其必须具备三个特征:第一,须为所有人的行为所设定,而非自然原因产生;第二,须有明显的外部表现;第三,须该事实状态先于处分土地之前设定,即两块土地之间所作的实际安排应由前所有人在土地处分之前作出且存续于该处分之时。

(2) 不动产分割行为

基于买卖、赠与等,不动产被分割并分别转让给不同的所有人,且原所有人

---

① 法文中,"destination du père de famille"(前所有人的指定)直译应为"家父之指定"。

并无否定地役权设立的意思。例如,在被分割而成的两项不动产之间原有一条通道,但所有人在分割及转让不动产的协议中指明,"在两项不动产之间'通道的开启'仅具有临时性"。法庭即认定这一条款构成对因前所有人指定而产生的地役权的否定。[①]

当具备上述条件时,法律推定前所有人自愿维持该事实状态并将之转化为地役权,地役权由此而产生。

二、地役权的效力

(一) 地役权的对抗效力

在我国,地役权依合同而设立或者转让,但不经登记不得对抗善意第三人。所谓善意第三人,是指其权利或者合法利益的主张与地役权的行使发生冲突、且不知或者不应知地役权存在的第三人。例如,甲在乙的土地上设立了不得修建超过一定高度的建筑物的眺望地役权,但该地役权未予登记。后乙将其供役地物权转让丙,丙并不知晓该土地上设立了该项地役权。此种情形,甲不得以其地役权限制丙对土地的利用。

由于地役权是从权利且为土地的利用所设定,故其对抗效力存在一些特殊情形,对之应予以正确理解:

第一,无论是否知晓地役权的存在,集体土地所有人原设立的未经登记的地役权对供役地土地承包经营权人或者宅基地使用权人具有对抗效力。

根据《物权法》第162条的规定,土地所有人负担地役权的,设立土地承包经营权、宅基地使用权时,该土地承包经营权人、宅基地使用权人应继续负担已设立的地役权。此种负担,不因土地承包经营权人、宅基地使用权人是否知晓该地役权的存在而有所区别。这一规定的理由在于:集体土地所有人为集体经济组织成员之外的第三人设立的地役权常常具有公益性质,故不应因土地承包等原因而消灭。据此,当土地承包经营权人或者宅基地使用权人将其用益物权转让给他人时,受让人也应继续承受该地役权负担。

例如,甲、乙两村集体经济组织签订地役权合同,在乙村特定土地的通道上设立了供甲村部分村民通行的地役权,后包括该通道的特定土地由乙村发包给村民丙。丙取得土地承包经营权后,不得以该通行地役权非由其设定或者未经登记为由,拒绝承受该通行负担。当丙将该承包地转让给丁时,丁也不得提出

[①] 尹田:《法国物权法》(第2版),法律出版社2009年版,第443—446页。

该种主张。

第二,供役地土地所有人经用益物权人同意而设定的地役权,无论是否登记,对于供役地用益物权的受让人均具有对抗效力。

根据《物权法》第163条的规定,国有土地出让或者集体土地发包、分配给农民作为宅基地之后,国家或者集体作为土地所有人,未经用益物权人同意,不得在该土地上设立地役权。但是,国家或者集体经过用益物权人同意而设立的地役权,则即使未登记,不仅对用益物权人具有对抗效力,参照前述《物权法》第162条规定的精神,对于用益物权的受让人也具有对抗效力。

例如,甲村集体经济组织将包括一通道的特定土地发包给村民丙之后,甲村集体经济组织欲允许乙村的部分村民使用该通道。如甲村集体经济组织未经承包经营权人丙同意而与乙村集体经济组织签订合同,在丙的承包地上设立通行地役权,此合同如事后未得到丙的追认,应归于无效。但如前述地役权的设立得到丙的同意,则丙不得以该地役权合同非由其签订或者该通行地役权未予登记为由拒绝承受该通行负担。当丙将该承包地经营权转让给丁时,丁也不得提出该种主张。

第三,供役地用益物权人所设立的地役权如未经登记,在其将供役地的用益物权转让给第三人时,如受让人不知也不应知该土地上已由转让人设定有地役权负担的,地役权不得对抗该善意受让人。

例如,甲在其承包地上为乙设立了通行地役权,该地役权未予登记,后甲将其土地承包经营权转让给丙,丙不知也不应知该承包地上设立有通行地役权,此种情形,丙有权拒绝承受该通行地役权负担。

第四,在同一土地上设定多个地役权的情形,未登记的地役权不得对抗已登记的地役权。

由于地役权依合同而设立,故供役地权利人有可能同时或者先后设定两个以上的地役权。在该两个以上的地役权相互之间发生冲突时,已登记的地役权得对抗未登记的地役权,相反,未登记的地役权对于已登记的地役权无对抗效力。

但应注意以下三种情形:

(1) 如多个地役权之间并不存在供役地利用上的冲突,则不适用地役权的对抗力规则。例如,甲在乙的土地上设定了未登记的通行地役权,而后丙又在乙的同一土地上设定了已登记的通行地役权,如果乙提供的同一通道足以满足甲和丙的通行需求,则甲和丙之间并不产生地役权的冲突,也就不存在地役权相互之间有无对抗力的问题。

（2）如多个地役权之间就供役地的利用仅存在"量"上的冲突时,已登记的地役权得对抗未登记的地役权,此种对抗力表现为已登记的地役权在利用上所具有的优先性(此种情形在传统理论上称为"地役权的优先权")。如上例,如乙的供役地无法同时完全满足甲和乙享有的通行地役权的行使,则甲的通行应优先得到满足。

（3）如相互冲突的多个地役权均未登记,应根据实际情况予以公平处理:如涉及对供役地部分空间固定占有的地役权(如埋设管线地役权),其行使在先的地役权应具有优先性;对其他地役权,应实行设定在先、权利在先的原则。

第五,无论地役权是否登记,在土地所有人或者承包经营权人等与地役权人对供役地实施同类利用的情形,地役权对所有人或者其他用益物权人均具有对抗力,其表现为地役权人在利用上具有优先性,但当事人之间有特别约定的除外。

第六,已登记的地役权在依合同而转让之后,应当及时办理地役权让与登记(《物权法》第169条)。在未办理登记之前,该地役权变动不得对抗善意第三人。

（二）地役权人的权利和义务

地役权人有权依照地役权合同的约定对供役地进行利用,包括修建或者设置必要设施、实施地役权行使所需要的行为(如进入供役地操作有关设备、检查维护有关设施等)。在地役权受到不法妨害时,地役权人有权请求加害人停止侵害、排除妨害、恢复原状、赔偿损失。与此同时,地役权人应当依照地役权合同的约定支付费用(包括使用费、对相关设施的维修、维护费用等)。

鉴于地役权的特点,各国民法对地役权的行使设置了某些法定限制,其中主要包括:

1. 合理利用

地役权行使不得违背合同约定的目的和方法,地役权人应选择合理的使用方式以尽量减少供役地的负担。对此,《德国民法典》第1020条、《法国民法典》第686条第2款以及《瑞士民法典》第737-2条均作出了明文规定。我国《物权法》第160条也规定:"地役权人应当按照合同约定的利用目的和方法利用供役地,尽量减少对供役地权利人物权的限制。"

2. 加重供役地负担的禁止

地役权设立之后,如果需役地对供役地的利用需求增加,地役权人可否超出原约定范围增加对供役地的利用(例如,原约定可通行小汽车的地役权,因地役权人需要可否通行卡车)？对此,一些国家的立法明文作出禁止性规定。如《瑞士民法典》第739条规定:"需役地之需要虽有变更,仍不得要求供役地所有人增加其负担。"

在法国,根据《法国民法典》第702条的规定,需役地所有人在未经供役地所有人同意的情况下变更地役权或加重供役地的负担被明文禁止。在司法实践中,对于地役权行使是否超出约定的范围,法庭首先根据地役权合同的约定予以判断。如果合同对地役权的范围约定不明或者有关条款晦涩不清,则根据地役权设定目的和社会生活习惯作出解释。鉴于地役权实质上是对他人所有权的部分否定,故法庭对地役权范围的解释一般较为严格,即尽可能使其权利范围受到限制。对于地役权的行使,其法定基本原则是,在未经供役所有人同意的情况下,禁止需役地所有人变更地役权的性质、利用方式以及地役权的现场。例如,将位于需役地出口的通道口移至需役地另一地点的行为原则上被禁止。

但在法国现代民法理论上,禁止加重供役地负担的原则受到质疑,被认为过分僵化,应予缓和。其基本理由有两个:(1)某些设定年代久远的地役权已不符合现代社会生活(尤其是农村生活)的需求;(2)随着科技的发展,对供役地的使用方式发生了变化。据此,一些国家(如法国)的判例通过对"加重负担"概念的解释和其他方式的运用,使立法上的严格性得以缓和,以至于被学者认为有关判例已经确认了地役权之"合理的可变性"原则。其具体表现为:

(1)通过对地役权设定目的的扩张解释,对地役权人的行为予以认可。例如,允许一项供"马车"通行的地役权包含供拖拉机通行之用;允许一项通行地役权许可设置一地下管道;确认通行地役权并不因房屋的扩大而改变(对于光照利用同样如此);等等。对于上述情形,法庭认为,其事实上并未导致地役权的变更,也未导致地役权的扩大。

(2)通过确定"供役地负担的加重并不导致地役权消灭,但应酌情予以补偿"的原则,实现双方当事人利益的平衡。[①]

我国《物权法》第160条有关"地役权人应当按照合同约定的利用目的和方法利用供役地"的规定隐含了不得加重供役地负担的意思。实践中对有关纠纷的处理,应当根据实际情况作出公平和恰当的裁判,在有利于生产和生活的原则之下,对于供役地负担因正当理由而被适当加重且不造成供役地权利人重大损害的,应予准许,但由此造成的损失,地役权人应予补偿。

---

① 尹田:《法国物权法》(第2版),法律出版社2009年版,第448—449页。

3. "受益与负担同在"

"受益与负担同在"(ubi emolumentum ibi onus)是一条古老的法律格言，指获得利益的人应当承担由此而产生的费用或者其他义务。

根据《法国民法典》第697条至第698条的规定，如无相反约定，地役权人应当承担地役权设定所产生的相关修建、维护义务。例如，通行地役权人应承担对通道必要的铺设、维修或修建隔离物（如矮墙）的义务；引水渠地役权人应承担开掘沟渠或设置管道的义务；等等。

（三）供役地权利人的权利和义务

设定地役权的供役地所有人或者用益物权人的主要权利是依照合同约定请求地役权人支付费用，其主要义务是容忍因地役权行使而对其所有权或者用益物权的限制，对此，《法国民法典》第701条第1款禁止供役地所有人作出任何"旨在减少地役权的行使或使地役权的行使较为不便"的行为；我国《物权法》第159条规定："供役地权利人应当按照合同约定，允许地役权人利用其土地，不得妨害地役权人行使权利。"

考虑到供役地权利人的正当利益的保护，各个国家或者地区的民法典还赋予供役地权利人其他某些特定权利：

1. 使用有关设施的权利

在不妨碍地役权行使的范围内，供役地权利人基于其合理需要，可以使用地役权人在供役地上修建的设施，但应在其收益的范围内，承担相应的维修、维护等费用，双方当事人另有约定的除外。不过，如果供役地权利人对有关设施的使用与地役权人的使用发生冲突，则地役权的行使具有优先性。（我国台湾地区"民法典"第855条）

2. 变更地役权行使场所及方式的权利

一些国家的民法规定，在不影响地役权行使的条件下，基于正当理由，供役地权利人有权单方面变更或者请求地役权人变更地役权行使的场所以及方式等。

根据《法国民法典》第701条第3款的规定，在具备下列两个条件的情况下，供役地所有人可以单方面向地役权人另定地点以使其行使权利：(1)地役权已变为"过分昂贵"或已成为适当补偿的阻碍；(2)新的地点对于地役权的行使同样便利。这一由供役地所有人享有的单方权利对于通行地役权的变更尤其实用。

《德国民法典》第1023条以及《瑞士民法典》第742条均规定：在地役权的

行使仅涉及供役地的一部分时,供役地所有人认为该部分的使用对其有特殊的不便时,有权请求将地役权的行使迁移到其他适于地役权人利益的处所,迁移费用应由供役地所有人负担,并须预先支付。此项权利不得以法律行为予以排除或者限制。

3. 解除地役权合同的权利

地役权合同符合合同法定解除条件的,供役地权利人自可单方面解除合同并使地役权归于消灭。为切实保护供役地权利人的利益,我国《物权法》第168条特别规定了供役地权利人得行使合同解除权的两项法定事由:

(1) 地役权人违反法律规定或者合同约定,滥用地役权;

(2) 地役权人在约定的付款期间届满后,于合理期限内经两次催告未支付费用。

应当注意的是,根据我国《合同法》第94条第3项的规定,"当事人一方迟延履行主要债务,经催告后在合理期限内仍未履行"的,另一方即可解除合同。而根据《物权法》的上述规定,地役权人迟延履行付款义务时,供役地权利人须在合理期限内对之进行"两次"催告后,方可行使合同解除权。这一规定表明,鉴于地役权系为土地利用而设定,需役地权利人常常要为之进行投资(如在供役地上修建设施、埋设管线等),故立法者对供役地权利人之合同解除权的行使,设置了较之一般合同更为严格的法定解除条件,以稳定土地利用关系并有利于发挥土地的效用。

第三节 地役权的消灭

【基本原理】

一、地役权消灭的根据和效果

(一) 地役权消灭的根据

在我国,地役权的变动采意思主义,故如同地役权根据法律行为(合同)而设立,地役权也同样可以根据法律行为(合同或者单方法律行为)而消灭,除此而外,地役权的消灭也可因法律行为之外的原因引起,但经过登记的地役权的消灭未经公示(注销登记)的,其消灭不得对抗第三人。

(二) 地役权消灭的效果

地役权消灭后,如涉及供役地有关设施的拆除或者处理,地役权合同有约定的,按照约定处理,约定不明或者没有约定的,地役权人应自行拆除有关设施并恢复土地原状,否则,供役地权利人有权拆除有关设施并请求地役权人支付相应费用。供役地权利人也可通过支付补偿费用而取得相关设施的所有权。

已经登记的地役权消灭的,当事人应当及时办理地役权注销登记。(《物权法》第169条)

二、地役权消灭的原因

(一) 地役权因意定事由而消灭

地役权可因当事人的意思而归于消灭,引起地役权消灭的意定事由主要包括:

1. 期限届满

地役权合同约定了地役权存续期限的,存续期限届满时,地役权归于消灭。

2. 协议解除

地役权合同可因双方当事人的协商而提前终止。终止协议生效之时,地役权即归于消灭;地役权合同附解除条件时,解除条件成就之时,地役权归于消灭。

3. 地役权的抛弃

地役权原则上可因地役权人抛弃权利的单方意思表示而消灭。但以下两种情形除外:

(1) 地役权系有偿设定

理论上认为,对于有偿设定的地役权,地役权人仅在支付了剩余期间的价款之后才能抛弃。在地役权无期限或者为永久期限的情形,地役权人应于1年前通知土地所有人或支付未到期之1年的价款后,才能抛弃。否则,供役地权利人仍有权行使价款请求权。[①]

考虑到地役权的有偿设定实际上具有交易的性质,如果有偿设定的地役权得任意抛弃并导致地役权合同的解除,则无异于赋予地役权人任意解除地役权

---

① 谢在全:《民法物权论》(上册),中国政法大学出版社1999年版,第448页。

合同的权利,故其有损供役地权利人的正当利益。为此,比较恰当的处理原则是:地役权设定后,地役权人可以抛弃其地役权,如地役权为无偿设定,该地役权合同即行解除;如地役权为有偿设定,则地役权合同不发生解除,地役权人仍应履行地役权合同约定的付款义务,但地役权人与供役地权利人另有约定的除外。

事实上,有偿设定的地役权的抛弃与地役权合同因地役权人不履行付款义务而解除具有相同法律效果,因此,地役权人不得以抛弃地役权达到逃避地役权合同义务履行的目的。

(2)需役地设定有抵押权

地役权为需役地所有权或者建设用地使用权等用益物权的从权利,当需役地被设定抵押权时,为其利用而设定的地役权也随之而抵押,由于该地役权的抛弃涉及抵押权人的利益,故非经抵押权人同意,地役权抛弃行为无效。

(二)地役权因法定事由而消灭

地役权可因出现法律规定的事由而归于消灭。我国《物权法》未对地役权消灭的法定事由作出规定。根据其他国家或者地区的立法,导致地役权消灭的法定事由主要包括:

1. 利用之不可能性

《法国民法典》第703条规定:"如物处于不能再利用的情形,则地役权即行终止。"即地役权因利用之不可能而消灭,如水井干涸,取水地役权即终止;又如供役地上的建筑物、道路等被拆除重建等,则引水地役权、埋设管线地役权以及通行地役权等归于消灭。

2. 地役权无存续之必要

《瑞士民法典》第736条第1项规定:"地役权对于需役地已无任何利益时,供役地所有人可请求涂销登记。"我国台湾地区"民法典"第859条规定:"地役权无存续之必要时,法院因供役地所有人之声请,得宣告地役权消灭。"如因公共道路的新建,需役地无须使用供役地的通道,则通行地役权应归于消灭。

3. 征地拆迁

在我国,国家基于公共利益需要而对集体所有的土地以及个人不动产实行征收(即"征地拆迁")时,地役权即随不动产所有权的消灭而消灭。

4. 混同

当地役权人与承受地役权负担的人混为一人时,地役权当然归于消灭。此种混同,可因不动产权利转让、继承、农村集体经济组织合并等原因而引起。例如,甲村与乙村合并为丙村,原为甲村土地的利用而在乙村土地上设定的地役权即因混同而归于消灭。又如,甲、乙的建筑物及享有使用权的土地相邻,双方约定,为甲使用其不动产的便利,允许甲在乙的土地上通行。后甲将其建筑物及土地使用权出卖给乙,由此,该通行地役权因混同而归于消灭。如果乙将其所购买的原甲的建筑物出租给丙,并允许丙在乙自己占有、使用的土地上通行,则应认定为乙和丙协议设定了一项新的通行地役权,丙所使用的不动产为需役地,丙为地役权人;乙所使用的不动产为供役地,乙为承受地役权负担的人。

应当强调的是,引起地役权消灭的"混同",是指地役权人与承受地役权负担的人混同。因此,在需役地和供役地的所有权归属于一人时,不一定必然构成此种"混同"。例如,甲村为其 A 地块的利用而在乙村的 B 地块上设立了埋设引水管的地役权,后甲村将其 A 地块发包给村民丙;乙村则将其 B 地块发包给村民丁。根据我国《物权法》第 162 条的规定,A 地块承包经营权人丙应继续享有该地役权,B 地块承包经营权人丁应继续承受该地役权负担。后来,甲村与乙村合并为戊村,原属甲村和乙村分别享有的集体土地所有权归属于戊村。此种情形,对于承包人丙享有的地役权和丁承受的地役权负担,毫无影响。

5. 消灭时效

一些国家的民法规定,意定地役权可因消灭时效期间的届满而归于消灭。如《法国民法典》第 706 条规定:"30 年不行使地役权,地役权即行消灭。"[1]其理论上认为,地役权的意义便在其利用,如果权利人长时期不行使其权利,则地役权便丧失其存在的理由,应归于消灭。适用消灭时效的意定地役权主要包括通行地役权、取水地役权等。但其他一些国家和地区(如瑞士和我国台湾地区)的民法理论认为,时效的适用须经长久之年月,甚为不便,不如直接赋予供役地权利人以诉请消灭地役权的请求权,故其不规定地役权的消灭时效制度,而改设有关"地役权因无存续之必要而消灭"的专门规定。[2]

---

[1] 法定地役权则原则上不因不使用而消灭,如水流地役权、被围土地通行地役权。
[2] 史尚宽:《物权法论》,中国政法大学出版社 2000 年版,第 207 页。

第四编

担保物权

第二十章　担保物权总论

第一节　担保物权的概念与特征

【基本原理】

一、担保物权的立法模式

（一）担保物权的定义

担保物权是指债权人对债务人或者第三人的特定动产或者不动产所享有的支配权利，当债务人不履行到期债务或者发生当事人约定的实现担保物权的情形，债权人有权就担保物的价值获得其债权的优先清偿。（《物权法》第170条）

例如，甲为担保其对乙的借款债务的清偿，以其房屋设立抵押权，作为债务履行的担保，当甲不能履行到期债务时，乙有权请求将甲的房屋予以拍卖或者变卖，并以房屋出卖所得的价款优先获得其债权的实现。在乙的债权未获全部清偿之前，甲的其他债权人不得对变卖该房屋的价款主张权利。

如同用益物权是对土地承包经营权、建设用地使用权等各种具体的用益物权的概括称谓一样，担保物权是对抵押权、质权、留置权等具体担保物权的总称。在担保物权所涉及的当事人中，享有担保物权的债权人称为"被担保人""担保权利人"或者"担保物权人"，被担保的债权称为"主债权"，提供特定财产用于担保的债务人或者第三人称为"担保人"，该用于设定担保物权的特定财产称为"担保物"。

实际生活中，担保物权所担保的债权主要是因金钱借贷、买卖等合同所设立的债权，其通常在合同订立之时即行设立。为此，我国《物权法》第171条规定："债权人在借贷、买卖等民事活动中，为保障实现其债权，需要担保的，可以依照本法和其他法律的规定设立担保物权。"但除借贷、买卖等合同债权之外，担保物权还可以为任何一种金钱债权或者可换算为金钱的债权的实现而设立，如请求侵权损害赔偿之债权、请求返还不当得利之债权等。但无法换算为金钱的债权本身的实现,通常不得设定担保物权予以担保。例如,在承揽合同中,承揽人完成某项工作并交付工作成果的债务的履行,无法设定担保物权予以担保。不过,对于债务人不履行债务所承担的违约赔偿义务,则可以为担保其履行而设立担保物权。与此同时,担保物权通常可在债权产生之时而设立,但也可以在债权产生之后、全部获得清偿之前设立。例如,甲不能按合同约定的期限向乙支付到期的工程款,请求乙同意其延期6个月支付,乙表示如甲以其房产设定抵押以担保债务履行即可同意其延期履行请求,甲遂以其房产设定了抵押。

(二)担保物权的性质

担保物权是为担保债务的履行而设定于债务人或者第三人的特定财产上的一类他物权。担保物权是债的特别担保中的一种形式,又被称为"物的担保"。

1. 债的一般担保

债权是债权人对债务人的请求权,债权的实现受到法律强制力的保障,如果债务人不履行到期债务,债权人有权请求法院强制执行债务人的财产以清偿债务。因此,债务人的全部可供强制执行的财产(称为"责任财产")是其履行债务的保证。这种债务人以其全部责任财产为债务履行所依法提供的担保,称为"债的一般担保"。

债的一般担保使债权的实现具有了物质基础。但这种一般担保所具有的债权实现的保障力往往是比较脆弱的,其原因在于:(1)由于债权人不能直接支配债务人的财产,故债权的实现必须依赖于债务人的财产状况。如果债务人在其债务到期时缺乏或者丧失清偿能力,则债权人无法实现其债权。(2)债权的实现还须借助于债务人的信用,如果债务人在债务到期时,为规避债务的履行,实施转移、藏匿其财产的不法行为,则债权将会难以实现。(3)债权人在与债务人的其他债权人的关系上处于平等地位,如果债务人的财产不足以清偿其所欠多个债权人的债务,或债务人企业因资不抵债而被宣告破产,则该债权人只能与债务人的其他债权人就债务人的财产平等受偿,因而无法完全实现其债权。

2. 债的特别担保

为弥补债的一般担保的不足,人们创造出另一种使债权的实现能够获得更为可靠的保障的担保方法,即"债的特别担保"。

债的特别担保包括两种形式，一为"人的担保"，一为"物的担保"。

"人的担保"亦称"保证"，是指由债务人之外的第三人以其全部财产为债务的履行提供担保，当债务人不履行或者不能履行到期债务时，该第三人（保证人）负责代其实际履行债务或者承担违约责任。保证人履行保证义务之后，有权向债务人进行追偿。此种"人的担保"的作用，在于将债权实现的保障由债务人的全部财产扩张至第三人的全部财产，从而使债权的实现增加了机会。"人的担保"实质上是第三人就债权实现所提供的一种"信用担保"，其法律效果是设定了债权人对保证人的担保请求权，但债权人对保证人的财产不能享有直接的支配权利。因此，在保证人的财产状况恶化或者保证人缺乏履行保证义务的信用的情况下，债权的实现仍然存在某种风险。

"物的担保"则是以债务人或者第三人的特定财产所提供的担保，此种特别担保所产生的法律效果，是债权人对担保物享有担保物权。担保物权的作用，是将债务人或者第三人的特定财产与债权的实现相结合，即由债权人对担保物享有直接的控制、支配的权利，在债的一般担保的基础之上，将债权的实现直接系于特定财产（担保物）的价值，并赋予债权人以担保物出卖的价款优先实现其债权的权利。债权人根据其享有的担保物权，或者可以从事实上控制（占有）担保物（如动产质权、留置权），或者可以从法律上控制担保物（如抵押权），并且通过其依法对担保物价值所享有的优先受偿权利，有效地排除债务人的其他债权人对担保物价值的"争抢"，从而使其债权的实现获得了较之"人的担保"更为可靠的保障。

（三）担保物权制度的发展

1. 担保物权制度的价值

市场经济的发展取决于商品生产和商品交换的发展，而商品交换在民法上的表现形式即为合同所设立的债权债务关系。因此，债权实现的切实保障，是商品经济得以快速发展的推进器。担保物权制度的完善，有助于促使债务人履行债务，使商品流通得以顺利进行，尤其是在融资领域，担保物权的设定解除了金融机构的后顾之忧，使其收回贷款的风险降至最低限度，从而拓宽了企业的融资渠道，促进了社会经济的繁荣。与此同时，担保物权的广泛使用，刺激了社会的消费活动，满足了人们日益增长的消费需求，从而带动了社会经济的高速发展。

在现代经济社会，担保形式日益多样，担保物权的适用范围日益扩大，担保物权的制度创新和各种复杂纠纷的解决，成为各国民事立法和司法所面临的重大挑战。

2. 担保物权的立法模式

债的特别担保是起源于罗马法的一项古老的民法制度。在罗马法上,曾先后产生了"信托""质押"与"抵押权"三种担保权类型。其中,所谓"信托"(fiducia)类似于现代的所有权让与担保,而质押和抵押权,则与近代以来的质权和抵押权大致相仿。[①]

近代以来,大陆法系各国民法典就债的特别担保中的"物的担保",形成了两种主要的立法模式:

(1) 法国民法上的优先权体系

1804年颁布的《法国民法典》未对物权和债权进行概念和体系上的划分,因此不存在"物权""担保物权"等概念。对于债权人的优先受偿权,该部法典设置了极为完整的优先权制度。所谓"优先权",是指债权人对债务人的动产或者不动产所享受的优先受偿权利,包括一般优先权和特别优先权。一般优先权是债权人对于债务人的全部动产或者不动产的价款依法享有的优先受偿权利(如涉及诉讼费用、医疗费用、劳动报酬等债权的法定优先权);特别优先权是债权人对于债务人的特定动产或者不动产的价款依法约定或者法律规定而享有的优先受偿权利,其中,动产质权和不动产抵押权是最重要的两种。

法国民法的物的担保即优先权制度是一个开放的体系,不仅包括质权、抵押权、留置权等约定或者法定的担保物权,而且包括债权人依法对债务人全部或者特定动产和不动产的其他优先受偿权,从而具有广泛的适用空间和实用价值。但由于担保物权与其他优先权混为一体,担保物权的物权属性难以得到彰显,一定程度上会造成有关规则在适用上的混乱。

(2) 德国民法上的担保物权体系

德国民法实行物权和债权的严格区分,由此构建了与用益物权相并立的担保物权制度。德国民法将一般抵押权、土地债务、定期土地债务、质权(包括动产质权和权利质权)纳入担保物权体系,而将债权人依照约定或者法律规定享有的其他不具有物权性质的优先权排除在外,留置权也被认为是一种债权关系而未纳入担保物权范围。如此一来,担保物权脱离债权制度而自成一体,其支配权性质得以凸现。而独立的担保物权制度与用益物权制度共同构成他物权制度,并进而与自物权(所有权)共同成为完整的物权体系的两大组成部分。

德国民法的担保物权制度体系严密、结构清晰,有利于物权一般规则在担

[①] 陈华彬:《物权法原理》,国家行政学院出版社1998年版,第563页。

保物权关系中的正确运用。但这一体系具有封闭性：由于担保物权必须具有他物权的基本特征（对他人之特定财产的支配性、排他性和对抗效力），故很多重要的、新型的担保权利不能被纳入担保物权范围（如所有权让与担保，包括定金、押金以及保证金等在内的金钱担保等），而债权人依法取得的许多优先受偿权则完全被排斥于担保物权体系之外，被分散加以规定，由此导致立法上对这些重要的优先权的忽略和疏漏。

上述两种立法模式分别为不同国家或者地区所采用，其中，法国模式为意大利等国家采用，德国模式为瑞士等国家采用（《瑞士民法典》有关担保物权的规定与德国民法大致相同，但将留置权纳入担保物权范围）。而《日本民法典》则混合采用了上述两种模式，将质权、抵押权、留置权之外的优先权（称为"先取特权"）同时在担保物权体系中加以规定。我国台湾地区"民法典"根据实际情况，在其担保物权制度中规定了质权、抵押权和留置权。

我国于 1995 年颁布的《担保法》中，规定了保证、质押（包括动产质押和权利质押）、抵押（包括动产抵押和不动产抵押）、留置以及定金等五种担保形式。在我国《物权法》的起草过程中，全国人大法工委曾接受了学者的建议，在规定抵押权、质权和留置权等担保物权的同时，还规定了所有权让与担保，并将优先权作为可供选择的制度在立法草案建议稿中予以陈列。但在后来提交全国人大常委审议的物权法草案中，所有权让与担保与优先权制度均被删除。由此，我国于 2007 年 3 月颁布的《物权法》在其第四编"担保物权"中仅规定了抵押权、质权和留置权三种担保物权。其中，抵押权仅指基于当事人的约定而设立的抵押权（即所谓"意定抵押权"），对于法定抵押权，该法没有作出明确规定。

就我国《物权法》有关担保物权的规定与 1995 年颁布的《担保法》的有关规定的关系问题，《物权法》178 条规定："担保法与本法的规定不一致的，适用本法。"根据这一规定，《担保法》中有关保证和定金的规定继续有效，但其关于担保物权的规定，应归于失效。

二、担保物权的特征

担保物权除具有物权的一般特征之外，还具有以下特征：

（一）担保物权为价值权

担保物权是为了担保债权的实现而设定的一种对他人特定财产的支配权。由于担保物权设定的目的不是为了对他人财产的使用、收益，故与用益物权不同，担保物权人对担保物的"支配"，主要表现为对担保物交换价值的一种法律上的控制，而不一定是一种实物上的控制支配。如抵押权人并不占有抵押物，只是从法律上"冻结"了抵押物所有人对抵押物的任意处分权利，以保证其能够以抵押物变卖的价款优先获得债权实现。而在动产质押的情形，质权人占有他人动产的目的仅仅是为了通过对动产的实物控制而避免该动产被转让，以至于影响其优先受偿权的实现。由此，对于担保物权人而言，从实物上或者法律上控制支配担保物不是其权利的目的，而从法律上控制担保物的价值并对之享有优先受偿权才是其目的。为此，理论上将担保物权称之为"价值权"，以区别于以对他人财产占有、使用、收益为目的的用益物权。

由此可见，担保物权最为重要的意义不在于权利人对标的物本身的直接支配，而在于其对标的物价值（交换价值）的优先受偿权利。在此，担保物权的所谓"支配权"性质及其"支配"方式与一般物权存在很大区别，而抵押权作为一种最主要的担保物权，权利人对抵押物的"支配"完全是法律上的、无形的，不能用一般物权的支配权特征去衡量，将抵押权规定为一种"物权"，主要是为了担保物权体系构建的需要。

（二）担保物权的从属性

担保物权是一种独立的他物权类型，但其存在的目的，是为了保证主债权（被担保的债权）的实现，故担保物权本身并无独立存在的价值。担保物权的从属性主要表现为：

1. 担保物权设立的从属性

由于担保物权的设定需要存在担保的对象，否则即无担保物权存在的基础，故只有针对现实发生且尚未实现的债权，才有可能有效地设立担保物权，由此，担保物权的设立，原则上须以主债权的存在为条件。对此，应注意下列两种特殊情形：

（1）在法律有特别规定时，可以就未来的债权设立担保物权

在法律有特别规定情况下，担保物权也可以为未来发生的债权而设立，这主要是适用于所谓"最高额抵押"，此种抵押权专为债权人和债务人之间在未来发生的一系列债权而设立，为法律所允许。

但就未来债权所设立的一般抵押权和其他担保物权，则必须以债权的实际发生为生效条件。具体而言，当事人不妨为未来发生的债权（如附生效条件或者生效期限的债权）设定担保物权，但在债权尚未发生效力之前，其预先设立的担保物权也只能处于尚未生效的状态。例如，当事人双方签订了一项附生效条件的买卖合同，为担保合同生效时货款的支付，买受人将一项动产交付给出卖

人作为质押。此种情形,因买卖合同尚未生效,出卖人尚不享有请求买受人支付货款的债权,故该项质权因并无担保的对象而尚未生效。如该买卖合同所附条件成就,则动产质权随即生效;如该所附条件确定不能成就,则买卖合同确定不能发生效力,该质权也确定不能生效。

(2) 对时效期间届满后的债权所设立的担保物权,原则上可产生债务人放弃时效利益的效果

债权的时效期间届满后,债务人可以主动履行债务,也可以通过"承认债务"(如与债权人签订还款协议等)而放弃其时效利益。债务人对超过时效期间的债权设定抵押权或者质权,是债务人承认债务的一种方式。债务一经承认,债权人即有权请求债务人清偿债务并行使担保物权。

对于时效期间届满后,第三人对债务所提供的担保的效力问题,理论上存在不同看法。[1] 但考虑到第三人为债务提供担保通常系受债务人的委托,而债务人的委托担保行为即构成对债务的承认,从而使其时效抗辩权归于消灭,故无论提供担保的第三人是否知晓时效完成,其均不得享有主债务的时效援用权。但在第三人非基于债务人的委托而主动提供担保的情形,则当然不构成债务人的承认,债务人仍可行使时效抗辩权。但在此种情况下,担保物权的效力如何呢?对此,应分不同情况予以处理:(1)主债权时效期间届满后,如第三人未经债务人委托而主动提供担保,且债权人已经行使了担保物权,则债务人得通过行使时效抗辩权而对抗担保人的求偿权。(2)在主债权人尚未行使担保物权的情况下,如担保人明知主债务时效期间届满,仍提供担保,其不得援用主债务的时效抗辩;但担保人不知主债务时效期间届满而提供担保的,仍应享有主债务时效抗辩援用权。(3)主债务人行使时效抗辩权时,如主债权人尚未行使担保物权,则担保物权应随主债务一同丧失强制执行力。但主债权人行使担保物权时担保人未予以抗辩的,其事后不得要求返还,也不得行使对主债务人的追偿权。

2. 担保物权处分的从属性

基于其存在目的,担保物权与主债权须臾不可分开,即担保物权只能由主债权人享有,当主债权被转让时,在当事人无相反约定或者法律无相反规定的情况下,担保物权随之而转让,且无须征得担保人的同意。主债权人不得单独将担保物权转让给第三人,也不得将主债权转让给第三人而自己保留担保物权。

---

[1] 史尚宽:《民法总论》,中国政法大学出版社 2000 年版,第 710 页。

对此，我国《物权法》第 192 条规定："抵押权不得与债权分离而单独转让或者作为其他债权的担保。债权转让的，担保该债权的抵押权一并转让，但法律另有规定或者当事人另有约定的除外。"这一规定同样适用于质权，其涉及以下两个问题：

第一，对"抵押权不得单独作为其他债权的担保"的理解。

债权人可以将债权用于担保所欠他人债务的履行（例如，乙欠甲 10 万元，后甲欠丙 10 万元，甲与丙约定，甲以对乙的债权担保其对丙的债务的履行。在甲不履行对丙的债务时，丙有权取得并行使甲对乙享有的该项债权）。此种担保，在理论上称为"债权质"（即债权质权）。我国《物权法》未规定一般的债权质权，故此种质权不具有对抗第三人的效力。当债权人将其债权作为其他债权的担保时，可以将附属于该债权的抵押权一并作为担保标的，也可以不将该抵押权一并作为担保标的（此种情形，在当事人明确约定担保标的不包括抵押权的情况下，在有关债务到期不履行时，担保权人只能取得并行使作为担保标的的债权，但不能行使抵押权，抵押权应归于消灭；如果当事人对之未予明确约定，则根据《合同法》第 81 条的规定，除专属于债权人自身的从权利以外，"债权人转让权利的，受让人取得与债权有关的从权利"，应认定该抵押权依法随主债权而成为担保的标的）。但是，债权人不得单独将抵押权用于设定担保，这是因为，抵押权本身不是债权，而是赋予债权以优先受偿权的根据，因此，抵押权不可能脱离被担保的债权而独立行使。

第二，对"抵押权应随债权一并转让，但法律另有规定或者当事人另有约定的除外"的理解。

债权人可以将债权转让给第三人。当债权发生转让时，如当事人约定仅转让债权而不转让抵押权，其约定有效，该抵押权归于消灭；如当事人对之无约定时，抵押权应随债权的转让而一并转让。在债权发生部分转让时，依照当事人的约定，抵押权可随部分债权的转让而转让（此种情形下，未转让部分债权即丧失抵押权的担保），也可不随部分债权的转让而转让（此种情形下，已转让部分债权即丧失抵押权的担保），还可同时担保已转让部分债权和未转让部分债权的实现，如无约定，则抵押权仅继续担保未转让部分债权的实现。

此外，依照《物权法》第 204 条的规定，除非当事人另有约定，否则，在最高额抵押担保的债权确定前，最高额抵押权不得随部分债权的转让而转让。

应当指出的是，现代经济社会出现了不动产抵押权"证券化"的现象，即将不动产抵押权附载于证券之上（称为"抵押证券"），将之视为独立财产，允许其作为有价证券进行流通。此种现象是抵押权从属性的突破和例外。

3. 担保物权消灭的从属性

担保物权的设立目的在于担保主债权的实现,故理论上一般认为,担保物权本身不存在独立的存续期间。与此同时,担保物权为物权的一种,不适用有关诉讼时效的规定。但在主债权因为债务清偿、抵销、混同以及合同解除等原因而归于消灭时,担保物权即随之而归于消灭。为此,我国《物权法》第 177 条第 1 项明确规定:主债权的消灭是担保物权消灭的法定事由。

当主债权因时效期间届满而消灭(或者丧失强制力)时,担保物权是否也随之而消灭(或者丧失强制力)呢?对此,存在三种不同的立法模式:

第一种模式是:担保物权随主债权的消灭而消灭。

《日本民法典》第 396 条规定:"抵押权,除非与其担保的债权同时,不因时效而对债务人及抵押人消灭。"依照其规定,抵押权自身并不单独因时效而消灭,但可基于主债权因时效消灭而与之同时归于消灭,即抵押权消灭时效的完成,以主债权消灭时效的完成为准。

第二种模式是:担保物权不随主债权的消灭而消灭。

德国民法将抵押权视为一种无从属性的独立权利,故《德国民法典》第 223 条第 1 项规定:"以抵押权、船舶抵押权或质权担保的请求权,虽经时效消灭,但不妨害债权人就其担保物取偿。"依照其规定,主债权因时效而消灭后,担保物权人仍得行使其担保物权。此种立法模式,也为《瑞士债法典》第 140 条所采纳。

第三种模式是:担保物权不随主债权的消灭而消灭,但其仅能存续于特定期间。

我国台湾地区"民法典"在其第 145 条规定担保物权的效力不受主债权因时效而消灭的影响的同时,又在其第 880 条规定:"以抵押权担保之债权,其请求权已因时效而消灭,如抵押权人于消灭时效完成后,5 年间不实行其抵押权者,其抵押权消灭。"这一规定为抵押权在主债权因时效而消灭后设置了权利存续的除斥期间。对其立法理由,台湾地区学者的解释是:担保物权是担保债权实现的权利,其性质虽为从权利,然而毕竟是物权,而且债权人往往因信任担保物而未及时行使权利,故法律上作出此等例外的规定,以强化担保物权之效力,从而保护债权人的利益。[①]

我国 1995 年颁布的《担保法》对于担保物权的权利行使期间问题未作规定,但我国最高人民法院 2000 年《关于适用〈中华人民共和国担保法〉若干问题

---

① 史尚宽:《民法总论》,中国政法大学出版社 2000 年版,第 706 页。

的解释》(以下简称《担保法解释》)第 12 条第 2 款规定:"担保物权所担保的债权的诉讼时效结束后,担保权人在诉讼时效结束后的 2 年内行使担保物权的,人民法院应当予以支持。"此规定为担保物权设定了 2 年的除斥期间,从主债权时效期间届满时起算。但这一规定被 2007 年《物权法》所否定。该法第 202 条规定:"抵押权人应当在主债权诉讼时效期间行使抵押权;未行使的,人民法院不予保护。"依照这一规定,抵押权应因主债权时效期间届满而不受诉讼保护。

对此问题的处理,有三个要点需要着重考虑:

第一,担保物权设立的目的在于保证主债权的实现,如主债权消灭,则担保物权丧失其存在目的,故依主、从权利的一般原理,二者应同时归于消灭。

第二,如主债权因时效消灭而担保物权尚存,则等同于主债权并未真正消灭,债权人仍可通过担保物权的行使而实现其债权,此结果明显背离时效制度的宗旨。而前述台湾地区学者所称"债权人往往因信任担保物而未及时行使权利"的理由,显属毫无根据的主观臆想,而"强化物权担保之效力"等理由,则未免有离题万里、不知所云之嫌。

第三,如担保物提供者为第三人,当主债权因债权人不及时行使权利而归于消灭后,如允许主债权人行使担保物权,则法律将处于两难境地:担保物权实现后,如果允许第三人向主债务人追偿,则仍无异于强迫债务人履行其债务,从而使诉讼时效的效果形同虚设,但如果不允许第三人向主债务人追偿,则等同于将主债权人怠于行使债权而应当承担的不利后果,转嫁给对此毫无过错的第三人全部承担,显然违背公平原则。

据此,我国《物权法》第 202 条改变了前述司法解释的规定,采纳了上述第一种立法模式。这一规定,应参照适用于其他担保物权。

但应注意,前述规定仅产生担保物权可因主债权超过诉讼时效期间而与之同时丧失强制力的效果,即主债权诉讼时效期满后,对于主债权人行使担保物权的主张,担保人有权在诉讼中主张时效抗辩。但是,如果担保人未在一审辩论终结前主张其时效抗辩,则视为放弃时效利益,主债权人行使其担保物权的主张,仍然成立。

此外,如果担保物权所担保的是分期履行的债务(如定期支付的租金或者分期支付的货款),应将之视为各个相对独立的请求权而分别计算诉讼时效期间,如其中部分时效期间届满,因担保物权的不可分性(即担保物权不应因部分债务基于履行、免除等原因缩减而发生相应的部分消灭),担保物权的效力不受影响,但债权人不得就时效期间已经届满的债务部分,就担保物而强制获得清偿。[1]

由上可见,担保物权是主债权的从属性权利(从权利)。在法律无相反规定的情况下,应适用有关从权利的一般规则。

(三) 担保物权的整体性

担保物权一旦设立,则担保物便以其全部价值作为主债权实现的担保,只要主债权未能全部实现,则担保物权便须继续存在并保障主债权的全部实现。因此,在主债权未能全部实现之前,担保物权须作为一个整体而存在,不得因任何原因而缩减。担保物权的此种整体性又被称为"不可分性",是由担保物权的设立目的所决定的。其主要表现为:

1. 当主债权因部分获得清偿或者部分被免除等原因而数额减少时,担保物权仍然整体存在。例如,甲公司向乙银行借款1000万元,以其价值1000万元的楼房设定抵押。后来,甲公司向乙银行返还了500万元,尚欠500万元。此种情况下,该楼房的抵押权依然整体存在并继续担保甲公司还款义务的履行,并不因为债务减少一半而使抵押权相应缩减为仅涉及抵押物(该楼房)的一半。

2. 当主债权被分割成为两项以上的独立债权时,担保物权仍然整体存在,并继续为分割后的数个债权提供担保。例如,甲用一套房屋设定抵押,用以担保所欠乙100万借款的返还义务的履行。后乙死亡,其100万债权分别由丙和丁各继承一半。此种情形,该房屋的抵押权并不因此而分割成为两项抵押权并分别担保该两项债权的实现,而是继续整体存在,并担保该两项债权的实现。

3. 当担保物部分灭失时,剩余部分仍作为担保物权的标的,继续对全部主债权提供担保。例如,甲向乙借款200万元,用其一幢独立房屋(价值300万元)及其附属建筑物(价值100万元)设定抵押,后该附属建筑物毁损。此种情形,甲不得主张该抵押权因抵押物的部分毁损而仅担保该主债权的3/4即150万元的返还义务的履行。这就是说,在担保物的价值与主债权的价值之间,不存在比例关系,即甲以价值400万元的财产担保200万元的债务,并不意味着以担保物的100万元价值(担保物价值的1/4)去担保与主债权相对应的50万元价值(主债权的1/4)。因此,在担保物部分损毁而导致其价值减少1/4(100万元)时,并不意味着抵押权所担保的主债权即应相应减少

---

[1] 尹田:《民法典总则之理论与立法研究》,法律出版社2010年版,第811—813页。

1/4(50万元)。

4. 当担保物被分割成为两个以上的独立物时,担保物权仍存在于分割后的各个独立物上,继续对主债权提供担保。例如,甲、乙为夫妻,其共有一幢二层楼房,该楼房被设定抵押,用以担保丙对丁所欠债务的清偿。后甲、乙离婚,经法院判决,该原夫妻共有的楼房分割为两部分,甲、乙各对其中一层楼房享有所有权。此种情形,无论甲、乙在依照法院判决办理该楼房的所有权分割登记时是否同时办理了相应的抵押权变更登记,该两层楼房依法仍为抵押权的标的,抵押权人仍有权对该全部两层楼房主张其权利。

但应注意,担保物权中,由于留置权的标的物可以是任由当事人进行实物分割的动产(即"可分物",如特定的 10 吨钢材),故某些情况下,留置权具有某种可分性。(详见本书"留置权"一章)

(四) 担保物权的物上代位性

由于担保物权是对担保物的交换价值的支配权和优先受偿权,所以,当担保物毁损灭失或者被征收时,担保物所有人因此而获得的赔偿金(包括损害赔偿金、财产保险金以及征地拆迁的补偿金等),即成为担保物的替代物,担保物权人有权对该赔偿金主张优先受偿权,此种现象,在理论上称为担保物权的"物上代位性"。

我国《物权法》第 174 条对担保物的物上代位作出了规定。同时还规定,"被担保债权的履行期未届满的,也可以提存该保险金、赔偿金或者补偿金等"。例如,甲以其不动产设定抵押权,担保所欠乙的借款的清偿。后甲的不动产被征收并获得补偿金,但此时甲的还款义务尚未到达履行期,在这种情况下,甲可以用该补偿金提前履行还款义务,也可以将该补偿金提交有关机构保存(提存),待债务履行期满时,再以该补偿金偿还欠款。但无论甲作何选择,债权人乙对该补偿金依法享有优先受偿权,在乙的债权没有全部实现之前,甲的其他债权人不得对该补偿金主张清偿权利。

(五) 担保物权的暂时性和补充性

1. 担保物权的暂时性

在各类物权中,所有权具有永久性,某些用益物权(如宅基地使用权等)也可具有永久性。鉴于担保物权的设定目的是为了担保主债权的实现,在主债权未得以实现之前,担保物权应持续存在,故担保物权原则上应随主债权的存在而存在,其自身无存续期间。但是,由于债权只是取得财产所有权或者某种财产利益的手段,只有实现债权,债权人才能获得其期望的利益,而债权的实现即导致债权的消灭,债权的消灭即导致为其所设定的担保物权的消灭,因此,担保物权的存续具有暂时性,不存在永久性的债权,也不存在永久性的担保物权。

2. 担保物权的补充性

在各类物权中,所有权和用益物权一旦设立,权利人即可行使其权利,且权利的设立目的便在于权利的行使和实现,只有权利的实现,才能使物权人获得财产利益。但与之不同,担保物权设立的目的不是为了此种权利自身的实现,而是为了保证主债权的实现。主债权一旦因债务人履行债务而实现,或者因其他原因而消灭,则担保物权即无须行使而归于消灭。因此,担保物权是一种不一定实现的他物权,或者说,担保物权是对主债权实现的补充,即只有当主债权因债务人到期不履行债务而不能实现时,主债权人才有必要行使担保物权而使主债权得以实现。

由此可见,担保物权的价值不仅表现为权利人行使担保物权时所获得的利益,而且表现为担保物权的设立对债务人所形成的心理压力,从而最大限度地促进了债务的适当履行。

【思考问题】

思考题一:当事人有关抵押权存续期间的约定是否有效?

甲欠乙 100 万元,丙以其房屋设定抵押予以担保。丙和乙约定,甲的债务到期未履行时,乙应及时实现抵押权,如乙自债务到期后 6 个月之内不实现抵押权,该抵押权即归于消灭。

问:此项约定是否有效?

【理论拓展】

理论拓展之一:关于担保物权性质的争论

担保物权具有三个与其他物权明显不同的特点:(1)担保物权的支配性质具有模糊性。在物权的各项权能中,"占有"可以说并不是一项独立存在的权能。确切地讲,占有本身并不能为物权人带来任何实际利益,占有权能是实现使用权能和收益权能的前提条件,而使用和收益,才是物权人享有物权的目的。由于在担保物权中,抵押权根本不表现为权利人对抵押物本身的现实控制支配,而质权和留置权虽然以权利人实际占有动产为特征,但此种占有根本不以使用、收益为目的,故与其说是对物的"支配",不如说是对物的单纯"控制"。据此,担保物权和所有权、用益物权相比较,其支配性质十分模糊。(2)某些担保物权(如抵押权)须通过请求权的行使方法而得以实现。所有权和用益物权的实现,仅须借助于物权人自己的支配行为(对物的占有、使用、收益或者处分)即可,无须他人的积极协助。但抵押权的实现,不能借助于权利人自己的支配行为(抵押权人不得自行处分担保物),而必须借助于抵押人的积极协助(由抵押人以担保物折价清偿债务),或者由抵押权人请求法院将抵押物予以拍卖或者变卖,然后从价款中获得优先受偿。(3)担保物权的客体不限于物,权利也可以作为担保物权的客体。如土地使用权可以作为抵押权的客体;股权、知识产权、有价证券等动产权利可以作为质权的客体。

由于担保物权的上述特点,就其是否具有物权的性质的问题在理论上便出现很大的争议,存在以下观点:

1. 债权之优先权说。此说为法国学者所主张,其认为抵押权、质权不是一种针对物的权利,而是一种针对物的经济价值的权利,其作用只是赋予债权人对特定财产的经济价值以优先受偿权(优先权),此种优先权与债权的其他优先权在本质上毫无区别。在很多法国学者看来,抵押权和质权甚至根本不是一种实体性权利而是一种程序性权利,而留置权只不过是一种不完全的、简单的、纯粹自卫性的担保权,因为其本身既不包含追及权,也不包含优先权(债权人的优先受偿完全是因为其扣留财产而在客观上产生的,并不是产生于留置权本身)。因此,在《法国民法典》上,抵押权和质权与其他债权的优先权被一体化地规定于债权制度。①

2. 债权说。此说为日本学者所主张,其认为担保物权只是对一定的债权赋予优先清偿的功能,其本质仍属债权。这是因为:(1)权利也可作为担保物权的客体;(2)物权的属性中并不当然包括优先受偿性;(3)同一物上可以设立多个担保物权且不受担保物价值的限制;(4)担保物权的排他性与一般物权的排他性有很大区别;(5)留置权与质权的追及性很弱。②

3. 物权说。此说为我国多数学者所主张,其认为担保物权尽管与债权之间存在密切联系,但其本质仍属物权:(1)权利质权在担保物权中并不占主导地位,且其具有与有体物担保类似的功能与作用;(2)担保物权属于对担保物的支配权,而非对人的请求权,只不过在支配客体、支配方式与支配效力等方面与其他物权有所不同;(3)优先受偿性由物权的排他效力而产生,是物权的固有属性之一,并非债权平等性之例外。③

4. 准物权说。此说为我国台湾地区一些学者所主张,其认为担保物权是介于

---

① 尹田:《法国物权法》(第2版),法律出版社2009年版,第467—531页。
② 〔日〕加贺山茂:《论担保物权法的定位》,于敏译,载梁慧星主编:《民商法论丛》(第15卷),法律出版社2000年版,第362—383页。转引自马俊驹、余延满:《民法原论》(第2版),法律出版社2006年版,第395页。
③ 王利明:《物权法论》,中国政法大学出版社1998年版,第547—550页。转引自马俊驹、余延满:《民法原论》(第2版),法律出版社2006年版,第395页。

第二十章 担保物权总论

物权和债权之间的一种财产权利,就其支配性而言,既有对人的一面也有对物的一面;就其实行而言,债权人所主张的优先受偿权,表面上是针对担保物的,实际上是针对担保物的所有人的,因而兼有对人权和对物权的双重属性。①

很明显,担保物权确实很不同于一般的物权,以上各种学说均指出和强调了此种权利某方面的特性,并以之作为其观点的论据,以至于形成"公说公有理,婆说婆有理"的局面。但应看到,以上各种学说所采用的方法都是建立于对物权与债权的僵硬、机械的区分基础之上,亦即完全依据最为典型的物权或者债权的特征和效力去对照担保物权,或者强调其一端,根据其具有的物权特征认定其为物权,根据其债权特征认定其为债权;或者认定其为综合物权和债权性质的"混合型权利"。但实际上,在物权与债权的二分体系之下,物权与债权的划分具有人为的特点,即根据物权法定原则,某些具有支配权性质的权利(如租赁权)不被认定为物权,而某些并不完全具有支配权性质的权利则被认定为物权,物的担保所产生的权利(抵押权、质权、留置权)即属此类。其原因在于,民法在赋予权利以法律效力以及对各种权利进行体系安排时,不仅要考虑到某种权利的内容,而且更重要的是要考虑到权利体系构建上的清晰、合理和便于适用。在法国式民法的财产权体系中,由于不实行物权与债权的二元区分,故完全可以将物的担保所产生的优先权与其他优先权作为与债权相关的制度,规定于债权制度之中。但在德国式民法的物权与债权二元财产权体系中,根据抵押权、质权所具有的某些(并不完全的)物权的特征和效力,将之视为一种他物权(担保物权)而规定于物权制度之中,被认为有助于物权体系的完整建立,自然也是一种可以接受的方案。质言之,从方法论的角度来讲,法律概念和法律逻辑是为法律的目的而服务的,立法者从来都不是自己所创造的概念和所实行的逻辑方法的奴隶,由此,为法律规定和适用的方便,明明不具有财产属性的物质(如死者的骨灰、情人的书信),不妨被视为"物(财产)",得成为所有权的标的;明明不具有物质形态的东西(如光、电、声波、天然气、无线电频谱资源、土地之上的空间等),也不妨视为"物",亦得成为所有权或者用益物权的标的。既然如此,不完全具有物权属性的抵押权、质权和留置权,当然也可以被视为一种物权(担保物权)而被规定于物权体系之中:一切全然取决于立法模式的选择和立法体系建构的需要。

由此,基于正确适用法律的需要,分析和指出担保物权在其法律效力上的某些特征,是非常重要和非常有必要的。但一定要运用物权或者债权的一般特性去强词夺理地论证担保物权本身"就是一种物权"或者其本身"就是一种债权",却是不客观的,同时也是没有必要和没有意义的。至于将担保物权定位为兼具物权和债

---

① 刘德宽:《民法诸问题与新展望》,中国政法大学出版社2002年版,第379页。

权双重属性的"准物权"说,虽然其具体分析具有客观性、正确性和全面性,但其结论(担保物权是一种"准物权"),仍然是没有意义的。

结论就是:在我国物权体系中,担保物权就是一种与用益物权相并列的他物权。

理论拓展之二:法国民法上的优先权种类简介

法国民法上的优先权,是债权人就属于债务人的动产或者不动产的价款先于其他债权人获得清偿的权利,其为物的担保的形式之一。依其标的所涉及的范围,优先权分为一般优先权与特别优先权两类,前者主要设定于债务人的全部动产或者不动产,后者设定于债务人的某些特定的动产或者不动产。

(一)动产优先权

1. 动产一般优先权

《法国民法典》第2101条列举规定了以下债权的债权人对债务人的一般动产享有优先权,并按下列顺位行使:(1)诉讼费用;(2)丧葬费用;(3)最后一次生病的医疗费;(4)报酬(包括受雇人过去一年及当年的报酬、在农业方面过去一年及当年迟延支付报酬的债权、雇工及学徒最后6个月的报酬、定期劳动合同终止时的补偿以及临时工作的雇主对其雇工就工作的临时性的补偿、定期劳动合同因未预先通知或者程序不合法的非法解除或滥用权利、对于工资照付的假期应付的补贴等);(5)为债务人及其家属提供的生活资料(包括必需的食品、暖气设备以及用电等);(6)某些因工伤事故应付的补贴(包括暂时性无劳动能力的补贴、医疗费用、药品和丧葬费用等)。

除此而外,某些特别法也规定了动产一般优先权,如关于私人雇主对生病住院的矿工的退休金的集体债权的担保、出版人向作者就最近三年应支付的版税的担保等。

2. 动产特别优先权

动产特别优先权为《法国民法典》第2102条所列举规定,具体包括:

(1)通过明示或默示的质权的产生而设定的动产优先权

法国法上的质押(gage)也称动产抵押(nantissement mobilier),指一当事人将其所有的动产交付给债权人以担保其自己的债务或他人的债务。质押合同产生了一项设定于交付给债权人的物的优先权。原则上,一切动产(包括股票、债券等有价证券乃至于某些债权)均可设定质押。

此外,某些动产质押的设定,债务人可以不丧失对动产的占有,具体包括:设定于分期付款出售的机动车辆的质押(须以登记的方法进行公示);通过农业仓库仓单、旅馆业仓库仓单以及石油仓库仓单而对农业产品和资料、旅馆的动产和石油库存货成立的动产抵押、用于商业之外的职业工具或设备材料的动产质押、营业资产的质押以及电影胶片的质押等。与此同时,不动产出租人就收取租金的债权对被承租人放置于出租地点的一切动产(金钱和有价证券除外)的特定财产享有优先权。而在农村土地的租赁中,出租人优先权设定于每年的果实和庄稼。

除此而外,还存在下列动产质押:

第一,旅馆老板的优先权,即旅客的行李默示地成立质押。

第二,运输业者优先权,其设定于尚未交付的承运物,以担保运输费及其附加费用。

第三,对国家公务员保证金的优先权。国家要求某些公务员或司法助理人员(行政法院和最高法院里的律师、公证人;上诉法院里的诉讼代理人、执达员、书记员、拍卖估价人、房地产抵押登记官;等等)提供一笔现金或同等价值的实物作为保证金,用以担保公务员或司法助理员将来的顾客因其滥用权利或渎职而享有的债权的实现。

(2) 设定于债务人财产中被"引入"的动产或保管的动产的优先权

为切实保证债权人债权的实现,法国法对债务人财产中某些与债权有某种联系的特定动产设定了优先权,其中包括:

第一,保存行为人的优先权。任何因为保存他人的动产而支出费用的当事人对该动产均享有优先权以保证其费用的补偿,此为因动产的保存费而具有的优先权(《法国民法典》第2102条第3项)。为此,修理动产的手工业者、治疗动物的兽医均享有优先权。

第二,动产出卖人的优先权。一切动产买卖的出卖人对于交付给买受人的动产,就其应受领的价款的清偿,均享有优先权。

第三,对当年收获的费用的优先权。任何分摊收获生产活动费用的人对该收获有优先权(《法国民法典》第2102条第1项第4款),如种子的出卖人、农业雇工及出租人等。

第四,财产分割的优先权。这是设定于死者遗留的财产的优先权,它保证死者的债权人能够得到清偿。当它适用于死者动产时,其具有动产性质。(《法国民法典》第878条)

第五,某些债权的优先权,如《法国民法典》第2102条第8项及第9项所规定的两种优先权:民事责任的保险人获得的受害人应得的赔偿请求权的优先权;家庭劳动者雇佣的助手对工程发包人应对该劳动者支付的款项享有的优先权。

第六,由特别法规定的优先权。例如,设定于船舶的海事优先权、设定于内河航运船舶的海事优先权、对航空器的优先权、设定于采伐和经营的国有林产资源的优先权,等等。

(二) 不动产优先权

法国法上的不动产优先权,指债权人对债务人的不动产所享受的优先受偿权利,抵押权是其中最重要的一种。

不动产优先权分为一般优先权和特别优先权两类。

1. 不动产一般优先权

在《法国民法典》的体系中,一切不动产的一般优先权都同样赋予其权利人对于债务人的全部不动产的价款的优先权。法国1955年1月4日命令对于不动产的一般优先权作了规定,但排除了诉讼费用优先权、工资优先权(《法国民法典》第2104条)和作者对出版人最后3年的收入的优先权(1957年3月12日法律第58条)。这三种优先权属于动产性质,仅以辅助的名义设定于不动产:债权人仅在不能就扣押的动产清偿债务时,方可引用其对债务人不动产的优先权。

2. 不动产特别优先权

(1) 法定抵押权

法律直接赋予某些应予保护的债权人以抵押权,法定抵押权的设定取决于债权人的身份。法定抵押权具体包括:

第一,配偶抵押权(《法国民法典》第2136—2138条),即配偶一方对另一方的不动产享有的抵押权:当发生配偶中一方以另一方为被告提起诉讼以确定债权,或配偶中一方依婚姻契约选用"分享在婚后获得的共同财产"的制度等情形时,可对另一方的不动产要求进行抵押权登记。

第二,未成年人和受监护的成年人的抵押权(《法国民法典》第2143条第3款),即无行为能力人就其对监护人的一切债权,可根据监护法官的判决而将抵押权设定于财产管理人的不动产。

第三,特定款项受遗赠人的抵押权(《法国民法典》第1017条),其设定于被继承的不动产,用以担保遗赠之给付。

第四,楼层或房间共有人团体的抵押权,其担保团体对于每一共有人的一切债权。

第五,国家、省、市镇以及公共机构对于财会管理人员的不动产的抵押权。这一抵押权设定于管理"公款"的人(国库财务管理人员、财税征收官员、出纳、税务人员等)的不动产,但不能设定于仅限于安排有关开支的人(如部长)。

第六,国家对于其财政管理人员在任命后有偿取得的不动产享有的抵押权。

第七,国库就财税事务的法定抵押权。国库就一切性质的课税和财税罚款对于债务人的不动产享有法定抵押权。(《法国普通税法》第1929条)

除此而外,法定抵押权也可因法院的判决而设定(司法上的抵押权),这种抵押权可通过登记而设定于债务人现有的一切不动产,也可通过补充登记而设定于债务人即将取得的不动产。这种抵押权用以担保由判决所确定的债权。

(2) 意定抵押权

意定抵押权为根据抵押合同而设定的抵押权。债权人或从其债务人或第三人处取得抵押权的设定以担保其债权。

抵押合同为要式合同,即有效的抵押合同必须具备公证形式(《法国民法典》第2127条)。如果抵押人委托他人代订合同,其代理人的代理权应经过公证。[①] 公证行为可在合同原本上做成,也可做成公证证书(《法国民法典》第2128条第1款)。此外,根据《法国民法典》第2128条规定,对位于法国的不动产的抵押权设定行为只能在法国订约。

(3) 其他不动产特别优先权

其一,不动产出卖人的优先权,即不动产出卖人就其应受领的价款的清偿,对该出卖的不动产所享有的优先权。一切可设定抵押权的不动产的买卖均可产生优先权。

其二,金钱出借人对于以该金钱取得的不动产的优先权,即出借金钱以取得不动产的出借人为担保其债权的实现,对于借贷人所购买的不动产享有优先权。此种优先权的存在取决于双重证明,一是借贷行为明确规定所借款项用于购买不动产;二是所借款项使不动产的购买人得以支付价款。

其三,共分人的优先权(《法国民法典》第2103条第3项),其产生于一切不动产的分割,尤其是遗产分割及夫妻共同财产或合伙财产的分割。它担保了数个不同类型的债权,其设定基础依其担保的债权的不同而不同,具体包括:对共有不动产拍卖价款的优先权;为防止第三人的所有权追夺而加强债权效力的优先权(其设定于被其他共有人分割的全部共有的不动产);担保补足金支付的优先权(设定于承担补足金支付义务的共分人对于不动产的份额);用以担保恢复特留份的补偿的支付的优先权(设定于承担补偿义务的债务人的继承的财产或受遗赠的财产)。

其四,建筑师、承揽人以及工人的优先权。此种优先权设定于修建的不动产,但仅限于建筑工程为该不动产增加的价值部分,且为行使优先权时该增加的价值尚存的部分。

其五,财产分割的优先权。继承开始后,死者的遗产与继承人的财产原则上发生混同,死者的债权人与继承人的债权人发生竞争。财产的分割可使死者的债权人就死者的遗产优先于继承人的债权人而获得清偿。这一不动产优先权属于死者的债权人(这样,特定款项的受遗赠人也可享有法定抵押权)。它设定于遗产中的不动产,加强了担保同一债权的动产优先权的效力。

[①] 但根据《法国民法典》第1844-2条的规定,这一规则不适用于合同当事人的法定代理人。

其六,"租赁及转让"合同之受让人对于所有权的优先权(《法国民法典》第2103-7条)。在租赁及转让合同的情形,如果因各种原因,合同被撤销或所有权未能在预定期间被转移,受让人应离开有关地点,相对方(出租人的出卖人)应返还其收取的租金之外的款项。这一将来的补偿与不动产的部分价款相符合的债权通过优先权而获得保证。这一优先权设定于作为合同标的的不动产。①

理论拓展之三:我国现行法上的法定优先权

在我国,除《物权法》所规定的抵押权、质权以及留置权所赋予被担保的债权的优先受偿权之外,还存在由一些特别法(包括实体法和程序法)所规定的优先权。这些债权的优先权依照法律规定直接产生,或者针对债务人的全部财产(一般优先权),或者针对债务人的特定财产(特别优先权)。其主要包括:

(一)一般优先权

债权之一般优先权针对债务人的全部财产,即债权人就债务人的全部财产依法享有优先于其他债权而获得清偿的权利。我国现行法上的一般优先权主要涉及被申请宣告破产的企业所承担的债务,由我国《企业破产法》和《民事诉讼法》所规定,其具体包括:

1. 破产费用之债权的优先权

根据我国《企业破产法》第34条和《民事诉讼法》第204条的规定,破产财产的管理、变卖和分配所需的费用,包括聘任工作人员的费用、破产案件的诉讼费用以及为了债权人的共同利益而在破产程序中支付的其他费用,应当从破产财产中优先支付。前述费用的支付系为维护全体破产债权人的利益,如不能保证支付,则破产程序无法进行,故其应优先于破产企业的其他任何债权(包括职工工资的债权以及国家税收的债权)而优先获得清偿。

2. 职工工资和劳动保险费用之债权的优先权

根据我国《企业破产法》第37条和《民事诉讼法》第204条的规定,破产企业所欠职工的工资和劳动保险费用,应从破产财产中优先清偿。赋予前述债权的优先权,体现了对劳动者进行特殊保护的社会政策。因此,在破产债权的清偿顺序中,此种债权被列为第一顺序。

3. 国家税收之债权的优先权

根据我国《企业破产法》第37条和《民事诉讼法》第204条的规定,破产企业所欠税款被列为破产债权清偿顺序中的第二顺序,优先于一般债权而获得清偿。

---

① 尹田:《法国物权法》(第2版),法律出版社2009年版,第472—498页。

(二) 特别优先权

债权的特别优先权针对债务人的特定财产,分为不动产特别优先权与动产特别优先权,由我国《合同法》以及其他单行法或者司法解释加以规定,具体包括:

1. 不动产特别优先权

债权的不动产优先权针对债务人的特定不动产,债权人有权就债务人特定的不动产的价值优先于其他债权人获得清偿。

(1) 商品房购买人的优先权

我国最高人民法院于 2002 年 6 月 20 日公布的《关于建设工程价款优先受偿权问题的批复》第 2 条规定:"消费者交付购买商品房的全部或者大部分款项后,承包人就该商品房享有的工程价款优先受偿权不得对抗买受人。"根据这一规定,商品房住宅购买人(消费者)与房地产开发商签订房屋买卖合同之后,如果购买人交付了全部或者大部分购房价款,则就其请求开发商交付房屋并转移房屋所有权的债权享有优先权,此项优先权优先于建设工程款之债权的优先权、房屋抵押权和一般债权。

(2) 建设工程价款之债权的优先权

我国《合同法》有关建设工程合同的第 286 条规定:"发包人未按照约定支付价款的,承包人可以催告发包人在合理期限内支付价款。发包人逾期不支付的,除按照建设工程的性质不宜折价、拍卖的以外,承包人可以与发包人协议将该工程折价,也可以申请人民法院将该工程依法拍卖。"(第 1 款)"建设工程的价款就该工程折价或者拍卖的价款优先受偿。"(第 2 款)根据这一规定,当建设工程的发包人(建设方)不履行支付建设工程价款时,承包人(施工方)对于建设工程的价值享有法定优先权,此项优先权优先于不动产抵押权和一般债权。

依照最高人民法院《关于建设工程价款优先受偿权问题的批复》的规定,建设工程价款包括承包人为建设工程应当支付的工作人员报酬、材料款等实际支出的费用,不包括承包人因发包人违约所造成的损失。同时,建设工程承包人行使其优先权的期限为 6 个月,自建设工程竣工之日或者建设工程合同约定的竣工之日起计算。

关于上述建设工程价款优先权的性质,存在不同学说:(1) 留置权说。其认为该种优先权应为留置权。但否定意见指出,因留置权的客体限于动产,且以占有留置物为存在条件,而此种优先权针对的是不动产,且承包人即使将已竣工的建筑工程交付给了发包人,也不影响其优先权的享有,故此种优先权不属留置权。(2) 法定抵押权说。其认为该种优先权应为直接根据法律规定而设定的抵押权。但否定意见指出,不动产抵押权依现行法规定须以登记为成立要件,而此种优先权无须登记即可设立。此外,在发包人已将建设工程(在建工程)向第三人(通常是贷款银行)设定抵押权时,依照重复抵押的"设定在先、权利在先"原则,第三人在先设定的抵押权应优先于建设工程价款优先权,但实际情况却相反。(3)优先权说。其认为建设工程价款优先权应属留置权、抵押权之外的一种法定优先权。[①]

以上学说中,因建设工程价款优先权不以承包人占有(扣留)建设工程为成立要件,故"留置权说"不可取。但"法定抵押权"则完全可以成立,这是因为,法定抵押权具有三个特征:(1)法定抵押权设定于特定的不动产且不以占有抵押物为成立条件;(2)法定抵押权依照法律规定而设立,无须另行采用登记的方法予以公示,故其不以登记为设立条件;(3)法定担保物权优先于意定担保物权,故法定抵押权较之意定抵押权,无论其设定先后,均优先于意定抵押权。由此可见,建设工程价款优先权完全符合上述法定抵押权的特征,故其具有法定抵押权的性质。至于"优先权说",其将建设工程价款优先权认定为法定优先权并无错误,但其并未说明此种权利在优先权体系中究竟应属何种类型。总的来说,尽管我国现行法没有采用"法定抵押权"的概念,但从理论上确定建设工程价款优先权以及其他依法设定于债务人特定不动产乃至动产上的优先权具有法定抵押权的性质和特点,有助于法律规则的正确适用,且对于我国担保法制度的完善具有重要意义。

(3)破产企业职工安置费用之债权的优先权

根据1999年《国务院关于在若干城市试行国有企业兼并破产和职工再就业有关问题的补充通知》的规定,企业破产时,职工的安置费用以及没有参加养老、医疗保险基金社会统筹或者养老保险、医疗基金社会统筹不足的离退休职工的离退休费和医疗费,应从破产企业依法取得的土地使用权转让所得中支付。此项债权的实现,优先于该土地使用权所设立的意定抵押权。

2. 动产特别优先权

动产特别优先权设定于债务人的特定的动产之上,对于该特定动产的价值,债权人享有优先受偿的权利。在我国现行法上,动产特别优先权主要包括以下两种:

(1)船舶优先权

船舶优先权为我国《海商法》所规定,是指海事请求权人向船舶所有人、光船承租人、船舶经营人提出海事请求时,依照法律的直接规定对产生该海事请求的船舶的价值所享有的优先受偿权利。(《海商法》第21条)

依照《海商法》第22条的规定,享有船舶优先权的海事请求包括:第一,船长、船员和在船上工作的其他在编人员的工资、其他劳动报酬、船员遣返费用和社会保险费用的给付请求;第二,在船舶营运中发生的人身伤亡的赔偿请求;第三,船舶吨税、引航费、港务费和其他港口费费的缴付请求;第四,海难救助的救助款项的给付

[①] 参见马俊驹、余延满:《民法原论》(第2版),法律出版社2006年版,第461页。

请求;第五,船舶在营运中因侵权行为产生的财产赔偿请求。

上述各项船舶优先权依照其列举的顺序受偿,但所列第四项海事请求(海难救助款项请求)后于前三项发生的,应当先于前三项受偿。而如果同时存在除海难救助款项请求之外的其他两项以上的海事请求时,应不分先后,同时受偿;不足受偿的,按照比例受偿。存在两项以上海难救助款项请求时,后发生的先受偿。(《海商法》第23条)

与此同时,《海商法》第24条还规定:"因行使船舶优先权产生的诉讼费用,保存、拍卖船舶和分配船舶价款产生的费用,以及为海事请求人的共同利益而支付的其他费用,应当从船舶拍卖所得价款中先行拨付。"

就船舶优先权与船舶留置权和船舶抵押权的关系,《海商法》第25条第1款明确规定:"船舶优先权先于船舶留置权受偿,船舶抵押权后于船舶留置权受偿。"

(2) 民用航空器优先权

根据我国《民用航空法》第18条的规定,"民用航空器优先权,是指债权人依照本法第十九条规定,向民用航空器所有人、承租人提出赔偿请求,对产生该赔偿请求的民用航空器具有优先受偿的权利"。

《民用航空法》第19条具体规定了具有优先权的各项债权:(1) 援救该民用航空器的报酬;(2) 保管维护该民用航空器的必需费用。前述各项债权,后发生的先受偿。该法第20条规定:民用航空器优先权,其债权人应当自援救或者保管维护工作终了之日起3个月内,就其债权向国务院民用航空主管部门登记。

此外,《民用航空法》第21条还规定:"为了债权人的共同利益,在执行人民法院判决以及拍卖过程中产生的费用,应当从民用航空器拍卖所得价款中先行拨付。"

就民用航空器优先权与民用航空器抵押权的关系,该法第22条明确规定:"民用航空器优先权先于民用航空器抵押权受偿。"

理论拓展之四:关于我国《物权法》应否规定"让与担保"的争论

(一) 让与担保制度简介

在担保法理论上,存在"典型担保"与"非典型担保"之分。典型担保是指由法律明文规定的担保形式,如抵押权、质权、留置权等;非典型担保是指未被纳入法律上规定的担保制度体系,但具有某种担保功能的权利或者法律形式,如典权、让与担保、所有权保留以及附买回权的买卖以及融资租赁等。其中,让与担保具有特别重要的意义。在我国制定物权法的过程中,就是否将让与担保规定于担保物权制度发生过争论。全国人大法工委曾将让与担保写入物权法草案建议稿,但最终被删除。

让与担保的概念有广义和狭义之分。广义的让与担保指以转移标的物之所有权或其他权利来保障债权清偿的担保,包括狭义的让与担保和卖渡担保①:

狭义的让与担保,指债务人或第三人为担保债务人之债务,将担保标的物的财产权转移于担保权人,而使担保权人在不超过担保之目的范围内,取得担保标的物之财产权,于债务清偿后,标的物应返还于债务人或第三人,债务不履行时,担保权人得就该标的物受偿之非典型担保。② 如甲为担保所欠乙的100万元债务的履行,将其房屋所有权转移给乙,在甲清偿债务后,乙应将该房屋所有权返还给甲;如果甲不能清偿债务,则乙就该房屋折价或者变卖的价款优先获得债权的受偿。

卖渡担保,又称"卖与担保"或"买回担保",是与狭义的让与担保类似的制度,指债权人与债务人之间通过标的物(物或其他权利)买卖的形式进行的融资和担保。其基本构造为:债务人形式上是出卖人,实际上是资金的借入人,其出售标的物的价款相当于借入的资金;但债务人并不负有返还借款的义务,而是根据其和债权人订立的附条件返还标的物合同,享有支付借款资金加上利息从而买回标的物的权利。③ 根据所附条件的不同,卖渡担保又可分为两种:(1)附解除条件的买卖,即出卖人享有支付约定价金来解除买卖合同的权利,一旦出卖人支付了约定价金,则买卖合同解除,买受人须返还标的物所有权;(2)附买回条件的买卖,即出卖人享有支付约定价金来买回标的物的权利,一旦出卖人支付了约定价金,则出卖人可以买回其标的物。④

让与担保与卖渡担保存在以下三点不同:其一,在让与担保中,债权人对债务人有债务清偿之请求权,在债务人逾期不履行债务时,债权人得就标的物行使担保权,就标的物变卖或折价所得价金优先受偿;在卖渡担保中,出卖人仅有买回标的物之权利,而无清偿债务之义务,即债权人就出借资金无偿还请求权;其二,在让与担保中,如标的物灭失,则债权人仍得就债务人的一般财产求偿其债权;而在卖渡担保中,买受人则无此权利,即该项风险由买受人自己负担;其三,在让与担保中,债权人在债务人不履行债务、从而对标的物行使权利以实现债权时,负有清算的义务,应将标的物变价所得价金抵偿债权后的余额返还给设定人,若仍有不足,可继续向债务人求偿;而在卖渡担保中,买受人无清算义务,其直接取得标的物所有权并以标的物抵偿债务时,纵有不足,也无权再向出卖人求偿。⑤

---

① 陈华彬:《物权法原理》,国家行政学院出版社1998年版,第761页。
② 谢在全:《民法物权论》(下册),中国政法大学出版社2011年版,第1100页。
③ 顾长浩:《论日本的让渡担保制度》,载梁慧星主编:《民商法论丛》(第10卷),法律出版社1998年版,第517页。
④ 王建源:《让与担保制度研究》,载梁慧星主编:《民商法论丛》(第10卷),法律出版社1998年版,第757页。
⑤ 陈华彬:《物权法原理》,国家行政学院出版社1998年版,第761—762页。

目前,大陆法系很少有国家以成文法的方式规定让与担保制度。① 但由于让与担保制度在实践中仍有存在的空间和价值,一些国家和地区的司法实践和理论学说承认这一制度,如德国、日本、瑞士和我国台湾地区。英美法系中传统的按揭制度与让与担保类似,但在现代的英美担保法中,按揭的权利转移属性已经淡化近无,与大陆法系的抵押制度大同小异。②

(二) 让与担保的立法争议

在我国物权法的立法过程中,对于是否在物权法中规定让与担保制度,存在不同的看法。全国人大法工委的物权法草案和梁慧星教授主持提出的物权法草案建议稿,都规定了让与担保制度。不同的是,法工委的草案将让与担保作为抵押权的一种形式规定在担保物权之下,而梁慧星教授主持提出的专家建议稿则将让与担保作为一种非典型担保规定在抵押权、质权和留置权之后。王利明教授主持提出的中国物权法草案建议稿则没有规定让与担保制度。③

从全国人大的立法背景资料来看,专家学者和有关部门对是否在物权法中规定让与担保制度分歧很大,主要有三种意见④:

1. 应当在物权法中规定让与担保制度

持这种观点的主要是实务部门和一部分专家学者。其主要理由是:

(1) 可以有效防止第三人对担保财产进行干预。让与担保制度的一个重要特点就是担保财产已经转移给债权人,从而使担保人处分担保财产或者第三人干预担保财产的可能性大大减小。⑤

(2) 为民事主体提供了更多的担保方式。让与担保在质押担保和抵押担保之外,为债权取偿提供以担保物所有权让与的新的担保形式,可以满足现代市场经济的复杂交易对担保制度的不同需求。⑥

(3) 让与担保人可以继续占有标的物。在动产让与担保中,设定人在设定让与担保后可继续占有标的物,发挥标的物使用、收益的功能,这弥补了典型担保制

---

① 例外的是韩国将让与担保以成文法的方式进行了规定。韩国于1983年制定了《关于假登记担保等的法律》,不仅调整假登记担保,也调整让与担保和卖渡担保,从而使韩国成为世界上首个将让与担保成文化的国家。参见高圣平:《物权法与担保法对比分析与适用》,人民法院出版社2010年版,第69页。

② 全国人大常委法制工作委员会民法室主编:《物权立法背景与观点全集》,法律出版社2007年版,第644页。

③ 季秀平:《物权法确认让与担保制度的几个疑难问题》,载《烟台大学学报》(哲学社会科学版) 2002年第3期,第253页。

④ 全国人大常委法制工作委员会民法室主编:《物权立法背景与观点全集》,法律出版社2007年版,第647—650页。

⑤ 同上书,第648页。

⑥ 梁慧星主编:《中国物权法研究》(下),法律出版社1998年版,第1062页。

度的缺失,适应了现代商业活动的需要。①

(4) 担保标的物多样化,促进担保价值的发挥。具有可让与性的财产均可充当让与担保的标的物,并且对于不能设定典型担保的标的物与集合财产,也可成立让与担保。另外,基于一物一权与物权特定性原则,典型担保大多仅能在各个独立的物上分别设定,而让与担保则可在集合物或具有流动性的多数物上设定,这满足了企业融资的需求。②

(5) 债权受偿程序便捷,提高担保物的价值。让与担保可以节省或免去实行质权或抵押权时的费用,并避免拍卖可能导致标的物被过低压价的弊端。让与担保可由当事人自己约定实行的程序和方法,不仅较为便捷,而且变卖或估定的标的物价格也较高,因此弥补了典型担保的缺憾。③

(6) 实践中出现了以让与担保方式进行的交易,如商品房买卖中的"按揭"制度。如果物权法不作规定,将造成法律与实践脱节,且实践得不到法律的规范引导,也于维护经济秩序和法律秩序不利。因此,应在物权法中增加让与担保的规定。④

(7) 让与担保制度在许多国家都得到了广泛的应用。例如在德国的实际生活中,对于动产,采用所有权保留和让与担保的占80%—90%,采用动产质权的不到10%。⑤

2. 不应在物权法中规定让与担保制度

持这种观点的主要是一部分学者。其理由包括:

(1) 让与担保本质上违反了物权法关于流质契约的规定,与法律规定相冲突,因此不应在物权法中规定让与担保。⑥

(2) 国外承认让与担保制度的原因在于其缺乏动产抵押制度,或者动产抵押的财产范围有限,无法满足社会需求。我国已经有动产抵押制度,且动产抵押的财产范围与让与担保的财产范围一致,包括有形财产和无形财产、单一物和集合物、特定物和流通物,只要是可让与的财产,均可设定让与担保;动产抵押在功能、性质、设定和公示方面与让与担保基本一致。所以,我国没有规定让与担保的必要。若规定了让与担保,则会导致动产抵押或让与担保其中之一制度的闲置,造成巨大

---

① 陈华彬:《民法物权论》,中国法制出版社2010年版,第525页。
② 同上书,第525页。
③ 同上书,第525—526页。
④ 梁慧星主编:《中国物权法草案建议稿——条文、说明、理由与参考立法例》,社会科学文献出版社2002年版,第776页。
⑤ 全国人大常委会法制工作委员会民法室编:《物权立法背景与观点全集》,法律出版社2007年版,第648页。
⑥ 王利明主编:《中国物权法草案建议稿及说明》,中国法制出版社2001年版,第419页。

的资源浪费。①

(3) 让与担保存在公示困境。让与担保应公示的不是"财产的转移",而是当事人的"担保债之目的",即目的的公示。但是对于不能登记的动产和债权来说,其让与担保目的无法进行公示,因此物权法无法在不破坏既有物权法律逻辑体系的前提下,对其进行加工与塑造。② 就占有改定的让与担保而言,其担保缺乏公示性,债务人在清偿债务后,只能基于债权请求权请求债权人返还标的物,而非基于物权请求权。因此在物权法中不能规定让与担保。③

(4) 让与担保作为新型担保无法纳入物、债二元的民法体系。"无论让与担保还是所有权保留以及买回等制度,都是为适应交易的需求而基于契约自由原则所产生的具有内在担保机能的新型制度。如同金融衍生工具的大量出现,由于现代信用经济的高速发展,各种新型的担保债权实现的方式也越来越多,从传统的物权与债权二元体系的角度确实无法将这些新型的保障债权实现的方式归入恰当的位置。如果非要人为地将这些新型的制度与抵押权、质权等经历数千年历史发展而非常成熟完善的制度规定在一起,不仅存在技术上的障碍,而且可能限制它们的发展。"④

3. 应在民事特别法或合同法中规定让与担保制度

持这种观点的主要是一部分学者,其主要理由是:

(1) 让与担保制度与物权法的制度体系不协调,有损物权编的完整性:其一,让与担保的公示可因当事人的约定而有所变化,即可以公示也可以不公示,这是对物权公示原则普遍性的违反和破坏;其二,大陆法系中,担保物权属于限定物权,而让与担保则是以转移所有权的方式设定的担保,这种担保显然不再是限定物权,而是所有权,将其规定在"限定物权编",破坏了物权分类的标准和物权体系的完整性。因此,应通过特别法或司法解释来规定让与担保制度。⑤

(2) 社会经济不断发展,各种特殊的、非典型的担保不断出现。将变动性和开放性较大的担保方式规定在物权法中,难以应付不断变动带来的修改难题。因此,

---

① 陈信勇、徐继响:《论动产让与担保与动产抵押之雷同——兼评我国民法(草案)对动产让与担保与动产抵押的规定》,载《法学论坛》2004年第4期,第61—62页。
② 张翔:《物权法典规定让与担保的可行性质疑——从让与担保的交易机制出发》,载《法商研究》2006年第2期,第58—61页。
③ 王利明主编:《中国物权法草案建议稿及说明》,中国法制出版社2001年版,第419—420页。
④ 王利明主编:《中国民法典学者建议稿及立法理由(物权编)》,法律出版社2005年版,第339页。
⑤ 余能斌主编:《现代物权法专论》,法律出版社2002年版,第309—310页。

对让与担保的立法,应当以制定民事特别法的方式进行,而不应放在物权法中。①

(3) 让与担保的合法性和正当性已为各国学说和判例所认可,如何克服让与担保的弊病才是立法应解决的问题。在我国让与担保的物权法定化尚缺足够理论支持的情况下,遵循让与担保的契约性本质并着力解决其弊病似不乏可行性。让与担保的弊端在于其公示的缺陷和流质的不公,而采用有名合同机制则可解决这两个弊端。在合同机制中,当事人的约定是债权约定,一般不具有对抗力。而现代民法认为债权约定若经登记可以对抗第三人,所以可引进特殊公示方法,由当事人选择是否公示,若经公示,其约定可对抗第三人,未经公示,其约定仅对双方当事人有约束力。对于流质的禁止,可以通过法律规定债权人的清算义务来实现,即若当事人未约定清算事项,则自动适用法定清算条款。②

第二节 担保物权的设立

【基本原理】

一、担保物权的设立方式

(一) 担保物权的分类

根据不同角度,既有理论对担保物权作出了各种不同分类,如根据担保物的不同性质,将之分为动产担保物权、不动产担保物权、权利担保物权;根据是否转移担保物的占有,将之分为占有担保物权与非占有担保物权;根据担保物是否可变动,将之分为特定担保物权与浮动担保物权;等等。

在担保物权的分类中,与担保物权的设立有关的分类主要有以下几种:

1. 意定担保物权与法定担保物权

根据担保物权的不同设立方式,担保物权可分为意定担保物权与法定担保物权两类。

---

① 全国人大常委会法制工作委员会民法室编:《物权立法背景与观点全集》,法律出版社 2007 年版,第 649 页。

② 姚辉、刘生亮:《让与担保规制模式的立法论阐释》,载《法学家》2006 年第 6 期,第 69 页。

意定担保物权是指基于当事人的合意而设定的担保物权。我国《物权法》上所规定的抵押权和质权是基于抵押合同以及质押合同而设立,故属此类。意定担保物权须采用法定的方法予以公示。

法定担保物权是指基于法律直接规定而产生的担保物权,法定担保物权的设立无须当事人达成协议,也无须采用登记的公示方法。我国《物权法》上所规定的留置权,即属此类。除此而外,在我国,根据特别法规定而对特定的不动产或者动产享有的优先权(如建设工程价款优先权、船舶优先权以及民用航空器优先权等),其性质为法定抵押权,亦属法定担保物权。

2. 本担保之担保物权与反担保之担保物权

根据被担保的债权的性质,担保有本担保与反担保之分。

本担保是指主债务人之外的第三人为主债权的实现所设立的担保;反担保则是指主债务人为提供本担保的第三人所设立的担保,以担保该第三人对主债务人的追偿权的实现。例如,为担保甲对乙所享有的债权的实现,丙以其不动产设立了抵押权。该抵押权一旦实现,则丙即遭受了财产损失,为此,丙有权对主债务人乙行使追偿权以使其损失得以补偿。为保证丙的追偿权在将来的实现,在丙对乙的债务履行提供抵押的同时,乙将其动产交付给丙以设立动产质权。此种情形,丙以其不动产所设立的抵押权,为"本担保";而乙以其动产所设立的质权,即为"反担保"。债务人以自己的财产向担保人设立抵押权或者质权,是反担保采用的主要形式。反担保的设立和实现,适用《物权法》和其他法律有关抵押权、质权等担保权利的规定。(《物权法》第171条第2款)

在理论上,就担保人的追偿请求权,除由债务人提供反担保之外,也可由第三人提供反担保。由于此种反担保陡增法律关系的复杂性,且意义不大,故实践中极少发生。例如,甲以其财产为乙的债务履行提供抵押后,再由丙向其提供抵押反担保。此种情形,不如直接由丙为乙的债务履行提供抵押担保,或者,由甲和丙与债权人约定,两项抵押权设定后,先就丙提供的抵押物优先受偿,不足清偿时再行使对甲的财产的抵押权。

(二)意定担保物权的设立

法定担保物权直接根据法律规定而设立,意定担保物权则基于当事人之间的约定而设立。为此,《物权法》第172条规定:"设立担保物权,应当依照本法和其他法律的规定订立担保合同……"这一规定针对的是抵押权和质权的设立。

任何抵押权或者质权的设立,首先必须由担保人和主债权人签订合同,设立抵押权的合同称为"抵押合同",设立质权的合同称为"质押合同"。该两种合同统称"担保合同"。

由于各种意定担保物权的设立根据不同,担保合同对于担保物权设立的作用也有所不同,具体分为两种情形:

1. 担保物权直接根据担保合同而设立

动产抵押权(包括一般动产的抵押、机动车等登记动产的抵押以及动产的浮动抵押等)直接根据当事人签订的抵押合同而设立,亦即抵押合同一旦生效,抵押权即行产生,无须借助于抵押权的公示(即登记)。但该抵押权未经登记,不得对抗善意第三人。(《物权法》第188—189条)

2. 担保物权基于担保合同并依据物权公示而设立

根据我国《物权法》的规定,一切不动产抵押权均根据抵押权登记而设立(第187条);动产质权依据动产交付而设立(第212条);权利质权根据权利凭证的交付或者质权登记而设立(第224条、第226—228条)。上述情形,不动产抵押合同或者动产质押合同以及权利质押合同是担保物权设立的基础法律关系,不动产抵押权登记或者动产交付以及权利凭证的交付和权利质权的登记,是担保物权得以设立的依据。

二、担保合同无效的效果

(一) 担保合同无效的原因

担保合同是设立抵押权和质权的基础或者根据,其内容应当包括被担保的主债权的种类和金额、债务履行期限、担保物的状况(名称、数量、质量、所在地、权属状况)以及担保范围等。

担保合同应具备合同的有效要件(包括主体合法、意思表示真实、内容不违背法律的强制性规定等),否则,其或者被确认为无效,或者经享有撤销请求权的当事人主张撤销而归于无效。此外,由于担保合同签订的目的是为特定债权的实现设定担保,故担保合同是被担保的主债权债务合同的从合同。主债权债务合同被确认为无效或者因被撤销而无效,除法律另有特别规定之外(如最高额抵押权所担保的债权关系如部分无效的,不影响最高额抵押合同的效力),担保合同即归于无效。(《物权法》第172条)

(二) 担保合同无效的法律后果

担保合同被确认为无效或者因被撤销而自始无效,可产生以下后果:

1. 担保物权自始不能成立

无论直接根据担保合同而设立的担保物权,或者在担保合同基础上经登记或者动产交付而设立的担保物权,其有效设立及其存续,均依赖于担保合同的效力。

我国民法未采用德国民法上的物权行为理论,故不动产抵押权登记以及动产质物(包括权利凭证)的交付以及某些权利质权的登记,被视为履行担保合同的事实行为而非独立存在并具有无因性的法律行为。因此,只要担保合同无效(自始无效),则无论是直接根据抵押合同而设立的动产抵押权,或者根据登记而设立的不动产抵押权,或者根据权利凭证的交付或登记而设立的权利质权,均自始不能有效设立。

2. 当事人的赔偿责任

根据《物权法》第172条第2款的规定,"担保合同被确认无效后,债务人、担保人、债权人有过错的,应当根据其过错各自承担相应的民事责任"。这里的"民事责任"是指合同无效而对当事人造成的损失的赔偿责任。如果担保人对于担保合同的无效具有过错,应对遭受损失的主债权人承担赔偿责任,但因担保物权未能有效设立,主债权人仅能对担保人行使前述损害赔偿请求权,而不能对担保物的价值或者担保人的其他特定财产主张优先受偿权。

三、担保物权所担保的范围

(一) 概说

担保物权系为担保债权的实现而设立,但在一项具体的债权关系中,债权人实际能够享有的具体权利的范围很广,既包括根据合同约定而产生的债权,也包括因债务人不履行债务而产生的违约金、赔偿金等请求权。法定担保物权的担保范围直接根据法律规定予以确定,但意定担保物权所担保的债权的具体范围,应由担保权人和担保人在担保合同中予以约定,双方可以约定担保物权的担保范围为包括主债权在内的全部债权(如约定担保范围为包括借款本金和利息在内的全部债权),也可以约定仅担保主债权的全部或者部分(如约定其抵押权仅担保借款本金的返还)。仅属于担保范围之内的债权,才能就担保物的价值具有优先清偿性。

(二) 当事人约定不明时担保范围的确定

在当事人未就担保物权所担保的债权范围作出约定或者约定不明的情形,依照我国《物权法》第173条的规定,其担保范围依法应当包括以下各项,此担保范围也适用于法定担保物权：

1. 主债权

在民法上，"主债权"具有两种不同含义：一是指被担保的债权，即对之设定了担保权利的债权为主债权，担保权利为从债权（保证担保权利等）或者从权利（抵押权、质权以及留置权）；二是指基于合同或者其他根据而设定的债权本身，又称"原债权"或者"原本债权"。如出卖人请求买受人支付约定价款的债权、出借人请求借款人返还借款（本金）的债权等，因主债权而派生的其他请求权，为从债权，如债权人因债务人的违约行为而享有的违约金、赔偿金请求权等。

《物权法》第173条就担保范围所列举规定的"主债权"是指上述第二种主债权，即"原本债权"。

2. 利息请求权

利息为资金（本金）所产生的收益。对于利息可作以下分类：

（1）约定利息与法定利息

根据利息产生的不同依据，可将之分为约定利息与法定利息。

约定利息依照当事人的约定而产生，通常适用于借款合同，即由当事人在借款合同中明确约定由借款人向出借人支付的利息。此种利息的计算标准（利率）由当事人约定，如对利率无约定或者约定不明，应适用银行同期、同类借款的利率。当事人在买卖、借款等合同中约定的迟延付款的利息，也属于约定利息。

法定利息依照法律的直接规定而产生，通常适用于当事人对于迟延付款的利息无约定的情形。如买卖合同的买受人迟延支付货款时，应承担违约责任，除支付货款本金外，还应赔偿其迟延付款所造成的损失，此种损失即为利息损失。如当事人在买卖合同中对迟延付款是否计算利息损失未作明确约定，则根据《合同法》第113条的规定，买受人应按法定利率标准向出卖人支付迟延付款所产生的利息。此种利息即为法定利息。

（2）正常利息与迟延利息

根据利息产生的原因，可将之分为正常利息与迟延利息。

正常利息是指由合同约定作为债务内容的利息，如借款合同所约定的应由借款人返还本金时应计付的利息。此种利息属约定利息，实质上构成合同原本债务的组成部分，相应的，债权人的此种利息请求权实际上应当属于"主债权"（原本债权）的部分内容，而非主债权所派生。但在我国的民法理论和立法上，此种利息仍被视为主债权所产生的收益，没有被视为主债权的一部分。

迟延利息又称"逾期利息"，是指因迟延付款而依照约定或者法律规定所应支付的利息。在当事人有约定的情形,迟延利息的性质属于违约金(即《合同法》第114条第2款所规定的"专为迟延履行而约定的违约金");而在当事人未作约定的情形,迟延利息的性质属于违约损害赔偿金,应按法定利率予以计算。但当事人也可约定迟延利息的利率,如其高于法定利率,则因其具有惩罚性而被称为"罚息"。

在当事人未就担保物权所担保的范围作出约定的情形,"利息"依法应属担保范围。但很多国家的民法鉴于防范主债权人怠于行使权利而导致利息的增加,从而对其他清偿顺位居后的债权人的利益造成损害,对于被担保的利息的范围作出了限制性的规定,亦即将某些利息排除在就担保物的价值获得优先清偿的范围之外。如《德国民法典》第1118条规定,抵押权对从债权的担保范围仅限于法定利息,即不包括超过法定利息的罚息部分;而法国、瑞士、日本等国民法典则将得优先受偿的利息限于一定的期间之内(如债务期满前最后2年或者3年期间内的利息)。

我国《物权法》未明确限制担保物权所担保的利息范围,对此有学者主张采取限制主义[①],但应看到,就约定利息(包括约定的正常利息与迟延利息包括罚息)而言,因其为主合同所载明,故在担保合同未作相反约定的情况下,应推定担保人有以其担保物价值担保约定利息之债权实现的意思,故其应属担保范围;而就依法产生的迟延利息而言,因其具有违约损害赔偿性质,而"损害赔偿金"被《物权法》第173条明文列入法定担保范围,故其仍应属担保范围。至于采取此种不限制主义的模式是否导致其他后顺位的债权人正当利益损害的问题,因我国民法规定的诉讼时效期间较短,在诉讼时效期间未届满之前,主债权人未行使其权利尚不能认为其具有不正当性,故承认其主债权利息的优先受偿权是合理的。

(3) 违约金与损害赔偿金请求权

合同一方当事人违反合同义务而造成另一方损失时,应当赔偿其损失。而违约金即为双方在合同中预先确定的损失赔偿额(《合同法》第114条),在双方当事人未就违约金作出约定时,违约损害赔偿责任应依照法律规定予以确定(《合同法》第113条)。

在当事人未作相反约定的情形,违约金或者损害赔偿金请求权应属担保范围。

---

① 许明月:《抵押权制度研究》,法律出版社1998年版,第266页。

(4) 保管担保财产和实现担保物权的费用的请求权

动产质权、留置权等担保物权的设立和存续,须以权利人占有担保物为特征,由此便有可能产生对担保物的保管(包括必要的维护、保养)费用,此项费用系为保存担保物的价值而发生,故应由主债务人负担,并形成主债权人对之享有的请求权。

此外,在担保物权人实现担保物权时所发生的必要费用(如因抵押物扣押、担保物拍卖等发生的费用),系担保物权人因主债务人不履行债务而行使担保物权而发生,故也应由主债务人负担,并形成主债权人对之享有的请求权。

上述请求权依法属于担保范围。

第三节　担保物权的消灭

【基本原理】

一、担保物权消灭的法定事由

《物权法》第 177 条规定了担保物权消灭的下列法定事由:

(一) 主债权消灭

此处的"主债权"是指被担保的债权,包括原债权,也包括原债权派生的债权(如利息以及违约金请求权等)。由于担保物权为主债权的从权利,故主债权因债务清偿、债务免除、债务抵销或者混同等原因而消灭时,其担保物权也归于消灭。而主债权因诉讼时效期间届满而消灭(或者丧失强制力)时,担保物权也归于消灭(或者丧失强制力)。

对此应注意以下两点:

1. 担保范围内的主债权消灭须为全部消灭

主债权由原债权和由其派生的请求权所构成。如果担保物权的担保范围为主债权之全部,则根据担保物权的整体性特征,主债权的部分消灭(如出卖人免除买受人应支付的部分货款的债务)不能引起担保物权的部分消灭,就剩余部分债权,担保物权继续存在;如果担保物权的担保范围为主债权中的特定部

分,则该特定部分债权消灭时,担保物权应归于消灭。如下例:

> 出卖人甲和买受人乙签订了买卖合同,丙将其不动产设定抵押权,担保甲交付货物之义务的履行,但明确约定甲迟延交付所产生的违约金支付义务,不在该抵押权担保的范围。其后,甲向乙交付了约定的全部货物,但其交付期限迟延,应承担迟延交付的违约责任。问:该抵押权是否应归于消灭?

上例中,尽管乙对甲所享有的迟延交货的违约金请求权尚未实现,但该抵押权应因其担保的交货义务的全部履行而归于消灭。

2. 主债权消灭须不存留其他请求权

当主债权消灭时,如果主债权人根据法律规定由此而享有其他给付请求权,则该种请求权被视为由主债权"转化"而来,除非当事人有相反约定,否则,担保物权应继续担保该请求权的实现。例如,主合同因主债务人违约而被主债权人行使合同解除权而解除,主债权即归于消灭,但主债权人依法对主债务人享有违约金或者违约损害赔偿请求权,在担保合同无相反约定的情况下,担保物权应继续存在,主债权人有权就其违约金或者违约损害赔偿请求权对担保物的价值主张优先清偿。

(二)担保物权实现

担保权人通过对担保物的协议折价、拍卖或者变卖而优先获得债务清偿,担保物权设立目的即已达到,担保物权即归于消灭。但应注意,担保物权的实现不一定意味着主债权全部得以实现:在担保物出卖后的价款不足以清偿全部主债务的情况下,未获清偿的部分主债权成为普通债权而继续存在,但不影响担保物权的消灭。

(三)债权人放弃担保物权

担保物权为财产权利,故享有担保物权的债权人自可予以放弃。债权人放弃担保物权为有相对人的单方法律行为,须采用意思表示的方法,其放弃表示一旦到达担保人,即发生担保物权消灭的效果。但对于已依法采用登记的方法予以公示的担保物权,当事人应及时办理担保物权的注销登记,否则,其担保物权的消灭对善意第三人不具有对抗效力。

但应注意,债权人放弃担保物权不得损害第三人的利益。如下例:

> 就甲所欠乙的100万元债务的履行,甲以自己的房屋设定了抵押权予以担保,因担心甲的房屋价值不足以清偿全部债务,在乙的要求下,再由第

三人丙以其房屋设定了抵押权。后乙放弃了甲的房屋上设定的抵押权。债权到期后，因甲未履行其债务，乙申请法院将丙的抵押房屋予以拍卖，被丙拒绝。丙认为，债务人甲提供抵押的房屋变现价格为100万元，足以清偿甲的债务，但乙放弃该项抵押权，使丙承担了本不应该承担的担保责任，损害了丙的正当利益，故乙无权行使对丙的房屋的抵押权。丙的主张能否成立？

上例中，乙有权放弃对甲的房屋的抵押权，而且并不当然影响其对丙的房屋的抵押权的享有。但是，在就同一债权同时存在多个担保权利的情况下，如果其中包括债务人以自己的财产设立的担保物权和第三人提供的担保（如第三人提供的保证或者第三人以其财产设立的担保物权），则当债权人放弃债务人以其财产设立的担保物权时，其他担保人在债权人丧失优先受偿权益的范围内免除担保责任，但其他担保人承诺仍然提供担保的除外（参照《物权法》第194条第2款）。其原因在于，债务清偿责任最终应当由债务人承担，即使第三人提供了担保，在第三人承担担保责任后，仍然要向债务人进行追偿。为了简化法律关系，不使第三人不必要地承担向债务人追偿不能的风险，法律要求债权人应首先行使对债务人提供的财产的担保物权，在该担保物权实现后仍不足以使债权得到满足的，债权人方可行使对第三人的担保权利（《物权法》第176条）。因此，在上例中，丙的主张能够成立，乙无权行使对丙的房屋的抵押权。不过，如果被乙放弃抵押权的房屋变现价格为80万元，则丙仅在该80万元的范围内免除担保责任，即乙仍然可以行使对丙的房屋的抵押权，但在丙的房屋的拍卖价款中，仅对其中的20万元享有优先受偿权利。此外，如果在乙放弃对债务人甲的财产的抵押权之后，丙表示愿意继续承担担保责任，则乙仍可行使对丙的房屋的抵押权，并以该抵押房屋拍卖的价款优先受偿。

（四）法律规定担保物权消灭的其他情形

担保物权还可因下列原因而归于消灭：

1. 担保物毁损灭失且无替代物

担保物毁损灭失且不存在赔偿金、保险金等替代物时，担保物权因客体的消灭而不复存在。

2. 混同

当主债权人与担保人混为同一人时，担保物权因混同而消灭。此种混同可因遗产继承而发生（如担保人继承了主债权人的遗产，包括该项被担保的债权),也可因其他原因而发生(如主债权人因买卖、赠与等而成为担保物的所有人)。①

3. 担保合同的解除

抵押权、质权均基于抵押合同或者质权合同而设立,担保合同一旦解除,担保物权的设立基础即不存在,担保物权应归于消灭。质权因质权合同的解除而当然消灭;动产抵押权因抵押合同的解除也当然消灭,但已经登记的动产抵押权如未办理抵押权注销登记,其权利消灭不得对抗善意第三人;不动产抵押解除后,抵押权经办理抵押权注销登记而消灭。

4. 债务转移

被担保物权所担保的债务如发生移转,也有可能导致担保物权的消灭。

担保物权设立后,如果主债权人将其债权转让给第三人,因其债权让与并不增加担保人的负担或者造成其损失,故担保物权作为从权利应依法随之而转移。在主债权被部分转让的情形,担保物权应同时对主债权中未转让部分和已转让部分继续发生其担保效力。但在主债务人经主债权人同意而将其债务全部或者部分转让给第三人时,如担保人为主债务人,担保物权应当继续对债务发生担保效力;如担保人为主债务人之外的第三人(即抵押物或者质物为第三人所提供),则因不同的债务人具有不同的清偿能力和信用,故仍然强令担保物权继续为被转让给第三人的债务提供担保,显然有损担保人的合法利益。为此,《物权法》第175条规定:"第三人提供担保,未经其书面同意,债权人允许债务人转移全部或者部分债务的,担保人不再承担相应的担保责任。"对于这一规定的理解,应当注意以下问题:

(1)担保人同意继续提供担保的意思表示,应当采用书面形式,否则其同意的表示无效。

(2)未经担保人同意,债务人转移全部债务的,担保物权归于消灭。

(3)未经担保人同意,债务人转移部分债务的,担保物权针对未转移的债务部分继续存在,但其担保范围发生缩减,不包括已被转移的部分债务。

二、第三人的追偿权与索赔权

(一)担保人的追偿权

设立抵押权或者质权的担保物如为第三人所提供,当担保物权因债权人实

---

① 例外的情况是,依照传统理论,当抵押权人因取得抵押物所有权而发生抵押权人与抵押人混同时,形成所谓"所有人抵押权",该抵押权并不归于消灭。此问题可参见本书第二十一章的有关内容。

现其担保物权而归于消灭时,债务人因此而不再承担担保物权所担保的全部或者部分债务的清偿责任,而第三人则因此而遭受了利益损失,因此,第三人有权请求债务人就其损失予以补偿。

就对债务人的追偿权而言,由于提供担保物的第三人的地位与保证人(人的担保)的地位相同,故在法律无明文规定的情形,应当适用保证人追偿权的相关规定。对此,各国和地区立法并不一致,主要有两种做法:(1) 保证人被同时赋予追偿权和代位权,可选择其中之一行使(《法国民法典》第 2029 条、《意大利民法典》第 1949 条);(2) 保证人仅享有代位权(《德国民法典》第 774 条第 1款、我国台湾地区"民法典"第 749 条)。

上述所谓"追偿权",是指保证人有权向债务人追偿;所谓"代位权",是指保证人有权依法直接获得债权人的债权,并据之请求债务人清偿。两者的主要区别在于:

1. 追偿权是在保证人与债务人之间产生的一项新的债权,其消灭时效应从追偿权产生之时开始计算;代位权是对原债权人的债权的承继(债权的法定转移),故其消灭时效应在原债权已经进行的消灭时效期间的基础上继续计算。

2. 在保证人行使追偿权的情形,被担保的债权归于消灭,该债权的从权利(如质权)也归于消灭,保证人只能请求债务人清偿;在保证人行使代位权的情形,原债权的从权利也为保证人所取得。例如,丙为乙对甲的债务提供保证,而丁以其不动产为同一债务提供了抵押权担保。当丙履行其保证责任之后,可以依法取得甲的债权和抵押权,有权请求债务人乙履行债务,也有权对丁提供的抵押物行使抵押权。

很显然,在赋予保证人以追偿权的同时,再赋予其代位权,会使法律关系复杂化。如上例,如果保证人丙选择行使代位权,则可以行使原债权人甲对丁提供的不动产享有的抵押权。但丁提供抵押的目的仅仅是为了担保甲的债权的实现,既然甲的债权已经实现,又强令其为丙的追偿权的实现提供担保,违背丁的意思。此外,丙行使抵押权而实现其追偿权之后,丁只能向债务人乙追偿并承担相应风险,此种结果,对丁甚为不公。

因此,我国《担保法》第 31 条仅仅规定"保证人承担保证责任后,有权向债务人追偿",没有规定保证人享有代位权。而根据我国《物权法》第 176 条的规定,在对同一债权既有第三人提供的物的担保又有保证(人的担保)的情形,"债权人可以就物的担保实现债权,也可以要求保证人承担保证责任。提供担保的第三人承担担保责任后,有权向债务人追偿"。这一规定表明,我国立法仅承认提供物的担保的第三人在债权人实现担保物权之后,享有对债务人的追偿权,但不得享有代位权。

(二) 第三人的索赔权

留置权为法定担保物权,如果被债权人留置的动产为第三人的财产(如乙将借用的甲的笔记本电脑摔坏,送到丙处修理,因乙未支付修理费,该笔记本电脑被丙予以扣留),在债权人将留置物予以拍卖或者变卖以实现其债权之后,第三人有权请求债务人赔偿损失。

【思考问题】

思考题二:债务人的部分还款究竟是本金还是利息?

乙公司向甲银行借款500万元,由丙公司以其一套商业用房设定抵押,以之担保乙公司还款义务的履行。丙公司和甲银行在双方签订的抵押合同中约定,该抵押权的担保范围仅为乙公司所欠款项的本金(500万元),但不包括该乙公司应向甲银行按约定应支付的贷款利息35万元。前述贷款到期后,乙公司向甲银行返还了35万元,自此再无偿还能力。甲银行遂申请法院将抵押物拍卖,共卖得价款500万元。甲银行主张应将该500万元全部用于清偿乙公司所欠债务,理由是:乙公司已经返还的35万元为借款的利息,其尚欠的借款本金500万元均属抵押权担保范围;但丙公司则主张甲银行仅应获得该拍卖价款500万元中的465万元,理由是:乙公司已经返还的35万元为借款本金中的一部分。经审查,乙公司在向甲银行支付该35万元时,仅在有关单据上注明该款用途为"返还借款",并未注明该还款是属于"借款本金"或者"借款利息"。

问:本案如何处理?

第四节 担保权利的冲突与并存

【基本原理】

一、担保权利的冲突

(一) 担保权利冲突的成立条件

在当事人无特别约定情况下,各种担保权利相互之间,有可能发生冲突,其中包括人的担保与人的担保、人的担保与物的担保以及物的担保与物的担保之间的冲突。担保权利冲突的发生必须具备相应条件。

1. 保证担保权利之间冲突的成立条件

保证担保权利之间有可能发生冲突。例如,甲就乙的债务提供保证,又就丙的债务提供保证,当乙的债权人和丙的债权人均向甲主张担保权利,而甲的全部财产不足以满足该两项请求时,乙和丙的债权人所享有的担保权利之间便发生了冲突。保证担保权利之间的冲突的发生须具备两项条件:

(1) 须同一保证人就两项以上的债权同时或者先后提供了保证担保。至于该保证人承担担保责任的原因如何(自己所设立的保证或者因受让担保义务而承担担保责任等),在所不问。

(2) 须该两项以上的保证担保权利为不同的主债权人所享有。权利冲突为不同权利人之间就各自权利实现而发生的利益冲突。如果保证人就同一债权人享有的两项以上债权提供保证担保,则同一债权人对同一保证人所享有的两项以上担保权利之间,不会发生利益冲突。

2. 担保物权与保证担保权利冲突的成立条件

担保物权有可能和保证担保权利发生冲突。例如,债务人甲将其不动产向债权人乙设立抵押权,又作为保证人向丙的债权人丁提供保证担保。当乙和丙的债权都到期且未获得清偿时,抵押权人乙对甲的该设定抵押权的不动产主张清偿,而保证担保权人丁则对甲的全部财产主张清偿,在甲的财产不足以同时使乙和丁的债权得以受偿的情况下,乙的抵押权即和丁的保证担保权利发生冲突。担保物权与保证担保权利之间的冲突应具备以下条件:

(1) 须同一担保人就两项以上主债权分别提供了保证和物的担保。其中,物的担保可以是担保人自行设立的(如意定的抵押权、质权等),也可以是依法产生的(如留置权),还可以是受让担保物而取得的。

(2) 须该保证担保权利和担保物权分别由不同的主债权人所享有。

3. 担保物权之间冲突的成立条件

担保物权的冲突又称担保物权的"竞合"。由于担保物权种类较多,故担保物权之间发生冲突为常见现象。其权利冲突可能发生在同种类担保物权之间,也可能发生在不同种类的担保物权之间。例如,甲以其房屋设定抵押权,担保其所欠乙的债务的履行,后又以同一房屋再行设定抵押权,用以担保所欠丙的债务的履行。该两项债务到期时,如该抵押房屋拍卖所得价款不足以全部清偿该两项债务,则在乙和丙各自享有的抵押权(同种类担保物权)之间,即会发生权利实现上的冲突;又如,甲以其一辆汽车设定抵押权,担保其所欠乙的债务的履行,后因该汽车在使用中被撞坏,送至丙处修理,因欠付修车费用,被丙行使留置权而将之予以扣留。此时,因该汽车拍卖的价款不足以完全清偿甲所欠乙和丙的两项债务,如乙欲实现其对该汽车的抵押权,则必然与丙享有的留置权发生冲突,此为不同种类担保物权之间的冲突。

担保物权之间冲突的发生须具备以下条件:

(1) 须两个以上担保物权设定于同一标的物。该标的物或为不动产,或为动产;该两个以上的担保物权或者种类相同,或者种类不同;该两个以上的担保物权或者由担保人设定,或者由担保人受让权利而取得,或者根据法律规定而产生等,均不影响担保物权之间冲突的发生。

(2) 须该两个以上担保物权分别为不同主债权人所享有,亦即设定于同一标的物上的两个以上担保物权,其所担保的须为不同债权人所享有的债权。

(二) 保证担保权利之间及其与担保物权之间冲突的处理原则

1. 保证担保权利之间冲突的处理原则

由于保证担保权利的性质为债权,故对其权利冲突实行"平等受偿"处理原则,即不论两项担保权利设立先后或者所担保的债权金额的大小,均应就保证人的全部财产按其债权金额比例获得部分清偿。该两项以上发生冲突的保证担保权利之间,不存在实现上的先后顺序。

2. 担保物权与保证担保权利之间冲突的处理原则

由于担保物权设立于担保人的特定不动产或者动产,为对担保物的支配权,而保证担保权利为债权,权利人对保证人的财产不享有任何支配权利,故其权利冲突实行"物权优先于债权"的处理原则,即就担保人的特定财产,担保物权优先于保证担保权利,但也存在特殊情形。如下例:

> 甲向乙的债权人丙提供了保证担保,后甲与其债权人丁签订了抵押合同,将其一辆汽车设立了动产抵押权,但未予公示(登记)。其后,因乙未履行其对丙所欠债务,丙即对甲主张其对之享有的保证担保权利,并申请法院扣押了甲抵押给丁的该辆汽车。丁即以其对该汽车享有抵押权为由提出异议。丁的异议能否成立?

"物权优先于债权"原则的适用,须以物权具有对抗力为条件,而物权的对抗力来源于其公示。因此,虽依法设立但因未经公示而无对抗力的担保物权,不得对抗保证担保权利。上例中,丁依据与甲签订的抵押合同而取得对该辆汽车的抵押权,但其抵押权因未予登记而不得对抗善意第三人,其中包括抵押人甲的其他债权人，当然也包括甲为之提供保证担保的债权人丙（在保证合同关系中，主债权人对保证人享有的保证担保权利的性质即为一种普通债权）。因此，丙有权申请法院扣押该辆汽车并予以强制执行。反之，如果抵押权人丁行使抵押权，丙也不得以其保证担保权利予以对抗。在丙（保证担保权利人）与丁（未经公示的抵押权的抵押权人）之间所发生的冲突，实质上属于债权人之间的冲突，应适用债权冲突的处理原则。

根据我国《物权法》的规定，在担保物权中，唯有动产抵押权的设立采取物权变动的意思主义，即动产抵押权根据抵押合同而设立，故上述例外情形，只能发生于动产抵押权与保证担保权利之间。

（三）担保物权之间冲突的处理原则

担保物权为物权之一种，故其相互之间发生权利冲突时，应适用"设定在先，权利在先"的处理原则。例如，甲将其房屋设定抵押权，用以担保其所欠乙的债务，后又以同一房屋向其债权人丙设定抵押权。当乙享有的抵押权与丙享有的抵押权发生冲突时，因乙享有的不动产抵押权设定在先，故其在实现上处于优先顺位，即只有在乙的债权从抵押物的价款中获得充分清偿后，如其价款尚有剩余，丙才能根据其后顺位的抵押权从抵押物的剩余价款中优先受偿。

但是，由于担保物权种类较多，且各种担保物权的设定依据有所不同，故在适用物权冲突的处理原则时，存在多种疑难问题和例外：

1. 已公示的担保物权与未公示的担保物权的冲突

物权的对抗力来源于物权公示，故在担保物权发生冲突时，已公示的担保物权优先于未公示的担保物权。在我国，因不动产抵押权均以登记为设立要件，而无论动产质权或者权利质权，均以物权公示（动产或者权利凭证的交付以及权利质权的登记）为设立要件，故此项规则仅适用于动产抵押权之间冲突的处理：就同一动产设定的多个抵押权如在实现时发生冲突，已登记的动产抵押权优先于未登记的动产抵押权。此种情形，各个动产抵押权设定的时间先后，在所不问。

如发生冲突的数个动产抵押权均已登记，应适用"设定在先，权利在先"的原则；如发生冲突的数个动产抵押权均未登记，则因其均不具有对抗效力，故应适用"平等受偿"原则予以处理。

2. 法定担保物权与意定担保物权的冲突

法定担保物权为法律基于对当事人的特殊利益保护而强行赋予其对特定不动产或者动产所享有的担保物权，因此，当法定担保物权与意定担保物权发生冲突时,法定担保物权原则上应具有优先性。此项规定,适用于留置权与动产抵押权或者动产质权之间的冲突。

(1)留置权与动产抵押权的冲突

留置权为债权人扣留其已经合法占有的债务人的动产,以担保其债权实现的一种法定担保物权。在留置权与动产抵押权发生冲突时,如动产抵押权未予登记,则留置权当然具有优先性。但如留置权与已予登记的动产抵押权发生冲突时,两者谁为优先？对此,多数国家或者地区的立法均规定原则上留置权优先于抵押权。我国《海商法》第25条第1款规定:留置权优先于船舶抵押权。我国《物权法》第239条也进一步明确规定:"同一动产上已设立抵押权或者质权,该动产又被留置的,留置权人优先受偿。"

留置权与抵押权发生冲突通常是由于抵押人将抵押物交由他人修理、保管、运输等,因抵押人未清偿有关费用而使抵押物被他人所扣留。留置权优先于抵押权的理由是:其一,留置权多适用于加工承揽、货物运输、保管等合同关系。在这些合同关系中,占有相对方交付修理、运输或者保管的动产的承揽人、运送人以及保管人,以其劳动或者服务维护、增加或者恢复了标的物的财产价值,此种价值的存在,是抵押权人实现其权利的前提和基础,故标的物的价值应首先用于保证修理费、运输费以及保管费等有关债务的清偿。其二,依照交易习惯,留置权人对标的物进行修理、保管或者运输时,无须审查标的物上是否存在担保物权,即使其知晓标的物上存在他人的权利,也不妨碍其提供修理、保管、运输等劳务或者服务,而因其劳动而为标的物增加或者恢复价值所产生的费用,实质上可视为有关当事人的"共益费用",故留置权人有权优先收取。其三,如果不规定留置权优先于抵押权,则留置权人可以在某些情况下将标的物"恢复原状"(如将已修复的标的物恢复至原来状态、将运送到达的货物送回发运地),如此一来,将使有关当事人皆受损害,岂不荒唐？[1]

但应注意下列两种情形的处理:

第一,动产所有人以被留置的动产设定抵押权且予以登记。

在标的物被留置后,标的物所有人将该标的物向第三人设立抵押权并进行了登记。此种情形,虽不能适用上述《物权法》第239条的规定(因该规定仅适用于"已设立抵押权的动产又被留置"),但因留置权设立在先,故其仍优先于该设立在后的抵押权。

---

[1] 参见马俊驹、余延满:《民法原论》(第2版),法律出版社2006年版,第486页。

第二，留置权人以留置物设立抵押权。

留置权人擅自将留置物向第三人设立抵押权,其行为构成无权处分,第三人为善意且该抵押权已经登记时,第三人可主张该抵押权的善意取得。此种情形,虽抵押权设立于留置权之后,但系因留置权人的无权处分行为所致,留置权人的利益无须特别保护,故该抵押权应优先于留置权。

(2) 留置权与质权的冲突

留置权与质权的冲突存在两种不同情形：

第一，质权人将质物交给第三人修理、保管等,因欠付费用而使质物被第三人扣留。

此种情形,因留置权人的修理、保管等行为恢复或者增加了标的物的价值,对质权人有利,且质权人为债务人,应当履行其债务,故应适用《物权法》第239条的规定,留置权优先于质权。

第二，留置权人将留置物向他人设定质权。

留置权人的此种行为构成无权处分,如受质人为善意,可主张质权的善意取得。在此种情形,留置权人因丧失对留置物的占有,其留置权归于消灭,故并不发生留置权与质权的冲突。

3. 动产抵押权与质权的冲突

动产抵押人以抵押物向第三人设立质权,或者动产质押人以质物向第三人设立抵押权等,基于抵押权人或者质权人的同意或者基于善意取得制度的适用,均可产生抵押权与质权同时设立于同一动产的情形。在抵押权与质权发生冲突时,应适用"公示在先,权利在先"的处理原则,而未经登记的动产抵押权无论设立先后,均不得对抗质权。

但是,在动产质权人将质物向第三人设立抵押权时,如经出质人同意,无论该第三人取得的动产抵押权是否经过登记,其对质权人（抵押人）均具有对抗效力,其抵押权应优先于质权；如未经出质人同意,质权人的行为构成无权处分,善意第三人就已登记的该动产抵押权可主张善意取得,此时,质权人的利益无须特别保护,故该抵押权应优先于质权。

4. 质权与质权的冲突

质权人将质物向第三人设立质权,称为"转质"。经出质人同意的转质为有效,第三人取得的质权具有优先性。转质未经出质人同意的,如第三人为善意,可主张质权的善意取得,此时,第三人取得的质权仍具有优先性。

(四) 担保物权与法定优先权之间冲突的处理

在我国现行法上,存在一些法律明文规定的担保物权之外的法定优先权,其中,一般优先权针对债务人的全部财产,不具有担保物权性质,但对特定的不动产或者动产的特别优先权则具有法定抵押权的性质(如建设工程价款之债权的优先权等)。从各国立法来看,在法定优先权与担保物权发生冲突时,因法定优先权直接根据法律规定而产生,故除法律有特别规定之外,其原则上应优先于担保物权。依照我国现行法上的规定,在担保物权与一般优先权发生冲突时,担保物权优先于一般优先权,但在担保物权与特别优先权发生冲突时,特别优先权优先于担保物权(包括留置权),其具体包括以下情形:

1. 担保物权与一般优先权之间的冲突

对于一般优先权与担保物权冲突时的处理原则,各个国家和地区的立法和理论见解有所不同。《法国民法典》第 2095 条以及《意大利民法典》第 2748 条均规定一般优先权应优先于抵押权,日本学者认为已登记的抵押权应优先于一般优先权,我国台湾地区民法学者则认为抵押权应优先于捐税与劳动工资优先权。[①]

我国现行法上的一般优先权主要是在企业破产时,债权人就破产费用、职工工资和劳动保险费用、国家税收等而享有的优先权,其针对的是全部破产财产。如破产人的财产中存在设定有抵押权、质权或者留置权的财产,则发生前述一般优先权与担保物权的冲突。我国《企业破产法》第 109 条规定:"对破产人的特定财产享有担保权的权利人,对该特定财产享有优先受偿的权利。"据此,对于破产人的财产中设定有抵押权、质权或者留置权等担保物权的特定财产,担保物权人有权行使"别除权",此项权利优先于前述一般优先权。

2. 担保物权与特别优先权的冲突

根据我国现行法的规定,不动产或者动产的特别优先权,优先于担保物权,具体包括:

(1) 抵押权与商品房购买人的优先权的冲突

房地产开发商将设立有抵押权的房屋出卖给购房人,即发生抵押权与购房人的优先权的冲突。根据我国最高人民法院《关于建设工程价款优先受偿权问题的批复》第 2 条的规定,交付了全部或者大部购房价款的消费者(购房人)的优先权,优先于房屋抵押权。

(2) 抵押权与建设工程价款之债权的优先权的冲突

根据前述司法解释,承包人就其工程款而对于建设工程的价值享有法定优先权,优先于该建设工程上设立的抵押权。

---

① 王泽鉴:《民法学说与判例研究》(8),中国政法大学出版社 1998 年版,第 358 页。

与此同时,当商品房抵押权与建设工程价款之债权的优先权以及商品房购买人的优先权三种权利发生冲突时,商品房购买人的优先权为第一顺位,建设工程价款之债权的优先权为第二顺位,商品房抵押权为第三顺位。

(3) 抵押权与破产企业职工安置费用之债权的优先权的冲突

根据《国务院关于在若干城市试行国有企业兼并破产和职工再就业有关问题的补充通知》的规定,企业破产时,职工的安置费用等债权的实现,优先于以该土地使用权所设立的抵押权。

(4) 抵押权与船舶优先权的冲突

船舶优先权是船长、船员等就其工资、其他劳动报酬、船员遣返费用和社会保险费用的债权而对船舶享有的优先受偿权利。根据我国《海商法》第25条第1款的规定,船舶优先权优先于船舶抵押权。

(5) 抵押权与民用航空器优先权的冲突

民用航空器优先权是援救民用航空器的报酬以及保管维护民用航空器的必需费用的债权所具有的优先权。根据我国《民用航空法》第22条的规定,民用航空器优先权先于民用航空器抵押权受偿。

(6) 留置权与船舶优先权的冲突

依照《海商法》第25条第1款的规定,船舶优先权先于船舶留置权受偿。

二、担保权利的并存

(一) 概说

担保权利的并存,是指就同一债权的实现而同时或者先后设立了两项以上的担保权利,此种情形俗称"一债数保"。该并存的两项以上担保权利,可以均为人的担保或者物的担保,也可以是人的担保与物的担保。

针对同一项债权设立两项以上同种类的担保权利(保证担保权利或者担保物权),称为"共同担保",包括共同保证以及共同抵押等。在共同担保的情形,如果担保人不是同一人,各担保人之间的关系,由保证以及抵押权的相关制度作出具体规定。

我国《物权法》在其有关担保物权的一般规定中,专条规定了担保物权与保证担保权利并存时的处理准则,这一规定,针对的是物的担保与人的担保并存时,其担保人不是同一人的情形。

(二) 担保物权与保证担保权利的并存

当就同一债权的实现出现物的担保和人的担保并存时,两项担保权利为同一债权人所享有,而债权人如何行使其担保权利,则涉及不同担保人的切身利益。为此,必须确定债权人行使其担保权的选择方法。根据《物权法》第176条的规定,在被担保的债权既有物的担保又有人的担保时,如果债务人不履行到期债务或者发生当事人约定的实现担保物权的情形,债权人应当按照下列原则选择行使其担保权利:

1. 无约定或者约定不明时,首先就债务人提供的物的担保实现债权

债权人与担保人没有约定或者约定不明确时,如存在债务人自己提供物的担保的情形,债权人应当先就该物的担保实现其债权,如未能满足清偿,可再向其他担保人主张其担保权利。例如,就甲的债权,债务人乙以自己的不动产提供了抵押担保,而后又请求丙就同一债权提供了保证担保。当乙到期不履行该项债务时,甲应首先对债务人乙提供的抵押物实现抵押权,未获完全清偿时,甲方可请求丙承担保证责任。

上述规定的理由是:债务最终应由债务人自己承担,如允许债权人选择首先请求债务人之外的第三人承担担保责任,则第三人承担担保责任后,仍须向债务人进行追偿,由此导致偿债成本的不必要增加和法律关系的复杂化。

2. 第三人提供物的担保时,债权人享有选择请求权

在当事人没有约定或者约定不明确,且担保物系由债务人之外的第三人所提供时,因提供物的担保的第三人和提供人的担保的第三人在担保责任的承担上居于同等地位,故法律赋予债权人以选择请求权,即债权人可以就物的担保实现债权,也可以要求保证人承担保证责任。

3. 依照约定行使担保权利

如果当事人之间就担保权利的行使有约定的,债权人应依照约定行使其担保权利。例如,在保证担保权利与抵押权并存时,如果当事人约定债权人应首先行使对保证人的请求权,则在债权人行使保证担保权利之前,不得实现其抵押权。债权人只有在对保证人行使请求权但无法满足其债权的完全实现时,方可请求实现其抵押权。

当事人的约定可以发生在设立担保权利之时,也可以发生于担保权利设立之后,其通常由主债权人与数个担保人共同协商而达成协议。但如果债权人系单独与个别担保人达成协议,其效力如何?在此应将之分为两种情况:

(1)约定由该担保人首先承担担保责任。例如,在人的担保与抵押权并存时,债权人单独与保证人达成协议,约定债权人有权首先对保证人行使请求权。因这种约定对抵押人(无论抵押人是债务人或者是第三人)有利无害,故其应为有效,保证人不得拒绝首先承担其保证责任。

(2) 约定债权人应首先对其他担保人行使担保权利。如在保证和抵押权并存时,债权人与保证人达成协议,约定债权人应首先实现其抵押权。对于此种情形,有学者认为,根据合同的相对效力原则,其约定不得对其他担保人产生约束力。[①] 但实际上,此种约定如果损害了其他担保人的原有利益,其应属无效,反之则应属有效。

依照上述原则,对下列情形应分别作出认定:

第一,在债务人提供担保物设定抵押权或者质权的情况下,如债务人(抵押人)与债权人单独约定债权人应首先请求保证人承担保证责任的,其约定应属无效。原因在于,法律规定在无约定的情况下,债权人应当首先对债务人提供的抵押物行使抵押权,故此项约定如未经保证人同意,损害了保证人的原有利益,应属无效。

第二,在多个担保人均为第三人的情况下,个别担保人与债权人单独约定应由其他担保人首先履行担保责任的,如其他担保人与债权人之间不存在相反约定,则该约定应属有效,反之则应属无效。

如物的担保与人的担保均为第三人提供,债权人依法享有选择请求权,因此,债权人与个别担保人单独约定应首先对其他担保人行使担保权利,实质上是对债权人所享有的选择请求权的限制,此种限制不利于债权人,但对其他担保人的原有利益并无损害,故原则上应属有效。但是,如果此种与债权人和其他担保人的约定发生抵触,则其应因损害了其他担保人的正当利益而应归于无效。

例如,就甲对乙的债权,由丙提供保证担保之后,再由丁提供抵押担保,如甲与丁单独约定甲应首先请求丙承担保证责任,其约定应属有效。但是,如果丙在提供保证担保时已经知道丁将向甲提供抵押担保,因而与甲约定:如果丁就同一债权提供了抵押担保,则甲应首先请求实现该抵押权,不足清偿时方可请求丙承担保证责任。在这种情况下,如果事后甲又与抵押人丁约定甲应首先请求保证人丙承担保证责任,因此项约定损害了保证人丙的利益,应属无效。如甲隐瞒真实情况而使丁在该约定的条件下与之签订抵押合同,则构成欺诈,丁有权请求撤销该抵押合同并使抵押权的设立归于无效,但甲仍有权请求保证人丙承担保证责任。但是,如果丙在提供保证担保时与债权人甲约定,以丁提供抵押以及甲首先行使抵押权为其承担保证责任的条件,则该保证合同为附生效条件的合同,在丁所设立的抵押无效的情形,甲无权请求丙承担保证责任。

[①] 崔建远:《物权法》,中国人民大学出版社2009年版,第463页。

在上述各种情形下,无论提供物的担保或者人的担保的第三人如承担了担保责任,均有权向债务人进行追偿。对于承担保证责任的第三人不能从债务人处获得足够补偿时,其是否可请求其他担保人分担相应损失的问题,我国《物权法》未作规定。从理论上讲,担保人在提供担保时即明知其对债务人的追偿权实现所存在的风险,故在担保人之间对之无特别约定的情况下,责令全体担保人共同分担该种风险并无根据,因此,承担担保责任的担保人仅有权向债务人追偿,但不得请求其他担保人分担其追偿不能的损失。

【思考问题】

思考题三:留置物与留置权人的债权非属同一法律关系时留置权能优先于抵押权吗?

甲公司向乙公司购买了一批货物,欠付货款 20 万元。此前,甲公司曾将一台机器设备出租给乙公司使用,该机器设备上存在丙公司享有的已登记的抵押权。因租期届满,甲公司请求乙公司返还该租赁的机器设备,但被乙公司拒绝。乙公司称:因甲公司欠付货款,乙公司决定依法对该机器设备行使留置权。此时,丙公司欲实现对该机器设备的抵押权,遂与乙公司发生争执。乙公司根据《物权法》第 239 条的规定,主张其留置权应当优先于丙公司的抵押权。

问:乙公司的主张能否成立?

【本章思考问题参考答案】

思考题一参考答案:

理论上一般认为,担保物权存在的目的是保证债权的实现,故担保物权自身不应有存续期间,当事人也不可以约定担保物权的存续期间。对此,我国最高人民法院《担保法解释》第 12 条明确规定:"当事人约定的或者登记部门要求登记的担保期间,对担保物权的存续不具有法律约束力。"但也有相反的观点认为,至少在第三人提供担保物的情形,如果债权人不及时行使债权或者担保物权,有可能使担保物权人丧失向债务人进行追偿的时机,有损第三人的合法利益。例如,乙公司为甲公司向丙银行的贷款提供抵押担保,贷款到期后,甲公司的经营状况趋于恶化,未履行还款义务。此时,如果丙银行及时行使抵押权,则乙公司即可对甲公司行使追偿权,甲公司尚有偿还能力;如果丙银行既不积极行使对甲公司的债权,也不积极实现其抵押权,就有可能使乙公司丧失追偿时机,对其造成损失。而担保物权存续期间的约定,则可以避免这一结果的发生。此外,在债务人提供担保物的情形,担保物的交换价值(变现价格)与市场行情有关,如果债权人怠于行使其担保物权而使担保物丧失最佳变现机会,则不仅有损债务人的利益,而且有损债务人的其他债权人的合法利益。与此同时,尽管约定担保物权的存续期间不利于债权人,但债权人自愿约定担保物权的存续期间,符合意思自治原则,法律并无禁止的任何理由。

对这一问题,我国《物权法》未作明文规定,且主流理论并未承认当事人可约定担保物权存续期间,故司法实务中只能认定当事人有关担保物权存续期间的约定为无效。但是,在债务到期未获清偿时,根据《物权法》第220条的规定,即"出质人可以请求质权人在债务履行期届满后及时行使质权;质权人不行使的,出质人可以请求人民法院拍卖、变卖质押财产。"(第1款)"出质人请求质权人及时行使质权,因质权人怠于行使权利造成损害的,由质权人承担赔偿责任。"(第2款)这一规定应可准用于质权之外的其他担保物权,即尽管当事人不得约定担保物权的存续期间,但提供担保物的债务人或者第三人有权在债务到期时请求债权人及时行使担保物权,乃至以诉讼的方式实现这一请求权,同时有权请求怠于行使担保物权的债权人赔偿由此而造成的损失。很显然,这一规定弥补了否认担保物权可约定存续期间所有可能造成的不当后果。

思考题二参考答案:

当担保物权的担保范围为主债权中的特定部分时,对于该特定部分的确定,应当依照当事人的约定。在当事人没有约定或者约定不明的情况下,应当依照法律的规定或者交易习惯予以确定。就金钱债务的履行,当债务人已为的给付不足以清偿全部债务时,就其已经支付的款项的性质(系履行借款本金或者价款等主债务的返还义务,还是履行利息以及其他费用等从债务的返还义务)的认定,我国最高人民法院于2009年5月施行的《关于适用〈中华人民共和国合同法〉若干问题的解释(二)》第21条根据交易习惯作出了如下规定:"债务人除主债务之外还应当支付利息和费用,当其给付不足以清偿全部债务时,并且当事人没有约定的,人民法院应当按照下列顺序抵充:(一)实现债权的有关费用;(二)利息;(三)主债务。"据此,本案中乙公司向甲银行返还的35万元,应属乙公司所欠甲银行借款的利息,故甲银行有权对拍卖抵押物的500万元主张清偿。

思考题三参考答案:

债权人留置的动产,原则上应与债权属于同一法律关系,即留置的动产是被担保的债权关系的标的物(如保管人因保管费用的债权实现而扣留保管物、承运人因运输费用的债权而扣留运送物等)。有关留置权应优先于抵押权的立法理由,均建立于此,即留置权人的行为维护或者增加了留置物的价值,故因此而产生的债权应当优先于抵押权得以实现。但根据我国《物权法》第231条的规定,在企业之间,债权人留置的动产可与其债权不属于同一法律关系。此种情形,留置权是否应当优先于抵押权,殊值存疑。本案中,乙公司为确保基于与甲公司之间的买卖合同而享有的债权的实现,留置了其基于租赁合同而占有的甲公司的机器设备,其留置的租赁物与其货款债权不属同一法律关系,但其留置权仍可依法成立。但在此种留置权与留置物上设立的抵押权发生冲突时,因并不存在留置物因留置权人的修理、加工、保管、运输等行为而保值、增值的情形,故不存在"法定担保物权优先于意定担保物权"即"留置权优先于抵押权"的法理依据,无须对留置权人予以特别保护。对于标的物,已登记的抵押权与留置权应当处于同等地位,对两者之间冲突应适用物权冲突的一般处理原则:如动产抵押权登记在先,则其优先于后设立的留置权,否则,留置权优先于抵押权。

据此,乙的主张应当不能成立。

第二十一章　抵押权

第一节　抵押权的概念和特征

【基本原理】

一、抵押权的概念

（一）抵押权的定义

抵押权是指抵押权人对抵押物的价值享有的优先受偿权利。

我国《物权法》第179条第1款规定："为担保债务的履行,债务人或者第三人不转移财产的占有,将该财产抵押给债权人的,债务人不履行到期债务或者发生当事人约定的实现抵押权的情形,债权人有权就该财产优先受偿。"债权人所享有的此种优先受偿权利,即为抵押权。

在抵押关系中,以不转移占有的方式提供动产或者不动产,用以担保债权实现的人,称为"抵押人",抵押人可以是债务人,也可以是债务人之外的第三人;抵押人提供抵押的动产或者不动产,称为"抵押物";对抵押物的价值享有优先受偿权的债权人,称为"抵押权人"。（《物权法》第179条第2款）

（二）抵押权制度的价值

抵押权是源自古代罗马法的一项民法制度,但由于罗马法上不存在不动产登记制度,抵押权与质权并无严格区分界线,故其抵押权制度十分粗糙。

近代以来,大陆法系各国的民法典均规定了抵押权制度。在《法国民法典》上,仅不动产可设定抵押权(后来发展成为在某些动产上也可以设定抵押权)。抵押权可因当事人的约定、法律的直接规定和司法判决而产生(称为"意定抵押权""法定抵押权"和"司法裁判上的抵押权"),法定抵押权和司法裁判上的抵押权须经公示(登记)而取得对抗效力。在《德国民法典》上,其不动产担保主要由抵押权与土地债务（包括定期金土地债务）所构成①，其不承认法定担保权制度，也不承认动产可作为抵押的标的。抵押权须经登记而设立，且不依附于债权而存在（称为抵押权的"独立原则"）。在借鉴法国和德国的抵押权制度的基础之上，瑞士、日本等国相继建立了各具特色的抵押权制度。

我国于1986年颁布的《民法通则》对抵押权作了原则规定，在于1995年颁布的《担保法》上，抵押权制度得以完整的展现。2007年颁布的《物权法》则对抵押权制度作了进一步完善。

在各种担保权利中，抵押权（尤其是不动产抵押权）具有特别重要的地位。由于抵押权的设立以不转移财产占有为特征，在财产的交换价值被用以作为融资担保的情况下，财产使用价值的充分利用不受任何影响，由此，财产（尤其是不动产）的经济价值和经济功能被发挥到极致。可以说，抵押权制度是经济社会中人们最富有想象力的一种创造，而抵押权，则被誉为"担保之王"。

二、抵押权的特征

抵押权作为一种担保物权，具有担保物权的一般特征，即抵押权为价值权，并具有从属性、整体性（不可分性）、物上代位性、暂时性和补充性等。除此而外，与质权相比较，抵押权尚具有以下特征：

（一）抵押权不转移标的物的占有

抵押权的设立不以转移抵押物的占有为条件。

历史上，抵押权制度的产生与土地的利用之间具有密切关系：在需要利用土地作为融资担保时，因融资的目的在于进行土地的改造和经营，故债务人不可能将作为担保物的土地交由债权人占有，而土地具有不可转移、不可藏匿以及不可人为损毁的特点，只要对土地设置一种担保权利亦即对之实施一种法律上的控制，以土地的交换价值担保债权的实现的目的即可实现。由此，以不转移财产占有为特点的担保形式即"抵押"制度得以设定。而不转移担保物的占有，即成为抵押权最为基本的特征之一。抵押权的这一特征，既满足了当事人以其具有较大价值的不动产作为融资担保的需要，又满足了当事人充分利用不动产从事生产经营活动并取得收益的需要，从而使抵押权在所有的担保形式中，具有最为重要的地位。

---

① 德国法上的"土地债务"是一种得请求由土地中支付一定金额的不动产担保物权。"定期金土地债务"是土地债务指一种特殊形态，指得定期请求由土地中支付一定金额的土地债务。参见陈华彬：《物权法原理》，国家行政学院出版社1998年版，第583—585页。

而质权的主要特征在于必须转移担保物的占有。将动产交付给债权人占有,是动产质权设立的条件。其原因在于,与不动产不同,动产具有可转移、可藏匿以及可人为损毁的特点,如在动产上设立担保物权而不将之交由债权人占有,则其担保功能根本无法保障实现。由此,基于不动产和动产不同的财产属性,在早期的民法上,是否转移担保物的占有,成为不动产抵押权和动产质权在法律特征上最为基本的分界。

在现代担保制度中,抵押权的标的被扩张于动产,亦即不动产和动产均可作为抵押权的标的。而动产抵押与动产质押的首要区别,便在于是否转移其动产的占有,即在当事人设定动产担保权利时,如无相反约定,转移动产占有的即为动产质权,反之则为动产抵押权。例如,债务人甲以其特定动产向其债权人乙设定担保,双方签订了"担保合同",但未指明其为"抵押"或者"质押",也未约定是否交付该动产。其后,如甲将该担保动产交付给乙,双方设定的担保权利即为"动产质权",否则便为"动产抵押权"。

(二)抵押权标的主要是不动产

抵押权的标的包括不动产和动产,但主要是不动产。

基于抵押权制度产生的历史和抵押权不转移占有的特征,早期民法上的抵押权仅仅适用于不动产,而以动产设定抵押权,应当是不可想象的。由此,在《法国民法典》上甚至存在"动产不得设定抵押权"的明文规定(第2119条)。但在现代社会,融资需求激增,对于企业而言,将一些价值较大且难以移动或者难以藏匿的动产(如机器设备、机动车、船舶、航空器等)设定不转移占有的担保权利,实有必要。为此,许多国家的民法逐渐承认了动产抵押。我国《物权法》也将交通运输工具、生产设备等动产明确列入了抵押权标的的范围(第180条第4—6项),且以开放性的条款承认了一切不为法律所禁止抵押的动产,均可设立抵押权。(第180条第7项)

但应看到,除被登记制度所严格控制的机动车、船舶和航空器以及客观上难以移动和藏匿的大型机器设备之外,其他一般动产依照其特性,在实际生活中均很难真正成为抵押权的标的。其原因在于:(1)一般动产价值较低,抵押权设定后,动产价格通常只降不升,且降幅较大,故担保功能很差;(2)一般动产易于转移、藏匿、消耗及损毁,且动产物权的法定公示方法为对动产的占有,因此,抵押权人对于抵押人处分动产的行为根本无法控制;(3)一般情况下,同类的一般动产通常很难相互识别,一旦动产抵押物进入流通,即抵押人将抵押物转让并交付给第三人,则抵押权人根本无法寻找抵押物并实现其抵押权。因此,当事人如以一般动产设定担保,通常更愿意采用设立动产质权的方式。

因此,抵押权的标的主要是不动产,而基于价值较大甚至巨大的不动产所具有的融资担保功能,不动产抵押权是抵押权制度的核心。

而质权的标的只能是动产(包括动产性质的权利),不动产不能作为质权的标的。

(三) 抵押权以登记为公示方法

抵押权的法定公示方法为登记。

在历史上,不动产物权登记制度来源于不动产抵押权登记制度:由于土地抵押权的设立不转移土地的占有,故经过漫长的历史发展,抵押权登记成为抵押权的法定公示方法,并逐渐漫射至其他不动产物权,由此形成现代社会物权公示方法的二元体制,即不动产以登记为其物权公示方法,动产以占有为其物权公示方法。很显然,不转移担保物的占有而能设立担保权利,是基于土地等不动产之特有的不可转移、不可藏匿性质,而在不转移担保物的占有的情况下能够将担保权利予以公示以使之具有对抗效力的需求,则是抵押权登记制度得以产生的原因。而在不动产物权均采用登记的法定公示方法的情况下,不动产所有权与不动产抵押权在物权公示方法上的一致,显然能够使交易安全获得最为充分的保障:(1) 为确定不动产的权属,不动产受让人必须审查不动产登记簿,由此,不动产上是否设立有抵押权,交易者将会一清二楚;(2) 在实行不动产物权变动的公示(登记)成立要件主义的体制之下,抵押权被记载于不动产登记簿后,不动产所有人根本不可能不经抵押权人同意而实施任何有效的物权变动行为。

总之,抵押权之所以采用登记为其物权公示方法,完全是因为抵押权的设立不转移占有的特征所决定的。

而动产质权的法定公示方法则为对动产的占有。动产质权的公示方法与动产所有权的公示方法完全一致。此种一致,也最大限度地保证了动产质权之担保功能的实现。其表现为,因动产被质权人所占有,故不经动产质权人的同意,第三人很难从动产所有人处获得动产所有权,甚至无法利用动产善意取得制度而取得所有权:在动产所有人未经质权人同意而将动产转让第三人时,因其无法向第三人交付动产,故第三人无法主张动产所有权的善意取得(动产善意取得须以动产交付为成立要件)。

由此可见,之所以不动产只能作为抵押权的标的而不能作为质权的标的,其原因便在于不动产物权的公示方法是登记而非占有。如果允许当事人以转移不动产占有的方式设立不动产质权,则质权人对于不动产的占有,无法彰显其质权的享有,即无法公示其质权而对第三人产生对抗效力,从而也就无法实现其设定担保物权的目的。

(四)抵押权具有特殊的实现方式

抵押权的实现常常需要借助于司法权力的介入。

抵押权的实现以抵押物价值的变现为前提,而抵押物价值变现的方式主要包括由抵押人和抵押权人对抵押物协议折价以及拍卖或者变卖抵押物等。因抵押物(尤其是不动产)价值较大甚至巨大,其市场价格变动幅度也较大,而抵押物折价、拍卖或者变卖的价格,不仅涉及抵押人的利益保护,而且涉及抵押人的其他债权人的利益保护(其他债权人有权对抵押权实现后抵押物剩余的价值请求清偿)。为避免抵押人和抵押权人在协议折价时恶意压价,或抵押权人恶意低价出售抵押物,我国《物权法》对抵押权的实现设置了严格的限制:(1)折价协议损害其他债权人利益的,赋予其他债权人对该协议的撤销请求权(第195条第1款);(2)抵押物的拍卖、变卖,必须由抵押权人请求法院依照司法程序进行,抵押权人不得自行委托拍卖或者变卖抵押物。(第195条第2款)

而动产质权的标的价值通常较小,其权利实现通常无须司法权力的介入,质权人可以与出质人协议以质押财产折价,也可以自行委托拍卖或者参照市场价格变卖质押财产并以所得的价款优先受偿。(《物权法》第219条)

【思考问题】

思考题一:抵押合同双方有关转移抵押物占有的约定效力如何?

甲公司为担保其债务履行,以其一幢楼房向债权人乙公司设定抵押担保,双方按照固定格式签订了抵押合同,同时又签订了一份补充协议,约定甲公司应将该抵押楼房交给乙公司管理,乙公司有权占有、使用其中部分楼房,并有权将另一部分楼房予以出租,所收取的租金用以抵偿债务。办理抵押权登记后,甲公司即依照约定将该楼房交给了乙公司。其后,甲公司主张该抵押合同及其补充协议应属无效,抵押权的设立也应属无效,理由是:依照《物权法》的规定,抵押权为不转移占有而设定的担保物权,甲、乙双方约定抵押人将抵押物转移给抵押权人占有、使用,违反了物权法定原则。

问:甲公司的主张能否成立?

第二节 抵押权的取得

【基本原理】

一、抵押权的取得根据

抵押权的取得可分为原始取得与继受取得两种方式。抵押权的原始取得是指抵押权不是基于他人享有的抵押权而取得,如基于抵押权的设立或者善意取得而取得抵押权等;抵押权的继受是指抵押权是基于他人享有的抵押权而取得,如基于受让随同债权转让的抵押权或者基于继承、受遗赠等而取得抵押权。

抵押权的取得属于物权变动之一种,应适用物权变动的法定规则。

（一）基于法律行为的抵押权取得

基于法律行为而取得抵押权包括两种情形:

1. 基于抵押合同而取得抵押权

当事人基于抵押合同而设立抵押权,为抵押权取得的主要方法。当事人设立抵押权,须采用书面形式签订抵押合同。(《物权法》第185条)

对于不动产抵押权,抵押合同是抵押权设立的基础法律关系,即抵押合同签订后,抵押权须经登记而设立。

对于动产抵押权,抵押合同是抵押权设立的直接根据,即抵押合同一经生效,动产抵押权即行产生,但其未经登记不得对抗善意第三人。

2. 基于抵押权转让而取得抵押权

抵押权为主债权的从权利,因此,当主债权转让时,如当事人无相反约定或者法律无相反规定,抵押权应随主债权的转让而转让(《物权法》第129条)。也就是说,只要当事人未明确"抵押权不随主债权转让而转让",则抵押权应随主债权的转让而转让。当主债权因债权让与合同生效而发生转让时,债权受让人同时取得抵押权。

基于抵押权的从属性,经登记的抵押权随同主债权的转让而转让时,其物权变动不以登记为依据,但该项抵押权变动未经登记,不得对抗善意第三人。

而未经登记的动产抵押权随主债权的转让而转让时,债权受让人所取得的该项抵押权在未经登记之前,同样不具有对抗善意第三人的效力。

(二)非基于法律行为的抵押权取得

非基于法律行为的抵押权取得包括以下情形:

1. 基于法律的直接规定而取得抵押权

根据"房地合一"的原则,我国《物权法》第182条规定:"以建筑物抵押的,该建筑物占用范围内的建设用地使用权一并抵押。以建设用地使用权抵押的,该土地上的建筑物一并抵押。"(第1款)"抵押人未依照前款规定一并抵押的,未抵押的财产视为一并抵押。"(第2款)这一规定具有强制性,当事人不得以约定加以排除。也就是说,如果当事人明确约定仅以建筑物单独设定抵押,其约定应属无效。

在土地上存在建筑物的情况下,如果当事人单独以建筑物或者建设用地使用权设定抵押,未作抵押的建设用地使用权或者建筑物的抵押权依法一并设立,此项抵押权属于直接根据法律规定而产生。但应注意,此种情况下依法设立的抵押权仍视为"意定抵押权"而非"法定抵押权",其理由是:(1)在民法理论上,法定抵押权是一个专门概念,其设立目的和法律效力具有特殊性(如法定抵押权优先于意定抵押权),而此种因"房地合一"原则而依法设立的抵押权与当事人自行设立的抵押权性质相同,完全不具有法定抵押权的本质特征。(2)为保护公共利益的需要,法律强制当事人之间产生某种权利义务关系(如强制缔约),并不改变或者影响其权利义务的性质。因此,法律置当事人的意志而不顾,强行将其未抵押的财产"视为"一并抵押,将法律的意志强加给当事人,以此种方式设立的抵押权,不妨视为意定抵押权,以利于法律规范的适用。

上述基于法律规定而取得的抵押权,在相关建筑物或者建设用地使用权抵押权设立时,依法一并设立,其未经登记也当然具有对抗效力。

2. 基于遗产继承、受遗赠而取得抵押权

自然人死亡时,如其遗产中包括为抵押权所担保的债权时,该抵押权随债权的转移而为继承人或者受遗赠人所取得。

3. 基于善意取得而取得抵押权

无权处分人将不动产或者动产向第三人设定抵押时,如第三人为善意且抵押权已经登记,则该第三人可主张抵押权的善意取得。此种方式的抵押权取得,自抵押权登记完成时产生效力。

二、抵押权的设立

（一）抵押合同

1. 抵押合同的概念和性质

抵押合同是当事人为设立抵押权而签订的合同。

在抵押合同关系中，以其不动产或者动产设立抵押担保的一方为"抵押人"，抵押人可以是主债务人，也可以是第三人（又称为"物上保证人"）。抵押人作为抵押合同的一方当事人，应当符合《合同法》以及《中华人民共和国公司法》（以下简称《公司法》）等相关法律的规定；接受抵押担保的另一方为"抵押权人"，因抵押权为被担保的主债权的从权利，所以，抵押权人只能是主债权人。

抵押合同效力的判断，应根据《合同法》有关合同主体资格、意思表示以及合同内容的规定进行。对于不动产抵押而言，由于抵押合同并不能直接设立抵押权，仅仅是抵押权设立的基础关系，因此，在抵押合同签订后当事人是否经登记设立了抵押权，不影响抵押合同的效力，而抵押人对于其承诺设立抵押权的不动产是否享有处分权，原则上也不影响抵押合同的效力，如果抵押合同签订后，抵押人无法履行登记设立不动产抵押权的义务，应当承担违约责任；但对于动产抵押而言，由于抵押合同是产生动产抵押权的直接根据，故抵押人在签订动产抵押合同时，必须对抵押物享有处分权，否则，在抵押合同事后未征得权利人同意或者抵押人未获得处分权的情况下，抵押合同应属无效。

对于抵押合同的性质，理论上存在争论。多数学者认为，抵押合同是一种设定债权债务关系的合同（债权合同），因为抵押合同并不能直接导致抵押权的设立，只是在双方之间产生了登记设立抵押权的请求权和相应义务。[1] 但也有学者认为，抵押合同签订的目的仅在于设立抵押权，故其应为"物权合同"。[2]

实际上，不动产抵押合同的生效不能导致抵押权的设立，其只能对抵押权人产生请求抵押人依约定登记设立抵押权的权利，同时对抵押人产生满足抵押权人的请求权的义务，如抵押人拒绝履行其设立抵押权的义务，抵押权人有权诉请法院强制抵押人设立抵押权，在抵押人不主动执行法院生效判决的情况下，抵押权人得以法院生效判决作为根据，直接请求登记机关办理抵押权登记；如因抵押人的原因导致无法登记设立抵押权，抵押权人有权解除合同并请求抵押人承担违约责任。由此可见，不动产抵押合同生效的效果，是在双方当事人

---

[1] 梁慧星主编：《中国物权法研究》（下），法律出版社1998年版，第822页。
[2] 孙宪忠：《论物权法》，法律出版社2008年版，第134页。

之间产生债权债务关系。

而动产抵押合同则不同,因其生效可直接导致动产抵押权的设立,故双方之间就抵押权的设立本身,并无请求权的发生,所以,动产抵押合同可直接引发物权变动即动产抵押权的设立。不过,动产抵押权须经登记才能发生对抗效力,故动产抵押合同的内容中,仍包括抵押权人请求抵押人为动产抵押权登记的权利(请求权)的设定,因此,动产抵押合同生效的效果中,仍然包括了双方之间债权债务关系的产生。

2. 抵押物的范围

抵押物是抵押合同的标的物。抵押人用以设立抵押的财产,必须具备作为担保物权标的的基本特征:(1)抵押物上须存在独立的所有权。由于抵押权系整体设立于他人享有所有权的不动产或者动产之上,因此,作为抵押物的财产,必须是能够作为所有权标的的财产,而不能是所有物的一部分(例如,一幢楼房如在不动产登记上为一个所有权的标的,则抵押权必须设立于该幢楼房的全部,该楼房的一部分不能作为抵押权的标的)。(2)抵押物须具有可转让性。因抵押权的实现(折价、拍卖或者变卖)即意味着抵押物所有权的转让,故仅具有可转让性的所有物,才能成为抵押权的标的。具体而言,禁止流转物不得设定抵押,限制流转物只有在符合法定条件时方可设定抵押。

就抵押物的具体范围,我国《物权法》第184条采取"反向"方式作出了规定,即明确规定了下列财产不得抵押,在此范围之外的财产,均可设定抵押:(1)土地所有权;(2)耕地、宅基地、自留地、自留山等集体所有的土地使用权,但法律规定可以抵押的除外;(3)学校、幼儿园、医院等以公益为目的的事业单位、社会团体的教育设施、医疗卫生设施和其他社会公益设施;(4)所有权、使用权不明或者有争议的财产;(5)依法被查封、扣押、监管的财产;(6)法律、行政法规规定不得抵押的其他财产。

3. 抵押合同的形式和内容

根据《物权法》第185条的规定,抵押合同应当采用书面形式订立(第1款)。抵押合同一般包括下列条款:(1)被担保债权的种类和数额;(2)债务人履行债务的期限;(3)抵押财产的名称、数量、质量、状况、所在地、所有权归属或者使用权归属;(4)担保的范围。(第2款)

鉴于抵押合同设定抵押权的目的和抵押权的性质,上述有关抵押权形式的规定,应属强制性规定。由于不动产抵押权依据登记而设立,无书面合同根本无法进行登记即设立抵押权,故其非书面抵押合同应属无效。而动产抵押权直接依据抵押合同而设立,强令当事人采用书面形式,对于抵押权的确认以及抵押权的实行有利无弊。与此同时,尽管我国《合同法》第36条规定,"法律、行政法规规定或者当事人约定采用书面形式订立合同,当事人未采用书面形式但一方已经履行主要义务,对方接受的,该合同成立",但不动产抵押合同的履行以抵押权登记设立为准、动产抵押合同根本不发生"对方接受履行"的问题,故当事人不得引用该条规定主张未采用法定书面形式订立的抵押合同有效。

此外,在上述《物权法》所列抵押合同一般应包括的条款中,"主债权的种类和数额"以及"抵押物的名称、数量"为设立抵押权所必须,在当事人无约定或者约定不明的情形,无法通过适用法律规定而确定,故如果缺少这些条款,抵押合同不能成立。但其他条款如果约定不明,可以通过适用法律规定而填补,如缺少这些条款,不影响抵押合同的成立。例如,债务人履行债务的期限约定不明,债权人依法可随时请求其履行,但应给予债务人以必要的准备时间(《合同法》第62条第4项);又如,抵押权担保的范围约定不明,应推定为对主债权和从债权全部予以担保。(《物权法》第173条)

4. 流押条款的禁止

所谓"流押条款",是指当事人约定在主债务未获履行时,由抵押权人无条件取得抵押物所有权的条款。此种条款可能在签订抵押合同时约定,也可能在抵押合同签订之后、主债务到期之前约定,但均属流押条款。

各国立法原则上均禁止抵押合同设置流押条款,我国《物权法》第186条也明文规定:"抵押权人在债务履行期届满前,不得与抵押人约定债务人不履行到期债务时抵押财产归债权人所有。"其主要立法理由是:

(1) 流押条款违背公平原则和设立抵押权的目的

抵押权设立目的仅仅是为主债权的实现提供担保,并无借此营利或者投机之目的。因抵押权的设立到抵押权实现之间,往往需要经过较长期间,此间,抵押物(尤其是不动产)的市场价格常常变化较大,如允许设置流押条款,在实现抵押权时,如其价格下落,则债权不能充分实现;如其价格上涨,则债权人会获得超出其债权范围的不当利益。

(2) 流押条款有可能导致合同强制

"合同强制"是指一方当事人利用其优势地位,在事实上强迫对方接受不公平条件与之订立合同。经济生活中,处于强势地位乃至垄断地位的债权人(如金融机构以及具有垄断性的大企业),有可能利用其经济优势地位而强迫债务人(抵押人)以价值较大的抵押物担保金额较小的债务,并通过流押条款而获得不正当利益,损害中小企业或者有所急需的借款人的利益。

据此,尽管流押条款客观上有助于简化抵押权实现程序并降低其成本,在某些情况下也并不一定损害抵押人的利益（如抵押物的价格被公正评估，且其价格在抵押期间并无较大变化），但为规范经济秩序和避免纠纷，我国立法仍明确禁止设置流押条款。

流押条款的无效，不影响抵押合同的效力。

（二）抵押权登记

1. 登记机关

依照不动产的类别，不动产抵押权在相应的不动产登记机关进行登记，亦即不动产抵押权的登记机关与房屋所有权、建设用地使用权等不动产的登记机关相一致，并适用不动产登记的相关规则。

机动车、船舶、航空器等登记动产的抵押权登记机关，与其财产所有权的登记机关相一致，并适用有关各类登记动产之相关的登记规则。

其他一般动产的抵押权的登记机关，为抵押人住所地的工商行政管理部门。（《物权法》第189条）

2. 登记的效力

不动产抵押权经登记而设立。

动产抵押权以抵押合同生效而设立，但未经登记，不得对抗善意第三人，该第三人中，首先包括抵押人的其他普通债权人。如下例：

> 甲以其小汽车向债权人乙设定抵押，双方签订抵押合同后，未对其抵押权进行登记。抵押期间，甲的另一债权人丙申请法院强制执行甲的财产，法院遂将甲的该小汽车予以扣押，乙依据其抵押权提出异议，并主张对该小汽车拍卖后的价款享有优先受偿权利。乙的主张能否成立？

上例中，乙对该小汽车的抵押权虽依抵押合同的生效而设立，但该抵押权未经登记而无对抗效力，故乙不得以该抵押权否认善意第三人的权利或者利益主张，亦即对于善意第三人而言，该抵押权视为不存在，因此，乙的主张不能成立。

由此可见，未经登记而无对抗效力的动产抵押权，不具有优先受偿的效力。所以，在抵押人为债务人的情形，无对抗力的动产抵押权基本上没有意义。但是，在抵押人为第三人的情形，虽然该抵押权不能对抗该第三人的其他债权人，但却可以使该第三人对抵押权人承担了一种"物上保证责任"，由此增加了债权人的受偿机会。例如，甲以其小汽车设定抵押，担保乙所欠丙的债务的履行，其抵押权未予登记。虽然该动产抵押权未经登记而不得对抗甲的其他债权人，但在乙不履行对丙的债务时,丙仍有权请求以该小汽车拍卖的价款实现其债权。当出现甲的其他债权人请求以该小汽车的价款清偿债务的情况时,丙有权以普通债权人的地位,与甲的其他债权人一起,对该小汽车的价款平等受偿。

总的来说,动产抵押制度在某些方面的合理性殊值存疑:与不动产抵押权一样,动产抵押权的公示方法亦为登记。就机动车、船舶、航空器等登记动产而言,如其抵押权进行了登记,因其所有权公示方法为登记,与抵押权相一致,故其交易者在审查此类财产的权属时,即可知晓抵押权的存在,而且,在此类动产的抵押权予以登记的情况下,未经抵押权人同意,此类财产的所有人尽管可以通过交付而将财产所有权转让给第三人,但却无法通过所有权变动登记而使其物权变动具有对抗效力。因而,此类登记动产所设立的抵押权经过登记而对第三人产生对抗力是合理的,同时,其抵押权的担保功能完全能够保障实现。但一般动产(如机器设备)则不同:一般动产的所有权公示方法为占有,而其抵押权公示方法为登记,二者不相一致。因此,当设立有经登记的抵押权的一般动产被抵押人擅自转让给第三人时,依照动产物权的法定公示方法,第三人只能根据出让人对动产的实际占有而推定其享有处分权利,而不可能去审查抵押权登记簿,故经登记的动产抵押权对第三人(动产受让人)具有对抗效力,是不合情理的。

【思考问题】

思考题二:未经办理过户登记的抵押权受让人能否主张其抵押权?

甲公司以其一幢楼房经登记设立了抵押权,担保其对乙公司的债务的履行,后乙公司将其对甲公司的债权转让给丙公司,并通知了甲公司。但乙、丙两公司签订债权转让协议之后,未及时办理该抵押权的过户登记。此时,甲公司的另一债权人丁公司申请法院强制执行甲公司的财产。法院经过调查,发现甲公司的该楼房不动产登记簿上显示的抵押权人为乙公司,而甲公司对乙公司并未负担任何债务,故认定该抵押权应属无效,丁公司有权申请对甲公司的该楼房予以强制执行,据此,法院将甲公司的前述楼房予以扣押。丙公司知情后即以其对该楼房享有抵押权为由提出异议。

问:丙公司的异议能否成立?

第三节 抵押权的效力

【基本原理】

一、概说

理论上,抵押权的效力是指抵押权所产生的具有强制力的各种法律效果。其中包括:(1)抵押权对所担保债权的效力。此种效力决定了抵押权所担保的债权范围,此种范围,应当依照《物权法》第173条有关担保物权所担保的范围的规定予以确定。(2)抵押权对于抵押物的效力。此种效力决定了用以担保债权实现的抵押物的具体范围。(3)抵押权对于抵押人的效力。此种效力决定了抵押人所享有的权利和承担的义务。(4)抵押权对于抵押权人的效力。此种效力决定了抵押权人所享有的权利和承担的义务。

二、抵押权对于抵押物的效力

(一)概说

抵押物为抵押权的标的,因抵押权的标的与抵押物所有权的标的相一致,故所有物的范围即为抵押物的范围,对此本无争议。但是,由于抵押权的设立到抵押权的实现之间存在一定期间,抵押物的状态在此期间有可能发生变化,例如,抵押物因损毁而被其他物(赔偿金)所替代;又如,作为抵押物的土地上新建了房屋;再如,抵押物因被利用而产生了收益(如土地上生长的庄稼、房屋出租收取的租金);等等。而当抵押权实现时,对于抵押权人的优先受偿权是否及于这些超出抵押物原范围的财产,当事人可以在抵押合同中予以约定,也可以在抵押权实现时协商处理。但在当事人无约定、约定不明或者协商不成的情况下,法律即有必要确定其处理原则。

(二)从物

从物为依附于主物而发挥作用的独立物。在主物被设定抵押时,其已经存在的从物是否包括于抵押的范围,当事人可以作出肯定或者否定的约定;对于抵押物将来有可能增加出现的从物,当事人也可以作出相同约定。如当事人对之有所约定,抵押权实现时,即按当事人的约定处理。

在当事人就从物是否包括于抵押范围未作约定的情形,就抵押权设立时已经存在的从物,一般认为其当然应为抵押权的效力所及。但对抵押权效力是否及于其设立之后所出现的从物,理论上争议颇大,计有四种观点:(1)否定说,其认为抵押权设立时,当事人系以抵押物当时的状态估计其价格,如抵押权效力及于设定后所生之从物,有悖当事人的意思;(2)区别说,其认为从物为动产时,应为抵押权效力所及;如从物为不动产时,不应为抵押权效力所及;(3)并付拍卖说,其认为抵押权效力不应及于从物,但必要时应将之与主物一并拍卖,对于从物的价金,抵押权人无优先受偿权,否则一般债权人的担保利益将会受损;(4)折中说,其认为原则上应认定抵押权的效力及于后增加之从物,但后增加之从物如影响到一般债权人的共同担保时,则抵押权人仅能依法予以一并拍卖,但无优先受偿权。①

应当看到,《物权法》第115条有关"主物转让的,从物随主物转让,但当事人另有约定的除外"之规定的立法根据主要在于尊重交易习惯,即当主物被出卖时,如出卖人无相反说明,其价格中通常包括从物(配件)的价格,而对买受人来说,如无特别原因,基于使用上的方便和一般购买习惯,其主观上通常会认为主物是连同其从物一起出售。因此,"从物随主物的转让而转让"的规定实际上是建立在基于社会生活习惯而对当事人意思的推定基础之上。当主物被抵押时,财产即被预设了将来有可能被转让的命运,而抵押范围是否包括从物,在抵押人为债务人时,因其全部财产均应用于担保债务履行,故其无关紧要。但在抵押人为第三人时,则涉及其重要利益,如其有相反意思,应予特别说明。因此,在当事人无相反约定时,抵押权的效力及于从物,应能成立。

但是,对于所谓"新增"的从物,情况则完全两样:(1)如抵押权设立时从物尚未出现,则抵押物在当时即为无从物的独立物,抵押权人设立抵押权时的利益预期,当然只能是该独立物的价值本身,故抵押权人因抵押人新增从物的行为而获得额外利益,于法无据。(2)"新增从物"为抵押人的行为所导致,其并非抵押人的义务。相反,抵押人有不"新增从物"的权利。这样就会出现两方面的问题:一是动产新增从物完全有可能不为抵押权人所知晓,故其根本不可能对其提出主张;二是既然抵押人有权新增从物,则自然有权将其拿掉(拿走或者损毁),此举毫不害抵押权人原有的利益,抵押权人无从反对。由此可见,所谓

---

① 谢在全:《民法物权论》(下册),中国政法大学出版社2011年版,第200页。

"抵押权效力及于新增从物"的主张,完全不能成立。

再从实证上分析,既然从物是独立物,则就动产而言,主物与从物在物质形态上不具有不可分离性,因此,本无从物的动产设定抵押后,抵押人如将新购置的配件与之放置在一起,该配件即为从物,如将之拿开,即不再是从物。(例如,将未配置备用轮胎的汽车设定抵押后,抵押人如将其后购买的备用轮胎置于汽车之上,则其为从物,但在抵押权实现前,抵押人完全可以将该备用轮胎卸下另行放置,使其不再是从物。)此时,抵押权人如主张对所谓"新增从物"的权利,实属荒唐;而就不动产而言,在建筑行为被严格控制的现代社会,不动产抵押设定后的新增的合法建筑物或者设施,要么为不属从物的独立建筑,要么为既有不动产抵押物的组成部分,据此,所谓"抵押权效力是否及于不动产抵押物的新增从物"的问题,基本上属于一种没有实践意义的理论假想。

应当特别注意的是,不动产从物的认定并不是完全依照财产在使用功能上的从属关系而进行的,凡是能够进行独立的所有权或者用益物权登记的不动产(如地面或者地下停车场及停车位、某些地下室等),均非另一不动产的从物(如地下车库不是房屋的从物)。因此,在不动产抵押权设立时,其效力不能及于另一独立登记的不动产(如房屋的抵押不能当然包括停车位的抵押,如果当事人将房屋与停车位一并抵押,须办理两项抵押权登记),而在不动产抵押物被拍卖时,也不得将另一独立登记的不动产一并拍卖。

我国《物权法》第200条专就设立抵押权的土地上新增的建筑物的问题作出了规定:"建设用地使用权抵押后,该土地上新增的建筑物不属于抵押财产。该建设用地使用权实现抵押权时,应当将该土地上新增的建筑物与建设用地使用权一并处分,但新增建筑物所得的价款,抵押权人无权优先受偿。"事实上,在我国,土地和土地上的建筑物被视为两项独立的财产,且相互间不存在从属关系,有关"房地合一"的规定(土地使用权必须与地上建筑物一并转让和一并抵押),仅仅是基于使用上和交易上的需要,而不是基于两者之间的从属关系,故其根本不适用有关主物与从物的任何规定。

(三) 从权利

从权利是依附于主权利而存在的权利。除基于当事人约定而设定的从权利之外,尚存在法定从权利与特许从权利。主权利抵押时,抵押权效力是否及于从权利,应分别而论。

1. 法定从权利

从权利如依照法律直接规定而产生,为法定从权利,如相邻关系中的权利

（相邻权），其从属于不动产所有权或者建设用地使用权、土地承包经营权等主权利。

法定从权利的取得不以当事人的意志或受让行为为根据，当事人对之不得放弃、转让，也不得将之随同主权利一并抵押，故其主权利（如建设用地使用权、土地承包经营权）设定抵押时，不存在抵押权效力是否及于法定从权利（如相邻权）的问题，亦即当被抵押的主权利因抵押权实现而发生转让时，受让人在取得主权利时，直接根据法律规定而当然享有法定从权利，不存在法定从权利随主权利的转让而转让的问题。

2. 特许从权利

与土地使用有关的某些经行政机关依法许可而取得的权利（如某些取水灌溉农田的权利等），为特许从权利，其从属于土地权利。

特许从权利依当事人申请行政许可的行为所取得，但除存在特别规定外，其不得任意转让。因此，主权利（如土地承包经营权）设定抵押时，不存在其效力是否及于特许从权利的问题。在主权利抵押权实现时，特许从权利的处理，应当适用有关行政法规的规定，或者申请变更许可权的主体，或者重新申请许可权。

3. 约定从权利

主权利与从权利的权利人必须为同一人。因此，在抵押物上设定的为第三人所享有的他物权（如第三人享有的地役权、抵押权等），不是抵押物所有权的从权利，当抵押物因抵押权实现而拍卖、变卖时，这些他物权或者不受影响（如抵押物上的地役权负担应随抵押物的转让而转让），或者归于消灭（如抵押物上设定的其他后顺位抵押权应因抵押物的转让而消灭）。但是，抵押人因不动产抵押物的利用而对他人不动产享有的地役权，则是从属于抵押物所有权或者用益物权的约定从权利。这是因为，地役权是为土地的利用（而非为人的利用）而对他人土地设定的负担，因此，地役权不可以脱离供役地权利而独立存在，不可以单独转让，也不可以单独设定抵押。当供役地权利转让时，地役权必须随之而转移。

对此，我国《物权法》第165条规定："地役权不得单独抵押。土地承包经营权、建设用地使用权等抵押的，在实现抵押权时，地役权一并转让。"这一规定在理解上涉及两个问题：（1）地役权应随供役地权利一并抵押而不得单独抵押，但当事人可否约定地役权不包括在抵押范围之内？（2）在无相反约定的情况下，供役地抵押权效力是否及于地役权？

应当看到，地役权虽为供役地利用而设定，但其利用非为供役地利用之必须。地役权作为一种依当事人约定而产生的权利,当然也可依当事人的约定而变更或者消灭。因此,供役地抵押时,当事人可以约定地役权不在抵押范围,而当供役地抵押权实现时,抵押人可以选择使该地役权归于消灭(此时,如供役地受让人欲继续享有地役权,应与需役地权利人重新约定设立),也可以选择供役地权利连同地役权一并拍卖,但抵押权人对于该地役权的价款,不享有优先受偿权。而在当事人未约定地役权是否包括于抵押范围的情形,依据主物与从物关系上的法律原则,供役地抵押权的效力应及于地役权。

至于土地权利抵押设定之后,抵押人就该土地的利用而新增设立的地役权,如同新增从物,应不被抵押权效力所涉及。抵押权实现时,抵押人可以选择放弃该地役权而使其归于消灭,也可以选择将该地役权连同抵押物一并拍卖,但抵押权人对地役权拍卖所得价款,不享有优先受偿权。

4. 孳息

抵押权为价值权而非对抵押物实际支配的权利,故抵押权设立之后,对抵押物的占有、使用和收益的权利,仍归抵押人享有。抵押物在抵押权设立之后所产生的天然孳息和法定孳息(如承包地在抵押后成熟的农作物、畜群抵押后生产的幼犊以及因抵押物出租而产生的租金等)应由抵押人收取。但在"债务人不履行到期债务或者发生当事人约定的实现抵押权的情形,致使抵押财产被人民法院依法扣押的,自扣押之日起抵押权人有权收取该抵押财产的天然孳息或者法定孳息,但抵押权人未通知应当清偿法定孳息的义务人的除外"(《物权法》第197条第1款)。根据这一规定,一旦抵押物因抵押权实现而被司法扣押时,抵押权的效力即及于抵押物的孳息。对于天然孳息,抵押权人有权自行收取以清偿其债权;对于法定孳息,抵押权人有权通知义务人向其清偿,但抵押权人未及时通知负有法定孳息清偿义务的人,从而导致义务人向抵押人清偿的,抵押权的效力不能及于该已经清偿部分。例如,已出租的抵押房屋被抵押权人申请法院查封后,由于抵押权人未通知承租人,承租人将应付租金交付给了抵押人(出租人),此种情形,对于抵押人收取的该部分租金,抵押权人不得主张优先受偿权。

不过,为保护第三人的合法利益,《物权法》第197条第2款规定:抵押权人收取的孳息应当首先用于清偿因收取孳息所产生的费用,亦即法律赋予该种费用以优先权,且优先于抵押权。例如,抵押的畜群被抵押权人申请法院扣押后,牲畜所生产的幼犊被拍卖所得价款,须首先用于清偿幼犊生产时所产生的费用,在该费用未获清偿前,抵押权人不得对该价款主张优先受偿权。

5. 代位物

代位物为抵押物毁损灭失后替代抵押物承受优先受偿权的财产,如抵押物因毁损灭失所产生的赔偿金、保险金、补偿金等,也包括抵押物被损坏后残存的价值。抵押权的物上代位性,实际上正是抵押权效力及于抵押物的代位物的表现。

6. 添附所产生的物

添附包括附合、混合与加工三种情况。当抵押物与他物发生附合、混合或者被加工为新物时,其所有权归属应适用相关规定,并对抵押权的效力所及发生不同影响:(1)所有权归抵押人时,抵押权的效力及于附合物、混合物或者加工物;(2)所有权归第三人时,抵押权的效力及于补偿金;(3)所有权归抵押人和第三人共有的,抵押权的效力及于抵押人的共有份额。

因实践中抵押物发生附合、混合以及加工的情形极为少见,故我国《物权法》对之未作出规定。

三、抵押人的权利

抵押权设立后,抵押人的主要义务是必须维持抵押物的价值,不得实施导致抵押物价值不正常减少的行为。与此同时,抵押人仍对抵押物享有占有、使用和收益的权利,在一定条件下,抵押人还享有对抵押物的处分权利,其具体包括:

(一)在抵押物上设立他物权

在不影响抵押权人利益的条件下,抵押人有权在抵押物上为第三人设定抵押权、地役权以及具有某些物权效力的租赁权:

1. 抵押权(重复抵押)

抵押人将已经设立抵押权的抵押物再次进行抵押,称为"重复抵押"或者"多重抵押",重复抵押可以多次进行。重复抵押的结果,是使同一抵押物上先后设立了两个以上的抵押权。

对于重复抵押,我国1995年《担保法》原则上采取了禁止的立场,其第35条规定:"抵押人所担保的债权不得超出其抵押物的价值。财产抵押后,该财产的价值大于所担保债权的余额部分,可以再次抵押,但不得超出其余额部分。"这一规定涉及所谓"超额抵押"的问题。

"超额抵押",是指以较低价值的抵押物去担保较高价值的债权,如以估价为500万元的房屋设定抵押,用以担保600万元债权的实现,其中债权金额高于抵押物价值的 100 万元,即为"超额抵押"。《担保法》禁止所谓"超额抵押"的目的,似乎是为了保护债权人的利益,但此项禁止毫无道理:(1)抵押物在抵押权设立时的估价,并不等于抵押物在抵押权实现时的价格,即抵押物变现的价格有可能高于其估价,也有可能抵于其估价(如估价为 500 万元的房屋在拍卖时的价格有可能是 600 万元,也有可能是 400 万元),因此,所谓"超额抵押"在很多情况下根本无法确定。(2)即使出现"超额抵押",在法律禁止流押条款的情况下,其根本不会损害债权人的任何利益。例如,以估价为 500 万元的房屋设立抵押,担保 600 万元的债权,而在抵押权实现时,该房屋的拍卖价款为 500 万元。此种情形,债权人有权就抵押物拍卖价款 500 万元优先受偿,而就抵押物价款不足以清偿的债权部分(100 万元),债权人仍对债务人享有清偿请求权。如果该抵押合同约定,即使该抵押房屋在拍卖时所获价款低于债权金额,抵押权人在获得该价款之后,其债权均无条件归于消灭,则此项约定在实质上构成"流押条款",应属无效。(3)对于"抵押权设立的目的在于担保债权的实现",只能理解为主债权人对抵押物的价值享有优先受偿权,而不能理解为只有在抵押物的实际价值等于或者超过债权金额时,才能有效地设立抵押权。此外,抵押权仅为履行债务的担保而非必然实现的权利,故实践中,债权人愿意接受其价值明显低于债权金额的财产的抵押,法律绝无禁止的必要。

至于《担保法》对"重复抵押"所采取的限制做法,其目的显然也是为了保护债权人的利益。根据其规定,如果抵押物被设定抵押后,尚有"剩余价值"(例如,以价值 500 元的房屋抵押担保 400 万元的债权,其"剩余价值"为 100 万元),抵押人可将之再次为同等金额的债权设定抵押(如将前述 100 万元"剩余价值"再为 100 万元的债权设定抵押),但其再次抵押担保的债权金额不得超过该"剩余价值";如果抵押物设定抵押后没有"剩余价值"(如以价值 500 万元的房屋抵押担保 500 万元债权),则绝对不得再在该抵押物上再行设定另外的抵押权。

上述规定仍然是不妥当的:(1)抵押权非为必然实现的权利,故"重复抵押"对于后设立抵押权的债权人仍然具有担保作用。例如,甲以其价值 500 万元的房屋向债权人乙设定抵押,担保其 500 万元欠款的返还,后甲又以同一房屋向丙设定抵押,担保其 500 万元欠款的返还。上述两项抵押权中,乙的抵押权依法处于优先顺位(第一顺位)。在债务到期时,如果甲向乙履行了 500 万元的返还义务,则乙的抵押权消灭,而丙的抵押权则成为第一顺位;如果甲未向乙履行到期债务,而抵押房屋拍卖的价款为 600 万元,则第一顺位抵押权人乙对其中 500 万元获得优先受偿后,对于剩余的 100 万元,第二顺位抵押权人丙仍可优先受偿。(2) 在"重复抵押"的情况下,后设定的抵押权存在不能实现或者不能全部实现的风险,但既然该抵押权人愿意接受这一风险,法律自无禁止的必要。

据此,我国《物权法》对于所谓"超额抵押"以及"重复抵押"未作出任何限制或者禁止性规定。尽管该法对之未作明文肯定性规定,但根据民事活动中"法无明文禁止的行为即为合法"的原则,以及《物权法》第178条有关"担保法与本法的规定不一致的,适用本法"的规定,应认定抵押人有权实行"重复抵押"。在重复抵押的情形,已登记的抵押权优先于未登记的抵押权;登记在先的抵押权优先于登记在后的抵押权。

2. 地役权

在我国,土地使用权(包括建设用地使用权、土地承包经营权等)抵押后,抵押人不可能再在该土地上为第三人设立相同的权利。但在不动产抵押权设立后,抵押人可以将该不动产作为供役地,为第三人设立地役权。不过,该地役权的设立应受下列限制:(1) 不得造成抵押物价值降低。如抵押权可以在不动产抵押物上设立不改变土地现状及无损供役地价值的通行地役权等,但不可以设立铺设地下管道的地役权等。(2) 该地役权无论是或否登记,均不得对抗抵押权。在不动产抵押权实现时,经抵押权人同意,该地役权可以继续存在,抵押物上的地役权负担随抵押物权利的转让而转让;如地役权的存在影响了抵押权的实现(如导致抵押物难以拍卖或者降低拍卖价款等),抵押权人有权请求去除该地役权,使之归于消灭。

3. 租赁权

(1) 先租后押

抵押人将处于租赁状态的动产或者不动产设定抵押时,称为"先租后押"。由于抵押权非为必须实现的权利,故抵押权的设立,不影响承租人对租赁权的行使。与此同时,由于租赁物在租赁期间被转让时,依法实行"买卖不破租赁"的规则,因此,在负担有租赁权的抵押物拍卖时,租赁权依然存在,抵押物买受人须承受原出租人(所有人)在租赁关系中的权利义务,即"订立抵押合同前抵押财产已出租的,原租赁关系不受该抵押权的影响"(《物权法》第190条)。根据这一规定,"先租后押"的时间分界点应以抵押合同的成立为准,即抵押合同成立前已经存在的租赁权,构成先租后押;抵押合同成立后设立的租赁权,即使其设立于抵押权设立之前(指不动产抵押权),同样不构成先租后押,而只能构成"先押后租"。

此外,在抵押物拍卖时,先租后押的承租人依法享有同等条件下的优先购买权。

（2）先押后租

抵押人在抵押合同成立后将抵押物用于出租，称为"先押后租"。抵押权设定之后，为保证抵押担保的实现，抵押人不得在抵押物上设定任何足以影响抵押权实现的负担。但为维护抵押人对抵押物的正常利用，法律允许抵押人将抵押物用于出借或者出租。在抵押权实现时，因借用合同对借用人仅产生债权，出借物无论基于何种原因而被转让，借用合同即行解除，故借用合同应因抵押物的拍卖即行解除；但设定于抵押物上的租赁权则与之不同。对此，我国《物权法》第190条规定："……抵押权设立后抵押财产出租的，该租赁关系不得对抗已登记的抵押权。"

对于上述有关"租赁关系不得对抗已登记的抵押权"规定的理解，有学者认为，其应指"在因租赁关系的存在致使于抵押权实行时无人应买抵押物，或出价降低导致不足以清偿抵押债权等情况下，抵押权人有权主张租赁终止"。[①] 具体而言，如抵押物拍卖时，因有租赁权的存在而无人应买或出价不足清偿抵押债权，法院即得除去该项负担，重新估价拍卖。如除去租赁权负担拍卖所得价款与未除去该负担拍卖的价款相等或反而减少的，足以证明负担的存在并未影响抵押权，故此项租赁权负担仍由购买人承受。[②] 作为前述见解借鉴根据的，是《日本民法典》第395条的规定，即"不超过第602条规定期间的租赁，虽在抵押权登记后为登记，亦得以之对抗抵押权人。但其租赁对抵押权人发生损害时，法院得因抵押权人的请求，命令其解除。"

应当注意的是，前述《物权法》规定在"先押后租"的情况下"租赁关系不得对抗已登记的抵押权"，其立法用意显然是不使租赁权因抵押权的实现而当然归于消灭，亦即抵押权人只有在承租人的主张与抵押权人的利益相冲突时，抵押权人才能否定承租人的权利。与此同时，有两个因素需要加以考虑：其一，因抵押人在抵押合同签订后仍将抵押物出租，租赁合同对其应当具有约束力，故抵押人无权为使抵押物以更有利的价格折价或者出售而单方面解除租赁关系；其二，由于财产出租为一种经营性行为，故连同租赁权负担的抵押物出卖，其价格不一定低于相反情况下抵押物的出卖。据此，前述学者有关"抵押权人仅在对抵押物拍卖时，出现因租赁权的存在而导致无人应买或出价降低并导致其价

[①] 崔建远：《物权法》，中国人民大学出版社2009年版，第500页。
[②] 杨与龄：《抵押权对抵押标的物用益权之影响》，载郑玉波主编：《民法物权论文选辑》（下册），台湾五南图书出版公司1984年版，第644—645页。转引自崔建远：《物权法》，中国人民大学出版社2009年版，第500页。

款不足以清偿债务等情形,方可否定租赁权的存在"的基本观点是正确的。但因财产交易价格的不稳定性,故在具体处理上,应确定以下原则:

第一,在以抵押物协议折价时,如果抵押人与抵押权人达成负担租赁权的抵押物的折价协议,承租人有权主张优先购买权或者买卖不破租赁;如果经抵押权人的主张而除去租赁权后,抵押人与抵押权人达成折价协议,则承租人不得主张优先购买权,也不得主张买卖不破租赁,但承租人有权追究抵押人(出租人)的违约责任。

第二,在以变卖方式处分抵押物时,抵押人不得主张除去租赁权而进行变卖。但在租赁权的存在使抵押物无法变卖或者其变卖的价款不足以清偿全部债权的情况下,抵押权人有权主张除去租赁权。此种情形下的抵押物变卖,承租人不得主张优先购买权或者买卖不破租赁,但有权追究抵押人的违约责任。

第三,在以拍卖方式处分抵押物时,抵押人不得主张除去租赁权而进行拍卖。但在租赁权的存在有可能降低拍卖价款且使之不足以清偿全部债权的情况下,抵押权人有权主张除去抵押物上的租赁权而予以拍卖,此种情形,承租人不得主张优先购买权或者买卖不破租赁。在将负担租赁权的抵押物进行拍卖时,如拍卖成功,承租人有权主张优先购买权或者买卖不破租赁;如无人应买,应除去租赁权再行拍卖,此种情形,承租人不得主张优先购买权或者买卖不破租赁。

此外,如果动产抵押权设立后未予登记,则不具有对抗后设立的租赁权的效力,在动产抵押物协议折价、变卖或者拍卖时,必须连同租赁权负担一并进行,同时,承租人对抵押物(租赁物)享有同等条件下的优先购买权。

(二) 转让抵押物

从原则上讲,抵押权设立后,只要不妨碍抵押权的实现,抵押人对抵押物的占有、使用、收益以及处分的行为,均具有合理性。正常情况下,抵押人在抵押期间将抵押物转让给第三人往往是基于商业上或者利益上的原因,即抵押物的及时出售,可获得更为有利的交易条件(尤其是价格)。而为保证抵押权人的利益,对抵押物转让可以采取以下两种不同的规范模式:(1) 无条件允许。即抵押人可不经抵押权人同意而任意转让抵押物,因抵押权设立于抵押物之上,故抵押物的转让并不影响抵押权的存在,只是导致抵押人的变更。(2) 有条件允许。即抵押人转让抵押物须经抵押权人同意。如抵押权人同意,抵押人可以将抵押物连同抵押权一并转让,也可以将抵押物转让的价款提前清偿债务,或者将该价款提存,使之成为抵押权实现时抵押权人优先受偿的标的。

上述第一种模式的特点是放任抵押人转让抵押物,但以抵押权的追及效力保护抵押权人的利益。此种模式为某些立法例(如我国台湾地区"民法典"第867条)所采用,也为我国主流民法理论历来所赞同。① 但我国《物权法》第191条则大体上采用了上述第二种模式,规定"抵押期间,抵押人经抵押权人同意转让抵押财产的,应当将转让所得的价款向抵押权人提前清偿债务或者提存。转让的价款超过债权数额的部分归抵押人所有,不足部分由债务人清偿。"(第1款)"抵押期间,抵押人未经抵押权人同意,不得转让抵押财产,但受让人代为清偿债务消灭抵押权的除外。"(第2款)其立法理由主要是:(1)以抵押物交换所得价款偿还债务,符合抵押权设立的目的,可减少抵押物流转过程中的风险,更好地保护抵押权人和买受人的合法利益;(2)转让抵押物前须经抵押权人同意,可以避免抵押人擅自转让抵押物而使抵押权人无法追回并造成其损失。② 对于《物权法》的这一规定,一些学者提出了批评,认为其强令抵押人提前履行物上担保义务,使其丧失期限利益,而提存则使抵押人的资金闲置,均有不妥;而如将"抵押人未经抵押权人同意不得转让抵押物"解释为其转让合同无效,则有损交易安全,阻碍财产流通;等等。③

从理论上看,运用抵押权的追及效力处理抵押物转让问题(即抵押人可任意转让财产,但抵押权仍在该财产上成立),似乎既可有利于财产流通和满足抵押人正常需要,也无碍抵押权人权利的实现。但此种观点却有可能忽略了一个重要的事实,那就是抵押人的信用在抵押权设立中的作用:由于抵押期间一般较长,而抵押权人并不占有抵押物,也难以对抵押物的使用进行有效的监督,因此,抵押人的信用和经济能力对于抵押物价值的保存(包括对抵押物的正常使用、维修保养以及对抵押物所受外来损害的防御、抵制和排除、对抵押物损害的及时修复等),具有重要意义。与此同时,抵押权的实现需要抵押人的积极配合。因此,允许抵押人任意转让抵押物,有可能损害抵押权人的合法利益,而以抵押权人的同意作为抵押物转让的法定条件,具有合理性,且因抵押人明知抵押权设立目的便在于"冻结"其对抵押物价值的任意支配,故限制抵押人任意转让抵押物也不损害其原有利益。鉴于抵押权制度的保护重点应当在于抵押权人而非抵押人,故我国《物权法》有关"抵押人转让抵押物须经抵押权人同意"的

---

① 参见梁慧星主编:《中国物权法草案建议稿——条文、说明、理由与参考立法例》,社会科学文献出版社2002年版,第645页;王利明主编:《中国物权法草案建议稿及说明》,中国法制出版社2001年版,第437页。
② 胡康生主编:《中华人民共和国物权法释义》,法律出版社2007年版,第418—419页。
③ 崔建远:《物权法》,中国人民大学出版社2009年版,第506页。

规定是正确的。

至于在抵押人经抵押权人同意而转让抵押物时对抵押权的处理,存在三种不同的方式:(1)抵押人变更。即抵押权人可使其抵押权继续存在于抵押物,受让人自取得抵押物权利时成为抵押人。此种方式所发生的效果与抵押权追及效力的适用效果并无不同,区别仅在于前者依据约定产生,而后者直接根据法律规定产生。(2)提前受偿。即由抵押权人在其债权数额范围内取得抵押物转让价款,抵押权消灭,如价款不足以清偿债务,剩余部分债权转变成为普通债权。(3)提存价款。即将抵押物转让所得价款全部提存,抵押权继续存在于该替代物之上(应注意,由于被担保的债权包括从债权,故即使抵押物转让价款金额超过主债权金额,如当事人无相反约定,也必须将全部价款予以提存)。

抵押权人有权将抵押物转让时对抵押权的处理方式的确定,作为其同意抵押人转让抵押物的条件。在抵押物转让时,双方对抵押权的处理方式有约定的,应依照其约定(这里需要说明的是,前述我国《物权法》第191条虽未对"抵押人变更"的方式作出规定,但亦未设明文禁止,故应认定抵押权人与抵押人的该种约定为有效)。如抵押权人同意抵押人转让抵押物,但双方未就抵押权的处理方式作出约定或者约定不明的,因"提前清偿"意味着抵押人将放弃期限利益,故应由抵押人依照《物权法》第191条的规定,在"提前受偿"与"提存价款"两种处理方式中仍选一种。在抵押人选择"提前清偿"时,如果抵押人为主债务人,因其自愿选择放弃期限利益,故不存在任何不公平;如果抵押人为第三人,因其自愿选择放弃有可能不承担清偿责任的利益,故亦不存在任何不公平。与此同时,在抵押人选择"提存价款"时,其固然可导致"资金闲置",但此举为保证抵押权实现之必须,且并不损害抵押人原有的任何利益,故亦具有合理性。

此外,依照《物权法》第191条第2款的规定,无论抵押权人是否同意,抵押物受让人均可将应付价款以代抵押人提前清偿债务的名义直接支付给抵押权人,由此消灭抵押权并达到受让抵押物的目的。这一在理论上被称之为"抵押物受让人的涤除权"的规定,无疑使相关制度得到了充分的完善:无论如何,法律不应允许抵押人任意转让抵押物而使抵押权的实现增加风险,同时,法律也不应允许抵押权人滥用其权利,以至于在完全不影响其抵押权实现的情况下阻碍抵押人转让抵押物。因此,如果抵押人有转让抵押物之急需,而抵押权人拒不同意,则抵押人可以通过抵押物受让人依法行使"涤除权"的方式(其实质是抵押人径行以抵押物转让价款提前清偿债务而强行使抵押权归于消灭),实现抵押物的转让。这样一来,抵押权人和抵押人乃至抵押物受让人的利益,均可获得适当保护。

至于抵押人未经抵押权人同意而转让抵押物时,其转让合同的效力问题,自应根据相关规定予以处理:因抵押物的物权转让有实现可能,故转让合同如不存在行为人不合格、意思表示不真实以及内容违反公序良俗的情形,转让合同应为有效。在约定转让的抵押物为不动产时,如抵押人因抵押权人不同意而无法办理不动产过户登记,即构成履行不能,抵押人应向受让人承担违约责任;在约定转让的抵押物为动产时,如抵押权已登记,则动产交付构成无权处分,且受让人不得主张动产善意取得,但受让人得请求抵押人承担违约责任;如动产抵押权因未登记而无对抗力,则接受动产交付的受让人依法取得该抵押物的所有权,抵押权归于消灭。

四、抵押权人的权利

抵押权设立后,抵押权人的主要权利是在主债务未获履行时,有权实现其抵押权,对抵押物协议折价或者对拍卖、变卖的价款主张优先受偿权。除此而外,抵押权人还享有以下权利:

(一)顺位权

抵押权的顺位,是指在同一抵押物上存在多个抵押权的情况下,该多个抵押权在权利实现上的先后顺序。先顺位的抵押权的实现,优先于后顺位的抵押权。因此,抵押权的顺位关系到抵押权实现可能性的大小,是一种十分重要的利益。先顺位的抵押权人对其顺位的主张权利,称为"顺位权"。

1. 抵押权顺位的确定

同一物上设定多个抵押权时,各个抵押权人相互之间就抵押权的顺位可以事先约定,但此种约定只能在抵押权设立之前进行,并根据约定先后登记设立不动产抵押权或者先后对已设立的动产抵押权进行登记。但抵押权一经登记,则其顺位必须依照法定原则予以确定,当事人不得以其约定对抵押权顺位确定的法定标准加以否定或者排除。

根据我国《物权法》第199条的规定,同一财产向两个以上债权人抵押的,拍卖、变卖抵押财产所得的价款依照下列规定清偿:

(1)抵押权已登记的,按照登记的先后顺序清偿;顺序相同的,按照债权比例清偿

不动产上设立的多个抵押权或者动产上设立的多个已登记的抵押权,适用"登记在先,权利在先"的原则。实践中,一物之上设立的多个抵押权同时登记的情形十分少见,如有发生,其同时登记的多个抵押权具有同等顺位,其相互之

间不具有优先性,故应适用"平等受偿"原则,即多个抵押权所担保的主债权应按其金额,就抵押物拍卖的价款按比例受偿,但该多个抵押权较之后顺位的抵押权或者普通债权,仍具有优先性。

(2) 已登记抵押权的先于未登记的抵押权受偿

同一动产上设立的多个抵押权中,已登记的抵押权优先于未登记的抵押权。

(3) 抵押权未登记的,按照债权比例清偿

同一动产上设立的多个抵押权均未登记的,其相互之间不具有优先性,应适用"平等受偿"原则。与此同时,因未登记的动产抵押权无对抗效力,故除抵押权人之外,动产抵押人还有其他普通债权人的,抵押权人应与其他普通债权人对抵押物拍卖的价款平等受偿。

应当指出的是,从严格意义上讲,抵押权的"顺位"是指具有优先效力的各个抵押权发生冲突时的一种法律排序(即登记在先,权利在先),故其仅适用于不动产抵押权或者经登记的动产抵押权。未经登记的动产抵押权无对抗力,没有任何优先效力,其相互之间不存在"顺位"问题,而经登记的动产抵押权优先于未经登记的动产抵押权,如同抵押权优先于普通债权,也并不构成真正的"顺位"。

2. 抵押权顺位的实行

顺位在先的抵押权人应先就抵押物价款受偿,该价款有剩余时,再由顺位在后的抵押权人受偿,依次递进。

由于同一物上设立的多个抵押权所各自担保的债权的清偿期限不同,有可能先顺位抵押权担保的债权未到期而后顺位抵押权担保的债权已到期,也有可能出现相反情形。对此问题的处理,我国《物权法》未作规定。理论上一般主张,多个抵押权中只要其中一个抵押权所担保的债权已到期,债权人即可主张实现抵押权。如先顺位的抵押权所担保的债权未到期,抵押物拍卖后的价款中,应首先将与先顺位的抵押权所担保的债权的数额相应的价款予以提存,用以保证先顺位的抵押权的实现,剩余价款,由后顺位的抵押权人获得清偿。此后,如果先顺位的抵押权因抵押权实现之外的原因而归于消灭(如该抵押权所担保的债权已获清偿),则对其提存的部分价款,后顺位的抵押权人仍可主张优先受偿权;相反,如后顺位的抵押权未到期,先顺位的抵押权实现后的剩余价款应予提存,以保证后顺位抵押权获得清偿。

在抵押权人与抵押人以协议折价方式实现抵押权时,有学者认为,其他抵

押权应在受让人取得的标的物上继续存在。① 但这种观点是错误的,其原因在于:先顺位的抵押权人以协议折价方式取得抵押物所有权,等同于其对抵押物拍卖价款获得了优先受偿,如后顺位的抵押权在标的物上继续存在,则无异于该抵押权并未实现,因此,当先顺位的抵押权以协议折价方式实现时,后顺位抵押权即归于消灭,如协议折价的价款超过先顺位抵押权所担保的债权金额,就抵押权人对抵押人所补偿的金额,后顺位抵押权仍享有优先受偿权;此外,如允许后顺位抵押权人以协议折价方式取得抵押物所有权,且其他抵押权仍在标的物上继续存在,则先顺位抵押权人实现其抵押权时,将不得不与该后顺位抵押权人打交道,此举有可能导致先顺位抵押权人的不利,故在未经先顺位抵押权人同意的情况下,其债权先到期的后顺位抵押权人不得主张对抵押物协议折价。

3. 抵押权顺位的升进

抵押权顺位的升进,是指顺位在先的抵押权在未实现之前归于消灭时,顺位在后的抵押权的顺位依次递进。例如,第一顺位的抵押权因抵押权实现之外的原因归于消灭,则第二顺位的抵押权上升为第一顺位,第三顺位的抵押权上升为第二顺位,以此类推。

对于顺位在先的抵押权所担保的债权因履行等原因而归于消灭时,先顺位的抵押权是否归于消灭以及后顺位抵押权是否依次升进的问题,存在两种不同的立法例:

一种是所谓"顺位固定"模式,为德国、瑞士民法所采。依照此种模式,抵押权顺位确定之后,即固定不变,如前顺位抵押权担保的债权未能成立或者因清偿等原因而消灭,后顺位抵押权依然处于原顺位。至于该前顺位抵押权,依照《德国民法典》的规定,其应属抵押物所有人(第1163、1164条);而依照《瑞士民法典》的规定,抵押人有权向他人重新设定该顺位的抵押权(第813条第2项)。例如,甲以其不动产向乙设定抵押,担保乙的债权100万元,后又以同一不动产向丙设定抵押,担保丙的债权100万元,而抵押物拍卖所得价款为150万元。正常情况下,第一顺位抵押权人乙应获得该价款中的100万元,第二顺位抵押权人丙仅应获得剩余价款50万元。如乙的债权因清偿等原因而消灭,第二顺位抵押权人丙的顺位不变,对抵押物的价款仍然只能获得50万元。依瑞士民法的规定,抵押人甲可以再为他人设立第一顺位的抵押权并使该抵押权人对该

---

① 曹士兵:《中国担保诸问题的解决与展望》,中国法制出版社2001年版,第252—254页。转引自马俊驹、余延满:《民法原论》(第2版),法律出版社2006年版,第425页。

100万抵押物拍卖价款优先受偿。否则,该100万元应属抵押人甲,由甲的普通债权人平等受偿。

上述模式的主要立法理由在于,前顺位抵押权因其所担保的债权基于抵押权实现之外的原因消灭而归于消灭时,如后顺位抵押权的顺位即相应升进,对抵押权设立人不公平。这是因为,因后顺位抵押权存在实现的风险,故债权人对债务人往往已经设置了苛刻的条件,如银行对第二顺位抵押权所担保的债务人发放贷款时,多增收较高的利息。因此,如抵押权顺位升进,则该债权人坐收非其应有之利益。[①] 与此同时,此种模式被认为有利于保护抵押人之普通债权人的利益:抵押人的其他普通债权人系以抵押人之抵押物以外的财产作为其债权的一般担保,如果抵押人以其他财产清偿了抵押物所担保的债务,则无异于减少了普通债权人的受偿机会,因此,对于本应用于清偿该债务的抵押物的价款,普通债权人有权获得平等受偿。

另一种是所谓"顺位升进"模式,为法国、日本等国民法所采,即前顺位抵押权所担保的债权因抵押权实现之外的原因消灭而消灭时,后顺位抵押权依次升进。

上述两种模式各有优劣,但"顺位升进"模式操作便捷,且符合重复抵押的特性,即后顺位抵押权之所以能够设立,其重要原因便在于前顺位的抵押权具有不予实现的可能性。如果依照"顺位固定"模式,无论前顺位抵押权是否需要实现,后顺位抵押权绝对只能对抵押物的"剩余价款"优先受偿,无异于将抵押物的价值在多个抵押权之间进行了分割,此举不仅限制了重复抵押的实行,影响了抵押物担保功能最大限度的发挥,而且与抵押权的本质和担保物权制度的宗旨有所背离。

对于这一问题,我国《物权法》未作明确规定,但该法严格实行主债权消灭时担保物权随之而消灭的原则(第177条),且未允许所有人可以为自己设立抵押权或者保留抵押权顺位,或者允许抵押人可以在前顺位抵押权消灭时于同一顺位另行设立抵押权,故可认定我国《物权法》采用的是"顺位升进"模式。

4. 抵押权顺位的变更

抵押权顺位为一种重要的利益,抵押权人可以将之予以处分,其中包括不同顺位的抵押权人相互之间可以将其顺位予以交换,如第一顺位抵押权人将其顺位与第二顺位抵押权人的顺位互换。对于这种顺位交换现象,传统理论将之区分为抵押权顺位的"变更"与"转让"两种,同时又存在各种不同观点的复杂解

[①] 史尚宽:《物权法论》,中国政法大学出版社2000年版,第282页。

释,其主要的理论是:

所谓"抵押权顺位的变更",是指不同抵押权人相互交换其顺位,一经交换,即发生重新排序且具有绝对效力。例如,原分别按先后顺序担保10万元、20万元及30万元债权的抵押权中,其第一顺位和第二顺位发生变更(交换),即各个抵押权顺位改变成为20万元、10万元及30万元。此后,各个抵押权即按照变更后的顺位受偿。

所谓"抵押权顺位的转让",其形式上也是不同抵押权人顺位的交换,但其并不能产生顺位变更的绝对效力,其具体表现为:

(1) 当顺位受让人的债权金额超过让与人的债权金额时,有人认为,顺位转让仅在让与人被担保的债权金额范围内发生顺位转换,因此,对于该超过部分的债权金额,受让人应与让与人处于同一顺位按比例受偿。例如,原按顺序分别担保10万元、20万元、30万元的各个抵押权,如第一顺位被转让给第三顺位,而抵押物拍卖价款为51万元,由于受让人的债权金额(30万元)超过让与人的债权金额(10万元),此时,受让人虽成为第一顺位,但仍然只能主张10万元的优先受偿,然后,再就剩余的20万元与受让人的10万元同时按比例受偿,亦即受让人获得10万元后,第二顺位获得其20万元,就剩余价款21万元,受让人(20万元)应与让与人(10万元)按比例受偿,即受让人再行获得14万元(共获得24万元),让与人则获得7万元。依照这种主张,顺位受让人只能在让与人的债权金额范围内主张优先受偿,故在让与人与受让人的顺位之间如果存在其他抵押权顺位(如第一顺位与第三顺位交换,其中间存在第二顺位),不会损害其他抵押权人(如前述第二顺位抵押权人)的原有利益;但也有人认为,顺位转让时,应将双方当事人依本来的抵押权可以取得的分配金予以合计,受让人优先于让与人从中受偿。如上例,顺位转让后,抵押物拍卖价款为51万元,让与人从中本应获得的金额为10万元(依照第一顺位),第二顺位抵押权人应获得20万元,而受让人本应获得的金额为21万元(第三顺位),让与人与受让人合计应获得31万元。对此31万元,受让人应优先受偿30万元,而让与人只能获得1万元。

(2) 与顺位的变更不同,因顺位变更具有绝对效力,故顺位发生变更后,当事人可以将变更后的顺位再行予以转让,同时,前顺位变更为后顺位后,如该抵押权在实现前归于消灭,并不影响顺位变更的效果。例如,第一顺位与第三顺位交换(变更)后,如原第一顺位抵押权在实现前归于消灭,则已经变为第一顺位的原第三顺位抵押权仍居于第一顺位;但顺位转让仅具有"相对效力",即顺位转让仅在让与人与受让人之间产生效力,顺位转让后,原抵押权的排序并不发生变化,仅抵押物拍卖价款的分配顺序在受让人与转让人之间发生变化,即受让人优先于让与人获得受偿,而受让人能否获得其优先利益,仍须以让与人的抵押权是否存在以及能否获得分配为前提。① 例如,第一顺位与第三顺位交换(转让)后,如让与人的抵押权(原第一顺位)因抵押权实现以外的原因归于消灭时,受让人不能居于第一顺位受偿,而只能按其原有顺位受偿。与此同时,受让人也不得将其受让的顺位予以转让。

很显然,上述理论精致入微,但忽略了当事人的意思对于抵押权顺位改变所起的决定性作用,其实,无论是顺位的"变更"或者顺位的"转让",其实质都是抵押权顺位的互换,其结果都是导致抵押权顺位的变更,有所区别的仅仅是变更的条件和变更的效果不同而已,而这些条件和效果,均应由当事人在符合法定原则的情况下进行任意设置,法律需要确定的,仅仅是抵押权顺位变更的基本规则,而不是用含混的概念(如"顺位转让")和复杂的解释去替代当事人的自由安排。

为此,我国《物权法》没有规定抵押权顺位的"转让",而仅仅对抵押权顺位的"变更"作出了规定。该法第194条第1款规定:"抵押权人可以放弃抵押权或者抵押权的顺位。抵押权人与抵押人可以协议变更抵押权顺位以及被担保的债权数额等内容,但抵押权的变更,未经其他抵押权人书面同意,不得对其他抵押权人产生不利影响。"依照这一规定,抵押权顺位的变更须具备下列条件并发生相应效果:

(1) 抵押权顺位变更构成抵押权的变更,以登记为其成立要件

我国《物权法》将抵押权顺位视为抵押权内容的组成部分,故顺位变更构成抵押权变更。根据《物权法》第9条的规定,不动产物权的变更非经登记不发生物权变动效力,故不动产抵押权的顺位变更以登记为成立要件。而对已登记的动产抵押权顺位的变更,构成对已登记的动产抵押权的变更,当然也应以登记为其成立要件。

据此,抵押权顺位变更首先应由互换顺位的抵押权人达成协议,与此同时,因抵押权变更登记需经抵押人同意方可办理,故互换顺位的抵押权人必须与抵押人达成协议。在此基础上,抵押权顺位变更经抵押权变更登记而发生。

(2) 抵押权顺位变更未经其他抵押权人书面同意,不得对之发生对抗效力

我国《物权法》未将其他抵押权人的同意作为抵押权顺位变更的成立条件,其具有合理性,原因在于抵押权顺位变更不一定损害其他抵押权人的利益。如

---

① 谢在全:《民法物权论》(下册),中国政法大学出版社2011年版,第618—620页。

该种变更有可能导致其他抵押权人利益的损害,则其他抵押权人有权予以否认,即抵押权顺位变更虽经登记,但如未经其他抵押权人书面同意,其变更对于其他抵押权人而言,在有损其利益时,可被视为没有发生。此种处理方式,较为简便。由此,我国立法在抵押权顺位变更上虽仍实行登记成立要件主义,但确立了"虽经登经也不得对抗未予书面同意的其他抵押权人"的特殊规则。如下例:

例一:甲、乙、丙按顺序对同一抵押物各自享有分别担保10万元、20万元、30万元债权的抵押权,后甲(第一顺位)与丙(第三顺位)互换其抵押权顺位,并经抵押权变更登记而成立,但未获得乙(第二顺位)同意。其后,抵押物拍卖价款为30万元。问:丙(变更后的第一顺位)是否有权主张对该30万元获得优先清偿?

例二:前例中,如果抵押物拍卖价款仅为20万元,而在此之前,甲的10万元抵押权(变更前为第一顺位,变更后为第三顺位)因其他原因而归于消灭,丙(变更后为第一顺位)可提出何种优先清偿之主张?

上例一中,因甲、丙之间的抵押权顺位变更未经乙同意,变更为第一顺位的丙如主张30万元,乙(第二顺位)有权否认,即丙只能主张10万元,对剩余的20万元价款,乙有权获得优先清偿;上例二中,因甲、丙之间的抵押权顺位变更对乙无对抗力,故甲的抵押权消灭时,就乙而言,视为第一顺位抵押权消灭,其第二顺位升进为第一顺位,故乙有权优先获得抵押物拍卖之全部价款20万元清偿,丙不得提出任何优先清偿主张。

不过,抵押权顺位变更未经其他抵押权人书面同意即不得对之发生对抗效力,但对于其他第三人(如债务人)仍具有对抗效力,即其他第三人不得否认该顺位变更的效力。例如,丙以其不动产为担保甲(债务人)对乙(债权人)的债务而设定抵押(第一顺位),后丙又以同一不动产向债权人丁(第二顺位)及戊(第三顺位)分别设定抵押。以后,乙(第一顺位)与戊(第三顺位)互换其抵押权顺位,但未经丁(第二顺位)同意。此种情形,该抵押权顺位变更不得对抗丁,但可以对抗甲(债务人),这就是说,即使该顺位变更导致丙为担保甲的债务而设立的抵押权不能实现,甲也不得否定该顺位变更而主张其债权人乙仍应作为第一顺位抵押权人获得优先受偿。

(3) 抵押权顺位变更如经过其他抵押权人同意,即发生绝对效力

抵押权顺位变更经登记而成立并经其他抵押权人同意,即形成新的抵押权先后次序,除变更顺位的抵押权人之间须受顺位变更合同的约束之外,在各个

抵押权人之间以及抵押权与外部的关系上，均具有与变更前的抵押权顺位同样的法律效力，其中包括：

第一，顺位重新固定。顺位变更后，如变更为前顺位的抵押权因实现外的原因而消灭，其他抵押权依次升进，变更为后顺位的抵押权人不得主张按其原有的前顺位优先受偿；如变更为后顺位的抵押权因实现外的原因而消灭，其他抵押权人不得否定变更为前顺位的抵押权人按其变更后的顺位优先受偿的权利。

第二，顺位再行变更。顺位变更后，抵押权人可以对其变更后的顺位再行变更或者进行其他处分，但不得与顺位变更合同的约定相违背。如果抵押权人变更顺位后，违反合同约定再行对其取得的顺位进行变更，相对人有权对之行使相应的请求权，但不能影响顺位再变更的外部效力。例如，甲、乙、丙按顺序各享有担保额为30万元、40万元、30万元的抵押权，后甲（第一顺位）与丙（第三顺位）经登记互换抵押权顺位，并经乙同意。甲、丙在顺位变更合同中约定，顺位变更后，如抵押物拍卖价款不足以使甲按第三顺位获得全部清偿，则丙应以其优先获得的价款补足甲应获清偿额（30万元）的50%（15万元），为此，丙不得对其取得的第一顺位予以任何处分。但顺位变更后，丙未经甲同意，违反该合同约定将其取得的第一顺位与乙的第二顺位进行互换并登记。以后，抵押物拍卖价款为50万元，乙按第一顺位获得40万元，丙按第二顺位获得10万元，甲未获清偿。此时，甲有权依顺位变更合同的约定请求丙支付15万元，但不得否认乙按第一顺位优先受偿的权利。

（4）顺位变更合同对于合同当事人具有约束力，但不得对抗其他抵押权人

在变更顺位的抵押权人之间，其顺位变更后的利益分配，应当依照变更顺位合同的约定。当事人可以约定其相互之间的顺位变更为绝对的顺位互换，也可以约定变更为后顺位的抵押权人在一定条件下对变更为先顺位的抵押权实现后所获利益有权主张分配，但顺位变更合同的约定仅在当事人之间产生请求权，对于其他抵押权人无对抗效力。

此外，顺位变更合同签订后，如未能经抵押人同意而登记变更抵押权顺位，顺位变更合同仍得按其约定产生债权效力。

（5）抵押人为债务人时，抵押权人因变更抵押权顺位而丧失优先受偿利益的，可对同一债务的其他担保人产生免除担保责任的效果

当对同一债务同时存在多个担保，而其中包括债务人以自己的财产所设定的抵押时，如债务未获履行，在无相反约定的情况下，债权人应尽可能首先实现对债务人财产所享有的抵押权，然后就其不足清偿部分，再对其他担保人（保证

人、抵押人）主张担保权利。但是，如果债权人变更其抵押权顺位并导致其优先受偿利益的丧失（如因将先顺位变更为后顺位而未获清偿），则损害了同一债务的其他担保人的利益（即使其本应较少的担保责任而未能减少），故根据我国《物权法》第194条第2款的规定，其他担保人在抵押权人丧失优先受偿权益的范围内免除担保责任，但其他担保人承诺仍然提供担保的除外。

5. 顺位的放弃

先顺位的抵押权人可以放弃其顺位利益，即抛弃其先顺位主张权利。

传统理论将抵押权顺位放弃分为"相对放弃"与"绝对放弃"两种。所谓"相对放弃"，是指先顺位的抵押权人为特定后顺位的抵押权人的利益而放弃其优先受偿顺序，其效果是放弃先顺位的抵押权与受益的抵押权居于同一顺位，同时按比例受偿。例如，第一顺位抵押权人为第三顺位抵押权人的利益而放弃其优先顺位，其结果是该两项抵押权同时依第三顺位而按比例获得清偿；所谓"绝对放弃"，是指先顺位的抵押权人抛弃其顺位利益，其他抵押权的顺位依次升进，而抛弃顺位利益的抵押权则居于最后顺位。[①] 但若仔细分析，则不难发现，前述所谓"相对放弃"纯属理论上毫无意义的假设，原因是：如果前顺位抵押权人欲将其顺位利益让与特定后顺位抵押权人，应当采取顺位互换（顺位变更）的方法，如其想要在顺位变更后仍然分享前顺位的利益，可以在顺位变更合同中予以约定，而不必将其先顺位与特定后顺位予以"合并"（如第一顺位抵押权人为第二顺位抵押权人利益而放弃其先顺位），更不必将其先顺位降格为特定后顺位的相同顺位（如第一顺位抵押权人为第三顺位抵押权人利益而放弃其先顺位，从而将其抵押权降至第三顺位），以至于向无关的第三人（如前述第二顺位抵押权人）"奉送"其顺位利益。据此，抵押权顺位的放弃应仅指抵押权顺位的抛弃。

抵押权顺位的放弃应具备一定条件并发生相应法律效果：

（1）顺位放弃依抵押权人单方意思而发生，但未经抵押权变更登记，不得对抗第三人。

抵押权顺位放弃涉及两方面的关系：

一是各个抵押权人相互之间的内部关系。因顺位放弃无碍抵押人以及先顺位抵押权人的利益，且有利于后顺位抵押权人的利益，故抵押权顺位放弃无须征得抵押人以及其他抵押权人的同意，但其属于有相对人的单方法律行为，放弃顺位的抵押权人应向抵押人或者其他后顺位抵押权人作出其放弃表示，其

---

① 史尚宽：《物权法论》，中国政法大学出版社2000年版，第311页。

放弃行为方可成立,同时,应在抵押权人内部随即发生顺位放弃的法律效果,即先顺位被放弃后,原后顺位抵押权即依次升进,如第一顺位抵押权人放弃其顺位时,第二顺位即升进为第一顺位。

二是放弃顺位的抵押权人与其他第三人之间的外部关系。因顺位为抵押权登记簿所显示,故抵押权顺位的放弃如未经登记,不得对抗善意第三人。如下例:

> 甲、乙、丙按顺序对同一不动产抵押物分别享有担保金额为300万元、200万元、100万元的抵押权。后甲对乙和丙表示放弃其抵押权的第一顺位,但未在其抵押权登记簿上作变更登记。后来,甲将其债权连同抵押权转让给丁,但未告知其抵押权顺位放弃之事。在抵押权实现时,该不动产抵押权拍卖价款为500万元,丁主张按第一顺位优先获得其中300万元,但乙和丙则主张因甲放弃抵押权顺位,丁受让的抵押权应居于最后顺位,仅应获得200万元清偿。本案如何处理?

上例中,甲放弃抵押权顺位未作登记,故该顺位放弃的受益人乙和丙不得以之对抗善意第三人丁,丁仍有权主张其受让的抵押权应按第一顺位优先受偿。

(2)放弃顺位的抵押权居于最后顺位。

抵押权顺位的放弃不能等同于抵押权本身的放弃,故放弃顺位的抵押权应居于最后顺位,较之其他普通债权,对抵押权拍卖的价款仍享有优先受偿的权利。

此外,抵押权顺位放弃后,如有对同一抵押物新设立的抵押权,则放弃顺位的抵押权仍应较之处于先顺位。

(3)抵押人为债务人时,如同一债务存在多个担保,在因抵押权人放弃其抵押顺位而丧失的优先受偿利益范围内,其他担保人免除其担保责任,但其他担保人承诺仍然提供担保的除外。(《物权法》第194条第2款)

(二)对抵押权的处分权

抵押权人有权将抵押权连同其担保的债权一并转让或者以之设定债权担保,并有权放弃其抵押权。

传统理论将抵押权放弃分为"相对放弃"与"绝对放弃"两种。所谓"相对放弃",是指抵押权人为特定的普通债权人的利益而放弃其优先受偿权,抵押权放弃后,就该抵押权优先受偿的范围,放弃人与特定的普通债权人按比例受偿。

但此种抵押权放弃,仅在放弃人与受益人之间产生效力。例如,就甲提供的抵押物,乙、丙按顺序分别享有担保额为 30 万元、20 万元的抵押权,丁则对甲享有 30 万元的普通债权。在乙为丁的利益而放弃其第一顺位抵押权时,如抵押物拍卖价款为 40 万元,则乙和丁应就该第一顺位抵押权应优先受偿的 30 万元抵押物价款,按其各自的债权比例各获得 15 万元的清偿。所谓"绝对放弃",是指抵押权的抛弃。抵押权经抛弃而归于消灭。①

很明显,上述抵押权的所谓"相对放弃"不过是抵押权人与普通债权人约定按一定方式分享其抵押权实现所获得的清偿利益而已,其根本不涉及抵押权本身的"放弃"问题,故抵押权的放弃应仅指抵押权的抛弃。

如同抵押权顺位的放弃,抵押权的放弃也应属有相对人的单方法律行为,抵押权人放弃抵押权的意思表示一旦向抵押人或者其他后顺位抵押权人作出,即发生其抵押权消灭的效果,但未经抵押权注销登记,其抵押权的消灭不得对抗善意第三人。此外,依照我国《物权法》第 194 条第 2 款的规定,如同一债务存在多个担保,而抵押人为债务人时,抵押权人放弃该抵押权的,其他担保人在抵押权人丧失优先受偿权益的范围内免除担保责任,但其他担保人承诺仍然提供担保的除外。

(三) 抵押权的保全请求权

抵押权的实现依赖于抵押物的价值,而抵押物为抵押人所占有,抵押期间,如抵押物的价值由于不正常的原因而减少,则直接影响抵押权的实现。为此,法律赋予抵押权人以请求抵押人保全抵押物价值的权利。我国《物权法》第 193 条规定:"抵押人的行为足以使抵押财产价值减少的,抵押权人有权要求抵押人停止其行为。抵押财产价值减少的,抵押权人有权要求恢复抵押财产的价值,或者提供与减少的价值相应的担保。抵押人不恢复抵押财产的价值也不提供担保的,抵押权人有权要求债务人提前清偿债务。"根据这一规定,抵押权人享有如下权利:

1. 抵押物价值减少的防止请求权

如抵押人所实施的不正常行为极有可能导致抵押物价值减少时,抵押权人有权请求其停止该种行为。抵押人对抵押物的不当使用(如不按抵押物既定用途进行使用或者对之进行过度使用、毁坏性使用等),以及对抵押物不进行必要的维修、保养,为典型的不正常使用行为。

---

① 陈华彬:《物权法原理》,国家行政学院出版社 1998 年版,第 624—625 页。

2. 恢复抵押物价值以及提供担保的请求权

抵押物价值因抵押人的不正常行为而减少时,抵押权人有权请求其恢复抵押物的价值(如对遭受损坏的抵押物进行修理、恢复原状等),也有权请求其另行提供与减少价值相适应的担保。对于该种新增担保的形式,《物权法》未作规定,但抵押人所增加提供的担保(保证、抵押权或者质权)应当足额且具有实现的可靠性。如果抵押权人的上述两项请求权均未获满足,抵押权的充分实现即无可能,其与债务人之间的债权债务关系的存在基础即行丧失,抵押权人有权提前行使债权以及提前实现其抵押权。

【理论拓展】

理论拓展之一:抵押权顺位的保留以及预告登记

抵押权顺位的保留,是指抵押人在设立抵押权时,预先保留在先顺位,比如,在不设立第一顺位抵押权的情况下,设立第二顺位抵押权,将第一顺位抵押权留待将来再行设立。这一制度为一些立法例所采。例如,根据《瑞士民法典》第813条第2项的规定,土地得在不设立第一顺位抵押权的情况下设立第二顺位抵押权,其具体操作方法是:土地所有人可以在登记簿上以"附记"保留前一顺位抵押权的设立,而设立后一顺位抵押权,如在设立第二顺位抵押权以担保30万元的债务的同时,保留担保60万元的第一顺位抵押权的设立。根据这一顺位保留,土地所有人随时可以设立担保60万元债务的第一顺位抵押权。这一制度的好处在于:当抵押人为某一已经发生的债务提供抵押担保时,可以为另一尚待发生且必须以第一顺位抵押权进行担保的债务(如银行贷款)保留其优先顺位的抵押权,这样有利于满足当事人的多种需要,且不损害任何人的合法利益。但我国《物权法》未规定此项制度。

抵押权的预告登记,是指抵押合同签订后,当事人就将来设立的抵押权所预先进行的登记。有学者认为,我国《物权法》第20条第1款允许进行不动产预告登记,因此,抵押权也可进行预告登记,且该预告登记具有"顺位效力",即预告登记即确定了将来设立的抵押权的应有顺位:如果抵押权的预告登记先于其他抵押权的设立登记,则在该预告登记的抵押权一旦进行设立登记(即将预告登记转为"本登记")时,虽其本登记在后,但因其预告登记在先,故其顺位应优先于其他抵押权。这样有利于保护债权人的合法利益。[①] 很显然,抵押权预告登记的"顺位效力",其效果与抵押权顺位保留相同。但是,我国《物权法》第20条所规定的不动产预告登记明显仅适用于房屋所有权以及土地使用权的转让,该条文规定:"当事人签订买

---

① 王利明、尹飞、程啸:《中国物权法教程》,人民法院出版社2007年版,第469页。

卖房屋或者其他不动产物权的协议,为保障将来实现物权,按照约定可以向登记机构申请预告登记。预告登记后,未经预告登记的权利人同意,处分该不动产的,不发生物权效力。"(第1款)"预告登记后,债权消灭或者自能够进行不动产登记之日起三个月内未申请登记的,预告登记失效。"(第2款)依照前述条文,预告登记的效果在于限制不动产权利人的处分权,其目的则在于保障合同债权的实现。所以,很难据此认定我国《物权法》承认了抵押权预告登记的顺位效力。

理论拓展之二:抵押物被第三人不法占有或者不法损害的效果

抵押期间,如果抵押物被抵押人之外的第三人不法妨害、不法占有或者不法损害,抵押人依法有权请求其排除妨害、返还财产或者赔偿损失,但抵押权人是否可以直接对第三人行使前述权利或者代位行使前述权利?对此,理论上说法不一。

就抵押权人在抵押物被第三人不法侵害时是否享有排除妨害、返还原物等物权请求权的问题,大体上存在三种观点:(1)肯定说,认为抵押权为物权之一种,抵押权人当然享有物权请求权[1];(2)否定说,认为抵押物受第三人侵害时,仅抵押人享有物权请求权,抵押权人不得享有此项权利[2];(3)折中说,认为抵押权人仅享有妨害排除请求权(此为日本及我国台湾地区民法的通说),但可代位行使抵押人享有的返还原物请求权(此为日本近来的学说及判例所采用)。持此种观点的学者甚至还认为在抵押物被第三人不法损害时,抵押权人可对第三人享有损害赔偿请求权。[3]

应当看到,与其他物权人不同,抵押权人对于抵押物不具有真正的支配效力,抵押权人对于抵押物的所谓"保全权",其产生基础应当是抵押权人与抵押人所订立的抵押合同,亦即抵押人所承担的保全抵押物价值的义务,实质上是抵押合同对之产生的法定附随义务,抵押权人据此而对抵押人享有"抵押物价值减少防止之请求权"(相似于"妨害防止请求权")以及"抵押物价值恢复之请求权"(相似于"恢复原状请求权"),但前述请求权的性质应为债权请求权,抵押权人仅能针对抵押人而行使。事实上,尽管第三人对抵押物的不法侵害导致了抵押物价值的减少以及抵押权实现的风险,但因抵押权非为必然实现的权利,且抵押权人对抵押物并无直接支配并获得利益的权利,故第三人的行为仅直接导致抵押人(所有人)利益的损害,其对抵押权人所导致的损害不仅是间接的,而且仅具可能性。因此,赋予抵押权人以对第三人的物权请求权和损害赔偿请求权,缺乏法理上的依据。而从实务上看,当抵押物被第三人不法侵害时,抵押人自应依法行使其物权请求权以及损害赔偿

---

[1] 陈华彬:《物权法原理》,国家行政学院出版社1998年版,第629页。
[2] 王利明、尹飞、程啸:《中国物权法教程》,人民法院出版社2007年版,第476页。
[3] 崔建远:《物权法》,中国人民大学出版社2009年版,第518页。

请求权,无须抵押权人的介入。在抵押人怠于行使其对第三人的请求权利时,抵押权人得依据其对抵押物的保全请求权,请求抵押人行使其权利以排除第三人对抵押物的妨害或者恢复其对抵押物的占有,如抵押人无正当理由拒绝抵押权人的请求,抵押权人有权提前行使其债权及提前实现抵押权,在抵押物被第三人不法占有的情形,抵押权人得申请法院扣押抵押物并予以拍卖。相反,如果赋予抵押权人以直接请求第三人排除妨害的请求权,或者准许其代位行使抵押人的返还原物请求权(请求第三人向抵押人返还)乃至损害赔偿请求权(请求第三人向抵押人赔偿),在缺乏抵押人积极配合的情况下,抵押权人很难承担诉讼中的举证责任,即使胜诉,也很难强制执行。而如果允许抵押权人直接受领抵押物的返还或者赔偿金,则会使有关法律关系更加混乱不堪。

因此,各国立法仅赋予抵押权人对抵押人享有抵押物价值保全之请求权,而不承认其对第三人享有抵押物上的物权请求权或者损害赔偿请求权,是不无道理的。

第四节 抵押权的实现

【基本原理】

一、抵押权实现的条件

抵押权的实现,是指"债务人不履行到期债务或者发生当事人约定的实现抵押权的情形,抵押权人可以与抵押人协议以抵押财产折价或者以拍卖、变卖该抵押财产所得的价款优先受偿"(《物权法》第195条)。

抵押权人对于抵押物并不享有直接支配权利,故其抵押权的实现,须采用行使请求权的方法,或者请求抵押人与其协商对抵押物折价以获得优先清偿,或者请求法院拍卖、变卖抵押物并以其价款获得优先清偿。抵押权人请求实现其抵押权,须具备法定条件或者约定条件:

(一) 抵押权实现的法定条件

抵押权设立目的在于担保债权实现,故债务人不履行到期债务,即构成抵押权实现的法定条件或者法定事由,亦即在债务到期而未获清偿时,抵押权人即可请求实现其抵押权。

在此,有以下问题需要注意:

1. "到期债务"的范围

债务人不履行的到期债务,仅指被抵押担保履行的债务,无论该债务系全部不履行抑或部分不履行,抵押权人均可主张实现其抵押权。对此,有学者认为,债务人如清偿了本金但未清偿本金之利息,不构成实现抵押权的条件[①];另有学者认为,如利息金额较小,行使抵押权会使目的和手段不匹配,则抵押权人不得行使抵押权。[②] 但应看到,利息债权也在抵押担保的债权范围之内,且抵押权实现并非短时间能够完成,即使抵押权人主张实现其抵押权,债务人也有充分的机会清偿利息债务或者少量剩余债务以使抵押权归于消灭,故抵押权以到期债务未获全部清偿为实现条件,不会损害债务人的正当利益。因此,前述观点是不正确的。

2. "到期债务"的确定

债务人不履行的"到期债务",既包括约定的履行期届满的债务,也包括债权人依照法律规定或者依照约定得请求债务人提前履行的债务,如依照《物权法》第193条的规定,在抵押财产减少时,抵押人既不恢复抵押财产价值也不提供担保的,抵押权人有权请求债务人提前清偿,如其未获清偿,则同样构成"债务人不履行到期债务",抵押权人即可实现其抵押权。质言之,凡属债权人有权即行请求债务人履行的债务,均属"到期债务"。

3. "到期债务"的性质

债务人不履行的"到期债务",须为债务人应当履行的债务,如果债务到期但债务人具有拒绝履行债务的抗辩事由并行使其抗辩权(如同时履行抗辩权、不安抗辩权等),则债权人不得行使其抵押权。

4. 债务到期时债权人(抵押权人)的选择请求权

对于到期债务未获清偿时,抵押权人可否不行使抵押权而请求债务人以其他财产清偿债务的问题,理论上争议颇大。"肯定说"认为,实现抵押权为抵押权人享有的权利,故即使抵押物价值足以清偿其债权,抵押权人也有权先就债务人的其他财产取偿,不足清偿部分再实行抵押权[③];"否定说"则认为,担保物权既然以担保债权实现为目的,则债权有担保物权加以担保时,即应先就担保

---

① 谢在全:《民法物权论》(下册),中国政法大学出版社2011年版,第636页。
② 崔建远:《物权法》,中国人民大学出版社2009年版,第521页。
③ 曹士兵:《中国担保法诸问题的解决与展望》,中国法制出版社2001年版,第225页。转引自崔建远:《物权法》,中国人民大学出版社2009年版,第520页。

物变价受偿,不足部分再就债务人的其他财产受偿。因为当债务人有多个债权人,且其全部财产不足以清偿债权而抵押物的价值又不足以清偿抵押权人的债权之时,如果抵押权人的全部债权先就债务人的其他财产与其他债权人按比例受偿,再就抵押物拍卖价款优先受偿,将侵害一般债权人的合法权益,无法保证公平。[1] 有学者认为,我国《物权法》第 198 条关于"抵押财产折价或者拍卖、变卖后,其价款超过债权数额的部分归抵押人所有,不足部分由债务人清偿"的规定,采取的似乎是前述否定说的观点,即抵押权人须先就抵押物价值受偿。[2]

上述"否定说"将抵押权的实现认定为是对债权人之债权实现方式上的强行限制,其存在根本性的错误:(1) 抵押权是债权人在债权一般担保基础之上所设置的特别担保,其并不排斥债权人享有的一般担保权利,也不产生对债权一般担保权利的限制或者剥夺;(2) 抵押权实现须较大的时间成本,故债权到期未获清偿时,债权人通常会催告债务人履行债务,如禁止债权人为债务履行催告及接受债务履行,违背常理;(3) 如抵押物价值足以清偿其担保的债权,则债权人就债务人的其他财产获得清偿时,抵押权消灭,抵押物即纳入债务人的一般担保财产,其他债权人所能获得的利益不变;如抵押物价值不足以清偿其担保的债权,则抵押权人先尽量从债务人其他财产中获得部分清偿(包括申请强制执行债务人的其他财产),然后再实现抵押权以使其债权得以全部清偿,此举完全符合抵押权的设立目的(即担保债权的实现);(4) 我国《物权法》并无强制抵押权人先行实现抵押权的任何规定,而其第 198 条针对的是抵押物拍卖价款的处理(超过债权数额的部分归抵押人所有,不足部分由债务人清偿),与抵押权的实现条件毫无关系。

(二) 抵押权实现的约定条件

抵押权人与抵押人可以将"到期债务未获清偿"之外的事由约定为抵押权实现的条件,例如,在对一项已经设立人的担保(保证)的债权又设立抵押权时,当事人可约定在债务到期未获清偿时,债权人应首先请求保证人履行保证义务,只有在保证人不能清偿债务时,债权人才能实现其抵押权。在此,"保证人不能清偿债务",即为抵押权实现的约定条件。

---

[1] 杨与龄:《民法物权》,台湾五南图书出版公司 1981 年版,第 197—198 页。转引自崔建远:《物权法》,中国人民大学出版社 2009 年版,第 520 页。
[2] 王利明、尹飞、程啸:《中国物权法教程》,人民法院出版社 2007 年版,第 482 页。转引自崔建远:《物权法》,中国人民大学出版社 2009 年版,第 521 页。

二、抵押权实现的方式

各国家或者地区的民法对于抵押权的实现方式有不同的规定,但一般均适用强制执行程序。① 依照我国《物权法》第 195 条的规定,抵押权实现方式包括对抵押物协议折价、拍卖抵押物以及变卖抵押物三种。

(一) 协议折价

协议折价是指抵押权人与抵押人通过协商,对抵押物折算价格,并由抵押权人取得抵押物所有权以抵偿债务。

协议折价实际上是"以物抵债"的一种方法,但与"流押条款"不同,在协议折价的情形,抵押物价格是参照抵押权实现时抵押物的市场价格,由双方所确定,不会导致抵押人或者抵押权人的利益损害。但协议折价过程无司法权力的介入,容易出现抵押权人与抵押人恶意串通、压价折算从而损害其他债权人的利益的情况。为此,《物权法》对之明确设置了以下限制:

1. 抵押物须参照市场价格予以折价。

2. 抵押物折价协议损害其他债权人利益的,其他债权人可以在知道或者应当知道撤销事由之日起 1 年内请求人民法院撤销该协议。

抵押物协议折价时,抵押权人优先获得抵押物的所有权以实现其债权。如果抵押物折算价格高于抵押担保的债权数额,抵押权人应予补偿,如抵押物上存有其他抵押权的,补偿金应由后顺位的抵押权人优先受偿;如果抵押物折算价格低于抵押担保的债权数额,则抵押权人取得抵押物所有权之后,有权请求债务人履行剩余债务,但该项债权成为普通债权。

(二) 拍卖与变卖

抵押权人与抵押人未就抵押权实现方式达成协议的,抵押权人可以请求人民法院拍卖、变卖抵押财产。(《物权法》第 195 条第 2 款)

根据上述规定,如当事人不能就抵押物的协议折价达成协议,则抵押权只能通过司法权力的介入而得以强制实现。如果当事人之间就抵押权及其担保的债权无争议的,抵押权人可以直接向法院提出实现抵押权的申请,由法院依照强制执行程序将抵押物予以拍卖或者变卖,抵押权人就抵押物的变价款优先获得清偿。如果抵押物拍卖、变卖的价款超过债权数额的,超过部分由后顺位抵押权人优先受偿或者归属于抵押人;如该价款不足以清偿抵押担保的全部债

---

① 史尚宽:《物权法论》,中国政法大学出版社 2000 年版,第 290 页。

务的,债权人有权请求债务人清偿剩余债务,但该债权成为普通债权。

为保证抵押物拍卖或者变卖的公正性,保护其他债权人的利益,法律不允许当事人在司法程序之外自行将抵押物委托拍卖或者变卖。

第五节 特殊抵押

【基本原理】

一、共同抵押

(一)共同抵押的特征

共同抵押又称"总括抵押"或者"连带的抵押",是指为担保同一债权而在两个以上不动产或者动产上设立抵押权。共同抵押是担保物权并存的一种形式。

共同抵押具有以下特征:

1. 数个抵押权系担保同一债权

债权可由主债权与从债权组成。如依照当事人约定,两个抵押权各自分别担保本金债权与利息债权,则因两个抵押权所担保的对象不发生重叠,故不构成重复抵押。但如果两个抵押权各自担保债权的部分金额(例如,两个抵押权分别担保 100 万元债权的 50% 即 50 万元),因该债权为一整体,故仍构成共同抵押。

2. 数个抵押权之抵押人可以是同一人,也可以不是同一人

无论同一抵押人(如债务人或者第三人)以其不同财产对同一债权设定多个抵押,或者不同抵押人(如债务人与第三人或者两个以上第三人)各自以其财产对同一债权设定多个抵押,均构成共同抵押。

3. 当事人之间的约定不是共同抵押成立的必要条件

共同抵押的所谓"共同"性质,仅指多个抵押权在设立目的上的同一,即担保同一债权的实现,但多个抵押人之间就"共同抵押"的发生在主观上是否有所认识,不影响共同抵押的成立。因此,共同抵押可能是基于法律直接规定而产生(如抵押人将其建筑物设定抵押时,建筑物所涉及的建设用地使用权依法随

之而抵押),也可能是基于多个抵押人之间的约定而产生(如甲和乙根据其协议,同时以其各自的不动产对丙的债权设定抵押担保),但即使多个抵押权的设立行为之间毫无联系(如抵押人甲与抵押人乙之间毫无关系,甚至于根本不知道另一方的存在),仅因该多个抵押权设立目的在客观上的同一,也成立共同抵押。

由此可见,共同抵押实际上可分为两种,一种是狭义的共同抵押,即根据多个抵押人的共同抵押协议而设定;另一种是广义上的共同抵押,即凡客观上构成"一债多保(抵押)",则成立共同抵押。但传统理论未作此种区分,其原因在于:共同抵押如依照抵押人之间的协议而产生,则抵押人之间的权利义务关系依照该协议予以确定即可,无须法律介入。而抵押权制度所要确定的,主要是在发生"一债多保(抵押)"而当事人之间无约定或者约定不明时的处理方法,因此,有关共同抵押的规则完全可以适用于任何类型的共同抵押。

共同抵押是"一债多保"的一种类型,有利于保证债权的充分实现,尤其是在一个抵押物价值不足以清偿全部债权时,以多个抵押物的价值共同担保一项债权,有利于满足当事人进行担保融资的需要。

我国《物权法》未就共同抵押作出专门规定,其第176条有关担保权利并存的规定,可以参照适用于共同抵押。

(二) 共同抵押的效力

在共同抵押的情形,根据抵押人的不同情况可产生不同的共同抵押类型,由此导致抵押权人行使其抵押权的方式及其效果有所不同:

1. 多个抵押人均为同一债务人或者同一第三人

在债务人或者第三人就同一债权提供多个抵押物设定抵押时,债权人享有多个抵押权,但抵押人为同一债务人或者第三人。此种情形,如抵押人与抵押权人就多个抵押权实现的先后顺序、各个抵押物所担保的债权范围或者金额等有约定的,依照其约定。如无约定,则债权人可以任意选择先后或者同时实现该多个抵押权。

2. 债务人提供的抵押与第三人提供的抵押并存

如多个抵押人中既有债务人,也有第三人,在当事人之间无相反约定的情况下,参照《物权法》第176条有关"债务人自己提供物的担保的,债权人应当先就该物的担保实现债权"的规定,债权人应当首先实现对债务人提供的抵押物的抵押权,其债权不足清偿时,可再对第三人提供的抵押物主张抵押权的实现。此后,承担抵押担保责任的第三人有权向债务人进行追偿。

3. 多个抵押人均为第三人

在多个抵押人均为第三人的情形,就各个抵押权实现的顺序以及各个抵押物应当负担的债权数额等,多个抵押人(共同抵押人)可以在其与债权人签订的共同抵押协议中予以约定,在不损害其他抵押人原有利益的条件下,各个抵押人也可单独与债权人就其抵押物担保的债权数额、抵押权实现的条件以及顺序等,作出约定。抵押权实现时,债权人应依照约定执行。

如多个抵押人相互之间未就抵押权实现方式与债权人作出约定或者约定不明,参照《物权法》第176条的规定,债权人可以自由确定其实现抵押权的先后顺序,也可以同时实现全部抵押权。其理由是:前述《物权法》第176条规定,在被担保的债权既有物的担保又有人的担保时,如物的担保人为第三人,则在当事人没有约定或者约定不明确的情况下,债权人有权自由选择行使其对第三人的担保权利。而在就同一债权设立的多个抵押权的多个抵押人均为第三人的情形,如就同一债权提供保证的第三人和提供抵押担保的第三人,多个抵押人的地位相同,故债权人同样对之享有抵押权实现的自由选择权。

同样参照前述《物权法》第176条有关"提供担保的第三人承担担保责任后,有权向债务人追偿"的规定,在共同抵押的情况下,如债权因债权人实现部分抵押权而得以全部清偿,则全部抵押权归于消灭,其抵押物被用以清偿债权的抵押人,有权向债务人追偿,但无权请求其他抵押人分担其追偿不能而遭受的损失。

不过,在债权人同时实现全部抵押权的情形,如全部抵押物的拍卖价款在清偿债权后尚有剩余,该剩余价款应按全部抵押物的拍卖总价款与各抵押物拍卖价款的比例,在抵押人之间进行分配。例如,甲、乙、丙各以其不动产抵押担保丁的同一债务(630万元)。抵押权实现时,债权人申请将三项不动产同时予以拍卖,拍卖价款为700万元,其中,甲的不动产售价为100万元;乙和丙的不动产的售价均为300万元。就清偿债权后剩余的70万元,甲、乙、丙应按1:3:3的比例进行分配,即甲可获得10万元,乙和丙各获得30万元。

二、最高额抵押权

(一)最高额抵押权的特征

最高额抵押权,是指在预定的最高债权限额之内,对一定期间内将要连续发生的债权进行担保而设立的抵押权。债务人不履行到期债务或者发生当事人约定的实现抵押权的情形,抵押权人有权在最高债权额限度内就该担保财产优先受偿(《物权法》第203条第1款)。例如,甲银行与乙企业约定,在未来三年期间之内,乙企业可在8000万贷款额度范围内向甲银行分期分批申请贷款,就该三年内发生的债权,在8000万元的限额内,乙企业将其一幢楼房及建设用地使用权设定抵押权以作担保。该种抵押权,即为最高额抵押权。

最高额抵押权通常适用于银行等金融机构与特定企业之间。就金融机构而言,与信用良好的企业建立长期、稳定的信贷关系,有助于金融业务的发展及降低信贷风险;就企业而言,与特定金融机构建立长期、稳定的融资渠道,有助于企业获得充足的资金并得以可持续发展。为此,作为一种新型抵押权形式,最高额抵押权在现代民法上逐渐得到承认,也为我国《担保法》和《物权法》所规定。

与一般抵押权相比较,最高额抵押权具有以下特征:

1. 最高额抵押权担保的债权具有未来性、不特定性和整体性

抵押权既然以担保债权为目的,那么,特定债权的现实存在,即为抵押权存在的前提,而债权一旦消灭,则抵押权即因无担保对象而同时归于消灭,这就是抵押权的从属性特征。但最高额抵押权在设立时,其担保的债权尚待发生,故其担保的是未来发生的债权。与此同时,在最高额抵押权存续期间,陆续产生的债权有可能因债务人清偿债务而陆续消灭,然后又陆续产生新的债权,因此,其担保的对象不是某个或者某些特定的债权,而是在特定期间、特定限额内所发生的全部债权。

最高额抵押权的存在不依赖于现实存在的特定债权的这一特征,显然不符合对一般抵押权之从属性的理解,由此便引起理论上的诸多争议。但最高额抵押权仍然具有其从属性:(1)最高额抵押权设立时,虽债权尚未发生,但其确定将在以后发生。因此,最高额抵押权在设立时的"悬空",是暂时的。所以,根据我国《物权法》第203条的规定,最高额抵押权必须针对"将要连续发生的债权"而设立,对于将来不可能发生的债权,不得设定最高额抵押权;最高额抵押权设立之后,如果约定发生的债权确定不可能发生,则最高额抵押权应归于消灭。(2)最高额抵押担保存续期间,如陆续发生的债权被全部清偿,而债务人企业因破产、被撤销而不可能发生新的债权时,最高额抵押权即应归于消灭。(3)最高额抵押权的实现,须以存在现实的特定债权为条件。由此可见,较之一般抵押权,最高额抵押权与被担保债权之间的从属性,不是表现为一对一的关系,而是表现为对一定范围内的债权之整体的依附关系。

根据《物权法》第203条第2款的规定,最高额抵押权设立前已经存在的债权,经当事人同意,也可以转入最高额抵押担保的债权范围。

2. 最高额抵押权担保的债权金额受最高额度的限制

最高额抵押权是对一定期间内连续发生的债权设定的担保,其所担保的具体债权数量不受限制,但其债权的发生期间受到限制,且债权的总金额受事先确定的最高额度所限制。例如,抵押人就 3 年内连续发生的债权,在 8000 万元最高限额内提供最高额抵押担保。据此,凡该 3 年期间届满之后发生的债权,不在担保之列。在实现最高额抵押权时,其担保的债权一经确定,如债权总金额低于或者等于 8000 万元,则其全部债权可从抵押物拍卖价款中优先受偿;如债权总金额超出 8000 万元,则其超出部分金额不得从抵押物拍卖价款中优先受偿。

3. 最高额抵押权担保的债权一经确定,最高额抵押权即转变为一般抵押权

因债权确定期间届满或者出现其他法定事由,最高额抵押权担保的不特定债权一经确定,该抵押权所担保的债权便具有了特定性和现实性,与一般抵押权即不存在任何区别,其抵押权的实现方式,即适用法律有关一般抵押权的有关规定。(《物权法》第 207 条)

(二) 最高额抵押权的变更和转让

1. 最高额抵押权的变更

我国《物权法》第 205 条规定:"最高额抵押担保的债权确定前,抵押权人与抵押人可以通过协议变更债权确定的期间、债权范围以及最高债权额,但变更的内容不得对其他抵押权人产生不利影响。"

实践中,最高额抵押设定前后,其抵押物上一般不会存在先顺位的抵押权或者再行设定后顺位的抵押权。因此,抵押权人和抵押人可以协议变更债权确定期间、债权范围以及最高债权额。但如果抵押物上同时存在第三人享有的抵押权,则其延长债权确定的期间(有可能使债权发生量增加)、扩大债权范围以及提高最高债权额度(增加了抵押物所负担的担保金额),则无疑减少了后顺位抵押权人实现抵押权的可能性,损害了后顺位的抵押权人的利益,故为法律所禁止。

2. 最高额抵押权的转让

我国《物权法》第 204 条规定:"最高额抵押担保的债权确定前,部分债权转让的,最高额抵押权不得转让,但当事人另有约定的除外。"

依照抵押权的从属性原则,当抵押担保的债权转让时,抵押权应随之而转让。最高额抵押权设立后,即为一定期间内连续发生的债权提供担保,在此期

间,如果债权人将部分已发生的债权转让第三人,最高额抵押权不可能整体随之而转让,由于抵押权的整体性,也不可能分割出其某一部分而随该部分债权的转让而转让,因此,所谓"最高额抵押权随部分债权的转让而转让",客观上是不可能发生的。但在当事人有约定的情况下,受让人所受让的部分债权,不妨仍然受最高额抵押权的担保,此种情形,类似于抵押权所担保的债权发生分割时,分割后形成的数个债权仍受该抵押权的担保。但在这种情况下,对于被第三人受让的特定债权,最高额抵押权的担保等同于一般抵押权的担保。不过,在当事人无约定的情形,被转让的部分债权即不在最高额抵押权的担保范围之内。

最高额抵押权在其担保的债权确定之后,即具有一般抵押权性质,其转让应适用抵押权转让的一般规则。

(三) 最高额抵押权担保的债权的确定

1. 概说

最高抵押权担保的债权的确定(又称为"决算"),是指在约定的债权确定期限届满或者出现其他法定事由时,对于应受最高额抵押权担保的债权的最终固定。

对此应注意以下几点:

(1)债权的确定,应经抵押权人或者抵押人的请求而进行。被确定的债权范围,以债权确定期限届满时或者法定事由出现时已经发生且尚未清偿、尚未转让的债权为限,此后发生的债权不在最高额抵押权所担保的债权范围。

(2)债权的确定仅仅是对应属抵押担保范围的债权的确认。债权一经确定,最高额抵押权即具有一般抵押权性质,其实现仍须具备法定条件(到期债务未获清偿)或者约定条件。

(3)最高额抵押权实现时,其担保范围应依照当事人的约定,如无约定的,应包括主债权和利息等从债权(包括债权确定之后发生的利息以及违约金等),但债权人仅在最高额抵押权所担保的债权最高限额之内,对抵押物变卖价款享有优先受偿权。

2. 债权确定的事由

根据我国《物权法》第 206 条的规定,有下列情形之一的,抵押权人的债权确定:

(1) 约定的债权确定期间届满

当事人约定有债权确定期间时,该期间届满之时即为债权确定的时间界限,此后发生的债权不在最高额抵押权担保范围。因此,抵押权人或者抵押人如在债权确定期间届满后请求确定债权的,债权范围的确定应自债权确定期限届满时为准。

(2) 法定的债权确定期间届满

当事人没有约定债权确定期间或者约定不明确,抵押权人或者抵押人自最高额抵押权设立之日起满2年后,有权请求确定债权,该请求提出并达到相对方之时,即为债权确定的时间界限。这就是说,前述法律规定的"2年",并不是债权确定的时间界限,而是当事人请求债权确定的时间界限,该2年期满后,当事人随时可提出请求,但债权确定所依据的时间界限,应以该请求成立时为准。

(3) 新的债权不可能发生

在当事人约定或者法定债权确定期间尚未届满之前,如因借款合同解除等原因而使新的债权无发生可能时,债权即予确定。

(4) 抵押财产被查封、扣押

我国最高人民法院《关于人民法院民事执行中拍卖、变卖财产的规定》第43条规定:"人民法院对被执行人所有的其他人享有抵押权、质押权或留置权的财产,可以采取查封、扣押措施。财产拍卖、变卖后所得价款,应当在抵押权人、质押权人或留置权人优先受偿后,其余额部分用于清偿申请执行人的财产。"依这一规定,抵押物可以因诉讼保全或者强制执行程序而被抵押人的其他债权人申请法院进行查封、扣押,而查封、扣押的结果,通常是对被查封、扣押的财产进行拍卖或者变卖。因此,在设立了最高额抵押权的抵押物被查封、扣押时,如其担保的债权不予确定,则会使有关强制执行程序无法进行,同时,继续产生的债权将增大抵押物担保的债权额,从而导致申请执行人有可能从抵押物价款中获得清偿的财产金额发生减少,为此,抵押物被查封、扣押,为最高额抵押权担保的债权予以确定的法定事由。而抵押物被查封、扣押的通知到达抵押权人之时,即为确定债权的时间界限。

(5) 债务人、抵押人被宣告破产或者被撤销

最高额抵押权担保的债权确定前,如债务人企业被宣告破产或者被强制撤销,其民事主体资格不复存在,即无再行发生债权的可能,故债权应即确定。实际上,在债务人企业被提出破产宣告申请并为法院所受理时,其财产即被保全,但在某些情况下,经与债权人会议协商,在被申请宣告破产的企业进入重整阶段时,以最高额抵押权担保的借款合同关系不妨继续履行。但一当债务人企业被宣告破产,即丧失产生新的债权的可能,债权即予确定。

当抵押人为债务人之外的第三人时,债权确定之前,如抵押人被宣告破产

或者被强制撤销,抵押人的财产即应予清算,故同样发生债权确定的效果。

(6) 法律规定债权确定的其他情形

除以上事由之外,其他凡是依照约定或者法律规定而发生的抵押权人有权实现其最高额抵押权的事由,均可引起债权的确定。

三、动产浮动抵押权

(一) 概说

1. 动产浮动抵押权的概念

动产浮动抵押权,是指设立于经营者之现有的和将来取得的全部动产或者部分动产上的抵押权。我国《物权法》第181条规定:"经当事人书面协议,企业、个体工商户、农业生产经营者可以将现有的以及将有的生产设备、原材料、半成品、产品抵押,债务人不履行到期债务或者发生当事人约定的实现抵押权的情形,债权人有权就实现抵押权时的动产优先受偿。"

2. 动产浮动抵押权的价值

在现代经济社会发展起来的各种新型的抵押权形式中,以特定的财产群(称为"财团",如企业的全部财产或者部分特定财产)设定抵押,具有特别重要的地位。此种被称之为"财团抵押"的抵押形式,种类繁多,但主要有两种类型:一种是大陆法系国家的"财团抵押",其设立于企业现有财产中的全部或者特定部分(如全部不动产或者全部设备以及租赁权、土地使用权、矿业权等),抵押权设立后,抵押人对于组成抵押物的各项财产以及权利的处分受到严格限制;另一种是英国衡平法上的"浮动担保"(又称"企业担保""浮动抵押"),其设立于企业现在及将来的全部财产,担保权设立后,担保人可以对担保物进行使用、收益和处分,担保物于担保权实行时方被特定。[①]

上述两类设立于财产群的抵押权中,大陆法系国家的财团抵押设立于现存的财产群之上,其抵押标的具有特定性和固定性,且抵押人一般不得对抵押标的进行处分,因此,除了抵押物所具有的"集合物"以及可以包括某些财产权利的特征之外,此种抵押权与设立于一个特定不动产或者动产上的抵押权,并无本质区别。但浮动抵押则不同,其最大的特点便在于其作为抵押标的的财产群仅具有种类或者范围上的特定性,但其包括于抵押标的的范围的具体财产却处于"浮动状态",仅在抵押权实现时方被特定化。

---

① 参见史尚宽:《物权法论》,中国政法大学出版社2000年版,第331页;陈华彬:《物权法原理》,国家行政学院出版社1998年版,第643—654页。

我国《物权法》没有对大陆法系中的"财团抵押"作出规定,也没有对英美法系中的"浮动担保"作出规定,而是结合我国的实际情况,仅仅规定了适用于企业和其他经营者的动产浮动抵押:在企业能够作为融资担保的财产中,不动产和机器设备等动产具有重要地位,这些财产价值较高而流动性较低,设立抵押之后,并不影响企业的经营活动,故常作为不动产抵押或者动产抵押的标的。但企业所拥有的原材料、半成品和产品,其虽具有较高价值,但其必须在生产经营过程中处于流动状态(原材料须投入生产;产品须进行销售以收回资金),而一般抵押权设立之后,为保证抵押物的担保功能,抵押人对抵押物的处分即受到严格限制,因此,企业以其处于流动状态的财产设立抵押,不具有可能性。但如此一来,企业财产的融资担保作用即大大降低。而动产浮动抵押的形式,恰好解决了这一难题:动产浮动抵押设立之后,企业的全部动产或者特定范围内的动产在范围上被固定为抵押标的,但企业仍可运用其动产进行正常的生产经营活动,原材料被消耗后所形成的新的产品即成为抵押标的,而产品被销售后,以所得资金购入的原材料,又当然成为抵押的标的物。这样,企业的该部分资产便可以发挥担保功能,增加了企业的融资能力,促进了企业生产经营的发展。

但应看到,动产浮动抵押必须建立在抵押人企业的高度信用以及抵押权人(金融机构)对企业强有力的资金监管能力的基础之上,必须为之建立一整套行之有效的监控制度。因此,在我国当前的实践中,动产浮动抵押的运用尚不多见。

3. 动产浮动抵押的特征

动产浮动抵押具有以下特征:

(1) 抵押人和抵押标的具有特定范围

有权设立动产浮动抵押的抵押人,仅限于企业、个体工商户以及农业生产经营者。

动产浮动抵押的标的,仅限于经营者现有的以及将有的生产设备、原材料、半成品和产品,不包括不动产,也不包括股权、知识产权以及其他财产权利。对于抵押标的是否必须为经营者的全部动产,法律未作限定,故其可以是经营者的全部动产,也可以特定范围的动产。

(2) 抵押人对抵押物在抵押物确定前有权处分

动产浮动抵押设定期间,抵押人可以将抵押范围内的动产用于进行正常的生产经营活动,包括对动产的使用、收益和处分,但其销售产品所得资金,应当按约定投入再生产过程。但一旦抵押物因抵押权实现而被确定,则抵押人即丧失其处分权。

(二)动产浮动抵押权的设立和实现

1. 动产浮动抵押权的设立及其对抗效力

动产浮动抵押属于动产抵押,故其自抵押合同生效时即设立,但未经登记,不得对抗善意第三人。动产浮动抵押权的登记机关是抵押人住所地的工商行政管理部门(《物权法》第189条第1款)。但即使已作登记的动产浮动抵押权,也不得对抗正常经营活动中已支付合理价款并取得抵押财产的买受人。(《物权法》第189条第2款)

由于动产浮动抵押设定之后,抵押人可以处分抵押范围内的动产,故不可能存在抵押权可否对抗第三人的问题。但在动产浮动抵押标的被确定之后,如果丧失处分权的抵押人擅自处分其抵押财产,因动产浮动抵押的标的具有不特定性,且抵押人对之享有处分权,故因抵押权实现而对抵押标的确定的事实难以为第三人所知晓,所以,抵押财产的善意购买人应受法律特别保护,如善意购买人已经支付价款并通过交付而取得受让财产,抵押权人不得以其抵押权否定善意购买人所取得的权利。

2. 动产浮动抵押权的实现

与最高额抵押权的实现相似,最高额抵押权的实现以其担保的债权确定为前提,而动产浮动抵押权的实现则以其抵押财产的确定为前提。

依照《物权法》第196条的规定,动产浮动抵押的财产自下列情形之一发生时确定:(1)债务履行期届满,债权未实现;(2)抵押人被宣告破产或者被撤销;(3)当事人约定的实现抵押权的情形;(4)严重影响债权实现的其他情形。

动产浮动抵押的财产一经确定,该抵押权即具有一般抵押权的性质,其实现应适用抵押权实现的一般规则。

【理论拓展】

理论拓展之三:关于共同抵押之效力的理论学说及其评价

如多个抵押人均为第三人,在当事人未就抵押权实现顺序、各个抵押物所应负担的债权额等作出约定的情形,债权人应如何行使其抵押权以及抵押权实现后对各抵押人的效力如何?对此存在不同的理论观点和立法例。

(一)理论学说简介

1. 分割主义

此种学说认为,在共同抵押成立后,应按全部抵押物的总价格与各抵押物价格的比例,将债权额分割,使各抵押物分担其相应数额。例如,甲、乙、丙各以其价格分别为100万元、200万元、300万元的不动产抵押担保同一债权(600万元)。此时,甲、乙、丙的抵押物所担保的债权数额即分别为100万元、200万元及300万元。实现抵押权时,抵押权人只能对甲的抵押物拍卖价款主张100万元的优先受偿权,以此类推。此种学说为瑞士和德国民法所采:依照《瑞士民法典》第798条、第833条的规定,非属于同一债务人或者连带债务人之数个不动产的共同抵押,即采用此种方式。

2. 限制主义

此种学说认为,在债权人欲先就一个或者两个抵押物实现其抵押权时,抵押人以及抵押物上的后顺位抵押权人得请求其同时对于全部抵押物实现抵押权。例如,甲、乙、丙各以其不动产对丁的同一债权设定抵押,而甲的抵押物上还存在戊的后顺位抵押权。如丙想要先实现对甲的抵押物的抵押权,则甲以及戊有权请求丙同时实现对乙和丙的抵押物的抵押权。

3. 求偿主义

此种学说认为,可以允许债权人任意选择实现其抵押权,但在其先实现某一抵押权之后,该抵押人有权代位行使债权人对其他抵押物享有的抵押权,按其他抵押物依照"分割主义"而应负担的债权数额获得清偿。例如,甲、乙、丙各以其估计价格均为100万元的不动产向丁的同一债权(210万元)设定抵押,依"分割主义",甲、乙、丙的抵押物各应负担70万元的债权数额。债务到期后,丁首先实现对甲的不动产的抵押权,该不动产的拍卖价款为210万元,丁以此获得其债权的全部清偿。此后,甲有权代位行使丁对乙和丙的不动产享有的抵押权,有权请求将乙和丙的抵押物予以拍卖,并从拍卖价款中优先获得各70万元的清偿。此种学说,为《日本民法典》第872条第2项、第393条所采用。[1]

(二) 评价

很显然,以上各种学说均表现了对共同抵押人之间利益平衡的重视,其共同点均在于试图将同一债权的实际担保责任平等分摊于各个抵押人,以之避免因债权人的"恣意妄为"而造成利益失衡。但问题在于:

1. 在当事人无约定的情况下,法律的强行介入缺乏法理支持

(1) 抵押人并无由其他抵押人"分摊损失"的意思,法律的强行干预缺乏依据

抵押人提供其抵押担保时,如果并不知晓已经或者将要出现的共同抵押,则其根本不可能存在"应与其他抵押人分担风险"的意愿,即使抵押人知道其他抵押人已经或者将要提供抵押担保,但其并未与债权人或者其他抵押人就"分担风险"作出约定,则抵押人也并不存在与其他抵押人分担风险的意愿。在这种情况下,即使

---

[1] 史尚宽:《物权法论》,中国政法大学出版社2000年版,第319—321页。

该抵押人的抵押物被首先用于实现抵押权,且就其损失只能向债务人追偿而不能向其他抵押人追偿,也并未损害该抵押人原有的利益或者增加其负担。

(2) 限制债权人行使权利的自由,于法无据

债权人就同一债务取得多个抵押担保,其目的仅在于确保债权之充分实现。在债权人并未承诺在实现抵押权时有义务将损失风险分摊于各个抵押人的情形,强令债权人必须同时实现多个抵押权并增加其债权实现的成本,缺乏依据。与此同时,共同抵押发生后,除抵押人为债务人或者连带债务人之外,如无相反约定,债权人完全可以免除数个抵押人中之一人、数人乃至全部抵押人的担保责任,既然如此,对于债权人选择行使其抵押权的自由,显然无任何限制理由。

(3) 其他抵押人免予承担担保责任,不存在不当得利

抵押权是一种不一定实现的权利,故抵押担保责任的免除,抵押人并未因此而获得额外利益。在客观上形成共同抵押但当事人无特别约定的情形,各个抵押人与抵押权人之间的关系,实际上具有独立性,各个抵押人之间也并不存在任何利益上的必然牵连,在其他抵押人并未作出承诺的情况下强令其分摊损失,毫无理由。

据此,法律的强行介入以实现立法者认为的绝对公平,违反民法的基本原理。

2. 有关学说脱离生活实际,且实务上不具有可操作性

实际生活中,真正意义上的共同抵押产生于多个抵押人签订的共同抵押协议,其相互关系依照协议而定,无须法律强行介入。而就同一债权的担保而单独分别设立多个抵押权,主要适用于单个抵押物价值不足的情形,因此,债权人就个别或者部分抵押物实现抵押权即可获得全部清偿,实践中并不多见。更为重要的是,如果法律强令债权人必须同时实现其全部抵押权,则在各个抵押人并不知晓或者并不能确定存在其他抵押人的情形,此种规定根本无法适用;即使抵押人能够提供就同一债权存在其他抵押担保的线索,如债权人予以否认,则势必要求法院须对债权上所设定的抵押权状况进行全面调查,如此操作,岂不荒唐?

据此,在共同抵押人均为第三人的情形,当事人有约定的依照其约定,无约定或者约定不明的,债权人有权自由选择先后或者同时行使全部抵押权,其债权清偿获得充分满足后,全部抵押权归于消灭,承担担保责任的抵押人有权向债务人追偿,但无权向其他抵押人追偿。

理论拓展之四:"所有人抵押权"制度简介

所有人抵押权,是指所有人在其所有物上为自己设立或者自己享有的抵押权。

抵押权为他物权的一种,故抵押权通常设定于他人的财产。但作为一种例外,传统理论和某些立法也承认所有人抵押权。

所有人抵押权主要因两种原因而产生:

1. 所有人直接在其所有物上为自己设立抵押权。如《德国民法典》第1196-1条规定,土地所有人可预先以自己的名义在其土地上设立不具有债权人的土地债务,以保留其先顺位以便将之转让给他人或者设立先顺位的抵押权。由此可见,此种所有人抵押权实际上具有与抵押人在其抵押物上保留抵押顺位相似的功能。

2. 所有人因混同以及债务清偿等原因而依法取得所有物上原设立的抵押权。例如,甲以其不动产设定两项抵押权,按先后顺位担保对乙、丙的债务。后抵押权人乙因购买、遗产继承等原因而取得了该抵押物的所有权,由此发生抵押权人与抵押物所有人的混同,但乙取得抵押物所有权时,其原享有的抵押权并不因此而消灭,在后顺位抵押权人丙实现其抵押权时,乙可根据其债权及先顺位抵押权,就抵押物拍卖的价款优先受偿;又如,甲以其不动产按顺序抵押担保对乙和丙的债务,后甲清偿了对乙的债务,使乙的债权归于消灭,依照《德国民法典》第1163-1条的规定,乙原享有的抵押权并不消灭,而是转归所有人甲享有。前述所有人抵押权的主要功能,是阻挡后顺位的抵押权升进,使所有人对所有物的价值享有优先权利或者将先顺位的抵押权转让他人以获得融资。

源自古代罗马法的所有人抵押制度,为德国以及瑞士等国《民法典》在不同程度上所继受,但《日本民法典》以及我国台湾地区"民法"仅承认先顺位抵押权人与抵押物所有人发生混同时,可成立所有人抵押权。但即使在所有人抵押权制度最为完整的德国,由于此种制度会阻碍所有人获得融资,故其在1977年对《德国民法典》第1179条进行了修正,规定先顺位或者同顺位抵押权在发生所有人抵押权时,后顺位或者同顺位抵押权人对该抵押权可请求涂销登记等。[①]

对于所有人抵押权的性质,理论上自然存在多种看法,有人认为其实质上是具有排他权能的特种形式的所有权;有人认为其是所有权消极效力的一种表现;有人认为其实质上是由所有权导引出来的独立的价值取得权;也有人认为其不过是为所有人利益而在登记簿上所表现的一种形式,以保留所有人的优先次序。[②]

我国最高人民法院《担保法解释》第77条规定:"同一财产向两个以上债权人抵押的,顺序在先的抵押权与该财产的所有权归属于一人时,该财产的所有权人可以以其抵押权对抗顺序在后的抵押权。"这一规定原则上承认了因混同而产生的所有人抵押权。但因混同而产生的所有人抵押权在我国实际生活中发生甚少,故我国《物权法》未对之作出规定。

---

① 谢在全:《民法物权论》(下册),中国政法大学出版社2011年版,第750—751页。
② 张学军、邓一峰:《论所有人抵押》,载《吉林大学社会科学学报》1997年第3期。转引自马俊驹、余延满:《民法原论》(第2版),法律出版社2006年版,第429页。

理论拓展之五:抵押权证券化制度简介

（一）抵押权证券化的概念

"所谓抵押权的证券化,指以证券作为抵押权的载体而使抵押权动产化,并依有价证券理论确保其流通性。"[①]抵押权的证券化是为了实现抵押权的流通而创设的,使得抵押权可仅以有价证券的交付而转让。

在大陆法系国家,抵押权证券化制度主要为德国、瑞士和日本所采用,然而,根据抵押权附随性程度的不同,即根据抵押权在转让时是否需要同时转让债权,抵押权证券化又分为两类:一类是德国和瑞士的抵押权证券化制度,一类是日本的抵押权证券化制度:在前者,抵押证券只表彰抵押权,抵押权可通过抵押权证券的交付而单独转让;而在后者,抵押权证券表彰的权利包括主债权和抵押权,抵押证券的交付表示主债权和抵押权的同时转让。[②]

日本抵押权证券化的出现主要是为发行附担保的公司债服务的,其基本的操作模式是:公司以其财产为发行的公司债提供担保,公司向登记机关申请发行将抵押权和被担保的债权一体化表彰的有价证券,抵押权证券上标明了债权,并按照有价证券的背书转让规定进行转让,抵押证券的转让,表征着债权和抵押权的同时转让。[③]从严格意义上将,日本的这种抵押权证券化只是债权的证券化而已,因为这种抵押权证券表彰的不只是抵押权,而是包括了主债权和抵押权,按照抵押权的附随性原理,主债权转让时,抵押权附随地转移给新的债权人,所以,此种抵押权的证券化并没有多少意义,其名义上是抵押权的证券化,本质上不过是债权的证券化而已。

与日本的抵押权证券化制度相同的是德国的"证券式抵押",这种证券式抵押也是企业在发行债券时用来担保债权的。德国的这种证券式抵押权不同于其民法典中证券化的"流通式抵押权",证券式抵押权本身是保全抵押权,具有严格的附随性,即抵押权不能够单独流通,其存在的目的就是为了担保主债权的实现。[④]

（二）抵押权的证券化与抵押权的从属性

通常认为,抵押权作为担保物权具有从属性,从属于债权而存在,其成立以债权成立为前提,并因债权之转移而转移,因债权之消灭而消灭。依据抵押权的从属性,在附抵押权担保的债权让与时,其让与的是债权,抵押权的让与只不过是其从属性的表现而已。但随着近代经济发展的需要,抵押权作为媒介融资之手段,其从

[①] 尚彦卿:《论抵押权证券化》,载《华北水利水电学院学报》(社科版)2003年第2期。
[②] 同上。
[③] 〔日〕我妻荣:《新订担保物权法》,申政武等译,中国法制出版社2008年版,第533—537页。
[④] 〔德〕鲍尔、施蒂尔纳:《德国物权法》(下册),申卫星、王洪亮译,法律出版社2006年版,第205页。

属性有弱化至仅需实行时有担保债权存在即可。①

这里存在一个问题：既然债权可以让与且债权让与后担保权也一并让与，那么为什么要违背抵押权的从属性而单独让与抵押权来融资，却不直接通过让与债权来融资呢？德国学者认为，因为债权让与和人们通常的交易观念不符："通常对于信贷往来起决定作用的不是债权，而是起担保作用的抵押权，这也可通过日常事实来体现，即人们总是以第一顺位还是第二顺位的抵押权来确定债权的安全程度。这很好理解，因为债务人的信用只有在借贷关系成立时才有意义，其后，其信用状况极有可能突然变坏，所以，归根结底，对于债权安全起决定性作用的是债权人对债务人财产采取优先受偿措施的可能性，即是否存在抵押权"。因此，"与这种基本观念相适应，没人说什么'被抵押权担保的债权'的让与，全世界的人对此都是以'抵押权的转让'、'抵押权的质押'、'抵押权的清偿'等相称"。②

抵押权的证券化对抵押权的从属性进行了某种程度的突破，这主要体现在德国流通式抵押权对抵押权附随性的突破上。为了减少抵押权流通的障碍，《德国民法典》第1138条规定了一项一般规则，该规定的内容是：法典第891条至899条关于不动产土地登记簿公信力的各种规定，适用于抵押权，也包括债权在内。这意味着，只要作为抵押权基础的债权应该存在，抵押权公信原则的效力就及于该债权。例如，A向B提供了1万元有担保的贷款，B在土地登记簿上将A登记为抵押权人，B在A死亡前清偿了借款。但土地登记簿上的抵押权并未涂销。若A的继承人C不知道贷款已被偿还，将该"抵押权"转让给了D。这里D作为善意第三人可以取得抵押权，成为新的抵押权人，在D取得抵押权时，推定作为该抵押权基础的债权也是存在的。但是应当注意，D此时只能对B提起物权之诉（即要求B容忍对设定负担的土地予以强制执行之诉），而不能对B提起对人的债务诉讼（即对B的全部财产予以强制执行），因为D善意取得不是"主债权"，而只是以主债权为基础的"抵押权"。③

可见，从本质上来说，抵押权的证券化并没有完全突破抵押权的从属性，只不过是将其从属性减弱至"在实行时有担保债权的存在即可"的程度。

（三）德国的抵押权证券化制度

依是否可以流通为标准，德国的抵押权分为流通式抵押权和保全式抵押权。流通式抵押权与保全式抵押权的不同在于，流通式抵押权可以单独流通，受让人可以单独受让抵押权，在取得抵押权的同时，也推定其获得的抵押权是有主债权作为

---

① 谢在全：《民法物权论》（下册），中国政法大学出版社2011年版，第621页。
② 〔德〕鲍尔、施蒂尔纳：《德国物权法》（下册），申卫星、王洪亮译，法律出版社2006年版，第88页。
③ 同上书，第37—38页。

基础的;而保全式抵押权则只能随着主债权的让与而让与,不能单独地流通。①

流通式抵押权又分为两类:登记簿式抵押权(Buchhypothek)和证券化的抵押权(或称"证书式抵押权"——Briefhypothek)。登记簿式抵押权是以不动产登记为唯一依据成立和转移的抵押权;证券化的抵押权,是在设立该权利时必须将其制作成证券,并以交付该证券表示该权利成立和转移的抵押权。在德国的实践中,登记簿式抵押权是很少见的,证券化抵押权是立法者认定的常规抵押形式。②

德国的抵押权证券化制度主要是用来规范证券化抵押权的设立、转让的,由于证券化的抵押权作为流通式抵押权对担保权的附随性进行了某种程度的突破,所以德国民法对证券化抵押权的设立、转让、转让中的特殊问题进行了细密的规定。

1. 证券化抵押权的设立

证券化抵押权的设立需要经过三个步骤③:

(1) 合意与登记。作为典型物权,证券化抵押权的设立必须符合《德国民法典》第873条关于物权设立的原则,即"合意+登记"原则。抵押登记的内容包括债权人、所担保的债权金额、利率及担保的其他从给付的金额。

(2) 抵押证券的授予。在抵押权登记后,土地登记机构"授予"一份抵押权证券(或证书,下同),将其交给设定抵押的所有权人(包括土地所有权人、依地上权而在他人土地上建筑或者占有建筑物的所有权人、住宅所有权人)。

(3) 抵押证券的交付。所有权人将抵押证券交付给债权人,此时,抵押权才产生。如果抵押权已经登记,但抵押证券尚未交付,此时设定人的法律地位如何?德国民法认为此时所有权人享有一种扩大化形式的土地债务。④

2. 证券化抵押权的转让

《德国民法典》第1154条规定了证券化抵押权转让的基本规则,第1154条1款1句规定:"为让与债权,必须以书面形式作出让与表示,并交付抵押证券。"第2款规定:"让与表示的书面形式,可以以让与之被登记于土地登记簿代替。"可见,该法典规定证券化抵押权的转让需要两个要件:书面的主债权让与合意、抵押证券的交付。⑤

3. 从无权利人处取得抵押权——证券化抵押权转让中的特殊问题

证券化抵押权增强了抵押权的流通能力,但同时也出现了不动产物权在证券

---

① 〔德〕鲍尔、施蒂尔纳:《德国物权法》(下册),申卫星、王洪亮译,法律出版社2006年版,第34—40页。
② 孙宪忠:《德国当代物权法》,法律出版社1997年版,第272页。
③ 同上书,第276—277页。
④ 〔德〕鲍尔、施蒂尔纳:《德国物权法》(下册),申卫星、王洪亮译,法律出版社2006年版,第72页。
⑤ 同上书,第90页。

上和登记簿上记载不一致的问题,这一问题包括两方面:其一,证券化抵押权受让人能否对让与人单纯的证券占有及让与表示信赖;其二,证券记载与登记簿内容不一致时如何处理。对这两个问题,德国民法是采用以下方法解决的:

对第一个问题,德国民法通过"让与表示证明自己为合格的抵押证券占有人规则"来解决。该规则体现在《德国民法典》第1155条,该条规定:"抵押证券占有人作为债权人的权利,系因一系列相互关联的、追溯到已登记债权人之公证认证的让与表示而发生的,以恰如证券占有人已作为债权人登记于土地登记簿一样的方式适用第891条至899条的规定。裁判上的转移裁定和依法律规定而进行的债权转让之经公证认证的承认,与经公证的让与表示相同。"也就是说,抵押证券占有人可以通过经公证的让与表示链条来证明自己是抵押证券的合格取得人。例如,A将抵押证券让与给B,B又让与给C,C又让与给D,并且每次都以公证的形式进行。如果B有精神病,那么A与B、B与C之间的物权转移合意都是无效的,所以,B和C都没有成为抵押权人。但是,因为C对抵押权的取得被公证过的让与链条正当化了,所以D(以善意取得为前提)便取得了抵押权。①

对于第二个问题,《德国民法典》原则上是通过其第1140条来解决的,该条规定,只要从抵押证券或证券上的附注可看出土地登记簿的不正确性,那么土地登记簿的公信力将被排除,也就是抵押证券记载的内容若和登记簿不一致时,排除登记簿的公信力。但从这里不能简单得出此时抵押证券的登记便具有公信力的结论,抵押证券若要具有公信力,仍应该通过经过公证认证的让与表示链条来证明其正确性。第1140条只不过是要当事人在抵押证券的流通中重视抵押证券与登记簿的和谐统一。面对抵押证券和土地登记簿记载不一致的情况时,抵押人即不动产所有人该如何保护自己呢?他可以对与抵押证券的占有人提出对原债权人的异议抗辩。如果证券占有人无法通过1155条规定的经认证的让与表示链条证明自己为合格的证券占有人,则抵押人有权拒绝其抵押权的行使。②

【本章思考问题参考答案】

思考题一参考答案:

不动产登记制度来源于不动产抵押权登记,而抵押权采用登记为其公示方法则源于抵押权的设立不转移抵押物的占有,因此,抵押权的设立不以转移抵押物的占有为条件。但是,对此应当理解为抵押物占有的转移不是抵押权设立的法定条

---

① 〔德〕鲍尔、施蒂尔纳:《德国物权法》(下册),申卫星、王洪亮译,法律出版社2006年版,第98—99页。

② 孙宪忠:《德国当代物权法》,法律出版社1997年版,第281—282页。

件,当事人也不可以约定以抵押物占有的转移作为抵押权的成立条件,否则,其该项约定应属无效。不过,在当事人约定抵押人应将抵押物交付给抵押权人占有,甚至约定抵押权人有权对抵押物进行使用乃至收益的情形,如此种约定并未改变不动产抵押权设立的法定条件(即不以转移占有为条件并经登记设立),则其约定应属有效,理由是:此种约定既不损害抵押人的利益,也不损害第三人的利益。就抵押人而言,其愿意将抵押物交给抵押权人占有乃至使用,法律自无禁止的必要;就第三人而言,因抵押权以登记而非以占有为物权公示方法,故抵押物无论为抵押人占有或者由抵押权人占有,并不妨碍其对抵押权的了解。据此,当事人在签订抵押合同之时或者抵押权设立之后,其有关抵押人应将抵押物交给抵押权人占有的约定,应当视为抵押合同之外的另一协议,如这一协议未改变抵押权的法定设立条件,则协议为有效,并在当事人之间独立产生债权和债务,但该协议是否得以实际履行,不影响抵押权设立的效力。

本案中,甲公司的主张不能成立。

思考题二参考答案:

根据我国《合同法》第81条的规定,当债权发生转让时,就该债权设立的从权利(包括抵押权)依法随之而转移。但依照"物权公示为物权对抗力的来源"的原则,该抵押权转移如未办理过户登记,不得对抗善意第三人。本案中,债权受让人丙公司虽因受让债权而依法取得了该楼房的抵押权,但因其抵押权变动未经登记,故其不得以该未经公示的抵押权对抗已申请并经由法院对该楼房采取强制执行措施的债权人丁公司。

第二十二章 质 权

第一节 概述

【基本原理】

一、质权的概念、种类和特征

(一) 质权的定义

质权是指债务人或者第三人将其动产或者动产性质的权利交给债权人占有或者控制,债务人不履行到期债务或者发生当事人约定的实现质权的情形时,债权人有权就该动产或者财产权利的价值优先受偿的权利。(《物权法》第208条第1款)

当事人设定质权的行为为"质押",被设定质权的动产或者财产权利为"质押财产"或"质物",提供质物的债务人或者第三人为"出质人",债权人为"受质人"或者"质权人",出质人与质权人为设立质权而签订的合同为"质押合同"或者"质权合同"。

(二) 质权的种类

在我国《物权法》上,质权包括动产质权和权利质权两类:动产质权是设立于动产上的质权;权利质权则是设立于具有动产性质的财产权利上的质权。而两类质权均基于当事人的质押合同而设立。

我国《物权法》第222条还承认最高额质权,除适用质权的一般规定之外,最高额质权可参照适用该法有关最高额抵押权的规定。

在其他立法例,除动产质权和权利质权之外,还存在不动产质权(如《法国民法典》第2072条、《日本民法典》第356条),与动产质权不同,不动产质权往往还具有使用和收益的权能,质权人有权以质物的收益冲抵债权或者债权的利息。此外,在采用"民商分立"的国家(如德国、日本),其民法典和商法典对于民事活动与商事活动中的质权作出了某些不同规定,故理论上存在"民事质权"与"商事质权"的区分。

(三) 质权的特征

质权具有担保物权的一般特征(即为一种价值权,并具有从属性、整体性、物上代位性、暂时性和补充性等),除此而外,质权尚具有以下特征:

1. 质权标的只能是一般动产或者具有动产性质的权利

(1) 动产质权的标的只能是一般动产

在我国,质权只能设立于一般动产之上,不得设立于不动产或者机动车、船舶、航空器等登记动产之上,其原因在于,不动产以及机动车等登记动产的物权公示方法为登记而非占有,因此,将这些财产以转移占有的方式设立质权,不能产生物权公示的效果,也就不能产生物权的对抗效力,从而无法使质权人获得优先受偿权利。

就机动车等登记动产是否可以作为质权标的的问题,我国《物权法》未作明确规定,其第208条有关动产质权的规定也未对"动产"的范围作出任何限制,但鉴于我国立法上动产质权的设立以动产占有的转移为根据,系采用物权公示成立要件主义,而机动车等登记动产的物权公示方法非为占有而为登记,如允许以机动车等登记动产设定质权,且其质权以占有转移为设立依据,显然违背了担保物权的优先效力来源于其物权公示的原则,有损第三人的合法利益。例如,甲将其汽车向乙设定质押,并将该汽车交给乙占有。后甲又将该汽车出卖给丙并办理了过户登记手续。此种情形,如该质权为有效,则损害了对于质权的存在一无所知的买受人丙的合法利益。依此类推,因机动车物权的法定公示方法为登记,故对之以转移占有的方式设立质权,将会损害出质人的抵押权人以及其他普通债权人的合法利益。因此,依照动产质权的性质,应对《物权法》的相关规定作出限制性解释,即动产质权的标的不包括机动车等以登记为其物权公示方法的登记动产。

此外,动产质权的标的也不包括货币和有价证券。这是因为,货币所有权的享有以对货币的占有为条件,占有一旦转移,货币所有权即行转移,因此,在货币上通常无法设立担保物权,日常生活中常见的"押金""保证金"等,不具有质权性质。而有价证券在民法上虽然被视为一种物(动产),但因有价证券为权利凭证,故以有价证券设置质权时,质权人虽然在形式上占有有价证券,但其实质上控制的是有价证券所记载的财产权利,所以,在立法上,有价证券质权被划归于权利质权的范围。

(2) 权利质权的标的只能是具有动产性质的权利

质权只能设立于具有动产性质的权利之上,不得设立于具有不动产性质的权利之上。

就所有权之外的财产权利,根据财产权利的标的物是否为不动产,可将之区分为不动产性质的权利与动产性质的权利:凡是设立于不动产上的权利,被视为具有不动产性质,如设立于土地上的建设用地使用权、集体土地承包经营权、地役权等。建设用地使用权等不动产性质的权利依法可以作为抵押权的标的,但不得作为质权的标的。凡其标的非为不动产的财产权利,则可一律视为具有动产性质,如股权、知识产权、票据和其他有价证券的权利以及债权等。动产性质的权利只能作为质权的标的而不得作为抵押权的标的。能够作为权利质权的动产性质的权利的具体范围,由《物权法》加以明文规定。

不动产性质的权利只能成为抵押权的标的,显然是由此种权利的公示方法为登记所决定的。而动产性质的权利中,有价证券的权利行使须以占有(持有)有价证券为条件,故其只适合于设立质权。但是,有价证券之外的其他并无权利凭证的权利中,有的系以登记为公示方法(如股权、商标权、专利权等),有的根本没有法定的公示方法(如著作权中的财产权利、应收账款等),这些权利被用于债权担保时,只能采用登记的方法予以公示,因此,当在这些权利上设定担保权利时,其特征似乎更近似于不转移标的物占有的抵押权。但是,纯粹是基于习惯和立法上规定的方便,在这些动产性质的权利上所设定的担保权利,仍然被列入"权利质权"的范围。

2. 质权的设立采用公示成立要件主义

质权的设立,以动产或者权利凭证占有的转移或者登记为依据。

动产质权的设立一律以动产占有的转移为依据。但权利质权则不同:权利质权的设立,如出质的权利存在权利凭证(如票据以及其他有价证券等),其质权设立以交付或者背书并交付权利凭证为依据;如出质的权利不存在权利凭证(如股份、知识产权、应收账款等),其质权设立以登记为依据。

但无论动产质权或者权利质权,均以质权的公示(或为对动产或者权利凭证的占有,或为权利质权的登记)为其设立条件,不存在因未经公示设立而无对抗力的质权。但在动产质权随主债权的转让而转让的情形,在债权受让人未取得对质物的占有(直接占有或者间接占有)时,其受让的动产质权不得对抗善意第三人。

3. 质权人丧失对质物的占有,即丧失其质权

以对质物的占有为设立条件的动产质权和有价证券等权利质权,须以对质

物的占有(包括直接占有和间接占有)为其存续要件。质权存续期间,无论基于何种原因,只要质权人丧失对质物的占有且无法恢复(如质权人将质物返还给出质人,或者质物因被盗、遗失等原因而被他人非法占有,且因盗窃人不明、拾得人不明等原因而无法请求返还)时,其质权即归于消灭。

对于质权的存续是否以质权人占有质物为条件的问题,我国《物权法》未作明文规定,最高人民法院 2000 年《担保法解释》第 87 条规定:"质权人将质物返还于出质人后,以其质权对抗第三人的,人民法院不予支持。"根据这一规定,质权人丧失质物占有的效果并非质权消灭,而是质权无对抗效力。但这一规定是不恰当的:质权的设立与存续以质权人占有质物为条件,其原因在于质权的公示方法为质权人对质物的占有,质权的对抗力来源于质权的公示,而质权设立的主要目的便在于排斥出质人的其他债权人请求以质物的价值清偿债务的权利主张(即赋予质权人以优先受偿权),如质权无对抗效力,则其无法产生担保物权的作用。因此,当质权人依自己的意思而丧失对质物的占有时(如将质物返还给出质人),质权应归于消灭;如收回质物的出质人依约定再将质物交付给质权人时,质权可得以重新设立。但在质物非基于质权人的意思而为他人不法占有且有返还可能时(即原物存在,包括原物所有权未被第三人善意取得),因不存在质权人优先受偿权利的行使会损害善意第三人的问题,故其质权可依然存在。不过,在因质物被不法占有人损毁或者不法占有人不明的情形,因质权人无法恢复其对质物的占有,故质权应归于消灭,但对于相关的赔偿金等替代物,质权人仍可享有优先受偿权。

4. 质权的实现可无须借助于司法权力的介入

质权设立后,债务人不履行到期债务或者发生当事人约定的实现质权的情形,质权人可以与出质人协议以质押财产折价,也可以就拍卖、变卖质押财产所得的价款优先受偿。除非因质权人怠于行使权利而由出质人请求法院拍卖、变卖质押财产,否则,质权的实现,无须适用强制执行程序。(《物权法》第 219 条第 2 款、第 220 条第 1 款)

二、质权制度的价值

从古代罗马法开始,各种复杂的担保物权制度便得以产生和发展,但在不动产抵押权登记制度产生以前,各种担保物权形式或多或少都具有质权的特征。因此可以说,较之抵押权,质权是一种更为古老的制度。而在中国历史上,动产质权主要是通过"典当"行业(当铺等)而运作,曾经对于消费性融资活动发挥了重要的作用。

现代社会中的质权制度发生了两方面的变化:(1)动产质权制度的衰落。由于金融信贷事业的兴盛,加之抵押权制度的发展尤其是抵押标的范围向动产的扩张,无论是在消费融资领域或者投资性融资领域,以抵押担保的方式获得融资,较之采用以转移动产占有的方式设立质权,显然具有更大的优越性。与此同时,典当行业的存在,也可满足一般的消费性融资的需求,故动产质权在实际生活中的运用范围,只能越来越小。(2)权利质权制度的发达。当今经济社会,商品的证券化(如可流通的仓单、提单等)以及权利的证券化(如可流通的银行票据、存单、债券等)为其重要特征,而无形财产(如股权、知识产权以及其他无形财产)在财产领域具有越来越重要的地位。以权利质权作为融资担保,不仅安全可靠,且不会导致财产利用上的闲置和浪费,避免了动产质押的诸多弊端,由此,权利质权在投资性融资领域的地位日益重要,商业票据质权甚至在国际贸易中成为获取融资的主要方法,进而使权利质权"与抵押权并驾齐驱,成为投资性融资手段之宠儿"。①

【思考问题】

思考题一:质权可否设立于租赁物?

甲向乙借款5000元,约定以甲此前已出租给丙的一部笔记本电脑作为质押,甲、乙双方签订质押合同后,甲将设定质权一事书面通知了承租人丙。不久后,甲的另一债权人丁申请法院执行甲的财产,法院遂将甲出租给丙的电脑予以扣押。乙以其对该电脑享有质权为由提出异议,其根据是:我国最高人民法院《担保法解释》第88条规定:"出质人以间接占有的财产出质的,质押合同自书面通知送达占有人时视为移交。"

问:根据《物权法》的规定,乙的异议能否成立?

【理论拓展】

理论拓展之一:我国典当制度简介

(一)典当制度的固有特点

典当,是指当户将其动产、财产权利作为当物质押或者将其房地产作为当物抵押给典当行,交付一定比例费用,取得当金,并在约定期限内支付当金利息、偿还当金、赎回当物的行为。(《中华人民共和国典当管理办法》(以下简称《典当管理办

---

① 谢在全:《民法物权论》(下册),中国政法大学出版社2011年版,第757页。

法》)第3条)

典当在本质上是"以物质钱",故典当中包含了两个基础法律关系:一是基于当金的借贷而形成的债权关系;二是基于当物的担保而形成的物权关系(即营业质或不动产抵押)。典当中,营业质权或抵押权与借贷债权同时设定,当物担保是当金借贷的唯一担保。典当制度具有以下特点:

1. 流质条款的适用

流质契约,从广义上说,同时包含流押和流质,指当事人双方在设立抵押或质押时,在担保合同中规定,债务履行期限届满而担保权人尚未受清偿时,担保物的所有权移转为债权人所有。自罗马法以来,这种约定多被法律所禁止。但在典当中,历来允许适用流质条款,即典当期限届满或宽限期届满后,当户既不赎当又不向典当行申请续当时,构成所谓"绝当"。从绝当时起,典当行即取得当物的所有权,典当债权债务关系即归于消灭。有学者指出,典当适用流质条款的原因在于:(1)尊重习惯;(2)若不允许以小额金融为目的的典当公司流质,要求其拍卖,可能会导致成本上升而无法经营,妨碍其发挥作用。①

2. 折当规则

折当是指典当行按照当物估价数的一定折扣比例向当户所发放的当金。② 折当规则的原理在于运用利益制约机制,使典当行防范经营风险、维护资金安全:(1)自典当行发放当金之后,典当交易的主动权便完全操控在当户手上。是否归还贷款、何时清偿债务,均由当户决定。因此,为了保证贷出资金的安全,典当行最有效手段就是运用折当,迫使当户赎当收回当金本金,获得当金利息及相应费用。(2)在发生绝当时,当金数额低于当物估价数额的那部分差额,一方面可以预做绝当后通过市场变现能够获取的差价部分,用于当金本息及相应费用的清偿;另一方面可防止由于市场行情变化而引起的商品变现差。因此,基于典当的特殊结构,典当行运用折当规则从事典当活动,被认为是符合客观经济规律的正常经营行为。

(二)我国典当制度的要点

我国商务部于2005年发布的《典当管理办法》对典当的当事人、标的、内容和绝当规则等作出了具体规定。

1. 典当行

典当行是以小额贷款为经营对象的特殊金融机构,基于对金融行业或市场融

---

① 〔日〕我妻荣:《新订担保物权法》,申政武等译,中国法制出版社2008年版,第136页。
② 旧中国典当业有句话,叫做"当半当半",指的是典当行发放当金的折当率一般为50%。折当规则也是国外典当行普遍运用的重要行业规则之一。如目前美国的一些典当行,其折当率通常在50%—70%之间;而新加坡执行的则略高,一般能达到60%—80%。参见刘润仙:《典当法律理论与实务》,对外经济贸易大学出版社2010年版,第82页。

第二十二章 质　权

资行为的管制，各国立法都规定营业质权人须经法定特别许可方得设立并开展经营。① 在我国，典当行属于特许经营企业，具有金融机构的属性，为此，《典当管理办法》对典当行的设立和运行规定了较多的限制，除了在典当行注册资本、经营场所以及办理业务必需的设施、经营管理人员及鉴定评估人员等方面有较为严格的要求之外，还规定典当行的股东中必须有两个以上法人股东，且法人股相对控股。

2. 当物范围及当金额度

（1）典当标的的范围

毫无疑问，动产可作为当物进行典当，但在不动产和财产权利可否进行典当问题上，各国规定则不相同。我国《典当管理办法》允许动产、不动产和财产权利进行典当融资，而实践中典当行房地产典当和财产权利典当均得到广泛应用。② 可见，我国在典当标的上采取了较为开放的态度，具有交换价值、在法律上可用于流通的动产、不动产和财产权利均可用与典当，法律并未刻意限制典当标的物的范围，从而在实践中极大地满足了不同出当人的融资需求。

（2）当金

一般认为，典当行向当户发放的一般为小额贷款，即当金具有小额性。世界许多国家和地区都着重突出典当的小额金融借贷特色，规定典当行必须遵守的当金上限，它成为在营业质交易过程中不得任意突破的法定数额。③ 我国《典当管理办法》并未对当金设置最高限额，其一方面是与我国典当的标的包括不动产和财产权利相适应，另一方面则是考虑到我国现有融资路径较为匮乏，不应当仅仅将典当局限为小额金融借贷，否则将无法满足自然人、个体商人及中小企业的融资需求，由此也决定了我国的绝当规则不能采用简单的全部适用流质处理绝当物的原则，否则对当物价值较高的当户较为不利。

---

① 日本《当铺营业法》第 2 条规定：当铺经营者，必须依据总理府令规定的手续，每个营业所都必须得到管辖该所在地的都道府县公安委员会的许可。我国台湾地区"当铺业法"第 3 条规定："当铺业指依本法申请许可，专以经营质当为业之公司或商号"。《瑞士民法典》第 907 条规定："典当所，经州政府许可后，始得营业。"参见刘润仙：《典当法律理论与实务》，对外经济贸易大学出版社 2010 年版，第 215 页。

② 根据上海典当行业协会的统计，2009 年和 2010 年，上海所有典当行的房地产业务占了典当业务总额的一半多。2010 年度房地产业务的典当额比 2009 年度同比增长 17.8%；所占典当总额比重为 53%。参见韩汉君、吴贤达主编：《2010 年上海典当业发展报告》，上海社会科学院出版社 2010 年版，第 6 页。

③ 如新加坡单笔当金的最高限额为 1000 新加坡元；马来西亚为 1000 马币；英国相对较高，为 2500 英镑。我国香港特别行政区《当押商条例》原规定单笔当金的限额为 5 万港元，于 2009 年 2 月 25 日起提高至 10 港元。参见胡宗仁：《典当业法律制度研究》，中国政法大学出版社 2012 年版，第 144—145 页。

3. 典当行转当与当票的转让

由于典当借贷的期限较短,且在借款期限内债务人有权随时清偿金钱借贷以赎回质押财产,故如允许典当行转当,对出当人不利,也容易发生纠纷,因此,多数国家和地区禁止典当经营者将质物转质于他人。但在当票的转让方面,则持允许态度,即当票可以像有价证券一样在市场上流通。如采取当票转让主义,则赎当过程便直接表现为"认票不认人",其与典当过程中的"认物不认人"构成典当活动中长期并存的两大主要典当交易规则。① 但是,我国《典当管理办法》第32条明确规定典当行和当户不得将当票转让、出借或者质押给第三人,其主要理由是:在传统典当中,典当行仅有当户的当物作为借贷债权的特殊担保,当户的一般财产虽然对赎当有较大影响,但在当户不能赎当时,流质条款的适用使典当行金钱债权得以实现,故一般均允许当户转当。但在我国,当物估价金额在3万元以上时,依法不得适用流质,其规则与一般的担保债权并无区别,即金借贷之债在担保物权的特殊担保之外,仍存在出当人全部财产的一般担保。由此一来,典当行的当金债权的实现与当户的信用、资产紧密相关,据此,我国法律禁止当户转当。

4. 绝当的处理

在传统典当中,绝当时赋予典当行流质的权利,是平衡典当行和当户之间利益的必然结果。在现代,由于各个国家和地区对流质规则适用的态度不同,导致其立法对绝当的法律后果的规定也存在相应的差异,总体上可以分为三种:(1) 绝当物品的所有权无条件地归营业质权人。即完全适用流质规则,只要发生绝当,当物的所有权就转移至典当行。② (2) 绝当发生后,典当行只能通过拍卖、变卖等方式变现取回当金本息及相应费用,而不能取得当物的所有权。③ (3) 绝当发生后,当物的所有权是否转移至营业质权人要根据当金数额或估价金额的大小来定,通常情况下,数额、金额小则转移所有权,数额、金额大则不转移所有权。④

我国《典当管理办法》第43条规定:"典当行应当按照下列规定处理绝当物品:(一)当物估价金额在3万元以上的,可以按照《中华人民共和国担保法》的有关规定处理,也可以双方事先约定绝当后由典当行委托拍卖行公开拍卖。拍卖收入在

---

① 刘润仙:《典当法律理论与实务》,对外经济贸易大学出版社2010年版,第95页。
② 如香港《当押商条例》第17条第1款规定:除本条例及任何其他法律另有规定外,当押物品如在当押商贷出任何款项的日期起计4个农历月届满时仍未被赎回,则成为当押商的财产。
③ 《瑞士民法典》第910条规定:在约定的期限内未赎回质物时,典当所经事先公开催告后,可请求官方变卖质物。变卖的结果不足以清偿当金的,典当所对出质人无请求权;变卖的价金中除典当总额外尚有余额时,出当人有请求移交余额的权利。
④ 如新加坡《典当商法》第17条规定:典当50元或者以下,如果在本法允许的时间内没有被赎回,应当在赎回时间终止时成为并是典当商的绝对财产。英国和马来西亚也采此做法,分界分别为75英镑和200马币。

扣除拍卖费用及当金本息后,剩余部分应当退还当户,不足部分向当户追索。(二)绝当物估价金额不足3万元的,典当行可以自行变卖或者折价处理,损溢自负……"此规定虽然没有明确表述估价金额不足3万元的绝当物所有权转移,但绝当后典当行自行处置并损溢自负的规定,与典当行取得当物所有权旨趣相同,亦即实际上承认了流质契约,出当人不再承担任何多退少补责任。因此,我国有条件的适用流质规则,以当物估价金额3万元为标准,当物估价超过3万的不适用流质规则,当物估价低于3万的适用流质规则。

我国绝当规则的选择,与我国典当标的范围涵盖动产、不动产和财产权利、当金不设限额等规定紧密相关:一方面,对于价值较低的当物,绝当后适用流质,避免了典当行进行清算的复杂程序,适应了典当行期限短、金额不大的交易特点,可以充分发挥传统典当的优势,降低交易成本、便于业务开展;另一方面,考虑到我国典当经营范围包括不动产和财产权利,当物价值倍增时,如绝当物品无条件地归属典当行,对当户来说可能十分不利,有违公平原则。因此,对价值较高的当物,不适用流质,有助于保护处于弱势一方的所有人的利益,也可使典当行当金之债权充分实现。由此,在兼顾典当行经营需要及公平原则的前提下,我国采取了绝当物所有权有条件转移的规则,即以当物估价金额是否达3万元作为处理绝当物具体方式的标准,以之确定绝当物品所有权是否转移至典当行、典当双方是否进行清算,此种做法,具有科学性和可操作性。

理论拓展之二:"押金"或"保证金"的性质

特定的货币可以作为履行债务的担保手段,其主要包括定金、押金或者保证金、"特户"(银行特定账户上被限制支取的存款)以及"封金"(将金钱予以封包)等形式。理论上一般认为,由于货币所有权随占有的转移而转移,故货币一般不能作为质权的标的,但货币以"封金"等方式被特定化时,即可以作为质权的标的。我国最高人民法院《担保法解释》第85条规定:"债务人或者第三人将其金钱以特户、封金、保证金等形式特定化后,移交债权人占有作为债权的担保,债务人不履行债务时,债权人可以以该金钱优先受偿。"这一规定意在规定某些货币质权,但其明显混淆了封金在物质形态上的特定性与其他货币在数额上的特定性之间的区别:债权人对于债务人在银行特定账户上的存款的控制,并非是对货币的占有,而保证金一旦交付给债权人占有,债务人及丧失其对货币的所有权。因此,特户和保证金均不能产生质权,只有所谓"封金"能够成为动产质权的标的。不过,在现代社会,以"封金"作为债务履行的担保极为罕见。

押金或者保证金,是债务人为担保债务履行而向债权人交付的一笔金钱,在债务人不履行债务时,债权人有权将押金或者保证金抵偿债务或者以之作为违约损害赔偿金。例如,甲将房屋出租给乙,约定租期为一年,乙按月支付房租,但第一个月应支付两个月的房租,如乙中途不解除租约,则甲多收取的一个月房租用来充抵最后一个月的房租;如乙中途解约,该多收取的一个月房租不予退回。该多收取的一个月房租即为押金或者保证金。实际生活中,押金或者保证金被广泛运用于财产租赁、借用以及收藏品拍卖、建设工程项目招投标等各个领域。

押金或者保证金与"定金"不同,定金是买卖等合同成立时买受人向出卖人支付的一笔金钱,当买受人违约时,其无权收回定金;当出卖人违约时,买受人有权要求其双倍返还定金。押金或者保证金虽然也具有担保债务履行的功能,且支付押金或者保证金的债务人如果违约,也有可能依照约定不得请求返还押金或者保证金,但收取押金或者保证金一方违反合同,并不承担双倍返还押金或者保证金的义务。

关于押金或者保证金的性质,理论上存在各种观点:"不规则质说"将之视为一种例外的质权;"预约抵销说"将之视为一种将不履行的债务与请求返还押金或者保证金的债务的一种相互抵销的预先约定;"附解除条件债权说"将押金或者保证金的返还请求权视为附债务不履行之解除条件的一种债权;"附解除条件之消费寄托说"将押金或者保证金的返还请求权视为附债务不履行之解除条件的一种请求返还"寄托物"的债权;"债权质说"将之视为以返还押金或者保证金的债权作为质押标的的债权质权;"信托的所有权让与说"将之视为以担保为目的,将特定金钱之所有权移转于债权人的信托的所有权让与行为。

而批评意见认为,上述观点中,"不规则质说"缺乏法律依据;"预约抵销说""附解除条件债权说"以及"附解除条件之消费寄托说"均不能说明押金或者保证金的担保作用;而"债权质"说则根本不符合当事人交付押金或者保证金的本意,因此,"信托的所有权让与说"为通说。[1]

事实上,如同定金的设立及其罚则,押金或者保证金的支付以及返还或者不返还,不过是当事人之间就担保债务履行而成立的一项合同(定金合同或者保证金合同)所产生的效力,该合同以担保主债履行为目的,其效力依附于主债关系,并在主债未获履行时,以约定方式发生相应的法律后果,当事人之间就押金或者保证金所产生的关系为债权债务关系,因货币的特性,不存在对"他人"所有的货币的支配权问题,原则上也不存在债权人就押金或者保证金的优先受偿权的问题,某些情况下,如果法律规定当事人对其支付的保证金(如证券交易中的客户保证金)的返还请求权享有优先于其他债权的权利,其性质也应属债权的优先权。

---

[1] 谢在全:《物权法论》(下册),中国政法大学出版社2011年版,第762页。

第二节 动产质权

【基本原理】

一、动产质权的取得

（一）动产质权的取得根据

动产质权的取得属于动产物权变动之一种，应适用动产物权变动的法定规则。

1. 基于法律行为而取得动产质权

动产质权可基于法律行为而取得，其包括两种情形：

（1）基于动产质押合同的动产质权取得

当事人通过签订质押合同而设立质权，为质权取得的主要方法。当事人设立动产质权，须采用书面形式签订质权合同（《物权法》第210条），质权自出质人交付质押财产时设立。（《物权法》第212条）

（2）基于动产质权的转让而取得

质权为主债权的从权利，当主债权转让时，如当事人无相反约定或者法律无相反规定，质权应随主债权的转让而转让，即主债权受让人取得债权时，即取得动产质权，并有权请求让与人交付质押的动产。

但应注意，因动产质权以对动产的占有为其权利公示方法，故在质权让与人未将质物交付给新的质权人之前，新的质权人对质物应构成间接占有，但是，如果原质权人仍以质权人名义乃至动产所有人名义占有该质押动产，则新的质权人所享有的质权则因缺乏物权公示而不具有对抗效力，即其取得的动产质权不得对抗善意第三人。

2. 非基于法律行为的动产质权取得

非基于法律行为的动产质权取得包括以下情形：

（1）基于遗产继承、受遗赠等而取得动产质权

自然人死亡时，如其遗产中包括为动产质权所担保的债权时，该动产质权

随债权的转移而为继承人或者受遗赠人所取得。但在继承人或者受遗赠人未取得对质押动产的占有(直接占有或者间接占有)之前,其取得的动产质权不得对抗善意第三人。

(2) 基于善意取得而取得动产质权

无权处分人将动产向第三人设定质权时,如第三人为善意且已经占有质押动产,则该第三人可主张动产质权的善意取得。此种方式的动产质权取得,自受让人取得质押动产的占有时产生效力。

(二) 动产质权的设立

1. 动产质权合同

动产质权合同是当事人为设立动产质权而签订的合同,其应当采用书面形式。

动产质权合同一般包括下列条款:(1) 被担保债权的种类和数额;(2) 债务人履行债务的期限;(3) 质押财产的名称、数量、质量、状况;(4) 担保的范围;(5) 质押财产交付的时间。(《物权法》第210条)

当事人用以设立质权的动产须具有可转让性,法律、行政法规禁止转让的动产不得出质(《物权法》第209条)。同时,法律禁止抵押合同设置流质条款,即"质权人在债务履行期届满前,不得与出质人约定债务人不履行到期债务时质押财产归债权人所有"(《物权法》第211条)。

2. 质押动产的交付

动产质权合同一经签订即具有法律效力,出质人应按约定交付质押动产以使质权得以设立。动产质权合同成立后,如出质人不履行交付质押动产的义务,质权人有权请求法院强制其履行动产交付义务,也有权解除动产质权合同并追求其违约责任。

二、质权人的权利义务

动产质权设立后,质权人有权占有质物,并在债务人不履行到期债务或者出现其他行使质权的原因时,有权就质物的价值享有优先受偿权。除此而外,质权人还享有其他权利并承担一定的义务。

(一) 质权人的权利

1. 孳息收取权利

根据《物权法》第213条的规定,在占有质物期间,质权人有权收取质物所产生的孳息,但是,其收取的孳息应当先充抵收取孳息所产生的费用,其余孳息可用于清偿债权。但质权合同另有约定的情形除外。

2. 质权的保全权利

为确保动产质权的担保功能的实现,根据《物权法》第216条的规定,在动产质押期间,"因不能归责于质权人的事由可能使质押财产毁损或者价值明显减少,足以危害质权人权利的,质权人有权要求出质人提供相应的担保;出质人不提供的,质权人可以拍卖、变卖质押财产,并与出质人通过协议将拍卖、变卖所得的价款提前清偿债务或者提存"。

如质物被他人不法侵害,质权人有权根据其质权或者根据其对质物的占有,行使返还财产、恢复原状以及损害赔偿等请求权。

3. 放弃质权的权利

质权人可以放弃质权。但在同一债权既存在质押担保、又存在其他担保权利的情形,如果出质人为债务人,则债权人放弃质权时,除非其他担保人承诺仍然提供担保,否则,其他担保人在质权人丧失优先受偿权益的范围内免除其担保责任。(《物权法》第218条)

4. 转质的权利

(1) 转质的概念和种类

所谓"转质",是指质权人为担保对他人的债务,以该质物向其债权人再行设立质权的行为。进行转质的质权人为"转质人",其相对方为"转质权人"。

理论上根据转质是否经过出质人同意,将之分为"责任转质"与"承诺转质"两类,前者未经出质人同意,系以自己的责任而将质物转质于第三人;后者则经过出质人同意。对于转质,法国、德国民法未予规定,瑞士民法仅规定了承诺转质,而日本和我国台湾地区民法则规定了责任转质。

我国最高人民法院《担保法解释》第94条第1款承认了承诺转质,其规定:"质权人在质权存续期间,为担保自己的债务,经出质人同意,以其所占有的质物为第三人设定质权的,应当在原质权所担保的债权范围之内,超过的部分不具有优先受偿的效力。转质权的效力优于原质权。"而我国《物权法》第217条则规定:"质权人在质权存续期间,未经出质人同意转质,造成质押财产毁损、灭失的,应当向出质人承担赔偿责任。"就这一规定是否承认了转质或者是否既承认了责任转质,又承认了承诺转质,我国学界存有不同看法。[①]

---

① 参见崔建远:《物权法》,中国人民大学出版社2009年版,第570—571页。

（2）责任转质

责任转质无须出质人同意即可成立。这一制度的立法理由是：责任转质不过是质权人将其对质物所直接支配的交换价值转而赋予转质权人，相当于在质权人的优先受偿权之上，再设定一个优先受偿权。例如，甲将价值5000元的项链设定质押，担保所欠乙的3000元债务；后乙将该项链转而向丙设定质押，担保所欠丙的2000元债务。在前述两项债务均到期且均未获清偿时，对于该项链拍卖所得5000元价款，乙享有3000元的优先受偿权，但其中的2000元应由转质权人丙优先取得，剩余1000元归于乙。因此，责任转质"使质权人因质权设定而投下之融资，得经由转质权之途径，有再度流动之可能，故其具有促进金融流通之经济机能"。[1]

应当注意，责任转质不同于质权的善意取得。如果质权人将占有的质物向第三人设定质押，其行为构成无权处分，占有该动产的善意第三人有权主张质权的善意取得。第三人取得该质权后，该动产上原设定的质权归于消灭（《物权法》第108条），不存在"转质"。但在责任转质的情形，转质权人知晓该动产上存在一项质权，转质权成立后，原质权依然存在。

责任转质具有以下特征：第一，转质权所担保的债权额，不得超过原质权所担保的债权额；第二，转质权所担保的债权的清偿期，不得迟于原质权担保的债权的清偿期；第三，责任转质设立后，转质人应通知出质人，否则，其责任转质对出质人不能发生对抗效力。

责任转质设立并通知出质人之后，产生以下效力：

其一，出质人如欲清偿债务以取得质物，应首先向转质权人为债务清偿，清偿后如债务仍有余额，再向质权人清偿，否则，其清偿对转质权人不发生效力。例如，甲以一项链抵押担保所欠乙的3000元债务，乙将项链转质于丙以担保所欠丙的2000元债务，并通知了甲。以后，甲可首先向丙清偿2000元，然后再向乙清偿1000元，并从丙处取回该项链。

其二，责任转质设立后，质权人负有不得消灭其所支配的交换价值的义务，不得以抛弃质权、免除质权所担保的债务、接受债务清偿或者债务抵销等方式而使质权归于消灭，也不得行使质权。

其三，转质权人有权主张拍卖、变卖质物以实现其转质权，但须以原质权所担保的债权及转质权所担保的债权均已到期为条件。

其四，质物在转质权人占有期间发生意外毁损灭失的，出质人有权追究质

---

[1] 谢在全：《民法物权论》（下册），中国政法大学出版社2011年版，第781页。

权人的损害赔偿责任。

上述有关责任转质的基本特征和效力的分析表明,责任转质在发挥质押财产的最大化利用方面,具有明显的作用,但是,质权人擅自将质物交给他人占有并设立责任转质,不仅未征得出质人的同意,甚而至于其成立不受出质人反对的影响,而此种转质在很多方面实际上又增加了出质人的负担(如出质人如欲提前清偿债务而取回质物,必须首先向转质权人为清偿等),同时增大了出质人(包括提供质物的第三人)的责任承担风险(如为保证转质权的实现,质权人不得放弃质权、免除质权所担保的债权,甚至不得接受债务履行或者主张债务抵销等),这些效果,无异于将不利益强行施加于出质人,显然违背民法的意思自治原则和公平原则。因此,此项制度不宜采用。据此,我国《物权法》第217条有关"质权人在质权存续期间,未经出质人同意转质,造成质押财产毁损、灭失的,应当向出质人承担赔偿责任"的规定应当解释为是对责任转质的否定而非肯定。

实际生活中,如果质权人欲将其优先受偿权所获得的利益转而由第三人享有,其不妨可以采用与第三人签订合同的方式予以实现,以所谓"责任转质"的方式强行将质物交由第三人占有并迫使出质人接受其约束,依照现代民法观念,匪夷所思。

(3) 承诺转质

承诺转质最重要的特点,在于其经过出质人的同意而成立。

承诺转质具有以下特征:第一,因承诺转质经出质人同意,故其担保的债权额不受原质权担保的债权范围的限制。例如,甲以价值5000元的项链抵押担保所欠乙3000元的债务,后乙经甲同意,将项链向丙设定转质权,用以担保乙欠丙的4000元债务;第二,转质权担保的债权的清偿期与原质权担保的债权的清偿期不必一致。

承诺转质设立后产生如下效力:

其一,承诺转质所设立的转质权实际上已经具有独立于原质权的性质,故转质权人可依照转质权合同的约定行使其转质权。而因质物已交由转质权人占有,故原质权人实际上难以行使其质权,故应认定其放弃了质权的实现权

其二,因承诺转质经出质人同意,转质人(质权人)的责任不必加重,故质物在转质权人占有期间发生意外毁损灭失的,其损失仍应由出质人承担。而转质权人因保管不善等原因造成质物毁损灭失的,应当直接向出质人承担损害赔偿责任。

其三,原质权人可接受债务清偿,也可放弃质权。原质权因债务清偿、债务

抵销或者质权人放弃质权等原因而消灭时,转质权的存在不受任何影响。如果出质人欲清偿债务以取回质物,可以利害关系人身份,代质权人向转质权人为清偿,然后以因此而取得的债权与原质权担保的债权相互抵销,以消灭该两项质权。例如,甲以价值5000元的项链抵押担保所欠乙的3000元债务,乙经甲同意,以该项链转质押于丙以担保其3000元债务。甲可代乙向丙清偿3000元,然后将因此对乙享有的3000元债权与乙对其享有的3000元债权相互抵销,使原质权和转质权均归于消灭。

其四,承诺转质的转质权人在其债权到期时,可径行实现其转质权,无须以原质权具备实现条件为前提。转质权的实现优先于原质权。[①]

上述有关承诺转质的特征和效力的分析表明,承认经出质人事前同意或者事后追认的转质(承诺转质)为有效,完全符合民法上的意思自治原则。据此,对于我国《物权法》第217条有关"质权人在质权存续期间,未经出质人同意转质,造成质押财产毁损、灭失的,应当向出质人承担赔偿责任"的规定,应作反向解释,即"经出质人同意的转质,因转质人的过错而造成质押财产毁损灭失的,质权人(转质人)不承担赔偿责任,应由转质权人向出质人承担赔偿责任。"亦即承诺转质为我国《物权法》所承认。

(二) 质权人的义务

1. 妥善保管质物

质权人负有妥善保管质押财产的义务;因保管不善致使质押财产毁损、灭失的,应当承担赔偿责任(《物权法》第215条第1款)。此处的保管,包括保存质物的正常状态和价值所必需实施的管理行为,也包括对质物所产生的孳息进行正常收取的行为。

2. 不得擅自使用、处分质物

质权人在质权存续期间,未经出质人同意,擅自使用、处分质押财产,给出质人造成损害的,应当承担赔偿责任(《物权法》第214条)。此处的处分,包括擅自将质物出租、出借、转让以及转质、转抵押等行为。

3. 不得怠于行使质权

经出质人请求,质权人应当在债务履行期满后及时行使质权。因质权人怠于行使权利而造成出质人损害的,由质权人承担赔偿责任(《物权法》第220条)。这里的所谓"因怠于行使质权所造成的损害",主要是指质物因未及时拍

---

① 参见谢在全:《民法物权论》(下册),中国政法大学出版社2011年版,第768—769页。

卖、变卖而受市场价格下降影响所造成的价款减少。

4. 返还质物

债务人履行债务或者出质人提前清偿所担保的债权的,质权人应当向出质人返还质押财产。(《物权法》第219条第1款)

三、出质人的权利义务

(一) 出质人的权利

动产质权设立后,出质人享有以下主要权利:

1. 对质物的处分权利

质权存续期间,出质人虽然对质物仍然享有所有权,但其对质物不能享有占有、使用的权利,如无特别约定,也不得享有收益的权利。尽管出质人不妨就质物的转让而与第三人签订买卖、赠与等合同,但不能通过特别约定或者交付而对质物的所有权进行有效的变动。但就质权设立后出质人是否可以再行在质物上设立动产抵押权的问题,我国《物权法》未作规定,理论上认为,应当允许出质人在质物上为第三人设立动产抵押权,但该抵押权即使进行了登记,也不得对抗在先设立的质权。

2. 对质物的保全权利

质权人未尽妥善保管质物的义务,其行为有可能使质物毁损灭失的,出质人可以要求质权人将质物提存,或者要求提前清偿债务并返还质押财产。(《物权法》第215条第2款)

(二) 出质人的义务

1. 承担质物的保管费用

在无相反约定的情况下,质权人占有质物期间所产生的必要保管费用,应由出质人承担。该项费用被依法列入质物所担保的债权范围。(《物权法》第173条)

2. 承担质物意外灭失的损失

质物在由质权人占有期间发生意外毁损灭失的损失承担,我国《物权法》对之未作明确规定,但根据该法第215条有关"质权人因保管不善致使质押财产毁损、灭失的,应当承担赔偿责任"的规定,可以认定,质物非因质权人保管不善等过失而造成毁损灭失的(包括质物的自然损耗、质物意外毁损灭失等),质权人不承担赔偿责任,其损失应由出质人(质物的所有人)承担。

四、动产质权的实现

我国《物权法》第 219 条规定:"债务人不履行到期债务或者发生当事人约定的实现质权的情形,质权人可以与出质人协议以质押财产折价,也可以就拍卖、变卖质押财产所得的价款优先受偿。"(第 2 款)"质押财产折价或者变卖的,应当参照市场价格。"(第 3 款)

与《物权法》有关抵押权实现的规定有所不同,上述规定虽然指明动产质权的实现方法仍为协议折价、拍卖以及变卖三种,但并未指明质物的拍卖或者变卖必须由质权人申请法院通过强制执行程序为之。因此,可解释为动产质权的实现无须司法权力的介入。

但是,为了防止质权人与出质人恶意串通,损害出质人的其他债权人的利益,就动产质权的实现应当确定以下限制:(1) 如果出质人的其他债权人认为质物的协议折价或者变卖价格明显低于市场价格,损害了其他债权人的合法利益,应当参照《物权法》第 195 条有关抵押权实现的规定,赋予其他债权人以撤销请求权,该请求权的除斥期间为 1 年,从其他债权人知道或者应当知道撤销事由之日起开始计算;(2) 如果质权人和出质人无法达成折价协议,质权人也无法自行委托拍卖或者变卖质物的,质权人仍有权申请法院适用强制执行程序以实现其动产质权。

【思考问题】

思考题二:质权受让人有无权利请求出质人返还质物?

甲将以动产交付给丙作为质押,以担保乙对丙的债务的履行。后丙将其对乙享有的债权连同质权转让给丁,该债权以及动产质权转让根据债权让与合同的成立而发生之后,丙未将质押动产交付给丁,而是将之返还给了甲,甲此时并不知道丙已将该质权转让给丁的事实。事后,丁根据其对该动产享有的质权,以丙无权将该质押动产返还给甲为由,主张其质权依然存在,并请求甲向其返还该质押动产,被甲拒绝,甲的理由是:甲仅知道丙是质权人,既然丙自愿将质物予以返还,则其有权接受,该质权即已依法归于消灭。

问:甲的主张能否成立?

第三节 权利质权

【基本原理】

一、概说

（一）权利质权的标的范围

根据我国《物权法》第223条的规定，债务人或者第三人有权处分的下列权利可以出质：(1) 汇票、支票、本票；(2) 债券、存款单；(3) 仓单、提单；(4) 可以转让的基金份额、股权；(5) 可以转让的注册商标专用权、专利权、著作权等知识产权中的财产权；(6) 应收账款；(7) 法律、行政法规规定可以出质的其他财产权利。

上述权利质权的标的可以归纳为以下四种：(1) 有价证券（包括汇票、支票、本票、债券、存款单以及仓单、提单）；(2) 基金份额、股权；(3) 知识产权中的财产权；(4) 应收账款。

（二）权利质权与动产质权的区别

除质权的标的不同之外，权利质权与动产质权还具有以下重要区别：

1. 物权公示方法不同

与动产质权一样，权利质权通常基于权利质权合同而设立，也可因主债权的转让、继承或者受遗赠等原因而取得。同时，权利质权的设立也采用公示成立要件主义，即当事人签订质权合同后，须采用法定的公示方法方可设立权利质权。但动产质权的法定公示方法为对动产的占有，即转移占有为动产质权设立的依据；而权利质权的公示方法则根据出质权利的不同表现形式而有所不同：以权利凭证为其权利表现形式的，权利质权的公示方法为权利凭证占有的转移；不以权利凭证为其权利表现形式的，权利质权的公示方法为登记。

2. 质物保全方式不同

动产质权人主要通过自己对出质动产的实物占有而保全质物的价值；而权利质权人则主要通过对出质权利的法律控制（限制出质人对出质权利的处分，

包括擅自转让、抛弃或者缩减出质权利等）而实现对质物价值的保全，其方式或者是占有权利凭证而使出质人无法行使其权利，或者是通过质权登记而限制出质人对权利的擅自处分。

3. 实现方式不同

动产质权以动产为标的物，由于动产的市场价格在质押期间会发生波动，故法律禁止当事人设置流质条款，即动产质权人在到期债权未获清偿时，不得依照约定自动取得质物的所有权，因此，动产质权的实现只能采用协议折价、拍卖以及变卖三种方法；但权利质权的标的为特定的财产权利，其中某些财产权利的价值具有固定性特点（如票据权利），所以，权利质权的实现方式除协议折价、以拍卖或者变卖方式转让出质权利之外，某些权利质权人（如票据、仓单、提单、债券、存款单等权利质权人）可依法直接对出质权利的义务人行使出质权利，或者直接以权利行使所获得的金钱优先受偿（如票据质权），或者将权利行使所获得的财产予以拍卖或者变卖，并从价款中优先受偿（如仓单、提单质权）。

但是，尽管权利质权与动产质权存在某些重要区别，但二者的区别非为本质性区别，故权利质权在许多方面仍适用与动产质权相同的规则，对此，我国《物权法》第 229 条规定："权利质权除适用本节规定外，适用本章第一节动产质权的规定。"在该法有关权利质权的章节中，仅对权利质权的标的范围、权利质权的设立与实现等问题作出了规定，就权利质权合同的订立、流质条款的禁止、权利质权的担保范围、当事人的权利义务、转质等，应适用有关动产质权的规定，同时，也当然适用有关担保物权的一般规定。

二、有价证券质权

（一）有价证券质权的设立

1. 概说

《物权法》第 224 条规定："以汇票、支票、本票、债券、存款单、仓单、提单出质的，当事人应当订立书面合同。质权自权利凭证交付质权人时设立；没有权利凭证的，质权自有关部门办理出质登记时设立。"根据这一规定，有价证券质权的设立，有权利凭证的，以交付权利凭证的占有为准；没有权利凭证的，以办理出质登记为准。但在具体操作中，基于各种有价证券的不同特点和特别法上的一些要求，某些有价证券质权的设立，仍然具有其特殊之处。例如，根据《中华人民共和国票据法》（以下简称《票据法》）的规定，汇票质权的设立，应由出质人在票据上背书记载"质押"字样并交付给质权人；又如，根据《中华人民共和国公司法》(以下简称《公司法》)的规定,记名公司债券的转让,债券持有人应采用背书方式或者法律、行政法规规定的其他方式。

由于《物权法》的规定与某些特别法的规定有所不同,对于某些有价证券质押未按规定背书记载"质押"字样或经有关金融机构"核押"的效果,理论上存在不同看法:有的人认为,根据最高人民法院《担保法解释》第 98 条的规定,票据出质人与质权人未在票据上背书记载"抵押"字样的,不得以票据出质对抗善意第三人。因此,已交付出质的有价证券但未背书的,其权利质权成立,但无对抗效力。① 有人认为,未经背书的票据不能产生票据法上的效力,但质权人可经法院判决其代行出质人的票据权利。② 也有人认为,《物权法》所规定的票据交付实际上是指背书交付,故背书交付是票据质权的设立条件。③

应当看到,任何质权的设立,其有可能引发的最终结果均为质物(动产或者权利)的转让,因此,只有在确保质权实现时质物能够依法转让的条件下,质权才算是具备了设立的条件。如果特别法对某些有价证券的转让规定了"背书"等条件,则有价证券质押时如不具备这些条件,其结果必然是质权人无法根据相关特别法的规定行使持票人的权利,从而无法实现设立质权的目的。而有价证券质权如无对抗效力,则质权人无法对义务人行使其证券权利;至于有关质权人可经法院判决代行出质人票据权利的做法,不如改为出质人可依据质权合同请求法院责令出质人依约设立质权。据此,根据能够引起有价证券转让效果的"交付"包括"背书"与"不背书"两种形式,将《物权法》第 224 条有关"质权自权利凭证交付质权人时设立"的规定中的"交付",解释为"依法定形式交付"(即需要背书的,应当背书),更为符合该条义确定有价证券质权设立根据的立法目的。

2. 票据质权的设立

票据是出票人所出具的由自己或者委托他人无条件支付票据所载金额的有价证券,包括汇票、支票、本票三种。(《票据法》第 2 条第 2 款)

对于票据质权的设立,应注意以下问题:

(1) 出质的票据应具有可转让性

票据为流通性极强的有价证券,故通常可作为质权的标的。但在法律有特别规定或者当事人有特别约定的情形,如果票据的转让被限制或者禁止,则该

---

① 曹士兵:《中国担保诸问题的解决与展望》,中国法制出版社 2001 年版,第 316 页。
② 熊伟、罗平:《票据质押若干问题研究》,载《法学评论》1999 年第 6 期。转引自崔建远:《物权法》,中国人民大学出版社 2009 年版,第 587 页。
③ 崔建远:《物权法》,中国人民大学出版社 2009 年版,第 587 页。

种票据权利不得作为质权的标的。如我国《票据法》第 27 条规定:出票人在汇票上记载"不得转让"字样的,该汇票不得转让。对此,我国最高人民法院《担保法解释》第 53 条、第 54 条规定,在出票人或者背书人在票据上记载"不得转让"字样时,其后手以该票据质押的,该质押无效。

(2) 票据质权的设立须背书记载"质押"字样并转移票据的占有

我国《票据法》所规定的汇票、支票、本票均为记名有价证券,故以之设定质押时,应当按照《票据法》的规定以背书记载"质押"字样,否则,持有票据的质权人将无法向第三人行使票据权利。

3. 债券、存款单质权的设立

(1) 债券质权的设立

债券包括政府债券、金融债券和企业债券等,是指由政府、金融机构或者企业依法向社会发行的、约定在一定期间内还本付息的一种有价证券。

根据不同债券的类型,债券质权的设立包括三种方式:(1) 无记名债券(如无记名公司债券等)的质押,以转移债券的占有为债券质权的设立条件;(2) 无纸化债券(如记账式国债等)的质押,以在有关主管部门进行出质登记为债券质权的设立条件;(3) 记名债券(如记名公司债券等)的质押,应当履行法定程序,通常是以出质人在债券上背书记载"质押"字样并交付质权人为债券质权的设立条件。

(2) 存款单质权的设立

存款单(存单)是指银行等金融机构向存款人出具的到期还本付息的债权凭证,包括存折以及定期存单等。存款单质权的标的通常是大额定期存单。

与典型的有价证券不同,存款单本身不具有可转让性,故其是否属于有价证券,理论上存在争议。但因存款单质权与债券质权并无本质区别,故将之在作为质权标的时视为一种有价证券,并无大碍。

为保障存款单质权的安全性,存款单质押时,出质人应在存款单上背书并经开具存款单的金融机构审核签章(核押),由此,该金融机构即不得受理出质人就该存款单提出的挂失申请并向存款人支付相关款项。

4. 仓单、提单质权的设立

(1) 仓单质权的设立

仓单是提取仓储物的债权凭证,由仓库保管人向存货人所出具。仓单为有价证券,根据我国《合同法》第 387 条的规定,仓单的转让,应由存货人或者仓单持有人在仓单上背书,并经保管人签字或者盖章。据此,仓单质权的设立,应交付仓单并由出质人在仓单上背书并经保管人签章。

(2) 提单质权的设立

提单是指海上货物运输合同的承运人出具的用以证明货物已由其接受或者装船,并保证其据以交付货物的单证。根据我国《海商法》第 79 条的规定,无记名提单无须背书即可转让,指示提单可经记名背书或空白背书而转让。因此,无记名提单质权依据交付提单而设立;指示提单则须经背书转让而设立。

(二) 有价证券质权的实现

有价证券质权实现时,质权人有权行使出质人依据其有价证券所可以行使的一切权利。根据有价证券权利行使的不同结果,质权人实现其优先受偿权分为两种情况:

1. 直接以有价证券兑现价款优先受偿

汇票、支票、本票等票据质权实现时,质权人有权行使持票人依照《票据法》的规定可以行使的全部票据权利,包括持票人对付款人所行使的付款请求权,以及在付款请求权被拒绝之后,依法对有关当事人(出票人、背书人、保证人等)所行使的追索权。质权人对于票据权利的行使,适用《票据法》有关持票人行使票据权利的有关规定。

债券、存款单质权实现时,质权人有权直接向债务人行使给付请求权。

质权人对于上述有价证券兑现的价款,可直接优先获得清偿。

由于上述有价证券的持有人或者存款人只有在票据或者债券、存款单兑现日期届至时方可行使其权利,因此,质权人只能在有价证券到期时才能行使其权利。根据《物权法》第 225 条的规定,在汇票、支票、本票、债券、存款单的兑现日期先于主债权到期时,质权人不待主债权到期即可兑现,并可与出质人协议将兑现的价款提前清偿债务或者提存。对于提存的价款,质权人享有优先受偿权。

2. 以提取的货物协议折价或者以拍卖、变卖的价款优先受偿

仓单、提单质权的实现须分为两个步骤:(1) 质权人依据质押的仓单或者提单对债务人行使请求提货的权利,其提货权利的行使,应当适用《合同法》、《海商法》的有关规定;(2) 就提取的货物,质权人可以和出质人协议折价,协议不成时,质权人可将货物拍卖或者变卖并就其价款优先受偿。

根据《物权法》第 225 条的规定,在仓单、提单的提货日期先于主债权到期时,质权人可以提货,并与出质人协议将货物折价或者拍卖、变卖以提前清偿债务,或者将货物予以提存。对于提存的货物,质权人享有优先受偿权。

三、基金份额及股权质权

（一）基金份额及股权质权的设立

我国《物权法》第 226 条第 1 款规定："以基金份额、股权出质的，当事人应当订立书面合同。以基金份额、证券登记结算机构登记的股权出质的，质权自证券登记结算机构办理出质登记时设立；以其他股权出质的，质权自工商行政管理部门办理出质登记时设立。"

基金份额，是指基金购买人（投资人）对基金财产按其所持份额所享有的收益分配等权利；股权即股东权利，是指公司股东参与公司经营管理以及从公司获得经济利益的权利。在当代经济社会，股份有限公司发行的纸质"股票"（记载股东权利的权利凭证）已不复存在，故股权质权与基金份额质权的设立，均以办理出质登记为依据。

基金份额与股权均为投资人权利，均属可以流转的财产权利，但因投资方式和投资对象的不同，股权的流转受到各种限制。因此，作为质权标的的股权，必须具有可转让性且符合转让或者质押的法定条件。例如，根据我国《公司法》第 143 条第 4 款的规定，公司不得接受本公司的股票作为质押权的标的。即公司不得成为本公司股权的质权人。但某些情况下，股权是否可以作为质权的标的，应以股权质权实现时（主债权到期时）的情形为判断标准。例如，根据《公司法》第 142 条的规定，发起人持有的本公司股份，自公司成立之日起 1 年内不得转让。如公司发起人以其股权质押担保的债权到期时，其持有股权的时间已经超过前述 1 年期间，则其设立的股权质权仍为有效。

（二）基金份额及股权质权的实现

基金份额质权人可采用赎回的方式实现其质权，质权人对赎回的价款享有优先受偿权。

股权质权人可采用协议折价、拍卖或者变卖股权的方式实现其质权，质权人对拍卖或者变卖股权的价款享有优先受偿权。

我国《物权法》第 226 条第 2 款规定："基金份额、股权出质后，不得转让，但经出质人与质权人协商同意的除外。出质人转让基金份额、股权所得的价款，应当向质权人提前清偿债务或者提存。"

四、知识产权质权

(一)知识产权质权的设立

我国《物权法》第227条第1款规定:"以注册商标专用权、专利权、著作权等知识产权中的财产权出质的,当事人应当订立书面合同。质权自有关主管部门办理出质登记时设立。"

知识产权中,注册商标专用权(商标权)是一种纯粹的财产权利,而专利权和著作权中则包含一些非财产权利(如专利权中的发明人、设计人的署名权;著作权中作者的发表权、署名权、修改权以及保护作品完整权等),这些非财产权只能由特定的发明人、设计人以及作者享有,不具有可转让性。因此,仅知识产权中的财产权部分可以转让和设定质押。

(二)知识产权质权的实现

知识产权质权人可采用协议折价、拍卖或者变卖的方式处分知识产权中的财产权,并对拍卖、变卖所得价款享有优先受偿权。

我国《物权法》第227条第2款规定:"知识产权中的财产权出质后,出质人不得转让或者许可他人使用,但经出质人与质权人协商同意的除外。出质人转让或者许可他人使用出质的知识产权中的财产权所得的价款,应当向质权人提前清偿债务或者提存。"

五、应收账款质权

(一)应收账款质权的性质

应收账款是企业财务管理上的概念,指权利人因提供一定的货物、服务或设施而获得的请求义务人付款的权利,包括现有和未来的金钱债权及其产生的收益。从法律上讲,应收账款实际上就是一种金钱债权。

民法上的债权是指请求特定人为特定财产给付的权利。传统理论中,债权既包括有价证券等"证券化"的债权(有价证券是一种债权凭证),也包括未证券化的一般债权。在各种债权中,除有价证券具有可转让性之外,大部分债权也具有可转让性,但也有一些债权因法律规定或者当事人约定而不具有可转让性(如抚恤金、养老金请求权,精神损害赔偿请求权等),有一些债权则必须经债务人同意方可转让(如租赁、借用、雇佣、委托、承揽等合同产生的请求权)。从理论上讲,具有可转让性的债权当然可以作为质押的标的,因此,德国、日本等国民法均对债权质权作出了规定。原则上，以债权为标的设定质权，有债权凭证（有价证券等）的，质权依据债权凭证的交付而设立；无债权凭证的一般债权，其质权因质押合同而设立，但出质人应将之通知债务人，否则对债务人不发生质权设定的效力。

我国《物权法》制定过程中，曾就有价证券之外的一般债权是否能够成为权利质权的标的进行过讨论，多数人认为，一般债权虽然具有财产价值和可转让性，但其没有法定的公示方法，故债权质权难以公示，即使规定债权质权采用登记的方法而设立，对于第三人也是不公平的。例如，甲将对乙的债权设定质押以担保其对丙的债务，该债权质权即使依登记而设立，但因债权本身并无公示方法，故甲的其他债权人根本不可能知晓该项债权质权的存在，因此，当甲的其他债权人请求强制执行甲的财产（包括甲对乙享有的债权）时，如果丙以其债权质权予以对抗，则对该质权一无所知的甲的其他债权人的利益将蒙受不当损害；又如，当甲以其应收账款设定质押后，又将该债权转让给善意的乙，如果该债权转让行为无效，则有损乙的正当利益。

但是，考虑到企业以其金钱债权（应收账款）作为融资担保有利于企业经营活动的开展等需要，《物权法》仍承认了应收账款可以成为权利质权的标的。

（二）应收账款质权的设立

《物权法》第228条第1款规定："以应收账款出质的，当事人应当订立书面合同。质权自信贷征信机构办理出质登记时设立。"

对于能够作为质权标的的应收账款的具体范围，《中华人民共和国应收账款质押登记办法》第4条作出了规定，即应收账款不包括因票据或其他有价证券而产生的付款请求权（第1款），其具体包括以下权利：（1）销售产生的债权，包括销售货物、供应水、电、气、暖以及知识产权的许可使用等所产生的债权；（2）出租动产或者不动产所产生的债权；（3）提供服务产生的债权；（4）公路、桥梁、隧道、渡口等不动产收费权；（5）提供贷款或其他信用产生的债权。（第2款）。依照上述规定，能够作为质权标的的应收账款基本上包括了企业经营活动中所产生的主要金钱债权，也包括了银行等金融机构的贷款债权。但在实践中，由于应收账款债权的实现取决于债务人的清偿能力和信用，应收账款质权所提供的担保不具有很高的可靠性，故运用较少。

与此同时，由于公路、桥梁等不动产经营中的收费权属于经营性权利，其本身并非债权，也不具有可转让性，所谓"公路收费权质押"，实际上是将公路管理经营中未来可以收取的"过路费"（货币）作为债权担保，而并非将收费权本身作为担保,因此,公路等不动产收费权能否作为权利质权的标的,尚在讨论之中。

此外,商业租赁关系中承租人享有的租赁权具有财产价值,且经出租人同意可以转让,租赁权能否作为权利质权的标的,也引起了讨论。很显然,任何种类的质权,其最重要的特点便在于其可以经过物权公示而获得对抗效力,由此赋予质权人对质物价值的优先受偿权,因此,包括租赁权在内的很多债权性质的权利能否设定质押,关键在于其能否寻找到合适的物权公示方法。而有关出租车经营权等经营许可权能否作为质押标的的讨论,则更加深入地表现了行政许可权财产化、商品化趋向所产生的法律准则与社会现实之间的冲突和矛盾。

由于应收账款质权的实现意味着质权人有权对应收账款的债务人直接行使债权,故应收账款质权设立后,出质人或者质权人应当通知债务人,否则,当债务人向出质人提前或者到期履行债务时,应收账款债权即归于消灭,债务人对此不承担任何责任。

(三)应收账款质权的实现

主债权到期未获履行或者出现当事人约定的其他质权实现的事由时,应收账款质权人得直接对债务人行使请求权,并就所得款项优先受偿。

根据《物权法》第228条第2款的规定,应收账款出质后,不得转让,但经出质人与质权人协商同意的除外。出质人转让应收账款所得的价款,应当向质权人提前清偿债务或者提存。

【理论拓展】

理论拓展之三:关于权利质权的本质的讨论

因权利质权设定于所有权之外的具有动产性质的权利之上,而非直接设定于物(动产)之上,故就权利质权的本质,理论上存在各种很大争议,主要存在"权利让与说"与"权利标的说"。

权利让与说认为,权利质权实质上是出质人为了担保债权而将权利让与给质权人,其主要论据是权利上不得再设定权利,故权利质权的标的物与出质(用于质押)的权利标的物具有同一性;由于权利质权实现时,质权人可以直接行使质押的权利,故质权人取得了与出质人同种权利,只是其权利行使须以到期债权未获清偿为条件,等等;

权利标的说则认为,权利质权是设定于权利上的权利,权利人并未取得出质人用于质押的权利,质权人在一定条件下可以直接行使质押的权利,即权利质权的效力及于质押的权利所指向的物或义务人,这是由权利质权自身的效力和质押权利的"媒介作用"而引起。①

学说上有关权利质权本质的争议,显然是由权利质权系以权利为标的所引起。实际上,权利质权究竟是以"权利"作为标的还是以"权利的标的物"作为标的,本来就是一个看法的角度问题。例如,建设用地使用权人以其享有支配权的土地设定抵押,可以说是用其建设用地使用权(不动产权利)作为抵押,也可以说是用其享有支配权的土地(不动产)作为抵押。但由于能够设定抵押的不动产权利的标的物都是土地,所以人们无须刻意去区分"不动产抵押权"与"不动产权利抵押权"。然而,用于质押的权利中,有的权利的标的是特殊动产(如票据及其他有价证券),有的权利的标的是无形财产(如知识产权),有的权利的标的根本不是有形财产(如股权、基金份额、应收账款),所以,才出现了"动产质权"与"权利质权"的划分以及由此而对权利质权之质权性质的质疑。与此同时,有关"物权的标的应当是物(有形财产)"的固有观念,也是引起"权利质权是不是一种质权"的讨论的重要原因。但是,如果能够认识到法律概念的解释与法律制度的设计都是为法律的目的服务的,如果能够认识到"动产质权"与"动产所有权质权"其实并无本质区别,那么,在特定条件下,将权利视为一种"物",或者将一项权利作为另一项权利的标的,也就不是不可以成立的。而如同"动产质权"不过就是将动产所有权所包含的财产价值作为债权清偿的担保一样,所谓"权利质权",不过就是将权利所包含的财产价值作为债权清偿的担保。而权利质权在设立和实现上的某些特点,丝毫不能影响其权利的本质特征。因此,有关权利质权的本质的学术争论,无助于这一制度的完善和法律适用,故意义不大。

由此,权利质权与动产质权并无本质区别。权利质权就是一种典型的质权,其标的就是被质押的权利。

理论拓展之四:关于质权人可否依据仓单提前提取货物问题的争论

就仓单的提货日期后于主债权到期时,质权人可否依据仓单提前提取货物的问题,存在不同看法:有人认为,根据最高人民法院《担保法解释》第102条的规定,以载明提货日期的仓单出质的,质权人只能在提货日期届满时提取货物。鉴于质权人知晓提货日期后于主债权到期而仍同意接受仓单质押,表明其愿意承担主债权到期后不能立即实现质权的后果,故其只能到期才能提货②;也有人认为,根据《合同法》第392条的规定,存货人或仓单持有人可以提前提取仓储物,但保管人有权不减收仓储费,故质权人提前提货,并不损害任何人的利益,因此,对质权人提前

---

① 参见崔建远:《物权法》,中国人民大学出版社2009年版,第578页。
② 王利明:《物权法论》,中国政法大学出版社1998年版,第766页。转引自崔建远:《物权法》,中国人民大学出版社2009年版,第602页。

提货应当允许。①

应当看到,有价证券质权实现时,质权人有权行使出质人依据有价证券所享有的全部权利,其中包括出质人在有价证券兑现或者提货日期届满之前提前兑现或者提货的权利,但是,质权人提前行使有价证券的权利不得损害出质人的既有利益。因此,出质人自己不得提前兑现的票据以及债券,质权人自然不可能提前兑现;就定期存款单而言,出质人自己虽然可以提前兑现,但提前兑现会造成存款的利息损失,因此,定期存款单质权人不得提前将之兑现。但是,如果仓单、提单依照法律规定或者合同约定可以提前提货,且质权人提前提货又不会造成出质人以及保管人的任何损失,则除非出质人与质权人有相反约定,否则,不允许质权人提前提货是没有任何理由的。

【本章思考问题参考答案】

思考题一参考答案:

我国最高人民法院《担保法解释》第88条的全文是:"出质人以间接占有的财产出质的,质押合同自书面通知送达占有人时视为移交。占有人收到出质通知后,仍接受出质人的指示处分出质财产的,该行为无效。"依照这一规定,出质人以出租、出借或者交由第三人保管、运输的动产质押的,质权应自出质人通知该财产的直接占有人(承租人等)时设立。但这一规定是不正确的。理由是:质权的设立和存续须以质权人占有(直接占有或者间接占有)质物为条件,因此,质权人直接占有质物,质权得以设立;质权人如将质物交由第三人保管,因质权人为保管合同关系的寄存人,故构成质权人对质物的间接占有,质权的存在不受影响。但是,在出质人将出租给第三人的动产设定质权的情形,虽出质人通知了承租人,但因租赁合同关系的双方主体并未发生任何变更,即出质人仍为质物的间接占有人(出租人),而质权人对该动产既未直接占有,也未间接占有,故该质权的设立并未采用法定的公示方法,也当然无法对抗出质人的其他债权人(对于质权的存在,尽管承租人知晓,但出质人的其他债权人并不知晓),因此,其质权根本无法成立。由此可见,以出租、出借的财产设定质押时,出质人不妨将出租人或者出借人的权利义务转让给质权人,由此成立质权人对质物的间接占有,从而使质权得以设立;而在将交由第三人保管、运输的动产设立质押时,出质人或者将寄存人、托运人的合同权利转让给质权人,或者直接以仓单、提单设定质押(权利质权)。但出质人在不改变其对财产的间接占有人身份的情况下,仅以通知直接占有人的方式设立质权,不可能产生

---

① 房绍坤、赵志毅:《论仓单质押》,载《法制与社会发展》2001年第4期。转引自崔建远:《物权法》,中国人民大学出版社2009年版,第602页。

质权设立的效果。

故本案中,乙的异议不能成立。

思考题二参考答案:

主债权转让时,在当事人无相反约定的情形,作为从权利的质权即随主债权的转让而转让,因此,主债权受让人自取得主债权时即当然取得动产质权,但是,在原质权人未将质押动产交付给新的质权人之前,新的质权人未取得对质押动产的直接占有,同时,在原质权人仍以质权人名义或者所有人名义占有质押物的情况下,新的质权人也不能取得对质押动产的间接占有,此种情形,新的质权人所享有的质权即因未予公示而不得对抗善意第三人,其中包括出质人(质押动产的所有人)。本案中,原质权人丙将质权转让给丁并未通知出质人甲,甲为善意,而丁虽已根据主债权让与合同而取得了该动产质权,但其既未取得对该动产的直接占有,因丙仍继续以质权人名义占有该动产,故丁亦未取得对该动产的间接占有,其取得的质权因未公示而不具有对抗效力,即该质权对于善意第三人应当视为不存在。因此,当原质权人丙将质押动产返还出质人甲时,虽其行为因未征得质权人丁的同意而构成无权处分,但甲为善意,质权人丁不得以其未经公示的质权否定善意第三人甲的正当利益,故甲的主张能够成立,丁所享有的质权因其不能请求甲返还质物而归于消灭,丁只能追究丙的赔偿责任,但不得请求甲返还质押财产。

第二十三章 留置权

第一节 概述

【基本原理】

一、留置权的概念和性质

(一) 留置权的定义

留置权是指当债务人不履行到期债务时,债权人可以留置已经合法占有的债务人的动产,并有权就该动产优先受偿的权利。(《物权法》第230条)

例如,甲将其撞坏的小汽车交给修理厂修理,在甲未按约定支付修理费时,修理厂有权扣留该小汽车,如甲超过约定或者法定的期间仍不支付修理费,修理厂有权以该小汽车拍卖或者变卖所得价款优先清偿其债权。

享有留置权的债权人为留置权人,债权人扣留及占有的动产为留置财产或者"留置物"。

(二) 留置权的性质

1. 留置权的立法模式

学说上认为,在历史上,留置权源于罗马法上的恶意抗辩与诈欺抗辩之拒绝给付权,即未履行自己应为给付的债权人请求债务人履行其债务时,如其行为违反诚实信用原则,则债务人有权行使上述抗辩权,拒绝履行其债务。近代各国民法延续并发展了罗马法上的相关规则,并形成了"留置权"制度,但在留置权所具有的法律效力的设置上却有所不同,总的来说,其具体做法有两种:

(1) 仅赋予留置权以留置财产(拒绝履行给付)的效力,但不赋予其优先受偿的效力。如在法国民法上,留置权只是债权人未能受领其给付时,对特定的债务人的财产拒绝交付的一种权利,此种权利只是一种不完全的、简单的、纯粹自卫性的担保权,因为它既不包含追及权,也不包含优先权①;《德国民法典》上的留置权也同样仅具有抗辩权的性质,被规定于债编总则;《日本民法典》虽然专章规定了留置权,并将之作为一种担保物权,但仅赋予其留置的效力而未赋予其优先受偿的效力,诚然,在债权未获清偿的情况下,留置权人可以一直拒绝返还留置物,由此在一定程度上保证了债权人的优先受偿,但留置权本身并不具有优先受偿效力。②

(2) 不仅将留置权规定为担保物权的一种,而且同时赋予其以留置的效力和优先受偿的效力,如《瑞士民法典》和我国台湾地区"民法典",此外,《德国商法典》所规定的商事活动中的留置权,也属此种性质。

我国《物权法》(第十八章)将留置权作为担保物权的一种,将之与抵押权和质权并列加以规定,并同时赋予其留置效力和优先受偿效力。

2. 留置权的双重效力

留置权在各国立法上的性质不同,主要表现为立法所赋予留置权的法律效力的不同。

留置权的效力实际上可以分为两方面:(1) 留置效力,即债权人依法扣留并持续占有债务人的财产,以此促使债务人履行债务;(2) 优先受偿效力,即以留置物的价值担保债权的优先实现,债权人在一定条件下依法有权处分留置物并就其价款优先受偿。对于前述留置权的第一方面的效力,有学者将之称为留置权的"第一次效力",而将其前述第二方面的效力称为留置权的"第二次效力"。很显然,如果法律仅赋予留置权以"留置"效力,则留置权在主要的实际效果上即与债务人拒绝履行义务(拒绝给付)的抗辩权没有本质区别,尽管此种留置权也具有某种担保功能,但其并不具有担保物权的性质。这是因为,担保物权最为重要的特征并不在于债权人对债务人或者第三人的特定财产的实物控制,而在于债权人对担保物的价值的法律控制并有权以之获得其债权的优先清偿,亦即担保物权在本质上是一种优先权。仅具有留置效力而无优先清偿效力留置权,显然不具有担保物权的此种属性。反之,如果在承认留置权的留置效力的同时也承认其优先权效力,则该种留置权的性质即为典型的担保物权。

我国《物权法》上的留置权,属于担保物权。

---

① 在某些情形,根据法国法的规定,留置权人也有可能享有优先受偿权,从而使留置权产生质权的效果,但其优先权是因法律的特别规定而取得的,而非因留置权产生的。参见尹田:《法国物权法》(第2版),法律出版社2009年版,第467页。

② 〔日〕近江幸治:《担保物权法》,祝娅、王卫军、房兆融译,法律出版社2000年版,第15页。

3. 留置权与同时履行抗辩权的关系

前述罗马法上的恶意抗辩,在近代民法中实际上大体发展成为两项制度:一个是双务合同中的同时履行抗辩权,另一个是作为债权保全制度的留置权。① 虽然各国立法对于留置权的效力(物权效力或者债权效力)的安排有所不同,但作为担保物权的留置权,必然有可能与同时履行抗辩权发生法律效果上的某种牵连或者重合。

(1) 同时履行抗辩权的性质

债务人拒绝履行其债务的权利(即债务人对抗债权人请求权主张的权利),称为"抗辩权"。抗辩权运用广泛且种类繁多(如保证人的先诉抗辩权、债务人的时效抗辩权等),但双务合同中,在债务人占有债权人的财产并承担交付或者返还该财产的义务的情形,根据我国《合同法》的有关规定,其主要涉及三种最为重要的抗辩权,即(1)"同时履行抗辩权"(《合同法》第66条)。如甲将一台机器交给乙修理,双方约定,甲、乙应同时履行支付修理费及交付修复的机器的义务。此种情形,如果甲不支付修理费,乙有权拒绝履行其交付机器的债务。(2)"先履行抗辩权"(《合同法》第67条)。前例中,如甲和乙约定,甲应先支付修理费,乙收到修理费后应向甲交付修复的机器,当甲不履行其付款义务时,乙即有权拒绝交付机器。(3)"不安抗辩权"(《合同法》第68条)。前例中,如双方约定,乙应当先向甲交付机器,甲收到机器后应当向乙付款。如果应当先履行义务的乙有证据证明甲丧失了履行能力或者履行信用,则乙有权停止履行,并通知甲及要求甲提供担保,如果甲既不提供担保,也未恢复其履行能力,则乙有权解除合同并追究甲的违约责任。

在大陆法系国家,"先履行抗辩权"被包括在"同时履行抗辩权"之中。我国《合同法》将该两种抗辩权分开予以规定。

(2) 留置权与同时履行抗辩权的区别

上述三种抗辩权中,由于"不安抗辩权"是在应当后履行义务的一方的债务尚未到期的情况下,应当先履行债务的一方依法所享有的抗辩权,而留置权只能在到期债务未获履行的情况下才能成立,故"不安抗辩权"的行使与留置权的行使原则上不会发生效果上的牵连。但是,在一方不履行到期债务而另一方据此拒绝履行自己的给付义务的情形,留置权的留置效力与债务人行使拒绝给付的抗辩权所产生的实际效果则基本相同,只是角度不同:在行使留置权的情形,留置的另一效果正是拒绝履行交付或者返还财产的给付义务;而在行使抗辩权

---

① 〔日〕近江幸治:《担保物权法》,祝娅、王卫军、房兆融译,法律出版社2000年版,第17页。

的情形,抗辩权行使的另一效果有可能正是留置对方的财产。但是,留置权与拒绝给付之"同时履行抗辩权"(包括先履行抗辩权)具有以下重大区别:

第一,适用的法律规则不同。留置权的行使适用《物权法》有关担保物权的规定;同时履行抗辩权适用《合同法》的有关规定。因此,留置权和同时履行抗辩权在成立条件、行使方式等各方面均有所不同。

第二,权利性质及法律效力不同。留置权为担保物权,除留置效力及由此产生的对抗效力之外,更重要的是具有优先权效力,即不仅留置权人有权依法以折价或者拍卖、变卖的方式处分留置物,且对留置物的价值享有优先受偿权利。而"同时履行抗辩权"仅为一种"程序性权利",权利人依据其抗辩权的行使而得以对相对方的财产的"扣留",既不能产生任何物权效力(包括收取留置物所生孳息的权利、以拍卖或者变卖方式处分留置物的权利等),也不能产生对该财产价值的优先受偿权。

由此可见,即便存在完全相同的法律事实和条件(即债务人不履行到期债务、债权人占有债务人的财产并承担有返还的义务),债权人"扣留"(拒绝返还)债务人的财产所依据的权利的不同(债权人或者行使留置权,或者行使拒绝给付之抗辩权),所产生的法律效果也就完全不同。

(3)留置权与同时履行抗辩权的所谓"竞合"及其处理

由于留置权和同时履行抗辩权可基于相同事实而发生,故在具备留置权成立条件时,同时也具备同时履行抗辩权的成立条件,此种情形,被既有理论称之为留置权和同时履行抗辩权的"竞合"。理论上的通说认为,在留置权和同时履行抗辩权(包括先履行抗辩权)发生所谓"竞合"时,债权人有权选择行使其中任何一种权利。对于此种说法的正确性,应当予以认真分析。

应当看到,在仅仅赋予留置权以留置效力的立法模式中,留置权行使与同时履行抗辩权的行使具有相同的实际效果(均为对债务人财产的扣留),因此,讨论两种权利是否构成"竞合"是有必要的。对此,在日本民法上存在两种对立的观点:"竞合说"认为原则上权利人可选择行使其中任何一种权利;"非竞合说"则认为在当事人之间存有特定的合同关系的情况下,应首先考虑适用合同法的规定而非物权法的规定,故权利人仅应行使同时履行抗辩权。[①]

但是,在我国《物权法》同时赋予留置权以留置效力和优先清偿效力的立法模式中,留置权与同时履行抗辩权之间的关系并非"并列"关系而为某种意义上的"包容"关系,即同时履行抗辩权的主张(拒绝给付)实质上被包含于留置权行

---

① 〔日〕近江幸治:《担保物权法》,祝娅、王卫军、房兆融译,法律出版社2000年版,第18页。

使所产生的部分效果(即以扣留债务人的财产的方式拒绝给付)之中。因此,当留置权和同时履行抗辩权发生所谓"竞合"时,当事人如直接行使留置权,则不必再主张同时履行抗辩权。但是,当事人行使同时履行抗辩权之后,可否再行"递增"行使留置权呢?如下例:

> 甲将其一台机器设备交给乙修理,约定一个月后双方同时履行交付修复的机器及支付修理费的义务。至约定日期,甲携款前去领取机器,经检验,机器运行正常,甲欲取走机器,但提出,因机器运行中某个技术指标未完全达到约定的标准,故应减少10%的修理费。乙不同意,双方发生争议。甲即拒绝支付修理费,乙则明确表示行使同时履行抗辩权,拒绝让甲取走该机器。三日后,乙向甲去函催要修理费并称其已决定行使留置权,要求甲在两个月期限内履行其付款义务。两个月后,乙催要修理费无果,即将该机器拍卖并以其价款清偿修理费。后甲提起诉讼,经法院审理查明,该机器修理后有关技术指标均达约定标准,甲的行为构成违约。但甲主张:因乙首先选择行使了同时履行抗辩权,故其无权再行行使留置权,乙应赔偿甲因此而遭受的损失。甲的主张能否成立?

上例中,无论乙拒绝让甲取走机器(行使同时履行抗辩权)还是扣留该机器以担保修理费的支付(行使留置权),均以修理费未获清偿为事实依据,故似乎构成两项权利的"竞合"。但应注意,民法上的权利竞合通常是指请求权竞合,而当两项以上请求权发生竞合时,权利之间为"并列"关系,即其中一项权利的实现,即同时使其他权利的目的得以达到。例如,因医疗事故发生的损害,受害人可以依据《合同法》的规定行使违约损害赔偿请求权,也可以依照《侵权责任法》的规定行使人格权侵权损害赔偿请求权,只要其中一项权利得以实现,则另一项权利的目的也同时得以实现。因此,请求权竞合的处理原则一般为权利人享有选择请求权,但不得同时或者先后行使该两项以上的请求权。然而,留置权与同时履行抗辩权的所谓"竞合"则与之不同:(1)留置权为实体性权利(担保物权),同时履行抗辩权为程序性权利,两项权利性质不同;(2)留置权与同时履行抗辩权的内容、目的和效果不同,后者的目的和效果为前者所包含,即留置权的"留置"效力在基本效果上相当于同时履行抗辩权的抗辩效力,但留置权还具有优先权效力。因此,留置权的行使可以达到同时履行抗辩权的目的,但同时履行抗辩权的行使却无法达到留置权的最终目的(优先受偿)。由此可见,留置权和同时履行抗辩权的所谓"竞合"并非真正的权利竞合,所以,不适用法律有关请求权竞合的处理原则,亦即当事人可以选择行使同时履行抗辩权而不行使留置权,也可以选择行使留置权而无须行使同时履行抗辩权,还可以选择在首先行使同时履行抗辩权之后,再行行使留置权。

故上述案例中,甲的主张不能成立。

二、留置权的特性

(一)留置权的一般特征

从属性、整体性(不可分性)以及物上代位性,为担保物权的三大基本特征。作为一种兼具"留置"效力和"优先权"效力的担保物权,留置权原则上同样具备该三项特征,但也存在某些特别之处。

1. 留置权的从属性

留置权为担保债权实现而设立,其设立和存续当然应以主债权的存在和存续为条件;主债权转让时,如无相反约定,留置权也随之而转移,但在债权受让人未取得对留置物的占有之前,其受让的留置权不得对抗善意第三人。

应特别指出的是,当主债权诉讼时效期间届满时,留置权的行使受到以下影响:

(1)主债权诉讼时效届满之后,非经债务人同意,债权人不得扣留债务人的动产

留置权的设立目的是为了担保主债权的实现,在主债权因诉讼时效期间届满而丧失强制力时,主债权的实现不再受法律强制力保护,故债权人不得扣留已经占有的债务人的动产以担保其债权的实现。但如债务人明确同意债权人行使留置权,则应视为债务人放弃其时效利益,债权人有权请求债务人履行债务,也有权行使留置权。

(2)主债权诉讼时效期间在留置权实现前届满,非经债务人同意,债权人不得实现其留置权

债权人留置债务人的动产之后,其债权的诉讼时效期间在留置权尚未实现前届满,留置权即随之而丧失强制力,债权人不得主张留置权的实现。如果债务人明确同意债权人实现留置权,则应视为债务人放弃其时效利益,债权人有权将留置物协议折价或者拍卖、变卖以使其债权获得优先受偿。

2. 留置权的整体性(不可分性)

当留置物为独立物且具有不可分性时(如为一台机器设备),设立在该物上的留置权具有不可分性,当留置权所担保的债权金额因债务的部分履行等原因而减少时,留置物仍以其全部价值继续担保剩余债权的清偿,直至债权全部清

偿完毕。

但是,当留置物为数项独立的动产(如数台机器设备)或者是可由当事人任意进行实物分割的动产(如 10 吨钢材)时,留置权即应具有可分性,即留置物(可分物)的数量应随债权金额的减少而相应减少。(详见本章第三节)

3. 留置权的物上代位性

作为一种担保物权,留置权具有物上代位性,即留置物毁损灭失时,就由此而产生的赔偿金、保险金等,留置权人享有优先受偿权。

(二) 留置权的独有特征

在各种担保物权中,留置权与动产质权均以担保权人占有动产为特征,且均可不经过强制执行程序而得以实现,故二者在形式上和某些法律效果上非常相似。但是,与抵押权和质权不同,留置权只能发生于债的关系(即便是多项债的关系)的内部即特定的债权人和债务人之间,且非基于债务人的意思而产生,故其与抵押权尤其是质权中的动产质权存在某些重要区别,从而形成留置权自身的以下独有特征:

1. 留置权是一种法定担保物权

留置权直接依照法律的规定而产生,其成立条件由法律加以明文规定,无须借助于当事人的约定,故动产留置只能在债权人和债务人之间基于债的关系而发生,留置权人只能是债权人,留置权人所留置的财产只能是债务人交由其占有的动产;而在我国,抵押权和质权基于抵押合同或者质押合同而设立,为意定担保物权,因此,抵押关系和质押关系可以发生于债权人与债务人之间,也可以发生于债权人与债务人之外的第三人之间,亦即抵押权人或者质权人只能是债权人,但抵押人或者出质人可以是债务人,也可以是债务人之外的第三人。

但应指出,留置权所具有的法定担保物权性质,表现的仅仅是留置权的成立依据是法律的直接规定而非基于当事人的约定,作为一种法定的担保物权,留置权是法律强加于债务人(担保人)的一种负担。但非常重要的是,由于留置权主要适用于因合同而产生的债权债务关系,其产生基础是法律上的公平观念,故其仍须受契约自由原则和利益平衡需要的约束。具体表现为:

(1) 对于留置权的行使,债权人具有自由决定权。

(2) 当事人可以通过约定排除留置权的适用,即"当事人约定不得留置的动产,不得留置"。(《物权法》第 232 条)此种约定既包括事先的约定,也包括债权到期后的约定。

(3) 债权人留置的财产的价值应尽量与债权的金额相当。(《物权法》第

233条)

(4)留置期间,如债务人另行提供担保而为债权人接受的,留置权归于消灭(《物权法》第240条)。这一规定尽管在立法表达上具有某种任意性(即债务人另行提供的担保须为债权人所"接受"),但表明了立法者对留置权行使进行必要限制的意图,即债权人留置债务人的财产的目的仅在担保债权的优先受偿,如果债务人为避免损失而另行提供的担保(如不动产抵押、动产或者权利质押)具有与留置权同样可靠的担保功能时,债权人应予接受。如果债权人恶意拒绝并造成债务人不当损失时,债权人有可能因其行为违反诚实信用原则以至构成留置权的滥用而承担损害赔偿责任。

2. 留置权的标的仅限于动产

留置权的标的仅限于债权人合法占有的债务人的动产(《物权法》第230条),不包括不动产,其原因在于,不动产为不可分物且其价值较大或者巨大,而因对不动产的修缮、保管等产生的债权数额较小,如以扣留不动产并对其拍卖、变卖的价款优先受偿,会造成财产资源的浪费和不当损失。此外,对于有价证券可否成为留置权的标的,有的国家(如瑞士)的民法予以肯定,但我国《物权法》未作明文规定,鉴于《物权法》有关担保物权的规定将"动产"与"有价证券"严格加以区分(前者为动产质权的标的,后者为权利质权的标的),故对该法第230条有关留置权的留置范围仅限于"动产"的规定,应解释为不包括有价证券。对于有价证券的留置,应适用《票据法》等特别法的规定。

而质权的标的范围较广,包括动产和动产性质的权利。

3. 留置权以占有留置物为绝对的存续条件,留置权无追及效力

留置权的成立与存续,以留置权人对留置物的占有(包括直接占有和间接占有)为条件。留置期间,留置权人如丧失对留置物的占有,无论其原因如何,留置权均归于消灭(《物权法》第240条)。与此同时,在留置权人因他人不法行为而丧失对留置物的占有时,因留置权已归于消灭,故债权人仅有权根据占有保护规则,对不法占有人行使占有物返还请求权,但不得基于留置权而对之主张留置物返还请求权(物权请求权)。如果债权人因行使占有返还请求权而重新获得对留置物的占有,则可根据其留置的意思而成立新的留置权。由此可见,留置权不具有追及效力。

而质权则不同,虽然质权的存续也是以质权人对质物的占有为条件,但在质押期间,如果质物被他人非法占有,质权人得依据其质权请求不法占有人返还质物(物权请求权),除非其返还请求不可能实现,否则,质权并不因此而消灭。

在理论上,对于留置权不具有追及效力的问题认识基本一致,但对于留置物被他人不法占有时,留置权是否归于消灭的问题,则存在不同观点。有学者认为,留置物如因被侵夺而丧失占有时,应认定只有在依占有保护的规定请求返还而不能时,留置权才归于消灭。这是因为,占有虽然丧失,但如能根据占有保护的规定而请求返还,则仅属暂时之丧失占有而非确定之丧失,一旦留置物得以返还,则应认定留置权一直存在,如认定其为新的留置权产生,即留置权的成立应重新具备相关条件,故对债权人不利且不合事理。①

从表面看,赋予留置权以追及效力以及认定留置物在有可能得以返还的情况下继续存在,似乎没有什么坏处:在留置物被他人侵夺的情况下,认可留置权人可根据占有保护的规定而请求其返还,与认可其有权根据留置权而请求其返还,似乎并无实质区别;而在留置物得以返还的情形,认定留置权继续存在与认定留置权为重新成立,似乎也没有实质区别。但应看到,留置权与质权不同,质权人占有质物,是基于出质人的意思,因此,质押期间,只要质物非基于质权人的意思而脱离其占有,则无论不法占有人为第三人或者出质人,质权人均有权依据其质权而请求返还,质权并不因此而消灭。但是,留置权发生于既有的债的关系之中,其成立是基于债权人占有债务人的财产的事实而非基于债务人的意思,所以,与承担质押合同义务的出质人不同,债务人并无提供其财产让债权人占有(留置)以担保债务履行的义务,因此,只要债权人丧失对债务人财产的占有,留置权即应绝对消灭;如债权人重新获得对财产的占有并有留置的意思,则留置权重新产生。如果认定债权人丧失对留置物的占有时并不丧失留置权,则无异于承认留置权人有权根据其留置权而主张返还请求权,亦即承认留置权具有追及效力;而如果承认留置权的追及效力,则意味着留置权成立后,如留置物非基于留置权人的意思而为债务人所占有,留置权人也可根据其留置权而请求其返还,此种做法明显背离留置权制度的基本法理。据此,认定留置权以对留置物的占有为存续条件及留置权无追及效力,更为符合留置权的性质和特征。

【思考问题】

思考题一:留置权行使与同时履行抗辩权行使的认定依据何在?

甲将一部笔记本电脑交给乙修理,约定 5 日后甲到乙处领取修复的电脑并支付修理费。5 日后,甲到乙处想取走电脑,但提出因资金困难,只能延期 2 个月支付

---

① 谢在全:《民法物权论》(下册),中国政法大学出版社 2011 年版,第 890 页。

修理费。乙对甲说:"如果你不一次付清全部修理费,你休想拿走电脑!"甲悻悻离去,待甲在2个月后凑足修理费前往乙处领取电脑时,被告知该电脑因留置期满2个月已经被变卖。甲认为,乙拒绝其取走电脑的行为构成同时履行抗辩权的行使而不构成留置权的行使,故乙无权变卖电脑;乙则主张,其对甲明确表示扣留该电脑,故为留置权的行使。

问:乙拒绝甲拿走电脑的表示是否构成留置权的行使?

思考题二:标的物原所有人可否行使留置权?

甲将一幅古画以10万元出卖给乙,双方于2012年5月10日签订了书面合同,约定:(1)该古画所有权自买卖合同成立时即转归乙享有;(2)双方应于5月17日同时向对方履行交付古画和一次性支付价款(现金10万元)的义务。至5月17日,甲和乙在约定地点见面。乙称自己只带了5万元,要求甲先收下并将古画交付给乙,余款于1周后再行付清。但甲拒绝了乙的请求,双方不欢而散。次日,甲通知乙:鉴于乙不履行付款义务,甲决定对乙享有所有权的古画予以留置,并给予乙2个月的履行期限。2个月之后,乙仍无法全额支付价款,甲即将该古画予以拍卖并以拍卖价款9.5万元清偿其债权,并另行请求乙支付剩余5000元价款及违约金4000元。乙认可承担违约责任,但拒绝支付5000元价款。

问:甲之留置权的行使是否合法?

【理论拓展】

理论拓展之一:关于留置权是否具有物上代位性的讨论

当留置物毁损灭失时,留置权的效力是否及于由此而产生的赔偿金、保险金等替代物?对此,理论上似乎存在争议。有学者列举了各种不同观点,其中:肯定观点认为,留置权作为担保物权,当然具有物上代位性[1];否定观点认为,留置权是把物的留置(占有)作为效力的本体,故不得承认它有物上代位性[2];折中观点则认为,留置物若遭损毁而转换成保险金,留置权因留置物的占有不复存在而归于消灭,物上代位性无从谈起;若留置物仅遭受部分损坏,则留置权因留置物仍然存在而并未消灭,且其效力及于保险金,从而表现出其物上代位性。[3]

但实际上,上述所谓"争议"并不存在,原因在于:留置权是否具有物上代位性,取决于法律是否赋予留置权以优先权效力;在仅承认留置权具有"留置"效力的日

---

[1] 王利明、尹飞、程啸:《中国物权法教程》,人民法院出版社2007年版,第535页。转引自崔建远:《物权法》,中国人民大学出版社2009年版,第624页。
[2] 〔日〕近江幸治:《担保物权法》,祝娅、王卫军、房兆融译,法律出版社2000年版,第16页。
[3] 崔建远:《物权法》,中国人民大学出版社2009年版,第624页。

本等国民法上,留置权人并无就留置物的价值优先受偿的权利,故留置物损毁灭失时,留置权消灭,且留置权人当然不得对由此而产生的赔偿金、保险金等主张优先受偿权;但是,在法律赋予留置权以优先权效力的情况下,"留置"仅为手段,确保债权能够"优先受偿"才是目的,而作为一种价值权和优先权,如同其他担保物权,留置权也当然具有物上代位性,即当留置物损毁灭失时,对由此而产生的保险金、赔偿金,留置权人可主张优先受偿权。我国《物权法》所规定的留置权同时具有"留置"和"优先清偿"效力,故此种留置权当然具有物上代位性。

第二节 留置权的成立条件

【基本原理】

一、留置权的取得方式

留置权为法定担保物权,在具备留置权法定成立要件的情况下,当事人即可行使其权利。但留置权成立后,可随主债权的转移而转移,故当主债权因转让、遗产继承等原因而发生转移时,除非当事人有相反约定(即约定仅转让债权而不转让留置权,此种情形,留置权归于消灭),作为从权利的留置权应随之而转移。在留置权随主债权转移的情形,债权受让人在未取得对留置物的直接占有之前,对留置物的占有表现为间接占有(即通过债权出让人的占有而占有留置物)。

二、留置权的法定成立要件

留置权的成立须具备以下条件:

(一)债权人占有的动产与债权应属同一法律关系

留置权为债权未获清偿时,债权人拒绝履行给付义务并扣留所占有的债务人的财产以担保债权实现的权利,带有某种"自力救济"的性质,因此,债权人所扣留的财产,与其债权的发生应当具有某种"牵连关系",即该财产应为同一债的关系的标的物,例如,保管人基于保管费债权而扣留保管物;承运人基于运输费用债权而扣留运送物;承揽人基于修理费用债权而扣留修理物;等等。除合同关系外,因无因管理等原因而产生的债的关系,也可以适用留置权的规定。但是,如果允许债权人任意扣留因其他法律关系而占有的债务人的财产,则"对债权人利益之保护未免过厚,对债务人则未免过酷,不仅有违公平之旨,且有害交易之安全"。① 因此,德国、瑞士等国民法均规定留置的动产与债权之间须有牵连关系。不过,就该种"牵连关系"的认定范围的宽与窄,理论上存在不同解释,因其主要涉及一些特例,故意义不太大。

但非常重要的是,在理论上和一些国家的立法上,留置权被区分为"民事留置权"与"商事留置权"两种:民事留置权适用于一般的民事活动,商事留置权则适用于商人之间的交易活动,由商法典加以规定或者在民法典上作出特别规定。民事留置权与商事留置权的主要区别在于,民事留置权适用留置物与债权之间存在牵连关系的规则,而商事留置权则不受这一规则的约束,具体而言:在商人(经营者)之间,债权人有权留置所占有的债务人的任何动产,无须其占有的动产与该债权之间存在牵连关系。例如,甲公司将一辆汽车交给乙修理厂修理,修理完毕后,甲公司取回该汽车,但欠付修理费。后甲公司又将另一辆汽车交给乙修理厂修理,乙修理厂可基于甲公司未清偿前一次修理费而对该车行使留置权。

商事留置权不受留置物与债权之间的牵连关系的约束,其立法理由是:商人之间的交易通常具有连续性和多样性,而商人的资产应当被视为一个整体,均可用金钱价值加以衡量,债权人留置债务人的财产不受限制,可促使债务人遵循诚实信用原则及时履行其债务,强化交易秩序的维护。

对此,我国《物权法》第 231 条规定:"债权人留置的动产,应当与债权属于同一法律关系,但企业之间留置的除外。"根据这一规定,企业(包括公司及其他企业法人、合伙企业等,但不包括个体商人)之间,其留置权的行使不受留置物与债权之间是否具有牵连关系的约束。

(二) 债权人合法占有债务人的动产

留置权的成立以占有债务人的动产为基础,故债权人仅在已经占有债务人的动产的情况下才有可能对之进行"扣留"。债权人占有动产的形式可以是直接占有,也可以是间接占有或者其他形式。对此应注意以下问题:

---

① 谢在全:《民法物权论》(下册),中国政法大学出版社 2011 年版,第 859 页。

1. 债权人的占有须为合法占有

根据我国《物权法》第230条的规定,债权人仅对"已经合法占有"的债务人的动产才能行使留置权。所谓"合法占有",只能解释为债权人对债务人动产的占有的取得具有合同或者法律依据,通常情况下,债权人基于保管、运输、承揽、租赁、借用以及委托等合同关系或者无因管理而占有债务人的财产的,构成合法占有。但如债权人占有债务人的财产是基于侵权行为或者不当得利等原因,则其占有不具有合法性,尽管不法占有人有可能对受损方依法享有某些请求权(如管理费用的请求权),也不得基于其请求权未获清偿而对占有物行使留置权。法律强调债权人仅对其合法占有的动产行使留置权,其原因在于,在发生不法占有的情形,无论占有人为恶意或是善意,均为对财产秩序的破坏,故较之不法占有人某种利益的保护,财产秩序的及时恢复具有更大的法律价值。

但应注意,债权人"合法占有"债务人的财产,是指债权人系基于合同或者法律规定而取得对债务人的动产的占有,如债权人合法占有财产后,其继续占有的根据消灭,不影响债权人留置权的行使。例如,买卖合同履行后,双方协议解除合同并相互返还财产。此时,如出卖人到期不履行返还所收取的价款的义务,则买受人仍有权对其占有的标的物行使留置权。

2. "债务人的动产"是指债务人交付给债权人占有的动产

就债权人留置的动产是否必须为债务人享有所有权或者处分权的财产,理论上存有争议。事实上,鉴于承揽、运输、保管等合同的特点(不以转移标的物所有权为目的、具有提供劳务或者服务并收取报酬的性质),依照交易习惯,承揽人、承运人以及保管人等无须审查相对方向其交付的动产的所有权是否为其享有,更无须审查其是否对之享有处分权,甚至于即使明知相对方对标的物不享有所有权,承揽人等也完全可以向其提供修理、运送或者保管等服务。与此同时,法律赋予承揽人等以留置权的根本原因,首先在于承揽人的服务行为保存或者增加了标的物的价值,故该标的物的价值首先应当用于担保相关债务的履行,至于留置物所有权的归属,与留置权的享有及行使应当毫无关系,法律如将留置物的范围限制于债务人享有所有权的动产之范围,明显背离交易习惯和人情常理。因此,对于我国《物权法》有关"债权人可以留置已经合法占有的债务人的动产"中"债务人的财产",应当解释为债务人交付给债权人占有的财产,而不限于债务人享有所有权的财产,以此保护留置权人的利益。

不过,在债权人明知债务人交付其修理、运送以及保管的财产为赃物(因盗窃、抢劫等违法行为而占有的物)时,债权人不得主张留置权以对抗权利人的返还请求权。

（三）动产具有可转让性且可以被留置

1. 动产的可转让性

债权人留置的动产必须具有可转让性。

应注意的是，如果法律仅赋予留置权以"留置"效力而无优先权效力，则留置权的作用仅在于对债务人产生心理压力，债权人留置的财产是否具有可转让性当然不必考虑。但在留置权具有优先权效力的情形，留置权行使的结果是对留置物的处分（协议折价或者拍卖、变卖留置物），因此，留置物必须具有可转让性。我国《物权法》所规定的留置权具有"留置"和"优先权"双重效力。某些情况下，债权人对所占有的债务人的不具有可转让性的财产的扣留，不构成留置权的行使，应将之认定为同时履行抗辩权的行使。

2. 动产的可留置性

根据《物权法》232条的规定，当事人约定或者法律规定不得留置的动产，债权人不得行使留置权。

依照民法的基本原则，留置权的行使不得违反公序良俗，故动产留置损害公共秩序、违反社会伦理道德的，为法律所禁止，如承运人不得以托运人欠付运费为由扣留救灾物资；照顾病人的临时雇工不得以未支付报酬为由扣留交由其管理的病人的药品等。

（四）留置动产的价值应与债权的金额相适应

实践中，债权人合法占有的债务人的动产可能是一个独立物（如一台机器设备），也可能是数个独立物（如数台机器设备）；其占有的独立物可能是不可分物（即不可分割为数个独立物的财产，如机器设备等），也可能是可分物（即可以由当事人自行分割为数个独立物的财产，如10吨钢材、10吨煤炭等）。基于担保债权的需要，债权人应根据债权的金额留置相应的财产：如果债权人占有的是数个独立物，其应留置与债权金额相当的一个或者数个独立物；如果债权人占有的是可分物，则留置财产的价值应当相当于债权的金额。（《物权法》第233条）

但如果债权人占有的债务人的动产为一个独立物且为不可分物，则即使该动产的价值超过债权的金额，债权人也可对之行使留置权。

应注意的是，法律要求留置财产的价值应尽量与债权金额相当，目的是避免债权人滥用留置权以造成债务人的不当损失。而债权人应从占有的可分物中留置与债权金额相当的财产，则是对债权人留置标的在价值量上的一种限制，是留置权得以合法成立的条件，与留置权本身是否具有"不可分性"毫无关系。

对于留置权是否具有不分性,即留置权成立后是否从整体上担保债权实现,其内容(主要是留置财产的数量)是否不因债权的部分清偿而相应缩减,既有理论均持肯定态度。但应看到,留置权与抵押权和动产质权不同,不动产抵押权的标的为一个独立物,且不经不动产登记不得分割(例如,一幢大楼登记为一个所有权标的之后,如需分割为数个所有权,必须经过不动产分割登记方可成立),因此,一项不动产须以其全部设定抵押,而不得以其部分设定抵押,同时,抵押权设立之后,抵押物的整体价值即用以担保债权的实现,即使债权得以部分清偿,抵押权仍然整体存在,其内容不发生任何变化,直至债权得到全部清偿,这就是不动产抵押权的不可分性。很显然,不动产抵押权的不可分性,与不动产抵押物在抵押期间的不可分性,具有内在联系。而动产抵押权的标的通常也是不具可分性的机器设备等,以当事人在实物上可任意分割的动产(即所谓"可分物",如特定的10吨钢材)设定抵押,较为少见。因此,如同不动产抵押权,动产抵押权的不可分性大体上也是可以成立的。但留置权则不同,其标的可以是数个独立动产(如同时留置两台机器设备,在这种情况下,究竟是成立了一个留置权还是两个留置权,本身就值得讨论),也可以是可实物分割的动产(如特定的10吨钢材)。如果留置权标的为一个不可分的动产(如一台机器设备),留置权当然具有不可分性,但在留置权标的为数个独立动产或者具有可分性的动产时,留置权标的的数量应随留置权所担保的债权金额的减少而相应减少,明显更具有合理性和妥当性。如下例:

> 根据甲公司与乙公司签订的运输合同,乙公司应将甲公司交付的钢材运送至某地,运费每吨400元,总金额据实计算。其后,甲公司陆续将数量为1000吨的钢材交给乙公司并由其运送至指定地点,应付运费总计40万元。因甲公司仅支付了20万元运费,尚欠20万元未能支付,乙公司即行使留置权,扣留了其中30吨钢材(该种钢材市场价大约为每吨8000元,共价值约24万元)。事隔两周后,甲公司又向乙公司支付了19.2万元运费,并称,经核实,甲公司实际交付给乙公司运送的钢材总量为980吨,故已付清全部运费,要求乙公司交付该被留置的30吨钢材。但乙公司主张,其实际运送的钢材应为1000吨,故甲公司仍欠付运费8000元。对此争议,甲公司表示愿意与乙公司再行核对数量予以解决,如双方协商不成,可以诉请法院裁判,但请求乙公司将扣留的30吨钢材减少为1吨(价值约8000元),其余29吨由其提走,以避免损失。但甲公司的这一请求被乙公司断

然拒绝。

上例显示,乙公司因其 8000 元债权未获清偿而继续扣留甲公司价值为 24 万元的货物,其行为纯属恶意,明显构成留置权的滥用。

因此,《物权法》第 233 条有关"留置财产为可分物的,留置财产的价值应当相当于债务的金额"的规定应扩张解释为不仅适用于留置权的成立,而且适用于留置权的存续,即在留置权成立后,如留置物为可分物(包括留置物为数项动产或者为可实物分割的动产),则在其所担保的债权金额因债务的部分履行或者其他原因而减少时,留置财产的数量,应相应减少。如非必要,债权人明显超出债权金额留置或者持续留置债务人财产的,债务人有权请求其减少,否则,债权人应承担由此而造成的损失的赔偿责任。

除此而外,依照同样的原则,债权人在将留置物予以拍卖、变卖时,如留置物为数项动产或者可分物,且部分留置物的变价款足以清偿全部债务的,债权人仅有权将适当的部分留置物予以拍卖或者变卖,而不得将全部留置物予以拍卖或者变卖。

(五)到期债权未获清偿且债务人无抗辩理由

债权人仅在其债权到期且未获清偿的情况下,才能行使留置权。但如果到期债权未获清偿是由于债权人的原因(如债权人迟延受领)或者债务人具有不履行到期债务的抗辩理由(如债务人依法行使同时履行抗辩权或者先履行抗辩权等),则债权人不得行使留置权。

【理论拓展】

理论拓展之二:"紧急留置权"制度及其评价

所谓"紧急留置权",是指当债权人向债务人应为给付的期限先于其债权的行使期限时,如果出现债务人财产状况恶化的情形,债权人有权拒绝履行其应为给付即留置已占有的债务人的财产。

通常情况下,到期债权未获清偿是债权人行使留置权的条件之一,因此,在债权人向债务人应为给付的期限先于其债权的行使期限时(如甲将其汽车交给乙喷漆,约定甲应在取回汽车的次日,再向乙支付费用),债权人原则上不得行使留置权(如前例,乙不得因甲未支付费用而扣留该汽车)。但是,我国台湾地区"民法典"第 931 条第 1 项规定,在债权未到期前,如债务人无支付能力,债权人即可行使留置权。其立法理由是:债务人财产状况恶化以至无支付能力,已构成其破产之原因,如仍责令债权人向债务人返还所占有的债务人的财产,"实不足确保债权人之利益,而有违留置权维护公平之本旨,法律乃特扩张留置权之范围,使债权人于特定紧急情形下,有权主张留置权。"①对于此种"紧急留置权",我国最高人民法院《担保法解释》第112条也作出了规定,即:"债权人的债权未届清偿期,其交付占有标的物的义务已届履行期的,不能行使留置权。但是债权人能够证明债务人无支付能力的除外。"但《物权法》对此并无规定。

从理论上讲,赋予债权人在其债权未到期前的"紧急留置权",有利于确保债权人之债权的实现,但下列实际情况却使"紧急留置权"的规定缺乏实际意义且弊大于利:(1)在承揽、运输、保管等经营活动中,依照惯例,或者先支付费用后领取物品,或者支付费用与领取物品同时进行,约定领取物品之后再支付费用实属少见;(2)即使当事人约定先领取物品、后支付费用,两者之间的间隔时间通常很短,如果债权人发现债务人无支付能力,可以行使不安抗辩权以拒绝履行交付物品的义务,待自己的债权到期时,即可行使留置权;(3)"商事留置权"的适用使债权人可任意留置债权人已占有的债务人的任何动产,如允许债权人在债权未到期前以"债务人无支付能力"为由行使留置权,容易导致纠纷发生,同时,对于债务人的其他已到期债权的债权人,也缺乏公允。如下例:

> 甲公司应于12月向乙公司支付一笔货款,而乙公司应在10月3日向甲公司返还承租的一台机器设备。因甲公司不能向丙银行返还借款,丙银行根据法院生效判决申请强制执行甲公司的财产,法院即于10月4日前往乙公司,准备扣押甲公司出租给乙公司且租期届满、应予返还的该台机器设备,被乙公司以行使"紧急留置权"为由予以拒绝。问:乙公司的留置权主张是否成立?

上例中,乙公司占有租赁物与对甲公司的货款债权并无牵连关系,法律允许乙公司在货款债权到期时可留置租赁物,对乙公司的债权实现已属扩大保护。如乙公司在货款债权尚未到期前对该占有的租赁物行使"紧急留置权",即便甲公司确实丧失支付能力,但因乙公司对于占有的租赁物并无任何特殊利益,该租赁物应属甲公司的一般责任财产,乙公司对之并不享有任何优先权利,故较之甲公司的其他到期债权的债权人,乙公司不应当然处于优先地位,其应无权行使留置权。

---

① 谢在全:《民法物权论》(下册),中国政法大学出版社2011年版,第868页。

第三节　留置权的实现

【基本原理】

一、留置权人的权利和义务

（一）留置权人的权利

留置权成立后，留置权人有权占有留置物，如留置物被他人不法侵害，留置权人有权请求加害人排除妨害、赔偿损失；如留置物被他人不法侵占，留置权人有权根据占有保护的规定请求其返还占有物。同时，留置权人对留置物的价值享有优先受偿权。除此而外，根据《物权法》第235条的规定，留置权人有权收取留置物所产生的孳息，但应首先将该孳息用于充抵收取孳息的费用。

（二）留置权人的义务

留置权人负有妥善保管留置财产的义务；因保管不善致使留置财产毁损、灭失的，应当承担赔偿责任。（《物权法》第234条）

二、留置权实现的条件和方式

（一）留置权实现的条件

留置权的实现，是指留置权人对留置物进行处置并使其债权优先获得清偿。依照《物权法》第236条的规定，留置权成立后，债权人应给予债务人履行其债务的合理期间，此期间可由当事人约定，如无约定或者约定不明时，适用法定期间。前述期间届满时，如债务人仍未履行债务，债权人即可实现其留置权。具体包括三种情形：

1. 约定期间届满

留置权成立后，债权人应与债务人协商确定债务的履行期间，这一期间的性质为留置权实现的"宽限期"而非原债务履行期间的变更。如债务人在此期间内履行了债务，留置权归于消灭，债权人应向债务人返还留置物；如债务人逾期仍未履行债务,债权人即可实现其留置权。

留置权成立后,如债务人主动请求债权人实现留置权的,债权人即可实现留置权,此种情形,可视为双方约定期间届满。此外,因上述"宽限期"的约定系为保护债务人的利益,使其有机会实际履行债务而避免留置物被处分,故在约定的履行期间尚未届满之前,债务人如放弃其期限利益,主动请求债权人实现留置权的,视为约定的履行期间届满,债权人即可实现其留置权。

2. 法定期间届满

留置权成立后,如债权人与债务人未就债务履行期间达成协议或者约定不明,债权人应当依法给予债务人2个月以上履行债务的期间,此2个月以上期间应从留置权成立时开始计算。

在债权人所确定的2个月以上履行期间尚未届满之前,如果债务人主动请求债权人实现留置权的,视为履行期间届满,债权人即可行使其留置权。

3. 留置物不易保管的,留置权实现不受期限限制

如果留置物为鲜活易腐等不易保管的动产,留置权人得随时实现其留置权。

(二) 留置权的实现方式

留置权实现条件成就时,根据《物权法》第236条的规定,留置权人可以与债务人协议以留置物折价,也可以就拍卖、变卖留置财产所得的价款优先受偿(第1款);留置物折价或者变卖的,应当参照市场价格(第2款)。

留置物折价或者拍卖、变卖后,其价款清偿债权后如有剩余的,剩余价款归债务人;如价款不足以清偿全部债权的,未获清偿的部分债权成为普通债权,债权人有权请求债务人清偿。(《物权法》第238条)

对于留置权的实现方式,应当注意以下两点:

1. 留置权的实现无须借助于司法权力

如同动产质权的实现,留置权人可不经强制执行程序而自行将留置物予以拍卖或者变卖,无须通过强制执行程序。

2. 对留置物无处分权的债务人无权与债权人协议折价

因协议折价为对留置物的处分,在留置物所有权属于债务人之外的第三人的情形,由于债务人对留置权无处分权,故留置权实现时,应由第三人与债权人就留置物协议折价,如协议不成,债权人可将留置物拍卖或者变卖。

(三) 留置权的强制实现

为保证留置物的拍卖、变卖获得较为有利的价格,在留置权实现条件成就

时,债权人应当及时实现留置权。如果在双方约定或者债权人确定的留置权实现的"宽限期"届满后,债权人怠于实现其留置权,债务人可以请求债权人立即实现其留置权,否则,债务人有权请求人民法院拍卖、变卖留置物(《物权法》第237条)。留置物为鲜活易腐等不易保管的动产时,债权人应当及时实现其留置权,否则,债务人也有权请求人民法院对之予以拍卖或者变卖。

留置物因债权人怠于实现留置权而造成损失的,债务人有权请求债权人赔偿损失。

【本章思考问题参考答案】

思考题一参考答案:

当债权人因债务人不履行到期债务而拒绝交付或者返还其占有的债务人的动产时,在债权人并未明确表示其行使的权利究竟是留置权还是同时履行抗辩权的情形,应如何认定其行使的是留置权还是同时履行抗辩权呢?鉴于留置权的行使与同时履行抗辩权的行使具有不同目的并产生不同效果,而留置权的特征在其"留置"(扣留),同时履行抗辩权的特征在其"拒绝给付",故当事人行使留置权必须明确表示其"扣留"财产的意思,如果当事人对相对方给付请求仅的主张仅持消极态度(不予理会),尽管产生了当事人不履行给付及继续占有相对方财产的事实,但其既不构成留置权的行使,也不构成同时履行抗辩权的行使(抗辩权的行使须以明确的意思表示的方法为之);如果当事人的意思表示仅为对相对方给付请求的一般性拒绝,不包含也不能依解释而认定其具有行使留置权的意思,则其行为仅构成同时履行抗辩权的行使。与此同时,因留置权的主张将产生担保物权的效力,而我国《物权法》第236条规定:"留置权人与债务人应当约定留置财产后的债务履行期间;没有约定或者约定不明确的,留置权人应当给债务人两个月以上履行债务的期间,但鲜活易腐等不易保管的动产除外。……"亦即留置权的行使不仅须有扣留财产的明确意思,而且留置权人应当与债务人约定留置财产后的债务履行期间或者明确给予债务人2个月以上的履行债务的期间,否则,由于债务人无法判断债权人是否行使留置权,其利益即有可能遭受不当损害。

据此,本案中,应认定乙拒绝甲取走电脑的表示仅构成同时履行抗辩权的行使。

思考题二参考答案:

本案中,古画出卖人甲的留置权的行使,似乎完全符合法律的规定(即债务人不履行到期债务、债权人扣留已经合法占有的债务人的财产、留置物与债权属于同一法律关系等),但其结果却与民法的观念相背离,这是因为:(1)留置权的行使缺乏必要性：法律赋予债权人对债务人的财产的留置权的本来目的，是为了促使债务人履行其债务，而债权人对于留置物的价值所享有的优先受偿权利，源于债权人履行合同的行为（修理、保管、运输等）增加或者保存了债务人的财产（留置物）的价值，如果债权人不行使留置权，则其已经付出的代价将无法保证得到正常回报。但本案中，甲并未实施任何增加或者保存留置物的价值的行为，其"留置"的古画实际上本来是甲自己的财产，仅因双方签订的买卖合同约定"标的物所有权自合同成立时起转移"而成为乙的财产，如果甲不行使留置权而采用其他救济方法（如行使同时履行抗辩权及合同解除权），则甲的既有利益不会遭受任何损害。（2）留置权的行使缺乏合理性。甲将出售给乙并转移所有权的古画予以拍卖的行为，实际上具有操纵行为结果并从中获得不正当利益的恶意：如果甲将该留置的古画拍卖所得价款为11万元（即高于其出卖给乙的售价），则甲可以主张解除合同并获得违约赔偿；如果该拍卖款低于售价，则甲可以主张合同的实际履行并获得价金的补偿和违约赔偿，但买受人乙除承担法律规定的违约责任之外，须另行承担该古画拍卖价款较低所造成的损失。乙承担这一超出法定和约定范围之外的损失赔偿，缺乏合理依据。

因此，应当认定甲的行为违背诚实信用原则，构成留置权的滥用，由此遭受的损害，应由甲自己承担，故甲仅有权请求乙承担4000元违约金的支付责任，但无权请求乙支付5000元价款补偿。

主要参考书目

谢在全:《民法物权论》(上中下册),中国政法大学出版社 2011 年版。
史尚宽:《物权法论》,中国政法大学出版社 2000 年版。
崔建远:《物权法》,中国人民大学出版社 2009 年版。
崔建远:《物权:规范与学说——以中国物权法的解释轮为中心》(上、下册),清华大学出版社 2001 年版。
陈华彬:《物权法原理》,国家行政学院出版社 1998 年版。
王利明:《物权法论》,中国政法大学出版社 1998 年版。
梁慧星主编:《中国物权法研究》(上、下册),法律出版社 1998 年版。
王利明、尹飞、程啸:《中国物权法教程》,人民法院出版社 2007 年版。
马俊驹、余延满:《民法原论》(第二版),法律出版社 2006 年版。
孙宪忠:《德国当代物权法》,法律出版社 1997 年版。
〔德〕鲍尔、施蒂尔纳:《德国物权法》(上册),张双根译,法律出版社 2004 年版。
〔德〕鲍尔、施蒂尔纳:《德国物权法》(下册),申卫星、王洪亮译,法律出版社 2006 年版。
〔德〕卡尔·拉伦茨:《德国民法通论》(上册),王晓晔等译,法律出版社 2003 年版。
〔日〕我妻荣:《日本物权法》,有泉亨修订、李宜芬校订,台湾五南图书出版公司 1999 年版。
尹田:《法国物权法》(第二版),法律出版社 2009 年版。
尹田:《物权法理论评析与思考》(第二版),中国人民大学出版社 2008 年版。
梁慧星:《中国民法典草案建议稿附理由:物权编》,法律出版社 2004 年版。
梁慧星:《中国物权法草案建议稿——条文、说明、理由与参考立法例》,社会科学文献出版社 2002 年版。
王利明主编:《中国物权法草案建议稿及说明》,中国法制出版社 2001 年版。
王利明主编:《中国民法典学者建议稿及立法理由(物权编)》,法律出版社 2005 年版。
王泽鉴:《民法物权》,北京大学出版社 2009 年版。
胡康生主编:《中华人民共和国物权法释义》,法律出版社 2007 年版。
全国人大常委会法制工作委员会民法室编:《中华人民共和国物权法条文说明、立法理由及相关规定》,北京大学出版社 2007 年版。
全国人大常委会法制工作委员会民法室编:《物权立法背景与观点全集》,法律出版社 2007 年版。
梁慧星、陈华彬:《物权法》,法律出版社 1997 年版。

王利明:《物权法研究》(修订版),中国人民大学出版社 2007 年版。

孙宪忠:《论物权法》(修订版),法律出版社 2008 年版。

王泽鉴:《民法物权·通则·所有权》(总第一册),台湾三民书局 2003 年版。

王泽鉴:《民法物权》(第一册),台湾 1992 年自版。

王泽鉴:《民法物权·用益物权·占有》(总第二册),中国政法大学出版社 2001 年版。

王泽鉴:《民法学说与判例研究》(8),中国政法大学出版社 1998 年版。

郑玉波:《民商法问题研究》(一),台湾三民书局 1980 年版。

陈华彬:《民法物权论》,中国法制出版社 2010 年版。

梁慧星:《民法总论》,法律出版社 1996 年版。

王利明:《民法总则研究》,中国人民大学出版社 2003 年版。

苏永钦:《走入新世纪的私法自治》,中国政法大学出版社 2002 年版。

刘德宽:《民法诸问题与新展望》,中国政法大学出版社 2002 年版。

苏永钦:《民法经济法论文集》,台湾政治大学法律系法学丛书编辑部 1988 年版。

姚瑞光:《民法物权论》(上),台湾 1989 年自版。

王轶:《物权变动论》,中国人民大学出版社 2001 年版。

王卫国:《中国土地权利研究》,中国政法大学出版社 1997 年版。

崔建远、申卫星、王洪亮、程啸:《物权法》,清华大学出版社 2008 年版。

肖厚国:《所有权的兴起与衰落》,山东人民出版社 2003 年版。

曹士兵:《中国担保诸问题的解决与展望》,中国法制出版社 2001 年版。

周枏:《罗马法原论》(上下册),商务印书馆 1994 年版。

陈朝璧:《罗马法原理》,商务印书馆 1937 年版。

〔意〕朱塞佩·格罗索:《罗马法史》,黄风译,中国政法大学出版社 1994 年版。

〔意〕彼德罗.彭梵得:《罗马法教科书》,黄风译,中国政法大学出版社 1996 年版。

〔意〕桑德罗·斯奇巴尼选编:《民法大全选译(三)》,范怀俊译,中国政法大学出版社 1993 年版。

江平、米健:《罗马法基础》,中国政法大学出版社 1987 年版。

〔日〕于保不二雄:《日本民法债权总论》,台湾五南图书出版公司 1998 年版。

〔日〕林木禄弥:《物权的变动与对抗》,渠涛译,社会科学文献出版社 1999 年版。

〔日〕我妻荣:《债权在近代法上的优越地位》,王书江译,中国大百科全书出版社 1999 年版。

〔日〕我妻荣:《新订担保物权法》,申政武等译,中国法制出版社 2008 年版。

〔日〕近江幸治:《担保物权法》,祝娅、王卫军、房兆融译,法律出版社 2000 年版。

许明月:《抵押权制度研究》,法律出版社 1998 年版。

江帆、孙鹏主编:《交易安全与中国民商法》,中国政法大学出版社 1997 年版。

李昊等:《不动产登记程序的制度建构》,北京大学出版社 2005 年版。

尹田:《民法典总则之理论与立法研究》,法律出版社 2010 年版。

梁慧星:《民法解释学》,中国政法大学出版社1997年版。
江平主编:《中美物权法的现状与发展》,清华大学出版社2003年版。
张国福:《中华民国法制简史》,北京大学出版社1986年版。
梅夏英、高圣平:《物权法教程》,中国人民大学出版社2007年版。
高圣平:《物权法与担保法对比分析与适用》,人民法院出版社2010年版。
崔建远:《准物权研究》,法律出版社2003年版。
杨立新:《物权法》,高等教育出版社2007年版。
尹田:《法国现代合同法》(第二版),法律出版社2009年版。
彭万林主编:《民法学》,中国政法大学出版社1994年版。
刘润仙:《典当法律理论与实务》,对外经济贸易大学出版社2010年版。
胡宗仁:《典当业法律制度研究》,中国政法大学出版社2012年版。
林纪东等编纂:《新编六法(参照法令判解)全书》,台湾五南图书出版公司1986年改订版。
《法国民法典》,马育民译,北京大学出版社1982年版。
《法国民法典》,罗结珍译,中国法制出版社1999年版。
《德国民法典》,上海社会科学院法学研究所翻译,法律出版社1984年版。
《德国民法典》(第二版),陈卫佐译注,法律出版社2006年版。
《日本民法典》,王书江等译,法律出版社1986年版。
《最新日本民法》,渠涛编译,法律出版社2006年版。
《瑞士民法典》,殷根生译,法律出版社1987年版。